U0716454

中国机械工业教育协会“十四五”普通高等教育规划教材

力学课程融媒体系列教材

振动力学

中国机械工业教育协会力学专业委员会
中国力学学会教育工作委员会
组编

蔡国平　刘翔　刘晓峰　编

机械工业出版社
CHINA MACHINE PRESS

本书内容包括单自由度系统的自由振动和受迫振动、多自由度系统的振动、振动问题的近似解法、连续体系统的振动，主要介绍线性振动的基本理论，内容紧密结合工程实际。书中还介绍了振动的最优控制理论，作为振动主动控制学习的启蒙。

本书所有知识点都附有电子课件和微课，读者可以用手机扫描书中的二维码进行学习。与本书内容相对应，编者在“中国大学 MOOC"平台上开设有线上慕课，读者也可以利用慕课开展线上学习。

本书适用于高等学校力学、机械、土木、航空航天等工科类专业的本科生教学，也可以作为其他从事与振动相关的工程技术人员的参考书。

图书在版编目（CIP）数据

振动力学 / 中国机械工业教育协会力学专业委员会，中国力学学会教育工作委员会组编 ；蔡国平，刘翔，刘晓峰编. -- 北京 ：机械工业出版社, 2025. 7. -- (力学课程融媒体系列教材). -- ISBN 978-7-111-77598-0

Ⅰ. TB123

中国国家版本馆CIP数据核字第2025BC5146号

机械工业出版社（北京市百万庄大街22号　邮政编码100037）

策划编辑：李　彤　　责任编辑：李　彤

责任校对：贾海霞　王　延　　封面设计：王　旭

责任印制：李　昂

涿州市京南印刷厂印刷

2025年9月第1版第1次印刷

186mm × 240mm · 27.75印张 · 579千字

标准书号：ISBN 978-7-111-77598-0

定价：89.00 元

电话服务　　网络服务

客服电话：010-88361066　　机　工　官　网：www.cmpbook.com

010-88379833　　机　工　官　博：weibo.com/cmp1952

010-68326294　　金　书　网：www.golden-book.com

封底无防伪标均为盗版　　机工教育服务网：www.cmpedu.com

序　言

在科技日新月异的今天，力学作为工程科学的基石，其重要性不言而喻。它不仅是理论研究的重点领域，更是指导工程实践、推动技术创新的关键力量。面对新时代对工程技术人才的新要求，如何培养既具备扎实理论基础，又拥有卓越实践能力的应用型人才，成为高等教育，尤其是应用型本科院校面临的重要课题。在此背景下，“力学课程融媒体系列教材”应运而生，本系列教材由中国机械工业教学协会力学专业委员会和中国力学学会教育工作委员会共同组织编写，编写目标是既有理论高度，又接地气，尽量满足不同层次学生使用，旨在为高校力学、机械、航空航天、土建等工科专业的学生提供一套既符合时代需求，又兼顾理论与实践的优质教学资源。

随着信息技术、新材料技术、智能制造等领域的快速发展，工程问题的复杂性日益增加，对力学知识的应用深度和广度提出了更高要求。传统的力学教育模式，往往侧重于理论知识的传授，对学生解决实际问题能力的培养有待加强。我们已进入信息时代，知识的获取方式发生了根本性变化，单一纸质教材已难以满足学生多元化、个性化的学习需求。在力学教育中融入现代科技元素，构建线上、线下相结合的教学模式，成为提升教学质量、培养创新型人才的关键。

“力学课程融媒体系列教材”旨在通过融合媒体技术，打破传统教材的局限，为力学教育注入新的活力。本系列教材的设计，围绕以下几个核心理念展开：

- **理论与实践并重**

在深入讲解力学基本原理的同时，注重通过案例分析、工程实践等方式，将理论知识与实际应用紧密结合，强化学生的问题解决能力培养。

- **多媒体资源融合**

充分利用现代信息技术，在教材中通过二维码链接课程重难点讲解、典型例习题讲解、动画演示、拓展阅读、在线自测等内容，为学生提供丰富多样的学习材料，使抽象复杂的力学概念直观易懂，激发学生的学习兴趣和探索欲望。本套教材还将适时、择优出版数字教材，以适应高校教育教学发展趋势，满足不同学生的学习需求。

- **模块化与个性化**

教材结构采用模块化设计，便于教师根据教学需求灵活组合教学内容，同时也便于学生根据个人兴趣和职业规划，选择性地深入学习特定领域。

- **国际化视野**

  借鉴国际先进力学教育理念，引入国外经典案例和最新研究成果，拓宽学生的国际视野，培养具有全球竞争力的工程技术人才。

本系列教材覆盖了力学学科大部分核心课程，教材内容均经过精心编排，力求做到以下几点：

- **理论体系的系统性**

  确保每一章节内容逻辑严密，前后衔接，构建起完整的知识框架。

- **知识点的精细化**

  对关键概念和公式进行详尽解析，辅以例题和习题，帮助学生巩固理解。

- **工程应用的广泛性**

  结合工程实际，介绍力学原理在航空航天、土木工程、机械制造、能源开发等多个领域的应用案例，增强学生的实践感知。

- **前沿科技的融入**

  介绍力学领域的最新研究成果和技术进展，激发学生的创新意识和探索精神。

“力学课程融媒体系列教材”是高等学校力学教育的积极探索和实践。我们期待，这套教材的广泛使用，能够培养出更多适应未来社会需求的优秀工程技术人才，为推动科技进步和产业发展贡献力量。

愿这套教材能够成为连接理论与实践的桥梁，成为力学学习者的良师益友，共同开启力学教育的新篇章。

中国机械工业教育协会力学专业委员会主任委员

中国力学学会教育工作委员会主任委员

清华大学教授

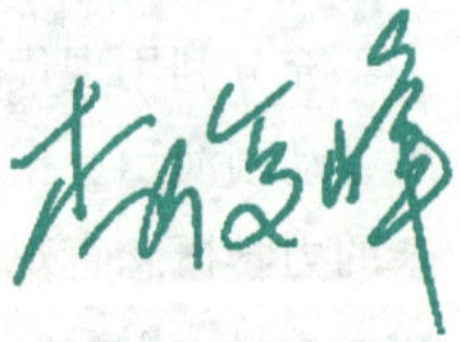

前言

随着工程技术的发展，振动问题越发突出。传统的“静态设计、动态校核”的分析方法已经不能满足工程的需要，现代工程需要从设计初始阶段就从动态角度对振动问题进行处理。振动力学是力学专业的基础课程，它的理论在航空航天、机械、土木、船舶、车辆等许多工程领域有着广阔的应用。

党的二十大报告指出，“教育是国之大计、党之大计。培养什么人、怎样培养人、为谁培养人是教育的根本问题。育人的根本在于立德”。自 2003 年以来，编者一直在上海交通大学讲授力学专业本科生的振动力学课程，并始终思考如下几个问题：一是如何在一学期的有限时间内让学生能够扎实地掌握振动的基本理论；二是专业课应如何有效开展课程思政；三是振动这一工程化的概念，教师如何能够更加贴近工程实际去讲述振动的基本理论；四是振动控制问题在实际工程中越发突出，如何将“振动”与“控制”进行有机融合。为了回答好这些问题，编者每年都会根据教学反馈和授课感悟对教案进行修订，并深深地体会到，一门好的课程的建设是一个漫长的过程，需要在教学实践中不断地锤炼，去除旧内容、补充新知识。

在上述背景下，经过 20 余年的经验积累，编者萌发了撰写一本振动力学教材的想法。本书具有如下特点：

（1）编者从事振动力学课程教学 20 余年，书中融入了编者的教学实践感悟，这将有利于读者的学习与理解。本书基于上海交通大学振动力学课程，该课程 2006 年获得上海市精品课程，2009 年获得国家级精品课程，2023 年获得国家级一流线上课程。

（2）教材力求将思政教育自然、有机地融入专业知识体系，例如：通过深入剖析典型振动案例中的工程伦理问题以培养学生的职业道德与社会责任感，以振动理论为切入点介绍我国在重大装备制造领域的突破性成就以激发学生的家国情怀与民族自豪感，通过讲述力学大师的学术历程与重要贡献引导学生树立崇高的学术理想。

（3）本书结合工程实际阐述振动理论，避免从理论到理论。

（4）本书从“振动”角度出发去阐释“控制”，将“振动”与“控制”相结合。

本书主要讲述线性振动理论，第 1 章为绪论，第 2 章讲述单自由度系统的自由振动，第 3 章讲述单自由度系统的受迫振动，第 4 章讲述多自由度系统的振动，第 5 章讲述振动问题的近似解法，第 6 章讲述连续体系统的振动，第 7 章作为振动理论的拓展，讲述结构振动的最优控制。本书可以作为 48 学时课程的教材。

在本书编写过程中，编者的研究生们在习题输录、图形制作、稿件校对等方面做了大量工作，在此表示感谢，他们是周纪扬、卢光宇、周勍、史江、喻恒、陈天择、金潮郴、汪天武、王展鸿。

本书的编写力求定义准确、描述简洁，并且参考了国内外许多振动力学教材的精华。限于编者水平，书中难免会有不妥之处，敬请指正。

编　者

2024 年 7 月于上海交通大学

目 录

第1章

绪　论

Chapter 1

第1章 绪　论

阿基米德（Archimedes，公元前287年—公元前212年）

伟大的古希腊哲学家、百科式科学家、数学家、物理学家、力学家，静态力学和流体静力学的奠基人，并且享有“力学之父”的美称。阿基米德和高斯、牛顿并列为世界三大数学家。阿基米德曾说过：“给我一个支点，我就能撬起整个地球。”

阿基米德确立了静力学和流体静力学的基本原理。他给出许多求几何图形重心，包括由一抛物线和其网平行弦线所围成图形的重心的方法。阿基米德证明物体在液体中所受浮力等于它所排开液体的重量，这一结果后被称为阿基米德原理。他还给出正抛物旋转体浮在液体中平衡稳定的判据。阿基米德发明的机械有引水用的水螺旋、能牵动满载大船的杠杆滑轮机械、能说明日食和月食现象的地球-月球-太阳运行模型等。但他认为机械发明比纯数学低级，因而没写过这方面的著作。阿基米德还采用不断分割法求椭球体、旋转抛物体等的体积，这种方法已具有积分计算的雏形。

学习要点：

- 力学及学科分类
- 振动分类
- 现代结构控制特征
- 三类振动问题的提法
- 振动控制及分类

力学发展历史上有许多大师级的人物，如牛顿、达朗贝尔、库仑、铁摩辛柯、伯努利、钱学森等，这些力学大师热爱祖国、献身科学，为社会的进步与发展做出了卓越贡献，是探索真理的典范。学习这些力学大师是要学习他们的科学观，包括科学方法、科学精神和科学素养。**科学方法**是在研究科学问题和发现科学规律时所采用的方法，一般情况下是从实践中发现科学问题，然后上升到理论高度去探索与总结规律，最后再在实践中对规律进行检验，即“实践-理论-实践”。也有的是先从理论上发现问题，然后在实践中检验，最后再上升到理论高度去总结规律，即“理论-实践-理论”。**科学精神**的内涵是科学批判和大胆质疑，针对现有成果敢于质疑和探究，善于分析和创新，去伪存真、发现本质。**科学素养**则是进行科学判断、科学应用、追求真理和热爱科学，要能够针对问题进行合理的分析、判断与解决，要具有良好品德并敢于担当责任，具有责任感和使命感。

振动与控制从广义上讲可以归为动力学的范畴。动力学的理论是人类几百乃至上千年来高级心智文明的成果，是人类智慧的结晶。学生应当在钻研、探索乃至犯错误的过程中，培养从错综复杂的现象和繁杂无序的结果数据中寻找与总结内在关系和规律的能力，体会科学研究的艰辛和乐趣，培养在科学研究上百折不挠、持之以恒的毅力和意志，提高力学素质和修养，提高开展科技活动、社会实践、科研工作的能力。通过本书的学习，学生应当具备对工程振动问题进行动力学建模的能力，以及运用振动的基本理论和分析方法解决问题的能力。

1.1 力学学科概述

力学属于一级学科，下设三个二级学科：一般力学、固体力学、流体力学。一般力学又称动力学与控制。一般力学的对象主要是有限自由度系统的运动及其控制，有时它包含一个或多个无限自由度子系统。它的研究包括运动稳定性理论、振动理论、动力系统理论、多体系统力学、机械动力学等。固体力学是研究可变形固体在外界因素作用下所产生的应力、应变、位移和破坏等的力学分支。固体力学在力学中形成较早，应用也较广。流体力学是研究流体（液体和气体）的力学运动规律及其应用的学科。流体力学主要研究在各种力的作用下，流体本身的状态以及流体和固体壁面、流体和流体间、流体与其他运动形态之间的相互作用等。力学的学科定位可以这样通俗地理解：力学是联系理论与工程实际的重要桥梁，它是为其他工程学科的研究提供理论和分析方法的。

在我国理工科高等学校的学科体系中，力学专业在本科阶段和研究生阶段分别配置有不同的课程。一般力学专业在本科阶段的课程有理论力学、振动力学、高等动力学等，研究生阶段有非线性动力学、非线性振动、随机振动等。固体力学专业在本科阶段的课程有材料力学、弹性力学、计算固体力学等，研究生阶段有塑性力学、非线性连续介质力学等。流体力学专业在本科阶段的课程有流体力学等，研究生阶段有高等流体力学和计算流体力学等。值得说明的是，随着科学技术的发展，有些以往在研究生阶段学习的课程现在已经提前到了本科阶段进行学习。

振动力学是力学专业的重要专业基础课程，由此开始进入动力学的学习范畴，它在航空航天、机械、土木等许多工程领域有着重要的应用背景。

1.2 振动力学概述

基本概念和学习目的（1）

基本概念和学习目的（2）

1.2.1 基本概念和学习目的

从广义上讲，如果表征一种运动的物理量做时而增大时而减小的反复变化，就可以称这种运动为**振动**。如果变化的物理量是一些机械量或力学量，例如物体的位移、速度、加速度、应力及应变等，这种振动便称为**机械振动**。振动是自然界最普遍的现象之一，各种物理现象，诸如声、光、热等都包含振动。例如，心脏的搏动，耳膜和声带的振动，桥梁和建筑物在风和地震作用下的振动，飞机和轮船航行中的振动，机床和刀具在加工时的振动等。不同领域中的现象虽然各具特色，但它们往往有着相似的数学力学描述，也正是在这个共性基础上，有可能建立某种统一的理论来处理各种振动问题，这就是**振动力学**。振动力学借助数学、物理、实验和计算技术，探讨各种振动现象，阐明振动的基本规律，以便克服振动的消极因素，利用其积极因素，为合理解决各种振动问题提供理论依据。

图 1-1　美国塔科马海峡大桥

图 1-2　日本海南电厂

许多情况下，振动是有害的，它常常是造成机械和结构破坏和失效的直接原因。例如，1940 年 11 月，美国华盛顿州的塔科马海峡大桥（见图 1-1）在建成通车仅四个月就因振动问题而倒塌，类似的桥梁振动问题的典型工程案例还有日本东京湾大桥、俄罗斯伏尔加大桥、韩国珍岛大桥、我国虎门大桥等。1972 年，日本海南电厂（见图 1-2）的一台 600MW 的汽轮发电机组在点火试车时发生设备损坏和火灾，爆炸物穿过厂房飞到了百米之外，可见振动能量之大，类似的汽轮机组事故还有南非的 Duvha 电厂汽轮机事故、我国的秦岭发电厂 5 号机事故等。在航空航天领域，美国 1958 年 1 月发射的第一颗人造卫星“探险者 I 号”（见图 1-3）由于四根鞭状天线的耦合效应而导致卫星失去控制，F-15 战机由于尾翼颤振而发生空中解体（见图 1-4）等。另外，振动还会影响精密仪器的功能、降

图 1-3　美国“探险者 I 号”卫星

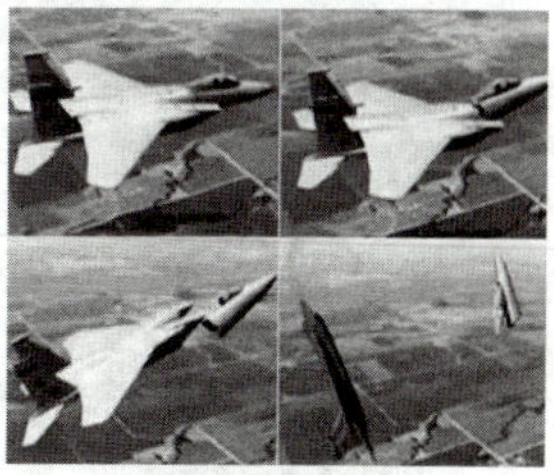

图 1-4　F-15 战机解体

低加工精度、加剧构件疲劳和磨损，强烈的振动噪声会形成严重公害等。由以上可以看出，振动在很多情况下会对工程结构造成有害的影响，那么，**学习振动力学的目的之一是**：掌握振动的基本理论和分析方法，用以确定和限制振动对工程结构和机械产品的性能、寿命和安全的有害影响。只有首先明确了振动的发生机理，才能够有效地对振动进行控制。

图 1-5　无线通信

图 1-6　振动筛

振动也有它积极的方面，它是可以利用的。例如，振动是通信（见图 1-5）、广播、电视、雷达等工作的基础，工业用振动筛（见图 1-6）、振动沉桩（见图 1-7）、振动输送机（见图 1-8）等都利用振动进行工作。因此，**学习振动力学的目的之二是**：运用振动理论去创造和设计新型的振动设备、仪器及自动化装置。

图 1-7　振动沉桩

1.2.2　振动问题提法

振动问题一般包含三个环节，如图 1-9 所示。通常将研究对象称作**系统**，它可以是一个零部件、一台机器或者一个完整的工程结构等；外部激振力等因素称为**激励**（也称为输入）；系统发生的振动称为**响应**（也称为输出）。振动问题按这三个环节可分为三类问题：第一类为已知激励和系统，求响应；第二类为已知激励和响应，求系统；第三类为已知系统和响应，求激励。

图 1-8　振动输送机

下面分别对这三类问题进行阐述。

振动问题提法

图 1-9　振动问题三个环节

第一类问题：已知激励和系统，求响应。这类问题也称为**动力响应分析**，是动力学的**正问题**。它的主要任务在于验算结构、产品等在工作时的动力响应，如变形、位移、应力等，是否满足预定的安全要求或者其他要求。在产品设计阶段，对具体设计方案进行动力响应验算，若不符合要求再做修改，直到达到要求而最终确定设计方案，这一过程称为**振动设计**。例如，对于高层建筑结构（见图 1-10）的抗震设计，在结构设计阶段对结构输入地震波以检验结构的层间位移是否满足安全性要求。若不满足则对结构设计进行修改，以保证结构的层间位移在安全范围之内。运载火箭（见图 1-11）的主要任务是将卫星送入太空，卫星上载有许多精密仪器，仪器在火箭的运输过程中遭受着来自火箭的剧烈振动激励，因此仪器在设计阶段就有必要考虑火箭的激励，以保证仪器能够安全进入太空。

图 1-10　高层建筑结构

潜艇（见图 1-12）对消声降噪有着很高要求，在设计阶段需要对潜艇进行声学结构设计，使得其输出噪声满足设计要求。动力响应分析本质上讲就是在已经外部激励和结构模型的条件下求解结构响应，结构模型可以是数学模型，也可以是实验模型，模型求解方式常常可以借助大型工程软件或者实验等。

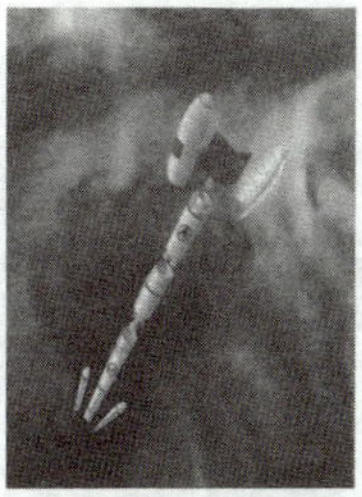

图 1-11　运载火箭

图 1-12　潜艇

第二类问题：已知激励和响应，求系统。这类问题称为**系统识别**或者**系统辨识**，是动力学的**第一类逆问题**。求系统，主要是指获得系统的物理参数，如质量、刚度和阻尼系数，或者固有频率、主振型等模态参数。以估计物理参数为任务的叫作**物理参数辨识**，以估计系统振动固有特性为任务的叫作**模态参数辨识**或者**试验模态分析**。例如，大型航天结构一般都具有轻质、大柔性特征，由于地面重力和空气阻力的影响，地面的振动实验难以模拟结构在轨的真实情况，而且地面实验设备有时也存在无法满足实验条件的限制。解决该问题的途径之一是进行结构的在轨挠性参数辨识：通过在太空中对结构施加激励、然后测得结构的响应，进而采用特征实现算法（ERA）等来辨识得到结构的模态参数。因为结构的响应是真实在轨数据，因此辨识所得到的参数能反映结构的真实在轨情况，采用该参数进行卫星的姿轨控设计也能够得到好的控制效果。日本 1994 年 8 月发射升空的工程试验卫星六号（ETS-VI）为三轴稳定地球同步通信试验卫星（见图 1-13），该卫星分别在 1994 年 12 月和 1995 年 1 月及 3 月进行了在轨挠性参数辨识实验。其中激励分别采用了脉冲和随机方式，响应测量采用安置在两端帆板上的 6 个加速度传感器，帆板的姿态角分别考虑了 180° 和 270° 两种情况，参数辨识方法采用特征系统实现算法（ERA），辨识方式是采在轨集数据下传地面进行分析，另外 ETS-VI 还在轨进行了比例微分（PD）和线性二次高斯（LQG）等多种姿态控制方法的有效性在轨验证。图 1-14 所示的国际空间站（The International Space Station）1998 年 1 月进行太空构建，在轨进行了多次模态试验，验证了动力学模型的正确性。试验中，激励方式采用推进器的瞬时点火，数据测量采用 12 个无线传输的加速度传感器、8 个无线传输的应变传感器、5 个摄影测量，辨识方法为 ERA。图 1-15 所示的和平号空间站（The Mir Space Station）也在轨进行了多次挠性参数的在轨辨识，并且依据在

图 1-13　日本 ETS-VI

图 1-14　国际空间站

图 1-15　和平号空间站

轨辨识数据对空间站的动力学模型进行了修正。

第三类问题：已知系统和响应，求激励。这类问题称为**环境预测**或者**载荷识别**，是动力学的**第二类逆问题**。例如，为避免产品公路运输中的损坏，需通过实地行车记录汽车振动和产品振动，以估计运输过程中的振动环境，以便为产品设计可靠的减振包装。坦克（见图 1-16）需在各种路面上行驶并且记录瞄准系统的振动，分析路面对瞄准系统的影响，以便合理地设计瞄准系统。导弹（见图 1-17）飞行过程中会受到气流的影响，根据导弹的遥测数据可以分析其所受到的气动载荷，以便合理地对导弹进行强度设计。建筑结构在地震作用下发生垮塌（见图 1-18），根据垮塌状态可以估计地震的烈度。

图 1-16　坦克

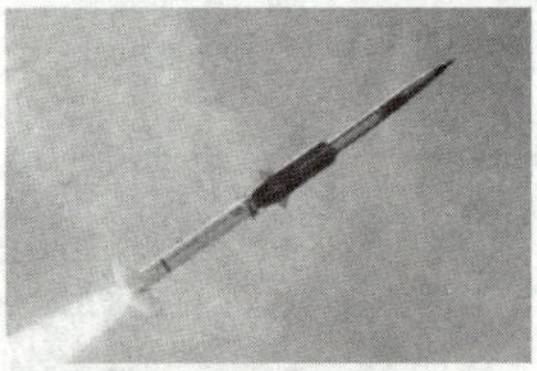

图 1-17　导弹

图 1-18　建筑地震垮塌

以上这三类问题基本上囊括了现实振动中的所有动力学问题。相对来说，正问题的求解要容易些，尤其是当今的大型工程有限元软件为动力响应分析提供了强有力的工具，逆问题的求解难度则要高许多。

1.2.3　力学模型

力学模型和振动系统分类

振动系统有三要素：质量，刚度，阻尼。**质量**是感受惯性（包括转动惯量）的元件，**刚度**是感受弹性的元件，**阻尼**是耗能元件。描述振动系统有两类动力学模型：连续系统模型和离散系统模型。

对于连续系统模型，结构的参数如质量、刚度和阻尼等在空间上是连续分布的，因此结构为**分布参数系统**，具有无穷多个自由度，描述结构运动的数学方程为偏微分方程。例如，细长梁弯曲振动的数学力学模型为

$$\frac{\partial^2}{\partial x^2}\left(EI\frac{\partial^2 y(x,t)}{\partial x^2}\right)+\rho S\frac{\partial^2 y(x,t)}{\partial t^2}=f(x,t) \tag{1-1}$$

式中，$y(x,t)$ 为梁变形的横向位移。描述梁的运动是要说明梁上某一点在某一时刻的变形是多少。

对于离散系统模型，结构的参数为集中参数，结构具有有限数量的自由度。描述结构运动的数学方程是常微分方程。例如，多自由度系统振动数学力学模型为

$$\boldsymbol{M}\ddot{\boldsymbol{x}}+\boldsymbol{K}\boldsymbol{x}=\boldsymbol{f}(t) \tag{1-2}$$

其中，$\boldsymbol{x}\in\mathbf{R}^{n\times 1}$ 为结构的 n 维位移列阵，$\boldsymbol{M}\in\mathbf{R}^{n\times n}$ 为系统的质量矩阵，

$\boldsymbol{K} \in \mathbf{R}^{n \times n}$ 为系统的刚度矩阵，$\boldsymbol{f}(t) \in \mathbf{R}^{n \times 1}$ 为系统的外力矩阵。

虽然以上连续系统和离散系统的动力学模型不一样，但是它们的振动分析方法本质上是相同的，这将在本书的后续章节中进行阐述。

1.2.4 振动及系统分类

振动按照运动微分方程的形式可以分为线性振动和非线性振动。对于线性振动，描述其运动的方程为线性微分方程，相应的系统称为线性系统。线性系统的一个重要特征是线性叠加原理成立。对于非线性振动，描述其运动的方程为非线性微分方程，相应的系统称为非线性系统。对于非线性振动，线性叠加原理不成立。

按照激励的有无和性质，振动又可以分为固有振动、自由振动、受迫振动、随机振动、自激振动和参数振动。固有振动是无激励时系统所有可能的运动集合，它不是现实的振动，仅仅反映系统关于振动的固有属性。自由振动是激励消失后系统所做的振动，这是现实的振动。受迫振动是系统在外部激励持续作用下所做的振动。随机振动是系统在非确定性的随机激励下所做的振动，例如行驶在公路上的汽车的振动。自激振动是系统受其自身运动诱发出来的激励作用而产生和维持的振动，例如提琴发出的乐声、切削加工的高频振动、机翼的颤振等。参数振动是激励以系统本身的参数随时间变化的形式出现的振动，例如秋千被越荡越高，秋千受到的激励以摆长随时间变化的形式出现，而摆长的变化是由人体的下蹲及站立所造成的。

1.3 振动控制概述

实际工程结构中存在着大量的振动问题，振动不但会影响工程结构的正常工作，而且有可能引起结构的疲劳破坏，缩短其使用寿命，因此有必要对振动进行抑制，以消除它所造成的有害影响。结构振动控制技术是指通过采取一定的措施来减少或者抑制工程结构由于动力载荷所引起的动响应，以满足结构安全性、舒适性和实用性的要求。

结构振动控制大致可以分为三大类：被动控制，主动控制，混合控制。**被动控制**又称无源控制，它无须外部能量输入，而是通过在结构上附加各种耗能或储能材料，以耗散结构的振动能量，从而达到抑制结构振动的目的。被动振动控制有较长的研究历史和广泛的工程应用，它具有结构简单、易于实现、经济性好、可靠性高等优点，但也有控制效果和适应性差的缺点。一般来说，被动控制对高频振动较为有效，但是对低频振动控制效果较差。**主动控制**是通过向被控系统中输入能量，以获得期望的阻尼、刚度特性，达到对振动主动调节和镇定的目的。由于主动控制所具有的诸多优点，其成为当前人们关注的热点问题。**混合控制**则兼有被动控制和主动控制的特点，它是将主动控制策略和被动控制策略同时用于同一结构，以达到降低结构动态响应的目的。另外，随着材料科学的飞速发展，以压电陶瓷、电（磁）流变液和形状记忆合金为代表的智能材料在结构振动控制中呈现出巨大的生命力。智能材料具有传感和作动的功能，将智能材料用于结构以构成自适应结构系统是结构振动控制领域中的一个重要的研究方向。下面将对结构的振动控制策略逐一进行介绍。

1.3.1　振动控制分类

振动控制分类

1. 按抑制振动手段划分

振动控制按抑制振动手段区分，可以分为五类：消振、隔振、阻振、吸振、结构修改，如图 1-19 所示，分别简述如下。

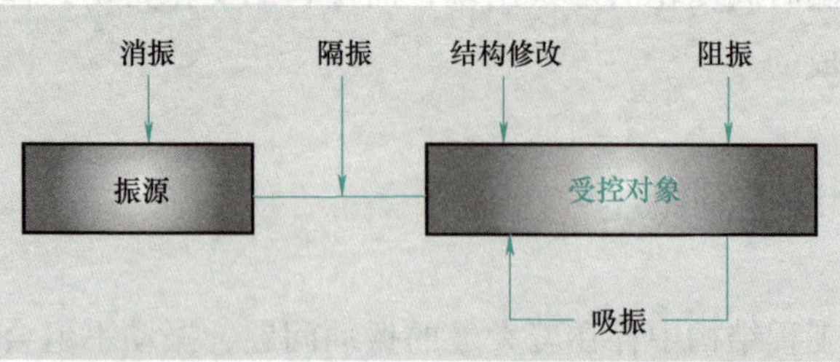

▶ 图 1-19　振动控制分类

消振：消除或减弱振源，以达到减振的目的。该方法是治本的方法，振源引起结构的振动响应，外因消除了，结构的响应也就消除了。例如，车刀车削工件会发生颤振，在车刀和工件之间加入冷却剂，可以减小车刀与工件之间的摩擦，进而破坏颤振出现的条件。

隔振：在振源和受控对象之间增加隔振器。该控制策略在实际中被广泛应用，例如，在飞机仪表板下面加装橡胶垫，以减少飞机振动向仪表板的传递。

吸振：在受控对象上附加子系统，以减小受控对象的振动。例如附加调谐质量阻尼器（TMD），当受控对象发生振动时，利用子系统吸收部分或全部的振动能量，借此保障受控对象的安全。调谐质量阻尼器在桥梁和高层建筑结构的风振吸振方面应用广泛，我国台湾的 101 大厦（见图 1-20）、上海的中心大厦（见图 1-21）等都安装有几百乃至上千吨的调谐质量阻尼器，其有效性在实际中得到了检验。

图 1-20　台湾 101 大厦 TMD

图 1-21　上海中心大厦 TMD

阻振：在受控对象上面加装阻尼器或阻尼元件，当振动发生时，利用阻尼器消耗振动能量，以保障受控对象的安全性。例如，在建筑结构中安装金属屈服阻尼器（见图 1-22）等。

图 1-22　金属屈服阻尼器

结构修改：通过修改受控对象的动力学参数使振动满足要求，这种控制策略不需附加任何子系统。动力学参数是指质量、刚度、阻尼等及其分布。对于实际对象，是结构修改问题；对于设计阶段的对象，则是动态设计问题。

2. 按有无外部能源输入划分

振动控制按有无外部能源输入划分，可以分为**被动控制**和**主动控制**。主动控制又可以分为**全主动控制**和**半主动控制**，被动控制与主动控制相结合称为**混合控制**或者**主被动控制一体化**。分别阐述如下。

（1）被动控制

被动控制是最早发展起来的控制技术，控制装置不需要外部提供能量，控制所需要的力通过结构的相对运动而产生。被动控制因其构造简单、造价低、易于维护且无须外部能源支持等优点引起了人们的广泛关注，许多被动控制技术已经日趋成熟，并且在结构振动控制中发挥着重要作用。上面所说的隔振、吸振、阻振都是常用的被动控制措施。

被动控制技术虽然具有诸多优点，但也存在自身的缺陷，例如，它只能对某种特定的振动进行控制，缺乏跟踪和调节能力，而且减振效果很大程度上依赖于激励特性和结构的动力响应特性等。在采用调谐质量阻尼器对结构进行控制时，阻尼器只对频率不变或频率变化很小的简谐外部激励具有较好的控制效果，若外部激励频率变化较大则控制效果不明显。

目前，被动控制的研究主要有以下几个问题需要解决：一是被动控制系统的可靠性，包括减振装置本身的可靠性及极端载荷作用下减振装置是否会对结构造成危害；二是被动控制效果的定量设计及附加减振装置效果评价的建立；三是新型经济、有效的被动控制装置的概念设计以及试验研究。另外，如何在被动控制系统中应用新材料和新工艺，以及发展和探索新的含阻尼材料的结构优化设计方法，也是今后被动振动控制的研究热点。

（2）主动控制

主动控制是通过作动器向系统输入能量，以达到对系统振动进行主动调节或镇定的目的。主动控制具有控制效果不依赖于外部激励的特性，因此控制效果明显优于被动控制，是当今控制的研究热点。但是主动控制也有应用上的局限性。例如，对于建筑结构的抗震主动控制，强震下电力一般是无法保证的，这会导致作动器无法启动。

振动主动控制装置最早可追溯到20世纪20年代出现的电磁阀缓冲器，但直到20世纪60年代才出现较为复杂的振动主动控制系统，其中主要是以解决航空工程问题中的振动问题为主，例如飞机机翼的颤振、飞机滑跑着陆响应的主动抑制等。

主动控制理论可以分为**经典控制理论**和**现代控制理论**。经典控制理论较为成熟，它是在频域内进行分析与控制设计，控制设计所使用的模型是**传递函数模型**。经典控制理论一般只能处理单输入、单输出的线性定常系统。现代控制理论则是在时域内进行分析与控制设计，控制设计所使用的模型是**状态空间模型**。现代控制理论不但能处理线性定常系统，也能处理多变量、非线性和时变系统，应用更广。现代控制理论中有许多控制器的设计方法，如最优控制、比例积分微分（PID）控制、变结构控制、鲁棒控制等，其中以最优控制的理论体系最为完备。

现代控制理论有两种基本方式：**开环控制**和**闭环控制**。开环控制通过输入控制输出，但不进行输出反馈，控制设计可以离线进行，控制器是预先按规定要求设置好的，与受控对象的振动无关，其控制流程图如图 1-23 所示。闭环控制则通过系统状态反馈和输出反馈，以达到结构控制的目的，其流程图如图 1-24 所示。在现代控制理论中，控制器的设计是关键，不同控制方法所设计的控制器不同。

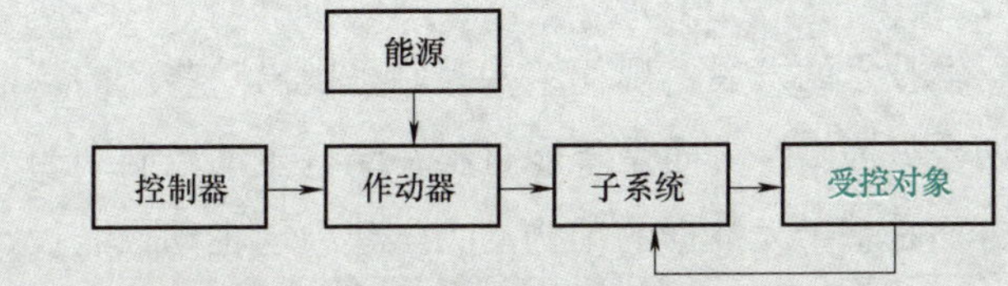

◀ 图 1-23　开环控制系统

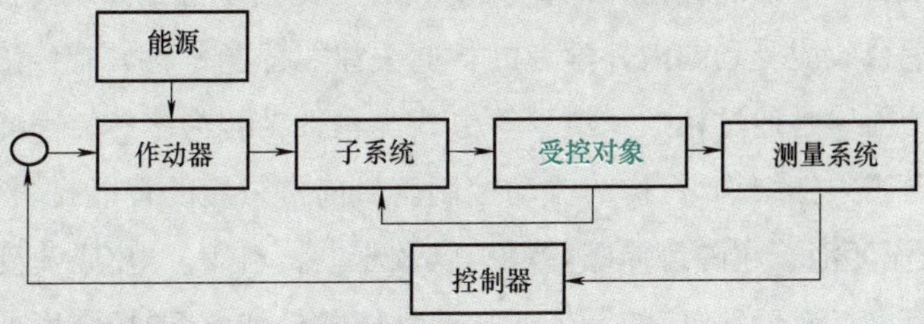

◀ 图 1-24　闭环控制系统

（3）混合控制

混合控制是指在控制的过程中，同时采用主动控制技术和被动控制技术。被动控制简单可靠、不需要外部能源、经济易行，但控制范围及控制幅度受到限制；主动控制减振效果好，但需要外部能源，系统配置的要求较高，造价也较为昂贵。将两种系统联合使用，利用二者各自的优势，可以达到更经济和更合理的控制目标。主动控制用来提高被动控制的功效，被动控制用来降低主动控制对能量的要求。外部能源数量是混合控制和主动控制的根本不同。对于建筑结构的抗震，混合控制有一优点，即强震下能源得不到保障时仍可依靠被动控制进行能量耗散，单独采用主动控制时却不具备此点。

（4）半主动控制

在振动控制策略中还有一类控制，即半主动控制。半主动控制一般以被动控制为主，使用少量能量用于改变被动控制系统的参数和工作状态，以适应系统对最优状态的跟踪。半主动控制比主动控制容易实施且更经济，而且其控制效果与主动控制相近，具有较大的研究和应用开发价值。半主动控制的控制器一般仍采用主动控制理论来进行设计。对于结构振动的半主动控制，一般多是采用磁流变（MR）阻尼器和电流变（ER）阻尼器，其中磁流变阻尼器可以通过调整磁流变阀中的电场强度来调整阻尼器的阻尼系数，当它安置在结构上时，所实现的结构控制就是半主动控制。

1.3.2 现代结构控制特征

现代结构控制特征

随着科学技术的发展，现代结构控制呈现出一些新的特征，主要表现在两个方面：一方面是智能材料在结构主动控制中的大量应用，另一方面是基于大数据的结构动力学建模与主动控制设计。随着材料科学、控制理论和计算机技术的发展，智能材料以其独特的物理耦合效应受到国内外学者的普遍关注。智能材料具有传感和作动的功能，是通过粘贴和填满等方式与构件结合为一体，因此它非常适合于柔性结构/机构的振动控制。目前常采用的智能材料包括：电/磁流变液、超磁致伸缩材料，以及压电材料等。电/磁流变液是指具有电/磁流变效应的流体，它的黏度随外加电/磁场强度的变化而变化，当电/磁场强度达到一定值的时候，电/磁流变液由流动性能良好的牛顿流体转变为剪切屈服应力很高的黏弹塑性体，并且这一过程是可逆的。通过对电/磁场强度的控制很容易实现黏度和屈服应力的主动控制。超磁致伸缩材料在磁场作用下具有较强的磁滞伸缩效应，即在磁场作用下，它的体积和尺寸均发生变化。在一定的磁场中，给磁性体施加外力作用，其磁化强度发生变化，即产生逆磁滞伸缩现象。利用这两种效应可将超磁致伸缩材料用作作动器和传感器。压电材料是指具有压电效应的一类材料，在机械变形作用下该材料会发生极化而在材料两端的表面间产生电位差，同时在电场作用下该材料会发生机械变形。利用这一特性，压电材料可以用来构建传感器和作动器。随着科学技术特别是航空和航天技术的飞速发展，以智能材料为传感器与作动器而构成的具有自感知和自控制的智能结构系统必将具有更广阔的应用前景。

近年来，深度神经网络的快速发展推动了机器学习研究的再次繁荣，并引领了第三次人工智能浪潮。随着机器学习技术的日益成熟，人工智能方法也开始在力学研究中得到应用，例如，采用深度学习识别和量化材料损伤、采用流型学习构建材料本构、采用演化推理获取模型最佳解析形式，以及采用深度对抗网络求解偏微分方程等。这些跨学科的研究成果让科研人员认识到人工智能方法在解决力学建模问题上具有的巨大潜力。在上述背景下，基于数据驱动的力学建模技术应用而生。基于数据驱动的结构动力学建模方法研究正是该领域的主要研究分支之一。与传统的结构动力学建模方法不同，基于数据驱动的建模方法无须对物理对象的抽象进行简化和数学推导，这不仅可以提升建模的精度，也极大地降低了动力学建模的工作量，十分适用于解决复杂工程对象的建模问题。另外，基于大数据的建模方法可以应用于挖掘复杂系统所蕴含的物理规律和解释物理现象的产生机理，为进一步设计优化主动控制方法提供理论依据和灵感。

1.4　本章小结

本章主要对振动力学与振动控制进行了综述，总结本章的关键知识点如下。

1）力学属于一级学科，主要下设动力学与控制、固体力学、流体力学三个二级学科。力学的学科定位是联系理论与工程实际的桥梁，为其他工程学科提供理论与方法。

2）振动力学是借助数学、物理、实验和计算技术，探讨各种振动现象，阐明振动的基本规律，以便克服振动的消极因素，并利用其积极因素，为合理解决各种振动问题提供理论依据。学习振动力学有两个目的：一是掌握振动的基本理论和分析方法，用以确定和限制振动对工程结构和机械产品的性能、寿命和安全的有害影响；二是运用振动理论去创造和设计新型的振动设备、仪器及自动化装置。

3）振动问题有三大分类：第一类是已知激励和系统、求响应，这类问题称为动力响应分析，是动力学的正问题；第二类是已知激励和响应、求系统，这类问题称为系统识别或者系统辨识，是动力学的第一类逆问题；第三类是已知系统和响应、求激励，这类问题称为环境预测或者载荷识别，是动力学的第二类逆问题。正问题的求解较为容易，逆问题的求解相对较难。

4）振动问题的数学力学模型有两类：一类是连续系统模型，

描述这类模型的动力学方程为偏微分方程；另一类是离散系统模型，描述这类模型的动力学方程为常微分方程。

5）振动总体上讲可以分为线性振动和非线性振动，线性振动的一个显著特征是叠加原理成立。

6）振动控制总体上讲可以分为三大类：被动控制、主动控制、混合控制。被动控制无须外部能量输入，它是通过耗能等方式来达到抑制结构振动的目的。主动控制需要外部能力输入，通过外部能量对结构的阻尼和刚度进行主动调节以达振动控制的目的。混合控制则是将主动控制与被动控制同时用于结构，以达到抑制结构振动的目的。主动控制比被动控制具有更高的灵活性，控制效果也优于被动控制，是当今研究的热点。

7）现代结构控制呈现出一些新的特征，主要表现在两个方面：一方面是智能材料在结构主动控制中的大量应用，另一方面是基于大数据的结构动力学建模与主动控制设计。

习　题

1.1　力学是一级学科，下设动力学与控制、固体力学、流体力学三个二级学科。这三个二级学科主要研究什么内容？

1.2　振动系统的三要素是什么？它们的作用是什么？

1.3　振动系统按照输入、系统、输出可以分为三大类问题，一个为动力学的正问题，另外两个为逆问题。这三类问题的具体研究内容是什么？难易程度如何？

1.4　常微分方程和偏微分方程的求解难易程度如何？

1.5　非线性振动是否满足叠加原理？

1.6　被动控制是否需要进行系统状态的实时反馈？

1.7　请网上查询了解压电材料的传感和作动功能、磁流变液的振动控制机理。

1.8　请网上查询了解结构振动的数据驱动动力学建模的基本原理。

Chapter 2

第 2 章

单自由度系统的自由振动

第 2 章 单自由度系统的自由振动

牛顿（Isaac Newton，1642—1727）

英国自然哲学家、剑桥大学数学教授、英国皇家学会主席。他于 1687 年出版的论及物体运动规律和条件的《自然哲学的数学原理》一书，被认为是当时最伟大的科学巨著。他的关于力、质量和动量的定义以及三大运动定律的相继出现，构成了动力学理论的基石。在国际单位制中，力的单位牛顿（N）就是用他的名字命名的。

学习要点：

- 掌握自由振动的求解方法
- 掌握阻尼自由振动的求解
- 掌握如何利用能量法求解频率和建立方程
- 掌握常用的阻尼问题处理方法

振动系统包含有三大类元件：惯性元件、弹性元件、阻尼元件。惯性元件是感受加速度的元件，它表现为系统的质量或转动惯量；弹性元件是产生使系统恢复原来状态的恢复力的元件，它表现为具有刚度或扭转刚度的弹性体；阻尼元件则是耗能元件。在实际工程中，质量大、弹性小的元件可以作为集中质量处理，弹性大、质量小的元件可以作为弹簧处理。工程振动问题的处理遵循着“能简单不复杂”的原则，即在满足精度要求的前提下，尽可能地用简单的处理方法解决好振动问题，也即“简单就是美”。

单自由度系统是最简单的振动系统，用一个广义坐标就能描述好系统的振动。单自由度振动系统的分析是多自由度系统振动分析的基础。本章介绍单自由度系统的自由振动，第 3 章将介绍单自由度系统的受迫振动，这两章内容将为第 4 章多自由度系统的振动分析打下基础。

2.1 无阻尼自由振动

无阻尼自由振动（1）

无阻尼自由振动（2）

图 2-1 所示为一铅垂平面内的单自由度质量-弹簧系统，令系统质量为 m，弹簧刚度为 k，位移为 x，以质量块静平衡位置为坐标原点，λ 为静变形。受到初始扰动时，由牛顿第二定律，得

$$m\ddot{x}(t)=mg-k(\lambda+x(t)) \tag{2-1}$$

在静平衡位置处，有 $mg=k\lambda$，则质量块的固有振动或自由振动微分

方程为

$$m\ddot{x}(t)+kx(t)=0 \tag{2-2}$$

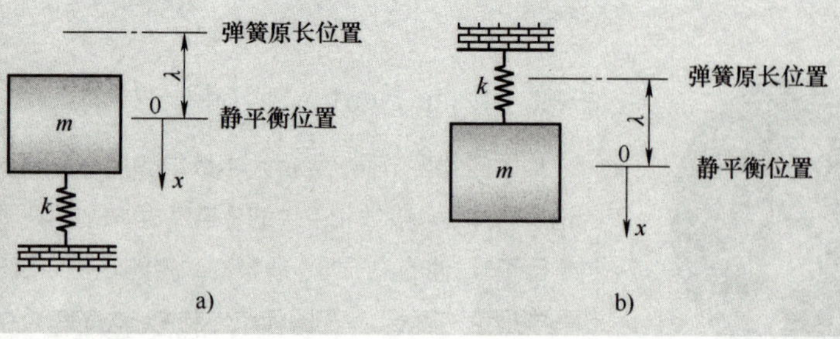

▶ 图 2-1　无阻尼单自由度系统

令

$$\omega_0=\sqrt{\frac{k}{m}} \tag{2-3}$$

式中，ω_0 称为系统的固有频率，单位为 rad/s（弧度/秒）。该参数是系统的固有特征，与系统是否振动和如何振动无关。

利用式（2-3），式（2-2）可以改写为

$$\ddot{x}(t)+\omega_0^2x(t)=0 \tag{2-4}$$

式（2-4）称为齐次微分方程，根据微分方程的理论，其通解可以写为

$$x=ce^{st} \tag{2-5}$$

其中，c 和 s 为待定系数。将式（2-5）代入式（2-4），可以得到特征方程为

$$s^2+\omega_0^2=0 \tag{2-6}$$

解得特征根为

$$s_{1,2}=\pm i\omega_0 \tag{2-7}$$

式中，$i=\sqrt{-1}$。s_1 和 s_2 都满足特征方程，因此微分方程（2-4）的通解可以写为

$$x(t)=A_1e^{s_1t}+A_2e^{s_2t}=A_1e^{i\omega_0t}+A_2e^{-i\omega_0t} \tag{2-8}$$

式中，A_1 和 A_2 为任意常数。利用欧拉公式 $e^{\pm i\omega t}=\cos\omega t\pm i\sin\omega t$，式（2-8）可以改写为

$$x(t)=c_1\cos(\omega_0t)+c_2\sin(\omega_0t)=A\sin(\omega_0t+\varphi) \tag{2-9}$$

式中，c_1 和 c_2 为新的任意常数，由振动的初始条件所决定。$A=\sqrt{c_1^2+c_2^2}$ 为振动的幅值，即振幅。$\varphi=\arctan\dfrac{c_1}{c_2}$ 称为初相位，也是由振动的初始条件所决定。与固有频率 ω_0 不同，振幅 A 和初相位 φ 不

是系统的固有特征，与系统所受激励和初始状态有关。

画出式（2-9）解的图形，如图 2-2 所示，即为单自由度系统的振动响应时间历程。

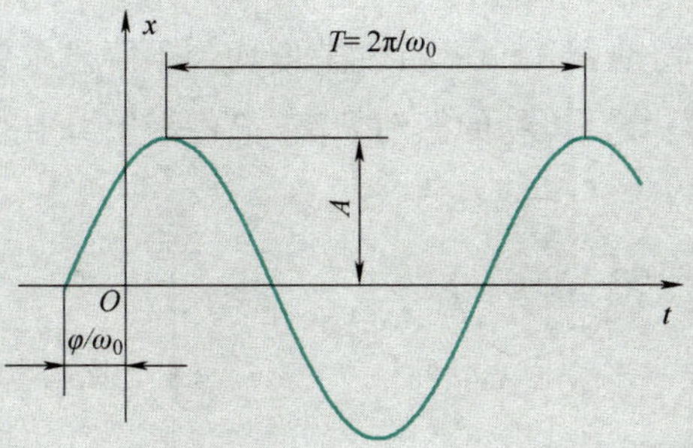

◀ 图 2-2　单自由度系统振动响应时间历程

考虑系统在初始扰动下的自由振动，令零时刻系统的初始条件为

$$x(0)=x_0,\ \dot{x}(0)=\dot{x}_0 \tag{2-10}$$

代入式（2-9）可以解得

$$c_1=x_0,\ c_2=\frac{\dot{x}_0}{\omega_0} \tag{2-11}$$

因此，单自由度系统在初始条件下自由振动的解为

$$\begin{aligned} x(t) &= x_0\cos(\omega_0 t)+\frac{\dot{x}_0}{\omega_0}\sin(\omega_0 t) \\ &= A\sin(\omega_0 t+\varphi) \end{aligned} \tag{2-12}$$

式中，振幅 A 和初相位 φ 分别为

$$A=\sqrt{x_0^2+\left(\frac{\dot{x}_0}{\omega_0}\right)^2},\ \varphi=\arctan\frac{x_0\omega_0}{\dot{x}_0} \tag{2-13}$$

由图 2-2 和式（2-12）可以看出，无阻尼的质量-弹簧系统受到初始扰动后，其自由振动是以系统固有频率 ω_0 为振动频率的简谐振动，并且永无休止。初始条件是外界能量转入的一种方式，有了初始位移即向系统中转入了弹性势能，有了初始速度即转入了动能。

下面给出固有频率的另一种计算方式。由图 2-1 可知，在静平衡位置处有 $mg=k\lambda$，因此有

$$\omega_0=\sqrt{\frac{k}{m}}=\sqrt{\frac{g}{\lambda}} \tag{2-14}$$

对于不易得到 m 和 k 的系统，若能测出静变形 λ，则用该式计算固有频率较为方便。

无阻尼自由振动算例（Ⅰ）(1)

无阻尼自由振动算例（Ⅰ）(2)

例 2-1 如图2-3 所示的矿用提升机系统，重物通过钢丝绳缠绕在卷扬机的轮毂上，卷扬机通过电动机驱使轮毂转动以提升或下放重物。重物重量 $W=1.47\times10^5$N，钢丝绳的弹簧刚度 $k=5.78\times10^4$N/cm，重物以 $v=15$m/min 的速度均匀下降。求钢丝绳的上端突然被卡住时：1）重物的振动频率；2）钢丝绳中的最大张力。

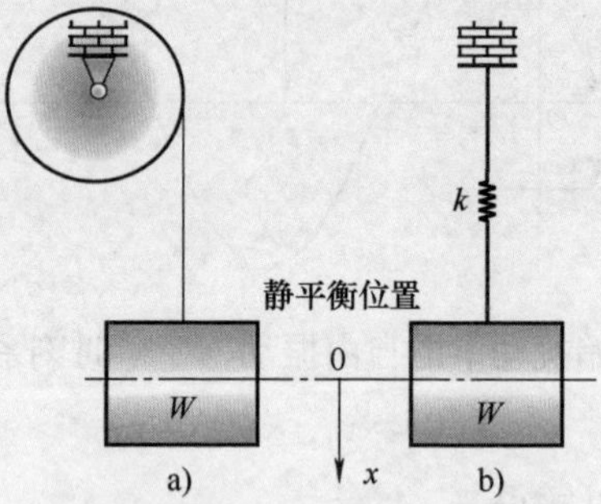

▶ 图 2-3 矿用提升机系统

【解】 钢丝绳上端突然被卡住时，由于钢丝绳的弹性，重物做上下往复的自由振动，振动频率为振动系统的固有频率，即

$$\omega_0=\sqrt{\frac{gk}{W}}=19.6\text{rad/s} \tag{a}$$

重物匀速下降时处于受力平衡位置，若将坐标原点取在绳被卡住瞬时重物所在的位置，则 $t=0$ 时，有

$$x_0=0,\ \dot{x}_0=v \tag{b}$$

因此，由式（2-12）可以得到振动解为

$$x(t)=\frac{v}{\omega_0}\sin(\omega_0 t)=1.28\sin(19.6t) \tag{c}$$

绳中最大张力等于静张力与动张力之和，即

$$T_{\max}=W+kA=1.47\times10^5\text{N}+0.74\times10^5\text{N}=2.21\times10^5\text{N} \tag{d}$$

其中，$T_s=W$ 表示钢丝绳的静张力，kA 表示钢丝绳的最大动张力，A 为重物振动的幅度。可见，动张力几乎是静张力的一半。由于 $kA=kv/\omega_0=v\sqrt{km}$，为了减少振动引起的动张力，应当降低提升机系统的刚度。

钢丝绳工程案例 1：钢丝绳在矿山设备中有着大量使用，提升机通过钢丝绳将人或物从矿井中升降，钢丝绳的维护与保养对工程机械和人的安全性起着重要作用。2012 年 9 月 25 日零时 25 分，甘肃白银发生煤矿人车钢丝绳断裂事故，当时下井作业的 34 人正在坐人车升井，当人车提升至距离井口约 80m 处时，钢丝绳断裂，人车下滑至距离井口 230m 处发生翻滚，造成 20 人死亡。由此可见钢丝绳对于矿山人员安全的重要性。

钢丝绳工程案例 2： 航空母舰是衡量一个国家综合实力以及海洋战略能力的重要标志，甲板上的阻拦索是航空母舰上的重要部件，它是一种特殊的钢丝绳。通常舰载机的降落速度可以达到 300km/h，而甲板上真正可以用于舰载机降落的距离最多只有 100m，这就意味着舰载机需要在短短 3s 内精准落地，并且成功钩住阻拦索然后实现制动。这一过程不仅要求飞行员有极高的飞行技术，还对阻拦索的材料等提出了很高的要求。阻拦索不但要有很强的抗疲劳能力以适应舰载机的反复起落，而且在硬度、韧性等性能上需达到更高的要求。在各项参数要求极其严苛的情况下，发达国家认为我国没有能力制造阻拦索，更造不了航母。我国科研人员发奋图强、努力攻关，不但建造了自己的航母，而且在很短时间内研制成功自己的阻拦索。更进一步，我国自主研制的电磁弹射技术也已经应用于自主建造的福建舰上。

例 2-2 如图2-4 所示，重物落下与简支梁做完全非弹性碰撞。梁长 l，抗弯刚度为 EI，不计梁质量。求重物的自由振动频率和梁的最大挠度。

【解】 该系统类似于重工业制造中的锻锤锻造物件，如图 2-5a 所示，利用重物的重力对物件进行锻造。对于本算例，重物在铅垂方向发生自由振动，简支梁相当于提供了一个弹簧的作用。以简支梁承受重物的静平衡位置为坐标原点，取重物铅垂方向的位移 x 为广义坐标，如图 2-4b 所示。

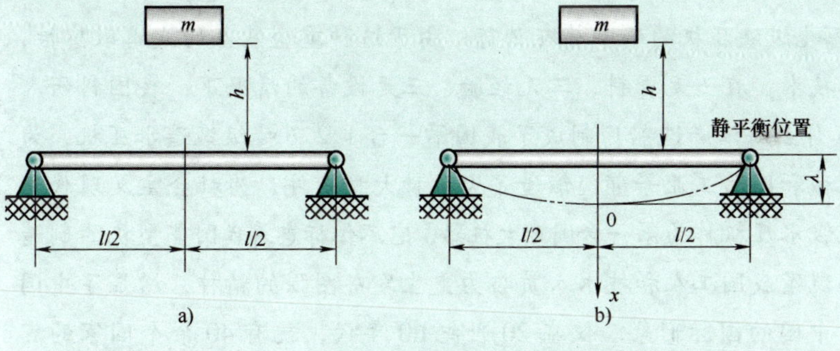

◀ 图 2-4 重物落下简支梁振动系统

由材料力学知识，可以得出简支梁在重物重力作用下所产生的静变形为

$$\lambda = \frac{mgl^3}{48EI} \tag{a}$$

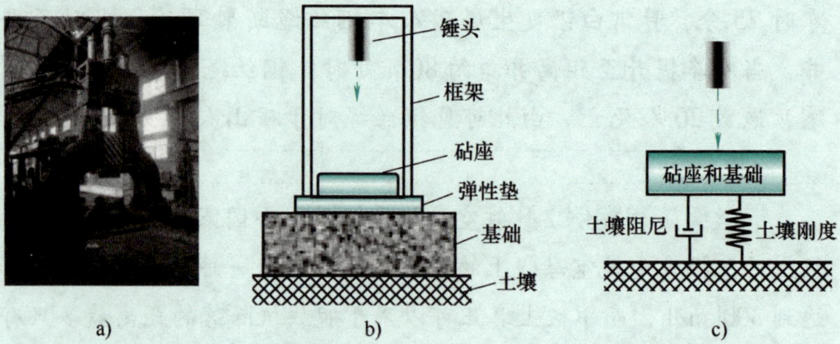

▶ 图 2-5　锻锤锻造物件

因此，重物自由振动的频率为

$$\omega_0=\sqrt{\frac{g}{\lambda}}=\sqrt{\frac{48EI}{ml^3}} \tag{b}$$

假定以重物撞击梁时刻为零时刻，则 $t=0$ 时，重物具有如下初始位移和初始速度：

$$x_0=-\lambda,\ \dot{x}_0=\sqrt{2gh} \tag{c}$$

由式（2-13）可以得到重物自由振动的振幅为

$$A=\sqrt{x_0^2+\left(\frac{\dot{x}_0}{\omega_0}\right)^2}=\sqrt{\lambda^2+2h\lambda} \tag{d}$$

因此，梁的最大挠度为

$$\lambda_{\max}=A+\lambda \tag{e}$$

万吨水压机：电力、冶金、重型机械和国防工业都需要大型锻件，其制作需要大型锻造水压机来完成。万吨级锻造水压机是重型机器制造厂的关键核心设备，标志着一个国家重型机器制造业的发展水平。20 世纪 50 年代，我国开始发展重工业，那时我国最大的液压机是从捷克购买的 6000 吨级，万吨级液压机的研制势在必行。由于这种重型装备的战略敏感性，任何一个国家都不会出让其技术。在一无资料、二无经验、三无设备的情况下，我国科研人员历时 4 年时间，1962 年 6 月上海江南造船厂制成了我国第一台 1.2 万吨级锻造水压机，为国家电力、冶金、化学、机械和国防工业等部门锻造了大批特大型锻件，为社会主义现代化建设做出了重大贡献。万吨级水压机作为第一台国产大机器，它不但标志着我国重型机器制造业步入了新的水平，而且体现了我国工人和技术人员自力更生发奋图强的精神，增强了中国人的民族自信心，也提升了中国的国际形象。仅在 20 世纪 60 年代，就有 40 余个国家的宾客前来一睹万吨水压机的风采。美国记者埃德加·斯诺参观时，将锻压钢锭的场面拍成了电影。近年来，我国又造出了 8 万吨级模锻压机，一举拿下世界第一的桂冠，这对我国国防建设和民用工业领域的意义都很重大。拥有 4 万吨级以上重型锻压机的国家只有四个，分别是中、美、俄、法。其中美国有两台 5 万吨级，法国有一台 6.5 万吨级，俄罗斯的 7 万吨级曾经保持了 50 年世界第一的记录。我国拥有了 3 台 4 万吨级以上的锻压机，其中 8 万吨级的问世震惊了世界。

例 2-3 如图2-6 所示的圆盘转动系统。圆盘转动惯量为 I，轴的扭转刚度 k_θ(N·m/rad) 定义为使得圆盘产生单位转角所需的力矩，不计轴质量。求圆盘扭转振动的固有频率。

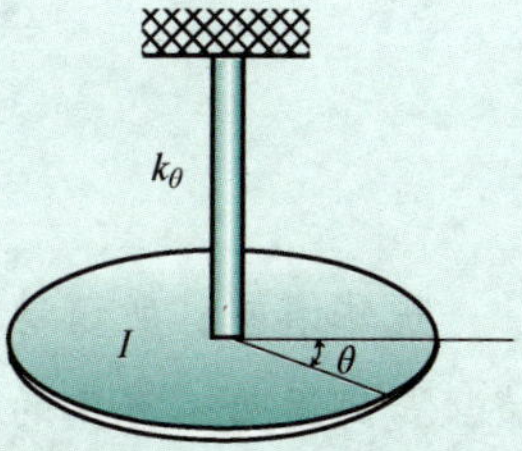

图 2-6　圆盘扭转振动

【解】 圆盘扭转振动的工程对象有汽轮机轴系的扭振等，如图 2-7 所示。在圆盘静平衡位置任选一根半径作为角位移的起点位置，由牛顿第二定律可知，圆盘扭转自由振动的动力学方程为

图 2-7　汽轮机轴系扭振

$$I\ddot{\theta}(t)+k_\theta\theta(t)=0 \tag{a}$$

即

$$\ddot{\theta}(t)+\omega_0^2\theta(t)=0 \tag{b}$$

圆盘扭转振动的固有频率为

$$\omega_0=\sqrt{\frac{k_\theta}{I}} \tag{c}$$

无阻尼自由振动

算例（Ⅱ）

例 2-4 如图2-8 所示的复摆，刚体质量为 m，C 点为重心，对悬点的转动惯量为 I_0。求复摆在平衡位置附近做微振动时的动力学方程和固有频率。

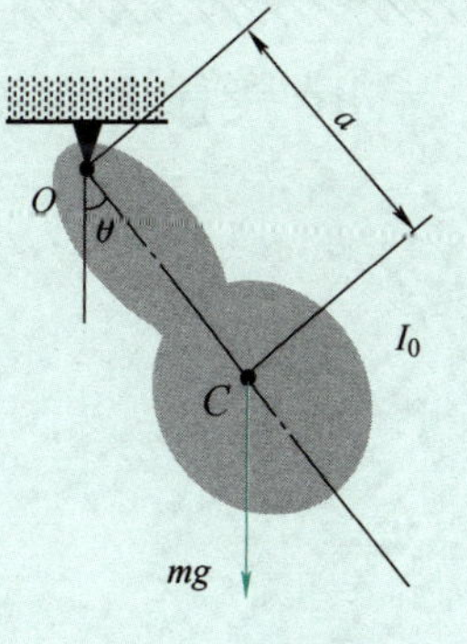

图 2-8　复摆

【解】 复摆的工程对象有集装箱码头的龙门起重机（见图 2-9），工厂里的门式起重机（见图 2-10）等，门式起重机在吊装作业时被吊物体会发生来回摆动。对于本算例，由牛顿定律可得动力学方程，即

$$I_0\ddot{\theta}(t)+mga\sin\theta(t)=0 \tag{a}$$

微摆动时 $\sin\theta\approx\theta$，动力学方程可以写为

$$I_0\ddot{\theta}(t)+mga\theta(t)=0 \tag{b}$$

因此，可以得到摆动的固有频率为

$$\omega_0=\sqrt{\frac{mga}{I_0}} \tag{c}$$

若已测出物体摆动的固有频率 ω_0，则可求出 I_0，再由移轴定理，可以得到物体绕质心的转动惯量为

$$I_c=I_0-ma^2 \tag{d}$$

这是试验确定复杂形状物体的转动惯量的一个方法。

图 2-9　集装箱码头龙门起重机

图 2-10　工厂里的门式起重机

振华港机： 所谓港机，就是能够进行货物装卸、堆码、转运等一系列港口货物运输的器械，是海运必不可少的重要装备。想融入全球化，轮船和港机显然都至关重要。然而，在20世纪90年代，我国在这个行业还处于一穷二白的落后状态，全球95%的市场都被日、德、韩三国的公司占领。为了改变这一状况，我国的振华重工集团锐意进取、追求创新，到了1998年其产品市场占有率就已达到世界第一，而这时距离集团成立时间1992年仅有6年。据英国权威杂志《世界货运新闻》(*World Cargo News*) 统计，从2015年6月至2016年6月间，全球共有271台岸桥订单，其中222台订单来自振华重工，占比82%，这是振华重工在港口机械市场连续18年位居世界第一。

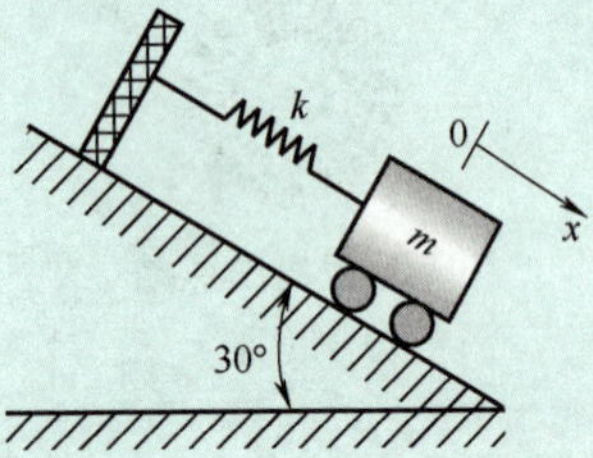

图 2-11　质量-弹簧系统

例 2-5　如图2-11 所示，质量-弹簧系统沿光滑斜面做自由振动。斜面倾角为30°，质量为 $m=1\text{kg}$，弹簧刚度为 $k=49\text{N/cm}$，开始时弹簧无伸长且速度为零，重力加速度取 9.8m/s^2。求系统振动的动力学方程。

【解】　在进行振动分析时，首先应搞清楚谁在振动、振动的形式是什么，然后才能进行振动分析。对于本算例，质量块在振动，在斜面上做自由直线振动。以质量块在斜面上的静平衡位置为坐标原点建立坐标系，质量块振动的固有频率为

$$\omega_0=\sqrt{\frac{k}{m}}=\sqrt{\frac{49\times10^2}{1}}\text{rad/s}=70\text{rad/s} \tag{a}$$

振动初始位移求解公式如下

$$kx_0=mg\sin30° \tag{b}$$

解得初始位移为

$$x_0=0.1\text{cm} \tag{c}$$

振动开始时刻质量块静止，初始速度为零，即 $\dot{x}_0=0$。因此，质量块的振动动力学方程可以写为

$$x(t)=0.1\cos(70t) \tag{d}$$

思考题 如果将系统竖直放置，即斜面倾角为 90°，质量块的振动频率是否发生改变?

由以上几个例子可以看出，振动的方式一般有三种：直线振动、扭转振动、摆动。扭转振动和摆动也称为角振动。描述直线振动的坐标为直线位移，描述角振动的坐标为角位移。除了坐标形式不同外，角振动与直线振动的数学描述是完全相同的。如果在质量-弹簧系统中将 m 和 k 称为广义质量和广义刚度，则质量-弹簧系统的有关结论完全适用于角振动的情况。以后不加特别声明时，质量-弹簧系统是广义的。

从上述例子还可以看出，单自由度无阻尼系统总包含着惯性元件和弹性元件两种基本元件。惯性元件是感受加速度的元件，它表现为系统的质量或转动惯量；而弹性元件是产生使系统恢复原来状态的恢复力的元件，它表现为具有刚度或扭转刚度的弹性体。同一个系统中，若惯性增加，则使固有频率降低；而若刚度增加，则固有频率增大。

2.2 能量法

对于不计阻尼即认为没有能量损失的单自由度系统，可以利用能量守恒原理建立自由振动微分方程，或者直接求出固有频率。

能量法

无阻尼系统为保守系统，其机械能守恒，即动能 T 和势能 V 之和保持不变：

$$T+V=\text{常数} \tag{2-15}$$

或

$$\frac{\mathrm{d}}{\mathrm{d}t}(T+V)=0 \tag{2-16}$$

对于图 2-12 所示的质量-弹簧系统，坐标原点建立在静平衡位置，λ 为弹簧静变形，系统的动能为

$$T=\frac{1}{2}m\dot{x}^2 \tag{2-17}$$

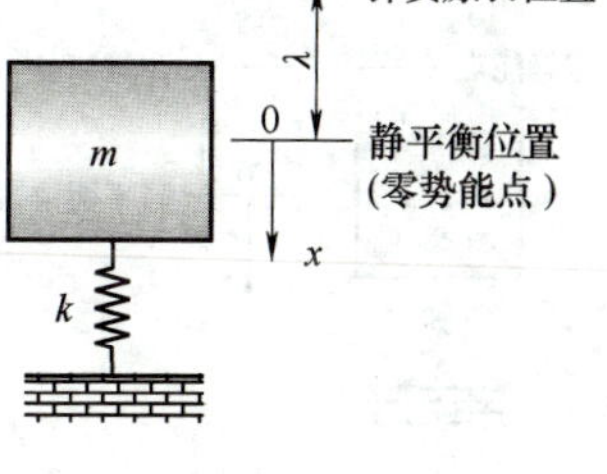

图 2-12 质量-弹簧系统

系统的势能包括两项，一项为重力势能 $-mgx$，另一项为弹性势能 $\int_0^x k(\lambda+x)\,\mathrm{d}x$，系统的势能可以写为

$$V=-mgx+\int_0^x k(\lambda+x)\,\mathrm{d}x=-mgx+k\lambda x+\frac{1}{2}kx^2=\frac{1}{2}kx^2 \tag{2-18}$$

动能和势能之和为

$$T+V=\frac{1}{2}m\dot{x}^2+\frac{1}{2}kx^2 \tag{2-19}$$

求导可得

$$(m\ddot{x}+kx)\dot{x}=0 \tag{2-20}$$

对于振动问题，$\dot{x}$ 不可能恒为零，因此有

$$m\ddot{x}(t)+kx(t)=0 \tag{2-21}$$

这是一个齐次动力学方程，其中只有惯性力项和弹性力项，但是不含有重力项，重力项和弹簧的静变形力项相抵消。建立动力学方程后，即可以求出固有频率。

由以上过程可以看出，对于无阻尼单自由度自由振动系统，能量法可以做两件事：建立系统动力学方程和求解系统固有频率。

如果将坐标原点不是取在系统的静平衡位置，而是取在弹簧为自由长时的位置，此时系统的动能为

$$T=\frac{1}{2}m\dot{x}^2 \tag{2-22}$$

系统的势能为

$$V=-mgx+\int_0^x kx\mathrm{d}x=-mgx+\frac{1}{2}kx^2 \tag{2-23}$$

利用式（2-19）求导可得

$$m\ddot{x}\dot{x}-mg\dot{x}+kx\dot{x}=0 \tag{2-24}$$

即

$$m\ddot{x}(t)+kx(t)=mg \tag{2-25}$$

可以看出，此时系统的动力学方程变成一个非齐次微分方程，方程中包含有重力项。对于微分方程的求解来说，非齐次方程求解的难度要远高于齐次方程。坐标选择的不同会导致所建立起的系统动力学方程的求解难易程度不同。若设新坐标（见图 2-13）为

$$y=x-\frac{mg}{k}=x-\lambda \tag{2-26}$$

代入式（2-25）中，可以得

$$m\ddot{y}(t)+ky(t)=0 \tag{2-27}$$

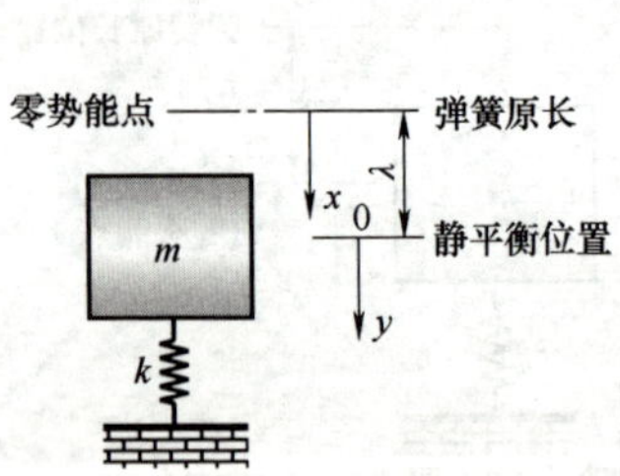

图 2-13　质量-弹簧系统新坐标

动力学方程又变成了齐次方程，方程中不再出现重力项。

由以上分析可以得出如下结论：对于单自由度系统的自由振

动，如果重力的影响仅是改变了惯性元件的静平衡位置，那么将坐标原点取在静平衡位置上，方程中将不会出现重力项。该项结论也同样适用于单自由度系统的受迫振动情况以及多自由度系统的振动情况。

考虑两个特殊位置上系统的能量，如图 2-14 所示。静平衡位置上，系统势能为零，动能达到最大，即

$$T_{\max}=\frac{1}{2}m\dot{x}_{\max}^{2},\ V=0 \tag{2-28}$$

最大位移位置，系统动能为零，势能达到最大，即

$$T=0,\ V_{\max}=\frac{1}{2}kx_{\max}^{2} \tag{2-29}$$

因为系统为保守系统，总能量保持恒定，因此有

$$T_{\max}=V_{\max} \tag{2-30}$$

即

$$\frac{1}{2}m\dot{x}_{\max}^{2}=\frac{1}{2}kx_{\max}^{2} \tag{2-31}$$

考虑到固有频率为 $\omega_0=\sqrt{k/m}$，因此有

$$\dot{x}_{\max}=\omega_0 x_{\max} \tag{2-32}$$

同理，对于转动振动的情况，有

$$\dot{\theta}_{\max}=\omega_0\theta_{\max} \tag{2-33}$$

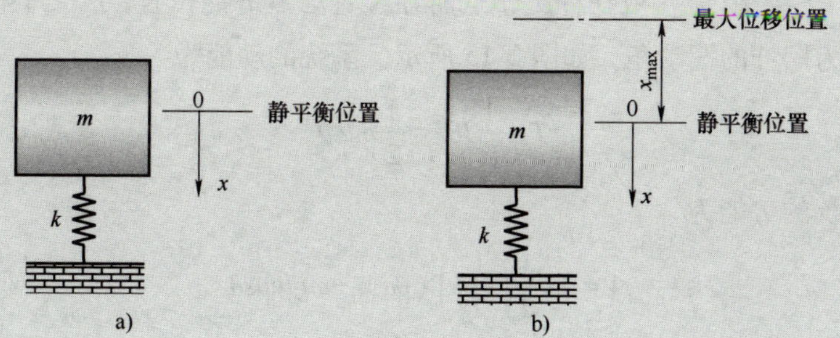

◀ 图 2-14 质量-弹簧系统两个特殊位置

例 2-6 如图2-15 所示的倒立摆，摆球质量为 m，刚杆质量忽略，每个弹簧的刚度为“$k/2$”。采用能量法求解倒摆作微幅振动时的固有频率。

【解法一】 倒立摆的工程实例有机场的瞭望塔、水箱罐等，如图 2-16 所示。取摆杆摆动角 θ 为广义坐标，如图 2-15 所示。

能量法算例（1）

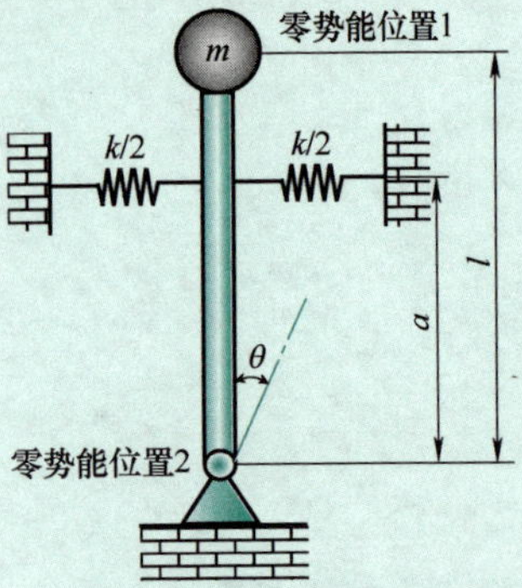

图 2-15　倒立摆

图 2-16　倒立摆工程实例

系统的动能为

$$T=\frac{1}{2}I\dot{\theta}^2=\frac{1}{2}ml^2\dot{\theta}^2 \tag{a}$$

其中，I 为摆球的转动惯量。

取摆球静止不动时的位置为零势能位置，并且考虑到摆球的微幅振动，系统的势能可以写为

$$\begin{aligned}V&=2\times\frac{1}{2}\left(\frac{1}{2}k\right)(\theta a)^2-mgl(1-\cos\theta)\\&=\frac{1}{2}ka^2\theta^2-mgl\left[1-\left(1-2\sin^2\frac{\theta}{2}\right)\right]\\&\approx\frac{1}{2}(ka^2\theta^2-mgl\theta^2)\\&=\frac{1}{2}(ka^2-mgl)\theta^2\end{aligned} \tag{b}$$

由 $T_{\max}=V_{\max}$，可以求得

$$\frac{1}{2}ml^2\dot{\theta}_{\max}^2=\frac{1}{2}(ka^2-mgl)\theta_{\max}^2 \tag{c}$$

由 $\dot{\theta}_{\max}=\omega_0\theta_{\max}$，可以求得系统的固有频率为

$$\omega_0=\sqrt{\frac{ka^2-mgl}{ml^2}} \tag{d}$$

【解法二】　取摆杆旋转点所在位置为零势能位置，广义坐标仍为摆杆的摆动角，如图 2-15 所示。系统的动能为

$$T=\frac{1}{2}I\dot{\theta}^2=\frac{1}{2}ml^2\dot{\theta}^2 \tag{e}$$

系统的势能为

$$\begin{aligned}V&=2\times\frac{1}{2}\left(\frac{1}{2}k\right)(\theta a)^2+mgl\cos\theta\\&=\frac{1}{2}ka^2\theta^2+mgl\left(1-2\sin^2\frac{\theta}{2}\right)\\&\approx\frac{1}{2}ka^2\theta^2+mgl-\frac{1}{2}mgl\theta^2\\&=\frac{1}{2}(ka^2-mgl)\theta^2+mgl\end{aligned} \tag{f}$$

由$\dfrac{d}{dt}(T+V)=0$，可以求得

$$2ml^2\dot{\theta}\ddot{\theta}+2\theta(ka^2-mgl)\dot{\theta}=0 \tag{g}$$

即

$$2ml^2\ddot{\theta}+2(ka^2-mgl)\theta=0 \tag{h}$$

此即为摆球微振动的动力学方程，系统的固有频率为

$$\omega_0=\sqrt{\frac{ka^2-mgl}{ml^2}} \tag{i}$$

显然，该结果与解法一的计算结果完全相同。由以上两个解法可以看出，坐标位置的不同选择不会改变系统的固有频率。

例 2-7 图2-17 所示的均质圆柱，圆柱质量为 m，半径为 R，圆柱与地面纯滚动，在圆柱上的 A、B 两点上挂有直线弹簧。采用能量法求解系统微振动的固有频率。

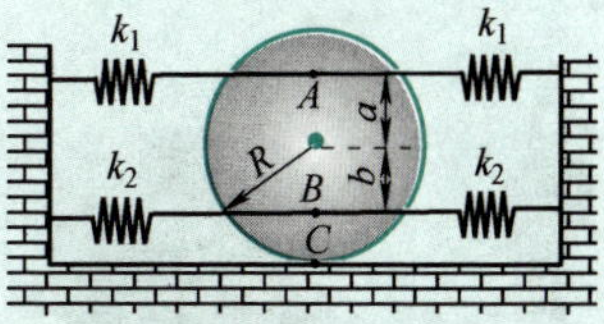

图 2-17 均质圆柱

能量法算例（2）

【解】 取圆柱的微转角 θ 为广义坐标。圆柱做平面一般运动，由柯尼西定理可以求得圆柱的动能为

$$T=\frac{1}{2}\left(\frac{3}{2}mR^2\right)\dot{\theta}^2 \tag{a}$$

圆柱与地面的接触点 C 为运动瞬心，由理论力学可知，A 点和 B 点的速度分别为

$$v_A=(R+a)\dot{\theta},\ v_B=(R-b)\dot{\theta} \tag{b}$$

因此，A 点和 B 点的位移为

$$x_A=(R+a)\theta,\ x_B=(R-b)\theta \tag{c}$$

圆柱的势能为

$$V=\frac{1}{2}(2k_1)(R+a)^2\theta^2+\frac{1}{2}(2k_2)(R-b)^2\theta^2 \tag{d}$$

由 $T_{\max}=V_{\max}$ 和 $\dot{\theta}_{\max}=\omega_0\theta_{\max}$，可以求得圆柱微小振动时的固有频率为

$$\omega_0=\sqrt{\frac{4}{3m}\left[k_1\left(1+\frac{a}{R}\right)^2+k_2\left(1-\frac{b}{R}\right)^2\right]} \tag{e}$$

例 2-8 图2-18 所示为铅垂面内的滑轮-质量-弹簧系统，该系统可以模拟工厂中用于吊装重物的人工葫芦（见图 2-19a）和电动

葫芦（见图 2-19b）。滑轮为均质圆柱，绳子不可伸长，且与滑轮间无滑动，绳右下端与地面固结。采用能量法确定系统微振动的固有频率。

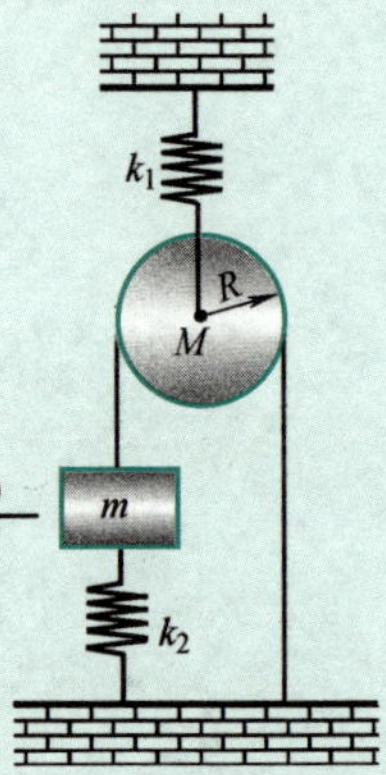

图 2-18　滑轮-质量-弹簧系统

a)　b)

图 2-19　人工葫芦和电动葫芦

【解】　取质量块静止不动时的静平衡位置为坐标原点，广义坐标为 x，如图 2-18 所示。虽然系统中有质量块和滑轮两个物体，但是两者的运动存在关联，因此系统的振动本质上仍为一个单自由度系统的振动。因为坐标原点取在静平衡位置上，因此在计算系统势能时可以不用罗列重力势能。

系统的动能为

$$T=\frac{1}{2}m\dot{x}^2+\frac{1}{2}M\left(\frac{1}{2}\dot{x}\right)^2+\frac{1}{2}\left(\frac{1}{2}MR^2\right)\left(\frac{\dot{x}}{2R}\right)^2$$
$$=\frac{1}{2}\left(m+\frac{3}{8}M\right)\dot{x}^2 \tag{a}$$

势能为

$$V=\frac{1}{2}k_2x^2+\frac{1}{2}k_1\left(\frac{1}{2}x\right)^2$$
$$=\frac{1}{2}\left(k_2+\frac{1}{4}k_1\right)x^2 \tag{b}$$

由 $T_{\max}=V_{\max}$ 和 $\dot{x}_{\max}=\omega_0 x_{\max}$，可以求得固有频率为

$$\omega_0=\sqrt{\frac{2k_1+8k_2}{3M+8m}} \tag{c}$$

2.3　瑞利法

瑞利法

利用能量法求解固有频率时，对于系统动能的计算只考虑了惯性元件的动能，而忽略了弹性元件的质量所具有的动能，因此算出的固有频率是实际值的上限。这种简化方法在许多场合中都能满足要求，但有些工程问题中，弹性元件本身的质量因占系统总质量相当大的比例而不能忽略，否则算出的固有频率明显偏高。

弹性元件的质量实际是分布质量，为了在动能计算中计入弹性元件的分布质量的动能，可以首先对弹性元件在振动过程中的形状做出假设，称之为**形状函数**或**振型**。利用动能计算将分布质量等效

为集中质量，加在原来的惯性元件的集中质量上，作为单自由度系统处理，从而得到更精确的固有频率的近似值，这种方法称为瑞利（Rayleigh）法。

以质量-弹簧系统为例，如图 2-20 所示，设静平衡时弹簧长为 l，振动中质量 m 的位移为 $x(t)$，弹簧上距固定端 s 处的位移既与 t 有关又与 s 有关，即应写为 $\eta(s,t)$，显然 $s=l$ 时有

$$\eta(l,t)=x(t) \tag{2-34}$$

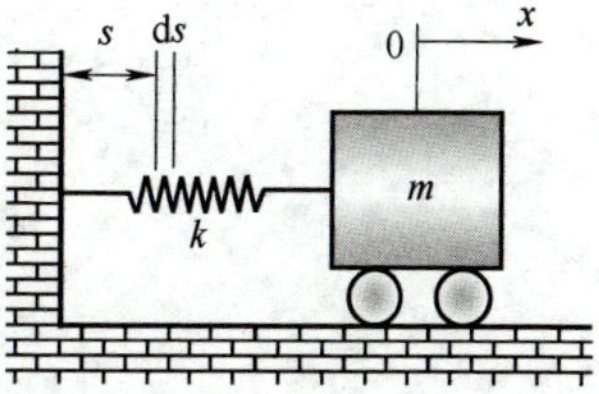

图 2-20　质量-弹簧系统

假设弹簧在振动时的形状（即弹簧的变形形式）是仅与 s 有关而与 t 无关的函数 $f(s)$，则弹簧各点在振动中的位移可以表示为

$$\eta(s,t)=x(t)f(s),\ 0\leqslant s\leqslant l \tag{2-35}$$

其中，$f(s)$ 为形状函数，定义为质量 m 有单位位移时弹簧各点相应的位移。由式（2-35）得到弹簧各点的速度为

$$\frac{\partial}{\partial t}\eta(s,t)=\dot{x}(t)f(s) \tag{2-36}$$

设单位长度弹簧的质量为 ρ，则弹簧的动能为

$$\begin{aligned} T_k &= \int_0^l \frac{1}{2}\rho\left[\frac{\partial}{\partial t}\eta(s,t)\right]^2 \mathrm{d}s \\ &= \frac{1}{2}\rho\dot{x}^2\int_0^l f^2(s)\,\mathrm{d}s \end{aligned} \tag{2-37}$$

系统的最大动能为

$$\begin{aligned} T_{\max} &= \frac{1}{2}m\dot{x}_{\max}^2+\frac{1}{2}\rho\dot{x}_{\max}^2\int_0^l f^2(s)\,\mathrm{d}s \\ &= \frac{1}{2}(m+m_e)\dot{x}_{\max}^2 \end{aligned} \tag{2-38}$$

其中，

$$m_e=\rho\int_0^l f^2(s)\,\mathrm{d}s \tag{2-39}$$

可见，只要把 m_e 这一部分质量加到原来的集中质量 m 上，则总动能也包括了弹簧的动能，集中质量 m_e 称为弹簧的等效质量。由于系统的势能并未改变，即刚度不变，因此固有频率的计算公式成为

$$\omega_0=\sqrt{\frac{k}{m+m_e}} \tag{2-40}$$

例 2-9 计算考虑弹簧质量时质量-弹簧系统的固有频率。

【解】 弹簧各点在振动中的位移 $\eta(s,t)$ 应满足:

$$\eta(0,t)=0,\ \eta(l,t)=x(t) \tag{a}$$

即振动形状函数 $f(s)$ 应满足:

$$f(0)=0,\ f(l)=1 \tag{b}$$

可以假设 $f(s)$ 为弹簧的静变形曲线:

$$f(s)=\frac{s}{l} \tag{c}$$

这样,弹簧的等效质量为

$$m_e=\rho\int_0^l f^2(s)\,\mathrm{d}s=\rho\int_0^l \frac{s^2}{l^2}\mathrm{d}s=\frac{1}{3}\rho l=\frac{1}{3}m' \tag{d}$$

其中,$m'=\rho l$ 是整个弹簧的质量。可见,为了考虑弹簧质量对固有频率的影响,只要将弹簧质量的 1/3 作为集中质量加到原来的质量上就可以了。由式(d)及式(2-40)得到的固有频率是相当精确的,它的相对误差在 $m'=m/2$ 时约为 0.5%,$m'=2m$ 时也仅为 3%。

2.4 等效质量和等效刚度

等效质量和等效刚度

由例 2-6、例 2-7 和例 2-8 可以看到,虽然三种系统的振动形式不同,但是它们都是单自由度振动系统。不同的单自由度系统的振动特性可以用一个等效的单自由度系统进行描述,等效系统的质量和刚度分别称为等效质量和等效刚度。有两种方法来确定等效质量和等效刚度。下面先介绍第一种方法。

选定广义坐标后,如果能够将系统的动能和势能写成如下标准形式:

$$T=\frac{1}{2}M_e\dot{x}^2,\ V=\frac{1}{2}K_e x^2 \tag{2-41}$$

则称 M_e 和 K_e 分别为系统的等效质量和等效刚度。此时系统的振动可以简化为质量为 M_e 和刚度为 K_e 的质量-弹簧系统的振动。这里等效的含义是指简化前后系统的动能和势能分别相等。

当 $\dot{x}$ 和 x 分别取最大值时,有

$$T \to T_{max}, \quad V \to V_{max} \tag{2-42}$$

因此，系统的固有频率为

$$\omega_0 = \sqrt{\frac{K_e}{M_e}} \tag{2-43}$$

对于例 2-6 的倒立摆，系统的动能和势能分别为 $T=1/2ml^2\dot{\theta}^2$ 和 $V=1/2(ka^2-mgl)\theta^2$，因此系统的等效质量和等效刚度分别为 $M_e=ml^2$ 和 $K_e=ka^2-mgl$。对于例 2-7，系统动能和势能分别为 $T=1/2(3/2mR^2)\dot{\theta}^2$ 和 $V=[(2k_1)(R+a)^2+(2k_2)(R-b)^2]\theta^2/2$，因此等效质量和等效刚度分别为 $M_e=3/2mR^2$ 和 $K_e=(2k_1)(R+a)^2+(2k_2)(R-b)^2$。同理，例 2-8 的等效质量和等效刚度分别为 $M_e=m+3M/8$ 和 $K_e=k_2+k_1/4$。

第二种确定系统等效质量和等效刚度的方法为定义法，分别定义如下。

等效刚度：使系统在选定的坐标上产生单位位移而需要在此坐标方向上所施加的力，称为系统在这个坐标上的等效刚度。

等效质量：使系统在选定的坐标上产生单位加速度而需要在此坐标方向上所施加的力，称为系统在这个坐标上的等效质量。

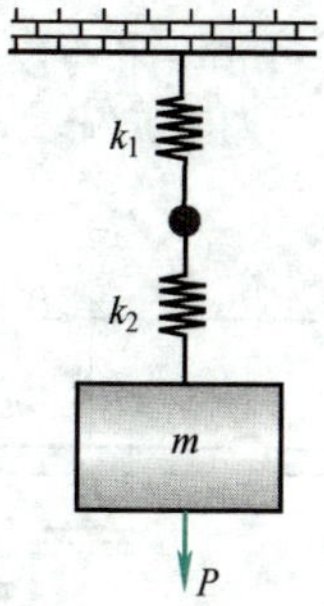

图 2-21　串联质量-弹簧系统

例如，对于图 2-21 所示串联质量-弹簧系统，在质量块上施加力 P，弹簧 1 的变形为

$$\lambda_1=\frac{P}{k_1}$$

弹簧 2 的变形为

$$\lambda_2=\frac{P}{k_2}$$

总变形为

$$\lambda=\lambda_1+\lambda_2=\left(\frac{1}{k_1}+\frac{1}{k_2}\right)P$$

根据定义，串联系统的等效刚度为

$$K_e=\frac{P}{\lambda}=\frac{k_1k_2}{k_1+k_2} \quad 或 \quad \frac{1}{K_e}=\frac{1}{k_1}+\frac{1}{k_2}$$

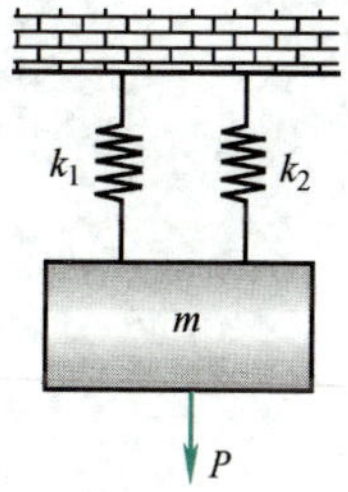

图 2-22　并联质量-弹簧系统

再例如，对于图 2-22 所示的并联质量-弹簧系统，在质量块上施加力 P，两个弹簧的变形量相等，都为 λ，但是受力不等，受力分别为

$$P_1=k_1\lambda,\ P_2=k_2\lambda$$

由力平衡,有

$$P=P_1+P_2=(k_1+k_2)\lambda$$

根据定义，系统的等效刚度为

$$K_e=\frac{P}{\lambda}=k_1+k_2$$

即并联弹簧的刚度是原来各个弹簧刚度的总和。

等效质量和等效刚度算例

例 2-10 图2-23 所示为杠杆系统。杠杆是不计质量的刚体，杆上固定有两个集中质量。坐标 x 的原点为质量 m_1 的静平衡位置。求系统对于坐标 x 的等效质量和等效刚度。

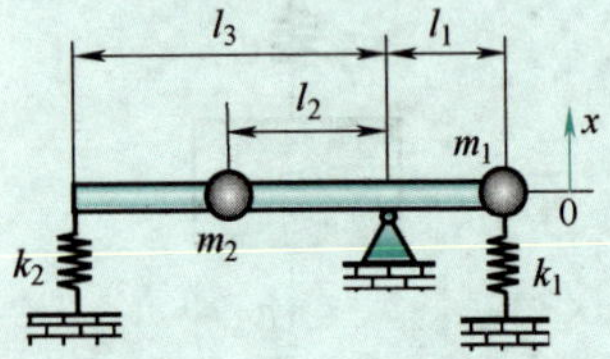

图 2-23　杠杆系统

【解法一】 分别采用两种方法进行求解。先考虑第一种方法。系统的动能可以写为

$$T=\frac{1}{2}m_1\dot{x}^2+\frac{1}{2}m_2\left(\frac{l_2}{l_1}\dot{x}\right)^2=\frac{1}{2}\left(m_1+\frac{l_2^2}{l_1^2}m_2\right)\dot{x}^2 \tag{a}$$

系统的势能为

$$V=\frac{1}{2}k_1x^2+\frac{1}{2}k_2\left(\frac{l_3}{l_1}x\right)^2=\frac{1}{2}\left(k_1+\frac{l_3^2}{l_1^2}k_2\right)x^2 \tag{b}$$

因此，坐标 x 的等效质量和等效刚度分别为

$$M_e=m_1+\frac{l_2^2}{l_1^2}m_2,\ K_e=k_1+\frac{l_3^2}{l_1^2}k_2 \tag{c}$$

系统振动固有频率为

$$\omega_0=\sqrt{\frac{K_e}{M_e}}=\sqrt{\frac{k_1+\frac{l_3^2}{l_1^2}k_2}{m_1+\frac{l_2^2}{l_1^2}m_2}}=\sqrt{\frac{k_1l_1^2+k_2l_3^2}{m_1l_1^2+m_2l_2^2}} \tag{d}$$

【解法二】 采用定义法求解。设使系统在 x 方向产生单位加速度需要在 x 方向所施加的力为 P，如图 2-24a 所示，在 m_1 和 m_2 上施加惯性力，采用达朗贝尔原理对支座取矩，可得

$$Pl_1=(m_1\cdot 1)l_1+\left(m_2\cdot\frac{l_2}{l_1}\right)l_2 \tag{e}$$

即

$$M_e = P = m_1 + \frac{l_2^2}{l_1^2} m_2 \quad \text{(f)}$$

此即为系统沿坐标 x 方向的等效质量。

设使系统在 x 坐标上产生单位位移所要在 x 方向施加的力为 P，如图 2-24b 所示，则在 k_1 和 k_2 处将产生弹性恢复力，同样采用达朗贝尔原理对支点取矩，有

$$Pl_1 = (k_1 \cdot 1) l_1 + \left(k_2 \cdot \frac{l_3}{l_1}\right) l_3 \quad \text{(g)}$$

因此，系统沿坐标 x 方向上的等效刚度为

$$K_e = P = k_1 + \frac{l_3^2}{l_1^2} k_2 \quad \text{(h)}$$

与第一种方法的结果进行对比可以看出，两种方法的结果是一致的。

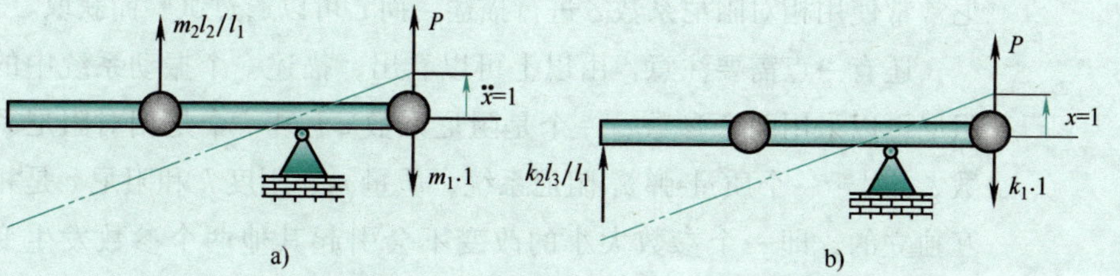

◀ 图 2-24　杠杆受力图

思考题　如果坐标换成其他坐标，如 m_2 的位移或者杠杆的转角，等效质量和等效刚度会不会发生改变？系统的固有频率又会不会发生改变？

2.5　阻尼自由振动

实际系统因存在各种各样的阻力，机械能不可能守恒。振动中将阻力称为**阻尼**，例如摩擦阻尼、电磁阻尼、介质阻尼、结构阻尼等。尽管已经提出许多数学上描述阻尼的方法，但是实际系统中阻尼的物理本质仍然极难确定。最常用的一种阻尼力学模型是**黏性阻尼**，例如，在流体中低速运动或沿润滑表面滑动的物体，通常就认为受到了黏性阻尼。

黏性阻尼力与相对速度成正比，方向与相对速度方向相反，即

$$F_{\mathrm{d}}=-cv \tag{2-44}$$

式中，c 称为**黏性阻尼系数**或**阻尼系数**，单位为 N · s/m。

建立平衡位置坐标，并做受力分析，如图 2-25 所示，系统的动力学方程可以建立为

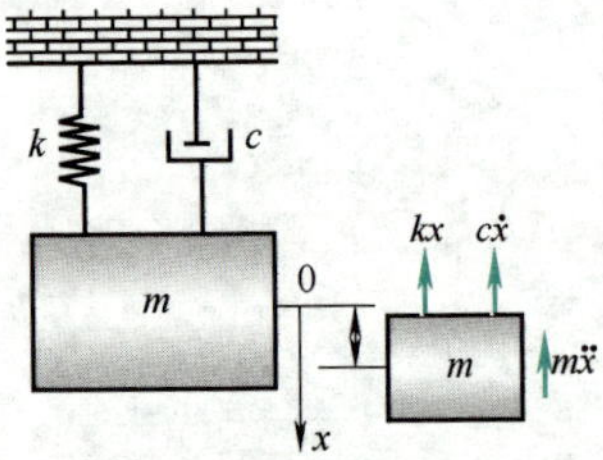

图 2-25　有阻尼质量-弹簧系统

$$m\ddot{x}(t)+c\dot{x}(t)+kx(t)=0 \tag{2-45}$$

或写为

$$\ddot{x}(t)+2\zeta\omega_0\dot{x}(t)+\omega_0^2x(t)=0 \tag{2-46}$$

式中，$\omega_0=\sqrt{k/m}$ 为系统的无阻尼固有频率；$\zeta=c/(2\sqrt{km})$ 称为**相对阻尼系数**，由 $c/m=2\zeta\omega_0$ 变换而得。

这里需要说明的是，对于振动的三要素，即质量 m、刚度 k 和阻尼 c，质量 m 可以通过称重而获取，刚度 k 可以通过对物体进行静态加载并且测量位移而获取，但是对于阻尼 c，一般很难通过同时测量物体速度和阻尼力而获取。对于一个实际工程振动系统，阻尼常常使用相对阻尼系数 ζ 进行描述，而 ζ 可以通过试验而获取。

还有一点需要注意，由以上可以看出，描述一个振动系统中的阻尼可以采用两个参数，一个是阻尼系数 c，另一个是相对阻尼系数 ζ。对于一个质量-弹簧-阻尼系统，质量 m、刚度 k 和阻尼 c 是相互独立的，即一个参数大小的改变不会引起其他两个参数发生变化，因此阻尼不受质量 m 和刚度 k 的影响。但是，相对阻尼系数 ζ 却受质量 m 和刚度 k 的影响，由 $\zeta=c/(2\sqrt{km})$ 可以看出，m 和 k 中的任意一个发生改变或者两者同时发生改变，都会导致 ζ 发生变化。

阻尼自由振动（欠阻尼）(1)

阻尼自由振动（欠阻尼）(2)

阻尼自由振动（欠阻尼）(3)

令 $x=\mathrm{e}^{st}$，代入式（2-46）中，可以得到系统的特征方程为

$$s^2+2\zeta\omega_0s+\omega_0^2=0 \tag{2-47}$$

求得特征根为

$$s_{1,2}=-\zeta\omega_0\pm\omega_0\sqrt{\zeta^2-1} \tag{2-48}$$

下面根据特征根的情况分三种情况对振动进行分析：$\zeta<1$，$\zeta>1$，$\zeta=1$。$\zeta<1$ 称为**欠阻尼**，$\zeta>1$ 称为**过阻尼**，$\zeta=1$ 称为**临界阻尼**。

（1）第一种情况：欠阻尼 $\zeta<1$

对于欠阻尼 $\zeta<1$ 情况，特征根为两个复数根：

$$s_{1,2}=-\zeta\omega_0\pm\mathrm{i}\omega_{\mathrm{d}} \tag{2-49}$$

式中，$\omega_{\mathrm{d}}=\omega_0\sqrt{1-\zeta^2}$ 称为系统的**阻尼固有频率**，即有阻尼振动时的

自由振动频率。对于有阻尼的单自由度系统的自由振动，虽然 ω_0 称为系统的固有频率，但是系统的振动是以 ω_d 为频率进行振动的。阻尼自由振动的周期可以写为

$$T_d=\frac{2\pi}{\omega_d}=\frac{2\pi}{\omega_0\sqrt{1-\zeta^2}}=\frac{T_0}{\sqrt{1-\zeta^2}} \tag{2-50}$$

其中，$T_0=2\pi/\omega_0$ 为无阻尼自由振动的周期。可以看出，阻尼自由振动的周期大于无阻尼自由振动的周期。对于实际工程的振动问题，相对阻尼系数 ζ 的值一般小于5%。

对于欠阻尼系统，振动解可以写为

$$x(t)=e^{-\zeta\omega_0 t}(c_1\cos\omega_d t+c_2\sin\omega_d t) \tag{2-51}$$

式中，c_1 和 c_2 为常数，由振动的初始条件所决定。

设零时刻时，振动具有如下初始条件：

$$x(0)=x_0,\ \dot{x}(0)=\dot{x}_0 \tag{2-52}$$

将初始条件代入式（2-51），可以求得

$$c_1=x_0,\ c_2=\frac{\dot{x}_0+\zeta\omega_0 x_0}{\omega_d} \tag{2-53}$$

将式（2-53）代入式（2-51），系统的振动解可以求得为

$$\begin{aligned}x(t)&=e^{-\zeta\omega_0 t}\left(x_0\cos\omega_d t+\frac{\dot{x}_0+\zeta\omega_0 x_0}{\omega_d}\sin\omega_d t\right)\\&=e^{-\zeta\omega_0 t}A\sin(\omega_d t+\varphi)\end{aligned} \tag{2-54}$$

式中，A 为振幅；φ 为初相位。两者分别表达如下：

$$\begin{cases}A=\sqrt{x_0^2+\left(\dfrac{\dot{x}_0+\zeta\omega_0 x_0}{\omega_d}\right)^2}\\ \varphi=\arctan\dfrac{x_0\omega_d}{\dot{x}_0+\zeta\omega_0 x_0}\end{cases} \tag{2-55}$$

将系统的振动绘成曲线，结果如图2-26所示，可以看出，欠阻尼是一种振幅逐渐衰减的振动。另外，由式（2-54）可以看出，阻尼大则振动衰减快，阻尼小则振动衰减慢。衰减振动的频率为 ω_d，振幅衰减的快慢取决于 $\zeta\omega_0$，由式（2-49）可见，这两个重要的特征反映在特征方程的特征根的实部和虚部。当系统中阻尼为零时，即 $\zeta=0$，由式（2-53）可以看出，系统的解将退化为与无阻尼系统相同的解。

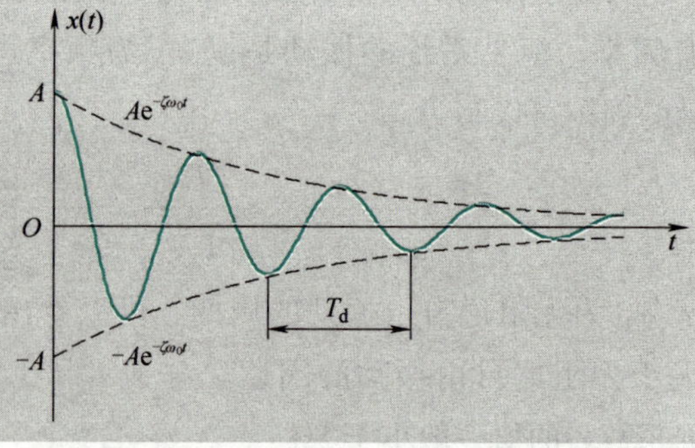

▶ 图 2-26　欠阻尼自由振动响应

阻尼自由振动的衰减可以使用**减幅系数**进行描述，减幅系数用于评价阻尼对振幅衰减快慢的影响，定义为相邻两个振幅的比值：

$$\eta=\frac{\Delta_i}{\Delta_{i+1}} \tag{2-56}$$

考虑到式（2-55），减幅系数又可以写为

$$\eta=\frac{Ae^{-\zeta\omega_0 t_i}}{Ae^{-\zeta\omega_0(t_i+T_d)}}=e^{\zeta\omega_0 T_d} \tag{2-57}$$

可以看出，减幅系数 η 与时间 t 无关，任意两个相邻振幅之比均为 η。

式（2-57）所示的减幅系数含有指数项，不便于工程应用，实际中常采用**对数衰减率**，定义为

$$\Lambda=\ln\eta \tag{2-58}$$

将 η 的表达式（2-57）代入式（2-58），有

$$\Lambda=\zeta\omega_0 T_d=\zeta\omega_0\frac{2\pi}{\omega_0\sqrt{1-\zeta^2}}=\frac{2\pi\zeta}{\sqrt{1-\zeta^2}} \tag{2-59}$$

对于小阻尼情况，$\zeta\ll1$，则有

$$\Lambda\approx2\pi\zeta \tag{2-60}$$

图 2-27 给出了 Λ 随 ζ 的变化曲线，两条曲线分别代表方程的精确解和方程的近似解，可以看出，在区间 $0<\zeta<0.3$ 内两条曲线很接近。

由式（2-60）可知，只要知道 Λ，即可得到 ζ。对于一个阻尼未知的系统，可以通过试验测量相差一个周期的两个位移 x_1 和 x_2，对 x_1 和 x_2 取自然对数即可得到衰减率，进而可得相对阻尼系数。

由相差一个周期的两次测量来计算可能导致误差大，实际中常

常利用相隔 j 个周期的两个位移或者峰值进行求解：

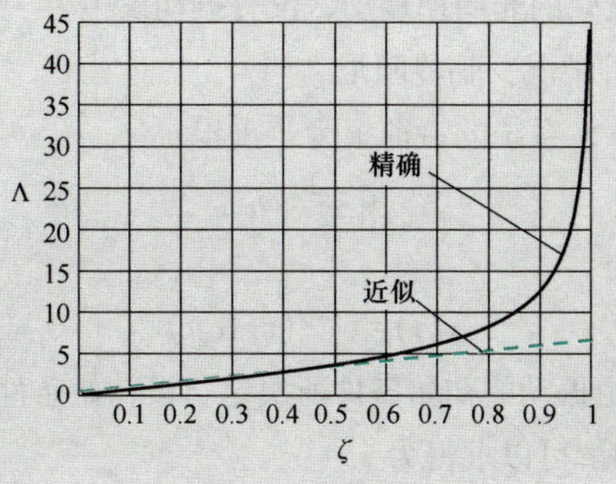

◀ 图 2-27 对数衰减率随相对阻尼系数变化

$$\eta^j=\frac{\Delta_i}{\Delta_{i+j}} \tag{2-61}$$

上式又可写为

$$\frac{\Delta_i}{\Delta_{i+j}}=\left(\frac{\Delta_i}{\Delta_{i+1}}\right)\left(\frac{\Delta_{i+1}}{\Delta_{i+2}}\right)\cdots\left(\frac{\Delta_{i+j-1}}{\Delta_{i+j}}\right)=\eta^j \tag{2-62}$$

对式（2-62）取自然对数，有

$$\Lambda=\ln\eta=\frac{1}{j}\ln\frac{\Delta_i}{\Delta_{i+j}} \tag{2-63}$$

在测得相隔 j 个周期的两个位移并取自然对数后，可以得到衰减率，进而采用式（2-60）可以得到系统的相对阻尼系数 ζ。

（2）第二种情况：过阻尼 $\zeta>1$

对于过阻尼 $\zeta>1$ 情况，系统的特征根为两个不等的负实根：

$$s_{1,2}=-\zeta\omega_0\pm\omega^* \tag{2-64}$$

式中，$\omega^*=\omega_0\sqrt{\zeta^2-1}$。

阻尼自由振动（过阻尼和临界阻尼）

系统的振动解为

$$x(t)=\mathrm{e}^{-\zeta\omega_0 t}(c_1\cosh(\omega^* t)+c_2\sinh(\omega^* t)) \tag{2-65}$$

式中，c_1 和 c_2 由振动初始条件所决定。双曲正弦函数和双曲余弦函数表达式分别为

$$\sinh(x)=\frac{\mathrm{e}^x-\mathrm{e}^{-x}}{2},\quad \cosh(x)=\frac{\mathrm{e}^x+\mathrm{e}^{-x}}{2}$$

设系统的振动初始条件为 $x(0)=x_0$ 和 $\dot{x}(0)=\dot{x}_0$，在求得 c_1 和 c_2 后代入式（2-65），可得到系统的振动解为

$$x(t)=\mathrm{e}^{-\zeta\omega_0 t}\left(x_0\cosh(\omega^* t)+\frac{\dot{x}_0+\zeta\omega_0 x_0}{\omega^*}\sinh(\omega^* t)\right) \tag{2-66}$$

此时系统的响应图形如图 2-28 所示，可以看到，过阻尼的情况是一种按指数规律衰减的非周期蠕动，没有振动发生。

（3）第三种情况：临界阻尼 $\zeta=1$

这种情况下，系统的特征根为二重根：

$$s_{1,2}=-\omega_0 \tag{2-67}$$

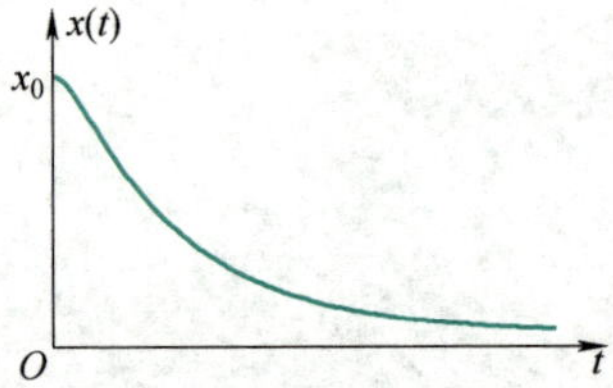

图 2-28　过阻尼情况系统响应

系统的振动解为

$$x(t)=e^{-\omega_0 t}(c_1+c_2 t) \tag{2-68}$$

式中，c_1 和 c_2 由振动的初始条件所决定。设初始条件为 $x(0)=x_0$ 和 $\dot{x}(0)=\dot{x}_0$，振动解可以求得为

$$x(t)=e^{-\omega_0 t}[x_0+(\dot{x}_0+\omega_0 x_0)t] \tag{2-69}$$

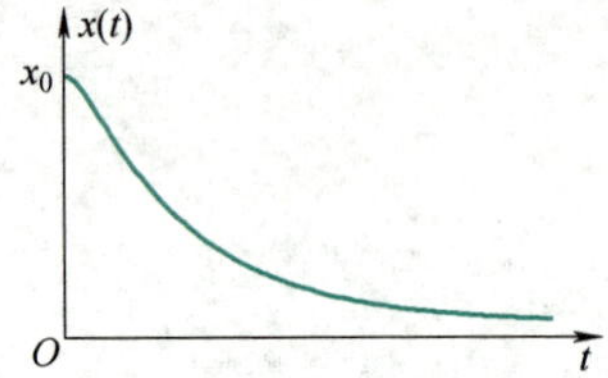

图 2-29　临界过阻尼情况系统响应

系统的响应图形如图 2-29 所示，临界阻尼情况也是按指数规律衰减的非周期运动，但比过阻尼衰减快些。

对应临界阻尼 $\zeta=1$ 的情况有一个**临界阻尼系数** c_{cr}，由 $\zeta=c/(2\sqrt{km})$ 可以得到临界阻尼系数为

$$c_{cr}=2\sqrt{km} \tag{2-70}$$

综上，将以上三种阻尼情况的响应放在一起对比，结果如图 2-30 所示。

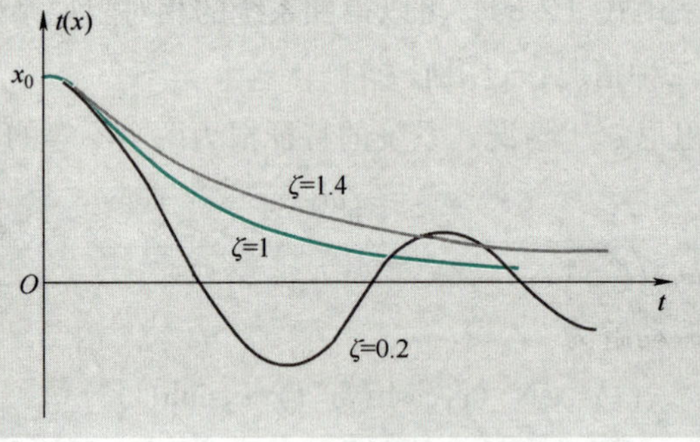

▶ 图 2-30　三种阻尼情况系统响应对比

阻尼自由振动算例

例 2-11　图2-31 所示为阻尼缓冲器，静载荷 P 去除后，质量块越过平衡位置的最大位移为初始位移的 10%。求缓冲器的相对阻尼系数 ζ。

【解】　由题可知，零时刻质量块的速度为零，即 $\dot{x}(0)=0$。设质量块零时刻的位移为 x_0，即 $x(0)=x_0$。对式（2-54）求导，并代入初始条件，有

$$\dot{x}(t)=-\frac{\omega_0^2 x_0}{\omega_d}e^{-\zeta\omega_0 t}\sin\omega_d t \tag{a}$$

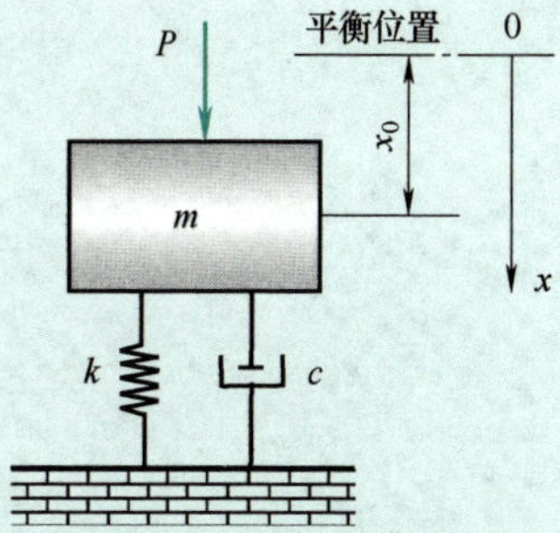

图 2-31　阻尼缓冲器

设在时刻 t_1 质量块越过平衡位置到达最大位移，此时质量块的速度为

$$\dot{x}(t_1)=-\frac{\omega_0^2 x_0}{\omega_d}e^{-\zeta\omega_0 t_1}\sin\omega_d t_1=0 \tag{b}$$

可以求得 t_1 为

$$t_1=\frac{\pi}{\omega_d} \tag{c}$$

即质量块经过半个周期后出现了第一个振幅 x_1

$$x_1=x(t_1)=-x_0 e^{-\zeta\omega_0 t_1}=-x_0 e^{-\frac{\pi\zeta}{\sqrt{1-\zeta^2}}} \tag{d}$$

由题知

$$\left|\frac{x_1}{x_0}\right|=e^{-\frac{\pi\zeta}{\sqrt{1-\zeta^2}}}=10\% \tag{e}$$

因此，解得相对阻尼系数为

$$\zeta=0.59 \tag{f}$$

例 2-12　图2-32 所示振动系统中，小球质量为 m，刚杆质量不计，小球做微小振动。求：1）振动动力学方程；2）临界阻尼系数和阻尼固有频率。

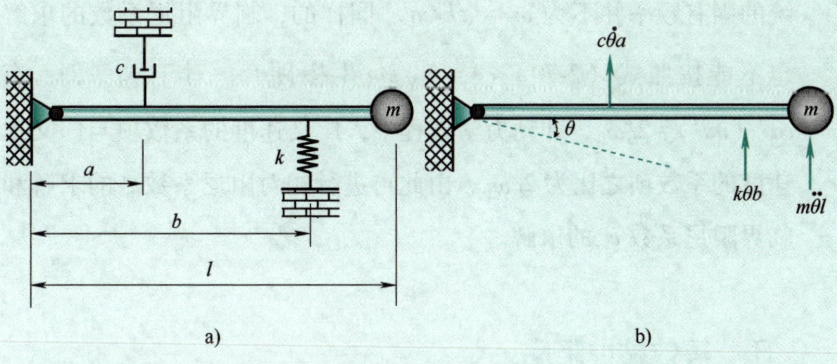

◀ 图 2-32　振动系统

【解】　取杆件转动的角位移 θ 为广义坐标。系统受力分析如图 2-32b 所示，采用达朗贝尔原理，可以得到系统的振动动力学方程为

$$m\ddot{\theta}(t)l\cdot l+c\dot{\theta}(t)a\cdot a+k\theta(t)b\cdot b=0 \tag{a}$$

化简后为

$$ml^2\ddot{\theta}(t)+ca^2\dot{\theta}(t)+kb^2\theta(t)=0 \tag{b}$$

无阻尼固有频率为

$$\omega_0=\sqrt{\frac{kb^2}{ml^2}}=\frac{b}{l}\sqrt{\frac{k}{m}} \tag{c}$$

由 $ca^2/(ml^2)=2\zeta\omega_0$，可以得到相对阻尼系数为

$$\zeta=\frac{ca^2}{2ml^2\omega_0}=\frac{ca^2}{2mlb}\sqrt{\frac{m}{k}} \tag{d}$$

阻尼固有频率为

$$\omega_{\mathrm{d}}=\omega_0\sqrt{1-\zeta^2}=\frac{1}{2ml^2}\sqrt{4kmb^2l^2-c^2a^4} \tag{e}$$

根据临界阻尼定义，有 $\zeta=1$，根据上述相对阻尼系数表达式（d）可以得到临界阻尼系数为

$$c_{\mathrm{cr}}=\frac{2bl}{a^2}\sqrt{mk} \tag{f}$$

这里需要注意的是，固有频率的求解不应按照 $\omega_0=\sqrt{k/m}$ 生搬硬套，$\omega_0=\sqrt{k/m}$ 中的 k 代表着动力学方程中广义位移的系数项，m 代表着广义加速度的系数项，两者相比即为系统固有频率的平方。对于本算例，虽然系统中存在质量 m 和弹簧 k，但是系统的固有频率并不为 $\omega_0=\sqrt{k/m}$。同样的，临界阻尼系数的求解也不能按照式（2-70）$c_{\mathrm{cr}}=2\sqrt{km}$ 生搬硬套。对于本算例，有 $ca^2/(ml^2)=2\zeta\omega_0$，即动力学方程中，广义速度的系数项与广义加速度的系数项之比为 $2\zeta\omega_0$，由此再进行相对阻尼系数 ζ 的求解和临界阻尼系数 c_{cr} 的求解。

2.6 等效黏性阻尼

等效黏性阻尼

阻尼在所有振动系统中是客观存在的。实际工程中大多数的阻尼是非黏性阻尼，其性质各不相同。非黏性阻尼的数学描述比较复

杂，不便于工程应用。工程上对阻尼常常采用的处理方法是：采用能量方法将非黏性阻尼简化为等效黏性阻尼。这里等效的原则是：等效黏性阻尼在一个周期内消耗的能量等于要简化的非黏性阻尼在同一周期内消耗的能量。通常假设在简谐激振力作用下，非黏性阻尼系统的稳态响应仍然为简谐振动，该假设只有在非黏性阻尼比较小时才是合理的。

黏性阻尼在一个周期内消耗的能量 ΔE 可以近似地利用无阻尼振动规律计算得出为

$$\Delta E=-\oint c\dot{x}\mathrm{d}x=-\int_0^T c\dot{x}\mathrm{d}t \tag{2-71}$$

其中，T 为周期。根据以上假设，可以令 $x(t)=A\sin(\omega_0 t+\theta)$，代入式（2-71），可以求得

$$\Delta E=-\int_0^T c\dot{x}\mathrm{d}t=-c\omega_0^2A^2\int_0^T\cos^2(\omega_0 t+\theta)\mathrm{d}t=-\pi c\omega_0 A^2 \tag{2-72}$$

采用式（2-72）是为了计算出非黏性阻尼的等效黏性阻尼系数。

以下讨论三种常见的非黏性阻尼情况：干摩擦阻尼、平方阻尼、结构阻尼。

（1）干摩擦阻尼

干摩擦阻尼又称库仑阻尼，其阻尼力与速度方向相反，可以表达为

$$F_{\mathrm{d}}=-\mu F_{\mathrm{N}}\mathrm{sgn}\dot{x}(t) \tag{2-73}$$

式中，μ 为摩擦系数；F_{N} 为正压力；$\mathrm{sgn}(x)$ 为符号函数，表达式为

$$\mathrm{sgn}(x)=\begin{cases}1, & x>0\\ 0, & x=0\\ -1, & x<0\end{cases} \tag{2-74}$$

如图 2-33 所示，质量块的摩擦运动动力学方程可以写为

$$m\ddot{x}+\mu F_{\mathrm{N}}\mathrm{sgn}(\dot{x})+kx=0 \tag{2-75}$$

这是一个非光滑的非线性动力学方程。

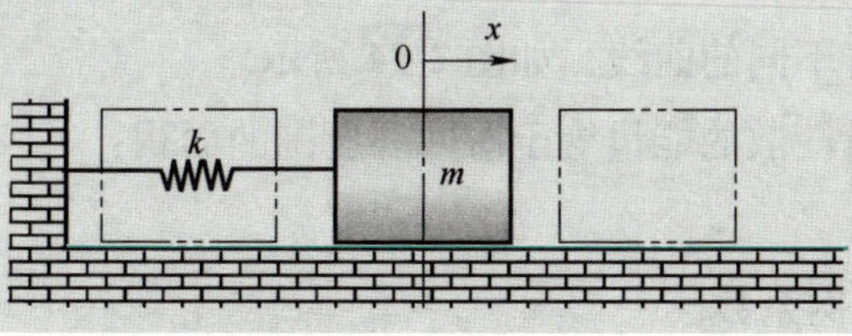

◀ 图 2-33　质量块摩擦运动

摩擦力在一个周期内消耗的能量可以写为

$$\Delta E' = -4\mu F_N A \tag{2-76}$$

式中，A 为质量块往复周期运动的振幅。

令式（2-72）中的 ΔE 和式（2-76）中的 $\Delta E'$ 相等，即 $\Delta E = \Delta E'$，可以得到等效黏性阻尼系数为

$$c_e = \frac{4\mu F_N}{\pi \omega_0 A} \tag{2-77}$$

这样，库仑摩擦下的动力学方程（2-75）可以近似地采用线性动力学方程进行等效：

$$m\ddot{x} + c_e \dot{x} + kx = 0 \tag{2-78}$$

2.5 节的方法就可以用于振动响应的分析。

（2）平方阻尼

当物体在低黏度流体中以较大的速度运动时，其所受到的阻尼即可看作是平方阻尼。平方阻尼的阻尼力与相对速度的平方成正比，方向相反，表达式为

$$F_d = -c_d \dot{x}^2(t)\,\mathrm{sgn}\dot{x}(t) \tag{2-79}$$

式中，c_d 为阻力系数。

在运动方向不变的半个周期内计算耗散能量，再乘 2，即可得到阻尼力做的功：

$$\Delta E' = -\oint c_d \dot{x}^2(t)\,\mathrm{sgn}\dot{x}(t)\,\mathrm{d}x = -2\int_{-T/4}^{T/4} c_d \dot{x}^3(t)\,\mathrm{d}t = -\frac{8}{3}c_d \omega_0^2 A^3 \tag{2-80}$$

根据和干摩擦相同的等效原理，可以得到平方阻尼的等效黏性阻尼系数为

$$c_e = \frac{8}{3\pi} c_d \omega_0 A \tag{2-81}$$

（3）结构阻尼

由于材料为非完全弹性，在变形过程中材料的内摩擦所引起的阻尼称为结构阻尼，它的特征是应力-应变曲线为一个滞回曲线，加载和卸载沿着不同的曲线，如图 2-34 所示。

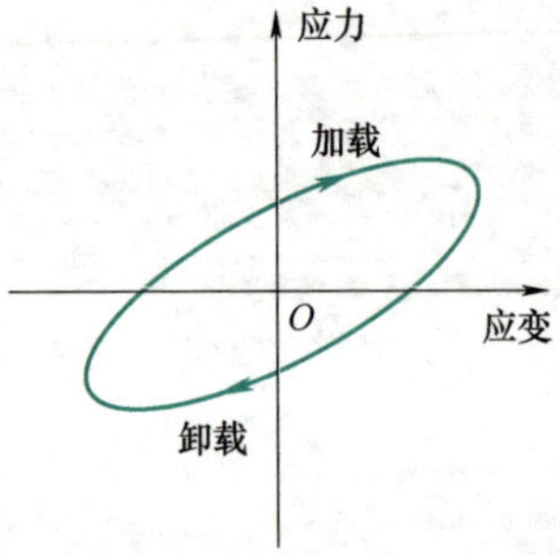

图 2-34　结构阻尼加载卸载曲线

内摩擦所耗散的能量等于滞回环所围的面积：

$$\Delta E' = -\nu A^2 \tag{2-82}$$

式中，ν 为比例系数。

根据与以上两种阻尼相同的处理方法，可以得到等效黏性阻尼系数为

$$c_e = \frac{\nu}{\pi\omega_0} \tag{2-83}$$

2.7 阻尼库仑摩擦自由振动的精确分析

库仑（Charles-Augustin de Coulomb，1736—1806）

法国物理学家、军事工程师。1779 年，总结其早年关于静力学和机械学工作的论文集《简单机械原理》面世，其描述的摩擦力与正压力成正比的关系，即人们熟知的库仑摩擦定理。1784 年，他得到了刚体微幅扭振问题的精确解。他因提出电磁力的计算公式而广为人知。在国际的单位制中，电荷的单位库仑就是用他的名字命名的。

在许多机械系统中，为了简单与方便，经常采用库仑摩擦来描述运动副之间的摩擦，摩擦力的大小可以写为

$$F = \mu N \tag{2-84}$$

式中，μ 为动摩擦系数；N 为法向力。

阻尼库仑摩擦自由振动的精确分析（1）

阻尼库仑摩擦自由振动的精确分析（2）

下面对摩擦自由振动问题的精细分析进行介绍。如图 2-35 所示，物块在平衡位置两边做往复运动，物块和地面之间的摩擦力用库仑摩擦力进行描述。

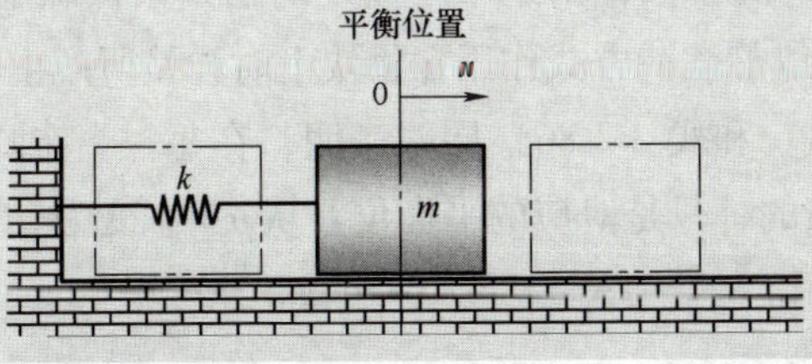

图 2-35　物块摩擦运动

将物块在一个周期里的运动分成如下两种情形。

情形 1：x 和 $\mathrm{d}x/\mathrm{d}t$ 都为正，或 x 为负、$\mathrm{d}x/\mathrm{d}t$ 为正。这种情形代表物块从左向右运动的半个周期。

情形 2：x 为正、$\mathrm{d}x/\mathrm{d}t$ 为负，或 x 和 $\mathrm{d}x/\mathrm{d}t$ 都为负。这种情形代表物块从右向左运动的半个周期。

两种情形下物块的受力分析如图 2-36 所示，两种情形下物块的运动方向相反，摩擦力的方向也相反。

对于情形 1（见图 2-36a），即物块从左向右运动的半个周期里，

物块动力学方程可以写为

$$m\ddot{x}+kx=-\mu N \tag{2-85}$$

这是一个二阶非齐次微分方程，其通解为

$$x(t)=A_1\cos\omega_0 t+A_2\sin\omega_0 t-\frac{\mu N}{k} \tag{2-86}$$

其中，$\omega_0=\sqrt{k/m}$为系统无阻尼固有频率；A_1 和 A_2 为常数，由这半个周期的初始条件确定。

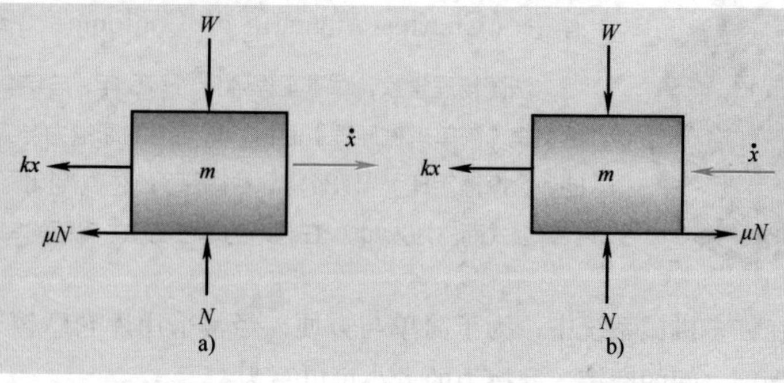

▶ 图 2-36　物块受力

对于情形 2（见图 2-36b），即物块从右向左运动的半个周期里，物块动力学方程可以写为

$$m\ddot{x}+kx=\mu N \tag{2-87}$$

其通解为

$$x(t)=A_3\cos\omega_0 t+A_4\sin\omega_0 t+\frac{\mu N}{k} \tag{2-88}$$

式中，A_3 和 A_4 为常数，由这半个周期的初始条件确定。$\mu N/k$ 可以看作常力 μN 以静载荷方式作用在物块上时弹簧所产生的静变形。

式（2-88）和式（2-86）同时表明，在每一个半周期中物块的运动都是简谐的，只是对应的平衡位置从 $\mu N/k$ 变为$-\mu N/k$，示意图如图 2-37 所示。

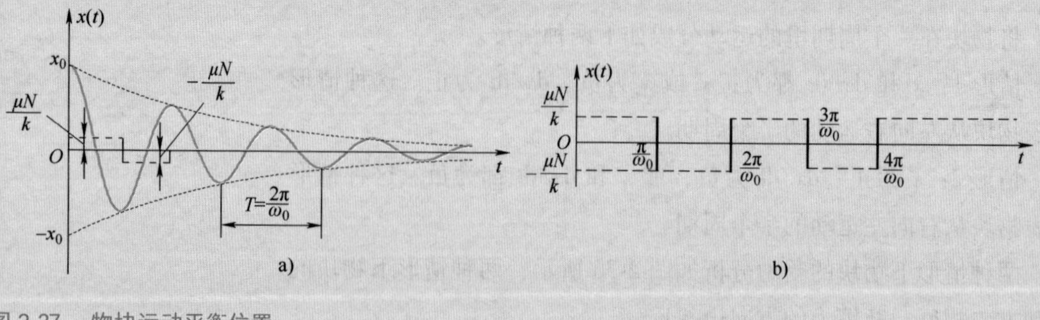

▲ 图 2-37　物块运动平衡位置示意图

将以上两种情形下物块的动力学方程进行合并，有

$$m\ddot{x}+\mu N\mathrm{sgn}(\dot{x})+kx=0 \tag{2-89}$$

$\mathrm{sgn}(\dot{x})$的函数值如下：

$$\mathrm{sgn}(\dot{x})=\begin{cases}1, & \dot{x}>0\\ 0, & \dot{x}=0\\ -1, & \dot{x}<0\end{cases} \tag{2-90}$$

式（2-89）是一个非线性方程，没有解析解，但是可以分段进行求解，阐述如下。

（1）物块由右向左运动

这种情况对应情形 2。假定物块在零时刻具有初始位移，但是初始速度为零，即

$$x(0)=x_0,\ \dot{x}(0)=0 \tag{2-91}$$

此初始条件下物块开始运动，示意图如图 2-38 所示。

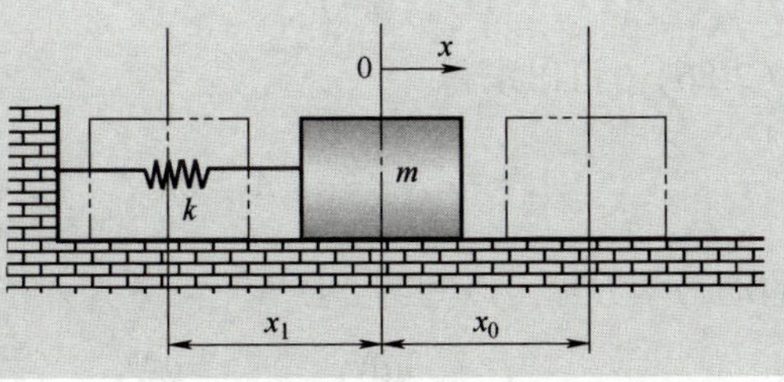

◀ 图 2-38　物块初始位置

将初始条件（2-91）代入式（2-88），可以得到

$$A_3=x_0-\frac{\mu N}{k},\ A_4=0 \tag{2-92}$$

因此，物块的动力学方程可以写为

$$x(t)=\left(x_0-\frac{\mu N}{k}\right)\cos\omega_0 t+\frac{\mu N}{k} \tag{2-93}$$

该解在半周期内 $0\leqslant t\leqslant \pi/\omega_0$ 成立。$t=\pi/\omega_0$ 时物块到达最左端位置，此时有

$$x_1=xt=\left(x_0-\frac{\mu N}{k}\right)\cos\omega_0 t+\frac{\mu N}{k}=-\left(x_0-\frac{2\mu N}{k}\right) \tag{2-94}$$

半个周期位移大小的减小量为

$$-\left(x_0-\frac{2\mu N}{k}\right)-x_0=\frac{2\mu N}{k} \tag{2-95}$$

半个周期位移的减小量如图 2-39 所示。

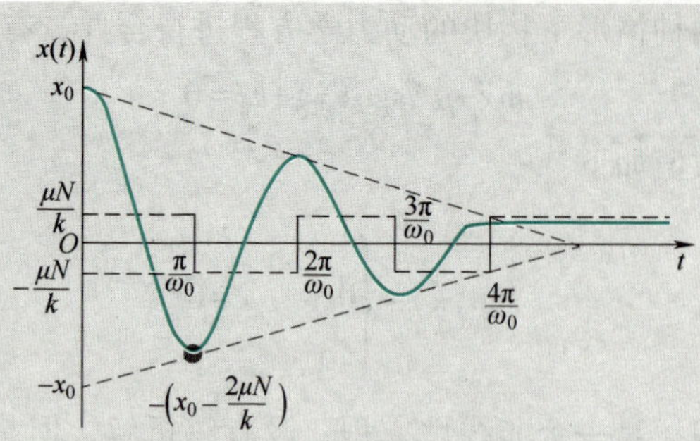

▶ 图 2-39　物块半个周期位移减小量

（2）物块由左向右运动

这种情况对应情形 1。在物块完成情形 2 的由右向左运动的半个周期后，开始情形 1 下的由左向右的半个周期运动，物块运动的动力学方程如式（2-86）所示。对于第二个半周期内，前一个半周期终止时刻的运动情况是这半个周期的初始条件：

$$x(0)=-\left(x_0-\frac{2\mu N}{k}\right),\ \dot{x}(0)=0 \tag{2-96}$$

利用式（2-86），可以求得

$$-A_1=-x_0+\frac{3\mu N}{k},\ A_2=0 \tag{2-97}$$

因此，物块的动力学方程可以写为

$$x(t)=\left(x_0-\frac{3\mu N}{k}\right)\cos\omega_0 t-\frac{\mu N}{k} \tag{2-98}$$

该解在半周期内 $\pi/\omega_0\leqslant t\leqslant 2\pi/\omega_0$ 成立。物块在这半个周期最后时刻的位移和速度为

$$x_2=x_0-\frac{4\mu N}{k},\ \dot{x}=0 \tag{2-99}$$

如图 2-40 所示，这又是第三个半周期的初始条件。这样计算可以一直重复下去，直至运动结束。当

$$x\leqslant\frac{\mu N}{k} \tag{2-100}$$

时，恢复力 kx 将小于摩擦力 μN，运动停止。

在运动终止前，发生的半个周期的个数 r 可以按照下式求得：

$$x_0-r\frac{2\mu N}{k}\leqslant\frac{\mu N}{k} \tag{2-101}$$

即

$$r \geqslant \frac{x_0 - \frac{\mu N}{k}}{\frac{2\mu N}{k}} \tag{2-102}$$

式（2-100）所示的运动终止条件中没有考虑物块惯性力的影响，原因如下：根据牛顿定理，有 $kx-\mu N=m\ddot{x}$。物块刚开始运动时，因为物块的位移大，所受到的弹性力也大，因此物块运动的加速度大。随着摩擦力不断消耗能量，物块运动位移不断变小，弹性力也变小，运动加速度随之变小。在接近静止时，弹性力已经很小，运动加速度也很小，因此物块的惯性力很小，弹性力近似等于摩擦力。

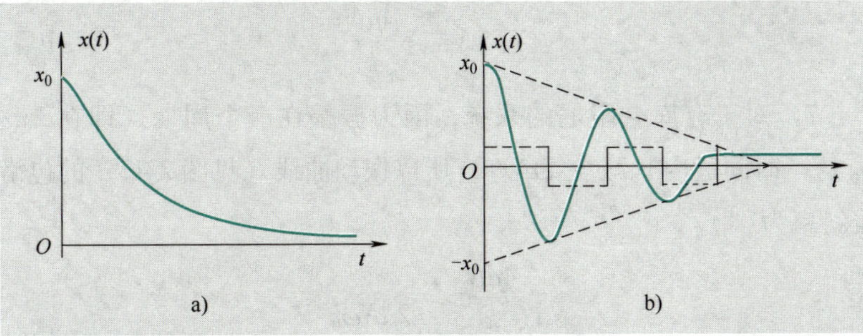

◀ 图 2-40　过阻尼下黏性阻尼系统和库仑阻尼系统响应对比

在此有必要将库仑摩擦系统的振动与黏性阻尼系统的振动进行如下对比并做讨论。

1）黏性阻尼系统的运动方程是线性的，而库仑阻尼系统的运动方程是非线性的，这从两者的运动动力学方程即可看出：

$$m\ddot{x}+c\dot{x}+kx=0,\quad m\ddot{x}+\mu N\operatorname{sgn}(\dot{x})+kx=0 \tag{2-103}$$

2）黏性阻尼增加会使系统的固有频率减小，而库仑阻尼增加时系统的固有频率不变化：

$$\omega_{\mathrm{d}}=\omega_0\sqrt{1-\zeta^2},\quad \omega_0=\sqrt{\frac{k}{m}} \tag{2-104}$$

3）黏性阻尼系统在过阻尼下的运动是非周期的（见图 2-40a），而库仑阻尼系统的运动是周期的（见图 2-40b）。

4）即使只有一个极小的振幅，黏性阻尼系统在振动理论上讲将会永远运动下去；但有库仑阻尼的系统，运动一段时间后肯定会停下来。

5）有黏性阻尼的系统，振幅随时间按指数规律减小（见图 2-41a）；而有库仑阻尼的系统，振幅是按线性规律减小的（见图 2-41b）。

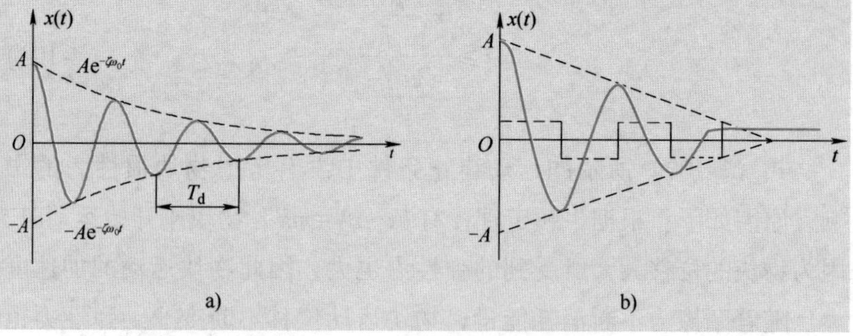

▶ 图 2-41 黏性阻尼系统和库仑阻尼系统响应对比

6）对于有库仑阻尼的系统，在一个整周期内，运动的振幅减小了 $4\mu N/k$，因此，任意两个相邻周期的终点时刻的振幅满足：

$$X_m = X_{m-1} - \frac{4\mu N}{k} \tag{2-105}$$

7）对于有库仑阻尼的系统，因为振幅在一个周期（即在 $2\pi/\omega_0$ 这一时间段内）减少 $4\mu N/k$，所以振动曲线（见图 2-42）的包络线斜率为

$$-\frac{\dfrac{4\mu N}{k}}{\dfrac{2\pi}{\omega_0}} = -\frac{2\mu N\omega_0}{\pi k} \tag{2-106}$$

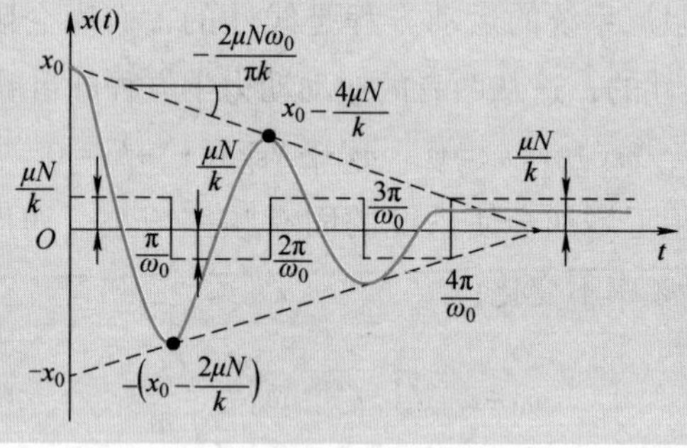

▶ 图 2-42 库仑阻尼系统响应曲线斜率

8）质量块最后的位置一般与平衡位置（$x=0$）之间有一定位移，在这一位置，摩擦力是固定的，轻轻敲击物块就可以让它回到平衡位置。

以上给出了存在库仑摩擦的直线运动系统的精细分析，分析方法同样适用于存在库仑摩擦的扭转振动系统。对于图 2-43 所示的有库仑阻尼的扭转振动系统，若摩擦力引起的扭矩为常数，扭振系统的动力学方程可以写为

$$I\ddot{\theta}+k_\theta\theta=-T_f \quad 或 \quad I\ddot{\theta}+k_\theta\theta=T_f \tag{2-107}$$

其中，T_f 为摩擦力引起的扭矩，扭转振动固有频率为 $\omega_0=\sqrt{k_\theta/I}$。

第 r 个半周期结束时的振幅为

$$\theta_r=\theta_0-r\frac{2T_f}{k_\theta} \tag{2-108}$$

其中，θ_0 为零时刻的角位移，零时刻的角速度为零，即 $\dot{\theta}_0=0$。

当

$$r\geqslant\frac{\theta_0-\dfrac{T_f}{k_\theta}}{\dfrac{2T_f}{k_\theta}} \tag{2-109}$$

时，扭转振动运动会停止。

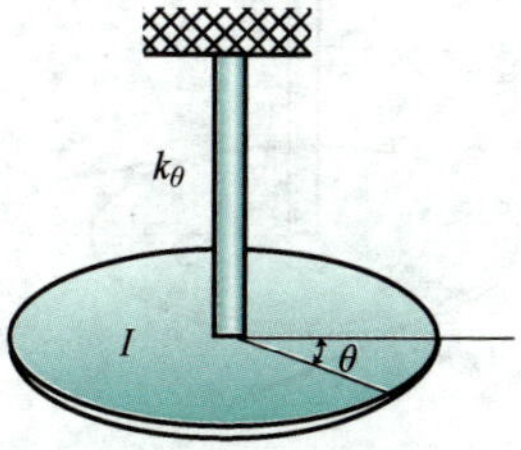

图 2-43　扭转振动系统

例 2-13　如图2-44 所示，粗糙面上的物块系一弹簧，从平衡位置量起物块获得一个 10cm 初始位移。经 5 个周期（共 2s）后，物块与平衡位置的距离为 1cm。求物块与粗糙表面之间摩擦系数。

阻尼库仑摩擦自由振动的精确分析算例

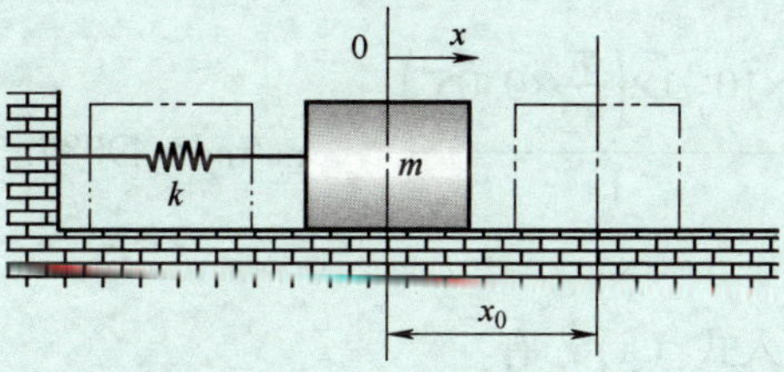

图 2-44　摩擦振动系统

【解】　振动周期为

$$T=\frac{2}{5}\text{s}=0.4\text{s} \tag{a}$$

系统的固有频率为

$$\omega_0=\sqrt{\frac{k}{m}}=\frac{2\pi}{T}=\frac{2\pi}{0.4}\text{rad/s}=15.708\text{rad/s} \tag{b}$$

在一个周期内振幅的减少量为

$$\frac{4\mu N}{k}=\frac{4\mu mg}{k} \tag{c}$$

由初始条件可得

$$5\times\frac{4\mu mg}{k}=0.10\text{m}-0.01\text{m}=0.09\text{m} \tag{d}$$

可以得出摩擦系数为

$$\mu=\frac{0.09k}{20mg}=\frac{0.09\omega_0^2}{20g}=\frac{0.09\times15.708^2}{20\times9.81}=0.1132 \tag{e}$$

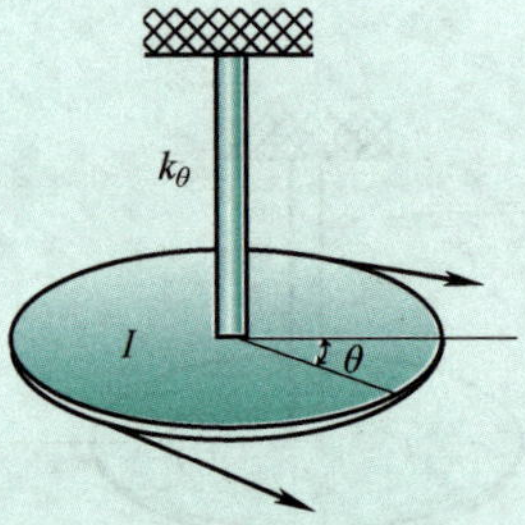

图 2-45　带式制动器

例 2-14　如图2-45 所示的带式制动器，钢制圆轴长 1m，直径为 50mm，一端固定，另一端装有一个转动惯量为 $25\text{kg}\cdot\text{m}^2$ 的滑轮。带式制动器沿滑轮的圆周施加的摩擦力矩为 400N · m。如果使滑轮转动 6°后释放，求：1）滑轮停止角振动前经过的周期数；2）滑轮的最终位置。

【解】　滑轮停止角振动前经过的半周期数为

$$r\geqslant\frac{\theta_0-\dfrac{T_f}{k_\theta}}{\dfrac{2T_f}{k_\theta}} \tag{a}$$

初始角位移为

$$\theta_0=6°=0.10472\text{rad} \tag{b}$$

由材料力学，可以求得钢制圆轴的扭转刚度为

$$k_\theta=\frac{GI}{l}=\frac{(8\times10^{10})\times\left(\dfrac{\pi}{32}\times0.05^4\right)}{1}\text{N}\cdot\text{m/rad}=49087.5\text{N}\cdot\text{m/rad} \tag{c}$$

将参数代入式（a），有

$$r\geqslant\frac{0.10472-\dfrac{400}{49087.5}}{\dfrac{800}{49087.5}}=5.926 \tag{d}$$

即经过 6 个半周期后，滑轮停止运动。

第 r 个半周期结束时的振幅为

$$\theta_r=\theta_0-r\frac{2T_f}{k_\theta} \tag{e}$$

经过 6 个半周期后滑轮的角位移为

$$\theta=0.10472\text{rad}-6\times2\times\frac{400}{49087.5}\text{rad}=0.006935\text{rad}=0.39724° \tag{f}$$

滑轮停止的位置与平衡位置的夹角 0.39724°，且与初始角位移在平衡位置的同侧。

2.8 本章小结

本章介绍了单自由度系统的自由振动，总结本章的关键知识点如下：

1）无阻尼单自由度系统的自由振动是以系统固有频率为振动频率的等幅简谐振动，即 $x(t)=A\sin(\omega_0 t+\varphi)$，并且振动永无休止。固有频率 $\omega_0=\sqrt{k/m}$ 是系统的固有特征，与系统是否振动和如何进入振动无关；而振幅 $A=\sqrt{x_0^2+(\dot{x}_0/\omega_0)^2}$ 和初相位 $\varphi=\arctan(\dot{x}_0\omega_0/\dot{x}_0)$ 则是系统的非固有特征，与系统的初始条件相关。

2）存在黏性阻尼的单自由度系统的自由振动是以系统阻尼固有频率 $\omega_d=\omega_0\sqrt{1-\zeta^2}$ 为振动频率的振幅逐渐衰减的简谐振动，即 $x(t)=e^{-\zeta\omega_0 t}A\sin(\omega_d t+\varphi)$，阻尼越大则振动衰减越快。与无阻尼系统相同，阻尼固有频率 ω_d 是系统的固有特征，而振幅 $A=\sqrt{x_0^2+(\dot{x}_0+\zeta\omega_0 x_0)^2/\omega_d^2}$ 和初相位 $\varphi=\arctan[x_0\omega_d/(\dot{x}_0+\zeta\omega_0 x_0)]$ 则是系统的非固有特征。当相对阻尼系数为零时，即 $\zeta=0$，阻尼振动的解将退化成为无阻尼振动的解。

3）对于黏性阻尼单自由度自由振动，每两个相邻振幅的比值都是相等的，利用此特性可以通过试验确定系统的相对阻尼系数 ζ。

4）对于一个振动系统，质量 m，刚度 k 和阻尼 c 是相互独立、相互不影响的，但是相对阻尼系数 ζ 受质量 m 和刚度 k 的影响，m 和 k 大小的改变会引起 ζ 发生变化。

5）单自由度固有频率的求解可以按照 $\omega_0=\sqrt{k/m}$ 进行求解，对于容易获得静变形 λ 的情况，也可以采用 $\omega_0=\sqrt{g/\lambda}$ 进行求解。

6）在黏性阻尼单自由度系统的动力学方程 $m\ddot{x}+c\dot{x}+kx=0$ 中，x 代表振动的广义坐标，m、c 和 k 分别代表为与广义坐标 x 所对应的广义质量、广义阻尼和广义刚度，它们分别是动力学方程中广义加速度 $\ddot{x}$、广义速度 $\dot{x}$ 和广义位移 x 之前的系数项，这些系数项有可能不是一个常量，而是一个表达式。系统的固有频率按照公式 $\omega_0=\sqrt{k/m}$ 进行求解；在求得 ω_0 后，相对阻尼系数 ζ 按照公式 $c/m=2\zeta\omega_0$ 进行求解。

7）如果重力只是影响振动的平衡位置，那么将坐标原点取在静平衡位置上，动力学方程中将不出现重力项。

8）对于无阻尼单自由度系统的自由振动，系统机械能守恒，利用能量方法可以用来建立系统动力学方程，也可以用来求解系统的固有频率。

9）黏性阻尼自由振动指的是欠阻尼的情况，过阻尼的情况和临界阻尼的情况都是按指数规律衰减的非周期蠕动，没有振动发生。对于临界阻尼的情况，存在一个临界阻尼系数 c_{cr}。

10）对于非黏性阻尼单自由度振动系统，当阻尼比较小时，可以求解一个等效黏性阻尼系数，从而用等效黏性阻尼的振动系统去对原系统进行近似分析。

11）对于单自由度库仑摩擦系统的自由振动，一个周期内的振动可以根据摩擦力方向拆分成两个半周期的运动进行解析分析，每个半周期运动都有自己的平衡位置，半个周期位移大小的减小量为恒定值。

12）掌握库仑摩擦振动与黏性阻尼振动的区别与联系。

习　题

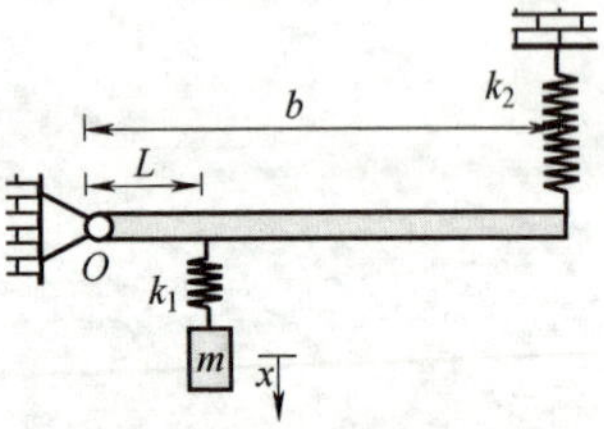

习题 2.1 图

2.1　在习题 2.1 图所示的振动系统中，已知物块的质量为 m，两弹簧的刚度系数分别为 k_1 和 k_2，有关尺寸 L 和 b 已知，不计杆重。试求：

1）建立物块自由振动微分方程；

2）初始条件 $x_0=A$ 和 $\dot{x}_0=0$ 下系统的振动运动方程。

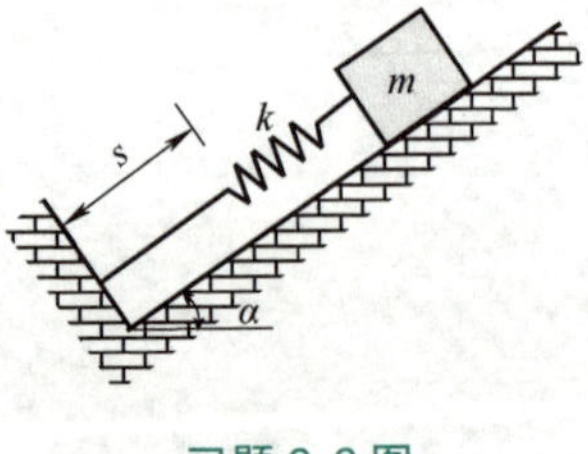

习题 2.2 图

2.2　一弹簧质量系统从一光滑的斜面上下滑，斜面倾角 $\alpha=30°$，如习题 2.2 图所示。求质量块从下落开始至滑到最低端所经过的距离。

2.3 如习题 2.3 图所示，重物 W_1 悬挂在刚度为 k 的弹簧上并处于静平衡位置，另一重物 W_2 从高度为 h 处自由下落到重物 W_1 上而无弹跳。求重物 W_2 下降的最大距离和两物体碰撞后的运动规律。

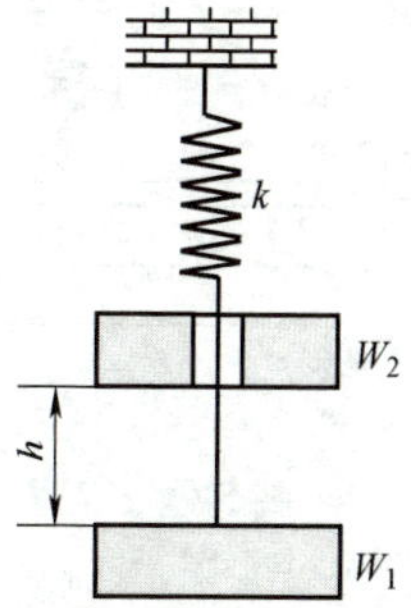

习题 2.3 图

2.4 一单层房屋结构可简化为习题 2.4 图中所示的模型，房顶质量为 m，视为一刚性杆，柱子高 h，视为无质量的弹性杆，其抗弯刚度为 EI。求该房屋作水平方向振动时的固有频率。

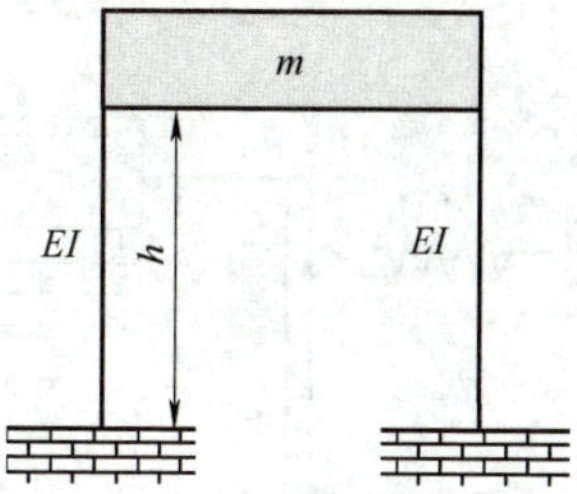

习题 2.4 图

2.5 求习题 2.5 图所示系统的固有频率，悬臂梁端点的刚度分别是 k_1 和 k_3，悬臂梁的质量忽略不计。

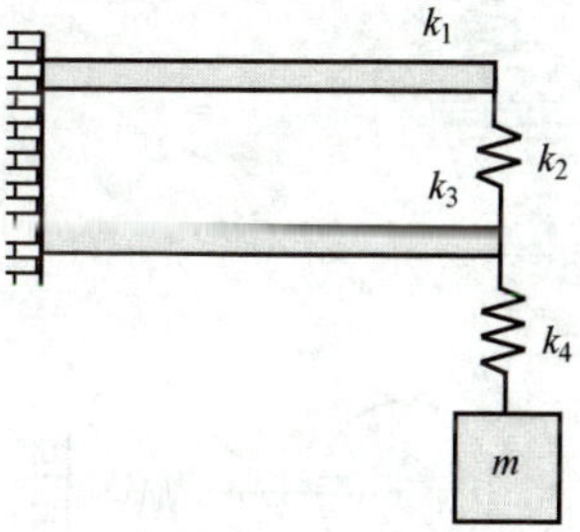

习题 2.5 图

2.6 如习题 2.6 图所示，一质量 m 连接在一刚性杆上，杆的质量忽略不计，求下列情况系统做垂直振动的固有频率：

1）振动过程中杆被约束保持水平位置；

2）杆可以在铅垂平面内微幅转动。

比较上述两种情况中哪种的固有频率高，并说明理由。

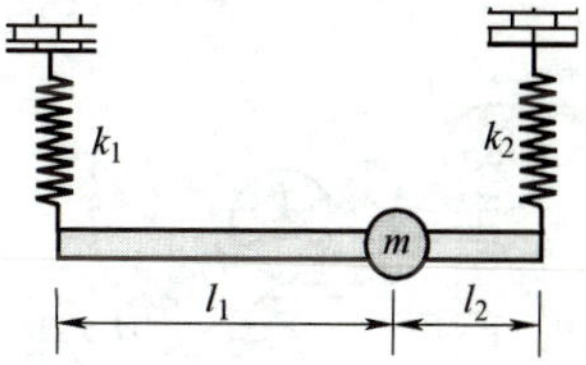

习题 2.6 图

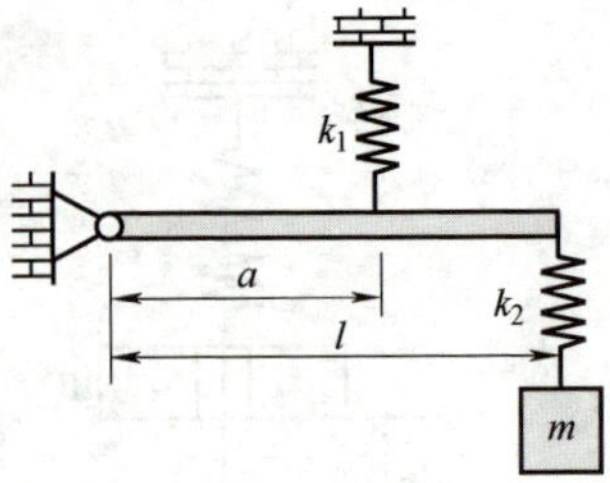

习题 2.7 图

2.7 求习题 2.7 图所示系统的固有频率，刚性杆的质量忽略不计。

2.8 确定习题 2.8 图所示的两个系统的微振动固有频率：

1）质量为 m_2 的均质圆盘在水平面上可做无滑动的滚动，鼓轮绕轴的转动惯量为 I，忽略绳子的弹性、质量及各轴承间的摩擦力（见习题 2.8a 图）。

2）刚性曲臂绕支点的转动惯量为 I_0（见习题 2.8b 图）。

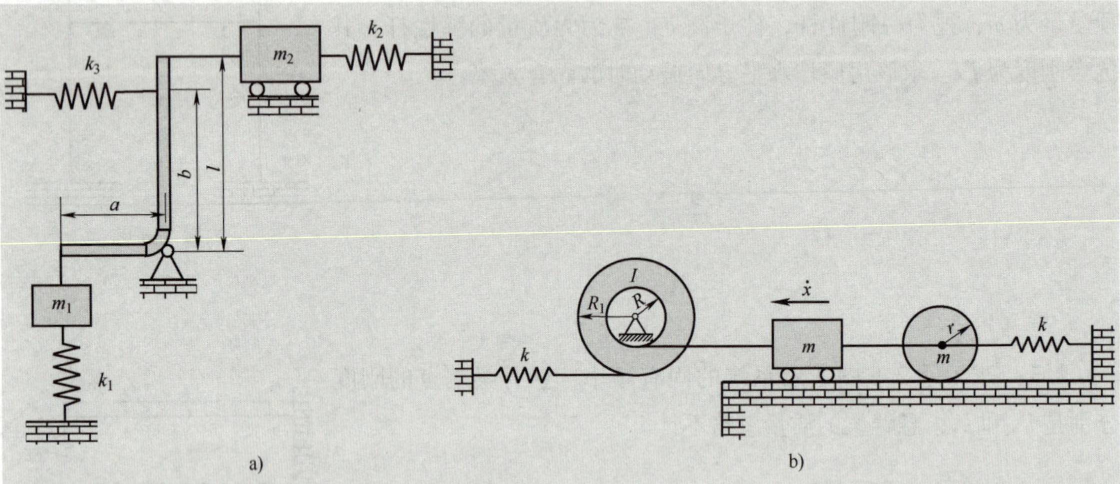

▲ 习题 2.8 图

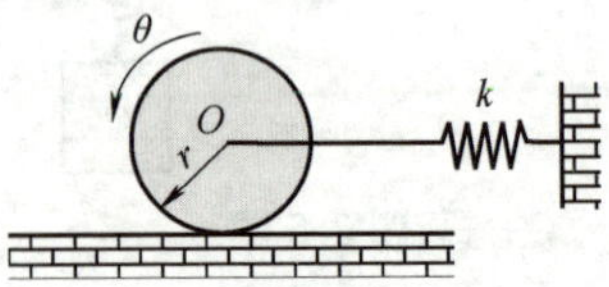

习题 2.9 图

2.9 如习题 2.9 图所示，圆筒质量为 m，惯性矩为 I，在平面上的弹簧的限制下做纯滚动，求其固有频率。

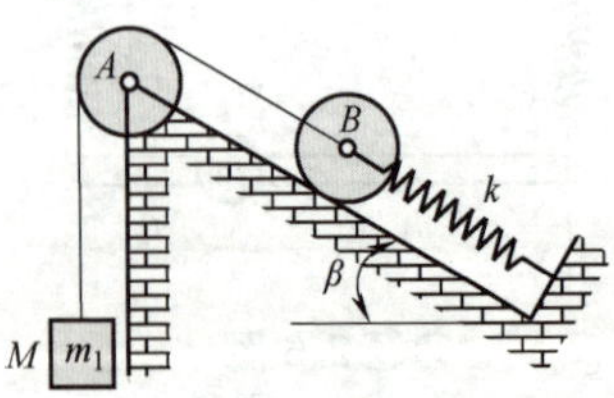

习题 2.10 图

2.10 如习题 2.10 图所示，物块 M 质量为 m_1。滑轮 A 与滚子 B 的半径相等，可看作质量均为 m_2、半径均为 r 的匀质圆盘。斜面和弹簧的轴线均与水平面夹角为 β，弹簧的刚度系数为 k，且已知 $m_1g>m_2g\sin\beta$，滚子 B 做纯滚动。试用能量法求：

1）系统的微分方程；

2）系统的振动周期。

2.11 在习题 2.11 图所示振动系统中，已知：重物 C 的质量为 m_1，匀质杆 AB 的质量为 m_2，长为 L，匀质轮的质量为 m_3，弹簧的刚度系数为 k。当 AB 杆处于水平时，系统处于静平衡位置。试采用能量法求系统微振动时的固有频率。

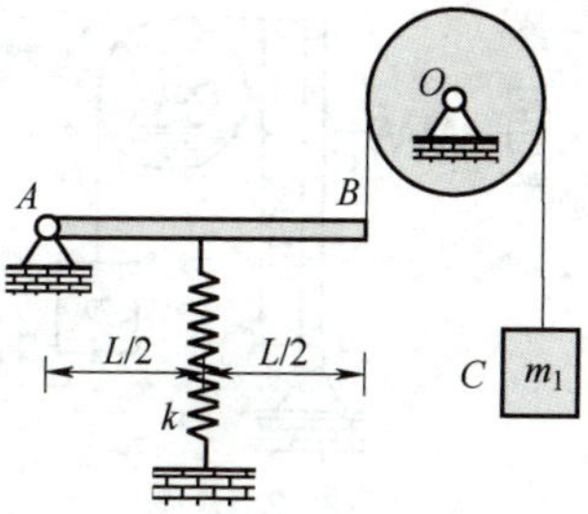

习题 2.11 图

2.12 如习题 2.12 图所示，质量为 m_1 的匀质圆盘置于粗糙水平面上，轮缘上绕有不可伸长的细绳并通过定滑轮 A 连在质量为 m_2 的物块 B 上；轮心 O 与刚度系数为 k 的水平弹簧相连；不计滑轮 A、绳及弹簧的质量，系统自弹簧原长位置静止释放。试采用能量法求系统的固有频率。

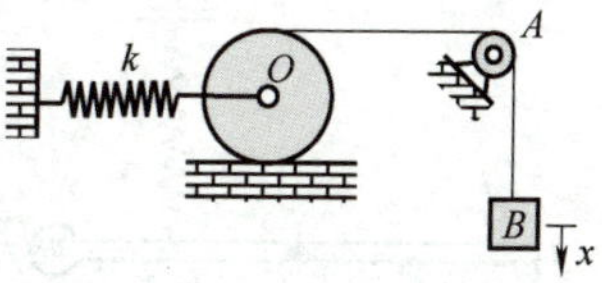

习题 2.12 图

2.13 在习题 2.13 图所示系统中，质量为 m_1、半径为 R 的匀质圆盘 A，可沿水平面做纯滚动。质量不计的水平直杆 AB 用铰链 A、B 分别与圆盘、匀质直杆 BC 连接。杆 BC 长为 L，质量为 m_2，在 B 点连接一刚度系数为 k 的水平弹簧。在图示的系统平衡位置时，弹簧具有原长。试用能量法求：

1）系统的微振动的运动微分方程；

2）系统的微振动频率。

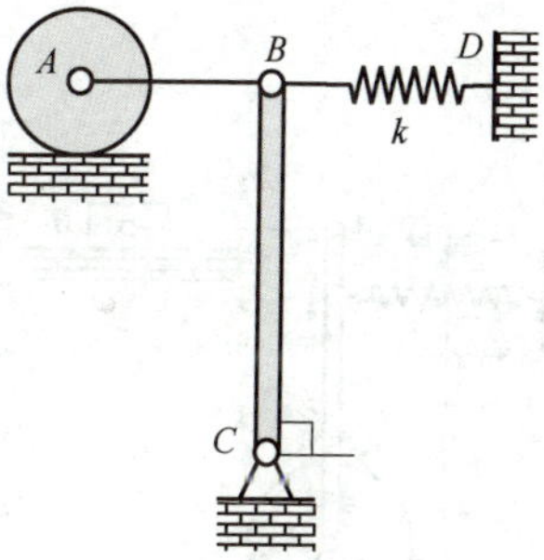

习题 2.13 图

2.14 在习题 2.14 图所示滑轮系统中，重物的质量为 m，滑轮与绳子的重量以及绳子的弹性忽略不计。试求该系统固有频率。

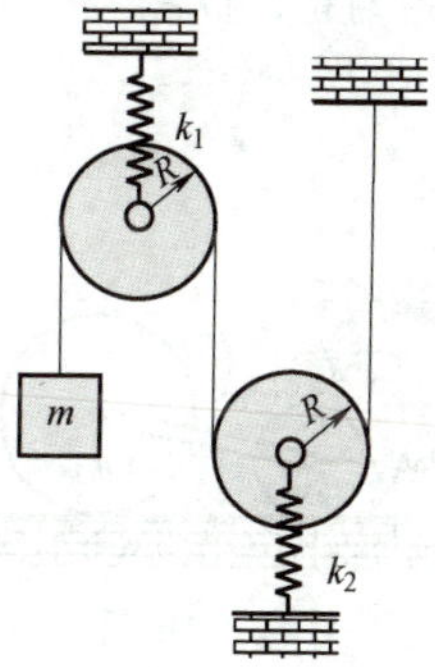

习题 2.14 图

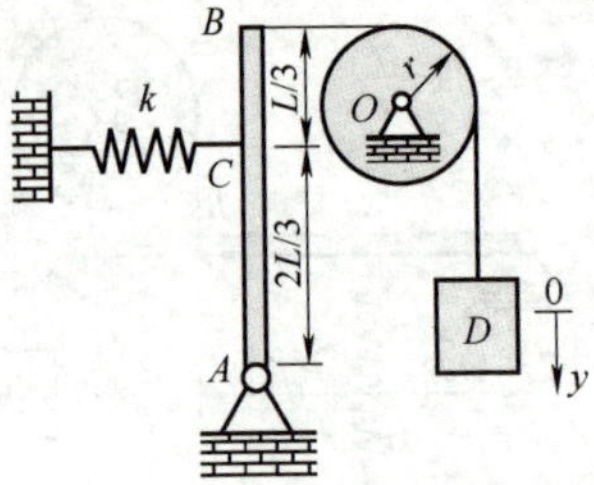

习题 2.15 图

2.15 在习题 2.15 图所示系统中，已知重物 D 的质量为 m_1，匀质杆 AB 的质量为 m_2，长为 L，匀质滑轮 O 的质量为 m_3，弹簧的刚度系数为 k，当 AB 杆处于铅垂位置时系统平衡。以重物 D 的位移 y 作为系统的广义坐标，在静平衡位置时 $y=0$。试采用能量法求系统振动微分方程和固有频率。

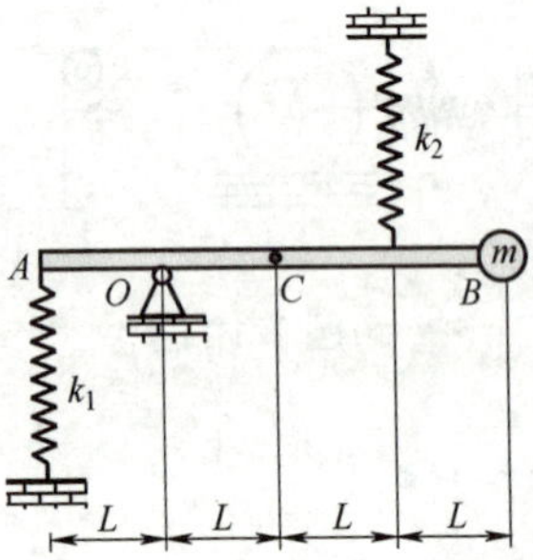

习题 2.16 图

2.16 在习题 2.16 图所示振动系统中，已知匀质杆 AB 的长为 $4L$，其单位长度的质量为 ρ，可绕水平轴 O 做微幅摆动；B 端固结一球，质量为 m，弹簧的刚度系数分别为 k_1 和 k_2。以 AB 杆微小转角 θ 为坐标，试求：

1）采用能量法列出系统振动微分方程，给出固有频率和自由振动周期 T；

2）若再在杆中点 C 固结一集中质量 m'，求此系统的固有频率，此时系统的自由振动周期 T' 比 T 小还是比 T 大？

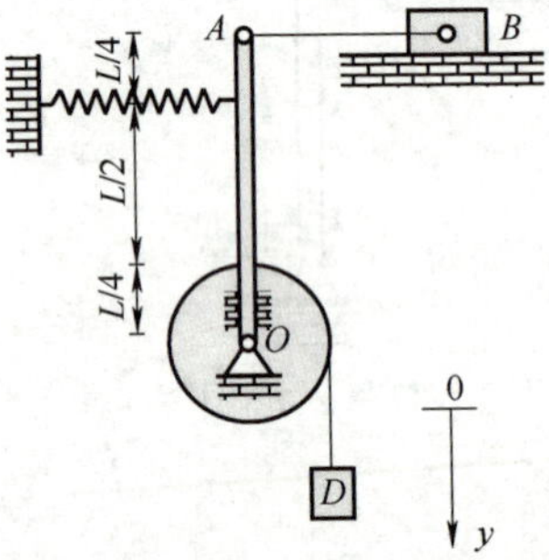

习题 2.17 图

2.17 在习题 2.17 图所示振动系统中，已知匀质轮的质量 m_1，$r=L/4$；匀质杆 OA 的长为 L，质量为 m_2，杆与轮子刚性固结，可以绕 O 点转动；物块 D 和 B 的质量分别为 m_3 和 m_4；弹簧的刚度系数为 k；不计 AB 杆的质量。系统平衡时，AB 杆水平，OA 杆垂直。以物块 D 的竖直位移 y 为坐标，试求：

1）采用能量法求系统微幅振动时的动力学方程和固有频率；

2）设系统的初始条件为 y_0，初始速度为 $\dot{y}_0$，求解重物 D 的振动响应。

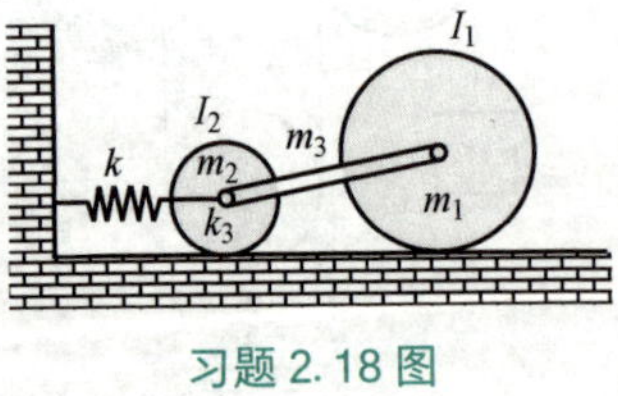

习题 2.18 图

2.18 用能量法求习题 2.18 图所示系统的固有频率。已知图中两圆柱的半径分别为 r_1 和 r_2，m_1、m_2 及 I_1、I_2 分别为两圆柱体的质量及绕质心轴的转动惯量，m_3 为连杆的质量，两圆柱体做无滑动的滚动。

2.19 如习题 2.19 图所示，两弹簧的刚度分别为 k_1 和 k_2，摆球的质量为 m。若杆的质量忽略不计，用能量法求系统的固有频率。

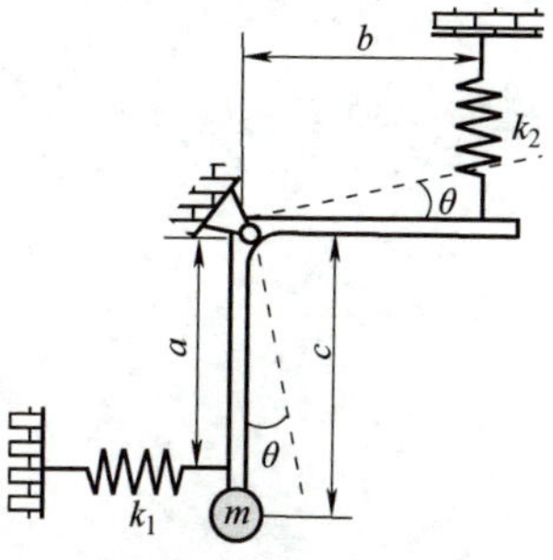

习题 2.19 图

2.20 如习题 2.20 图所示，圆盘按照逆时针方向做微幅转动，已知系统中各参数如下：两物块质量分别为 m_1、m_2，圆盘的转动惯量为 I，圆盘的内径为 r、外径为 R，弹簧的刚度分别为 k_1、k_2、k_3、k_4，不计圆盘的质量。采用能量法求系统的固有频率。

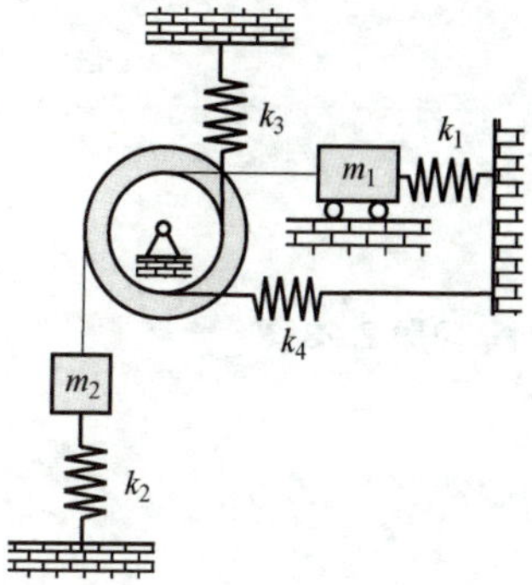

习题 2.20 图

2.21 有一重量为 W、半径为 r 的实心圆柱体，在半径为 R 的圆柱形面上无滑动地滚动，如习题 2.21 图所示，其中 C 为圆柱体质心。假设该滚动的圆柱体做简谐运动，试采用能量法求它绕平衡位置作微小摆动时的固有频率。

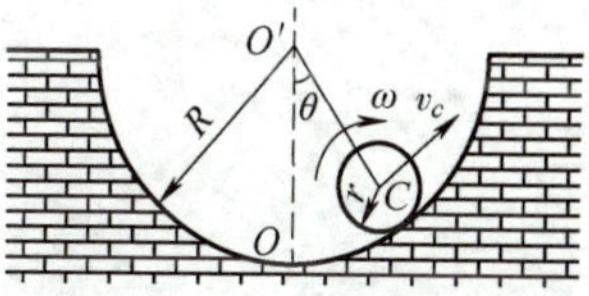

习题 2.21 图

2.22 如习题 2.22 图所示，半径为 r、质量为 m 的均质圆盘在水平面上做纯滚动，以 x 表示其质心在水平面上的位移；鼓轮绕轴的转动惯量为 I，外径为 R_1，内径为 R_2；忽略绳子的质量、弹性及各轴承间的摩擦力，试采用能量法求此系统的运动方程及固有频率。

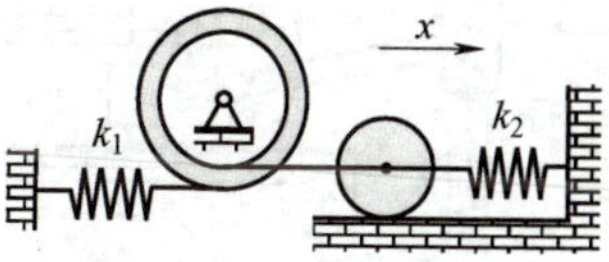

习题 2.22 图

2.23 如习题 2.23 图所示单自由度系统，内径为 R_1、外径为 R_2 的鼓轮按照顺时针方向做微幅转动。已知系统中各参数如下：物块质量 m_1，m_2，鼓轮绕中心轴的转动惯量 I，弹簧的刚度 k_1，k_2，k_3，k_4。半径为 r，质量为 m_3 的均质圆盘在水平面上做纯滚动。在运动过程中所有绳索维持张拉状态。以鼓轮的转角为广义坐标，试采用能量法求系统的固有频率。

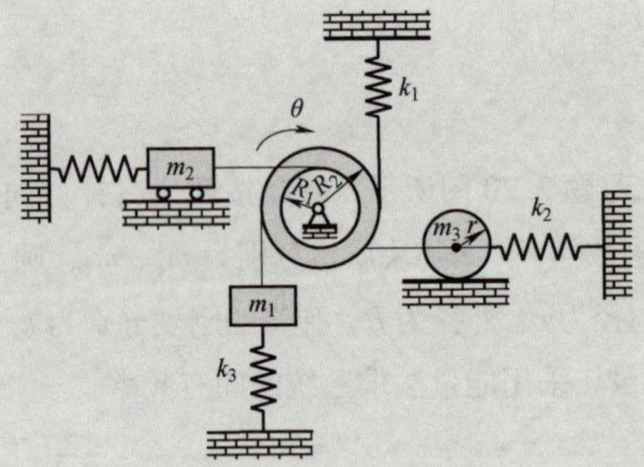

▶ 习题 2.23 图

2.24 如习题 2.24 图所示系统，质量为 m、半径为 r 的实心圆盘，在半径为 $R+r$ 的圆弧面上做无滑动的滚动。有一质量为 $3m$、长度为 R 的实心杆，一端与圆弧面的圆心铰接，另一端与圆盘的质心铰接。实心杆的质心处连接有一刚度为 k 的弹簧，当杆竖直向下时弹簧处于原长状态。假设该系统做简谐运动，忽略铰接处的摩擦，试采用能量法求其在铅垂面内做微小摆动时的动力学方程和固有频率。

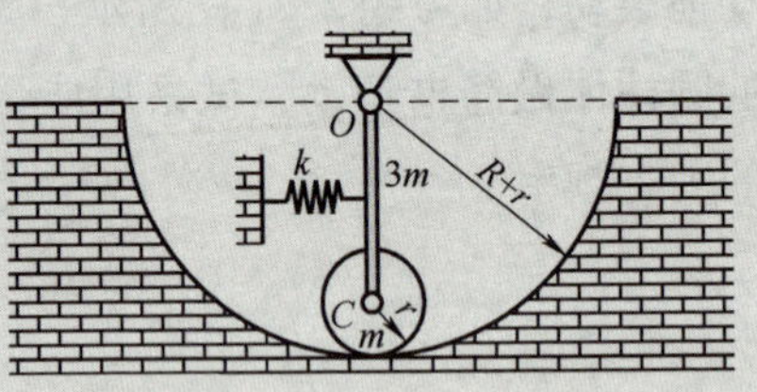

▶ 习题 2.24 图

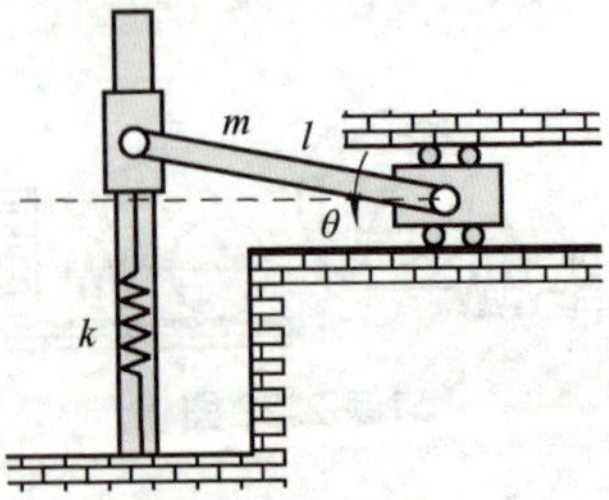

习题 2.25 图

2.25 如习题 2.25 图所示系统处在光滑平面上，有一质量为 m、长度为 l 的均质长杆，一端与一无质量小车相连，另一端与一无质量的套筒相连。套筒连接一个刚度为 k 的弹簧，且弹簧处于原长时套筒处在小车轨道的延长线上。忽略铰接处的摩擦，以 θ 为广义坐标，试采用能量法求其做微小摆动时的动力学方程和固有频率。

2.26 习题2.26图中均质刚性杆长为 l，质量为 m，求下列情况的固有频率：

1）平衡时杆处于水平位置；

2）平衡时杆处于铅垂位置。

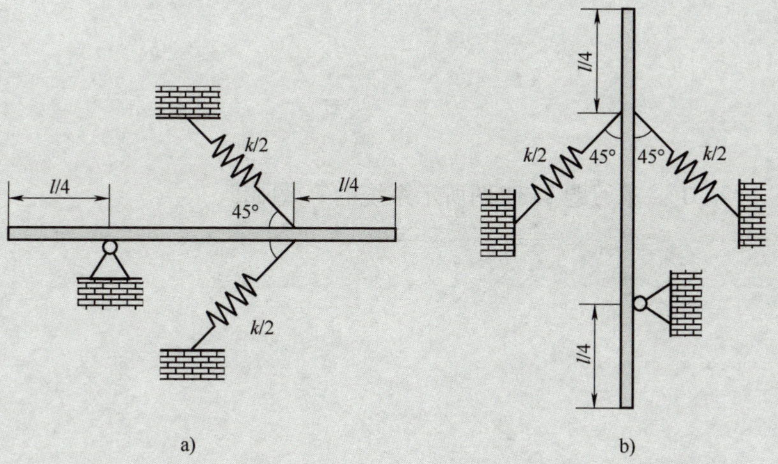

◀ 习题 2.26 图

2.27 习题2.27图所示均质圆柱体半径为 R，质量为 m，做无滑动的微幅摆动。求其固有频率。

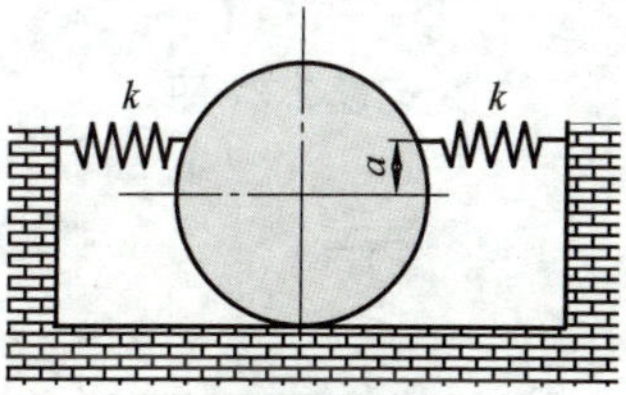

习题 2.27 图

2.28 习题2.28图中所示的悬臂梁长 l，单位长度的质量为 ρ，抗弯刚度为 EI，自由端有集中质量 m，试用瑞利法计算横向振动的周期，假设振动中梁的挠度曲线为

$$y=y_f\left(1-\cos\frac{\pi x}{2l}\right)$$

其中，y_f 为自由端的挠度。

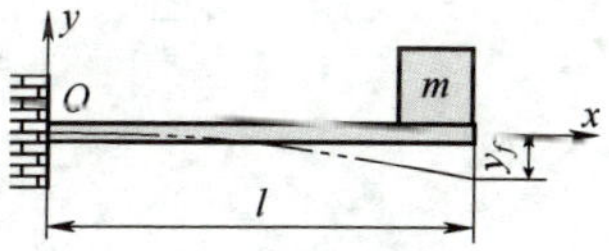

习题 2.28 图

2.29 在习题2.28中，若假设振动中梁的挠度曲线与在自由端作用一集中力产生的静挠度曲线相同，即

$$y=y_f\left[\frac{3}{2}\left(\frac{l}{x}\right)^2-\frac{1}{2}\left(\frac{l}{x}\right)^3\right]$$

其中，y_f 为自由端的挠度，求横向振动的周期。

2.30 如习题 2.30 图所示，集中质量 m_1 和 m_2 放在不计质量的刚性杆上，采用定义求系统对于坐标 x 的等效质量和等效刚度。

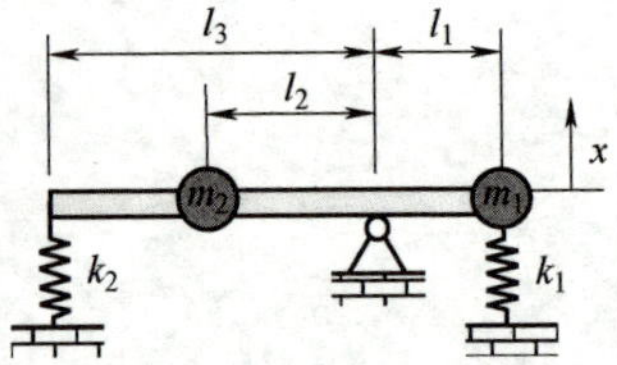

习题 2.30 图

2.31 求习题 2.31 图所示系统的等效刚度。

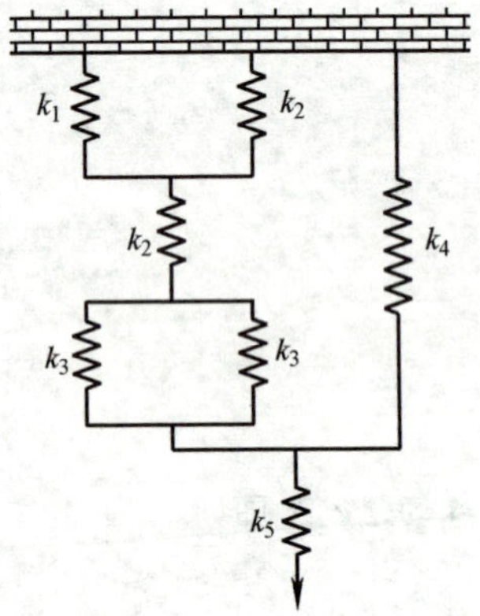

习题 2.31 图

2.32 计算习题 2.32 图所示系统的等效刚度、等效质量和固有频率，并列出运动微分方程。

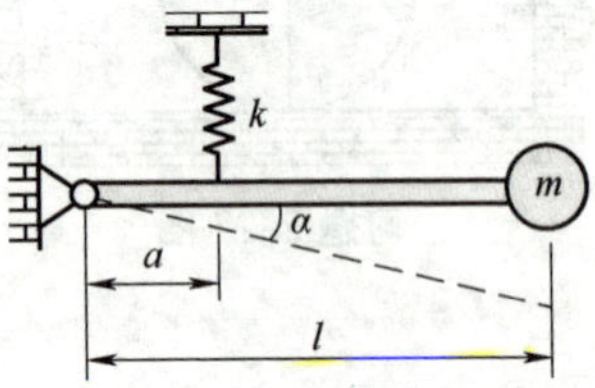

习题 2.32 图

2.33 求习题 2.33 图所示系统中均质刚性杆 AB 在 A 点的等效质量。已知杆的质量为 m，A 端弹簧的刚度为 k。并求铰链支座 C 放在何处时使系统的固有频率最高。

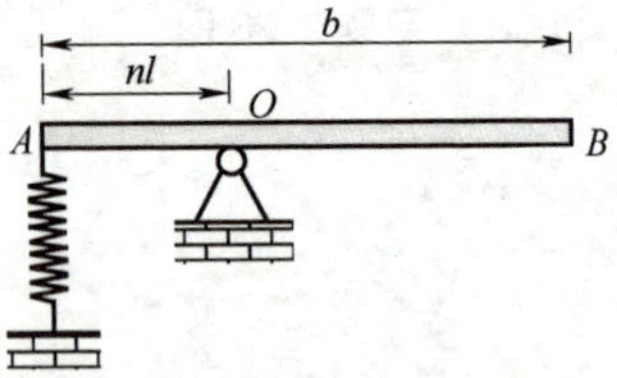

习题 2.33 图

2.34 习题 2.34 图中简支梁长 $l=4\text{m}$，抗弯刚度 $EI=1.96\times 10^6\text{N}\cdot\text{m}^2$，且 $k=4.9\times10^5\text{N/m}$，$m=400\text{kg}$，分别求图中所示两种系统的固有圆频率。

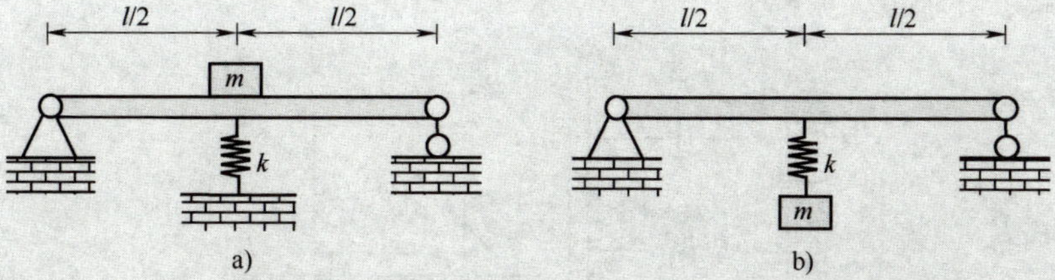

◀ 习题 2.34 图

2.35 习题 2.35 图所示系统中，不计刚杆质量。已知 $m=1\text{kg}$，$k=144\text{N/m}$，$c=48\text{N}\cdot\text{s/m}$，$l_1=l=0.49\text{m}$，$l_2=0.5\,l$，$l_3=0.25\,l$。求：

1）写出振动微分方程；

2）求无阻尼固有频率 ω_0 及相对阻尼系数 ζ。

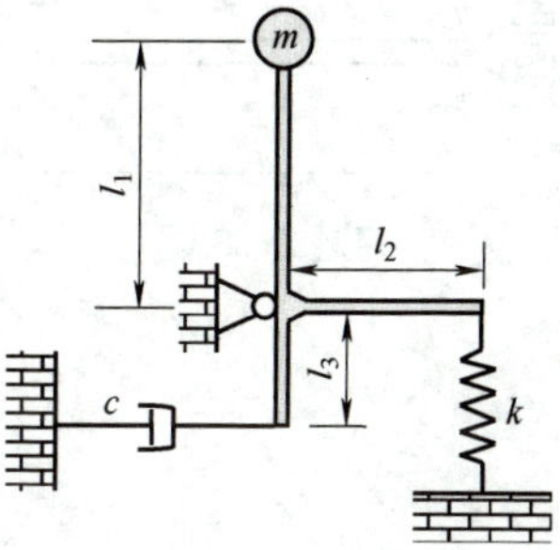

习题 2.35 图

2.36 习题 2.36 图所示结构系统中刚性折杆的质量不计，求系统的振动微分方程，并写出此系统的无阻尼固有频率和阻尼比。

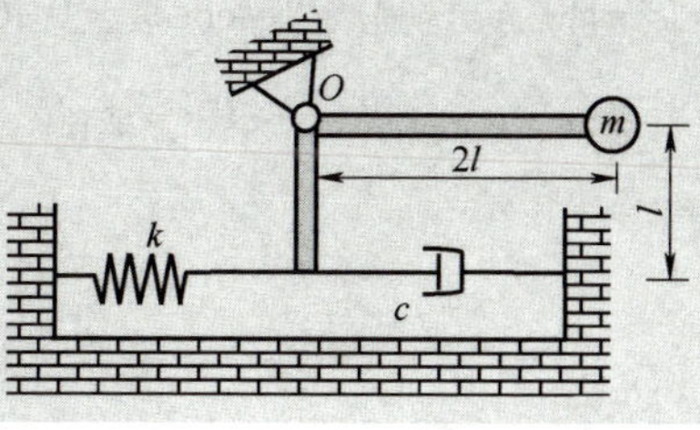

◀ 习题 2.36 图

2.37 如习题 2.37 图所示，质量为 2000kg 的重物以 3cm/s 的速度匀速运动，与弹簧及阻尼器相撞后一起做自由运动。已知 $k=48020\text{N/m}$，$c=1960\text{N}\cdot\text{s/m}$，求重物在碰撞后多久时间达到最大振幅，并求最大振幅。

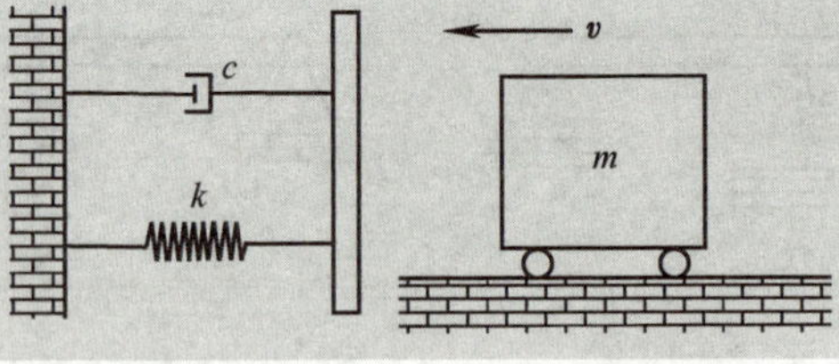

▶ 习题 2.37 图

2.38 如习题 2.38 图所示，一长度为 L、质量为 m 的均匀刚性杆铰接于 O 点并以弹簧和黏性阻尼器支承。写出运动微分方程，并求临界阻尼系数和无阻尼固有频率的表达式。

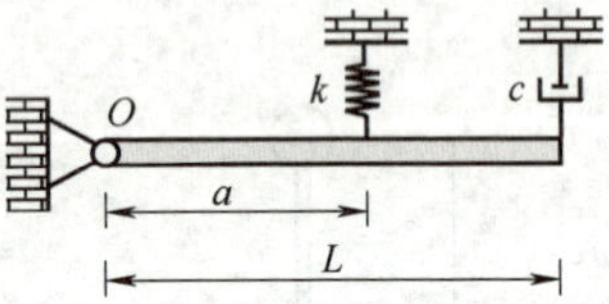

习题 2.38 图

2.39 习题 2.39 图中所示的系统中，刚杆质量不计，写出运动微分方程，并求临界阻尼系数及阻尼固有频率。

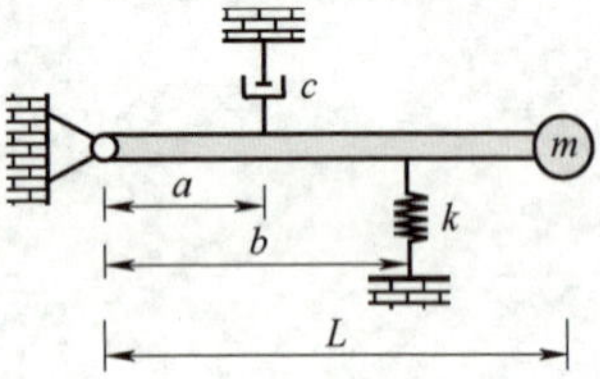

习题 2.39 图

2.40 一个有阻尼的弹簧质量系统，质量为 10kg，弹簧静伸长是 1cm，自由振动 20 个循环后，振幅从 0.64cm 减至 0.16cm，求阻尼系数 c。

Chapter 3

第 3 章

单自由度系统的受迫振动

第 3 章　单自由度系统的受迫振动

达朗贝尔（Jean le Rond d'Alembert，1717—1783）

法国数学家和物理学家，他一出生就被母亲遗弃在巴黎圣让勒隆（Saint Jean le Rond）教堂附近。1741 年，他出版了著名的《动力学》一书，其中包含的一种方法就是后人熟知的达朗贝尔（d'Alembert）原理。达朗贝尔首次采用偏微分方程解决了弦的振动问题。他早期的辉煌成就使他成为法国科学院的终生秘书，该职位确保他成为法国最有影响力的科学家。

学习要点：

- 掌握简谐激励下受迫振动的分析方法
- 掌握周期激励下受迫振动的分析方法
- 掌握任意激励下受迫振动的分析方法
- 掌握共振的概念
- 掌握振幅放大因子和相位差的分析，尤其是隔振问题的分析
- 掌握库仑摩擦受迫振动的分析方法
- 掌握转子的临界转速分析

本章主要介绍单自由度系统的受迫振动，即在持续激励下产生的振动。激励按照来源可以分为两类：一类是力激励，它可以是直接作用在振动物体上的力，也可以是旋转机械等中不平衡量随旋转引起的惯性力；另一类激励是由于支承运动而导致的位移激励、速度激励及加速度激励。

按随时间变化的规律分类，激励又可以分成三类：**简谐激励**、**周期激励**、**任意激励**。还有一种激励形式为**随机激励**，例如风载荷和地震载荷，这些载荷需要采用随机过程进行描述，结构在这类载荷作用下所表现出的振动称为**随机振动**。随机振动有独有的理论分析体系，不属于本书介绍的范围，详细内容可以参阅随机振动的相关书籍。

单自由度系统的受迫振动响应包括三部分：由系统初始条件所导致的自由振动、伴随受迫振动发生的自由振动（又称自由伴随振动）、稳态受迫振动。前两部分由于系统阻尼的存在会逐渐衰减，因此称为**暂态响应/瞬态响应**，第三部分则会随着外部激励持续发生，因此也称为**稳态响应**。简谐激励下的稳态响应是以外部激励频

率为振动频率的持续等幅振动；周期激励可以利用傅里叶级数进行展开，因此它的稳态响应是以外部激励频率整数倍为振动频率的简谐振动的叠加；任意激励则可以假设成许多脉冲激励的组合，它的稳态响应可以使用单位脉冲响应进行分析。

本章对单自由度系统的受迫振动进行介绍，并介绍振动的隔离、惯性测量仪、转子的临界转速等内容。考虑到许多工程振动中不可避免地存在着摩擦，本章还介绍了一种摩擦振动问题的近似解决方法。

3.1 系统受迫振动

本节首先对单自由度系统在简谐激励作用下的振动进行分析，然后介绍稳态响应的幅频特性和相频特性，进而介绍振动响应的过渡阶段，接着介绍由地基振动和转子偏心引起的简谐惯性力作用下的振动分析和库仑摩擦受迫振动的近似分析方法，最后介绍机械阻抗和导纳。

3.1.1 简谐力激励的受迫振动

简谐力激励的受迫振动

如图 3-1 所示的质量-弹簧-阻尼系统，质量块受到简谐外部激励的作用。将简谐外力写成复数形式

$$F(t)=F_0e^{i\omega t}$$

式中，F_0 为外力的幅值；ω 为外力的激励频率。外力的实部和虚部分别与余弦激励 $F_0\cos\omega t$ 和正弦激励 $F_0\sin\omega t$ 相对应。

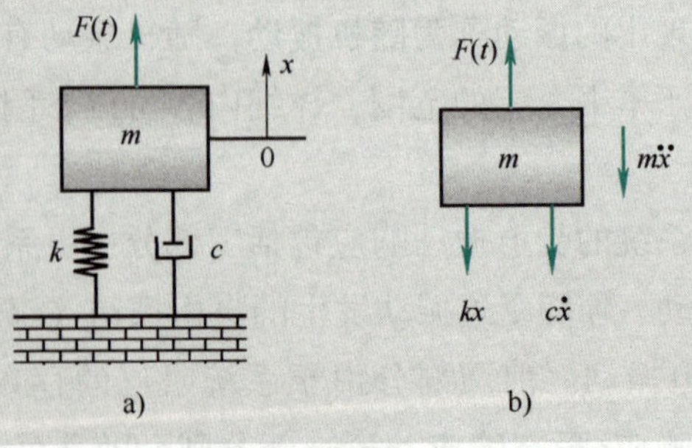

▶ 图 3-1 质量-弹簧-阻尼系统

对质量块进行受力分析，如图 3-1 所示。根据达朗贝尔原理，可以建立系统的动力学方程为

$$m\ddot{x}(t)+c\dot{x}(t)+kx(t)=F_0\mathrm{e}^{\mathrm{i}\omega t} \tag{3-1}$$

因为外部激励为复数形式，因此响应 $x(t)$ 也为复数变量，其实部和虚部分别与余弦激励 $F_0\cos\omega t$ 和正弦激励 $F_0\sin\omega t$ 相对应。方程（3-1）为时间 t 的非齐次微分方程，根据微分方程的理论，非齐次微分方程的解为齐次微分方程的通解与非齐次微分方程的特解之和。其中，齐次微分方程的通解代表着阻尼自由振动的情况，其解是逐渐衰减的，也称为暂态响应；非齐次微分方程的特解代表着持续等幅振动的情况，也称为稳态响应。本小节将介绍稳态响应，暂态响应将在 3.1.3 节进行阐述。

振动方程（3-1）可以写成如下形式：

$$\ddot{x}(t)+2\zeta\omega_0\dot{x}(t)+\omega_0^2x(t)=B\omega_0^2\mathrm{e}^{\mathrm{i}\omega t} \tag{3-2}$$

式中，$B=F_0/k$ 为质量块的静变形，表示在静载荷 F_0 作用下所产生的变形；$\omega_0=\sqrt{k/m}$ 为无阻尼固有频率；$\zeta=c/(2\sqrt{km})$ 为相对阻尼系数。

设

$$x=\bar{x}\mathrm{e}^{\mathrm{i}\omega t},\ \dot{x}=\mathrm{i}\omega\bar{x}\mathrm{e}^{\mathrm{i}\omega t},\ \ddot{x}=-\omega^2\bar{x}\mathrm{e}^{\mathrm{i}\omega t} \tag{3-3}$$

式中，$\bar{x}$ 表示稳态响应的复振幅。将式（3-3）代入式（3-1），整理后有

$$(-m\omega^2+\mathrm{i}c\omega+k)\bar{x}\mathrm{e}^{\mathrm{i}\omega t}=F_0\mathrm{e}^{\mathrm{i}\omega t} \tag{3-4}$$

化简可得

$$\bar{x}=H(\omega)F_0 \tag{3-5}$$

其中，

$$H(\omega)=\frac{1}{k-m\omega^2+\mathrm{i}c\omega} \tag{3-6}$$

式（3-6）为**复频响应函数**。式（3-5）代表系统输入 $F(t)=F_0\mathrm{e}^{\mathrm{i}\omega t}$ 的幅值 F_0 与系统输出 $x=\bar{x}\mathrm{e}^{\mathrm{i}\omega t}$ 的幅值 $\bar{x}$ 之间的关系。引入**频率比** $s=\omega/\omega_0$，表示外部激励频率与系统固有频率之比，则式（3-6）可以改写为

$$H(\omega)=\frac{1}{k}\times\frac{1}{1-\frac{m}{k}\omega^2+\mathrm{i}\frac{c\omega}{k}}=\frac{1}{k}\times\frac{1}{(1-s^2)+\mathrm{i}(2\zeta s)}=\frac{1}{k}\left[\frac{(1-s^2)-\mathrm{i}(2\zeta s)}{(1-s^2)^2+(2\zeta s)^2}\right]$$

$$=\frac{1}{k}\beta\mathrm{e}^{-\mathrm{i}\theta}=|H(\omega)|\mathrm{e}^{-\mathrm{i}\theta} \tag{3-7}$$

式中，$|H(\omega)|=\beta/k$ 为复数 $H(\omega)$ 的模。复数 $H(\omega)$ 的辐角为

$\arg H(\omega) = -\theta$。式（3-7）的推导中使用到了：

$$\frac{c\omega}{k} = \frac{c\omega}{\omega_0^2 m} = \frac{c}{m} \cdot \frac{s}{\omega_0} = 2\zeta\omega_0 \frac{s}{\omega_0} = 2\zeta s$$

式（3-7）中$\beta(s)$称为**振幅放大因子**；$\theta(s)$称为**相位差**，分别表达如下：

$$\beta(s) = \frac{1}{\sqrt{(1-s^2)^2 + (2\zeta s)^2}} \tag{3-8}$$

$$\theta(s) = \arctan \frac{2\zeta s}{1-s^2} \tag{3-9}$$

复频响应函数$H(\omega)$同时反映了系统响应的幅频特性和相频特性。

将式（3-7）表达式$H(\omega) = \beta e^{-i\theta}/k$代入式（3-5），然后再代入式（3-3）中第一式，可以得到系统的振动解为

$$x(t) = \frac{F_0}{k}\beta e^{i(\omega t-\theta)} = Ae^{i(\omega t-\theta)} \tag{3-10}$$

式中，$A=\beta B$表示稳态响应的实振幅。

由式（3-10）可以看出，在简谐外部力作用下，系统的响应是以外部激励的频率ω为振动频率的等幅简谐振动，但是相位有所滞后。这里所说的相位，指的是系统输入$F(t) = F_0 e^{i\omega t}$和系统输出$x(t) = Ae^{i(\omega t-\theta)}$之间的相位差，在相位上$x(t)$滞后$F(t)$的角度为$\theta$。由式（3-9）可以看出，相位滞后角$\theta$是由系统阻尼引起的，如果没有阻尼，即$\zeta=0$，则有$\theta=0°$，此时输入的外部激励和系统的响应之间不存在相位差，通俗地讲这可以理解为：当激励作用力向下时，质量块的运动也同时向下，反之亦然。另外，由式（3-8）和式（3-9）还可以看出，振幅和相位差都与系统的初始条件无关，它们只由系统本身的物理性质及激振力的参数所决定，即由质量m、刚度k和阻尼c、激励频率ω和激励幅值F_0所决定。而在第2章的单自由度系统的自由振动中，由式（2-13）可以看出，φ为初相位，是由系统振动的初始条件所引起的，它和本章受迫振动中的相位差θ是有本质区别的。

如果激励形式为$F(t) = F_0\cos\omega t$，系统的振动响应对应$x(t)$的实部，即

$$x(t) = A\cos(\omega t-\theta) \tag{3-11}$$

如果系统中没有阻尼，即$c=0$，$\zeta=0$，系统的振动解为

$$x(t)=\frac{B}{1-s^2}e^{i\omega t}=\frac{F_0}{k}\frac{1}{1-s^2}e^{i\omega t} \tag{3-12}$$

由以上分析，可以得出如下结论：

1）单自由度系统对简谐激励的稳态响应是频率等同于激振频率、而相位滞后激振力的简谐振动；

2）稳态响应的振幅及相位只取决于系统本身的物理性质(m,k,c)和激振力的频率及幅值，而与系统进入运动的方式（即初始条件）无关。

3.1.2　稳态响应的特性

由上述讨论可知，单自由度系统振动分析中涉及了两个频率，一个是系统的固有频率 ω_0，另一个是简谐外部激励的频率 ω，两者之比定义为频率比 $s=\omega/\omega_0$，两个频率大小的关系可以通过频率比 s 予以体现。振幅 $A=\beta B$ 中，B 为静变形，事实上振幅放大因子 β 代表着振幅的变化情况，即代表着振幅。由式（3-8）和式（3-9）可以看出，振幅放大因子 β 和相位差 θ 都是 s 的函数，因此通过分析 $\beta(s)$ 和 $\theta(s)$ 随频率比 s 的变化可以判断出系统的振幅和相位特性的情况。

1. 幅频特性

首先分析振幅放大因子 $\beta(s)$。以频率比 s 为横坐标，画出 $\beta(s)$ 随 s 的变化曲线，该曲线定义为**幅频特性曲线**。如图 3-2 所示，图中给出了不同相对阻尼系数下的幅频特性曲线。

幅频特性

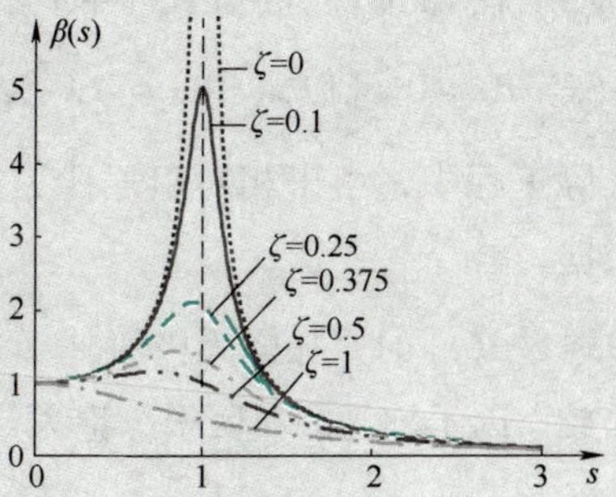

◀ 图 3-2　幅频特性曲线

以下分若干情况进行分析。

1）当 $s\ll1$ 时，即 $\omega\ll\omega_0$，激振频率相对于系统固有频率很低，由图 3-2 和式（3-8）可知，此时有 $\beta(s)\approx1$。由式（3-10）可以看

出，这种情形可以得出如下结论：系统响应的振幅 A 与静变形 B 相当。该结论解释如下：图 3-1 中质量块受到静外力 $F(t)$ 的作用而产生运动，理论上讲，外力要求质量块跟随自己产生同步运动，例如，外力方向水平向右时要求质量块的运动方向也水平向右；因为外力的变化频率相比于系统的固有频率很低，因此质量块实际会随着外力的变化而产生同步运动，这也可以从下面的相频特性曲线和分析中看出，这种情况的相位差为零，即 $\theta(s)\approx 0$，表示外力和质量块运动保持同步，最终导致质量块的振幅与静变形相当。

2）当 $s\gg 1$ 时，即 $\omega\gg\omega_0$，激振频率相对于系统固有频率很大，由图 3-2 可以看出，此时有 $\beta(s)\approx 0$。这种情形可以得出如下结论：当外激励频率远大于系统固有频率时，系统响应的振幅很小。该结论解释如下：如上所述，理论上讲外力要求质量块跟随自己同步运动，但是外力方向变化频率太快，导致质量块来不及跟随外力变化，质量块的惯性力抵消了大部分的外力作用，因此质量块的振幅变得很小。

3）在以上两个领域（$s\gg 1, s\ll 1$），对应于不同的 ζ 值，曲线较为密集，说明阻尼的影响不显著，此时系统即使按无阻尼情况来考虑也是可以的。

4）当 $s\approx 1$ 时，即 $\omega\approx\omega_0$，对应于较小的 ζ 值，$\beta(s)$ 迅速增大。当 $\zeta=0$ 时，可知有 $\beta(s)\to\infty$，这种现象称为**共振**。这种情形的结论是：当产生共振时，振幅无穷大。但是共振对于来自阻尼的影响很敏感，在 $s=1$ 附近的区域内，增加阻尼时振幅会明显下降。

5）对于有阻尼系统，$\beta(s)$ 的极值 $\beta_{\max}$ 并不出现在 $s=1$ 处，而是稍偏左。由 $\mathrm{d}\beta(s)/\mathrm{d}s=0$ 可以求得 $s=\sqrt{1-2\zeta^2}$，此时有 $\beta_{\max}=1/(2\zeta\sqrt{1-\zeta^2})$。实际工程中，由于相对阻尼比 ζ 很小，常以 $\omega=\omega_0$ 作为发生共振的依据。

6）当 $\zeta>1/\sqrt{2}$ 时，$\beta(s)<1$，振幅无极值。

共振时的振幅放大因子称为**品质因子**，记为

$$Q=\beta_{s=1}=\frac{1}{2\zeta} \tag{3-13}$$

为了说明品质因子的含义，先介绍**半功率点**和**带宽**的概念。如图 3-3 所示，共振峰两侧取与 $\beta=Q/\sqrt{2}$ 对应的两点记作 $s_1=\omega_1/\omega_0$ 和

$s_2=\omega_2/\omega_0$，称

$$\Delta\omega=\omega_2-\omega_1 \tag{3-14}$$

为半功率带宽。

品质因子 Q 与半功率带宽 $\Delta\omega$ 有关系，表达式为

$$Q\approx\frac{\omega_0}{\Delta\omega} \tag{3-15}$$

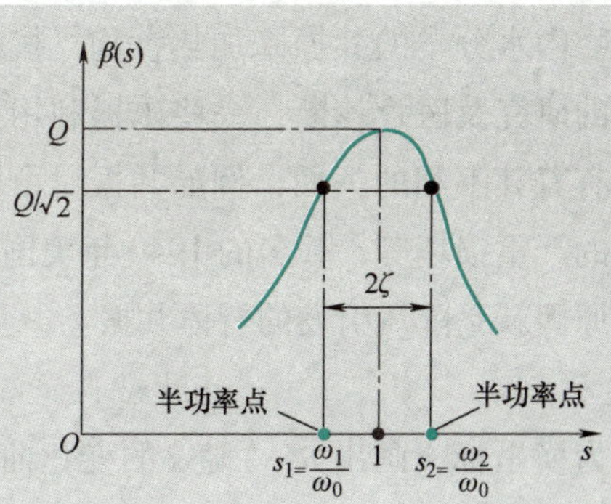

◀ 图 3-3　品质因子

【证】　利用 $\beta=Q/\sqrt{2}$ 和振幅放大因子方程（3-8），可得

$$\beta_{s=s_1,s_2}=\frac{1}{\sqrt{(1-s^2)^2+(2\zeta s)^2}}=\frac{Q}{\sqrt{2}}=\frac{1}{2\sqrt{2}\zeta} \tag{3-16}$$

从而推导得

$$s^4-s^2(2-4\zeta^2)+(1-8\zeta^2)=0 \tag{3-17}$$

求解方程（3-17），可得

$$s_1^2=1-2\zeta^2-2\zeta\sqrt{1+\zeta^2},\quad s_2^2=1-2\zeta^2+2\zeta\sqrt{1+\zeta^2} \tag{3-18}$$

因为 ζ 值较小，式（3-18）可近似为

$$s_1^2\approx1-2\zeta,\quad s_2^2\approx1+2\zeta \tag{3-19}$$

利用 $s_1=\omega_1/\omega_0$ 和 $s_2=\omega_2/\omega_0$，并且考虑式（3-19），有

$$\omega_2^2-\omega_1^2=(s_2^2-s_1^2)\omega_0^2\approx4\zeta\omega_0^2 \tag{3-20}$$

又有

$$\omega_2^2-\omega_1^2=(\omega_2+\omega_1)(\omega_2-\omega_1)=2\omega_0\Delta\omega \tag{3-21}$$

其中，由图 3-3 可知 $\omega_2+\omega_1=2\omega_0$。比较式（3-20）和式（3-21），可得

$$\Delta\omega\approx2\zeta\omega_0 \tag{3-22}$$

利用式（3-13）和式（3-22），可得

$$Q\approx\frac{\omega_0}{\Delta\omega} \tag{3-23}$$

由式（3-13）和式（3-23）可以看出，系统中阻尼越弱，Q 越大，带宽越窄，则共振峰越陡峭。

共振的功与过： 共振是工程领域一个十分重要的问题，共振现象在物理学、工程学、以及电声学和自然界中都非常普遍。共振有其有利的一面，例如，许多设备和仪器就是利用共振原理来设计的，如收音机利用电磁共振（电谐振）来进行选台，微波炉通过高频电磁波激起食物内水分子的共振来加热食物，核磁共振技术被用来进行物质结构的研究及医疗诊断，一些乐器利用共振来提高音响效果等；共振也有着其不利的一面，例如共振时由于系统振幅过大会造成机器设备的严重损坏等，著名的 1940 年美国塔科马海峡大桥倒塌事故的部分原因就是阵风引发的桥体共振。

2. 相频特性

相频特性

以频率比 s 为横坐标，画出 $\theta(s)$ 随 s 的变化曲线，如图 3-4 所示，该曲线称为**相频特性曲线**。分析相频特性曲线，可以得出下述结论。

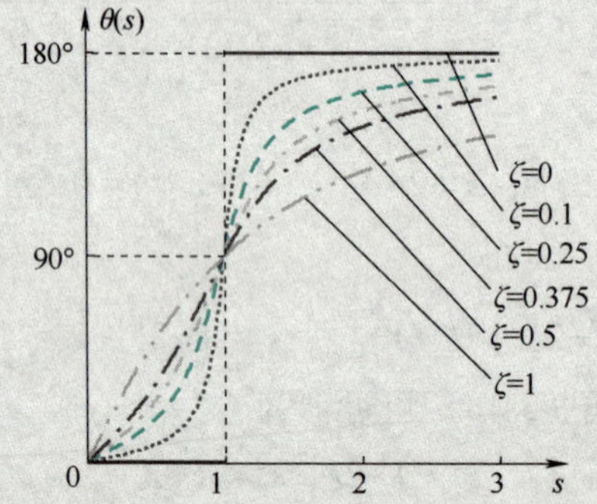

▶ 图 3-4　相频特性曲线

1）当 $s \ll 1$ 时，即 $\omega \ll \omega_0$，激振频率相对于系统固有频率很低，此时有相位差 $\theta(s) \approx 0$，表明质量块的位移与激振力在相位上几乎相同。这种情况下质量块的运动方向和激振力的方向保持一致，物块跟随外力运动，由以上幅频特性分析可知此时振幅与静变形相当。

2）当 $s \gg 1$ 时，即 $\omega \gg \omega_0$，激振频率相对于系统固有频率很高，此时有相位差 $\theta(s) \approx \pi$，表明质量块位移与激振力在相位上反向。这种情况质量块的运动方向和激振力的方向相反，由以上幅频特性分析可知此时质量块的振幅很小。

3）在以上两个领域（$s \gg 1, s \ll 1$），相位差分别接近 0 和 π。对

应于不同的 ζ 值，曲线较为密集，说明此时阻尼对相位的影响不显著。

4）当 $s=1$ 时，即 $\omega=\omega_0$，发生共振，此时相位差为 $\theta(s)=\pi/2$，与阻尼无关，即无论系统中阻尼是多少，发生共振时总有相位差为 $\pi/2$。

由以上的幅频特性和相频特性分析可以看出，对于如图 3-1 所示的单自由度振动系统，即使不知道系统的振动解析响应，根据外部激励频率和系统固有频率的比值变化情况，也能了解系统的稳态振动特性。

3.1.3 受迫振动的过渡阶段

在系统受到激励开始振动的初始阶段，自由振动伴随受迫振动同时发生。系统的响应是暂态响应与稳态响应的叠加。

首先考虑无阻尼的情况。假定系统外部激励为正弦形式，初始条件分别为 $x(0)=x_0$ 和 $\dot{x}(0)=\dot{x}_0$。系统动力学方程为

$$m\ddot{x}(t)+kx(t)=F_0\sin\omega t \tag{3-24}$$

将其改写为

$$\ddot{x}(t)+\omega_0^2x(t)=B\omega_0^2\sin\omega t \tag{3-25}$$

式中，$B=F_0/k$ 为静变形。$s=\omega/\omega_0$ 为频率比。

无阻尼受迫振动过渡阶段（1）

无阻尼受迫振动过渡阶段（2）

根据微分方程理论，式（3-25）的解为

$$x(t)=c_1\cos\omega_0t+c_2\sin\omega_0t+\frac{B}{1-s^2}\sin\omega t \tag{3-26}$$

其中，等号右边前两项为齐次通解，最后一项为非齐次特解，c_1 和 c_2 由初始条件决定。将初始条件代入式（3-26），可得

$$c_1=x_0,\quad c_2=\frac{\dot{x}_0}{\omega_0}-\frac{Bs}{1-s^2} \tag{3-27}$$

因此，系统振动的解为

$$x(t)=x_0\cos\omega_0t+\frac{\dot{x}_0}{\omega_0}\sin\omega_0t-\frac{Bs}{1-s^2}\sin\omega_0t+\frac{B}{1-s^2}\sin\omega t \tag{3-28}$$

其中，等号右边前两项为对初始条件的响应；第三项称为**自由伴随振动**，其特点为以系统的固有频率为振动频率；最后一项为强迫响应。

若系统为零初始条件，则有

$$x(t)=-\frac{Bs}{1-s^2}\sin\omega_0 t+\frac{B}{1-s^2}\sin\omega t \tag{3-29}$$

可以看出，此时仍然有自由伴随振动相伴发生。绘出式（3-29）的变化曲线，如图 3-5 所示。

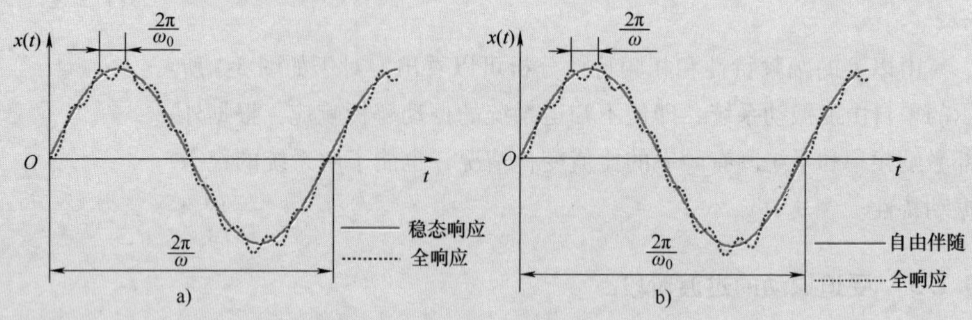

▲ 图 3-5 系统全响应和自由伴随振动

a）$s<1$ 的情况 b）$s>1$ 的情况

根据以下两种情况解释图 3-5：

1）$s<1$ 时，即 $\omega<\omega_0$，振动响应曲线如图 3-5a 所示。这种情况下，稳态受迫振动进行一个循环时间内，自由伴随振动完成多个循环，系统受迫振动响应成为稳态响应曲线上叠加了一个振荡运动。

2）$s>1$ 时，即 $\omega>\omega_0$，振动响应曲线如图 3-5b 所示。这种情况下，自由伴随振动进行一个循环时间内，稳态受迫振动完成多个循环，受迫振动响应成为自由振动响应曲线上叠加了一个振荡运动。

由于系统是线性的，也可利用叠加定理求解。原系统振动动力学问题为

$$\begin{cases}m\ddot{x}(t)+kx(t)=F_0\sin\omega t\\ x(0)=x_0,\ \dot{x}(0)=\dot{x}_0\end{cases} \tag{3-30}$$

该问题可以转化为如下两个微分方程的求解：

$$\begin{cases}\ddot{x}(t)+\omega_0^2x(t)=0\\ x(0)=x_0,\ \dot{x}(0)=\dot{x}_0\end{cases} \tag{3-31}$$

$$\begin{cases}\ddot{x}(t)+\omega_0^2x(t)=B\omega_0^2\sin\omega t\\ x(0)=0,\ \dot{x}(0)=0\end{cases} \tag{3-32}$$

方程（3-31）的解为

$$x_1(t)=x_0\cos\omega_0 t+\frac{\dot{x}_0}{\omega_0}\sin\omega_0 t \tag{3-33}$$

此即为系统对初始条件的响应。

根据微分方程理论，方程（3-32）的解为

$$x_2(t)=-\frac{Bs}{1-s^2}\sin\omega_0 t+\frac{B}{1-s^2}\sin\omega t \tag{3-34}$$

因此，原系统的解为

$$\begin{aligned}x(t)&=x_1(t)+x_2(t)\\&=x_0\cos\omega_0 t+\frac{\dot{x}_0}{\omega_0}\sin\omega_0 t-\frac{Bs}{1-s^2}\sin\omega_0 t+\frac{B}{1-s^2}\sin\omega t\\&=x_0\cos\omega_0 t+\frac{\dot{x}_0}{\omega_0}\sin\omega_0 t+\frac{B}{1-s^2}(\sin\omega t-s\sin\omega_0 t)\end{aligned} \tag{3-35}$$

实际中总是存在着阻尼的影响，因而式（3-35）右端的暂态响应会逐渐衰减，最终系统表现为稳态响应。

例 3-1 计算系统初始条件，以使 $m\ddot{x}(t)+kx(t)=F_0\sin\omega t$ 的响应只以频率 ω 振动。

【解】 $m\ddot{x}(t)+kx(t)=F_0\sin\omega t$ 的全解为

$$x(t)=x_0\cos\omega_0 t+\frac{\dot{x}_0}{\omega_0}\sin\omega_0 t-\frac{Bs}{1-s^2}\sin\omega_0 t+\frac{B}{1-s^2}\sin\omega t \tag{a}$$

式中，$B=F_0/k$；$s=\omega_0/\omega$。

如果要使系统响应只以频率 ω 振动，方程（a）等号右边前三项应该为零，因此

$$x_0=0,\ \frac{\dot{x}_0}{\omega_0}=\frac{Bs}{1-s^2} \tag{b}$$

可以求得初始条件为

$$x_0=0,\ \dot{x}_0=\frac{Bs\omega_0}{1-s^2} \tag{c}$$

例 3-2 计算系统初始条件，以使 $m\ddot{x}(t)+kx(t)=F_0\cos\omega t$ 的响应只以频率 ω 振动。

【解】 此时外部激励为余弦形式，$m\ddot{x}(t)+kx(t)=F_0\cos\omega t$ 的全解不应写成如下形式：

$$x(t)=x_0\cos\omega_0 t+\frac{\dot{x}_0}{\omega_0}\sin\omega_0 t-\frac{Bs}{1-s^2}\sin\omega_0 t+\frac{B}{1-s^2}\cos\omega t \tag{a}$$

而应该写为

$$x(t)=c_1\cos\omega_0 t+c_2\sin\omega_0 t+\frac{B}{1-s^2}\cos\omega t \tag{b}$$

由 $x(0)=x_0$ 可得

$$c_1=x_0-\frac{B}{1-s^2} \tag{c}$$

对解 $x(t)$ 求一阶导数，有

$$\dot{x}(t)=-c_1\omega_0\sin\omega_0 t+c_2\omega_0\cos\omega_0 t+\frac{B\omega}{1-s^2}\cos\omega t \tag{d}$$

由 $\dot{x}(0)=\dot{x}_0$ 可得

$$\dot{x}_0=c_2\omega_0，\text{即 } c_2=\frac{\dot{x}_0}{\omega_0} \tag{e}$$

因此，系统的全解为

$$\begin{aligned}x(t)&=\left(x_0-\frac{B}{1-s^2}\right)\cos\omega_0 t+\frac{\dot{x}_0}{\omega_0}\sin\omega_0 t+\frac{B}{1-s^2}\cos\omega t\\&=x_0\cos\omega_0 t+\frac{\dot{x}_0}{\omega_0}\sin\omega_0 t-\frac{B}{1-s^2}\cos\omega_0 t+\frac{B}{1-s^2}\cos\omega t\end{aligned} \tag{f}$$

与例 3-1 比较可知，全解等号右端前两项是相同的，第三项是不同的。

如果要使系统响应只以频率 ω 振动，则初始条件需要设置为

$$x_0=\frac{B}{1-s^2},\quad \dot{x}_0=0 \tag{g}$$

下面对共振现象进行近似解析解释。考虑无阻尼系统承受正弦简谐激励的情况，动力学方程如式（3-24）所示，假定系统初始条件为零，即 $x(0)=\dot{x}(0)=0$，系统振动解如式（3-29）所示。若激励频率与固有频率十分接近，即 $s=\omega/\omega_0\approx 1$。令 $s=1+2\varepsilon$，其中 ε 为小量，则式（3-29）的振动解可以推导为

$$\begin{aligned}x(t)&=-\frac{Bs}{1-s^2}\sin\omega_0 t+\frac{B}{1-s^2}\sin\omega t\\&=\frac{B}{1-s^2}(\sin\omega t-s\sin\omega_0 t)\\&=\frac{B}{1-(4\varepsilon^2+4\varepsilon+1)}(\sin\omega t-s\sin\omega_0 t)\quad（代入 s=1+2\varepsilon）\end{aligned}$$

$$\approx -\frac{B}{4\varepsilon}\left(\sin\omega t - s\sin\omega_0 t\right) \quad (\text{忽略 } \varepsilon^2 \text{ 项})$$

$$\approx -\frac{B}{4\varepsilon}\left[\sin(1+2\varepsilon)\omega_0 t - \sin\omega_0 t\right] \quad \left(\text{第一项使用}\frac{\omega}{\omega_0}=1+2\varepsilon\text{，第二项使用 } s\approx 1\right)$$

$$= -\frac{B}{4\varepsilon}\left(\sin\omega_0 t\cos 2\varepsilon\omega_0 t + \cos\omega_0 t\sin 2\varepsilon\omega_0 t - \sin\omega_0 t\right) \quad (\text{利用正弦函数展开})$$

$$\approx -\frac{B}{4\varepsilon}\cos\omega_0 t\sin 2\varepsilon\omega_0 t \quad (\text{利用 } \cos 2\varepsilon\omega_0 t \approx 1)$$

$$= -\frac{B}{4\varepsilon}\cos\omega_0 t \cdot 2\sin\varepsilon\omega_0 t\cos\varepsilon\omega_0 t \quad (\text{将 } \sin 2\varepsilon\omega_0 t \text{ 展开})$$

$$\approx -\frac{B}{2\varepsilon}\sin\varepsilon\omega_0 t\cos\omega_0 t \quad (\text{利用 } \cos\varepsilon\omega_0 t \approx 1) \tag{3-36}$$

绘出 $x(t)$ 的时间历程曲线，如图 3-6 所示，系统响应是以 ω_0 为振动频率但是振幅按 $B\sin(\varepsilon\omega_0 t)/2\varepsilon$ 规律缓慢变化的振动，这种在接近共振时发生的特殊振动现象称为“**拍**”，拍的周期为 $\pi/(\varepsilon\omega_0)$，图形包络线为 $\pm B\sin(\varepsilon\omega_0 t)/2\varepsilon$。

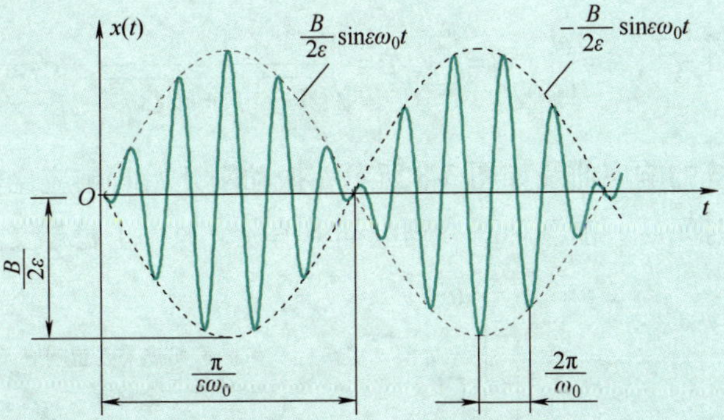

◀ 图 3-6　共振“拍”现象

当 $\varepsilon \to 0$ 时，利用 $\sin\varepsilon\omega_0 t \approx \varepsilon\omega_0 t$，系统振动解为

$$x(t) = -\frac{B}{2\varepsilon}\sin\varepsilon\omega_0 t\cos\omega_0 t \approx -\frac{B}{2\varepsilon}\varepsilon\omega_0 t\cos\omega_0 t = -\frac{1}{2}B\omega_0 t\cos\omega_0 t \tag{3-37}$$

由此可以看出，随着时间 t 的增大，振幅无限增大，响应曲线如图 3-7 所示，此时为无阻尼系统共振的情形。

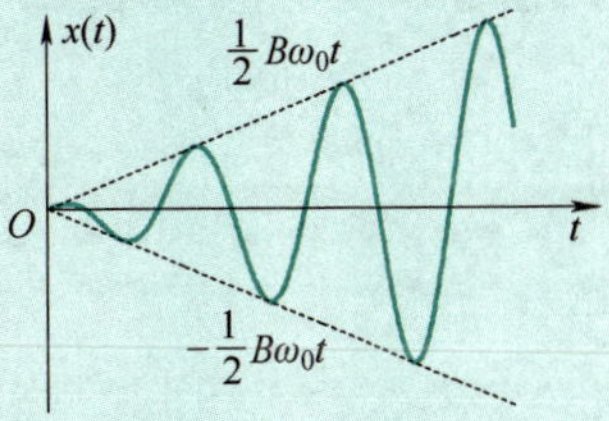

图 3-7　共振响应

下面讨论有阻尼系统在过渡阶段对简谐激励的响应。系统的动力学方程为

$$\begin{cases} m\ddot{x}(t)+c\dot{x}(t)+kx(t)=F_0\sin\omega t \\ x(0)=x_0 \\ \dot{x}(0)=\dot{x}_0 \end{cases} \tag{3-38}$$

有阻尼受迫振动的过渡阶段

利用微分方程理论，可求得系统的振动解为

$$x(t)=\mathrm{e}^{-\zeta\omega_0 t}(c_1\cos\omega_{\mathrm{d}}t+c_2\sin\omega_{\mathrm{d}}t)+B\beta\sin(\omega t-\theta) \tag{3-39}$$

式中，c_1 和 c_2 由振动初始条件所决定。式（3-39）等号右边第一项为齐次通解，第二项为非齐次特解。

利用初始条件解出 c_1 和 c_2 后，系统的解可以写为

$$x(t)=\mathrm{e}^{-\zeta\omega_0 t}\left(x_0\cos\omega_{\mathrm{d}}t+\frac{\dot{x}_0+\zeta\omega_0x_0}{\omega_{\mathrm{d}}}\sin\omega_{\mathrm{d}}t\right)+$$

$$B\beta\mathrm{e}^{-\zeta\omega_0 t}\left[\sin\theta\cos\omega_{\mathrm{d}}t+\frac{\omega_0}{\omega_{\mathrm{d}}}(\zeta\sin\theta-s\cos\theta)\sin\omega_{\mathrm{d}}t\right]+B\beta\sin(\omega t-\theta) \tag{3-40}$$

其中，方程式（3-40）等号右边第一项为对初始条件的响应，第二项为自由伴随振动响应，第三项为稳态受迫响应。式（3-40）中各个变量表达如下：

$$\omega_{\mathrm{d}}=\omega_0\sqrt{1-\zeta^2},\ s=\frac{\omega}{\omega_0},\ B=\frac{F_0}{k},\ \beta=\frac{1}{\sqrt{(1-s^2)^2+(2\zeta s)^2}},\ \theta=\arctan\frac{2\zeta s}{1-s^2}$$

系统的响应曲线如图 3-8 所示，振动刚开始时响应比较混乱，充分长时间后，前两种瞬态响应都将消失，只剩下稳态受迫响应。

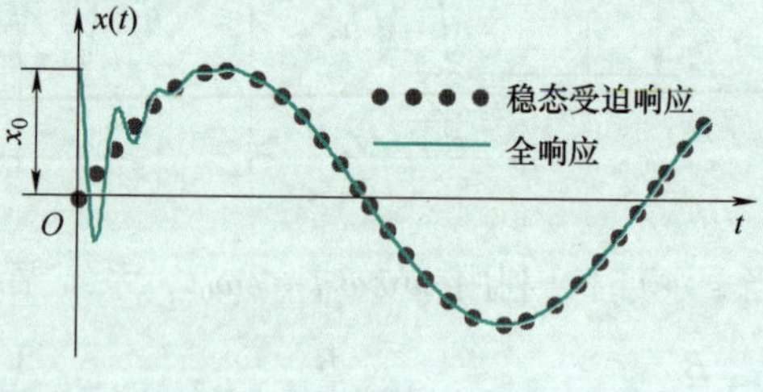

▶ 图 3-8　系统全响应和稳态受迫响应

和无阻尼情况相同，对于零初始条件 $x(0)=\dot{x}(0)=0$，自然伴随振动仍然存在，此时系统全解为

$$x(t)=B\beta\mathrm{e}^{-\zeta\omega_0 t}\left[\sin\theta\cos\omega_{\mathrm{d}}t+\frac{\omega_0}{\omega_{\mathrm{d}}}(\zeta\sin\theta-s\cos\theta)\sin\omega_{\mathrm{d}}t\right]+B\beta\sin(\omega t-\theta) \tag{3-41}$$

例 3-3 如图3-9a 所示，黏性阻尼单自由度系统受到简谐基础激励作用，求系统的全响应。已知 $m=10\text{kg}$，$c=20\text{N}\cdot\text{m/s}$，$k=4000\text{N/m}$。基础振动规律为 $x_f(t)=D\sin\omega t$，其中 $D=0.05\text{m}$，$\omega=5\text{rad/s}$。系统振动初始条件为 $x_0=0\text{m}$ 和 $\dot{x}_0=10\text{m/s}$。

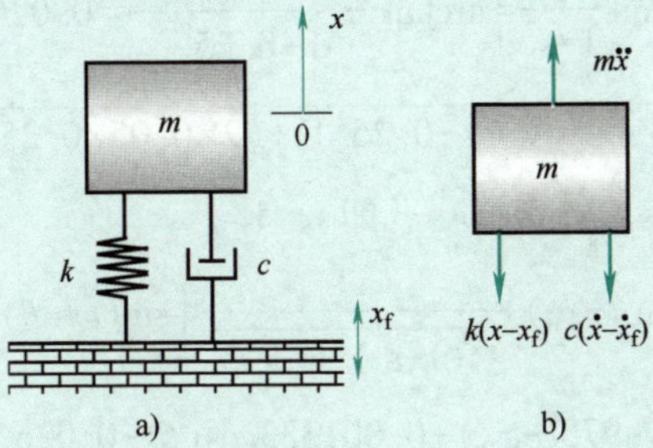

◀ 图 3-9 基础激励系统及受力图

【解】 采用质量块的绝对位移 $x(t)$ 作为广义坐标，受力分析如图 3-9b 所示。采用达朗贝尔原理可以建立系统动力学方程为

$$m\ddot{x}(t)+c(\dot{x}(t)-\dot{x}_f(t))+k(x(t)-x_f(t))=0 \quad \text{(a)}$$

即

$$m\ddot{x}(t)+c\dot{x}(t)+kx(t)=c\dot{x}_f(t)+kx_f(t)$$
$$=kD\sin\omega t+cD\omega\cos\omega t \quad \text{(b)}$$

利用叠加原理，系统的响应为分别受到激励 $kD\sin\omega t$ 和激励 $cD\omega\cos\omega t$ 的响应之和，可以得到振动微分方程的非齐次特解为

$$x(t)=\frac{kD}{k}\frac{1}{\sqrt{(1-s^2)^2+(2\zeta s)^2}}\sin(\omega t-\theta)+\frac{cD\omega}{k}\frac{1}{\sqrt{(1-s^2)^2+(2\zeta s)^2}}\cos(\omega t-\theta)$$
$$=\frac{1}{\sqrt{(1-s^2)^2+(2\zeta s)^2}}\left[\sin(\omega t-\theta)+\frac{cD\omega}{k}\cos(\omega t-\theta)\right] \quad \text{(c)}$$

式中，$\theta=\arctan[2\zeta s/(1-s^2)]$

振动微分方程的齐次通解为

$$x(t)=e^{-\zeta\omega_0 t}(c_1\cos\omega_d t+c_2\sin\omega_d t)=X_0e^{-\zeta\omega_0 t}\cos(\omega_d t-\varphi_0) \quad \text{(d)}$$

式中，X_0 和 φ_0 由初始条件决定。

系统振动微分方程的全解为

$$x(t)=X_0e^{-\zeta\omega_0 t}\cos(\omega_d t-\varphi_0)+\frac{1}{\sqrt{(1-s^2)^2+(2\zeta s)^2}}\left[\sin(\omega t-\theta)+\frac{cD\omega}{k}\cos(\omega t-\theta)\right] \quad \text{(e)}$$

计算如下参数：

$$\omega_0=\sqrt{\frac{4000}{10}}\text{rad/s}=20\text{rad/s}, \ s=\frac{\omega}{\omega_0}=\frac{5}{20}=0.25$$

$$\zeta=\frac{c}{2\sqrt{km}}=\frac{20}{2\sqrt{4000\times10}}=0.05, \ \omega_{\rm d}=\omega_0\sqrt{1-\zeta^2}=19.975\text{rad/s}$$

$$\theta=\arctan\frac{2\zeta s}{1-s^2}=\arctan\frac{2\times0.05\times0.25}{1-0.25^2}=0.02666\text{rad}$$

$$\sqrt{(1-s^2)^2+(2\zeta s)^2}=\sqrt{(1-0.25^2)^2+(2\times0.05\times0.25)^2}=0.937833$$

将计算参数代入全解表达式（e），有

$$x(t)=X_0\mathrm{e}^{-\zeta\omega_0 t}\cos(\omega_{\rm d}t-\varphi_0)+\frac{1}{\sqrt{(1-s^2)^2+(2\zeta s)^2}}\left[\sin(\omega t-\theta)+\frac{cD\omega}{k}\cos(\omega t-\theta)\right]$$

$$=X_0\mathrm{e}^{-t}\cos(19.975t-\varphi_0)+0.001333\cos(5t-0.02666)+$$

$$0.053314\sin(5t-0.02666) \tag{f}$$

求导，得

$$\dot{x}(t)=-X_0\mathrm{e}^{-t}\cos(19.975t-\varphi_0)-19.975X_0\mathrm{e}^{-t}\sin(19.975t-\varphi_0)-$$

$$0.006665\sin(5t-0.02666)+0.266572\cos(5t-0.02666) \tag{g}$$

式（g）代入初始条件，得

$$X_0=0.488695\text{m}, \ \varphi_0=1.529683\text{rad} \tag{h}$$

因此，系统振动微分方程的全解为

$$x(t)=0.488695\mathrm{e}^{-t}\cos(19.975t-1.529683)+$$

$$0.001333\cos(5t-0.02666)+0.053314\sin(5t-0.02666) \tag{i}$$

3.1.4 简谐惯性力激励的受迫振动

简谐惯性力激励的受迫振动（1）

简谐惯性力激励受迫振动的工程背景有基座振动、转子偏心引起的受迫振动等，如图 3-10 所示，其特点是激振惯性力的幅值与频率的平方成正比。本小节首先介绍基座振动，然后介绍转子偏心振动。

汽车在不平路面上行驶所产生的振动、仪表盘的隔振、无人机吊舱相机的隔振等均是工程中的基座振动问题。根据需求，描述基座振动情况所采用的广义坐标有两类：一类是物体相对于基座的相对位移坐标，另一类是物体的绝对位移坐标。这两类坐标在惯性力的表达上有所不同。对于汽车振动和无人机吊舱相机振动，通常采用的是绝对位移，而对于仪表盘振动，则采用的是相对位移。下面分别采用这两类坐标进行振动分析。

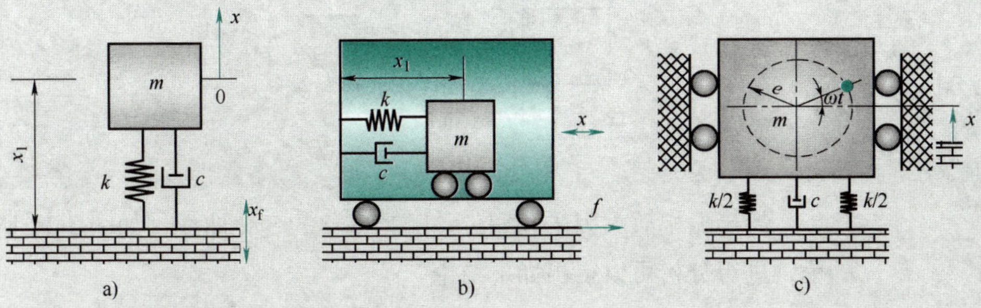

▲ 图 3-10 简谐惯性力激励振动系统

假定基座运动的位移规律为

$$x_f(t)=De^{i\omega t} \tag{3-42}$$

式中，D 表示基座的位移振幅。

采用物体相对于基座的相对位移 $x_1(t)$ 做广义坐标，物体的受力分析图如图 3-11 所示。建立动力学方程为

$$m(\ddot{x}_1(t)+\ddot{x}_f(t))+c\dot{x}_1(t)+kx_1(t)=0 \tag{3-43}$$

即

$$m_1\ddot{x}_1(t)+c\dot{x}_1(t)+kx_1(t)=mD\omega^2e^{i\omega t} \tag{3-44}$$

可以看出，激振惯性力的幅值 $mD\omega^2$ 与频率的平方 ω^2 成正比。

令 $mD\omega^2=F_0$，根据 3.1.1 节的振动分析结果，可以求出稳态振动解为

$$\begin{aligned}x_1(t)&=\beta Be^{i(\omega t-\theta_1)}=\beta\frac{F_0}{k}e^{i(\omega t-\theta_1)}=\beta\frac{mD\omega^2}{k}e^{i(\omega t-\theta_1)}\\&=\frac{s^2}{\sqrt{(1-s^2)^2+(2\zeta s)^2}}De^{i(\omega t-\theta_1)}=\beta_1De^{i(\omega t-\theta_1)}\end{aligned} \tag{3-45}$$

式中，$s=\omega/\omega_0$ 为频率比；$\omega_0^2=k/m$ 为无阻尼固有频率；β_1D 为振幅；$\beta_1(s)$为振幅放大因子；$\theta_1(s)$为相位差。振幅放大因子和相位差分别表达为

$$\beta_1(s)=\frac{s^2}{\sqrt{(1-s^2)^2+(2\zeta s)^2}},\quad \theta_1(s)=\arctan\frac{2\zeta s}{1-s^2} \tag{3-46}$$

需注意，这里的系统输入为基座的位移，输出为质量块的位移响应，因此这里的相位差指的是基座运动与质量块运动之间的相位差。

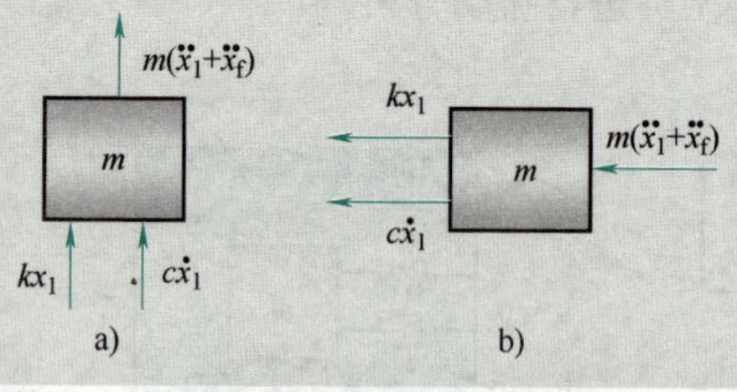

▶ 图 3-11　受力分析图

a）上下基础振动

b）水平基础振动

绘出振幅放大因子和相位差随频率比的变化曲线，如图 3-12 所示，进行分析可以得出如下结论。

1）当 $s \ll 1$ 时，即 $\omega \ll \omega_0$，基础位移的激振频率相对于系统固有频率很低，此时有 $\beta_1(s)\approx 0$ 和 $\theta(s)\approx 0$。对于这种情况可以得出：系统响应的振幅很小，质量块的位移与基础激励位移在相位上几乎相同。

2）当 $s \gg 1$ 时，即 $\omega \gg \omega_0$，激振频率相对于系统固有频率很高，此时有 $\beta_1(s)\approx 1$ 和 $\theta(s)\approx \pi$。对于这种情况可以得出：系统响应的振幅 $\beta_1 D$ 与基础激励位移的幅值 D 相当，质量块的位移与基础激振位移在相位上反向。

简谐惯性力激励的受迫振动（2）

3）在以上两个领域（$s \gg 1, s \ll 1$），对应于不同的 ζ 值，曲线较为密集，说明阻尼的影响不显著，此时系统即使按无阻尼情况考虑也是可以的。

4）当 $s=1$ 时，即 $\omega=\omega_0$，激振频率等于系统固有频率，对应于较小的 ζ 值，$\beta_1(s)$ 很大，发生共振，此时 $\theta(s)=\pi/2$，即系统响应与基础位移在相位上相差 90°。

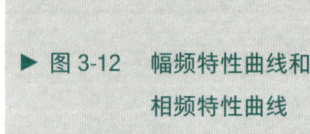

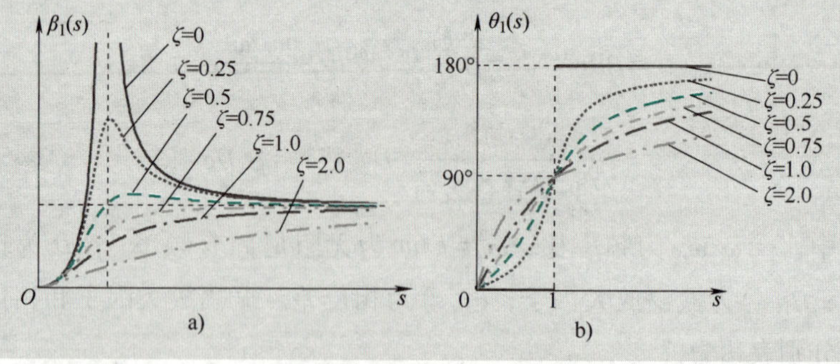

▶ 图 3-12　幅频特性曲线和相频特性曲线

a）幅频特性　b）相频特性

需要注意，3.1.2 节中外部激励是作用在物体上的简谐作用力，而这里的外部激励是基础的简谐位移，两种振动情况的振幅放大因子表达式不同，由此所分析的系统振动特性也不同。

若以绝对位移 $x(t)$ 为坐标进行分析，$x(t)=x_1(t)+x_f(t)$，其中，

$x_1(t)=\beta_1 D\mathrm{e}^{\mathrm{i}(\omega t-\theta_1)}$，$x_\mathrm{f}(t)=D\mathrm{e}^{\mathrm{i}\omega t}$，可以求得系统的振动解为

$$x(t)=\beta_1 D\mathrm{e}^{\mathrm{i}(\omega t-\theta_1)}+D\mathrm{e}^{\mathrm{i}\omega t}=(\beta_1+\mathrm{e}^{\mathrm{i}\theta_1})D\mathrm{e}^{\mathrm{i}(\omega t-\theta_1)} \tag{3-47}$$

其中，$\beta_1+\mathrm{e}^{\mathrm{i}\theta_1}$可以化简为

$$\begin{aligned}\beta_1+\mathrm{e}^{\mathrm{i}\theta_1}&=\frac{s^2}{\sqrt{(1-s^2)^2+(2\zeta s)^2}}+(\cos\theta_1+\mathrm{i}\sin\theta_1)\\&=\frac{s^2}{\sqrt{(1-s^2)^2+(2\zeta s)^2}}+\frac{1-s^2}{\sqrt{(1-s^2)^2+(2\zeta s)^2}}+\mathrm{i}\frac{2\zeta s}{\sqrt{(1-s^2)^2+(2\zeta s)^2}}\\&=\frac{1+2\mathrm{i}\zeta s}{\sqrt{(1-s^2)^2+(2\zeta s)^2}}=\sqrt{\frac{1+(2\zeta s)^2}{(1-s^2)^2+(2\zeta s)^2}}\mathrm{e}^{\mathrm{i}\theta_2}\\&=\beta_2\mathrm{e}^{\mathrm{i}\theta_2}\end{aligned} \tag{3-48}$$

其中，

$$\beta_2=\sqrt{\frac{1+(2\zeta s)^2}{(1-s^2)^2+(2\zeta s)^2}},\quad \theta_2=\arctan(2\zeta s) \tag{3-49}$$

将式（3-48）代入式（3-47）中，可以得到系统的振动解为

$$x(t)=\beta_2 D\mathrm{e}^{\mathrm{i}[\omega t-(\theta_1-\theta_2)]}=\beta_2 D\mathrm{e}^{\mathrm{i}(\omega t-\theta)} \tag{3-50}$$

式中，$\theta=\theta_1-\theta_2$。对于以绝对位移$x(t)$为坐标的振动系统，振幅放大因子为β_2，相位差为θ，振幅为$\beta_2 D$。绝对位移$x(t)$和相对位移$x_1(t)$的关系为：$x(t)=x_1(t)+x_\mathrm{f}(t)$，以它们为广义坐标所描述的振动系统的振幅放大因子$\beta_1$和$\beta_2$之间既有区别也有联系，相位差也是如此。

对于无阻尼的情况，即$\zeta=0$，振动解简化为

$$x(t)=D\frac{1}{1-s^2}\mathrm{e}^{\mathrm{i}\omega t} \tag{3-51}$$

绘出振幅放大因子β_2随s的变化曲线，如图 3-13 所示，可以看出：

1）当$s=\sqrt{2}$时，$\beta_2(s)=1$，振幅恒为基座运动的振幅D；

2）当$s>\sqrt{2}$时，$\beta_2(s)<1$，振幅恒小于D，增加阻尼反而使振幅增大。

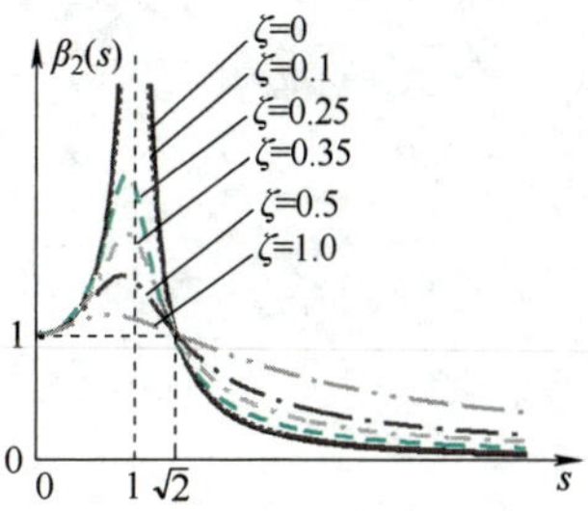

图 3-13　幅频特性曲线

图 3-12a 和图 3-13 描述的是同一基础激励所引起振动系统的振幅放大因子变化情况，只是两者所选择的广义坐标不同，两个幅频特性曲线之间存在相关性：

1）当$s\ll 1$时，即$\omega\ll\omega_0$，基础位移的激振频率相对于系统固有频率很低，此时有$\beta_1(s)\approx 0$和$\beta_2(s)\approx 1$，相对位移坐标情况下系统的响应振幅很小，而绝对位移坐标情况下系统的响应振幅和基础

激励的位移幅值相当。

2）当 $s \gg 1$ 时，即 $\omega \gg \omega_0$，激振频率相对于系统固有频率很高，此时有 $\beta_1(s) \approx 1$ 和 $\beta_2(s) \approx 0$，相对位移坐标情况下系统响应的振幅与基础激励位移的幅值相当，而绝对位移坐标情况下系统的响应振幅很小。

3）在以上两个领域（$s \gg 1, s \ll 1$），对应于不同的 ζ 值，曲线较为密集，说明阻尼的影响不显著。

4）当 $s=1$ 时，即 $\omega=\omega_0$，激振频率等于系统固有频率，对应于较小的 ζ 值，$\beta_1(s)$ 和 $\beta_2(s)$ 都很大，发生共振。

式（3-49）所示的振幅放大因子 $\beta_2(s)$ 还将在 3.2.2 节“振动的隔离”中使用到。

下面给出另一种振动分析方法。仍以绝对位移 $x(t)$ 为广义坐标，根据例 3-3 的分析，系统的动力学方程为

$$\begin{aligned} m\ddot{x}(t)+c\dot{x}(t)+kx(t) &= c\dot{x}_{\mathrm{f}}(t)+kx_{\mathrm{f}}(t) \\ &= kD\sin\omega t+cD\omega\cos\omega t \end{aligned} \tag{3-52}$$

根据叠加原理，振动解为

$$\begin{aligned} x(t) &= \frac{kD}{k}\frac{1}{\sqrt{(1-s^2)^2+(2\zeta s)^2}}\sin(\omega t-\theta_1)+\frac{cD\omega}{k}\frac{1}{\sqrt{(1-s^2)^2+(2\zeta s)^2}}\cos(\omega t-\theta_1) \\ &= \frac{D}{\sqrt{(1-s^2)^2+(2\zeta s)^2}}[\sin(\omega t-\theta_1)+2\zeta s\cos(\omega t-\theta_1)] \\ &= \frac{D\sqrt{1+(2\zeta s)^2}}{\sqrt{(1-s^2)^2+(2\zeta s)^2}}\left[\sin(\omega t-\theta_1)\frac{1}{\sqrt{1+(2\zeta s)^2}}+\frac{2\zeta s}{\sqrt{1+(2\zeta s)^2}}\cos(\omega t-\theta_1)\right] \end{aligned} \tag{3-53}$$

式中，$\theta_1=\arctan 2\zeta s/(1-s^2)$。计算中用到了 $c\omega/k=2\zeta s$。

若令

$$\sin\theta_2=\frac{2\zeta s}{\sqrt{1+(2\zeta s)^2}},\quad \cos\theta_2=\frac{1}{\sqrt{1+(2\zeta s)^2}},\quad \theta_2=\arctan 2\zeta s \tag{3-54}$$

式（3-53）可以写为

$$\begin{aligned} x(t) &= \frac{D\sqrt{1+(2\zeta s)^2}}{\sqrt{(1-s^2)^2+(2\zeta s)^2}}\left[\sin(\omega t-\theta_1)\frac{1}{\sqrt{1+(2\zeta s)^2}}+\frac{2\zeta s}{\sqrt{1+(2\zeta s)^2}}\cos(\omega t-\theta_1)\right] \\ &= D\sqrt{\frac{1+(2\zeta s)^2}{(1-s^2)^2+(2\zeta s)^2}}\sin(\omega t-\theta_1+\theta_2) \\ &= D\beta\sin(\omega t-\theta) \end{aligned} \tag{3-55}$$

其中，

$$\beta=\sqrt{\frac{1+(2\zeta s)^2}{(1-s^2)^2+(2\zeta s)^2}},\quad \theta=\theta_1-\theta_2 \tag{3-56}$$

对比式（3-50）和式（3-55）可知，两者结果一致。

以基础承受正弦位移激励 $x_f(t)=D\sin\omega t$ 为例，汇总绝对位移坐标和相对位移坐标下的振幅放大因子和相位差，结果见表 3-1。

表 3-1　基础激励下两种坐标的振幅放大因子和相位差对比

对比项	相对位移坐标	绝对位移坐标
基础位移激励	$x_f(t)=D\sin\omega t$	
动力学方程	$m_1\ddot{x}_1(t)+c\dot{x}_1(t)+kx_1(t)=mD\omega^2\sin\omega t$	$m\ddot{x}(t)+c\dot{x}(t)+kx(t)$ $=c\dot{x}_f(t)+kx_f(t)$ $=kD\sin\omega t+cD\omega\cos\omega t$
振动解	$x_1=\beta_1 D\sin(\omega t-\theta_1)$	$x(t)=x_1(t)+x_f(t)=\beta_2 D\sin(\omega t-\theta)$
振幅放大因子	$\beta_1(s)=\dfrac{s^2}{\sqrt{(1-s^2)^2+(2\zeta s)^2}}$	$\beta_2=\sqrt{\dfrac{1+(2\zeta s)^2}{(1-s^2)^2+(2\zeta s)^2}}$
相位差	$\theta_1(s)=\arctan\dfrac{2\zeta s}{1-s^2}$	$\theta=\theta_1-\theta_2$，$\theta_2=\arctan 2\zeta s$

例 3-4　如图3-14 所示，汽车的拖车在波形道路上行驶，已知拖车的质量满载时为 $m_1=1000\text{kg}$，空载时为 $m_2=250\text{kg}$，悬挂弹簧的刚度为 $k=350\text{kN/m}$，阻尼比在满载时为 $\zeta_1=0.5$，车速为 $v=100\text{km/h}$，路面呈正弦波形，可表示为 $x_f=a\sin(2\pi z/l)$。求拖车在满载和空载时的振幅比。

简谐惯性力激励的受迫振动算例

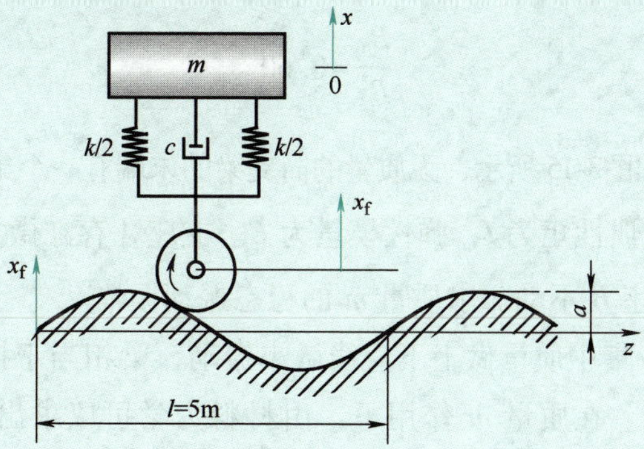

◀ 图 3-14　汽车拖车行驶示意图

【解】　对于汽车由于路面不平所导致的振动问题，通常关心的

是车辆的绝对位移运动。汽车行驶的路程可以表示为

$$z=vt \tag{a}$$

则 x_f 的表达式可写为

$$x_f=a\sin\frac{2\pi v}{l}t \tag{b}$$

路面的激励频率为

$$\omega=\frac{2\pi v}{l}=34.9\text{rad/s} \tag{c}$$

因为有 $c_{cr}=2\sqrt{km}$，$c/m=2\zeta\omega_0$，可以求得

$$c=\zeta c_{cr}=2\zeta\sqrt{km} \tag{d}$$

式中，c 和 k 为常数。因此 ζ 和 $\sqrt{m}$ 成反比，可以求得空载时的阻尼比为

$$\zeta_2=\zeta_1\sqrt{\frac{m_1}{m_2}}=1.0 \tag{e}$$

满载和空载时的频率比分别为

$$s_1=\omega\sqrt{\frac{m_1}{k}}=1.87,\quad s_2=\omega\sqrt{\frac{m_2}{k}}=0.93 \tag{f}$$

记满载时的振幅为 B_1，空载时的振幅为 B_2，有

$$\frac{B_1}{a}=\sqrt{\frac{1+(2\zeta_1 s_1)^2}{(1-s_1^2)^2+(2\zeta_1 s_1)^2}}=0.68,\frac{B_2}{a}=\sqrt{\frac{1+(2\zeta_2 s_2)^2}{(1-s_2^2)^2+(2\zeta_2 s_2)^2}}=1.13 \tag{g}$$

因此，满载和空载时的振幅比为

$$\frac{B_1}{B_2}=0.60 \tag{h}$$

例 3-5 如图3-15 所示，无质量的简支梁的末端有一个集中质量 m。已知梁截面惯性矩为 I，弹性模量为 E。支座 A 存在微小振动 $y_A=d\sin\omega t$，支座 B 不动。求质量 m 的稳态振动振幅。

【解】 集中质量做上下直线微小振动，梁相当于提供了一个弹簧的作用。在质量 m 作用下，由材料力学可以求出静挠度 λ，因此振动固有频率为

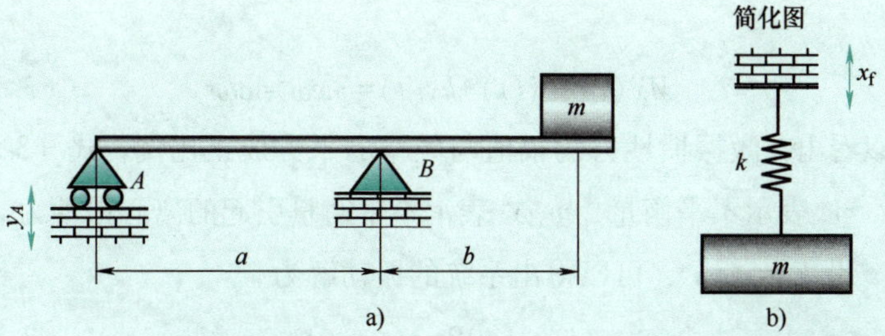

◀ 图 3-15　简支梁振动系统及其简化图

$$\omega_0=\sqrt{\frac{g}{\lambda}} \tag{a}$$

如图 3-15a 所示的振动可以简化为图 3-15b 所示存在基础振动的系统，其中基础振动规律 x_f 是因 y_A 的运动而产生的质量 m 处的运动。将简支梁做刚性处理，其柔性由弹簧表示，因此求得 x_f 为

$$x_f=\frac{b}{a}y_A=\frac{bd}{a}\sin\omega t \tag{b}$$

因此，振动的动力学方程可以写为

$$m\ddot{x}+k(x-x_f)=0 \tag{c}$$

即

$$m\ddot{x}+kx=\frac{kbd}{a}\sin\omega t \tag{d}$$

可以求得振幅为

$$\bar{x}=\frac{kbd/a}{k}\frac{1}{1-s^2}=\frac{bd}{a}\frac{1}{1-s^2} \tag{e}$$

其中，$s=\omega/\omega_0$。

简谐惯性力激励的受迫振动（转子偏心）

如前所述，简谐惯性力激励的振动还有一种类型，即旋转机械由于转子偏心所引起的振动。高速旋转机械中，偏心质量产生的离心惯性力是主要的激励来源。离心惯性力对旋转机械在铅垂方向振动的影响相当于施加了一个简谐惯性力，如图 3-16 所示。假定旋转机械总质量为 M，转子偏心质量为 m，偏心距为 e，转子转动角速度为 ω。采用机器离开平衡位置的垂直方向位移 x 作为振动的广义坐标，则偏心质量的垂直方向位移为 $x+e\sin\omega t$。

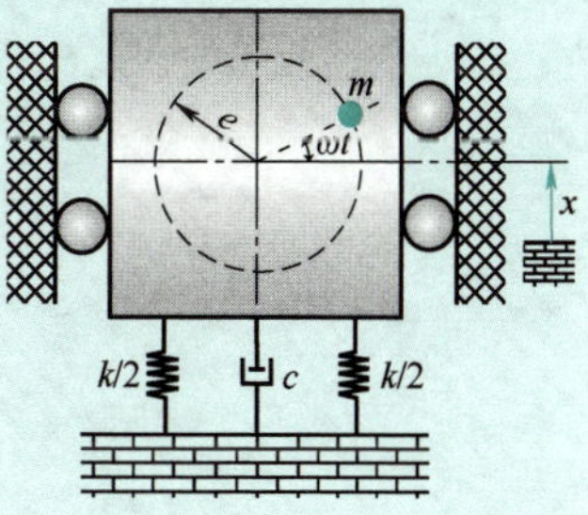

图 3-16　旋转机械振动系统及其简化图

由达朗贝尔原理可知，系统在竖直方向的振动动力学方程为

$$(M-m)\ddot{x}+m\frac{d^2}{dt^2}(x+e\sin\omega t)+c\dot{x}+kx=0 \tag{3-57}$$

即

$$M\ddot{x}(t)+c\dot{x}(t)+kx(t)=me\omega^2\sin\omega t \tag{3-58}$$

可以看出，激振惯性力的幅值与频率的平方成正比例。式（3-58）中，me 表示不平衡量，$me\omega^2$ 表示不平衡量引起的离心惯性力。

设 $F_0=me\omega^2$，可以得出系统的振动解为

$$x(t)=\beta B\sin(\omega t-\theta) \tag{3-59}$$

其中，

$$\beta=\frac{1}{\sqrt{(1-s^2)^2+(2\zeta s)^2}},\ B=\frac{F_0}{k}=\frac{me\omega^2}{k},\ \theta=\arctan\frac{2\zeta s}{1-s^2},\ s=\frac{\omega}{\omega_0},\ \omega_0=\sqrt{\frac{K}{M}}$$

B 的表达式又可写为

$$B=\frac{me\omega^2}{k}=\frac{me\omega^2}{\omega_0^2 M}=\frac{me}{M}s^2 \tag{3-60}$$

因此，振动解又可以写为

$$\begin{aligned}x(t)&=\frac{s^2}{\sqrt{(1-s^2)^2+(2\zeta s)^2}}\frac{me}{M}\sin(\omega t-\theta)\\&=\beta_1 B_1\sin(\omega t-\theta)\end{aligned} \tag{3-61}$$

其中，

$$\beta_1=\frac{s^2}{\sqrt{(1-s^2)^2+(2\zeta s)^2}},\ B_1=\frac{me}{M}$$

利用振幅放大因子，可以分析出转子转速的大小与机器振动振幅之间的关系。

例 3-6 质量为 M 的电动机安装在弹性支承上，共振时测得最大振幅为 0.1m，由自由衰减振动测得相对阻尼系数为 $\zeta=0.05$，因制造原因电动机不平衡质量为电动机总质量的 10%，即 $m/M=10\%$。求：1）偏心距 e；2）若要使系统共振时振幅为 0.01m，系统的总质量需要增加多少？（假定增加质量后相对阻尼系数仍为 $\zeta=0.05$）

【解】 共振时最大振幅为

$$\frac{1}{2\zeta}\frac{me}{M}=0.1\text{m} \tag{a}$$

可得

$$e=0.1\mathrm{m} \tag{b}$$

若要使系统共振时振幅为 0.01m，即

$$\frac{1}{2\zeta}\frac{me}{M+\Delta M}=\frac{1}{2\times0.05}\frac{m\times0.1}{M+\Delta M}=0.01\mathrm{m} \tag{c}$$

得到

$$\frac{\Delta M}{M}=9 \tag{d}$$

即

$$\Delta M=9M \tag{e}$$

3.1.5 单自由度库仑摩擦系统受迫振动的近似分析

单自由度库仑摩擦系统受迫振动的近似分析（1）

单自由度库仑摩擦系统受迫振动的近似分析（2）

如图 3-17 所示，简谐激励作用下的单自由度库仑摩擦系统，动力学方程可以写为

$$m\ddot{x}(t)+kx(t)+\mu N\mathrm{sgn}(\dot{x})=F(t) \tag{3-62}$$

式中，μ 为动摩擦系数；N 为法向力。质量块从左向右移动时摩擦力为正，从右向左时摩擦力为负。式（3-62）为非线性方程，精确解形式很复杂。如果摩擦阻尼力大，质量块的运动是不连续的。若摩擦力小于作用力幅值 F_0，可以认为质量块振动的稳态解是近似简谐的，此时可以利用等效黏性阻尼系数进行近似求解。

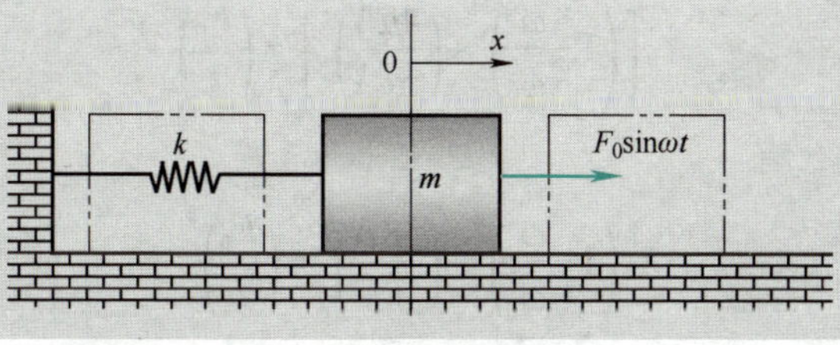

◀ 图 3-17　库仑摩擦振动系统

库仑摩擦力一个周期内的耗能可以写为

$$\Delta W=4\mu NX \tag{3-63}$$

式中，X 为振幅。

由 2.5 节可知，黏性阻尼力一个周期内的耗能为

$$\Delta W=\pi c_e\omega X^2 \tag{3-64}$$

式中，ω 为外部激励频率。

令以上两者耗能相等，可以得到等效黏性阻尼系数为

$$c_e=\frac{4\mu N}{\pi\omega X} \tag{3-65}$$

以等效黏性阻尼力描述库仑摩擦力，则系统的动力学方程为

$$m\ddot{x}(t)+c_e\dot{x}(t)+kx(t)=F(t) \tag{3-66}$$

其稳态解为

$$x(t)=X\sin(\omega t-\theta) \tag{3-67}$$

振幅为

$$X=\frac{F_0}{k}\cdot\frac{1}{\sqrt{(1-s^2)^2+(2\zeta_e s)^2}} \tag{3-68}$$

式中，$s=\omega/\omega_0$ 为频率比；ζ_e 为等效相对阻尼系数。

由 $c_e/m=2\zeta_e\omega_0$，可以推得等效相对阻尼系数为

$$\zeta_e=\frac{2\mu N}{\pi m\omega\omega_0 X} \tag{3-69}$$

代入式（3-68），可以得到振幅为

$$\begin{aligned}X&=\frac{F_0}{k}\cdot\frac{1}{\sqrt{(1-s^2)^2+(2\zeta_e s)^2}}\\&=\frac{F_0}{k}\cdot\frac{1}{\sqrt{\left(1-\frac{\omega^2}{\omega_0^2}\right)^2+\left(\frac{4\mu N}{\pi kX}\right)^2}}\end{aligned} \tag{3-70}$$

将式（3-70）两边平方，并整理，可得

$$X^2\left[\left(1-\frac{\omega^2}{\omega_0^2}\right)^2+\left(\frac{4\mu N}{\pi kX}\right)^2\right]=\left(\frac{F_0}{k}\right)^2 \tag{3-71}$$

进一步变换，有

$$X^2\left(1-\frac{\omega^2}{\omega_0^2}\right)^2+\left(\frac{4\mu N}{\pi k}\right)^2=\left(\frac{F_0}{k}\right)^2 \tag{3-72}$$

最终求得振幅为

$$X=\left[\frac{\left(\frac{F_0}{k}\right)^2-\left(\frac{4\mu N}{\pi k}\right)^2}{\left(1-\frac{\omega^2}{\omega_0^2}\right)^2}\right]^{1/2}=\frac{F_0}{k}\cdot\left[\frac{1-\left(\frac{4\mu N}{\pi F_0}\right)^2}{\left(1-\frac{\omega^2}{\omega_0^2}\right)^2}\right]^{1/2} \tag{3-73}$$

式（3-73）适用的条件是摩擦力小于 F_0，摩擦力的极限值可由此式求出。为避免 X 出现虚值，需要满足：

$$1-\left(\frac{4\mu N}{\pi F_0}\right)^2>0 \tag{3-74}$$

即

$$\mu N<\frac{1}{4}\pi F_0 \tag{3-75}$$

相位差为

$$\theta=\arctan\frac{2\zeta_e s}{1-s^2}=\arctan\frac{\dfrac{4\mu N}{\pi kX}}{1-\dfrac{\omega^2}{\omega_0^2}}=\arctan\frac{\dfrac{4\mu N}{\pi F_0}}{\sqrt{1-\left(\dfrac{4\mu N}{\pi F_0}\right)^2}} \tag{3-76}$$

给定 $F_0/(\mu N)$，$\tan\theta$ 为常值，共振时 $\theta=90°$。

下面讨论系统能量、幅值与相角的关系。在一个周期内，系统的输入能量为

$$\Delta W'=\int F(t)\mathrm{d}x=\int_0^T F(t)\frac{\mathrm{d}x}{\mathrm{d}t}\mathrm{d}t=\int_0^{2\pi/\omega}F_0\sin\omega t[\omega X\cos(\omega t-\theta)]\mathrm{d}t \tag{3-77}$$

1）当外部激励与系统发生共振时，有 $\omega=\omega_0$，$\theta=90°$，此时系统的输入能量为

$$\Delta W'=F_0X\omega\int_0^{2\pi/\omega}\sin^2\omega t\mathrm{d}t=\pi F_0X \tag{3-78}$$

式中，振幅 X 为实数，有 $F_0/(\mu N)>4/\pi$ 成立，即 $\pi F_0>4\mu N$，系统输入能量和消耗能量关系为

$$\pi F_0X>4\mu NX \tag{3-79}$$

即共振时存在关系 $\Delta W'>\Delta W$。

每个循环内系统输入能量比系统消耗能量多，多余的能量使系统的振幅不断变大，如图 3-18 所示。

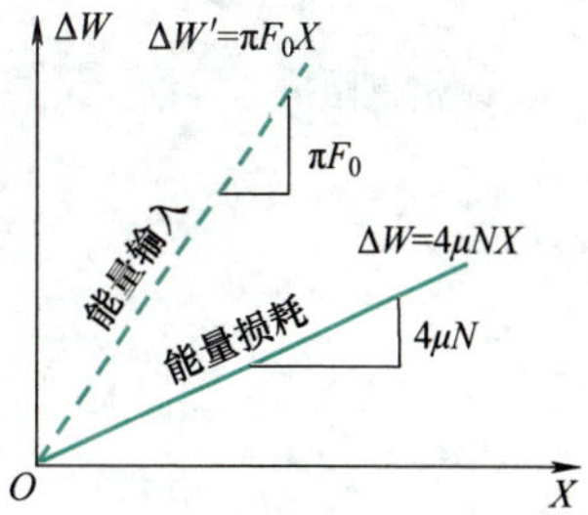

图 3-18　摩擦振动系统的供给能量和消耗能量

2）非共振情况，即 $\omega\neq\omega_0$。此时摩擦起到限制受迫振动幅值的作用，系统输入能量为

$$\Delta W'=\omega XF_0\int_0^{2\pi/\omega}\sin\omega t\cos(\omega t-\theta)\mathrm{d}t=\pi F_0X\sin\theta \tag{3-80}$$

由

$$\theta=\arctan\frac{\dfrac{4\mu N}{\pi F_0}}{\sqrt{1-\left(\dfrac{4\mu N}{\pi F_0}\right)^2}}$$

可得 $\sin\theta=4\mu N/(\pi F_0)$，代入式（3-80），有

$$\Delta W'=\pi F_0X\sin\theta=\pi F_0X\frac{4\mu N}{\pi F_0}=4\mu NX \tag{3-81}$$

可知，$\Delta W'=\Delta W$，非共振情况下，系统输入能量与消耗能量相等。

例 3-7 如图3-17 所示，在水平面上振动的弹簧-质量系统，质量块质量 10kg，弹簧刚度为 4000N/m，动摩擦系数为 0.12。当系统受到频率为 2Hz 的简谐力作用时，质量块的振动幅值为 40mm。试确定作用于质量块上的简谐力幅值的大小。

【解】 系统固有频率为

$$\omega_0=\sqrt{\frac{k}{m}}=\sqrt{\frac{4000}{10}}\text{rad/s}=20\text{rad/s} \tag{a}$$

频率比为

$$s=\frac{\omega}{\omega_0}=\frac{2\times2\pi}{20}=0.6283 \tag{b}$$

振幅为

$$X=\frac{F_0}{k}\cdot\left[\frac{1-\left(\frac{4\mu N}{\pi F_0}\right)^2}{\left(1-\frac{\omega^2}{\omega_0^2}\right)^2}\right]^{1/2} \tag{c}$$

可以求得 $F_0=97.9874\text{N}$。

3.1.6 机械阻抗与导纳

机械阻抗与导纳

工程中常用机械阻抗来分析结构的动力特性。**机械阻抗**定义为简谐激振时复数形式的输入与输出之比。

简谐激励下系统的动力学方程为

$$m\ddot{x}(t)+c\dot{x}(t)+kx(t)=F_0\text{e}^{\text{i}\omega t} \tag{3-82}$$

式中，$F_0\text{e}^{\text{i}\omega t}$ 为系统输入；$x=\bar{x}\text{e}^{\text{i}\omega t}$ 为系统输出。将输出 $x=\bar{x}\text{e}^{\text{i}\omega t}$ 代入式（3-82），可得

$$\bar{x}=H(\omega)F_0 \tag{3-83}$$

式中，$H(\omega)=1/(k-m\omega^2+\text{i}c\omega)$ 为复频响应函数。

根据阻抗定义，位移阻抗为

$$Z_x(\omega)=\frac{F_0\text{e}^{\text{i}\omega t}}{\bar{x}\text{e}^{\text{i}\omega t}}=\frac{F_0}{\bar{x}}=\frac{1}{H(\omega)}=k-m\omega^2+\text{i}c\omega \tag{3-84}$$

位移阻抗 $Z_x(\omega)$ 与复频响应函数 $H(\omega)$ 互为倒数，$H(\omega)$ 也称为**导纳**。

输出也可以定义为速度或加速度，相应的机械阻抗称为**速度阻抗**和**加速度阻抗**。速度阻抗为

$$Z_{\dot{x}}(\omega)=\frac{F_0 e^{i\omega t}}{\dot{x}}=\frac{F_0 e^{i\omega t}}{i\omega \bar{x} e^{i\omega t}}=\frac{1}{i\omega}Z_x(\omega) \tag{3-85}$$

加速度阻抗为

$$Z_{\ddot{x}}(\omega)=-\frac{1}{\omega^2}Z_x(\omega) \tag{3-86}$$

机械阻抗的倒数称为**机械导纳**，对应 $Z_x(\omega)$、$Z_{\dot{x}}(\omega)$、$Z_{\ddot{x}}(\omega)$ 的倒数分别又称为**位移导纳**，**速度导纳**和**加速度导纳**。

位移导纳为

$$D_x(\omega)=\frac{1}{k-m\omega^2+ic\omega} \tag{3-87}$$

速度导纳为

$$D_{\dot{x}}(\omega)=i\omega\frac{1}{Z_x(\omega)} \tag{3-88}$$

加速度导纳为

$$D_{\ddot{x}}(\omega)=-\omega^2\frac{1}{Z_x(\omega)} \tag{3-89}$$

机械阻抗和机械导纳都仅仅取决于系统本身的动力学特性(m,k,c)，它们都是复数。现已有多种专门测试机械阻抗的分析仪器，根据系统的机械阻抗可以确定和分析系统的固有频率、相对阻尼系数等参数及其他动力学特征。

复频响应函数又可写为

$$H(\omega)=\frac{1}{k-m\omega^2+ic\omega}=\frac{1}{k}\cdot\frac{1}{(1-s^2)+i(2\zeta s)} \tag{3-90}$$

它的模及辐角分别为

$$|H(\omega)|=\frac{1}{k}\cdot\frac{1}{\sqrt{(1-s^2)^2+(2\zeta s)^2}}=\frac{\beta}{k}=\frac{\beta}{F_0/B}=\frac{\beta B}{F_0} \tag{3-91}$$

$$\arg H(\omega)=\arctan\frac{2\zeta s}{(1-s^2)^2+(2\zeta s)^2}=-\theta \tag{3-92}$$

$H(\omega)$ 同时反映了系统响应的幅频特性和相频特性，记其实部

和虚部分别为

$$\mathrm{Re}H=\frac{1}{k}\cdot\frac{1-s^2}{(1-s^2)^2+(2\zeta s)^2} \tag{3-93}$$

$$\mathrm{Im}H=-\frac{1}{k}\cdot\frac{2\zeta s}{(1-s^2)^2+(2\zeta s)^2} \tag{3-94}$$

实频特性曲线和虚频特性曲线如图 3-19 所示。发生共振时，$\mathrm{Re}H=0$，$\mathrm{Im}H$ 近似取最大值。

还可以用频率比 s 或相对阻尼系数 ζ 作为参变量，把 $H(\omega)$ 画在复平面上，这样得到的曲线称为**奈奎斯特图**（Nyquist plot），如图 3-20 所示。黏性阻尼系数的奈奎斯特图是一个近似的圆，并且在共振点附近，曲线弧长随 s 的变化率是最大的。奈奎斯特图在结构动力学分析上有很多用处。

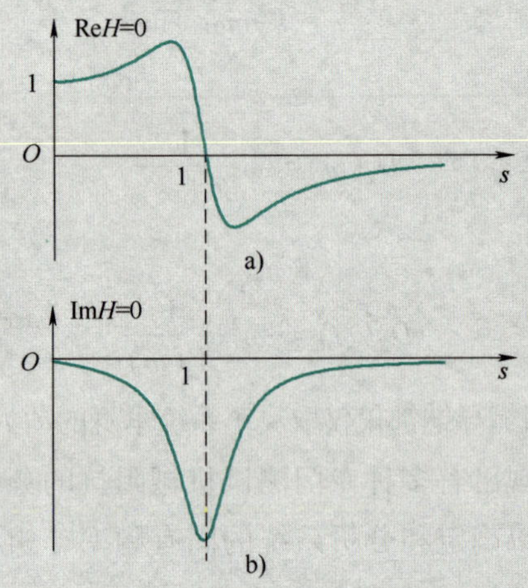

▶ 图 3-19　实频特性曲线和虚频特性曲线

a）实频特性　b）虚频特性

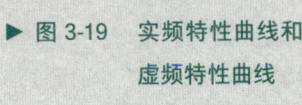

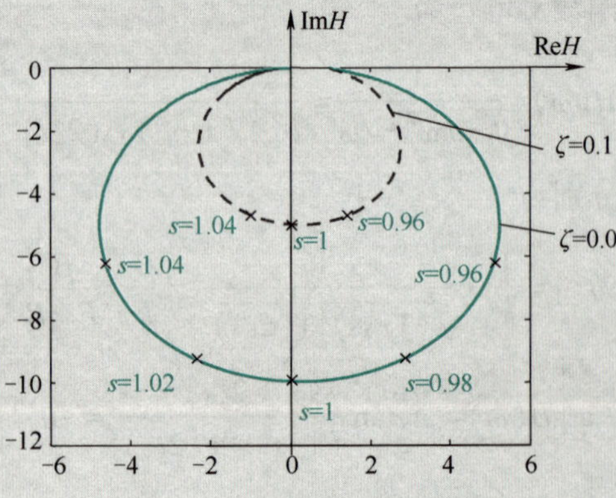

▶ 图 3-20　奈奎斯特图

3.2 工程中的受迫振动问题

本节介绍工程中的受迫振动问题，包括惯性测振仪、振动的隔离、转子的临界转速。惯性测振仪中介绍加速度计和位移计，振动的隔离中介绍主动隔振和被动隔振，转子的临界转速中则介绍导致转子系统发生共振的机理。当然，工程中的受迫振动问题还有许多，如近年来兴起的振动利用技术等，本书不再一一介绍。

惯性式测振仪

3.2.1 惯性测振仪

如图 3-21 所示，惯性测振仪中含有一个单自由度质量-弹簧-阻尼系统，另有一个记录振动的做旋转运动的轮毂，仪器固定在机器的外壳上，用于记录机器的振动。由于工程旋转机械工作时由于转子的偏心所引起的机器振动多表现为简谐振动，因此我们假定机器运动的位移规律为 $x_f(t)=De^{i\omega t}$。采用仪器中的质量 m 相对于机器外壳的相对位移 $x(t)$ 作为广义坐标，可以建立起质量块的动力方程为

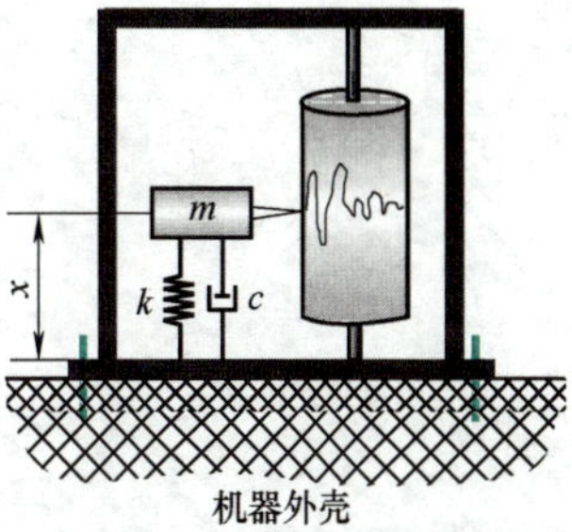

图 3-21 惯性测振仪

$$m(\ddot{x}(t)+\ddot{x}_f(t))+c\dot{x}(t)+kx(t)=0 \tag{3-95}$$

即

$$m\ddot{x}(t)+c\dot{x}(t)+kx(t)=mD\omega^2e^{i\omega t} \tag{3-96}$$

根据 3.1.4 节的分析，质量块振动的振幅为

$$A_1=\frac{s^2}{\sqrt{(1-s^2)^2+(2\zeta s)^2}}D \tag{3-97}$$

式中，$s=\omega/\omega_0$ 为频率比；ω 为机器振动的频率；ω_0 为惯性测振仪单自由度系统的固有频率。

当 $s\to\infty$ 时，$\omega\gg\omega_0$，即机器振动的频率远高于仪器的固有频率，有 $\lim\limits_{s\to\infty}A_1\approx D$，仪器的读数幅值 A_1 接近于外壳振动的振幅 D。因此得出如下结论：低固有频率测量仪用于测量振动的位移幅值，称为**位移计**。

振幅 A_1 还可写为

$$A_1=\frac{1}{\sqrt{(1-s^2)^2+(2\zeta s)^2}}\frac{D\omega^2}{\omega_0^2} \tag{3-98}$$

当 $s\to 0$ 时，$\omega\ll\omega_0$，即机器振动的频率远小于仪器的固有频率，有 $\lim\limits_{s\to 0}A_1\approx D\omega^2/\omega_0^2$，其中，$D\omega^2$ 为被测物体的加速度幅值。可以看

出，当仪器的固有频率远大于外壳的振动频率时，仪器读数的幅值 A_1 与外壳加速度的幅值成正比。因此得出如下结论：高固有频率测量仪用于测量振动的加速度幅值，称为加速度计。

3.2.2 振动的隔离

振动的隔离 主动 隔振（1）

振动的隔离 主动 隔振（2）

振动的隔离简称隔振，其主要目的是为了减少振动能量的传递，分为主动隔振和被动隔振两种。

如图 3-22 所示，将作为振源的机器设备与地基隔离以减少对环境的影响称为主动隔振。例如，飞机和汽车的发动机是振动产生的来源，为了减少发动机向座舱的振动传递，可以在发动机上安装隔振器，以减少其输出的激振力。

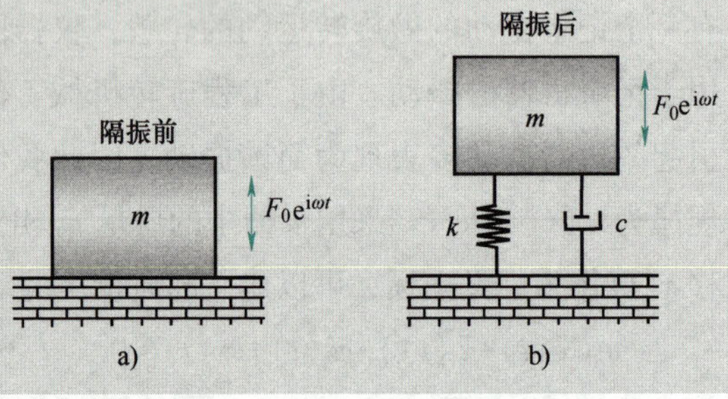

▶ 图 3-22 主动隔振

为了描述隔振的效果，定义主动隔振系数为

$$\text{主动隔振系数}=\frac{\text{隔振后传到地基的力幅值}}{\text{隔振前传到地基的力幅值}} \tag{3-99}$$

隔振前机器传到地基的力为 $F_0e^{i\omega t}$，隔振后系统的响应为

$$x(t)=\frac{F_0}{k}\beta e^{i(\omega t-\theta_1)} \tag{3-100}$$

其中，

$$\beta=\frac{1}{\sqrt{(1-s^2)^2+(2\zeta s)^2}},\quad \theta_1=\arctan\frac{2\zeta s}{1-s^2}$$

隔振后通过 k 和 c 传到地基上的力为

$$\begin{aligned}F_1&=c\dot{x}(t)+kx(t)\\&=(ic\omega+k)\frac{F_0}{k}\beta e^{i(\omega t-\theta_1)}\\&=F_0\beta(1+i2\zeta s)e^{i(\omega t-\theta_1)}\\&=F_0\sqrt{\frac{1+(2\zeta s)^2}{(1-s^2)^2+(2\zeta s)^2}}e^{i[\omega t-(\theta_1-\theta_2)]}\end{aligned} \tag{3-101}$$

其中，$\theta_2 = \arctan 2\zeta s$，推导过程中用到了 $c\omega/k = 2\zeta s$。

根据定义，主动隔振系数为

$$\eta = \frac{F_{1\max}}{F_0} = \sqrt{\frac{1+(2\zeta s)^2}{(1-s^2)^2+(2\zeta s)^2}} \tag{3-102}$$

绘出隔振系数随频率比的变化曲线，如图 3-23 所示，该图形与 3.1.4 节中图 3-13 相同。

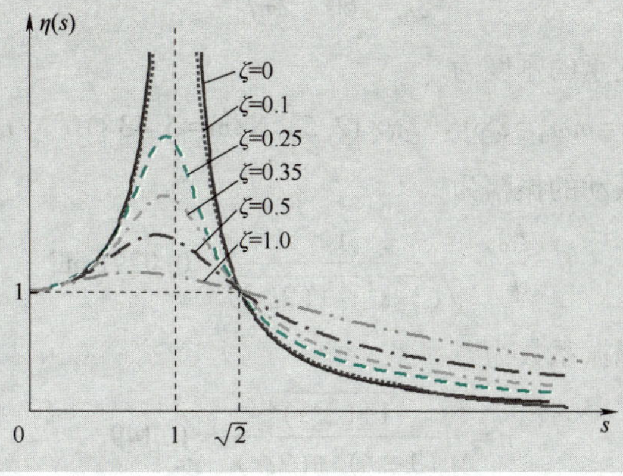

◀ 图 3-23　隔振系统的幅频特性曲线

对图 3-23 进行分析，可以得出如下结论：

1）只有 $s>\sqrt{2}$ 时才能实现振动隔振，此时有 $\eta<1$，传到基础上的力小于激振力；

2）传递到基础的力的幅值可以通过降低系统的固有频率来减少。系统固有频率越小，频率比 s 越大，此时主动隔振系数 η 的值越小；

3）减小阻尼比也可以减小传递到基础上的力。但是因为振动隔离要求 $s>\sqrt{2}$，对于旋转机械来说，设备在起动和停止时都会通过共振区域，故此为了避免共振时产生较大的振幅，一定程度的阻尼是必不可少的；

4）虽然阻尼可以减少任意频率下振幅的大小，但是只有当 $s<\sqrt{2}$ 时，阻尼越大传递到基础上的力才会越小，当 $s>\sqrt{2}$ 时增大阻尼反而会增加传递力；

5）当设备运转速度（对应激励频率）变化时，为了使传递到基础上的力最小，应当选择一个合适的阻尼值，此阻尼既要兼顾最大限度地减少共振振幅，又要考虑到传递到基础上的力，从而保证正常运行时传递到基础上的力不会增加的太多。

例 3-8 机器安装在弹性支承上，已测得固有频率 $f_n=12.5\text{Hz}$，阻尼比 $\zeta=0.15$，参与振动的质量为 880kg，机器转速为 $n=2400\text{r/min}$，不平衡力的幅值为 1470N。求：1）机器振幅；2）主动隔振系数；3）传到地基上的力幅。

【解】 频率比为

$$s=\frac{\omega}{\omega_0}=\frac{2\pi n}{60}\times\frac{1}{2\pi f_n}=3.2 \tag{a}$$

弹性支承的刚度为

$$k=m\omega_0^2=880\times(2\pi\times12.5)^2\text{N/m}=5.43\times10^6\text{N/m} \tag{b}$$

机器振动的振幅为

$$B=\frac{F_0}{k}\cdot\frac{1}{\sqrt{(1-s^2)^2+(2\zeta s)^2}}=0.0291\text{mm} \tag{c}$$

主动隔振系数为

$$\eta=\sqrt{\frac{1+(2\zeta s)^2}{(1-s^2)^2+(2\zeta s)^2}}=0.149 \tag{d}$$

传到地基上的力幅为

$$F_{1m}=\eta F_0=0.149\times1470\text{N}=219\text{N} \tag{e}$$

例 3-9 排气扇质量40kg，由四根弹簧支撑，每个弹簧的刚度都为 k。排气扇转速为 1000r/min。如果期望风扇的不平衡力只有10%被传到基础上，k 应该取多少？假定阻尼比 $\zeta=0$。

【解】 由题意知，有

$$\eta=\sqrt{\frac{1+(2\zeta s)^2}{(1-s^2)^2+(2\zeta s)^2}}=0.1 \tag{a}$$

将 $\zeta=0$ 代入上式，得

$$\frac{1}{\pm(1-s^2)}=0.1 \tag{b}$$

激励频率为

$$\omega=\frac{1000\times2\pi}{60}\text{rad/s}=104.72\text{rad/s} \tag{c}$$

固有频率为

$$\omega_0=\sqrt{\frac{4k}{m}}=\sqrt{\frac{4k}{40}}=\frac{\sqrt{k}}{3.1623} \tag{d}$$

因此，有

$$\frac{\pm 1}{1-\left(\dfrac{104.72\times 3.1623}{\sqrt{k}}\right)^{2}}=0.1 \tag{e}$$

为避免出现虚数，式（e）左端取负号，即

$$\frac{331.1561}{\sqrt{k}}=3.3166 \tag{f}$$

解得刚度为

$$k=9969.6365\mathrm{N/m} \tag{g}$$

如图 3-24 所示，将地基的振动与机器设备隔离，以避免将振动传至设备，称为**被动隔振**。例如，对于飞机和直升机上的仪表盘和电子设备，当机身发生振动时势必会导致它们的振动，从而影响仪表板的指针读数和电子设备的正常工作。为了减少这种振动传递，一般可以在仪表盘和电子设备下面加装阻尼隔振材料，如橡胶垫，以保证它们的正常工作。

振动的隔离_被动隔振（1）

振动的隔离_被动隔振（2）

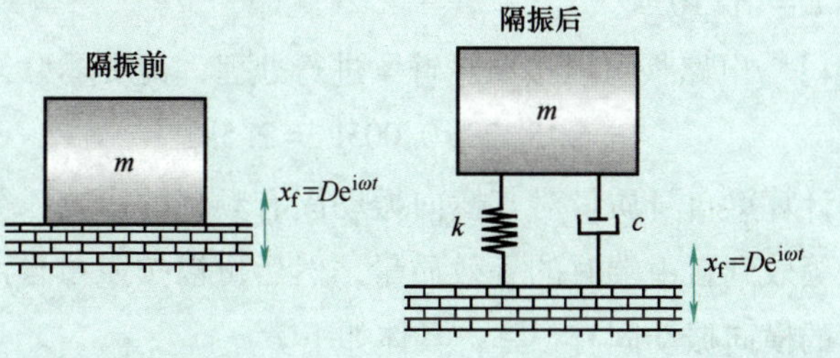

a) b)

◀ 图 3-24 被动隔振系统

被动隔振系数定义为

$$\text{被动隔振系数}=\frac{\text{隔振后设备的振幅}}{\text{隔振前设备的振幅}} \tag{3-103}$$

基础的位移运动规律为 $x_f(t)=De^{i\omega t}$，隔振前的振幅为 D，隔振后系统的响应：

$$x(t)=D\sqrt{\frac{1+(2\zeta s)^2}{(1-s^2)^2+(2\zeta s)^2}}\mathrm{e}^{\mathrm{i}(\omega t-\theta)} \tag{3-104}$$

式中，$\theta=\theta_1-\theta_2$；$\theta_1=\arctan\dfrac{2\zeta s}{1-s^2}$；$\theta_2=\arctan 2\zeta s$。

根据定义，可得隔振系数为

$$\eta=\frac{D_{1\max}}{D}=\sqrt{\frac{1+(2\zeta s)^2}{(1-s^2)^2+(2\zeta s)^2}} \tag{3-105}$$

比较式（3-105）和式（3-102）可以看出，主动隔振和被动隔振的隔振系数在表达式上是一样的，传递率曲线也如图 3-24 所示。与主动隔振相同，只有当 $s>\sqrt{2}$ 时才有 $\eta<1$，隔振才有效果。当$s>\sqrt{2}$ 时，阻尼越小传递率越低，隔振效果越好，但是为了减少系统通过共振区时的振幅，一定的阻尼是必要的。

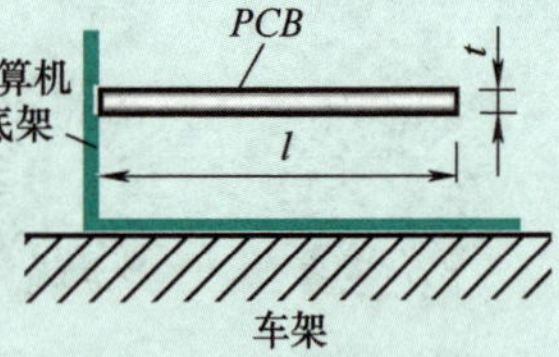

图 3-25　汽车发动机计算机底架振动控制系统

例 3-10　用于汽车发动机计算机控制的印刷电路板是由纤维增强塑性复合材料制成的,其固定在计算机的底架上，计算机底架再固定在汽车的车架上，如图 3-25 所示。车架和计算机的底架承受着来自发动机（转速为 3000r/min）的振动。在计算机底架和汽车车架之间设计一个合适的隔振系统，使得传递给印刷电路板的位移传递率不超过 10%。假设计算机的底架是刚性的，质量为 0. 25kg。印刷电路板的数据如下：长度 $l=25\text{cm}$，宽度 $w=20\text{cm}$，厚度 $t=0.3\text{cm}$，阻尼比为 0. 01，单位表面积的质量为 0.005kg/cm^2，杨氏模量 $E=15\times10^9\text{N/m}^2$。

【解】　电路板可以按照悬臂梁进行处理，其质量为

$$m=25\times20\times0.005\text{kg}=2.5\text{kg} \tag{a}$$

为计算梁自身质量对其横向振动固有频率的影响，需要确定梁质量等效到自由端时的等效质量，然后可以按照单自由度计算悬臂梁的横向振动固有频率，具体如下。

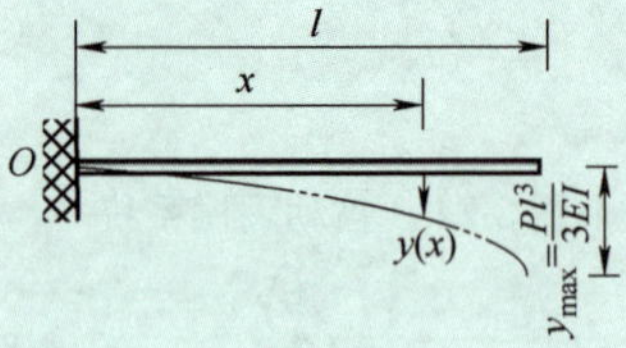

图 3-26　悬臂梁变形图

根据材料力学，梁自由端受到集中载荷时的变形为

$$y(x)=\frac{Px^2}{6EI}(3l-x)=\frac{y_{\max}x^2}{2l^3}(3l-x)=\frac{y_{\max}}{2l^3}(3x^2l-x^3) \tag{b}$$

式中，$y_{\max}=Pl^3/(3EI)$，如图 3-26 所示。

梁自身的最大动能为

$$T_{\max}=\frac{1}{2}\int_0^l\frac{m}{l}\dot{y}^2(x)\,\mathrm{d}x \tag{c}$$

式中，m 为梁的总质量；m/l 为梁单位长度的质量。

梁上各点的速度为

$$\dot{y}(x)=\frac{\dot{y}_{\max}}{2l^3}(3x^2l-x^3) \tag{d}$$

将式（d）代入最大动能表达式（c），有

$$T_{\max}=\frac{m}{2l}\left(\frac{\dot{y}_{\max}}{2l^3}\right)^2\int_0^l(3x^2l-x^3)^2\mathrm{d}x=\frac{1}{2}\left(\frac{33}{140}m\right)\dot{y}_{\max}^2=\frac{1}{2}m_{\mathrm{eq}}\dot{y}_{\max}^2 \tag{e}$$

因此，悬臂梁在自由端的等效质量为

$$m_{\mathrm{eq}}=\frac{33}{140}m=\frac{33}{140}\times2.5=0.5893\mathrm{kg} \tag{f}$$

横板截面惯性矩为

$$I=\frac{1}{12}wt^3=\frac{1}{12}\times0.20\times0.003^3\mathrm{m}^4=45\times10^{-8}\mathrm{m}^4 \tag{g}$$

作为一个悬臂梁，电路板的刚度为

$$k_b=\frac{3EI}{l^3}=\frac{3\times(15\times10^9)\times(45\times10^{-8})}{0.25^3}\mathrm{N/m}=1.296\times10^6\mathrm{N/m} \tag{h}$$

电路板固有频率为

$$\omega_0=\sqrt{\frac{k_b}{m_{\mathrm{eq}}}}=\sqrt{\frac{1.296\times10^6}{0.5893}}\mathrm{rad/s}=1482.99\mathrm{rad/s} \tag{i}$$

计算机底架振动频率为

$$\omega=\frac{2\pi\times3000}{60}\mathrm{rad/s}=312.66\mathrm{rad/s} \tag{j}$$

因此，频率之比为

$$s=\frac{\omega}{\omega_0}=\frac{312.66}{1482.99}=0.2108 \tag{k}$$

位移传递率为

$$\eta=\sqrt{\frac{1+(2\zeta s)^2}{(1-s^2)^2+(2\zeta s)^2}}=\sqrt{\frac{1+(2\times0.01\times0.2108)^2}{(1-0.2108^2)^2+(2\times0.01\times0.2108)^2}}=1.0465 \tag{l}$$

可以看出，位移传递率为 104.65%，已经超过最大许可值 10%。

加装隔振器（刚度 k，阻尼 c）后，系统变成两个自由度的系统，如图 3-27a 所示。为简单起见，视梁为刚体，系统简化为单自由度，如图 3-27b 所示。

单自由度系统的等效质量为

$$M=m_{\text{板}}+m_{\text{底座}}=2.5\mathrm{kg}+0.25\mathrm{kg}=2.75\mathrm{kg} \tag{m}$$

传递率为

$$\sqrt{\frac{1+(2\zeta s)^2}{(1-s^2)^2+(2\zeta s)^2}}=\sqrt{\frac{1+(2\times0.01\times s)^2}{(1-s^2)^2+(2\times0.01\times s)^2}}=0.1 \tag{n}$$

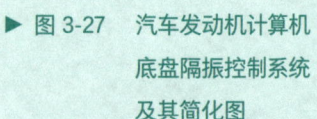

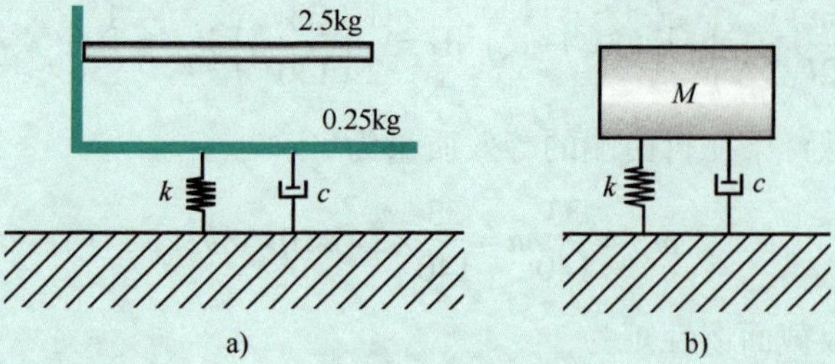

▶ 图 3-27　汽车发动机计算机底盘隔振控制系统及其简化图

整理后，有

$$s^4-2.0396s^2-99=0 \tag{o}$$

可以求得频率比为

$$s^2=11.0218 \tag{p}$$

因此，求得隔振器刚度为

$$k=\frac{M\omega^2}{s^2}=\frac{2.75\times312.66^2}{11.0218}\mathrm{N/m}=24390.7309\mathrm{N/m} \tag{q}$$

隔振器的阻尼常数可以求得为

$$c=2\zeta\sqrt{Mk}=2\times0.01\times\sqrt{2.75\times24390.7309}\mathrm{N\cdot s/m}=5.1797\mathrm{N\cdot s/m} \tag{r}$$

3.2.3　转子的临界转速

转子的临界转速（1）　转子的临界转速（2）

汽轮机、发电机等高速旋转机械在开机或停机过程中经过某一转速附近时，支承系统经常会发生剧烈振动，此时机械的转速称为**临界转速**。一般情况下，临界转速对应于转子横向振动的固有频率。

以单盘转子为例，如图 3-28 所示。转轴质量不计；圆盘质量为 m，固定在转轴中部；圆盘质心为 C，形心为 O_1，偏心距为 $\overline{CO_1}=e$。圆盘静止时，形心 O_1 与旋转中心 O 重合。

假定转轴以角速度 ω 恒速旋转。根据材料力学知识，转轴沿 x 和 y 方向的横向刚度为

$$k=\frac{48EI}{l^3} \tag{3-106}$$

由于离心惯性力，轴产生动挠度 $OO_1=f$。黏性阻尼力正比于圆盘形心 O_1 的速度。形心 O_1 的坐标为(x,y)，质心 C 的坐标为$(x+e\cos\omega t, y+e\sin\omega t)$。

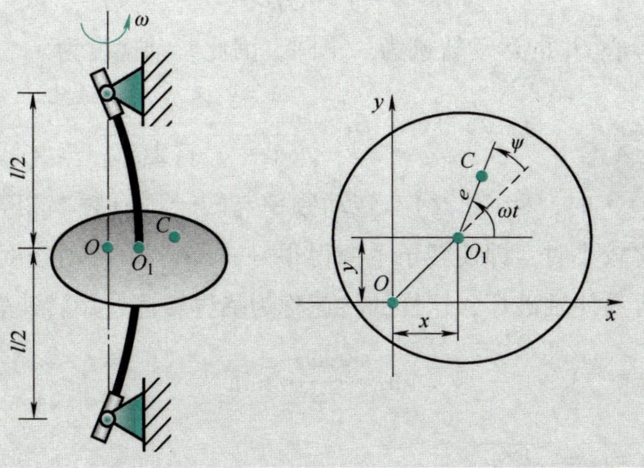

◀ 图 3-28　转子振动系统

根据质心运动定理，有

$$\begin{cases} m\dfrac{\mathrm{d}^2}{\mathrm{d}t^2}(x+e\cos\omega t)=-kx-c\dot{x} \\ m\dfrac{\mathrm{d}^2}{\mathrm{d}t^2}(y+e\sin\omega t)=-ky-c\dot{y} \end{cases} \tag{3-107}$$

即

$$\begin{cases} m\ddot{x}+c\dot{x}+kx=me\omega^2\cos\omega t \\ m\ddot{y}+c\dot{y}+ky=me\omega^2\sin\omega t \end{cases} \tag{3-108}$$

式中，右端项可分别看作激振力旋转矢量 $me\omega^2\mathrm{e}^{\mathrm{i}\omega t}$ 在 x 轴和 y 轴方向上的投影，作用点为 C，方向沿线 CO_1。

设

$$\omega_0=\sqrt{\frac{k}{m}}=\sqrt{\frac{g}{\lambda}} \tag{3-109}$$

该频率为转子不转动而做横向自由振动时的固有频率，λ 代表转子在转轴中点所产生的静变形，示意图如图 3-29 所示。

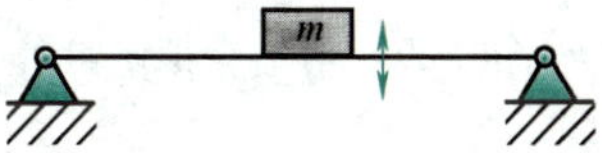

图 3-29　转子横向振动系统

并设

$$\zeta=\frac{c}{2m\omega_0},\quad s=\frac{\omega}{\omega_0},\quad \beta_1=\frac{s^2}{\sqrt{(1-s^2)^2+(2\zeta s)^2}},\quad \theta_1=\arctan\frac{2\zeta s}{1-s^2}$$

求出式（3-108）的解为

$$\begin{cases} x=e\beta_1\cos(\omega t-\theta_1) \\ y=e\beta_1\sin(\omega t-\theta_1) \end{cases} \tag{3-110}$$

由式（3-110）可以求得

$$x^2+y^2=(e\beta_1)^2 \tag{3-111}$$

这表示形心 O_1 的运动轨迹为一个圆。因此，动挠度为

$$f=\sqrt{x^2+y^2}=e\beta_1=\frac{es^2}{\sqrt{(1-s^2)^2+(2\zeta s)^2}} \tag{3-112}$$

当 $s=1$ 时，$f=e/(2\zeta)$，转动频率与转子固有频率相等。可见，当阻尼比较小时，即使转子平衡得很好（e 很小），动挠度 f 也会相当大，容易使轴破坏，这样的转速称为**临界转速**，用转速表示为

$$n_f=\frac{60\omega_f}{2\pi}\text{r/min} \tag{3-113}$$

式中，$\omega_f=\omega_0=\sqrt{k/m}$。

当 $s\gg1$ 时，即 $\omega\gg\omega_0$，转动频率远大于转子固有频率，有 $\beta_1\approx1$，$\theta_1\approx\pi$，代入式（3-110），可得

$$\begin{cases}x=-e\cos\omega t\\y=-e\sin\omega t\end{cases} \tag{3-114}$$

将式（3-114）结果代入质心 C 的坐标$(x+e\cos\omega t,y+e\sin\omega t)$中，可得坐标为(0,0)，圆盘和弯曲的轴都绕着质心 C 旋转，质心 C 与旋转中心 O 重合，这种现象称为**自动定心现象**。

例 3-11 如图3-30 所示的叶片模拟试验台，叶片质量为 158kg，已知转轴尺寸和材料参数：长为 610mm，直径为 120mm，弹性模量 $E=2.07\times10^7\text{N/cm}^2$，材料比重为 $7.8\times10^{-3}\text{kg/cm}^3$。求叶片的临界转速。

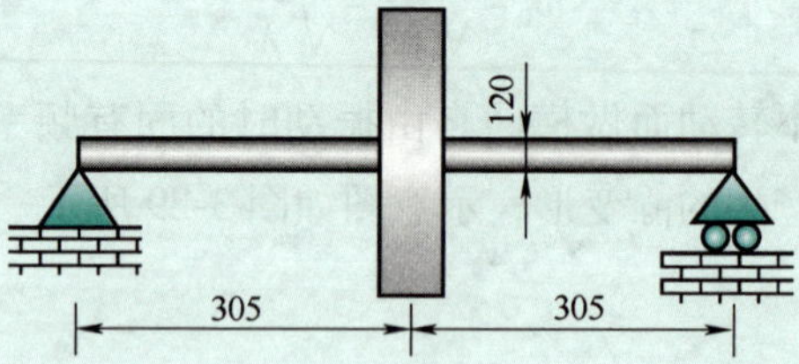

▶ 图 3-30　叶片模拟试验台

【解】 转轴的质量为

$$m_2=\frac{\pi\times12^2}{4}\times61\times7.8\times10^{-3}\text{kg}=53.8\text{kg} \tag{a}$$

可见，转轴质量与叶片相比不能忽略。由瑞利法求得转轴的等效质量，转子质量为叶片质量与转轴等效质量的和，即

$$m=m_1+\frac{17}{35}m_2=158\text{kg}+\frac{17}{35}\times 53.8\text{kg}=184.1\text{kg} \tag{b}$$

转轴的横向刚度为

$$k=\frac{48EI}{l^3}=\frac{48\times 2.06\times 10^7\times \pi\times 12^4}{61^3\times 64}\text{N/cm}=4.43\times 10^6\text{N/cm} \tag{c}$$

因此，叶片的临界转速为

$$n=\frac{60}{2\pi}\sqrt{\frac{k}{m}}=\frac{30}{\pi}\sqrt{\frac{4.43\times 10^6\times 100}{184.1}}\text{r/min}=14800\text{r/min} \tag{d}$$

转子动平衡：由以上分析可以看到，转子偏心距的存在是引起振动的直接原因。产生偏心距的原因有很多，包括：材质不均、工艺误差、转子叶片不均匀变形、不均匀磨损或局部掉块等，由偏心距导致的转子振动称为“动不平衡”。不平衡引起转子振动和加速轴承、轴封等部件的磨损，降低了机器的使用寿命和效率。为此，在发动机制造或者维修过程中，甚至在运行过程中，都需要对转子进行动平衡处理。动平衡是通过在转子上去重或加配重的方法来改变转子的质量分布，使质心偏心离心力引起的转子振动或作用在轴承上的动载荷减小到允许范围之内，以达到发动机平稳运行的目的。

3.3 任意周期激励的响应

傅里叶（Jean Baptiste Joseph Fourier，1768—1830）

法国数学家、物理学家，1817 年当选为科学院院士，主要贡献是在研究热的传播时创立了一套数学理论。1807 年傅里叶向巴黎科学院呈交了《热的传播》论文，推导出著名的热传导方程，并在求解该方程时发现解函数可以由三角函数构成的级数形式表示，从而提出任一函数都可以展成三角函数的无穷级数。傅里叶级数（即三角级数）、傅立叶分析等理论均由此创始。

前面讨论的受迫振动中，假设系统受到的激励形式为简谐函数，但实际工程问题中遇到的大多不是简单的简谐函数激励，而是一般的周期激励的情形。对于任意周期激励，可以先对周期激励做谐波分析，将它分解为一系列不同频率的简谐激励，然后求出系统对各个频率的简谐激励的响应，再根据线性系统的叠加原理，将

任意周期激励的响应

各个响应逐一叠加，即可得到系统对任意周期激励的响应。周期激励情况振动问题的这种求解方法称为**谐波分析方法**。本节将介绍如何利用谐波分析方法求解任意周期激励下的强迫振动。

假设黏性阻尼系统受到的周期激振力为

$$F(t)=F(t+T) \tag{3-115}$$

式中，T 为激励的周期，$2T$，$3T$，…都是激励的倍周期，激励的基频为 $\omega_1=2\pi/T$。采用傅里叶级数，$F(t)$可以写为

$$F(t)=\frac{a_0}{2}+\sum_{n=1}^{\infty}(a_n\cos n\omega_1 t+b_n\sin n\omega_1 t) \tag{3-116}$$

式中，

$$a_0=\frac{2}{T}\int_{\tau}^{\tau+T}F(t)\mathrm{d}t \tag{3-117}$$

$$a_n=\frac{2}{T}\int_{\tau}^{\tau+T}F(t)\cos n\omega_1 t\mathrm{d}t \tag{3-118}$$

$$b_n=\frac{2}{T}\int_{\tau}^{\tau+T}F(t)\sin n\omega_1 t\mathrm{d}t \tag{3-119}$$

式中，τ 为任意一时刻。

系统的动力学方程可以写为

$$m\ddot{x}(t)+c\dot{x}(t)+kx(t)=\frac{a_0}{2}+\sum_{n=1}^{\infty}(a_n\cos n\omega_1 t+b_n\sin n\omega_1 t) \tag{3-120}$$

由叠加原理，系统响应是式（3-120）含有 a_0，a_n，b_n 三项响应的线性组合，可以写为

$$x(t)=\frac{a_0}{2k}+\sum_{n=1}^{\infty}\frac{a_n\cos(n\omega_1 t-\varphi_n)+b_n\sin(n\omega_1 t-\theta_n)}{k\sqrt{(1-n^2s^2)^2+(2\zeta ns)^2}} \tag{3-121}$$

式中，

$$s=\frac{\omega_1}{\omega_0},\ \omega_0=\sqrt{\frac{k}{m}},\ \theta_n=\arctan\frac{2n\zeta s}{1-n^2s^2} \tag{3-122}$$

当不考虑阻尼时，系统的稳态响应可以表示为

$$x(t)=\frac{a_0}{2k}+\sum_{n=1}^{\infty}\frac{a_n\cos n\omega_1 t+b_n\sin n\omega_1 t}{k(1-n^2s^2)} \tag{3-123}$$

例 3-12 无阻尼单自由度质量-弹簧系统受到图3-31 所示的周期方波 $F(t)$激励，即

$$F(t)=\begin{cases}F_0, & 0<t<\dfrac{T}{2}\\ -F_0, & \dfrac{T}{2}<t<T\end{cases}$$

任意周期激励的响应算例

已知系统的固有频率 ω_0，外部激励的周期为 T，求系统稳态响应。

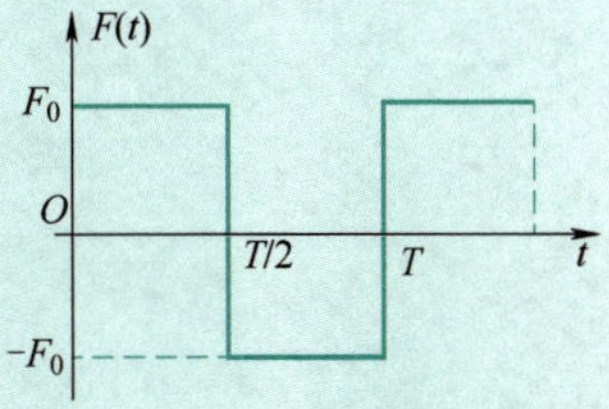

图 3-31　周期方波激励

【解】　周期外部激励的基频为

$$\omega_1=\frac{2\pi}{T} \tag{a}$$

对于 $a_0=2\int_{\tau}^{\tau+T}F(t)\,\mathrm{d}t/T$，因为 a_0 在一个周期内所包含的总面积为零，因此有 $a_0=0$。

对于 $a_n=2\int_{\tau}^{\tau+T}F(t)\cos n\omega_1 t\mathrm{d}t/T$，在区间$[0,T]$内，$F(t)$关于 $T/2$ 为反对称，而 $\cos n\omega_1 t$ 关于 $T/2$ 对称，因此有 $a_n=0$。

对于 $b_n=2\int_{\tau}^{\tau+T}F(t)\sin n\omega_1 t\mathrm{d}t/T$，在区间$[0,T/2]$内，$F(t)$关于 $T/4$ 为对称，而 n 取偶数时 $\sin n\omega_1 t$ 关于 $T/4$ 反对称；在区间$[T/2,T]$内，$F(t)$关于 $3T/4$ 为对称，而 n 取偶数时 $\sin n\omega_1 t$ 关于 $3T/4$ 反对称；因此有 $b_n=0$，$n=2,4,6,\cdots$。当 n 取奇数时，有

$$b_n=\frac{2}{T}\int_0^T F(t)\sin n\omega_1 t\mathrm{d}t=\frac{8}{T}\int_0^{\frac{T}{4}}F_0\sin n\omega_1 t\mathrm{d}t=\frac{4F_0}{n\pi},\quad n=1,3,5,\cdots \tag{b}$$

因此，采用傅里叶级数可以将周期外部激励改写为

$$\begin{aligned}F(t)&=\frac{a_0}{2}+\sum_{n=1}^{\infty}(a_n\cos n\omega_1 t+b_n\sin n\omega_1 t)\\&=\sum_{n=1}^{\infty}b_n\sin n\omega_1 t\\&=\frac{4F_0}{\pi}\sum_{n=1}^{\infty}\frac{1}{n}\sin n\omega_1 t\\&=\frac{4F_0}{\pi}\left(\sin\omega_1 t+\frac{1}{3}\sin 3\omega_1 t+\frac{1}{5}\sin 5\omega_1 t+\cdots\right)\end{aligned} \tag{c}$$

其中，$n=1,3,5,\cdots$。

系统的动力学方程为

$$m\ddot{x}(t)+c\dot{x}(t)+kx(t)=F(t) \tag{d}$$

其稳态振动解为

$$x(t)=\frac{4F_0}{\pi k}\sum_{n=1}^{\infty}\beta_n \sin(n\omega_1 t-\theta_n) \tag{e}$$

其中

$$\beta_n=\frac{1}{n\sqrt{(1-n^2s^2)^2+(2\zeta ns)^2}},\ \theta_n=\arctan\frac{2n\zeta s}{1-n^2s^2},\ s=\frac{\omega_1}{\omega_0}$$

当不计阻尼时，有

$$x(t)=\frac{4F_0}{\pi k}\sum_{n=1}^{\infty}\frac{1}{n(1-n^2s^2)}\sin n\omega_1 t \tag{f}$$

如图 3-31 所示，为什么系统会在常值力 F_0 作用下产生振动？在质量-弹簧系统上施加一个常值力，通常系统会保持静平衡状态。但是图 3-31 所示的常值力 F_0 不是缓慢施加的，而是在零时刻突然施加的，这相当于在零时刻对系统施加了一个脉冲激励，因此系统产生了振动。

例 3-13 研究图3-32 所示的液压控制系统中液压缸的振动，将液压阀及其弹性杆简化为有阻尼的质量-弹簧系统。除了弹簧力和阻尼力，液压阀还受到随着其开启和关闭变化的液体的压力。已知 $m=0.25\text{kg}$，$k=2500\text{N/m}$，$c=10\text{N}\cdot\text{s/m}$。当液压缸内的液体压力按照图 3-33b 所示变化时，试求阀的稳态响应。

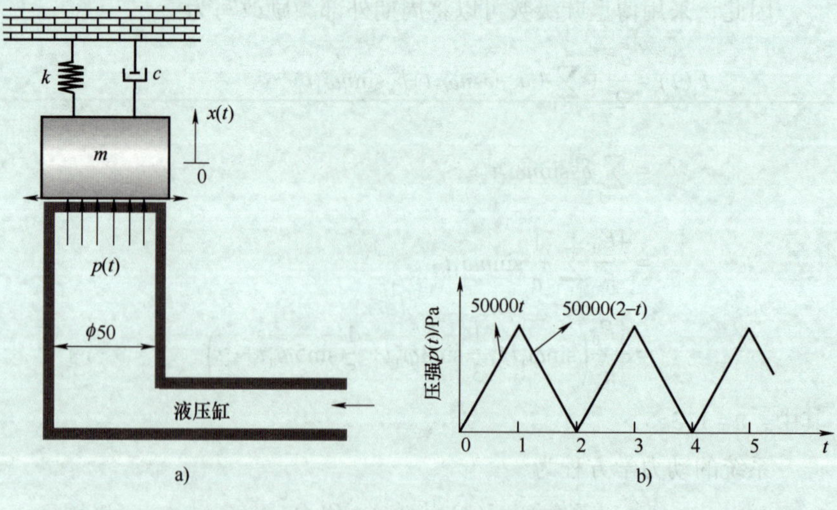

▶ 图 3-32 液压缸振动系统和外部激励

【解】 系统所受外力 $F(t)$ 可以表示为

$$F(t)=Ap(t) \tag{a}$$

可以计算缸体的横截面面积 A 为

$$A=\frac{\pi\times50^2}{4}\text{mm}^2=625\pi\text{mm}^2=0.000625\pi\text{m}^2 \tag{b}$$

将外力按傅里叶级数展开，有

$$F(t)=\frac{a_0}{2}+a_1\cos\omega t+a_2\cos2\omega t+\cdots+b_1\sin\omega t+b_2\sin2\omega t+\cdots \tag{c}$$

液压缸压强的规律如图 3-32 所示，通过该规律可以定义外力在一个周期（$\tau=2$ s）内的函数表达式为

$$F(t)=\begin{cases}50000At, & 0\leqslant t<\tau/2\\ 50000A(\tau-t), & \tau/2\leqslant t\leqslant\tau\end{cases} \tag{d}$$

根据傅里叶级数展开规律，可以得到式（c）中的各个系数表达式如下：

$$a_0=\frac{2}{2}\left[\int_0^1 50000At\text{d}t+\int_1^2 50000A(2-t)\text{d}t\right]=50000A$$

$$a_1=\frac{2}{2}\left[\int_0^1 50000At\cos\pi t\text{d}t+\int_1^2 50000A(2-t)\cos\pi t\text{d}t\right]=-\frac{2\times10^5A}{\pi^2}$$

$$b_1=\frac{2}{2}\left[\int_0^1 50000At\sin\pi t\text{d}t+\int_1^2 50000A(2-t)\sin\pi t\text{d}t\right]=0$$

$$a_2=\frac{2}{2}\left[\int_0^1 50000At\cos2\pi t\text{d}t+\int_1^2 50000A(2-t)\cos2\pi t\text{d}t\right]=0$$

$$b_2=\frac{2}{2}\left[\int_0^1 50000At\sin2\pi t\text{d}t+\int_1^2 50000A(2-t)\sin2\pi t\text{d}t\right]=0$$

$$a_3=\frac{2}{2}\left[\int_0^1 50000At\cos3\pi t\text{d}t+\int_1^2 50000A(2-t)\cos3\pi t\text{d}t\right]=-\frac{2\times10^5A}{9\pi^2}$$

$$b_3=\frac{2}{2}\left[\int_0^1 50000At\sin3\pi t\text{d}t+\int_1^2 50000A(2-t)\sin3\pi t\text{d}t\right]=0$$

其他参数：$a_2=a_4=a_6=\cdots=0,b_1=b_2=b_3=\cdots=0$。

将上述外力方程(d)近似取前三项，得

$$F(t)\approx25000A-\frac{2\times10^5A}{\pi^2}\cos\omega t-\frac{2\times10^5A}{9\pi^2}\cos3\omega t \tag{e}$$

液压缸系统的运动微分方程可以表示为

$$m\ddot{x}(t)+c\dot{x}(t)+kx(t)=F(t) \tag{f}$$

根据周期激励下系统的响应表达式，可以得到阀的稳态响应为

$$x(t)=\frac{25000A}{k}-\frac{2\times10^5A/(k\pi^2)}{\sqrt{(1-s^2)^2+(2\zeta s)^2}}\cos(\omega t-\theta_1)$$
$$-\frac{2\times10^5A/(9k\pi^2)}{\sqrt{(1-9s^2)^2+(6\zeta s)^2}}\cos(3\omega t-\theta_3) \tag{g}$$

相关振动参数计算如下：

阀的固有频率为

$$\omega_0=\sqrt{\frac{k}{m}}=\sqrt{\frac{2500}{0.25}}\text{rad/s}=100\text{rad/s}$$

外力基频为

$$\omega=\frac{2\pi}{\tau}=\pi$$

频率比和阻尼比为

$$s=\frac{\omega}{\omega_0}=\frac{\pi}{100}=0.031416,\ \zeta=\frac{c}{2m\omega_0}=\frac{10.0}{2\times0.25\times100}=0.2$$

相位差为

$$\theta_1=\arctan\frac{2\zeta s}{1-s^2}=\arctan\frac{2\times0.2\times0.031416}{1-0.031416^2}=0.0125664\text{rad}$$

$$\theta_3=\arctan\frac{6\zeta s}{1-9s^2}=\arctan\frac{6\times0.2\times0.031416}{1-9\times0.031416^2}=0.0380483\text{rad}$$

将振动参数代入式（g）中，可以得到系统响应为

$$x(t)=0.019635-0.015930\cos(\pi t-0.0125664)$$
$$-0.0017828\cos(3\pi t-0.0380483)$$

3.4 非周期激励的响应

以上章节介绍了简谐激励和周期激励作用下单自由度系统的受迫振动，本节将介绍任意激励下的受迫振动。由于任意激振力可以看作是一系列脉冲力的叠加，因此，在介绍任意激励的响应之前，先介绍单位脉冲响应，然后再介绍任意激励下的响应。

3.4.1 单位脉冲响应

零初始条件下的系统对单位脉冲力的响应通常被称为单位脉冲响应，或简称脉冲响应。单位脉冲力可以用狄拉克（Dirac）函数 $\delta(t)$ 表示，定义为

单位脉冲响应

$$\delta(t-\tau)=\begin{cases}\infty, & t=\tau \\ 0, & t\neq\tau\end{cases} \tag{3-124}$$

且有

$$\int_{-\infty}^{+\infty}\delta(t-\tau)\mathrm{d}t=1 \tag{3-125}$$

$\delta(t-\tau)$ 函数的图像可以用任意时刻 τ、长度为 1 的有向线段表示，如图 3-33 所示。$\delta(t-\tau)$ 是一个广义函数，也可以看作矩形脉冲、脉冲面积为 1 而脉冲宽度 ε 趋于零，如图 3-33b）所示，表达式为

$$\delta(t-\tau)=\lim_{\varepsilon\to 0}\delta_{\varepsilon}(t-\tau) \tag{3-126}$$

其中，

$$\delta_{\varepsilon}(t-\tau)=\begin{cases}\dfrac{1}{\varepsilon}, & \tau\leqslant t\leqslant\tau+\varepsilon \\ 0, & t<\tau \text{ 或 } t>\tau+\varepsilon\end{cases} \tag{3-127}$$

可以看出，$\delta(t)$ 函数的单位为 1/s。当然，$\delta_{\varepsilon}(t-\tau)$ 也可以定义为其他形状的面积为 1 的脉冲。

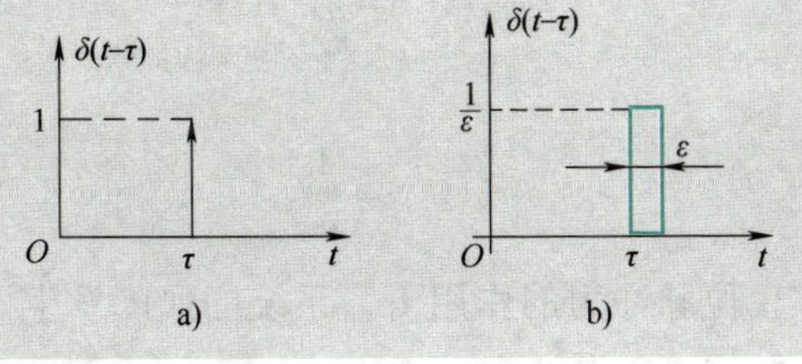

◀ 图 3-33 $\delta(t)$函数

$\delta(t)$ 函数具有如下性质：

$$\int_{-\infty}^{+\infty}f(t)\delta(t-\tau)\mathrm{d}t=f(\tau) \tag{3-128}$$

特别地，当 $\tau=0$ 时，有

$$\int_{-\infty}^{+\infty}f(t)\delta(t)\mathrm{d}t=f(0) \tag{3-129}$$

实际应用时，通常 $f(t)$ 在 $t\geqslant 0$ 时才有意义，因此有

$$\int_0^t f(t)\delta(t-\tau)\,\mathrm{d}t=f(\tau) \tag{3-130}$$

冲量为 I_0 的脉冲力可以借助 δ 函数表示为 $F(t)=I_0\delta(t)$。当 $I_0=1$ 时，$F(t)$ 为单位脉冲力，即 $F(t)=1\cdot\delta(t)$，单位脉冲力作用下系统的响应称为单位脉冲响应。

下面求解单自由度系统在单位脉冲激励下响应的表达式。记 0^- 和 0^+ 分别为单位脉冲力的前后时刻，系统的振动微分方程与初始条件可以写为

$$\begin{cases} m\ddot{x}+c\dot{x}+kx=1\cdot\delta(t) \\ x(0^-)=0 \\ \dot{x}(0^-)=0 \end{cases} \tag{3-131}$$

式中，等号右端的“1”代表单位冲量，$1\cdot\delta(t)$ 为单位脉冲力。

在式（3-131）两边同乘 $\mathrm{d}t$，有

$$m\ddot{x}\,\mathrm{d}t+c\dot{x}\,\mathrm{d}t+kx\,\mathrm{d}t=\delta(t)\,\mathrm{d}t \tag{3-132}$$

式中，$\ddot{x}\,\mathrm{d}x=\mathrm{d}\dot{x}$，$\dot{x}\,\mathrm{d}x=\mathrm{d}x$。在脉冲力作用的瞬间，位移来不及变化，但速度可以产生突变，因此，令 $x=0$，$\dot{x}\mathrm{d}t=\mathrm{d}x=0$，式（3-132）变为

$$m\mathrm{d}\dot{x}=\delta(t)\,\mathrm{d}t \tag{3-133}$$

将式（3-133）两边在区间 $0^-\leqslant t\leqslant 0^+$ 上对时间积分，有

$$\int_{0^-}^{0^+}\delta(t)\,\mathrm{d}t=m\int_{0^-}^{0^+}\ddot{x}\,\mathrm{d}t \tag{3-134}$$

利用 $\delta(t)$ 的性质式（3-125），可得

$$1=m\dot{x}(0^+)-m\dot{x}(0^-) \tag{3-135}$$

因此有

$$\dot{x}(0^+)=\frac{1}{m} \tag{3-136}$$

可以看出，在单位脉冲力的作用下，系统的速度发生了突变，但在这一瞬间，位移还来不及改变，即有 $x(0^+)=x(0^-)$。又当 $t>0^+$ 时，脉冲力作用已经结束，所以 $t>0^+$ 时，有

$$\begin{cases} m\ddot{x}+c\dot{x}+kx=0 \\ x(0^+)=0 \\ \dot{x}(0^+)=\dfrac{1}{m} \end{cases} \tag{3-137}$$

由此可见，系统的单位脉冲响应为初始位移为零而初始速度为 $1/m$

的自由振动，记为 $h(t)$，其表达式为

$$h(t)=\frac{1}{m\omega_d}e^{-\zeta\omega_0 t}\sin\omega_d t \tag{3-138}$$

对于无阻尼系统，则有

$$h(t)=\frac{1}{m\omega_0}\sin\omega_0 t \tag{3-139}$$

若单位脉冲力不是作用在 $t=0$s 时刻，而是作用在 $t=\tau$ 时刻，那么系统响应则将滞后时间 τ，此时，式（3-138）可以表示为

$$h(t-\tau)=\frac{1}{m\omega_d}e^{-\zeta\omega_0(t-\tau)}\sin\omega_d(t-\tau),\quad t>\tau \tag{3-140}$$

如图 3-34 所示，若在 $t=\tau$ 时刻受到冲量为 I_0 的脉冲力作用，则系统的响应为

$$x(t)=I_0 h(t-\tau),\quad t>\tau \tag{3-141}$$

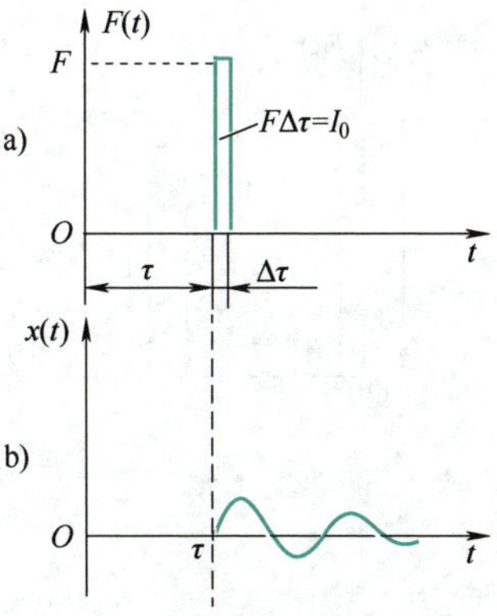

图 3-34　脉冲激励和系统响应

例 3-14　如图3-35 所示，在结构振动测试中，用一个装有测力传感器的冲击锤激振。假设 $m=5$kg，$k=2000$N/m，$c=10$N·s/m 和 $I_0=20$N·s，求系统的响应。

单位脉冲响应算例

【解】 系统的无阻尼固有频率、相对阻尼系数和有阻尼固有频率可以分别求出为

$$\omega_0=\sqrt{\frac{k}{m}}=\sqrt{\frac{2000}{5}}\text{rad/s}=20\text{rad/s}$$

$$\zeta=\frac{c}{2\sqrt{km}}=\frac{10}{2\sqrt{2000\times5}}=0.05$$

$$\omega_d=\omega_0\sqrt{1-\zeta^2}=19.975\text{rad/s}$$

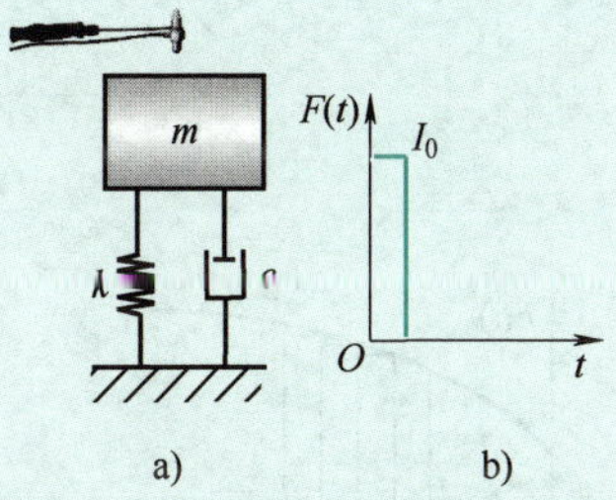

图 3-35　冲击锤激振动

假设冲量是在 $t=0$s 时刻施加的，根据式（3-138），系统的响应可表示为

$$x(t)=\frac{I_0 e^{-\zeta\omega_0 t}}{m\omega_d}\sin\omega_d t=\frac{20}{5\times19.975}e^{-0.05\times20t}\sin19.975t$$

$$=0.20025e^{-t}\sin19.975t$$

例 3-15　在例3-14 中，若施加了一个冲量之后，还要再施加第二个冲量，如图 3-36 所示，已知 $I_1=20$N·s，$I_2=20$N·s，时间间隔 0.2s，求系统响应。

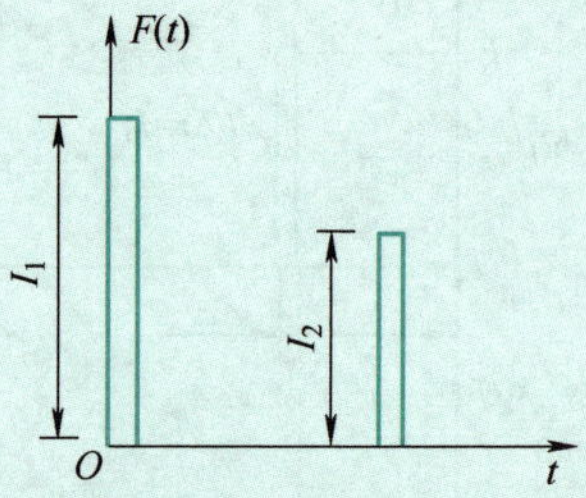

图 3-36　脉冲激励

【解】　作用力可以写为

$$F(t)=I_1\delta(t)+I_2\delta(t-\tau) \tag{a}$$

对 $I_1\delta(t)$ 的响应（见例 3-14）：

$$x_1(t)=\frac{I_1\mathrm{e}^{-\zeta\omega_0 t}}{m\omega_\mathrm{d}}\sin\omega_\mathrm{d}t=0.20025\mathrm{e}^{-t}\sin 19.975t,\ 0\leqslant t\leqslant 0.2 \tag{b}$$

对 $I_2\delta(t-\tau)$ 的响应：

$$x_2(t)=\frac{I_2\mathrm{e}^{-\zeta\omega_0(t-\tau)}}{m\omega_\mathrm{d}}\sin\omega_\mathrm{d}(t-\tau)=0.100125\mathrm{e}^{-(t-0.2)}\sin 19.975(t-0.2)\mathrm{m}\ ,\ t>0.2 \tag{c}$$

系统响应为

$$x(t)=\begin{cases}0.20025\mathrm{e}^{-t}\sin 19.975t, & 0\leqslant t\leqslant 0.2\\ 0.20025\mathrm{e}^{-t}\sin 19.975t+0.100125\mathrm{e}^{-(t-0.2)}\sin 19.975(t-0.2), & t>0.2\end{cases} \tag{d}$$

需要注意的是，由式（3-131）可以看到，在推导式（3-138）所示的单位脉冲响应函数时假定了系统是零初始条件，而本算例中第二个冲量施加时刻显然不是零初始条件，因此本算例的解仍是近似的。

3.4.2　任意非周期激励的响应

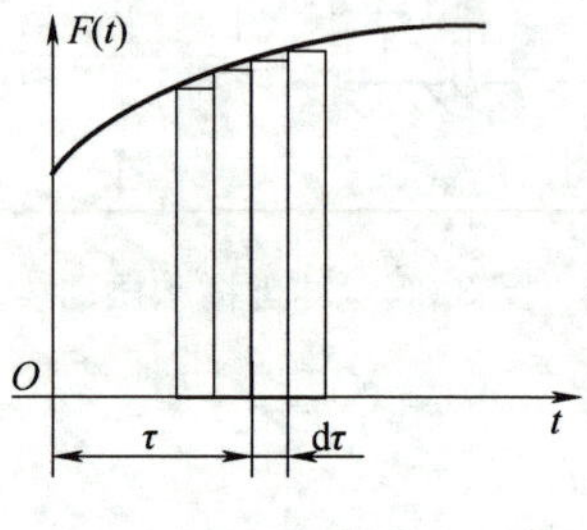

图 3-37　$F(t)$函数

任意非周期激励的响应

当处于零初始条件的系统受到任意激振力时，可以将激振力 $F(t)$看作一系列脉冲力的叠加，如图 3-37 所示。对于时刻 $t=\tau$ 的脉冲力，其冲量为 $F(\tau)\mathrm{d}\tau$，系统的脉冲响应为

$$\mathrm{d}x=F(\tau)h(t-\tau)\mathrm{d}\tau \tag{3-142}$$

由线性系统的叠加原理，系统对任意激振力的响应等于系统在$[0,t]$时刻内各个脉冲响应的总和，系统响应可以表示为

$$x(t)=\int_0^t F(\tau)h(t-\tau)\mathrm{d}\tau=\frac{1}{m\omega_\mathrm{d}}\int_0^t F(\tau)\mathrm{e}^{-\zeta\omega_0(t-\tau)}\sin\omega_\mathrm{d}(t-\tau)\mathrm{d}\tau \tag{3-143}$$

式（3-143）称为**杜阿梅尔（Duhamel）积分**。

若 $t=0$ 时系统有初始位移 x_0 及初始速度 $\dot{x}_0$，则系统对任意激励的响应可以表示为

$$x(t)=\mathrm{e}^{-\zeta\omega_0 t}\left(x_0\cos\omega_\mathrm{d}t+\frac{\dot{x}_0+\zeta\omega_0 x_0}{\omega_\mathrm{d}}\sin\omega_\mathrm{d}t\right)+$$

$$\frac{1}{m\omega_\mathrm{d}}\int_0^t F(\tau)\mathrm{e}^{-\zeta\omega_0(t-\tau)}\sin\omega_\mathrm{d}(t-\tau)\mathrm{d}\tau \tag{3-144}$$

若系统阻尼为零，则式（3-144）可以退化为

$$x(t)=\left(x_0\cos\omega_0 t+\frac{\dot{x}_0}{\omega_0}\sin\omega_0 t\right)+\frac{1}{m\omega_0}\int_0^t F(\tau)\sin\omega_0(t-\tau)\mathrm{d}\tau \tag{3-145}$$

例 3-16 压实机可简化为如图3-38 所示的单自由度系统。假设在质量 m（m 包括活塞质量、工作台质量和被压实材料质量）上受到一个矩阵脉冲力，其激励函数如图 3-38b 所示，作用力在 t_0 时刻停止。试求系统响应。

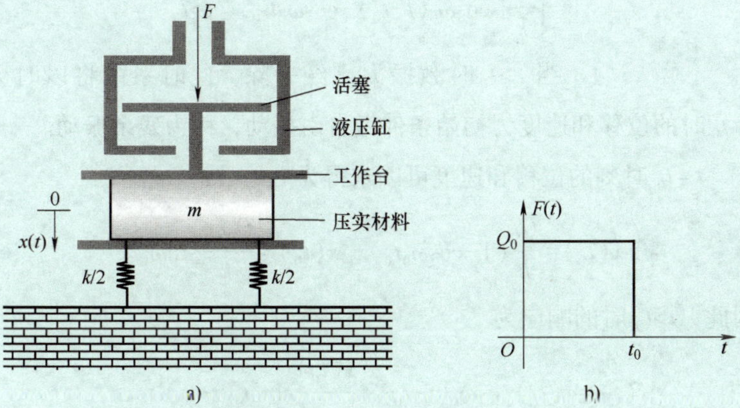

图 3-38 压实机示意图和激励函数

【解法一】 矩形脉冲力函数可以表示为

$$F(t)=\begin{cases}Q_0, & 0\leqslant t\leqslant t_0\\ 0, & t>t_0\end{cases} \tag{a}$$

1）$0\leqslant t\leqslant t_0$ 时，根据杜阿梅尔积分，有

$$\begin{aligned}x(t)&=\frac{1}{m\omega_0}\int_0^t F(\tau)\sin\omega_0(t-\tau)\mathrm{d}\tau\\&=\frac{Q_0}{m\omega_0}\int_0^t \sin\omega_0(t-\tau)\mathrm{d}\tau\\&=\frac{Q_0}{k}(1-\cos\omega_0 t)\end{aligned} \tag{b}$$

2）$t>t_0$ 时，系统的响应包括两部分，一部分是 $0\leqslant t\leqslant t_0$ 区间

内外部激励所导致的响应，另一部分是 $t>t_0$ 区间内外部激励所导致的响应，可以写为

$$x(t)=\frac{1}{m\omega_0}\int_0^t F(\tau)\sin\omega_0(t-\tau)\,\mathrm{d}\tau$$

$$=\frac{1}{m\omega_0}\left[\int_0^{t_0}Q_0\sin\omega_0(t-\tau)\,\mathrm{d}\tau+\int_{t_0}^{t}0\cdot\sin\omega_0(t-\tau)\,\mathrm{d}\tau\right]$$

$$=\frac{Q_0}{k}[\cos\omega_0(t-t_0)-\cos\omega_0 t] \tag{c}$$

因此，系统总的响应可以表示为

$$x(t)=\begin{cases}\dfrac{Q_0}{k}(1-\cos\omega_0 t), & 0\leqslant t\leqslant t_0\\ \dfrac{Q_0}{k}[\cos\omega_0(t-t_0)-\cos\omega_0 t], & t>t_0\end{cases} \tag{d}$$

【解法二】 当 $t>t_0$ 时激振力已经去除，此时系统将以时刻 $t=t_0$ 时的位移和速度为初始条件做自由振动，称为残余振动。

$t=t_0$ 时刻的位移和速度可以求得为

$$x(t_0)=\frac{Q_0}{k}(1-\cos\omega_0 t_0),\quad \dot{x}(t_0)=\frac{Q_0\omega_0}{k}\sin\omega_0 t_0 \tag{e}$$

因此，$t>t_0$ 时的响应为

$$x(t)=x(t_0)\cos\omega_0(t-t_0)+\frac{\dot{x}(t_0)}{\omega_0}\sin\omega_0(t-t_0)$$

$$=\frac{Q_0}{k}(1-\cos\omega_0 t_0)\ \cos\omega_0(t-t_0)+\frac{Q_0}{k}\sin\omega_0 t_0\ \sin\omega_0(t-t_0)$$

$$=\frac{Q_0}{k}[\cos\omega_0(t-t_0)-\cos\omega_0 t] \tag{f}$$

可以看出，和解法一的结果一致。

例 3-17 试确定一个无阻尼单自由度系统对施力函数 $F(t)$（见图 3-39）的响应。已知，$F(t)$ 表达式如下：

$$F(t)=\begin{cases}Q_1, & 0\leqslant t\leqslant t_1\\ -Q_2, & t_1\leqslant t\leqslant t_2\\ 0, & t_2\leqslant t\end{cases}$$

任意非周期激励的响应算例

【解法一】 1）$0 \leqslant t \leqslant t_1$ 时，根据杜阿梅尔积分，有

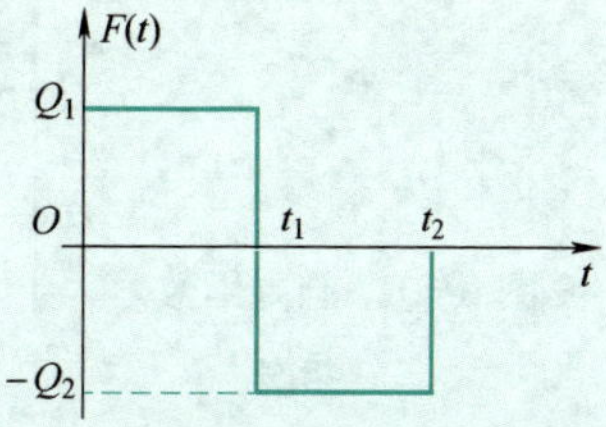

图 3-39 施力函数

$$x(t)=\frac{1}{m\omega_0}\int_0^t F(\tau)\sin\omega_0(t-\tau)\,\mathrm{d}\tau$$

$$=\frac{Q_1}{m\omega_0}\int_0^t \sin\omega_0(t-\tau)\,\mathrm{d}\tau$$

$$=\frac{Q_1}{m\omega_0^2}(1-\cos\omega_0 t)=\frac{Q_1}{k}(1-\cos\omega_0 t) \quad \text{(a)}$$

2）$t_1 \leqslant t \leqslant t_2$ 时，系统的响应包括两部分，一部分是 $0 \leqslant t \leqslant t_1$ 区间内外部激励所导致的响应，另一部分是 $t_1 \leqslant t \leqslant t_2$ 区间内外部激励所导致的响应，可以写为

$$x(t)=\frac{1}{m\omega_0}\int_0^t F(\tau)\sin\omega_0(t-\tau)\,\mathrm{d}\tau$$

$$=\frac{1}{m\omega_0}\left[\int_0^{t_1} Q_1\sin\omega_0(t-\tau)\,\mathrm{d}\tau+\int_{t_1}^{t} -Q_2\sin\omega_0(t-\tau)\,\mathrm{d}\tau\right]$$

$$=\frac{1}{m\omega_0}\left\{\frac{Q_1}{\omega_0}[\cos\omega_0(t-t_1)-\cos\omega_0 t]-\frac{Q_2}{\omega_0}[1-\cos\omega_0(t-t_1)]\right\}$$

$$=\frac{Q_1}{k}[\cos\omega_0(t-t_1)-\cos\omega_0 t]-\frac{Q_2}{k}[1-\cos\omega_0(t-t_1)] \quad \text{(b)}$$

3）$t \geqslant t_2$ 时，外部激励为零，系统的响应是 $0 \leqslant t \leqslant t_1$ 和 $t_1 \leqslant t \leqslant t_2$ 两个区间内外部激励所导致的自由振动响应的叠加，即

$$x(t)=\frac{1}{m\omega_0}\int_0^t F(\tau)\sin\omega_0(t-\tau)\,\mathrm{d}\tau$$

$$=\frac{1}{m\omega_0}\left[\int_0^{t_1} Q_1\sin\omega_0(t-\tau)\,\mathrm{d}\tau+\int_{t_1}^{t_2} -Q_2\sin\omega_0(t-\tau)\,\mathrm{d}\tau\right]$$

$$=\frac{1}{m\omega_0}\left\{\frac{Q_1}{\omega_0}[\cos\omega_0(t-t_1)-\cos\omega_0 t]-\frac{Q_2}{\omega_0}[\cos\omega_0(t-t_2)-\cos\omega_0(t-t_1)]\right\}$$

$$=\frac{Q_1}{k}[\cos\omega_0(t-t_1)-\cos\omega_0 t]-\frac{Q_2}{k}[\cos\omega_0(t-t_2)-\cos\omega_0(t-t_1)] \quad \text{(c)}$$

【解法二】 施力函数可以看成两个矩形方波激励之和，如图 3-40 所示，系统的响应可以看作是对这两个矩形方波响应的叠加。

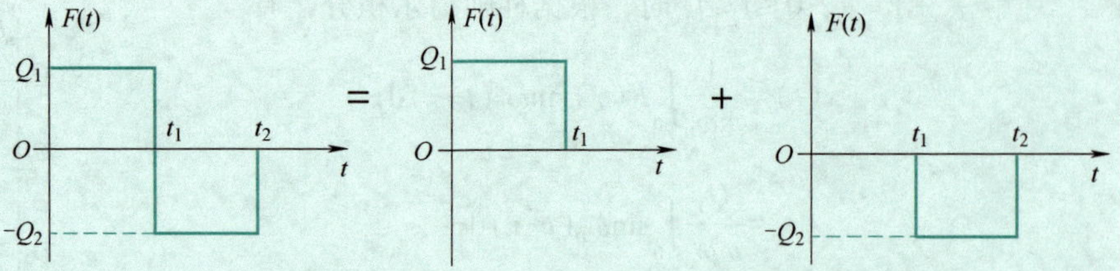

▶ 图 3-40　施力函数拆分

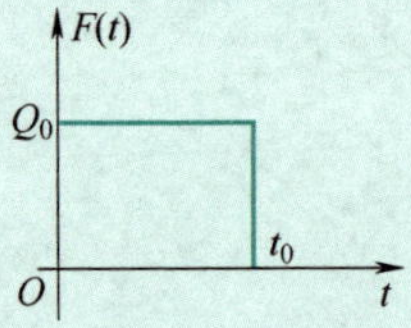

图 3-41　单个方波激励

系统对图 3-41 所示的单个矩阵方波的响应可以写为：

$$x(t)=\begin{cases}\dfrac{Q_0}{k}(1-\cos\omega_0 t), & 0\leqslant t\leqslant t_0\\[2ex] \dfrac{Q_0}{k}[\cos\omega_0(t-t_0)-\cos\omega_0 t], & t>t_0\end{cases}\tag{d}$$

式中，t_0 表示矩形冲量持续的时间。下面利用式（d）求解系统响应。

1）$0\leqslant t\leqslant t_1$ 时，系统的响应为

$$x(t)=\frac{Q_1}{k}(1-\cos\omega_0 t)\tag{e}$$

2）$t_1\leqslant t\leqslant t_2$ 时，系统响应为对于 Q_1 和 Q_2 响应的叠加。对于 Q_1 的响应：

$$x_1(t)=\frac{Q_1}{k}[\cos\omega_0(t-t_1)-\cos\omega_0 t]\tag{f}$$

对于 Q_2 的响应，注意力的作用时间滞后 t_1：

$$x_2(t)=-\frac{Q_2}{k}[1-\cos\omega_0(t-t_1)]\tag{g}$$

因此，该时间段系统的响应为

$$\begin{aligned}x(t)&=x_1(t)+x_2(t)\\&=\frac{Q_1}{k}[\cos\omega_0(t-t_1)-\cos\omega_0 t]-\frac{Q_2}{k}[1-\cos\omega_0(t-t_1)]\end{aligned}\tag{h}$$

3）$t_2\leqslant t$ 时，对于 Q_1 的响应：

$$x_1(t)=\frac{Q_1}{k}[\cos\omega_0(t-t_1)-\cos\omega_0 t]\tag{i}$$

对于 Q_2 的响应，注意力的作用时间滞后 t_1，并且 Q_2 作用力的持续时间为(t_2-t_1)，有

$$x_2(t)=-\frac{Q_2}{k}\{\cos\omega_0[(t-t_1)-(t_2-t_1)]-\cos\omega_0(t-t_1)\}$$

$$=-\frac{Q_2}{k}[\cos\omega_0(t-t_2)-\cos\omega_0(t-t_1)] \qquad \text{(j)}$$

因此，该时间段系统的响应为

$$x(t)=x_1(t)+x_2(t)$$

$$=\frac{Q_1}{k}[\cos\omega_0(t-t_1)-\cos\omega_0 t]-\frac{Q_2}{k}[\cos\omega_0(t-t_2)-\cos\omega_0(t-t_1)] \qquad \text{(k)}$$

最终，系统响应可以合写成

$$x(t)=\begin{cases}\frac{Q_1}{k}(1-\cos\omega_0 t), & 0\leqslant t<t_1\\ \frac{Q_1}{k}[\cos\omega_0(t-t_1)-\cos\omega_0 t]-\frac{Q_2}{k}[1-\cos\omega_0(t-t_1)], & t_1\leqslant t<t_2\\ \frac{Q_1}{k}[\cos\omega_0(t-t_1)-\cos\omega_0 t]-\frac{Q_2}{k}[\cos\omega_0(t-t_2)-\cos\omega_0(t-t_1)], & t>t_2\end{cases} \qquad \text{(l)}$$

和解法一的结果进行对比可以看出，两者结果一致。

杜阿梅尔积分方法可以求解任意激励下的系统响应，自然它也可以求解简谐激励和周期激励的响应。下面通过两个例子进行验证，并与3.1.1节和3.3节中的解析解进行对比。

例 3-18 一个黏性阻尼单自由度系统，受到正弦荷载 $F=F_0\sin\omega t$ 的激励，试用杜阿梅尔积分求解系统的稳态响应，并与3.1.1节的解析解进行对比。

【解】 重写杜阿梅尔积分如下：

$$x(t)=\frac{1}{m\omega_d}\int_0^t F(t-\tau)\mathrm{e}^{-\zeta\omega_0\tau}\sin\omega_d(\tau)\mathrm{d}\tau \qquad \text{(a)}$$

将 $F=F_0\sin\omega t$ 代入式（a），有

$$x(t)=\frac{F_0}{m\omega_d}\int_0^t \mathrm{e}^{-\zeta\omega_0\tau}\sin\omega(t-\tau)\sin\omega_d(\tau)\mathrm{d}\tau \qquad \text{(b)}$$

使用三角函数倍角公式，式（b）积分项可以改写为

$$\int_0^t e^{-\zeta\omega_0\tau}\sin\omega(t-\tau)\sin\omega_d(\tau)\,d\tau$$

$$=\frac{1}{2}\left\{\int_0^t e^{-\zeta\omega_0\tau}\cos[\omega(t-\tau)-\omega_d\tau]\,d\tau-\int_0^t e^{-\zeta\omega_0\tau}\cos[\omega(t-\tau)+\omega_d\tau]\,d\tau\right\}$$

$$=\frac{1}{2}\left\{\int_0^t e^{-\zeta\omega_0\tau}\cos[\omega t-(\omega+\omega_d)\tau]\,d\tau-\int_0^t e^{-\zeta\omega_0\tau}\cos[\omega t-(\omega-\omega_d)\tau]\,d\tau\right\} \tag{c}$$

可见积分式已分为两部分，且每部分均为指数函数与三角函数乘积。

根据数学分析可知：

$$\int e^{nx}\sin(mx)\,dx=\frac{\begin{vmatrix}(e^{nx})' & e^{nx}\\ \sin'(mx) & \sin mx\end{vmatrix}}{n^2+m^2} \tag{d}$$

$$\int e^{nx}\cos(mx)\,dx=\frac{\begin{vmatrix}(e^{nx})' & e^{nx}\\ \cos'(mx) & \cos mx\end{vmatrix}}{n^2+m^2} \tag{e}$$

应用式（d）和式（e），式（c）等号右端第一项可以写为

$$\int_0^t e^{-\zeta\omega_0\tau}\cos[\omega t-(\omega+\omega_d)\tau]\,d\tau$$

$$=\cos\omega t\int_0^t e^{-\zeta\omega_0\tau}\cos[(\omega+\omega_d)\tau]\,d\tau+\sin\omega t\int_0^t e^{-\zeta\omega_0\tau}\sin[(\omega+\omega_d)\tau]\,d\tau$$

$$=\frac{e^{-\zeta\omega_0 t}[-\zeta\omega_0\cos(\omega_d t)+(\omega+\omega_d)\sin(\omega_d t)]-[-\zeta\omega_0\cos(\omega t)-(\omega+\omega_d)\sin(\omega t)]}{\zeta^2\omega_0^2+(\omega+\omega_d)^2} \tag{f}$$

同理，应用式（d）和式（e），式（c）等号右端第二项可以写为

$$\int_0^t e^{-\zeta\omega_0\tau}\cos[\omega t-(\omega-\omega_d)\tau]\,d\tau$$

$$=\cos\omega t\int_0^t e^{-\zeta\omega_0\tau}\cos[(\omega-\omega_d)\tau]\,d\tau+\sin\omega t\int_0^t e^{-\zeta\omega_0\tau}\sin[(\omega-\omega_d)\tau]\,d\tau$$

$$=\frac{e^{-\zeta\omega_0 t}[-\zeta\omega_0\cos(\omega_d t)-(\omega-\omega_d)\sin(\omega_d t)]-[-\zeta\omega_0\cos(\omega t)-(\omega-\omega_d)\sin(\omega t)]}{\zeta^2\omega_0^2+(\omega-\omega_d)^2} \tag{g}$$

当系统响应稳态时，$e^{-\zeta\omega_0 t}$ 趋近于零，于是由上述过程整理可以得到

$$x(t)=\frac{F_0}{2m\omega_d}\left[\frac{\zeta\omega_0\cos\omega t+(\omega+\omega_d)\sin\omega t}{\zeta^2\omega_0^2+(\omega+\omega_d)^2}-\frac{\zeta\omega_0\cos\omega t+(\omega-\omega_d)\sin\omega t}{\zeta^2\omega_0^2+(\omega-\omega_d)^2}\right]$$

$$=\frac{F_0}{k}\frac{\omega_0^2[(\zeta^2\omega_0^2+\omega_d^2-\omega^2)\sin\omega t-2\zeta\omega_0\omega\cos\omega t]}{\omega_d^4+\zeta^4\omega_0^4+\omega^4+2\zeta^2\omega_0^2\omega_d^2+2\zeta^2\omega_0^2\omega^2-2\omega_d^2\omega^2} \quad \text{(h)}$$

设 $s=\omega/\omega_0$，并且将 $\omega_d=\omega_0\sqrt{1-\zeta^2}$ 代入式（h），同时在分子分母中同除以 ω_0^4，整理可得

$$x(t)=\frac{F_0}{k}\frac{-2\zeta s\cos\omega t+(1-s^2)\sin\omega t}{(1-s^2)^2+(2\zeta s)^2}$$

$$=\frac{F_0}{k}\frac{1}{\sqrt{(1-s^2)^2+(2\zeta s)^2}}\sin(\omega t-\theta) \quad \text{(i)}$$

式中，$\theta=\arctan2\zeta s/(1-s^2)$。可见，通过杜阿梅尔积分求得的结果与 3. 1. 1 节中的解析解是一致的。

例 3-19 一个黏性阻尼单自由度系统，受到图 3-42 所示的方波载荷激励，采用杜阿梅尔积分方法求解系统的稳态响应，并与 3. 3 节中例 3-12 的解析解结果进行对比。

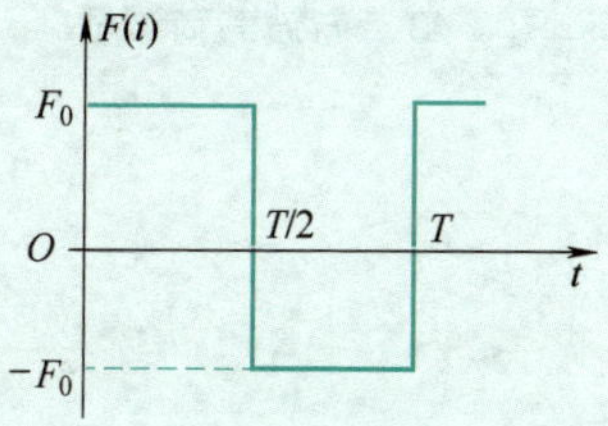

图 3-42 方波载荷激励

【解】 由 3. 3 节例 3-12 可知，方波激励可以根据傅里叶级数展开为：

$$F(t)=\frac{4F_0}{\pi}\sum_n^\infty\frac{1}{n}\sin n\omega_1 t \quad \text{(a)}$$

式中，$\omega_1=2\pi/T$ 为周期外部激励的基频；$n=1,3,5,\cdots$。将激励表达式（a）代入杜阿梅尔积分，有

$$x(t)=\frac{1}{m\omega_d}\int_0^t F(t-\tau)e^{-\zeta\omega_0\tau}\sin\omega_d\tau\,d\tau$$

$$=\frac{1}{m\omega_d}\sum_{n=1}^\infty\int_0^t\frac{4F_0}{n\pi}\sin[n\omega_1(t-\tau)]e^{-\zeta\omega_0\tau}\sin\omega_d\tau d\tau \quad \text{(b)}$$

利用例 3-18 的推导结果，可以推导得到

$$x(t)=\frac{4F_0}{\pi k}\sum_n^\infty\beta_n\sin(n\omega_1 t-\theta_n) \quad \text{(c)}$$

式中，

$$\beta_n=\frac{1}{n\sqrt{(1-n^2s^2)^2+(2\zeta ns)^2}},\quad \theta_n=\arctan\frac{2n\zeta s}{1-n^2s^2},\quad s=\frac{\omega_1}{\omega_0}$$

与 3.3 节中例 3-12 结果进行对比可知，结果是一致的。

思考题 建筑物可以简化为无阻尼单自由度系统，如图 3-43a 所示。系统所受到的阵风载荷可以表示为图 3-43b 所示的三角形脉冲，求系统的响应。

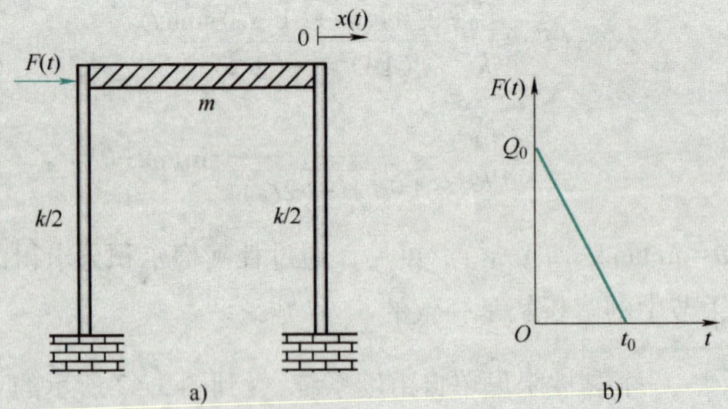

▶ 图 3-43 方波载荷激励

3.5 本章小结

本章介绍了单自由度系统的受迫振动，总结本章的关键知识点如下：

1）有阻尼单自由度系统的简谐受迫振动是以外部激励的频率为振动频率的等幅简谐振动，$x(t)=\beta B\sin(\omega t+\theta)$，但是相位存在滞后，$\theta=\arctan2\zeta s/(1-s^2)$。这里所说的相位差是指系统的外部激励（系统输入）与系统响应 $x(t)$（系统输出）两者在相位上的差。如果系统无阻尼则相位差为零，即外部激励和系统响应同相。

2）单自由度系统的振幅放大因子 $\beta=\frac{1}{\sqrt{(1-s^2)^2+(2\zeta s)^2}}$，相位差为 $\theta=\arctan\frac{2\zeta s}{1-s^2}$。当频率比 $s=\omega/\omega_0\ll1$ 时，此时 $\beta(s)\approx1$ 和 $\theta(s)\approx0$，系统响应的振幅 $A=\beta B$ 与静变形 B 相当，位移与激振力在相位上几乎同相。当 $s\gg1$ 时，此时 $\beta(s)\approx0$ 和 $\theta(s)\approx\pi$，系统响应的振幅很小，位移与激振力在相位上反相。在以上两个领域（$s\gg1, s\ll1$），对应于不同的 ζ 值，曲线较为密集，说明阻尼的影响不显著。当 $s=$

1 时，$\beta(s)=1/(2\zeta)$ 和 $\theta(s)=\pi/2$，此时发生共振，系统振幅很大。

3）对于基础隔振问题，可以采用两类位移坐标描述振动物体的运动，即物体相对于基础的相位位移和物体的绝对位移。

采用相对位移坐标时，振幅放大因子为

$$\beta_1=s^2/\sqrt{(1-s^2)^2+(2\zeta s)^2}$$

相位差为

$$\theta_1=\arctan\frac{2\zeta s}{1-s^2}$$

采用绝对位移坐标时，振幅放大因子为

$$\beta_2=\sqrt{\frac{1+(2\zeta s)^2}{(1-s^2)^2+(2\zeta s)^2}}$$

相位差为$(\theta_1-\theta_2)$，其中 $\theta_2=\arctan2\zeta s$。当 $s\ll1$ 时，有 $\beta_1(s)\approx0$ 和 $\beta_2(s)\approx1$，相对位移坐标情况下系统的响应振幅很小，而绝对位移坐标情况下系统的响应振幅和基础激励的位移幅值相当。当 $s\gg1$ 时，有 $\beta_1(s)\approx1$ 和 $\beta_2(s)\approx0$，相对位移坐标情况下系统响应的振幅与基础激励位移的幅值相当，而绝对位移坐标情况下系统的响应振幅很小。在以上两个领域（$s\gg1,s\ll1$），对应于不同的 ζ 值，曲线较为密集，说明阻尼的影响不显著。当 $s=1$ 时，对应于较小的 ζ 值，$\beta_1(s)$ 和 $\beta_2(s)$ 都很大，发生共振。

4）绝对位移坐标情况下的基础隔振在实际工程中应用很多，隔振效果通过隔振系数

$$\eta=\sqrt{\frac{1+(2\zeta s)^2}{(1-s^2)^2+(2\zeta s)^2}}$$

予以体现。隔振系数定义为隔振后位移幅值和隔振前位移幅值之比，η 在形式上与以上的振幅放大因子 β_2 一致。只有当 $s>\sqrt{2}$ 时，才有 $\eta<1$，隔振才有效果。当 $s>\sqrt{2}$ 时，阻尼越小，隔振系数越小，隔振效果越好，但是为了减小系统通过共振区的振幅，必要的阻尼是需要的。

5）对于库仑摩擦受迫振动，本章中的处理方法是将库仑摩擦转化为一个等效黏性阻尼系数，然后按照黏性阻尼单自由度系统的受迫振动进行分析，因此本质上讲，本章中的库仑摩擦受迫振动处理方法仍然是一种近似方法。

6）对于转子的临界转速，其在数值上等于转子做横向振动时

的固有频率。当转子转速远高于临界转速时，转子会围绕质心转动，即发生自动定心现象。

7）对于单自由度系统承受任意周期激励的振动问题，可以将周期外部激励按照傅里叶级数进行展开：

$$F(t)=F(t+T)=a_0/2+\sum_{n=1}^{\infty}(a_n\cos n\omega_1 t+b_n\sin n\omega_1 t)$$

其中 $\omega_1=2\pi/T$ 为激励基频，然后根据线性叠加原理即可求解系统的振动响应，即

$$x(t)=\frac{a_0}{2k}+\sum_{n=1}^{\infty}\frac{a_n\cos(n\omega_1 t-\varphi_n)+b_n\sin(n\omega_1 t-\varphi_n)}{k\sqrt{(1-n^2s^2)^2+(2\zeta ns)^2}}$$

其中 $s=\omega_1/\omega_0$，$\omega_0=\sqrt{k/m}$，$\varphi_n=\arctan 2n\zeta s/(1-n^2s^2)$。周期激励情况下振动问题的这种求解方法称为谐波分析方法，其关键是系数 a_0、a_n 和 b_n 的求解。

8）对于任意激励的情况，可以利用杜阿梅尔积分方法求解系统响应，即

$$x(t)=\int_0^t F(\tau)h(t-\tau)\mathrm{d}\tau=\int_0^t F(\tau)\mathrm{e}^{-\zeta\omega_0(t-\tau)}\sin\omega_{\mathrm{d}}(t-\tau)\mathrm{d}\tau/m\omega_{\mathrm{d}}$$

式中，$h(t)=\mathrm{e}^{-\zeta\omega_0 t}\sin\omega_{\mathrm{d}}t/m\omega_{\mathrm{d}}$ 为系统的单位脉冲响应。杜阿梅尔积分方法是将外部激励看成一系列脉冲激励的叠加，系统响应是对所有这些脉冲激励响应的和。在使用杜阿梅尔积分求解时，需要注意积分号上下限的确定，关键是积分项的计算。

习　题

3.1　习题 3.1 图所示刚性杆受到动载荷 $F_P(t)$ 的作用，质点 A 的质量为 m_1，质点 D 的质量为 m_2，已知 $m_1=2m_2=m$，系统做微振动。

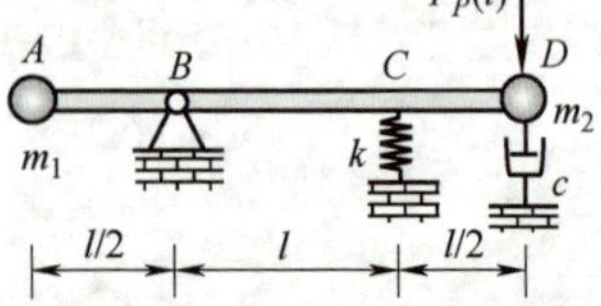

习题 3.1 图

1）求以刚性杆转动角度为广义坐标建立系统的动力学方程；

2）求以 C 点处的铅垂位移为广义坐标建立系统的动力学方程；

3）分别针对（1）和（2）两种情况，求解系统的临界阻尼系数 c_{cr}。

3.2 习题 3.2 图所示的弹簧质量系统，两个弹簧的连接处有一激振力 $P(t)=P_0\sin\omega t$ 的作用，求质量 m 的稳态响应。

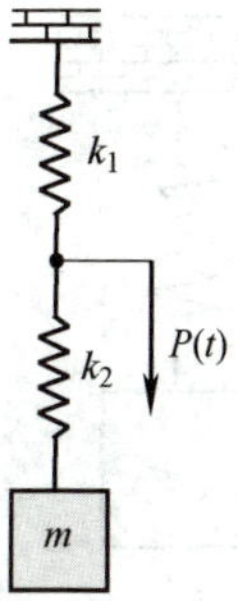

习题 3.2 图

3.3 建立习题 3.3 图所示系统的运动微分方程并求稳态响应。

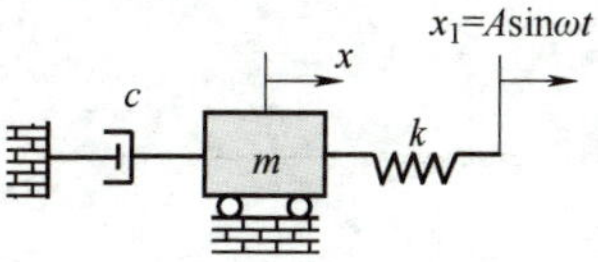

习题 3.3 图

3.4 在习题 3.4 图所示系统中，已知 m、k_1、k_2、F_0 和 ω，初始时物块静止且两弹簧均为原长。求物块运动规律。

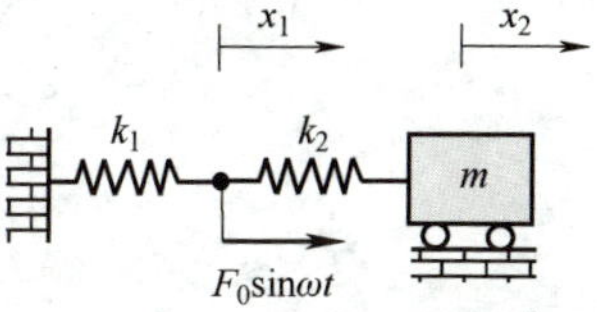

3.5 在习题 3.5 图所示的系统中，刚性杆 AB 的质量忽略不计，B 端作用有激振力 $F_0\sin\omega t$。

1）写出系统运动微分方程，并求系统发生共振时质量 m 做上下振动的振幅值；

2）求此时系统的临界黏性阻尼系数的表达式。

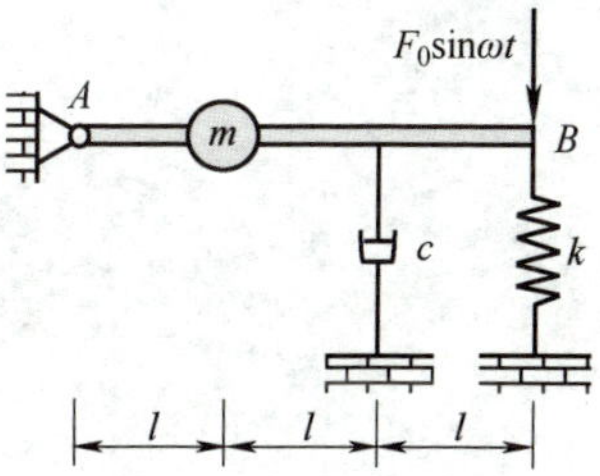

习题 3.5 图

3.6 如习题 3.6 图所示，作用在质量块上的激振力为 $P(t)=p_0\sin\omega t$，弹簧支承端有运动 $x_s=a\cos\omega t$，写出系统的运动微分方程，并求稳态振动响应。

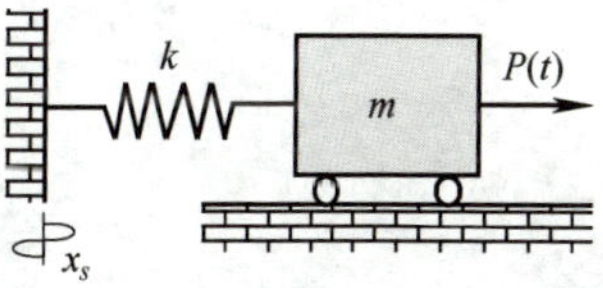

习题 3.6 图

3.7 习题 3.7 图所示系统中，以弹簧与刚性杆连接点水平位移为广义坐标，求系统运动微分方程和稳态响应的振幅。

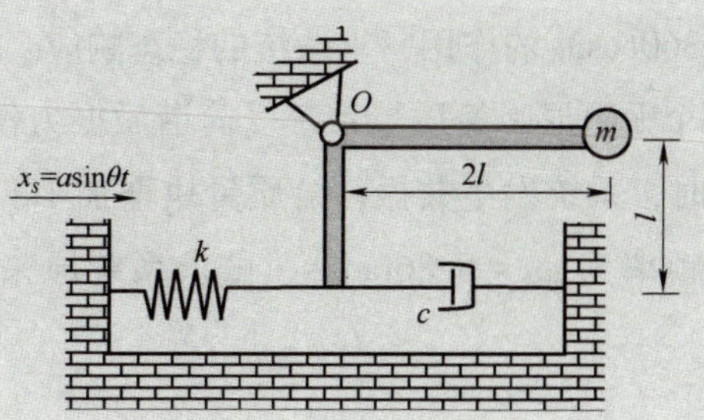

◀ 习题 3.7 图

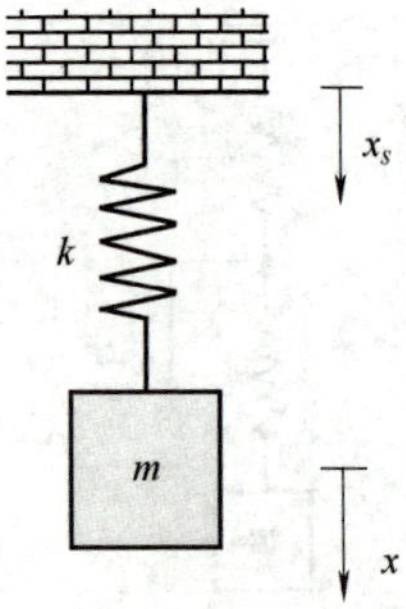

习题 3.8 图

3.8 习题 3.8 图所示系统中，弹簧悬挂点做上下简谐运动 $x_s=(v_0/\omega)\sin\omega t$，初始条件为 $x(0)=0$，$\dot{x}(0)=v_0$，求 $\omega\neq\omega_0$ 及 $\omega=\omega_0$ 时质量 m 的绝对运动。

3.9 一有阻尼弹簧质量系统，已知 $k=4000\text{N/m}$，$m=10\text{kg}$，$c=40\text{N}\cdot\text{s/m}$，受到激励 $F(t)=200\cos10t$（单位为 N）而产生振动。求该系统的频率比、阻尼比、稳态振动规律及最大幅值。

3.10 一重量为 50N 的物体悬挂在刚度系数为 4000N/m 的弹簧下面，受到的简谐外力的幅值为 60N，频率为 6Hz。求：

1）物体重量导致的弹簧伸长量；

2）最大外力引起的弹簧静变形；

3）物体在简谐外力作用下受迫运动的幅值。

3.11 考虑一弹簧质量系统，弹簧刚度系数为 4000N/m，简谐激励的幅值为 $F_0=100\text{N}$、频率为 $f=5\text{Hz}$。观测到系统的受迫运动幅值为 $A=20\text{mm}$，求系统的质量 m。

3.12 弹簧质量系统受到简谐力 $F_0\sin\omega t$ 激振，在共振时量得的振幅为 5.8mm。在 0.8 倍共振频率时，量得的振幅为 4.6mm，求系统的阻尼系数。

3.13 一个有阻尼的弹簧质量系统，已知 $m=196\text{kg}$，$k=19600\text{N/m}$，$c=2940\text{N}\cdot\text{s/m}$，作用在质量块上的激振力为 $P(t)=160\sin19t$，试求忽略阻尼及考虑阻尼的两种情况中，系统的振幅放大因子及位移。

3.14 由试验测得一个系统的阻尼固有频率为 ω_d，在简谐激振力作用下出现最大位移值的激振频率为 ω_m，求系统的无阻尼固有频率 ω_0、相对阻尼系数 ζ。

3.15 已知系统的弹簧刚度为 $k=800\text{N/m}$，做自由振动时的阻尼振动周期为 1.8s，相邻两振幅的比值为 $A_l/A_{l+1}=4.2$，若质量块受激振力 $P(t)=360\cos3t$ 的作用，求系统的稳态响应。

3.16 一个无阻尼弹簧质量系统受简谐激振力作用，当激振频率 $\omega_1=6\text{rad/s}$ 时，系统发生共振；给质量块增加 1kg 质量后重新试验，测得共振频率为 $\omega_2=5.86\text{rad/s}$，试求系统原来的质量及弹簧刚度。

3.17 如习题 3.17 图所示，竖直平面内质量为 m、长度为 L 的均质杆一端与地面铰接，初始时杆处于竖直位置，另一端连接一根刚度系数为 $k=mg/L$ 的水平弹簧。杆上 B 点处连接有阻尼系数为 c 的阻尼器。杆受到外力矩 M 作用。已知 $\overline{OB}=L/3$。以杆的转角 θ 为广义坐标，求系统做微振动时：

1）运动微分方程和固有频率 ω_0；

2）临界阻尼系数 c_{cr}；

3）$M=M_0\sin\omega t$ 时的稳态响应。

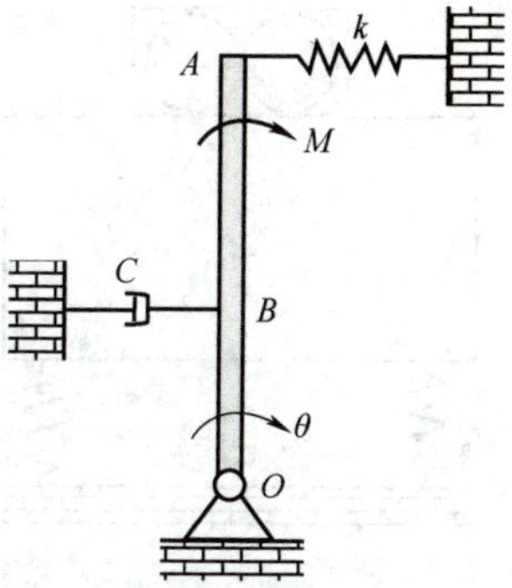

习题 3.17 图

3.18 习题 3.18 图所示系统中，在杆端的集中质量处作用有向下的激励 $F_0\sin\omega t$。试写出运动微分方程，并求出临界阻尼系数、阻尼固有频率、品质因子及稳态响应。

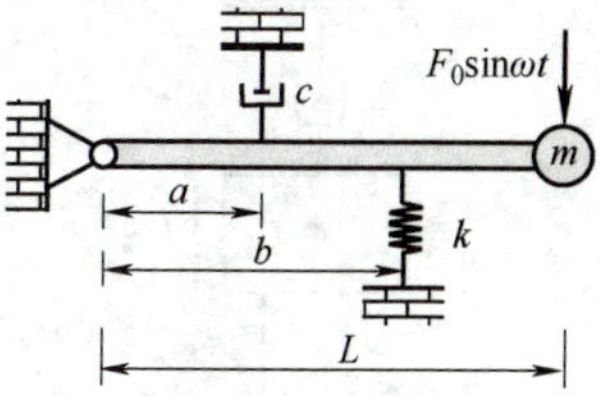

习题 3.18 图

3.19 建立习题 3.19 图所示系统的动力学平衡方程，并求系统的稳态响应。

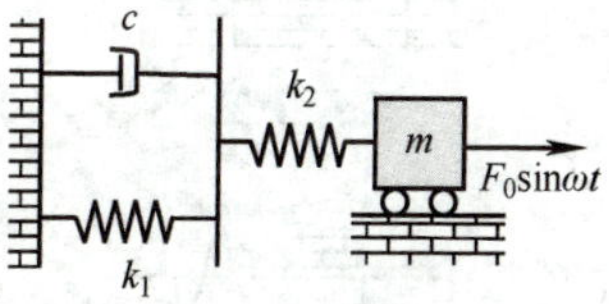

习题 3.19 图

3.20 习题 3.20 图所示车辆系统的质量为 m，悬挂弹簧刚度系数为 k，车辆水平行驶速度为 v，道路前方有一凸起的曲形地面 $y_s=a[1-\cos(2\pi x/l)]$，求：

1）车辆通过曲形地面过程的振动；

2）车辆通过曲形地面后的振动。

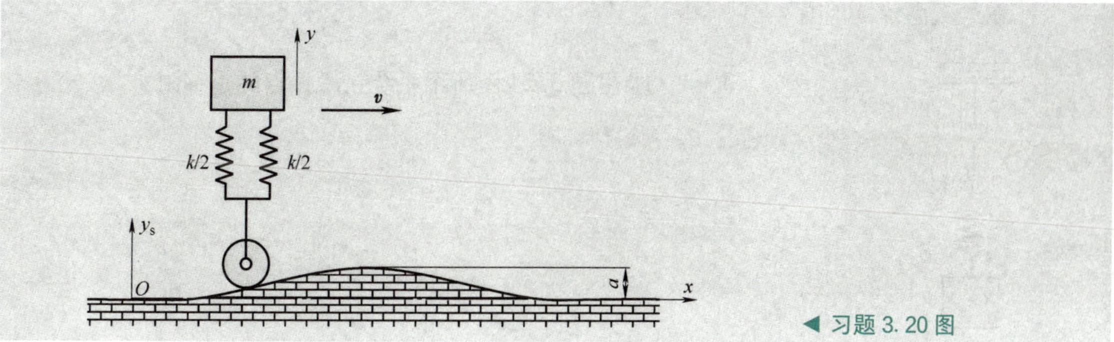

◀ 习题 3.20 图

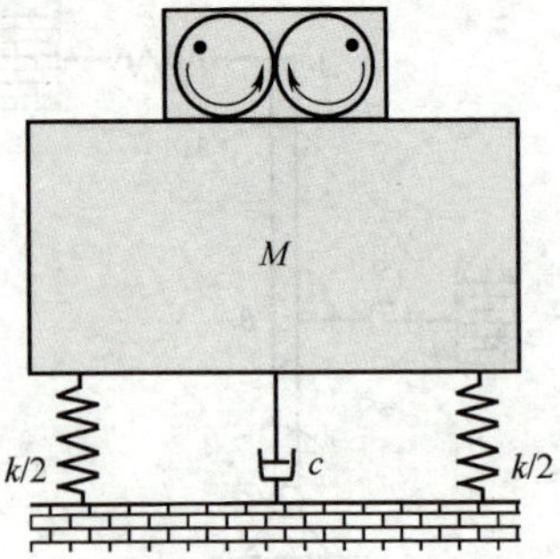

习题 3.21 图

3.21 用习题 3.21 图所示的惯性激振器测定一质量 $M=180\text{kg}$ 的结构的振动特性。当激振器转速为 900r/min 时，用闪光器测出激振器的偏心质量在正上方而结构正好向上通过静平衡位置，此时振幅为 2.16cm，若激振器偏心质量为 5kg，偏心距为 2cm，求：

1）结构的固有频率 ω_0；

2）结构的阻尼比 ζ；

3）激振器转速为 1200r/min 时的振幅。

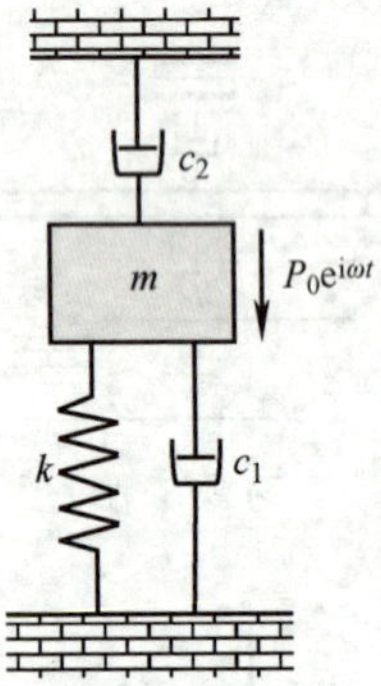

习题 3.22 图

3.22 求习题 3.22 图所示的系统在激振点的幅频响应函数。

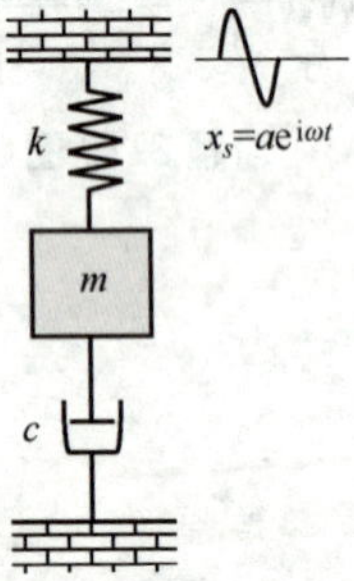

习题 3.23 图

3.23 求习题 3.23 图所示系统在运动支承处的位移阻抗。

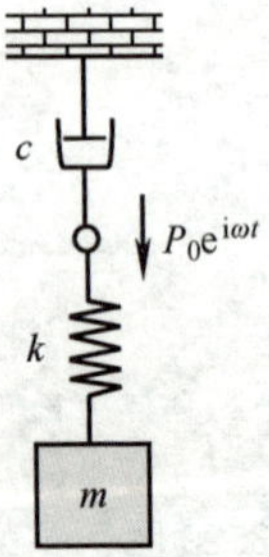

习题 3.24 图

3.24 求习题 3.24 图所示系统在激振点的位移阻抗。

3.25 一机器质量为450kg，支承在弹簧隔振器上，弹簧静变形为0.5cm，如习题3.25图所示。机器有一偏心质量，产生偏心激振力 $P_0=2.54\omega^2/g$，其中 ω 是激振频率，g 是重力加速度。求：

1）在机器转速为1200r/min时传入地基的力；

2）机器的振幅。

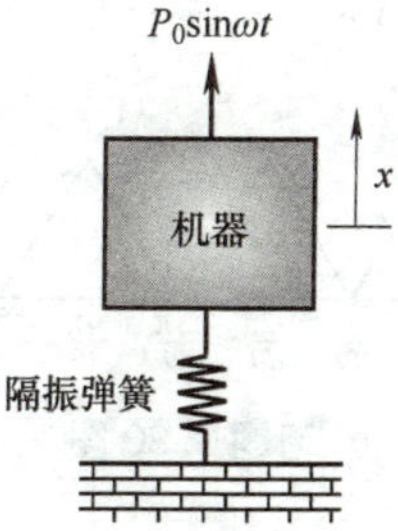

习题3.25图

3.26 习题3.25中，若机器先安装在质量为1140kg的混凝土基础上，再在下面支承刚度更大的弹簧隔振器，弹簧静变形仍为0.5cm，求此时机器的振幅及传入地基的力。

3.27 如习题3.27图所示，有一无阻尼质量-弹簧系统受到周期方波激励。已知 $T=12\pi/\omega_0$（ω_0 为系统的固有频率），求系统的稳态响应。

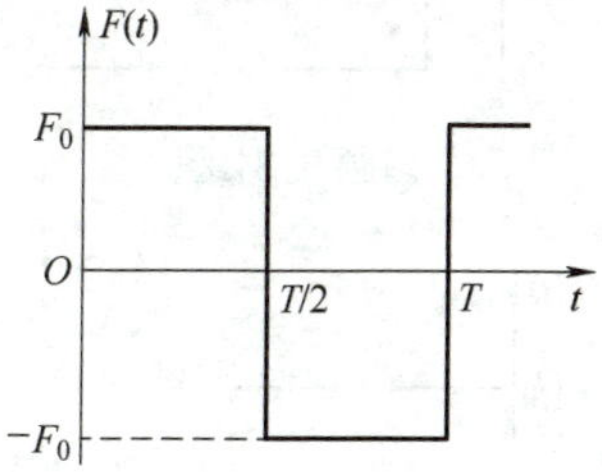

习题3.27图

3.28 无阻尼质量-弹簧系统受到习题3.28图所示的三角波周期激励，试写出系统的外部激励函数，并求系统的稳态响应。

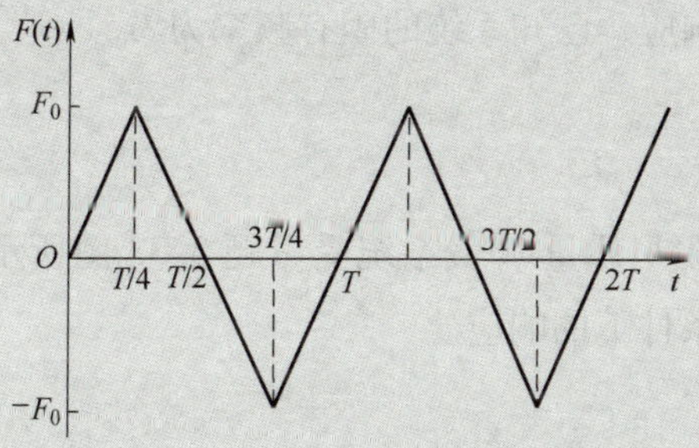

◀ 习题3.28图

3.29 习题3.29a图所示凸轮使顶杆沿水平线进行周期的锯齿波形（见习题3.29b图）运动，通过弹簧 k 使系统有强迫振动。已知凸轮的升程为 a，转速为 ω，振子质量为 m，两弹簧的弹性系数均为 k，阻尼为 c。试求振动系统的稳态振动响应。

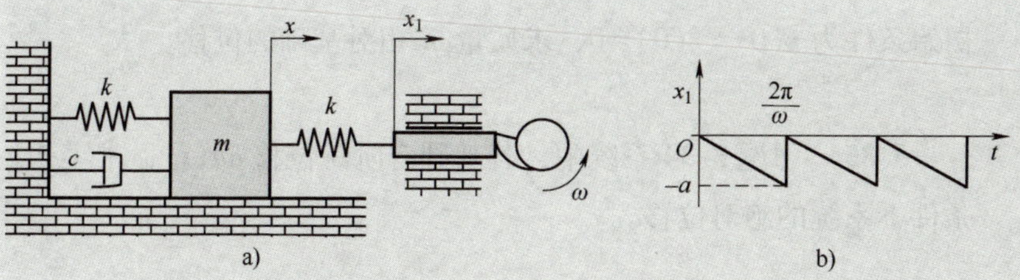

◀ 习题3.29图

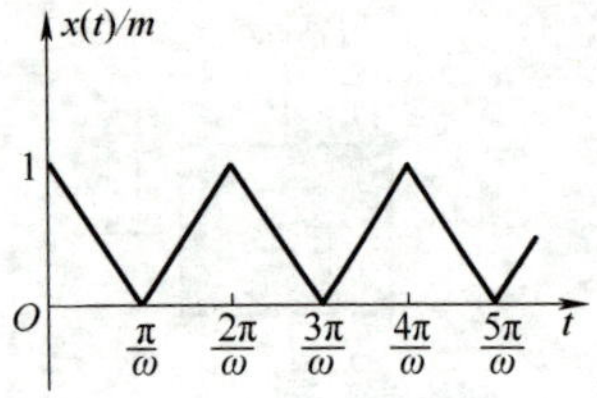

习题 3.30 图

3.30 无阻尼质量-弹簧系统，在零初始条件下受到三角波周期激励（见习题 3.30 图），请写出激励函数的傅里叶级数展开式，并求系统的稳态响应。

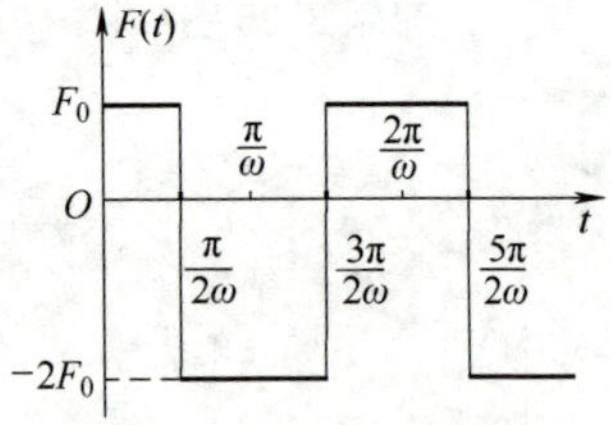

习题 3.31 图

3.31 无阻尼质量-弹簧系统，在零初始条件下受到周期方波激励（见习题 3.31 图），请写出激励函数的傅里叶级数展开式，并求解系统的稳态响应。

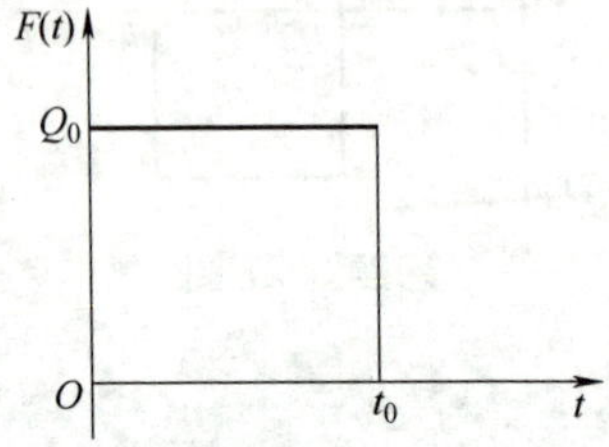

习题 3.32 图

3.32 有一无阻尼质量-弹簧系统，在 $(0,t_0)$ 时间间隔内受到如习题 3.32 图所示的突加的矩形脉冲力作用，即

$$F(t)=\begin{cases}Q_0, & 0\leqslant t\leqslant t_0\\ 0, & t>t_0\end{cases}$$

求系统的响应，已知系统的固有频率为 ω_0。

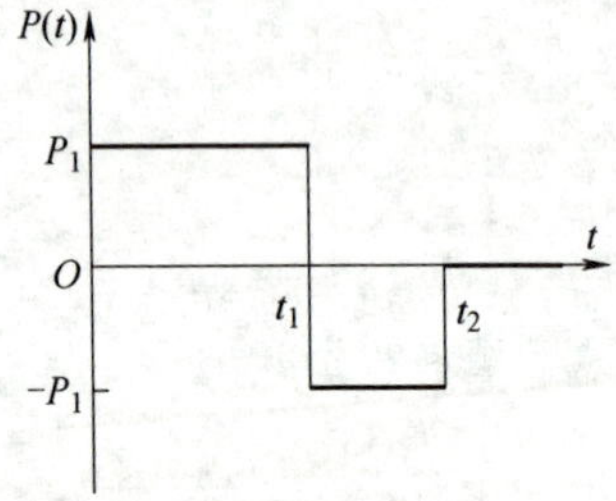

习题 3.33 图

3.33 无阻尼质量-弹簧系统受习题 3.33 图所示外力作用，求系统在零初始条件下的响应。

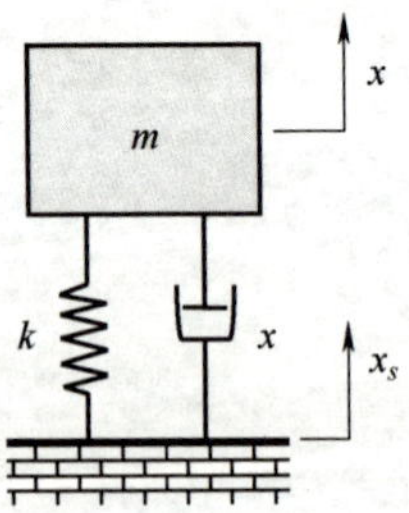

习题 3.34 图

3.34 如习题 3.34 图所示的系统，基础有阶跃加速度 $bu(t)$，初始条件为 $x(0)=\dot{x}(0)=0$，求质量 m 相对基础的位移。

3.35 习题 3.34 系统中，若基础有阶跃位移 $au(t)$，求零初始条件下系统的绝对位移。

3.36 如习题 3.36a 图所示，无阻尼质量弹簧系统的初始条件为零，试求在习题 3.36b 图所示外力作用下的系统的响应。

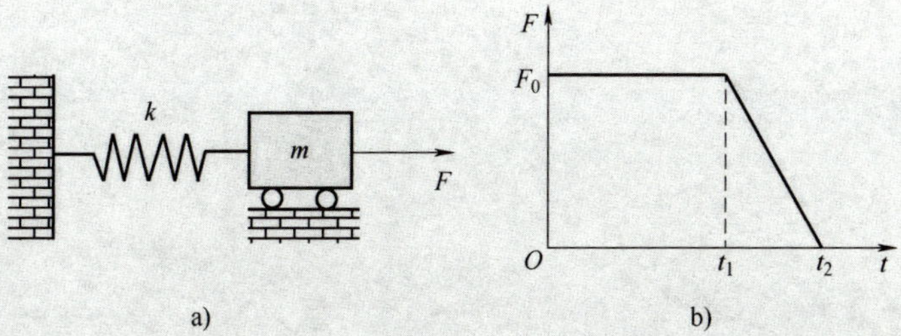

◀ 习题 3.36 图

3.37 单自由度无阻尼系统在零初始条件下受到如习题 3.37 图所示激励函数的作用，试确定系统响应表达式。

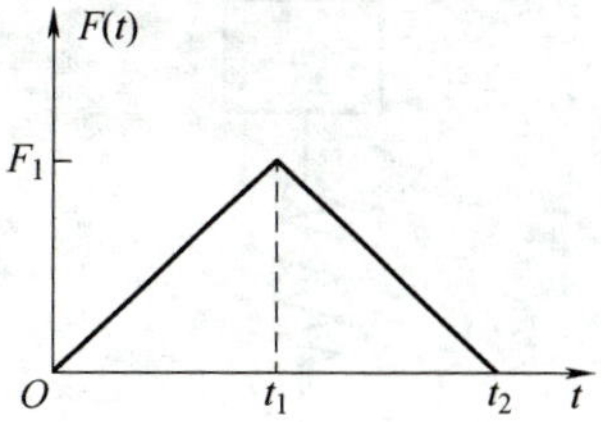

习题 3.37 图

3.38 无阻尼质量-弹簧系统在零初始条件下受到如习题 3.38 图所示斜坡力函数的作用，试确定系统响应的表达式。

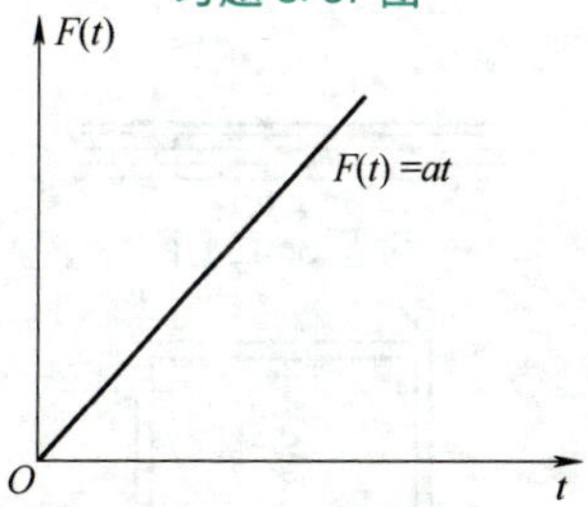

习题 3.38 图

3.39 无阻尼质量-弹簧系统在零初始条件下受到如习题 3.39 图所示的激励函数的作用，请写出系统响应的表达式。

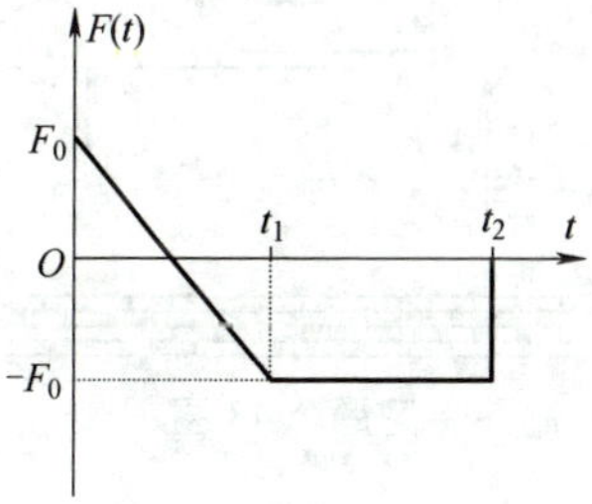

习题 3.39 图

3.40 求零初始条件的无阻尼质量-弹簧系统对如习题 3.40 图所示激振力的响应。

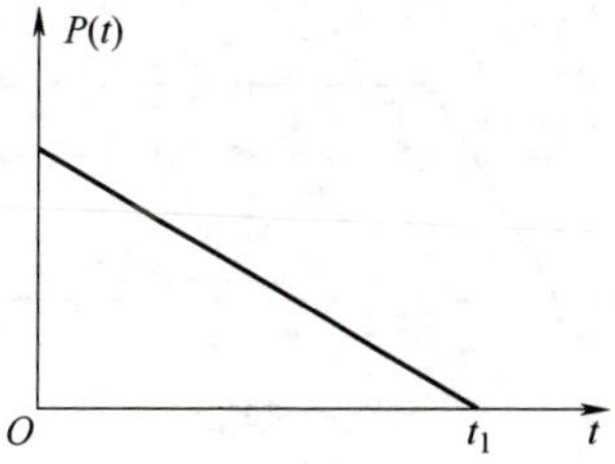

习题 3.40 图

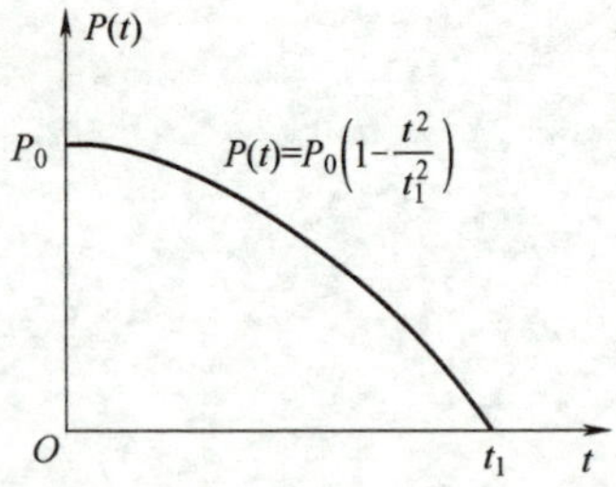

习题 3.41 图

3.41 求零初始条件的无阻尼质量-弹簧系统对如习题 3.41 图所示的抛物型外力的响应。

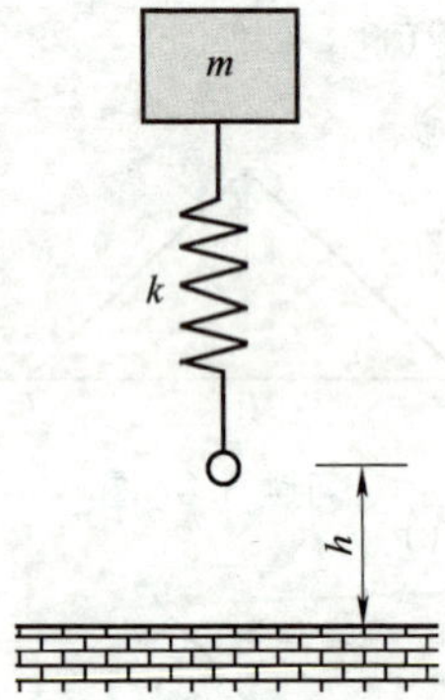

习题 3.42 图

3.42 习题 3.42 图所示是一轻型飞机的起落架着陆冲撞的简单力学模型，求弹簧从接触地面至反跳脱离接触的时间。

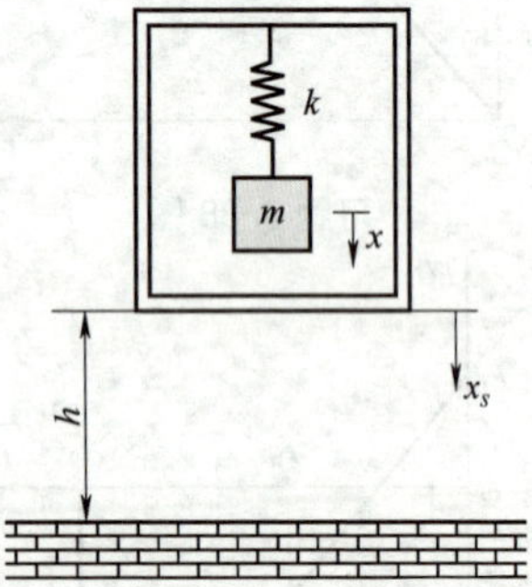

习题 3.43 图

3.43 如习题 3.43 图所示，箱子由高 h 处自由下落，箱体内有足够的间隙允许质量 m 运动，并且箱体质量远大于 m，若箱子触地后不再跳起，求：

1）箱子下落过程中质量块相对于箱体的运动；

2）箱子落地后传到质量块上的最大作用力。

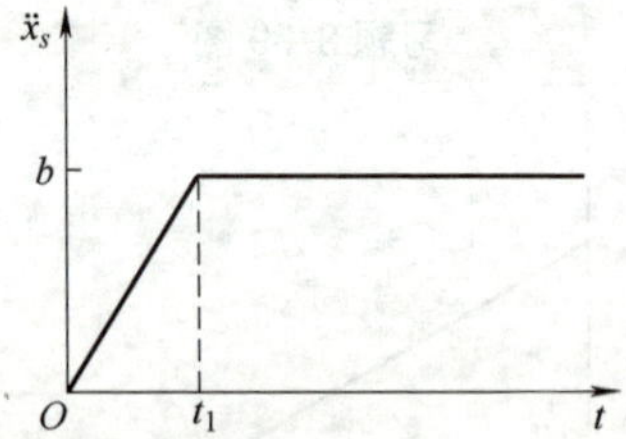

习题 3.44 图

3.44 无阻尼质量-弹簧系统的支承运动加速度如习题 3.44 图所示，求零初始条件下系统的相对位移。

Chapter 4

第 4 章

多自由度系统的振动

第 4 章　多自由度系统的振动

约瑟夫·路易斯·拉格朗日（Joseph-Louis Lagrange，1736—1813）

法国著名数学家、物理学家，在数学、力学和天文学三个学科中都有历史性的重大贡献，拿破仑曾称赞他是“一座高耸在数学界的金字塔”。他最突出的贡献是把数学分析的基础脱离几何与力学，使数学的独立性更为清楚，而不仅是其他学科的工具。同时，在使天文学力学化、力学分析化上拉格朗日也起到了历史性作用，促使力学和天文学（天体力学）进一步发展。

学习要点：

- 掌握多自由度系统固有频率和主振型的求解
- 掌握主振型的正交性
- 掌握利用振型叠加法求解多自由度系统动力学响应
- 掌握有阻尼系统的动力学特性
- 掌握动力消振器的原理及设计方法

工程实际中，许多振动问题不能用简单的单自由度系统进行描述，需要引入多自由度系统的概念。所谓的**多自由度系统**是指具有有限多个（两个或两个以上）独立的广义坐标的系统，完整描述系统运动所需要的独立的广义坐标的最小数目即为系统的**自由度数**。对于一个 n 自由度系统，系统的振动行为一般由 n 个相互耦合的二阶常微分方程来进行描述。

考虑汽车在路面行驶时的上下振动问题，如图 4-1 所示，通过力学简化建模，可得到如下三种动力学模型。

1）将车辆和乘客简化成一个集中质量，车辆与地面之间的相互作用简化为一个弹簧和一个阻尼，简化所得到的模型如图 4-2a 所示；

2）将乘客和车体分别进行集中质量简化，将乘客与车辆、车辆与地面之间的相互作用都简化成一个弹簧和一个阻尼，模型如图 4-2b 所示；

3）将乘客、车体、车轮分别进行集中质量简化，将乘客与车辆、车辆与车轮、车轮与地面之间的相互作用分别用弹簧和阻尼来进行描述，模型如图 4-2c 所示。

图 4-1　行驶在路面上的汽车

由以上三个模型可以看出，图 4-2a 所示的单自由度模型最简单，分析起来最方便，但是动力学的精度也最差，它没有考虑到乘客与车辆、车辆与车轮之间的耦合作用；图 4-2b 所示的两自由度模型较为精确，它考虑了乘客与车辆之间的耦合作用，但是没有考虑车辆与车轮之间的耦合；图 4-2c 所示的三自由度模型最为精确，它分别考虑了乘客与车辆、车辆与车轮、车轮与地面之间的耦合，虽然动力学精度相对最高，但是模型较为复杂。由图 4-2b、c 可以看出，各个质量的运动之间存在直接或间接的相互影响，那么接下来该思考如何描述这种耦合效应。

实际工程上，需要用多自由度系统来描述其振动的例子有很多。例如，多级运载火箭的振动、多轮盘转子的横向振动、火车车厢的振动等。本章对多自由度系统的振动分析方法进行阐述，介绍多自由度系统动力学方程、自由振动和受迫振动等。

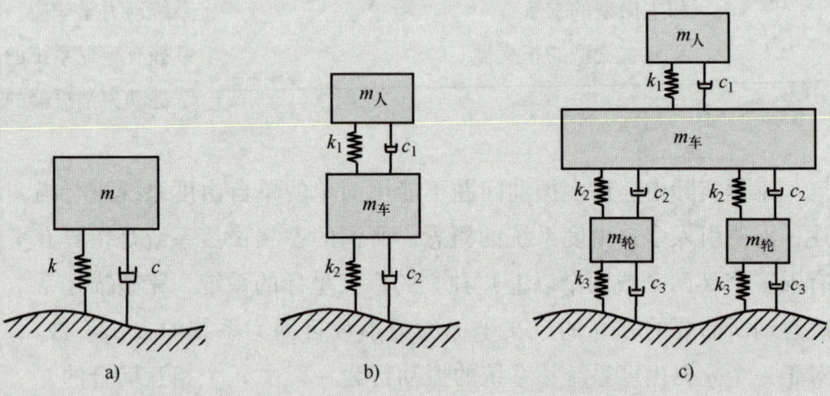

▶ 图 4-2　汽车简化动力学模型

a）简化模型 1　b）简化模型 2　c）简化模型 3

4.1　动力学方程

本节首先介绍常用的多自由度系统动力学方程（作用力方程）的建立方法，然后介绍位移方程和柔度矩阵，接着介绍质量矩阵和刚度矩阵的正定性质，最后介绍耦合与坐标变换。

4.1.1　作用力方程

作用力方程（1）　作用力方程（2）

对于多自由度振动系统，其动力学方程一般为有限自由度的二阶常微分方程组。为了研究系统的振动行为，首先需要建立其动力学方程。一般来说，一个线性振动系统的动力学行为具有唯一性，但是建立其动力学方程的方法有多种，常用的方法有达朗贝尔原理、影响系数法、拉格朗日方法等，分别简述如下。

1. 达朗贝尔原理方法

达朗贝尔原理方法也称为“动静法”，它通过向系统中引入惯性力，这样可以将动力学问题转化为静力学问题，进而采用静力学中“平衡方程”的方式来建立系统的动力学模型。下面通过两个例子来说明如何采用达朗贝尔原理建立多自由度系统的动力学方程。

例 4-1 图4-3为一个两自由度的质量-弹簧系统。假定质量块 m_1 和 m_2 只做水平方向的运动，两个质量块上分别作用有水平激励力 $f_1(t)$ 和 $f_2(t)$，不计摩擦和阻尼，试建立系统的动力学微分方程。

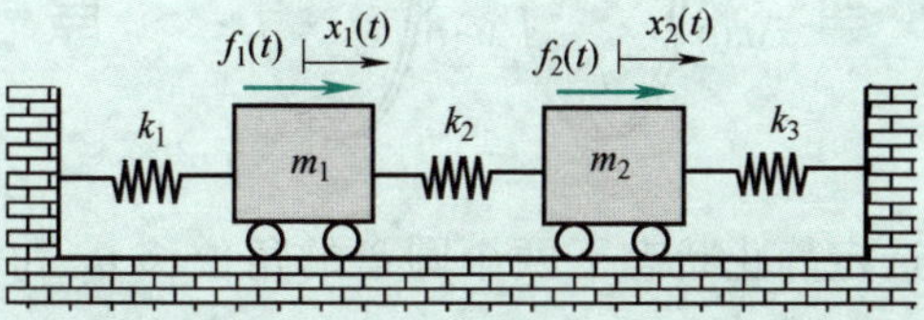

◀ 图 4-3 两自由度质量-弹簧系统

【解】 选定质量块 m_1 和 m_2 的水平方向位移 $x_1(t)$ 和 $x_2(t)$ 为系统的广义坐标，取 m_1 和 m_2 的静平衡位置为 x_1 和 x_2 的坐标原点。质量块 m_1 和 m_2 的受力分析如图 4-4 所示，其中 $m_1\ddot{x}_1$ 和 $m_2\ddot{x}_2$ 分别为两个质量的达朗贝尔惯性力。

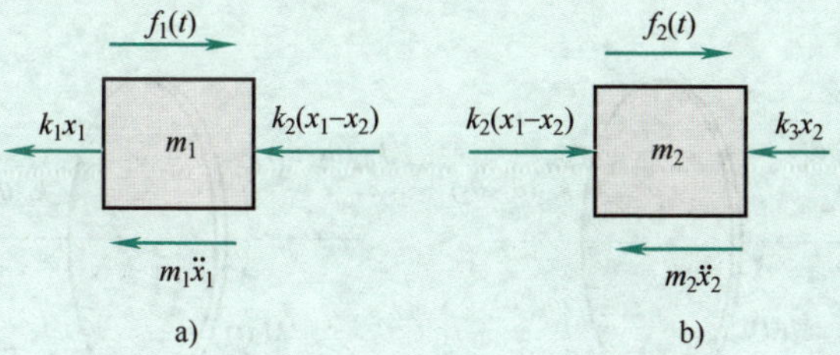

◀ 图 4-4 两个质量块受力分析

根据达朗贝尔原理，可以建立起两自由度系统的动力学方程为

$$\begin{cases} m_1\ddot{x}_1+(k_1+k_2)x_1-k_2x_2=f_1(t) \\ m_2\ddot{x}_2-k_2x_1+(k_2+k_3)x_2=f_2(t) \end{cases} \tag{a}$$

式（a）中每一项都为力的量纲，这种类型的方程也被称作作用力方程。

将式（a）写成矩阵形式，有

$$\begin{bmatrix} m_1 & 0 \\ 0 & m_2 \end{bmatrix}\begin{bmatrix} \ddot{x}_1 \\ \ddot{x}_2 \end{bmatrix}+\begin{bmatrix} k_1+k_2 & -k_2 \\ -k_2 & k_2+k_3 \end{bmatrix}\begin{bmatrix} x_1 \\ x_2 \end{bmatrix}=\begin{bmatrix} f_1(t) \\ f_2(t) \end{bmatrix} \tag{b}$$

例 4-2 考虑图4-5 所示的转动系统。固定在转轴上的两个圆盘分别在扭矩 $M_1(t)$ 和 $M_2(t)$ 的作用下做扭转振动。已知两个圆盘的转动惯量分别为 I_1 和 I_2，转轴上三个区段的扭转刚度分别为 $k_{\theta1}$、$k_{\theta2}$ 和 $k_{\theta3}$，忽略转轴质量。试采用达朗贝尔原理建立系统的动力学方程。

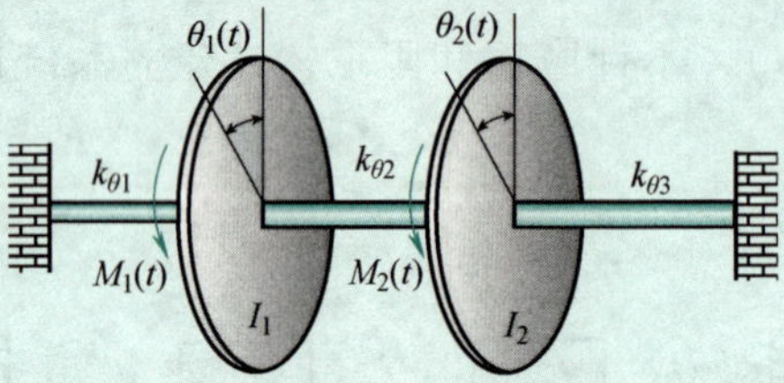

▶ 图 4-5　双圆盘转动系统

【解】 选定静止状态下两个圆盘的角位移 θ_1 和 θ_2 作为广义坐标，如图 4-5 所示。两个圆盘的受力分析如图 4-6 所示，其中 $I_1\ddot{\theta}_1$ 和 $I_2\ddot{\theta}_2$ 为达朗贝尔惯性力偶。根据达朗贝尔原理，可以建立系统的动力学方程为

$$\begin{cases} I_1\ddot{\theta}_1+k_{\theta1}\theta_1+k_{\theta2}(\theta_1-\theta_2)=M_1(t) \\ I_2\ddot{\theta}_2+k_{\theta2}(\theta_2-\theta_1)+k_{\theta3}\theta_2=M_2(t) \end{cases} \tag{a}$$

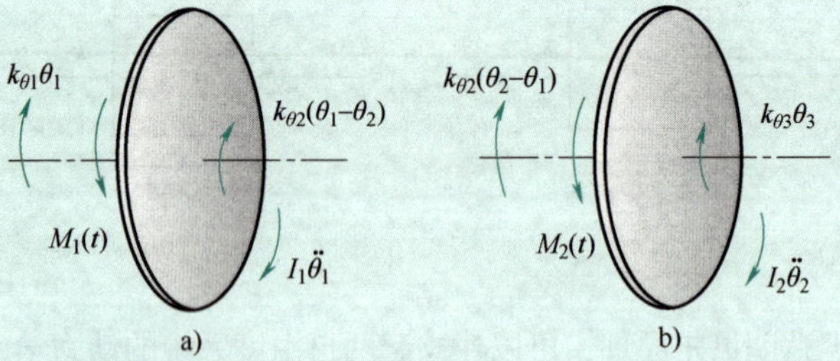

▶ 图 4-6　两个圆盘受力分析

将动力学方程写成矩阵形式，有

$$\begin{bmatrix} I_1 & 0 \\ 0 & I_2 \end{bmatrix}\begin{bmatrix} \ddot{\theta}_1 \\ \ddot{\theta}_2 \end{bmatrix}+\begin{bmatrix} k_{\theta1}+k_{\theta2} & -k_{\theta2} \\ -k_{\theta2} & k_{\theta2}+k_{\theta3} \end{bmatrix}\begin{bmatrix} \theta_1 \\ \theta_2 \end{bmatrix}=\begin{bmatrix} M_1(t) \\ M_2(t) \end{bmatrix} \tag{b}$$

将上述两例的矩阵动力学方程写成另一种矩阵形式，有

$$\boldsymbol{M}\ddot{\boldsymbol{x}}(t)+\boldsymbol{K}\boldsymbol{x}(t)=\boldsymbol{f}(t) \tag{4-1}$$

式中，$\boldsymbol{x}$ 称为广义坐标列阵；$\boldsymbol{M}$ 和 $\boldsymbol{K}$ 分别称为质量矩阵和刚度矩阵，均为常值矩阵；$\boldsymbol{f}(t)$ 称为广义外力列阵。对于 n 自由度系统，有 $\boldsymbol{x}\in\mathbf{R}^{n\times 1}$，$\boldsymbol{M}\in\mathbf{R}^{n\times n}$，$\boldsymbol{K}\in\mathbf{R}^{n\times n}$。

对比例 4-1 和例 4-2 可以看出，多自由度系统的角振动与直线振动在数学描述上是相同的，可以用式（4-1）统一描述。在式（4-1）中，可以将位移 x 理解为广义的，如果 x 为直线位移，则 $\boldsymbol{M}$ 和 $\boldsymbol{K}$ 分别为直线质量矩阵和和直线刚度矩阵；如果 x 为角位移，则 $\boldsymbol{M}$ 和 $\boldsymbol{K}$ 分别为转动惯量矩阵和和扭转刚度矩阵。另外由例 4-1 和例 4-2 中的式（b）还可以看出，质量矩阵 $\boldsymbol{M}$ 为对角矩阵，不存在耦合效应，而刚度矩阵 $\boldsymbol{K}$ 存在着耦合效应，即 $\boldsymbol{K}$ 矩阵不是对角阵。如果 $\boldsymbol{K}$ 也不存在耦合，即图 4-3 和图 4-5 中没有弹簧 k_2 和扭转刚度 $k_{\theta 2}$，则系统将变成两个相互独立的单自由度系统，各自的运动互不影响。事实上，以上两例的振动系统中存在着弹性耦合、不存在惯性耦合。关于振动耦合的详细描述详见 4.1.4 节内容。

燃气轮机： 燃气轮机，全称燃气涡轮发动机，是一种旋转叶轮式热力发动机。燃气轮机是世界上最难制造的机械设备之一，被称为制造工业“皇冠上的明珠”。长期以来，西方国家在燃气轮机领域对我国实施严格的技术封锁，导致我国一直处于无核心技术、无验证手段、无系统基础研究的状况。大力发展自主的燃气轮机技术并实施国产替代，从战略上讲有利于我国在国际竞争中掌握主动权，从技术上讲有利于我国掌握自主自强的核心技术，从经济上讲有利于我国降低综合运行成本。2012 年，我国全面启动实施了航空发动机与燃气轮机国家科技重大专项，2023 年 2 月首台国产空气冷却最高能效等级的重型燃气轮机在河北秦皇岛顺利下线，2024 年 2 月我国自主研制的 300MW 级 F 级重型燃气轮机首台样机在上海临港总装下线。

2. 影响系数法

由式（4-1）可以看出，振动系统的动力学方程关键在于质量矩阵 $\boldsymbol{M}$ 和刚度矩阵 $\boldsymbol{K}$ 的确定，只要能够确定 $\boldsymbol{M}$ 和 $\boldsymbol{K}$，那么系统的动力学方程就容易确定下来。下面介绍确定系统动力学方程的另一种方法-影响系数法。

首先讨论刚度矩阵 $\boldsymbol{K}$。对于 n 自由度振动系统，假定系统外力矩阵 $\boldsymbol{f}(t)$ 是以准静态方式施加于系统上，系统加速度为零，即 $\ddot{\boldsymbol{x}}=\boldsymbol{0}$，此时式（4-1）可以改写为

$$\boldsymbol{K}\boldsymbol{x}(t)=\boldsymbol{f}(t) \tag{4-2}$$

假设作用于系统上的外力是这样的一组外力：在静平衡条件下，使得系统只在第 j 个坐标上产生单位位移，而其余坐标上的位移都保持不动。此时系统的位移向量为

$$\boldsymbol{x}=[x_1,x_2,\cdots,x_{j-1},x_j,x_{j+1},\cdots,x_n]^{\mathrm{T}}=[0,\cdots,0,1,0,\cdots,0]^{\mathrm{T}} \tag{4-3}$$

将式（4-3）代入到式（4-2）中，可得

$$\boldsymbol{f}=\begin{bmatrix} f_1\\ f_2\\ \vdots\\ f_n \end{bmatrix}=\begin{bmatrix} k_{11} & k_{12} & \cdots & k_{1j} & \cdots & k_{1n}\\ k_{21} & k_{22} & \cdots & k_{2j} & \cdots & k_{2n}\\ \vdots & \vdots & & \vdots & & \vdots\\ k_{n1} & k_{n2} & \cdots & k_{nj} & \cdots & k_{nn} \end{bmatrix}\begin{bmatrix} 0\\ \vdots\\ 0\\ 1\\ 0\\ \vdots\\ 0 \end{bmatrix}=\begin{bmatrix} k_{1j}\\ k_{2j}\\ \vdots\\ k_{nj} \end{bmatrix} \tag{4-4}$$

可见，此时需要施加的这组外力向量正好为刚度矩阵 $\boldsymbol{K}$ 的第 j 列，通过这种方式可以确定 $\boldsymbol{K}$ 矩阵的第 j 列。例如，对于图 4-3 所示的两自由度系统，若让质量块 m_1 产生单位位移而质量块 m_2 保持不动，根据牛顿定律可以求得此时需要在 m_1 和 m_2 上分别施加的力为 $f_1=k_1+k_2$ 和 $f_2=-k_2$，列阵 $[k_1+k_2,-k_2]^{\mathrm{T}}$ 即为系统刚度矩阵的第 1 列。对于 n 自由度系统，依次令第 i 个质量产生单位位移而令其他质量保持不动，$i=1,2,\cdots,n$，如此就能完全确定下来刚度矩阵 $\boldsymbol{K}$。

由以上分析可知，刚度矩阵 $\boldsymbol{K}$ 的元素 k_{ij} 的物理含义是：使得系统仅在第 j 个坐标上产生单位位移而相应地在第 i 个坐标上所施加的力。

思考题 通过使得系统只在第 j 个坐标上产生单位位移、而在其余坐标上不产生位移可以确定刚度矩阵的第 j 列，所施加的这组外力是否唯一？

下面以例 4-1 所示的两自由度系统为例进行说明。如果只要求质量块 m_1 产生单位位移，达到这种效果可以有多种施加力的方式，例如，只在 m_1 上施加力而在 m_2 上不施加力，只在 m_2 上施加力而

在 m_1 上不施加力，同时在 m_1 和 m_2 上施加力，可以看出达到效果在两个质量块上所需施加的力是不唯一的。但是如果要求质量块 m_1 产生单位位移而质量块 m_2 保持不动，从两个质量块的受力分析上分容易看出，此时在两个质量块上所施加的力将是唯一的。

然后讨论质量矩阵 $\boldsymbol{M}$。假设系统受到外力作用的瞬时，只产生加速度而不产生任何位移，即 $\boldsymbol{x}=\boldsymbol{0}$，此时方程（4-1）可以改写为

$$\boldsymbol{M}\ddot{\boldsymbol{x}}(t)=\boldsymbol{f}(t) \tag{4-5}$$

与刚度矩阵类似，假设系统仅在第 j 个坐标上产生单位加速度，其余各个坐标的加速度为零，即系统的加速度向量为

$$\ddot{\boldsymbol{x}}=[\ddot{x}_1,\ddot{x}_2,\cdots,\ddot{x}_{j-1},\ddot{x}_j,\ddot{x}_{j+1},\cdots,\ddot{x}_n]^{\mathrm{T}}=[0,\cdots,0,1,0,\cdots,0]^{\mathrm{T}} \tag{4-6}$$

将式（4-6）代入到式（4-5）中，可得

$$\boldsymbol{f}=\begin{bmatrix} f_1 \\ f_2 \\ \vdots \\ f_n \end{bmatrix}=\begin{bmatrix} m_{11} & m_{12} & \cdots & m_{1j} & \cdots & m_{1n} \\ m_{21} & m_{22} & \cdots & m_{2j} & \cdots & m_{2n} \\ \vdots & \vdots & & \vdots & & \vdots \\ m_{n1} & m_{n2} & \cdots & m_{nj} & \cdots & m_{nn} \end{bmatrix}\begin{bmatrix} 0 \\ \vdots \\ 0 \\ 1 \\ 0 \\ \vdots \\ 0 \end{bmatrix}=\begin{bmatrix} m_{1j} \\ m_{2j} \\ \vdots \\ m_{nj} \end{bmatrix} \tag{4-7}$$

可见，此时需要施加的这组外力向量正好为质量矩阵 $\boldsymbol{M}$ 的第 j 列，由此确定下来了 $\boldsymbol{M}$ 矩阵的第 j 列。例如，对于图 4-3 所示的两自由度系统，在静平衡条件下，若让质量块 m_1 产生单位加速度而质量块 m_2 不产生加速度，根据牛顿定律，可以求得此时需要在 m_1 和 m_2 上分别施加的力为 $f_1=m$ 和 $f_2=0$，列阵 $[m,0]^{\mathrm{T}}$ 即为系统质量矩阵的第 1 列。对于 n 自由度系统，依次令第 i 个坐标产生单位加速度而令其他坐标不产生加速度，$i=1,2,\cdots,n$，如此就能完全确定下来质量矩阵 $\boldsymbol{M}$。可以得出如下结论：质量矩阵 $\boldsymbol{M}$ 的元素 m_{ij} 是使系统仅在第 j 个坐标上产生单位加速度时相应地在第 i 个坐标上所需施加的力。

总结以上刚度矩阵和质量矩阵的分析可知，刚度矩阵是通过准静态分析得到的，质量矩阵是通过瞬时动态分析得到的。m_{ij} 和 k_{ij} 分别称为质量影响系数和刚度影响系数，根据它们的物理意义可以直接写出系统质量矩阵 $\boldsymbol{M}$ 和刚度矩阵 $\boldsymbol{K}$，从而建立作用力方程，这种方法称为影响系数法。

下面将通过几个例子来对影响系数法的具体实施进行说明。

例 4-3 考虑图4-7 所示的三自由度系统。试通过影响系数法写出系统的刚度矩阵和质量矩阵，并建立系统的动力学方程。

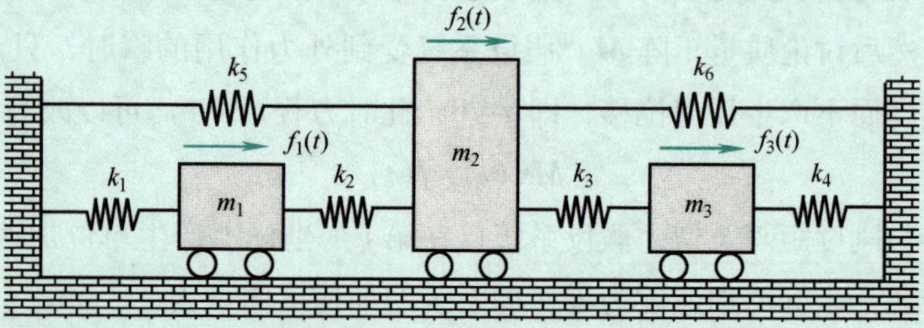

▶ 图 4-7 三自由度质量-弹簧系统

【解】 首先进行刚度矩阵 $\boldsymbol{K}$ 的确定。在准静态条件下，使得系统仅在 m_1 上产生单位位移，即 $\boldsymbol{x}=[1,0,0]^{\mathrm{T}}$，各个质量的加速度为零。对三个质量分别进行受力分析，如图 4-8 所示，可以得到此时需要在三个坐标上分别施加的外力为 k_1+k_2、$-k_2$ 和 0。由刚度影响系数的定义可以得到刚度阵的第 1 列为

$$\begin{bmatrix} k_{11} \\ k_{21} \\ k_{31} \end{bmatrix} = \begin{bmatrix} k_1+k_2 \\ -k_2 \\ 0 \end{bmatrix} \tag{a}$$

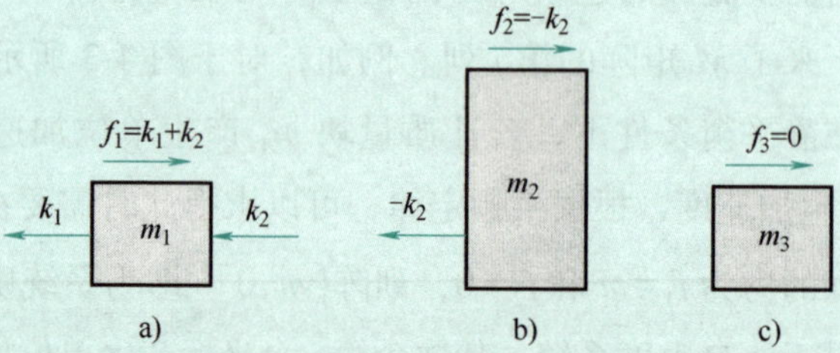

▶ 图 4-8 刚度矩阵受力分析 1

同理，令 $\boldsymbol{x}=[0,1,0]^{\mathrm{T}}$，受力分析如图 4-9 所示，可以得到此时需要在各个坐标上分别施加的外力为 $-k_2$、$k_2+k_3+k_5+k_6$ 和 $-k_3$，即系统刚度阵的第 2 列为

$$\begin{bmatrix} k_{12} \\ k_{22} \\ k_{32} \end{bmatrix} = \begin{bmatrix} -k_2 \\ k_2+k_3+k_5+k_6 \\ -k_3 \end{bmatrix} \tag{b}$$

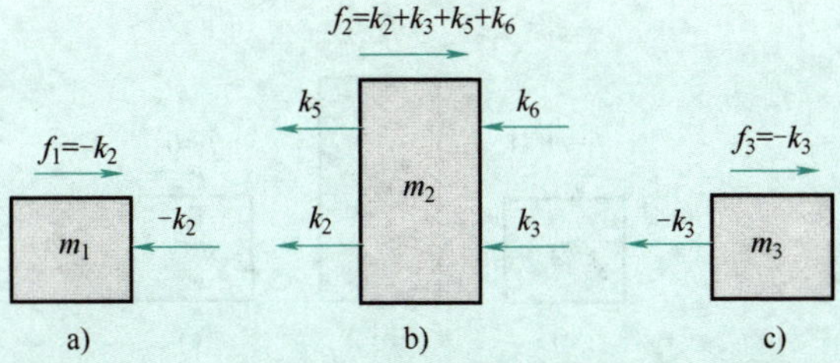

◀ 图 4-9　刚度矩阵受力分析 2

同理，再令 $\boldsymbol{x}=[0,0,1]^{\mathrm{T}}$，受力分析如图 4-10 所示，可以得到此时需要在各个坐标上分别施加的外力为 0、$-k_3$ 和 k_3+k_4，即系统刚度阵的第 3 列为

$$\begin{bmatrix} k_{13} \\ k_{23} \\ k_{33} \end{bmatrix}=\begin{bmatrix} 0 \\ -k_3 \\ k_3+k_4 \end{bmatrix} \tag{c}$$

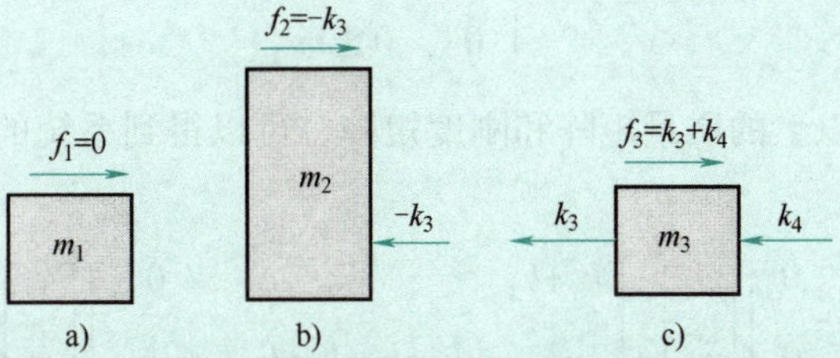

◀ 图 4-10　刚度矩阵受力分析 3

由式（a）~式（c），可以整合得到系统的刚度矩阵为

$$\boldsymbol{K}=\begin{bmatrix} k_1+k_2 & -k_2 & 0 \\ -k_2 & k_2+k_3+k_5+k_6 & -k_3 \\ 0 & -k_3 & k_3+k_4 \end{bmatrix} \tag{d}$$

然后进行质量矩阵 $\boldsymbol{M}$ 的确定。令系统的加速度向量为 $\ddot{\boldsymbol{x}}=[1,0,0]^{\mathrm{T}}$，系统的受力分析如图 4-11 所示，可以得到系统的外力向量即质量矩阵 $\boldsymbol{M}$ 的第 1 列为

$$\boldsymbol{f}=\begin{bmatrix} m_{11} \\ m_{21} \\ m_{31} \end{bmatrix}=\begin{bmatrix} m_1 \\ 0 \\ 0 \end{bmatrix} \tag{e}$$

同理，可以得到质量矩阵 $\boldsymbol{M}$ 的第 2 列和第 3 列分别为

$$\begin{bmatrix} m_{12} \\ m_{22} \\ m_{32} \end{bmatrix}=\begin{bmatrix} 0 \\ m_2 \\ 0 \end{bmatrix} \tag{f}$$

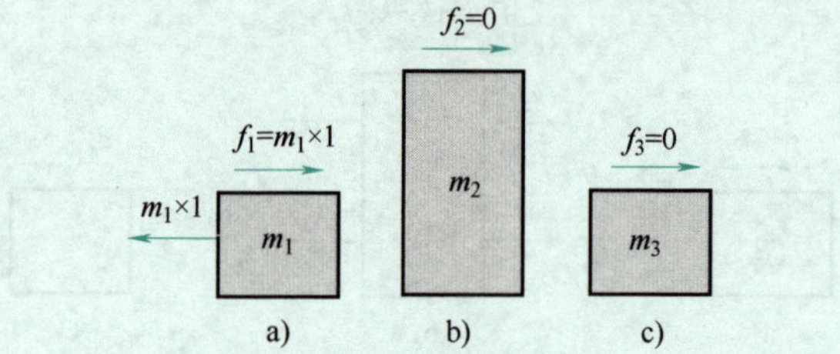

▶ 图 4-11　质量矩阵受力分析

$$\begin{bmatrix} m_{13} \\ m_{23} \\ m_{33} \end{bmatrix} = \begin{bmatrix} 0 \\ 0 \\ m_3 \end{bmatrix} \tag{g}$$

由式（e）~式（g），可以整合得到系统的质量矩阵为

$$\boldsymbol{M} = \begin{bmatrix} m_1 & 0 & 0 \\ 0 & m_2 & 0 \\ 0 & 0 & m_3 \end{bmatrix} \tag{h}$$

根据以上的质量矩阵和刚度矩阵，可以得到系统的动力学方程为

$$\begin{bmatrix} m_1 & 0 & 0 \\ 0 & m_2 & 0 \\ 0 & 0 & m_3 \end{bmatrix} \begin{bmatrix} \ddot{x}_1 \\ \ddot{x}_2 \\ \ddot{x}_3 \end{bmatrix} + \begin{bmatrix} k_1+k_2 & -k_2 & 0 \\ -k_2 & k_2+k_3+k_5+k_6 & -k_3 \\ 0 & -k_3 & k_3+k_4 \end{bmatrix} \begin{bmatrix} x_1 \\ x_2 \\ x_3 \end{bmatrix} = \begin{bmatrix} f_1(t) \\ f_2(t) \\ f_3(t) \end{bmatrix} \tag{i}$$

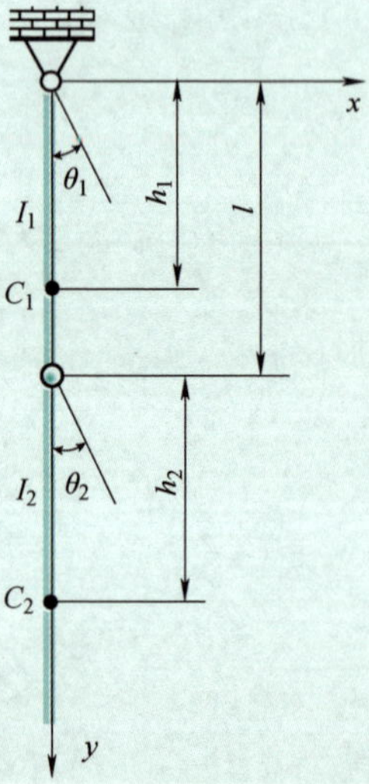

图 4-12　双混合摆

例 4-4　图4-12 所示为两个刚体组成的双混合摆。两个刚体的质量分别为 m_1 和 m_2，质心的位置分别位于图示的 C_1 和 C_2 点。已知两个刚体相对于各自质心的转动惯量分别为 I_1 和 I_2，试利用影响系数法写出该系统做小幅转动时的动力学方程。

【解】　首先确定质量矩阵 $\boldsymbol{M}$。假定 $\ddot{\theta}_1=1$，$\ddot{\theta}_2=0$，对两个摆臂分别进行受力分析，如图 4-13a 所示。由下摆臂对 A 点取力矩平衡和整体对 B 点取力矩平衡，可以得到此时需要在 m_2 和 m_1 上施加的力矩分别为

$$m_{21}=m_2lh_2 \tag{a}$$

$$m_{11}=I_1+m_1h_1^2+m_2l(l+h_2)-m_{21}=I_1+m_1h_1^2+m_2l^2 \tag{b}$$

令 $\ddot{\theta}_1=0$，$\ddot{\theta}_2=1$，由图 4-13b 所示的受力分析，可得

$$m_{22}=I_2+m_2h_2^2 \tag{c}$$

$$m_{21}=I_2+m_2h_2(l+h_2)-m_{22}=m_2lh_2 \tag{d}$$

由式（a）~式（d），可以建立系统的质量矩阵为

$$\boldsymbol{M}=\begin{bmatrix} I_1+m_1h_1^2+m_2l^2 & m_2lh_2 \\ m_2lh_2 & I_2+m_2h_2^2 \end{bmatrix} \tag{e}$$

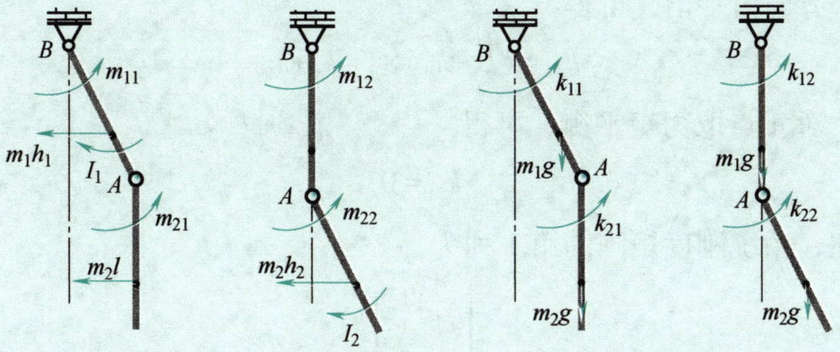

◀ 图 4-13　双混合摆受力分析

a) $\ddot{\theta}_1=1,\ddot{\theta}_2=0$　b) $\ddot{\theta}_1=0,\ddot{\theta}_2=1$

c) $\theta_1=1,\theta_2=0$　d) $\theta_1=0,\theta_2=1$

然后确定刚度矩阵 $\boldsymbol{K}$。令 $\theta_1=1$，$\theta_2=0$，结构受力分析如图 4-13c 所示，可以求得此时需要在 m_2 和 m_1 上施加的力矩分别为

$$k_{21}=0 \tag{f}$$

$$k_{11}=m_1gh_1+m_2gl \tag{g}$$

同理，令 $\theta_1=0$，$\theta_2=1$，由受力分析图 4-13d 可得

$$k_{22}=m_2gh_2 \tag{h}$$

$$k_{12}=m_2gh_2-k_{22}=0 \tag{i}$$

依据式（f）~式（i），可以得到系统的刚度矩阵为

$$\boldsymbol{K}=\begin{bmatrix} m_1gh_1+m_2gl & 0 \\ 0 & m_2gh_2 \end{bmatrix} \tag{j}$$

根据系统的质量矩阵和刚度矩阵，可以建立系统的动力学方程为

$$\begin{bmatrix} I_1+m_1h_1^2+m_2l^2 & m_2lh_2 \\ m_2lh_2 & I_2+m_2h_2^2 \end{bmatrix}\begin{bmatrix} \ddot{\theta}_1 \\ \ddot{\theta}_2 \end{bmatrix}+\begin{bmatrix} m_1gh_1+m_2gl & 0 \\ 0 & m_2gh_2 \end{bmatrix}\begin{bmatrix} \theta_1 \\ \theta_2 \end{bmatrix}=\begin{bmatrix} 0 \\ 0 \end{bmatrix} \tag{k}$$

例 4-5 图4-14 所示的两自由度系统。以 x 和 θ 为广义坐标，采用影响系数法建立系统的动力学方程。

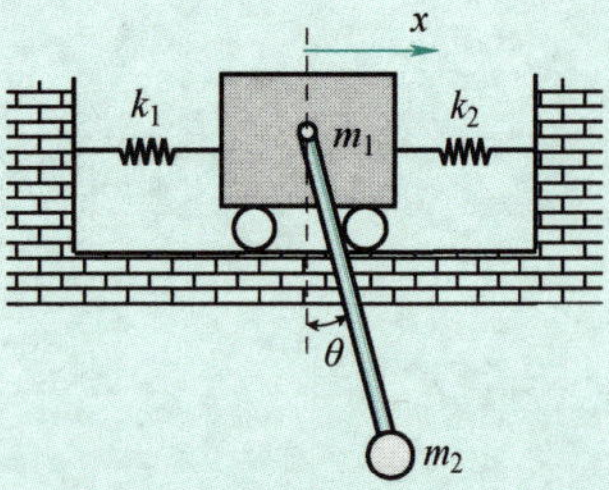

图 4-14　两自由度系统

【解】 该系统为直线振动和角振动的耦合情况。先求系统刚度矩阵。

令 $x=1$，$\theta=0$，系统受力情况如图 4-15 所示。系统达到静态平衡时需要在两个质量上所施加的外力和外力矩分别为 k_{11} 和 k_{21}。由 x 方向力平衡，可得

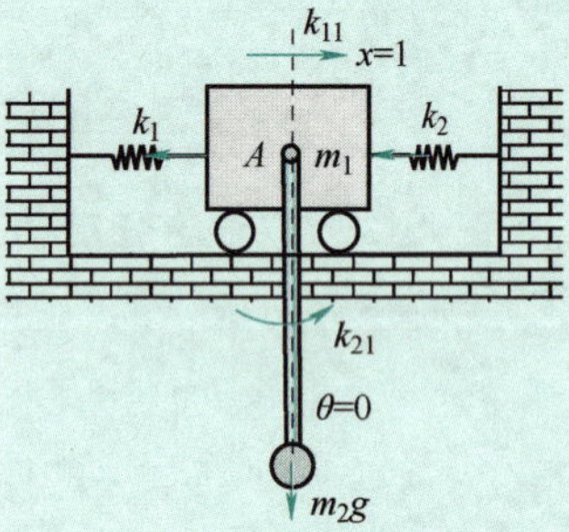

图 4-15　刚度矩阵受力分析 1

$$k_{11}=(k_1+k_2)\times 1=k_1+k_2 \tag{a}$$

对 A 点取力矩平衡，可得

$$k_{21}=0 \tag{b}$$

因此，系统刚度矩阵的第 1 列为

$$\begin{bmatrix} k_1+k_2 \\ 0 \end{bmatrix} \tag{c}$$

令 $x=0$，$\theta=1$，此时需要在两个质量上所施加的外力和外力矩分别为 k_{12} 和 k_{22}，如图 4-16 所示。由 x 方向力平衡，可得

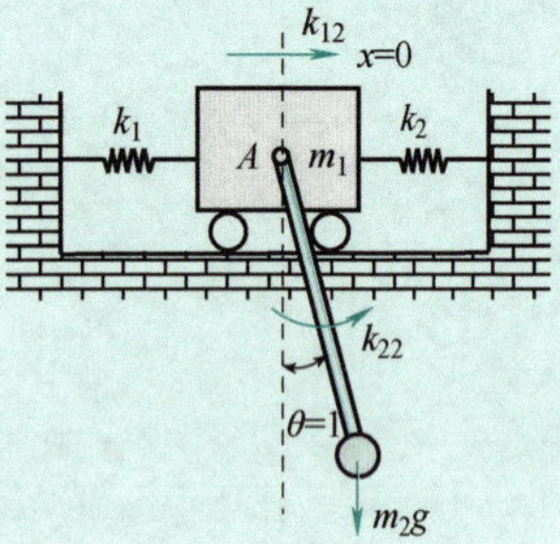

图 4-16　刚度矩阵受力分析 2

$$k_{12}=(k_1+k_2)\times 0=0 \tag{d}$$

对 A 点取力矩平衡，可得

$$k_{22}=m_2g\cdot l\sin\theta\approx m_2gl\theta=m_2gl \tag{e}$$

因此，系统刚度矩阵的第 2 列为

$$\begin{bmatrix} 0 \\ m_2gl \end{bmatrix} \tag{f}$$

最终，可以得到系统的刚度矩阵为

$$\boldsymbol{K}=\begin{bmatrix} k_1+k_2 & 0 \\ 0 & m_2gl \end{bmatrix} \tag{g}$$

然后求解系统质量矩阵。

令 $\ddot{x}=1$，$\ddot{\theta}=0$，此时需要在两个质量上所施加的外力和外力矩分别为 m_{11} 和 m_{21}，如图 4-17 所示。质量块 m_1 的加速度为 $\ddot{x}=1$，它的达朗贝尔惯性力为 $m_1\ddot{x}$。对杆的加速度进行分析，如图 4-18 所示，A 点的加速度为 $\ddot{x}=1$，B 点为杆上的定点，其加速度为

$$\ddot{x}_B=\ddot{x}_A+\ddot{\theta}l+\omega^2 l \tag{h}$$

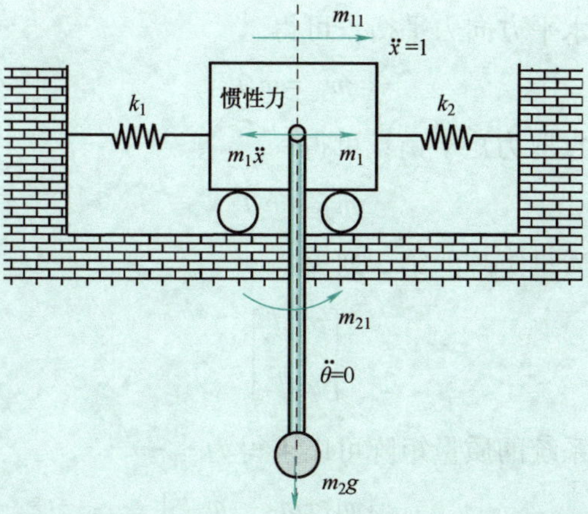

◀ 图 4-17　质量矩阵受力分析 1

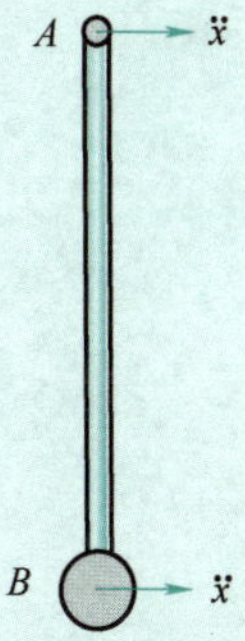

图 4-18　杆加速度分析 1

因为 $\ddot{\theta}=\omega=0$，杆未产生转动，因此由式（h）可知，质量 m_2 的达朗贝尔惯性力为 $m_2\ddot{x}$。

由系统水平方向力平衡，可得

$$m_{11}=(m_1+m_2)\ddot{x}=m_1+m_2 \tag{i}$$

对杆 A 点取力矩平衡，可得

$$m_{21}=(m_2\ddot{x})l=m_2 l \tag{j}$$

因此，系统质量矩阵的第 1 列为

$$\begin{bmatrix} m_1+m_2 \\ m_2 l \end{bmatrix} \tag{k}$$

令 $\ddot{x}=0$，$\ddot{\theta}=1$，此时需要在两个质量上所施加的外力和外力矩分别为 m_{12} 和 m_{22}，如图 4-19 所示。如图 4-20 所示，A 点的加速度为零，杆未产生转动，有 $\omega=0$。由 B 点的加速度公式 $\ddot{x}_B=\ddot{x}_A+\ddot{\theta}l+\omega^2 l$ 可知，m_2 的达朗贝尔惯性力为 $m_2\ddot{x}_B=m_2 l$。

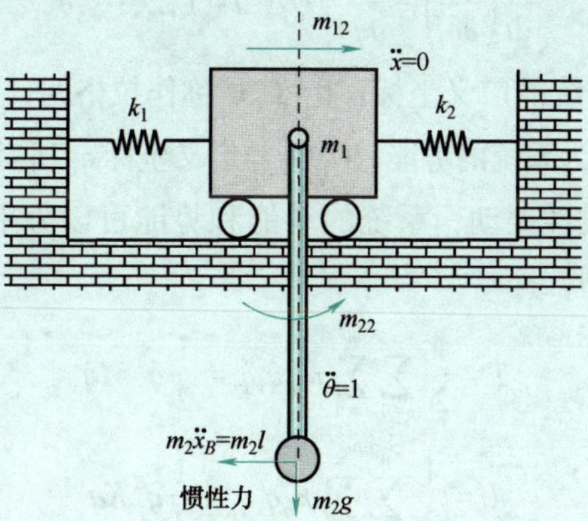

◀ 图 4-19　质量矩阵受力分析 2

图 4-20　杆加速度分析 2

由系统水平方向力平衡，可得

$$m_{12}=m_2l \tag{l}$$

对杆 A 点取力矩平衡，可得

$$m_{22}=m_2l^2 \tag{m}$$

因此，系统质量矩阵的第 2 列为

$$\begin{bmatrix} m_2l \\ m_2l^2 \end{bmatrix} \tag{n}$$

最终，系统的质量矩阵可以求得为

$$\boldsymbol{M}=\begin{bmatrix} m_1+m_2 & m_2l \\ m_2l & m_2l^2 \end{bmatrix} \tag{o}$$

在求得质量矩阵和刚度矩阵后，系统的动力学方程可以写为

$$\begin{bmatrix} m_1+m_2 & m_2l \\ m_2l & m_2l^2 \end{bmatrix}\begin{bmatrix} \ddot{x}(t) \\ \ddot{\theta}(t) \end{bmatrix}+\begin{bmatrix} k_1+k_2 & 0 \\ 0 & m_2gl \end{bmatrix}\begin{bmatrix} x(t) \\ \theta(t) \end{bmatrix}=\begin{bmatrix} 0 \\ 0 \end{bmatrix} \tag{p}$$

3. 拉格朗日方法

从本质上来讲，上面介绍的建立动力学方程的达朗贝尔原理方法和影响系数法都是基于牛顿定律的非变分方法。对于一些结构形式比较复杂和约束条件较多的系统，这两种方法的工作量都较大，使用不方便。下面介绍建立多自由度系统动力学方程的拉格朗日方法，该方法从能量的角度出发建立系统的动力学方程。

对于一个 n 自由度系统，其拉格朗日方程可以表示为

$$\frac{\mathrm{d}}{\mathrm{d}t}\left(\frac{\partial L}{\partial \dot{q}_i}\right)-\frac{\partial L}{\partial q_i}=Q_i,\ i=1,2,\cdots,n \tag{4-8}$$

式中，q_i 表示系统的广义坐标；$L=T-U$ 称作拉格朗日函数，其中 T 为系统的动能，U 为系统的势能；Q_i 为与广义坐标 q_i 所对应的广义外力。

对于小幅线性振动，系统的动能和势能可以分别表示成速度和位移量的二次型，即

$$T=\frac{1}{2}\sum_{j=1}^{n}\sum_{i=1}^{n}m_{ij}\dot{q}_i\dot{q}_j=\frac{1}{2}\dot{\boldsymbol{q}}^{\mathrm{T}}\boldsymbol{M}\dot{\boldsymbol{q}} \tag{4-9}$$

$$U=\frac{1}{2}\sum_{j=1}^{n}\sum_{i=1}^{n}k_{ij}q_iq_j=\frac{1}{2}\boldsymbol{q}^{\mathrm{T}}\boldsymbol{K}\boldsymbol{q} \tag{4-10}$$

式中，$\boldsymbol{M}\in\mathbf{R}^{n\times n}$ 和 $\boldsymbol{K}\in\mathbf{R}^{n\times n}$ 分别为与广义坐标向量 $\boldsymbol{q}$ 所对应的广义质量矩阵和广义刚度矩阵。

由式（4-9）和式（4-10）不难看出，质量矩阵 $\boldsymbol{M}$ 和刚度矩阵 $\boldsymbol{K}$ 都为对称矩阵，即有 $m_{ij}=m_{ji}$，$k_{ij}=k_{ji}$。系统的动能恒不为负、且仅在速度全部为零时为零，因此式（4-9）为正定二次型，质量矩阵 $\boldsymbol{M}$ 为对称正定矩阵。当系统不存在刚体运动时，系统的势能为正，系统刚度矩阵为对称正定矩阵。当系统存在刚体运动时，系统的势能为半正定，此时系统刚度矩阵为对称半正定矩阵。

将式（4-9）和式（4-10）代入式（4-8），可以推导得出系统的动力学方程为

$$\boldsymbol{M}\ddot{\boldsymbol{q}}+\boldsymbol{K}\boldsymbol{q}=\boldsymbol{Q} \tag{4-11}$$

可以看出，采用拉格朗日方法所建立的系统动力学方程与采用达朗贝尔原理方法和影响系数法所建立的动力学方程具有相同的形式。

例 4-6 考虑图4-3 所示的两自由度系统，试建立其动能和势能的表达式。

【解】 选定质量块 m_1 和 m_2 的水平方向位移 $x_1(t)$ 和 $x_2(t)$ 为系统的广义坐标，取 m_1、m_2 的静平衡位置为 x_1 和 x_2 的坐标原点。

系统的动能可表示为

$$T=\frac{1}{2}m_1\dot{x}_1^2+\frac{1}{2}m_2\dot{x}_2^2 \tag{a}$$

将式（a）改写为矩阵形式，可得

$$T=\frac{1}{2}\begin{bmatrix}\dot{x}_1\\ \dot{x}_2\end{bmatrix}^{\mathrm{T}}\begin{bmatrix}m_1 & 0\\ 0 & m_2\end{bmatrix}\begin{bmatrix}\dot{x}_1\\ \dot{x}_2\end{bmatrix}=\frac{1}{2}\dot{\boldsymbol{x}}^{\mathrm{T}}\boldsymbol{M}\dot{\boldsymbol{x}} \tag{b}$$

系统的弹性势能可以表示为每个质量块上弹性恢复力所做的负功，即

$$U=\frac{1}{2}F_1x_1+\frac{1}{2}F_2x_2=\frac{1}{2}\sum_{i=1}^{2}F_ix_i \tag{c}$$

式中，F_i 表示第 i 个物体受到的弹性恢复力，可表示为

$$F_i=\sum_{j=1}^{2}k_{ij}x_j \tag{d}$$

将式（d）代入式（c），可得

$$U=\frac{1}{2}\sum_{i=1}^{2}\sum_{j=1}^{2}k_{ij}x_ix_j=\frac{1}{2}\begin{bmatrix}x_1\\x_2\end{bmatrix}^{\mathrm{T}}\begin{bmatrix}k_1+k_2 & -k_2\\-k_2 & k_2+k_3\end{bmatrix}\begin{bmatrix}x_1\\x_2\end{bmatrix}=\frac{1}{2}\boldsymbol{x}^{\mathrm{T}}\boldsymbol{K}\boldsymbol{x}\tag{e}$$

例 4-7 考虑图4-12 所示的双混合摆，试利用拉格朗日方法建立系统的动力学方程。

【解】 由理论力学可知，质心 C_1 和 C_2 的平动速度分别为

$$v_1=h_1\dot{\theta}_1\tag{a}$$

$$v_2=l\dot{\theta}_1+h_2\dot{\theta}_2\tag{b}$$

依据柯尼西定理，做一般运动刚体的动能为质心平动动能和绕质心转动动能之和，可以得到双混合摆系统的动能表达式为

$$T=T_1+T_2=\frac{1}{2}m_1v_1^2+\frac{1}{2}I_1\dot{\theta}_1^2+\frac{1}{2}m_2v_2^2+\frac{1}{2}I_2\dot{\theta}_2^2\tag{c}$$

系统的势能可以表示为

$$U=U_1+U_2=-m_1gh_1\cos\theta_1-m_2g(l\cos\theta_1+h_2\cos\theta_2)\tag{d}$$

将式（a）~式（d）代入拉格朗日方程，可以推得

$$\begin{cases}(I_1+m_1h_1^2+m_2l^2)\ddot{\theta}_1+m_2lh_2\ddot{\theta}_2+(m_1gh_1+m_2gl)\sin\theta_1=0\\(I_2+m_2h_2^2)\ddot{\theta}_2+m_2lh_2\ddot{\theta}_1+m_2gh_2\sin\theta_2=0\end{cases}\tag{e}$$

对于小幅振动，式（e）可以改写为

$$\begin{cases}(I_1+m_1h_1^2+m_2l^2)\ddot{\theta}_1+m_2lh_2\ddot{\theta}_2+(m_1gh_1+m_2gl)\theta_1=0\\(I_2+m_2h_2^2)\ddot{\theta}_2+m_2lh_2\ddot{\theta}_1+m_2gh_2\theta_2=0\end{cases}\tag{f}$$

写成矩阵形式，有

$$\begin{bmatrix}I_1+m_1h_1^2+m_2l^2 & m_2lh_2\\m_2lh_2 & I_2+m_2h_2^2\end{bmatrix}\begin{bmatrix}\ddot{\theta}_1\\\ddot{\theta}_2\end{bmatrix}+\begin{bmatrix}m_1gh_1+m_2gl & 0\\0 & m_2gh_2\end{bmatrix}\begin{bmatrix}\theta_1\\\theta_2\end{bmatrix}=\begin{bmatrix}0\\0\end{bmatrix}\tag{g}$$

可以看出，该结果与例 4-4 中推导的结果相同。

4.1.2 位移方程和柔度矩阵

位移方程和
柔度矩阵

在 4.1.1 节中，介绍了多自由度系统的作用力方程，方程中各项都是力的量纲。对于某些结构，有时通过柔度矩阵建立**位移方程**更为简便。所谓**柔度**，是指弹性体在单位力下所产生的变形，它的

量纲与刚度恰好相反。下面通过一个例子来说明位移方程的建立方法。

例 4-8 图4-21 为一简支梁结构，对结构进行集中质量简化处理可得到一个两自由度的系统。在系统的集中质量 m_1 和 m_2 上作用有外力 f_1 和 f_2，试建立该系统的动力学方程。

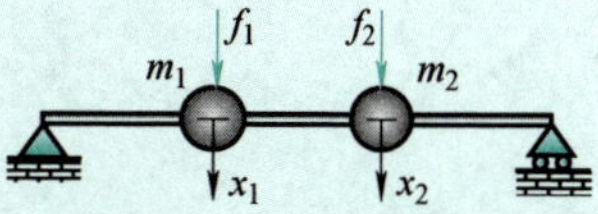

图 4-21 简支梁结构

【解】 将简支梁简化为两自由度系统后，梁没有质量，只提供弹性作用。假定外力 f_1 和 f_2 为以准静态的方式作用在 m_1 和 m_2 上的常力。取质量 m_1 和 m_2 的静平衡位置为广义坐标 x_1 和 x_2 的原点。假设外力 $f_1=1$ 和 $f_2=0$ 时，质量 m_1 和 m_2 的位移分别为 $x_1=d_{11}$ 和 $x_2=d_{21}$；外力 $f_1=0$ 和 $f_2=1$ 时，质量 m_1 和 m_2 的位移分别为 $x_1=d_{12}$ 和 $x_2=d_{22}$。两种情况的受力及变形示意图如图 4-22 所示。

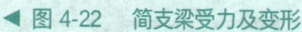

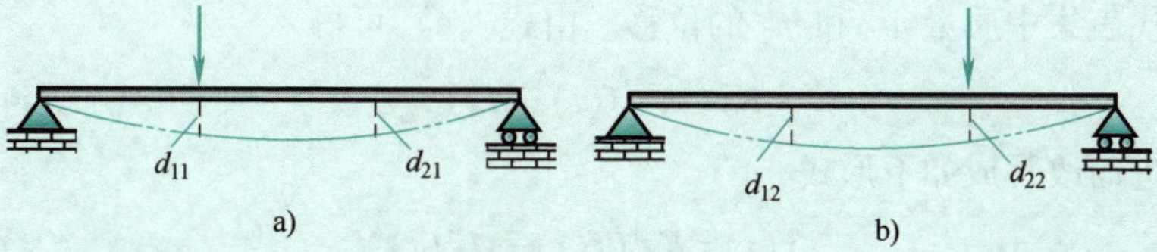

图 4-22 简支梁受力及变形

依据线性叠加原理，当外力 f_1 和 f_2 同时作用于结构上时，m_1 和 m_2 的位移可以写为

$$\begin{cases} x_1=d_{11}f_1+d_{12}f_2 \\ x_2=d_{21}f_1+d_{22}f_2 \end{cases} \tag{a}$$

将式（a）改写为矩阵形式，为

$$\boldsymbol{x}=\boldsymbol{D}\boldsymbol{f} \tag{b}$$

式中，$\boldsymbol{x}=\begin{bmatrix} x_1 \\ x_2 \end{bmatrix}$为位移列阵；$\boldsymbol{f}=\begin{bmatrix} f_1 \\ f_2 \end{bmatrix}$为外力列阵；$\boldsymbol{D}=\begin{bmatrix} d_{11} & d_{12} \\ d_{21} & d_{22} \end{bmatrix}$称作系统的**柔度矩阵**。柔度矩阵 $\boldsymbol{D}$ 的第 i 行第 j 列上的元素 d_{ij} 的物理含义是：使得系统仅在第 j 个坐标上作用有单位力时相应的在第 i 个坐标上所产生的位移。与刚度影响系数类似，d_{ij} 称作**柔度影响系数**。

位移方程和柔度矩阵算例

当外力为动载荷时，质量 m_1 和 m_2 会产生加速度，此时需要

考虑惯性力的存在，如图 4-23 所示，式（a）可以改写为

$$\begin{cases}x_1 = d_{11}(f_1 - m_1\ddot{x}_1) + d_{12}(f_2 - m_2\ddot{x}_2)\\ x_2 = d_{21}(f_1 - m_1\ddot{x}_1) + d_{22}(f_2 - m_2\ddot{x}_2)\end{cases} \tag{c}$$

将式（c）写成矩阵形式，可得

$$\boldsymbol{x}(t) = \boldsymbol{D}(\boldsymbol{f}(t) - \boldsymbol{M}\ddot{\boldsymbol{x}}(t)) \tag{d}$$

式（d）即为图 4-23 所示的两自由度简支梁结构的位移方程，方程中的每一项都为位移的量纲。对于一个具有 n 个自由度的系统，其位移方程也可以表示为式（d）所述形式，柔度矩阵 $\boldsymbol{D}$ 为一维数为 $n \times n$ 的方阵。

如果按照作用力方程形式写出图 4-23 所示系统的动力学方程，有

$$\boldsymbol{M}\ddot{\boldsymbol{x}}(t) + \boldsymbol{K}\boldsymbol{x}(t) = \boldsymbol{f}(t) \tag{e}$$

其中的广义坐标 $\boldsymbol{x}(t)$ 和式（d）中的广义坐标是同一坐标，都是代表集中质量 m_1 和 m_2 的位移。由式（e）可得

$$\boldsymbol{K}\boldsymbol{x}(t) = \boldsymbol{f}(t) - \boldsymbol{M}\ddot{\boldsymbol{x}}(t) \tag{f}$$

进而改写成如下形式

$$\boldsymbol{x}(t) = \boldsymbol{K}^{-1}(\boldsymbol{f}(t) - \boldsymbol{M}\ddot{\boldsymbol{x}}(t)) \tag{g}$$

比较式（d）和式（g），有

$$\boldsymbol{D} = \boldsymbol{K}^{-1} \tag{h}$$

即 $\boldsymbol{DK} = \boldsymbol{I}$。可知，刚度矩阵和柔度矩阵互逆。

应当说明的是，对于允许刚体运动产生的系统，即具有刚体自由度的系统，柔度矩阵不存在，位移方程不适用于具有刚体自由度的系统。图 4-24 和图 4-25 所示系统，系统不具有唯一平衡位置，而是具有随遇平衡位置，即系统的任意一个静态位置都是平衡位置。对于这样的系统，在任意一个坐标上施加单位力，系统将产生刚体运动而无法计算各个坐标上的位移，因此柔度矩阵不存在，即刚度矩阵 $\boldsymbol{K}$ 奇异，其逆矩阵不存在。这里所说的刚体运动是指各个质量之间不发生弹性振动，整个系统类似一个刚体在运动，系统的位移可以表达为 $\boldsymbol{x}(t) = (at+b)[1, 1, \cdots, 1]^{\mathrm{T}}$，其中 a 和 b 由初始条件所决定。

下面再举两个例子，说明柔度矩阵的建立。

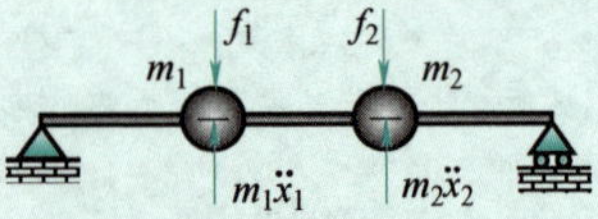

图 4-23　动载荷作用下简支梁结构

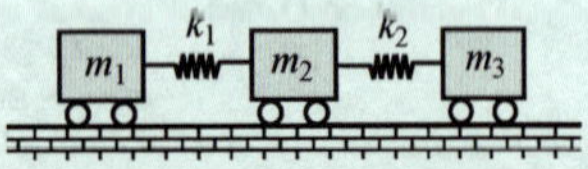

图 4-24　平动存在刚体运动的系统

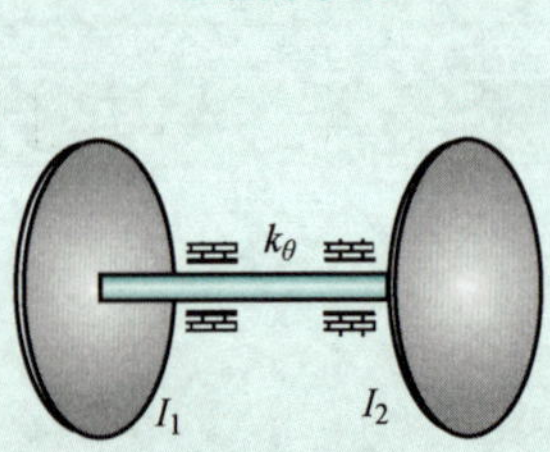

图 4-25　转动存在刚体运动的系统

例 4-9 在例4-8 中，梁长为 l，将梁分成相等的三段，如图 4-26 所示，梁不计质量，抗弯刚度为 EI。求两自由度系统横向振动的位移方程。

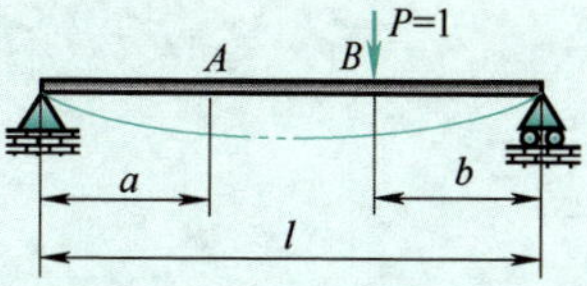

图 4-26 简支梁受力位移示意图

【解】 由材料力学可知，当图 4-26 中的 B 点作用有单位力时，A 点的横向位移为

$$d_{AB}=\frac{ab}{6EIl}(l^2-a^2-b^2) \tag{a}$$

根据题意，对于图 4-22 所示系统，有

$$d_{11}=d_{22}=8d,\ d_{21}=d_{12}=7d \tag{b}$$

其中，$d=l^3/(486EI)$。因此，系统的柔度矩阵为

$$\boldsymbol{D}=\begin{bmatrix}8d & 7d\\7d & 8d\end{bmatrix} \tag{c}$$

系统的位移方程为

$$\begin{bmatrix}x_1\\x_2\end{bmatrix}=\begin{bmatrix}8d & 7d\\7d & 8d\end{bmatrix}\left(\begin{bmatrix}P_1\\P_2\end{bmatrix}-\begin{bmatrix}m_1 & 0\\0 & m_2\end{bmatrix}\begin{bmatrix}\ddot{x}_1\\\ddot{x}_2\end{bmatrix}\right) \tag{d}$$

例 4-10 求图4-27 所示三自由度系统的柔度矩阵。

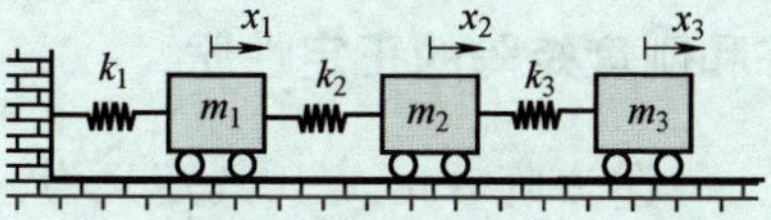

◀ 图 4-27 三自由度系统

【解】 当在坐标 x_1 方向上对质量 m_1 作用单位力时，三个质量块在坐标 x_1，x_2 和 x_3 上产生的位移都为

$$d_{11}=d_{21}=d_{31}=\frac{1}{k_1} \tag{a}$$

当在坐标 x_2 上对质量 m_2 作用单位力时，三个质量产生的位移分别为

$$d_{12}=\frac{1}{k_1},\ d_{22}=\frac{1}{k_1}+\frac{1}{k_2},\ d_{32}=\frac{1}{k_1}+\frac{1}{k_2} \tag{b}$$

当在坐标 x_3 方向上对质量 m_3 作用单位力时，三个质量产生的位移分别为

$$d_{13}=\frac{1}{k_1},\ d_{23}=\frac{1}{k_1}+\frac{1}{k_2},\ d_{33}=\frac{1}{k_1}+\frac{1}{k_2}+\frac{1}{k_3} \tag{c}$$

因此，系统的柔度矩阵为

$$\boldsymbol{D}=\begin{bmatrix}\dfrac{1}{k_1} & \dfrac{1}{k_1} & \dfrac{1}{k_1}\\ \dfrac{1}{k_1} & \dfrac{1}{k_1}+\dfrac{1}{k_2} & \dfrac{1}{k_1}+\dfrac{1}{k_2}\\ \dfrac{1}{k_1} & \dfrac{1}{k_1}+\dfrac{1}{k_2} & \dfrac{1}{k_1}+\dfrac{1}{k_2}+\dfrac{1}{k_3}\end{bmatrix} \tag{d}$$

可以验证，刚度矩阵和柔度矩阵之积为单位矩阵，即

$$\boldsymbol{DK}=\boldsymbol{I} \tag{e}$$

结合例4-10可以对刚度影响系数 k_{ij} 和柔度影响系数 d_{ij} 做进一步的理解：对于刚度影响系数 k_{ij}，它代表使得系统在第 j 个坐标上产生单位位移而需要在第 i 个坐标上所施加的力，但是有个约束条件，那就是要求系统只在第 j 个坐标上产生单位位移而在其他坐标上不产生位移。对于柔度影响系数 d_{ij}，它代表在系统第 j 个坐标上施加单位力时系统在第 i 个坐标上所产生的位移，没有任何约束条件。

4.1.3 质量矩阵和刚度矩阵的正定性质

质量矩阵和刚度矩阵的正定性质

根据矩阵理论，n 阶方阵 $\boldsymbol{A}$ 正定，其定义为：对于任意的 n 维列向量 $\boldsymbol{y}$，总有 $\boldsymbol{y}^{\mathrm{T}}\boldsymbol{A}\boldsymbol{y}\geqslant 0$ 成立，并且等号仅在 $\boldsymbol{y}=\boldsymbol{0}$ 时才成立。满足以上条件时，则称方阵 $\boldsymbol{A}$ 正定，简写为 $\boldsymbol{A}>0$。如果 $\boldsymbol{y}\neq\boldsymbol{0}$ 时等号也成立，那么称矩阵 $\boldsymbol{A}$ 是半正定的，简写为 $\boldsymbol{A}\geqslant 0$。

根据分析力学的结论，对于定常约束系统，系统的动能和势能可以分别写为如下二次型的形式：

$$T=\frac{1}{2}\dot{\boldsymbol{x}}^{\mathrm{T}}\boldsymbol{M}\dot{\boldsymbol{x}} \tag{4-12}$$

$$V=\frac{1}{2}\boldsymbol{x}^{\mathrm{T}}\boldsymbol{K}\boldsymbol{x} \tag{4-13}$$

式中，$\boldsymbol{x}$ 为系统的广义坐标列阵；$\boldsymbol{M}$ 和 $\boldsymbol{K}$ 分别为系统的质量矩阵和刚度矩阵。

对于振动系统的动能，总有 $T>0$ 成立，除非系统的所有广义速度项 $\dot{x}_i$ 都为零，即 $\dot{x}_i=0(i=1,2,\cdots,n)$，$n$ 为系统的自由度数。由

正定矩阵的定义可知，振动系统的质量矩阵总是正定的，即 $\boldsymbol{M}>0$。

对于振动系统的势能，当系统仅具有稳定平衡位置时，势能在平衡位置上取极小值，当各个位置 $x_i(i=1,2,\cdots,n)$ 不全为零时总有势能 $V>0$ 成立，因此系统的刚度矩阵是正定的，即 $\boldsymbol{K}>0$。对于具有随遇平衡位置的振动系统，如图 4-24 和图 4-25 所示的系统，系统存在刚体位移，对于不全为零的位移 $x_i(i=1,2,\cdots,n)$ 存在势能 $V=0$，因此系统的刚度矩阵是半正定，即 $\boldsymbol{K}\geqslant 0$。由以上分析可知，振动系统的刚度矩阵至少为半正定的。

振动问题中主要讨论两类系统，当系统的质量矩阵 $\boldsymbol{M}$ 和刚度矩阵 $\boldsymbol{K}$ 阵都为正定，称这类系统为正定振动系统；当系统的质量矩阵 $\boldsymbol{M}$ 正定而刚度矩阵 $\boldsymbol{K}$ 半正定时，称这类系统为半正定振动系统。

4.1.4　耦合与坐标变换

4.1.1 节和 4.1.2 节分别介绍了多自由度系统作用力方程和位移方程的建立，建立动力学方程的关键是确定系统的质量矩阵、刚度矩阵或柔度矩阵。这些矩阵的元素会出现耦合作用，这里的耦合指的是矩阵中非对角元的元素值非零。下面以一个两自由度为例进行说明。对于一个两自由度的质量-弹簧系统，其质量矩阵和刚度矩阵可以写为

耦合与坐标变换（Ⅰ）(1)

$$\boldsymbol{M}=\begin{bmatrix} m_{11} & m_{12} \\ m_{21} & m_{22} \end{bmatrix},\ \boldsymbol{K}=\begin{bmatrix} k_{11} & k_{12} \\ k_{21} & k_{22} \end{bmatrix} \tag{4-14}$$

耦合与坐标变换（Ⅰ）(2)

对于质量矩阵，如果 $m_{12}=m_{21}\neq 0$，则称质量矩阵存在惯性耦合；若 $m_{12}=m_{21}=0$ 则不存在惯性耦合。同理，对于刚度矩阵，如果 $k_{12}=k_{21}\neq 0$ 则称刚度矩阵存在弹性耦合；若 $k_{12}=k_{21}=0$ 则不存在弹性耦合。如果系统仅在第一个坐标 x_1 上产生加速度，即 $\ddot{x}_1(t)\neq 0$，$\ddot{x}_2(t)=0$，系统作用力方程中的惯性力项可以写为

耦合与坐标变换（Ⅱ）

$$\begin{bmatrix} m_{11} & m_{12} \\ m_{21} & m_{22} \end{bmatrix}\begin{bmatrix} \ddot{x}_1(t) \\ 0 \end{bmatrix}=\begin{bmatrix} m_{11}\ddot{x}_1(t) \\ m_{21}\ddot{x}_1(t) \end{bmatrix} \tag{4-15}$$

由此可以看出，当系统中存在惯性耦合时，一个坐标上产生的加速度还会在别的坐标上引起惯性力。而当系统不存在惯性耦合时，方程中的惯性力项为

$$\begin{bmatrix} m_{11} & 0 \\ 0 & m_{22} \end{bmatrix}\begin{bmatrix} \ddot{x}_1(t) \\ 0 \end{bmatrix}=\begin{bmatrix} m_{11}\ddot{x}_1(t) \\ 0 \end{bmatrix} \tag{4-16}$$

可以看出，不出现惯性耦合时，一个坐标上产生的加速度只在该坐标上引起惯性力。

同理，不出现弹性耦合时，一个坐标上产生的位移只在该坐标上引起弹性恢复力；而出现弹性耦合时，一个坐标上产生的位移还会在别的坐标上引起弹性恢复力。

系统耦合的表现形式取决于系统坐标的选择。下面以一个车辆例子为例，介绍耦合与坐标变换。

例 4-11 图4-28 为一汽车的简化模型。汽车的悬挂系统和轮胎用刚度为 k_1 和 k_2 的弹簧来表示。车身主体简化为一根刚性杆，杆 AB 的质量为 m，绕质心 C 的转动惯量为 I_C。假设 AB 杆在 D 点的外力主矢和主矩分别为 P_D 和 M_D。选取 D 点的垂直位移 x_D 和绕 D 点的转动角 θ_D 为广义坐标，试建立系统的动力学方程。

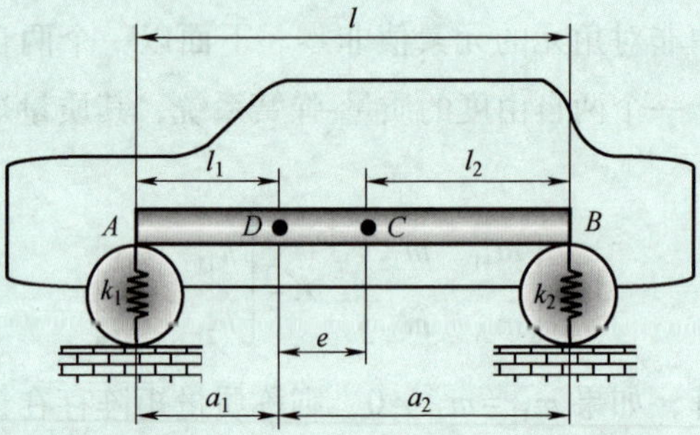

▶ 图 4-28　汽车简化模型

【解】 将车辆系统简化为图 4-29 所示的杆件系统。考虑杆件的微振，杆质心 C 的位移和转角分别为

$$x_C=x_D+e\sin\theta_D\approx x_D+e\theta_D \tag{a}$$

$$\theta_C=\theta_D \tag{b}$$

车体所受外力向 D 点进行简化，结果为一个合力 P_D 和一个合力矩 M_D，两个弹簧的弹性力分别为 $k_1(x_D-a_1\theta_D)$ 和 $k_2(x_D+a_2\theta_D)$，如图 4-30 所示。假定系统的广义坐标的原点取在静平衡位置上，杆件的重力和两个弹簧的静变形弹性力相互抵消。

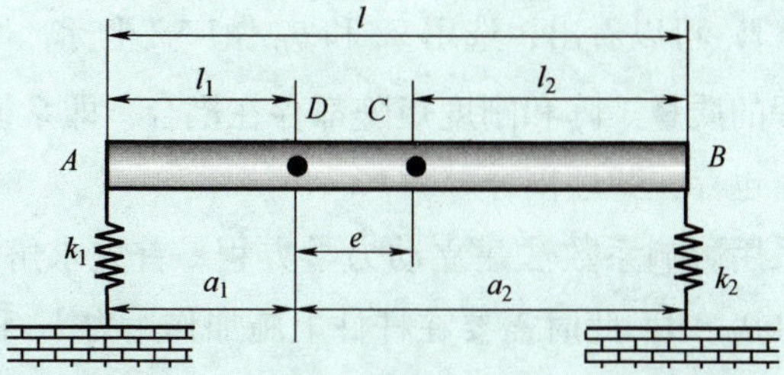

◀ 图 4-29 汽车简化模型

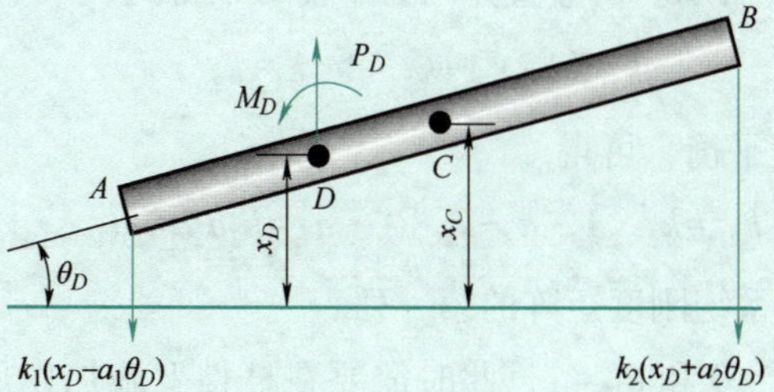

◀ 图 4-30 杆件受力

下面分别采用拉格朗日方法和影响系数法建立系统的动力学方程。首先考虑拉格朗日方法。

系统的动能包括杆件的平动动能和转动动能，可以写为

$$T=\frac{1}{2}m\dot{x}_C^2+\frac{1}{2}I_C\dot{\theta}_C^2=\frac{1}{2}m(\dot{x}_D+e\dot{\theta}_D)^2+\frac{1}{2}I_C\dot{\theta}_D^2 \tag{c}$$

系统的势能可以写为

$$V=\frac{1}{2}k_1(x_D-a_1\theta_D)^2+\frac{1}{2}k_2(x_D+a_2\theta_D)^2 \tag{d}$$

下面计算与广义坐标移 x_D 和 θ_D 所对应的广义力 Q_1 和 Q_2。设在坐标 x_D 上有虚位移 δx_D，非有势力所做的虚功为 $\delta W=P_D\cdot\delta x_D$，因此 $Q_1=P_D$。设在坐标 θ_D 上有虚位移 $\delta\theta_D$，非有势力所做的虚功为 $\delta W=M_D\cdot\delta\theta_D$，因此 $Q_2=M_D$。在求得广义力后，根据拉格朗日方程（4-8），定义拉格朗日函数 $L=T-V$，将系统动能、势能和广义力代入方程，可以得到系统的动力学方程为

$$\begin{cases}m\ddot{x}_D+me\ddot{\theta}_D+(k_1+k_2)x_D+(k_2a_2-k_1a_1)\theta_D=P_D\\ me\ddot{x}_D+(I_C+me^2)\ddot{\theta}_D+(k_1+k_2)x_D+(k_1a_1^2+k_2a_2^2)\theta_D=M_D\end{cases} \tag{e}$$

写成矩阵形式为

$$\begin{bmatrix}m & me\\ me & I_C+me^2\end{bmatrix}\begin{bmatrix}\ddot{x}_D\\ \ddot{\theta}_D\end{bmatrix}+\begin{bmatrix}k_1+k_2 & k_2a_2-k_1a_1\\ k_2a_2-k_1a_1 & k_1a_1^2+k_2a_2^2\end{bmatrix}\begin{bmatrix}x_D\\ \theta_D\end{bmatrix}=\begin{bmatrix}P_D\\ M_D\end{bmatrix} \tag{f}$$

由式（f）可以看出，选用 x_D 和 θ_D 做广义坐标，所建立系统动力学方程的质量矩阵和刚度矩阵都存在耦合，即系统不但存在惯性耦合，也存在弹性耦合。

然后采用影响系数法建立动力学方程，首先求解刚度矩阵。令 $x_D=1$ 和 $\theta_D=0$，此时需要在杆件上施加作用力 k_{11} 和转动力矩 k_{21}，如图 4-31 所示。由竖直方向力平衡可以得到

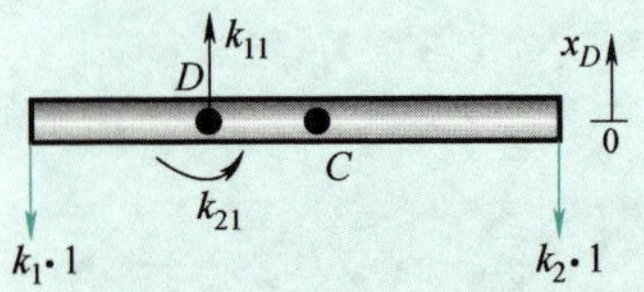

图 4-31　杆件受力图 1

$$k_{11}=k_1 \cdot 1+k_2 \cdot 1=k_1+k_2 \tag{g}$$

对 D 点取力矩平衡，可得

$$k_{21}=k_2 \cdot 1 \cdot a_2-k_1 \cdot 1 \cdot a_1=k_2a_2-k_1a_1 \tag{h}$$

这样就确定了系统刚度矩阵的第一列。

然后令 $x_D=0$ 和 $\theta_D=1$，此时需要在杆件上施加作用力 k_{12} 和转动力矩 k_{22}，杆件受力如图 4-32 所示。由竖直方向力平衡可以得到

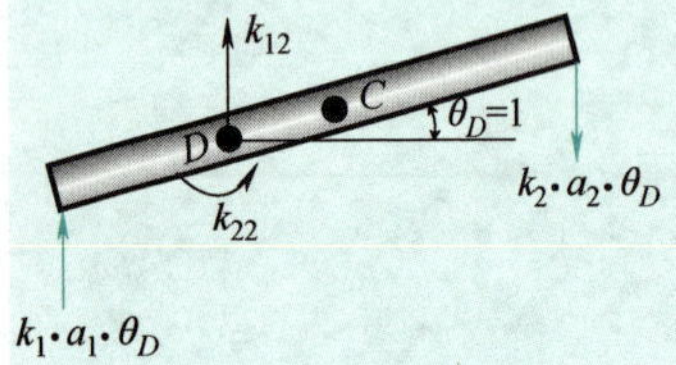

图 4-32　杆件受力图 2

$$k_{12}=k_2a_2-k_1a_1 \tag{i}$$

对 D 点取力矩平衡，可得

$$k_{22}=k_1a_1^2+k_2a_2^2 \tag{j}$$

这样就确定了系统刚度矩阵的第二列。

系统的刚度矩阵可以确定为

$$\begin{bmatrix} k_1+k_2 & k_2a_2-k_1a_1 \\ k_2a_2-k_1a_1 & k_1a_1^2+k_2a_2^2 \end{bmatrix} \tag{k}$$

然后求解系统的质量矩阵。令 $\ddot{x}_D=1$ 和 $\ddot{\theta}_D=0$，此时需要在杆件上施加作用力 m_{11} 和转动力矩 m_{21}，杆件受力如图 4-33 所示，质心 C 上的惯性力为 $m \cdot 1$。由铅垂方向力平衡可以得到

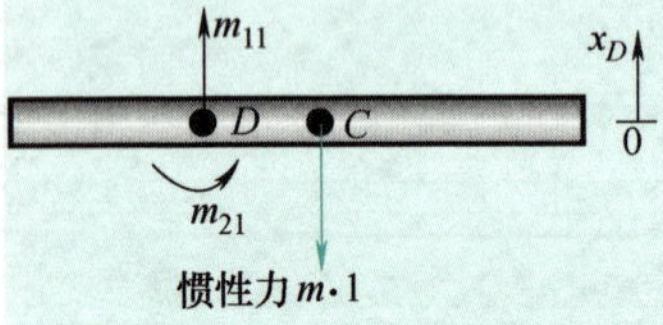

图 4-33　杆件受力图 3

$$m_{11}=m \cdot 1=m \tag{l}$$

对 D 点取力矩平衡，可得

$$m_{21}=m \cdot 1 \cdot e=me \tag{m}$$

这样就确定了系统质量矩阵的第一列。

然后令 $\ddot{x}_D=0$ 和 $\ddot{\theta}_D=1$，此时需要在杆件上施加作用力 m_{12} 和转动力矩 m_{22}，杆件受力如图 4-34 所示，质心 C 上的惯性力矩为 $I_C \cdot 1$，惯性力为 $m \cdot \ddot{\theta}_D e=me$。由竖直方向力平衡可以得到

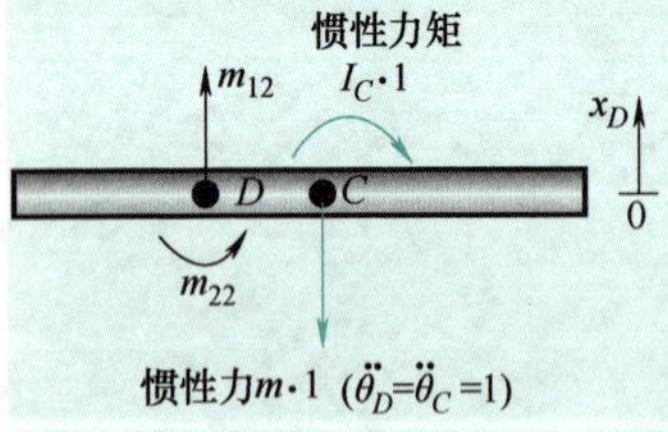

图 4-34　杆件受力图 4

$$m_{12}=me \tag{n}$$

对 D 点取力矩平衡，可得

$$m_{22}=I_C\cdot 1+me\cdot e=I_C+me^2 \tag{o}$$

这样就确定了系统质量矩阵的第一列。

系统的质量矩阵可以得到为

$$\boldsymbol{M}=\begin{bmatrix} m & me \\ me & I_C+me^2 \end{bmatrix} \tag{p}$$

因此，系统的动力学方程可以写为

$$\begin{bmatrix} m & me \\ me & I_C+me^2 \end{bmatrix}\begin{bmatrix} \ddot{x}_D \\ \ddot{\theta}_D \end{bmatrix}+\begin{bmatrix} k_1+k_2 & k_2a_2-k_1a_1 \\ k_2a_2-k_1a_1 & k_1a_1^2+k_2a_2^2 \end{bmatrix}\begin{bmatrix} x_D \\ \theta_D \end{bmatrix}=\begin{bmatrix} P_D \\ M_D \end{bmatrix} \tag{q}$$

将式（q）与式（f）进行对比可见，两种方法所建立的动力学方程是一样的。

如果 D 点选在这样一个特殊位置，使得

$$\frac{a_1}{a_2}=\frac{k_2}{k_1} \tag{r}$$

此时，系统动力学方程（q）变为

$$\begin{bmatrix} m & me \\ me & I_C+me^2 \end{bmatrix}\begin{bmatrix} \ddot{x}_D \\ \ddot{\theta}_D \end{bmatrix}+\begin{bmatrix} k_1+k_2 & 0 \\ 0 & k_1a_1^2+k_2a_2^2 \end{bmatrix}\begin{bmatrix} x_D \\ \theta_D \end{bmatrix}=\begin{bmatrix} P_D \\ M_D \end{bmatrix} \tag{s}$$

可以看出，此时系统只存在惯性耦合，而不出现弹性耦合。注意，方程右端的外力 P_D 和外力矩 M_D 是将车辆所受外力向 D 点简化后的合力和合力矩。

如果 D 点选在质心 C 上，即 $e=0$，此时系统动力学方程（q）变为：

$$\begin{bmatrix} m & 0 \\ 0 & I_C \end{bmatrix}\begin{bmatrix} \ddot{x}_C \\ \ddot{\theta}_C \end{bmatrix}+\begin{bmatrix} k_1+k_2 & k_2a_2-k_1a_1 \\ k_2a_2-k_1a_1 & k_1a_1^2+k_2a_2^2 \end{bmatrix}\begin{bmatrix} x_C \\ \theta_C \end{bmatrix}=\begin{bmatrix} P_C \\ M_C \end{bmatrix} \tag{t}$$

可以看出，此时系统只存在弹性耦合，而不出现惯性耦合。注意，方程右端的外力 P_C 和外力矩 M_C 是将车辆所受外力向 C 点简化后的合力和合力矩。

根据以上分析启发可以考虑如下问题：能否找到这样一种坐标，使得系统的动力学方程中既不出现惯性耦合，也不出现弹性耦合？如果存在这样的坐标，系统的动力学方程将变为

$$\begin{bmatrix} m_{11} & 0 \\ 0 & m_{22} \end{bmatrix}\begin{bmatrix} \ddot{x}_1 \\ \ddot{x}_2 \end{bmatrix}+\begin{bmatrix} k_{11} & 0 \\ 0 & k_{22} \end{bmatrix}\begin{bmatrix} x_1 \\ x_2 \end{bmatrix}=\begin{bmatrix} P_1 \\ P_2 \end{bmatrix} \tag{u}$$

式（u）又可写成

$$m_{11}\ddot{x}_1+k_{11}x_1=P_1，m_{22}\ddot{x}_2+k_{22}x_2=P_2 \tag{v}$$

可以看出，系统的方程解耦后，变成两个相互独立的单自由度动力学方程，使得系统动力学方程全部耦合项都解耦的坐标称为**主坐标**，这将在 4.2 节中进行阐述。

下面讨论：能对同一个系统选取两个不同的坐标，它们所描述的动力学方程之间有着怎样的联系？

令

$$\boldsymbol{x}_D=\begin{bmatrix} x_D \\ \theta_D \end{bmatrix}，\boldsymbol{F}_D=\begin{bmatrix} P_D \\ M_D \end{bmatrix}$$

式（s）可以写为

$$\boldsymbol{M}_D\ddot{\boldsymbol{x}}_D+\boldsymbol{K}_D\boldsymbol{x}_D=\boldsymbol{F}_D \tag{w}$$

令

$$\boldsymbol{x}_C=\begin{bmatrix} x_C \\ \theta_C \end{bmatrix}，\boldsymbol{F}_C=\begin{bmatrix} P_C \\ M_C \end{bmatrix}$$

式（t）可以写为

$$\boldsymbol{M}_C\ddot{\boldsymbol{x}}_C+\boldsymbol{K}_C\boldsymbol{x}_C=\boldsymbol{F}_C \tag{x}$$

由式（a）和式（b），可以得到 D 点和 C 点坐标之间的关系为

$$\begin{bmatrix} x_D \\ \theta_D \end{bmatrix}=\begin{bmatrix} 1 & -e \\ 0 & 1 \end{bmatrix}\begin{bmatrix} x_C \\ \theta_C \end{bmatrix}，\boldsymbol{x}_D=\boldsymbol{T}\boldsymbol{x}_C \tag{y}$$

式中，$\boldsymbol{T}=\begin{bmatrix} 1 & -e \\ 0 & 1 \end{bmatrix}$为坐标变换矩阵，为非奇异矩阵，其逆矩阵存在。

P_C 和 M_C 为车辆外力向 C 点简化所得到的合力和合力矩，P_D 和 M_D 为车辆外力向 D 点简化所得到的合力和合力矩。根据理论力学的平移定理，可以得到 C 点作用力和 D 点作用力之间的关系为 $P_C=P_D$ 和 $M_C=-eP_D+M_D$，写成矩阵形式为

$$\begin{bmatrix} P_C \\ M_C \end{bmatrix} = \begin{bmatrix} 1 & 0 \\ -e & 1 \end{bmatrix} \begin{bmatrix} P_D \\ M_D \end{bmatrix}, \quad \boldsymbol{F}_C = \boldsymbol{T}^{\mathrm{T}} \boldsymbol{F}_D \tag{z}$$

将 $\boldsymbol{x}_D=\boldsymbol{T}\boldsymbol{x}_C$ 代入式（w），并且左乘 $\boldsymbol{T}^{\mathrm{T}}$，有

$$\boldsymbol{T}^{\mathrm{T}}\boldsymbol{M}_D\boldsymbol{T}\ddot{\boldsymbol{x}}_C+\boldsymbol{T}^{\mathrm{T}}\boldsymbol{K}_D\boldsymbol{T}\boldsymbol{x}_C=\boldsymbol{T}^{\mathrm{T}}\boldsymbol{F}_D \tag{i}$$

比较式（x）和式（i），并且考虑到 $\boldsymbol{F}_C=\boldsymbol{T}^{\mathrm{T}}\boldsymbol{F}_D$，应该有

$$\boldsymbol{T}^{\mathrm{T}}\boldsymbol{M}_D\boldsymbol{T}=\boldsymbol{M}_C, \quad \boldsymbol{T}^{\mathrm{T}}\boldsymbol{K}_D\boldsymbol{T}=\boldsymbol{K}_C \tag{ii}$$

可以验证式（ii）是成立的，例如，对于 $\boldsymbol{T}^{\mathrm{T}}\boldsymbol{M}_D\boldsymbol{T}=\boldsymbol{M}_C$，将相关矩阵代入，有

$$\begin{bmatrix} 1 & 0 \\ -e & 1 \end{bmatrix} \begin{bmatrix} m & me \\ me & I_C+me^2 \end{bmatrix} \begin{bmatrix} 1 & -e \\ 0 & 1 \end{bmatrix} = \begin{bmatrix} m & 0 \\ 0 & I_C \end{bmatrix} \tag{iii}$$

可以看出 $\boldsymbol{T}^{\mathrm{T}}\boldsymbol{M}_D\boldsymbol{T}=\boldsymbol{M}_C$ 成立。同样可以验证 $\boldsymbol{T}^{\mathrm{T}}\boldsymbol{K}_D\boldsymbol{T}=\boldsymbol{K}_C$ 成立。

通过以上分析，可以得出如下结论。假设对同一个系统所选择的两种不同的坐标 $\boldsymbol{x}$ 和 $\boldsymbol{y}$ 满足变换关系：

$$\boldsymbol{x}=\boldsymbol{T}\boldsymbol{y} \tag{iv}$$

式中，$\boldsymbol{T}$ 是非奇异矩阵。如果在坐标 $\boldsymbol{x}$ 下系统的动力学方程为

$$\boldsymbol{M}\ddot{\boldsymbol{x}}+\boldsymbol{K}\boldsymbol{x}=\boldsymbol{P} \tag{v}$$

那么在坐标 $\boldsymbol{y}$ 下的动力学方程为

$$\boldsymbol{T}^{\mathrm{T}}\boldsymbol{M}\boldsymbol{T}\ddot{\boldsymbol{y}}+\boldsymbol{T}^{\mathrm{T}}\boldsymbol{K}\boldsymbol{T}\boldsymbol{y}=\boldsymbol{T}^{\mathrm{T}}\boldsymbol{P} \tag{vi}$$

如果恰巧 $\boldsymbol{y}$ 是主坐标，则 $\boldsymbol{T}^{\mathrm{T}}\boldsymbol{M}\boldsymbol{T}$ 和 $\boldsymbol{T}^{\mathrm{T}}\boldsymbol{K}\boldsymbol{T}$ 将能够成为对角阵，系统的耦合动力学方程将会变成解耦形式。这样的转换矩阵 $\boldsymbol{T}$ 是否存在？又该如何寻找？

由线性代数理论可知，当 $\boldsymbol{T}$ 矩阵非奇异时，称矩阵 $\boldsymbol{A}$ 与矩阵 $\boldsymbol{T}^{\mathrm{T}}\boldsymbol{A}\boldsymbol{T}$ 合同。合同矩阵具有相同的对称性质与相同的正定性质。例如，对于对称性质，若矩阵 $\boldsymbol{A}$ 对称，则 $\boldsymbol{T}^{\mathrm{T}}\boldsymbol{A}\boldsymbol{T}$ 对称，证明如下：因为矩阵 $\boldsymbol{A}$ 对称，有 $\boldsymbol{A}=\boldsymbol{A}^{\mathrm{T}}$ 成立，由 $(\boldsymbol{T}^{\mathrm{T}}\boldsymbol{A}\boldsymbol{T})^{\mathrm{T}}=\boldsymbol{T}^{\mathrm{T}}\boldsymbol{A}(\boldsymbol{T}^{\mathrm{T}})^{\mathrm{T}}=\boldsymbol{T}^{\mathrm{T}}\boldsymbol{A}\boldsymbol{T}$ 可知，矩阵 $\boldsymbol{T}^{\mathrm{T}}\boldsymbol{A}\boldsymbol{T}$ 也为对称矩阵。对于正定性质，若原来的刚度矩阵 $\boldsymbol{K}$ 正定，则 $\boldsymbol{T}^{\mathrm{T}}\boldsymbol{K}\boldsymbol{T}$ 也为正定矩阵，因此坐标变换 $\boldsymbol{x}=\boldsymbol{T}\boldsymbol{y}$ 不改变系统的正定性质，对于质量矩阵也是如此。

4.2 多自由度系统的自由振动

无外力作用下，多自由度系统受到初始扰动所产生的振动称为自由振动。不考虑阻尼的作用，多自由度系统的自由振动动力学方程可以写为

$$\boldsymbol{M}\ddot{\boldsymbol{x}}(t)+\boldsymbol{K}\boldsymbol{x}(t)=\boldsymbol{0} \tag{4-17}$$

式（4-17）所描述的系统振动也称为系统的固有振动。通过对式（4-17）进行深入分析，可以发掘出许多关于多自由度系统振动的特性。

本节介绍无阻尼多自由度系统系统的自由振动，内容包括固有频率、主振型、振型正交性、振型叠加法、振型截断法等，这些内容是多自由度受迫振动分析的基础。

4.2.1 固有频率

固有频率

在考虑系统的固有振动时，最令人感兴趣的是系统的同步振动，即系统在各个坐标上除了运动幅值不相同外，随时间变化的规律都相同的运动，同步振动可以表示为

$$\boldsymbol{x}(t)=\boldsymbol{\phi}f(t) \tag{4-18}$$

式中，$\boldsymbol{x}(t)=[x_1(t),x_2(t),\cdots,x_n(t)]^{\mathrm{T}}\in\mathbf{R}^{n\times1}$为系统广义坐标列阵；$\boldsymbol{\phi}=[\phi_1,\phi_2,\cdots,\phi_n]^{\mathrm{T}}\in\mathbf{R}^{n\times1}$代表着系统在各个坐标上的位移幅值，即系统振动的形状，为常值列阵；$f(t)$为系统运动规律的时间函数，为标量函数。

将式（4-18）代入式（4-17）中，并且左乘$\boldsymbol{\phi}^{\mathrm{T}}$，可得

$$\boldsymbol{\phi}^{\mathrm{T}}\boldsymbol{M}\boldsymbol{\phi}\ddot{f}(t)+\boldsymbol{\phi}^{\mathrm{T}}\boldsymbol{K}\boldsymbol{\phi}f(t)=0 \tag{4-19}$$

计算得

$$-\frac{\ddot{f}(t)}{f(t)}=\frac{\boldsymbol{\phi}^{\mathrm{T}}\boldsymbol{K}\boldsymbol{\phi}}{\boldsymbol{\phi}^{\mathrm{T}}\boldsymbol{M}\boldsymbol{\phi}} \tag{4-20}$$

因为式（4-20）左端为时间的函数，右端与时间无关，因此可令式（4-20）为一常数λ。另外，由于振动系统的质量矩阵为正定矩阵，刚度矩阵至少为半正定矩阵，因此有$\boldsymbol{\phi}^{\mathrm{T}}\boldsymbol{M}\boldsymbol{\phi}>0$和$\boldsymbol{\phi}^{\mathrm{T}}\boldsymbol{K}\boldsymbol{\phi}\geqslant0$，即$\lambda\geqslant0$成立，故可以将式（4-20）改写为

$$-\frac{\ddot{f}(t)}{f(t)}=\frac{\boldsymbol{\phi}^{\mathrm{T}}\boldsymbol{K}\boldsymbol{\phi}}{\boldsymbol{\phi}^{\mathrm{T}}\boldsymbol{M}\boldsymbol{\phi}}=\omega^2 \tag{4-21}$$

式中，ω 为一常数，为系统的固有频率。对于正定振动系统，有 $\boldsymbol{\phi}^{\mathrm{T}}\boldsymbol{M}\boldsymbol{\phi}>0$ 和 $\boldsymbol{\phi}^{\mathrm{T}}\boldsymbol{K}\boldsymbol{\phi}>0$ 成立，因此有 $\omega^2>0$；对于半正定振动系统，有 $\boldsymbol{\phi}^{\mathrm{T}}\boldsymbol{M}\boldsymbol{\phi}>0$ 和 $\boldsymbol{\phi}^{\mathrm{T}}\boldsymbol{K}\boldsymbol{\phi}\geqslant 0$ 成立，因此有 $\omega^2\geqslant 0$。

由式（4-21）可得

$$\ddot{f}(t)+\omega^2 f(t)=0 \tag{4-22}$$

可以解得

$$\begin{cases} f(t)=a\sin(\omega t+\varphi), & \omega>0 \\ f(t)=at+b, & \omega=0 \end{cases} \tag{4-23}$$

式中，a、b 和 φ 为常数。式（4-23）中的两个方程都称为**主振动**。将式（4-23）代入式（4-18）中，可以得出如下关于系统同步振动的结论：

1）对于正定振动系统，只可能出现形如 $\boldsymbol{x}(t)=\boldsymbol{\phi}a\sin(\omega t+\varphi)$ 的同步运动，系统在各个坐标上都是按相同频率及初相位作简谐振动；

2）对于半正定振动系统，可能出现形如 $\boldsymbol{x}(t)=\boldsymbol{\phi}a\sin(\omega t+\varphi)$ 的同步运动，也可能出现形如 $\boldsymbol{x}(t)=\boldsymbol{\phi}(at+b)$ 的同步运动。

下面首先讨论正定系统的主振动。

将常数 a 并入 $\boldsymbol{\phi}$ 中，正定系统的主振动可以写为

$$\boldsymbol{x}(t)=\boldsymbol{\phi}a\sin(\omega t+\varphi) \tag{4-24}$$

将式（4-24）代入自由振动方程（4-17），可以推得

$$(\boldsymbol{K}-\omega^2\boldsymbol{M})\boldsymbol{\phi}=\boldsymbol{0} \tag{4-25}$$

式（4-25）称为**多自由度系统作用力方程的特征值问题**。其中，ω^2 为特征根，$\boldsymbol{\phi}$ 为特征向量，特征根对应着振动系统的固有频率，特征向量对应着系统的主振型，主振型将在 4.2.2 节进行详细阐述。式（4-25）是一个齐次方程组，$\boldsymbol{\phi}$ 有非零解的充分必要条件为系数行列式为零，即

$$|\boldsymbol{K}-\omega^2\boldsymbol{M}|=0 \tag{4-26}$$

将质量矩阵和刚度矩阵元素代入式（4-26），有

$$\begin{vmatrix} k_{11}-\omega^2 m_{11} & k_{12}-\omega^2 m_{12} & \cdots & k_{1n}-\omega^2 m_{1n} \\ k_{21}-\omega^2 m_{21} & k_{22}-\omega^2 m_{22} & \cdots & k_{2n}-\omega^2 m_{2n} \\ \vdots & \vdots & & \vdots \\ k_{n1}-\omega^2 m_{n1} & k_{n2}-\omega^2 m_{n2} & \cdots & k_{nn}-\omega^2 m_{nn} \end{vmatrix}=0 \tag{4-27}$$

将式（4-27）写成多项式形式，为

$$\omega^{2n}+a_1\omega^{2(n-1)}+\cdots+a_{n-1}\omega^2+a_n=0 \tag{4-28}$$

式（4-28）称为**频率方程**或**特征多项式**。由式（4-28）可以解出 n 个值，按升序排列为

$$0<\omega_1^2\leqslant\omega_2^2\leqslant\cdots\omega_i^2\leqslant\omega_n^2 \tag{4-29}$$

式中，ω_i 称为系统的第 i 阶**固有频率**；ω_1 称为**基频**。由于系统为正定振动系统，因此系统的所有各阶固有频率都大于零。因为系统的自由度数为 n，因此系统固有频率的个数也为 n。由式（4-26）可以看出，固有频率仅取决于系统本身的刚度和质量等固有物理参数。系统的固有频率是一个十分重要的概念，它反映了系统振动的固有特性。在工程实践中，固有频率尤其是基频往往是一个重要的设计参数。

固有频率的求解也可以采用位移方程进行求解。重写自由振动的位移方程为

$$\boldsymbol{DM}\ddot{\boldsymbol{x}}(t)+\boldsymbol{x}(t)=\boldsymbol{0} \tag{4-30}$$

式中，$\boldsymbol{x}(t)\in\mathbf{R}^{n\times1}$；$\boldsymbol{D}=\boldsymbol{K}^{-1}$为柔度矩阵。

系统的主振动不会因为动力学方程的不同形式而发生改变，仍然为式（4-24）所示的形式，即 $\boldsymbol{x}(t)=\boldsymbol{\phi}\sin(\omega t+\varphi)$。将主振动表达式代入式（4-30）中，可以得到**多自由度系统位移方程的特征值问题**，即

$$(\boldsymbol{DM}-\lambda\boldsymbol{I})\boldsymbol{\phi}=\boldsymbol{0} \tag{4-31}$$

式中，λ 为位移方程的特征值，它和固有频率之间存在如下关系：

$$\lambda=\frac{1}{\omega^2} \tag{4-32}$$

证明式（4-32）如下：由作用力方程的特征值问题式（4-25）可得

$$\boldsymbol{K\phi}=\omega^2\boldsymbol{M\phi} \tag{4-33}$$

将式（4-33）改写为

$$\frac{1}{\omega^2}\boldsymbol{I\phi}=\boldsymbol{K}^{-1}\boldsymbol{M\phi} \tag{4-34}$$

考虑到有 $\boldsymbol{D}=\boldsymbol{K}^{-1}$，式（4-34）可以写为

$$\left(\boldsymbol{DM}-\frac{1}{\omega^2}\boldsymbol{I}\right)\boldsymbol{\phi}=\boldsymbol{0} \tag{4-35}$$

将式（4-35）与式（4-31）进行对比，可知有 $\lambda=1/\omega^2$ 成立。

位移方程的特征值问题中，$\boldsymbol{\phi}$ 有非零解的条件为系数行列式为

零，即

$$|\boldsymbol{DM}-\lambda\boldsymbol{I}|=0 \tag{4-36}$$

可以解出特征根，按降序排列为

$$\lambda_1 \geqslant \lambda_2 \geqslant \cdots \lambda_i \cdots \geqslant \lambda_n > 0 \tag{4-37}$$

式中，$\lambda_i = 1/\omega_i^2$。

下面将通过一个例子来具体说明如何求解多自由系统的固有频率。

例 4-12 图4-35 为一个三自由度质量-弹簧系统，试计算该系统的固有频率。

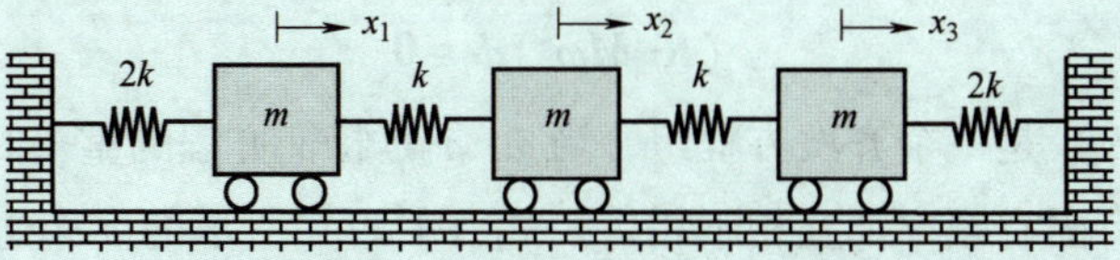

◀ 图 4-35 三自由度质量-弹簧系统

【解】 利用影响系数法，可以得到系统的质量矩阵和刚度矩阵分别为

$$\boldsymbol{M}=\begin{bmatrix} m & 0 & 0 \\ 0 & m & 0 \\ 0 & 0 & m \end{bmatrix},\ \boldsymbol{K}=\begin{bmatrix} 3k & -k & 0 \\ -k & 2k & -k \\ 0 & -k & 3k \end{bmatrix} \tag{a}$$

将式（a）代入到特征方程（4-26）中，可得

固有频率算例

$$\begin{vmatrix} 3k-m\omega^2 & -k & 0 \\ -k & 2k-m\omega^2 & -k \\ 0 & -k & 3k-m\omega^2 \end{vmatrix}=0 \tag{b}$$

令 $\alpha=m\omega^2/k$，式（b）可以改写为

$$\begin{vmatrix} 3-\alpha & -1 & 0 \\ -1 & 2-\alpha & -1 \\ 0 & -1 & 3-\alpha \end{vmatrix}=0 \tag{c}$$

对行列式（c）进行求解，可得

$$\alpha_1=1,\ \alpha_2=3,\ \alpha_3=4 \tag{d}$$

因此，系统的固有频率可以求得为

$$\omega_1=\sqrt{\frac{k}{m}},\ \omega_2=1.732\sqrt{\frac{k}{m}},\ \omega_3=2\sqrt{\frac{k}{m}} \tag{e}$$

4.2.2 主振型

主振型（Ⅰ）(1)

主振型（Ⅰ）(2)

主振型（Ⅱ）

在 4.2.1 节中，式（4-25）称为多自由度系统作用力方程的特征值问题，其中特征根 ω^2 为系统的固有频率，其值可以通过求解式（4-28）所示的特征多项式而获得，$\boldsymbol{\phi}$ 为特征向量，特征向量即为本节将要阐述的主振型。对于 n 自由度系统，记与第 i 个特征根 ω_i^2 所对应的特征向量为

$$\boldsymbol{\phi}_i=[\phi_{i,1},\phi_{i,2},\cdots,\phi_{i,n}]^{\mathrm{T}} \tag{4-38}$$

显然，系统每一个特征根都对应着一个特征向量。为了求解特征向量，将 $\omega^2=\omega_i^2$ 代入式（4-25）中，可以得到如下方程：

$$(\boldsymbol{K}-\boldsymbol{M}\omega_i^2)\boldsymbol{\phi}_i=\mathbf{0} \tag{4-39}$$

式（4-39）是一个齐次方程组，当 ω_i^2 不是特征方程的重根时，即系统的所有固有频率都互相不相等，式（4-39）所示的 n 个方程中只有一个是不独立的。不妨令最后一个方程不独立，将其划去，并把含有 $\boldsymbol{\phi}_i$ 中某个元素的项（例如第 n 个元素 $\phi_{i,n}$）全部移至方程的右端，可以得到如下 $n-1$ 个方程：

$$\begin{cases}(k_{11}-m_{11}\omega_i^2)\phi_{i,1}+(k_{12}-m_{12}\omega_i^2)\phi_{i,2}+\cdots+(k_{1,n-1}-m_{1,n-1}\omega_i^2)\phi_{i,n-1}=-(k_{1,n}-m_{1,n}\omega_i^2)\phi_{i,n}\\ \qquad\vdots\\ (k_{n-1,1}-m_{n-1,1}\omega_i^2)\phi_{i,1}+(k_{n-1,2}-m_{n-1,2}\omega_i^2)\phi_{i,2}+\cdots+(k_{n-1,n-1}-m_{n-1,n-1}\omega_i^2)\phi_{i,n-1}=-(k_{n-1,n}-m_{n-1,n}\omega_i^2)\phi_{i,n}\end{cases} \tag{4-40}$$

式（4-40）是一个非齐次方程组，如果方程组的系数行列式值不为零，则可以求解出用 $\phi_{i,n}$ 表示的 $\boldsymbol{\phi}_i$ 中的其余 $n-1$ 个元素值（$\phi_{i,1}$，$\phi_{i,2}$，…，$\phi_{i,n-1}$）的唯一解。如果系数行列式值为零，则可以重新指定 $\boldsymbol{\phi}_i$ 中的某一元素并将与其相关的项移至方程右端，直至行列式的值不为零。为简单计，可以令 $\phi_{i,n}=1$，利用式（4-40）求出 $\boldsymbol{\phi}_i$ 的其余元素值后，可以得到 $\boldsymbol{\phi}_i$ 为

$$\boldsymbol{\phi}_i=[\phi_{i,1},\phi_{i,2},\cdots,\phi_{i,n-1},1]^{\mathrm{T}} \tag{4-41}$$

显然，$\phi_{i,n}$ 的值可取任意非零常数 a_i，此时将解得 $\boldsymbol{\phi}_i=a_i[\phi_{i,1},\phi_{i,2},\cdots,\phi_{i,n-1},1]^{\mathrm{T}}$，这同样为与特征根 ω_i^2 所对应的特征向量。一般来说，将在特征向量中规定某一元素的值以确定其余元素的过程称为**归一化**。

将 ω_i 和 $\boldsymbol{\phi}_i$ 代入式（4-24）所示的主振动方程，并将 a 改为 a_i，

φ 改为 φ_i 可得

$$\boldsymbol{x}=\begin{bmatrix} x_1 \\ x_2 \\ \vdots \\ x_{n-1} \\ x_n \end{bmatrix}=\begin{bmatrix} \phi_{i,1} \\ \phi_{i,2} \\ \vdots \\ \phi_{i,n-1} \\ 1 \end{bmatrix} a_i\sin(\omega_i t+\varphi_i) \tag{4-42}$$

式（4-42）可以改写为

$$\frac{x_1}{\phi_{i,1}}=\frac{x_2}{\phi_{i,2}}=\cdots=\frac{x_n}{\phi_{i,n}}=a_i\sin(\omega_i t+\varphi_i) \tag{4-43}$$

由式（4-42）和式（4-43）可以看到，若系统做第 i 阶主振动时，各个坐标都将是以第 i 阶固有频率 ω_i 为振动频率且相位相同的简谐运动，并且同时经过平衡位置。$\boldsymbol{\phi}_i$ 的各个元素代表了系统做第 i 阶主振动时各个坐标上位移幅度的比值，它描述了系统做第 i 阶主振动时具有的振动形态，因此 $\boldsymbol{\phi}_i$ 也称作系统的第 i 阶**主振型**或**固有振型**。虽然系统各个坐标上振幅的精确值并没有确定，但是所表现的系统振动形态已经确定。由式（4-25）可以看出，与固有频率一样，主振型仅取决于系统的质量矩阵和刚度矩阵。将所有主振型 $\boldsymbol{\phi}_i$ 按顺序组成如下方阵：

$$\boldsymbol{\Phi}=[\phi_1,\phi_2,\cdots,\phi_n]\in\mathbf{R}^{n\times n} \tag{4-44}$$

该方阵 $\boldsymbol{\Phi}$ 称为系统的**振型矩阵**。振型矩阵很关键，通过它可以将物理空间耦合的振动问题转到模态空间进行解耦，变成 n 个相互独立的单自由度振动问题，这将在 4.2.4 节进行详细介绍。

多自由度系统的固有频率和主振型，统称为系统的**模态**。n 自由度系统有 n 个固有频率和 n 个主振型，而且有 n 个主振动，主振动为简谐振动。当系统做第 i 阶主振动时，振动的频率为系统的第 i 阶固有频率 ω_i，振动的形态为第 i 阶主振型 $\boldsymbol{\phi}_i$。式（4-39）也称为系统的第 i 个模态的特征值问题。主振动这一重要概念是单自由度系统所没有的。

在得到系统的主振动后，系统的固有振动是系统所有主振动的线性组合，即

$$\begin{aligned}\boldsymbol{x}(t)&=\boldsymbol{\phi}_1a_1\sin(\omega_1+\varphi_1)+\boldsymbol{\phi}_2a_2\sin(\omega_2t+\varphi_2)+\cdots+\boldsymbol{\phi}_na_n\sin(\omega_nt+\varphi_n)\\&=\sum_{i=1}^{n}\boldsymbol{\phi}_ia_i\sin(\omega_it+\varphi_i)\end{aligned} \tag{4-45}$$

式中，a_i 和 $\varphi_i(i=1,2,\cdots,n)$ 由振动的初始条件所决定。由于各个主振动的固有频率不相同，多自由度系统的自由振动一般不是简谐振动，甚至不是周期振动。式（4-45）的这种求解方法称为振型叠加法，该方法将在 4.2.4 节进行详细阐述。

需要注意以下几个概念和知识点：

1）多自由度系统的主振动是简谐运动，n 自由度系统拥有 n 个主振动，系统物理空间的响应是 n 个主振动的线性组合；

2）当系统做第 i 阶主振动时，振动的频率为第 i 阶固有频率 ω_i，振动的形态为第 i 阶主振型 $\boldsymbol{\phi}_i$；

3）多自由度系统的振型有两种，一种是本节讲述的主振型，其所对应的模态主质量不为 1，还有一种称为正则振型，其所对应值模态主质量为 1，将在 4.2.3 节进行介绍；

4）多自由度系统的固有频率和主振型，统称为系统的模态。系统的主振动也称为模态主振动或者模态响应。描述模态主振动时不但要指明它的振动频率，而且要指明各个坐标所构成的主振型，系统物理空间的响应是所有模态主振动的线性组合。对于系统在初始条件下所发生的自由振动，模态响应一定为简谐形式，它等同于主振动。对于系统受迫振动的情形，模态响应与外部激励的性质相关，当外部激励非简谐形式时，模态响应也不再是简谐形式，这将在 4.4 节进行介绍。

下面介绍求解多自由度系统主振型的另一种方法。在多自由度系统的特征值方程 $(\boldsymbol{K}-\omega^2\boldsymbol{M})\boldsymbol{\phi}=\boldsymbol{0}$ 中，定义：

$$\boldsymbol{B}(\omega)=\boldsymbol{K}-\omega^2\boldsymbol{M} \tag{4-46}$$

为系统的特征矩阵。系统主振型的求解可以采用特征矩阵的伴随矩阵而得到。

根据逆矩阵的定义，特征矩阵 $\boldsymbol{B}(\omega)$ 的逆矩阵可以写为

$$\boldsymbol{B}^{-1}(\omega)=\frac{1}{|\boldsymbol{B}(\omega)|}\mathrm{adj}(\boldsymbol{B}(\omega)) \tag{4-47}$$

在式（4-47）两边同时左乘以 $|\boldsymbol{B}(\omega)|\boldsymbol{B}(\omega)$，可得

$$|\boldsymbol{B}(\omega)|\boldsymbol{I}=\boldsymbol{B}(\omega)\mathrm{adj}(\boldsymbol{B}(\omega)) \tag{4-48}$$

当 $\omega=\omega_i$ 时，有 $|\boldsymbol{B}(\omega)|=|\boldsymbol{K}-\omega^2\boldsymbol{M}|=0$ 成立，同时考虑到 $\boldsymbol{B}(\omega)=\boldsymbol{K}-\omega^2\boldsymbol{M}$，式（4-48）可以写为

$$\boldsymbol{B}(\omega_i)\mathrm{adj}(\boldsymbol{B}(\omega_i))=\boldsymbol{0} \tag{4-49}$$

对比式（4-48）和式（4-25）可知，伴随矩阵 $\mathrm{adj}(\boldsymbol{B}(\omega_i))$的任一非零列都是系统的第 i 阶主振型 $\boldsymbol{\phi}_i$。

例 4-13 图4-36 所示为二自由度质量-弹簧系统，试利用归一化方法求解系统的主振型。

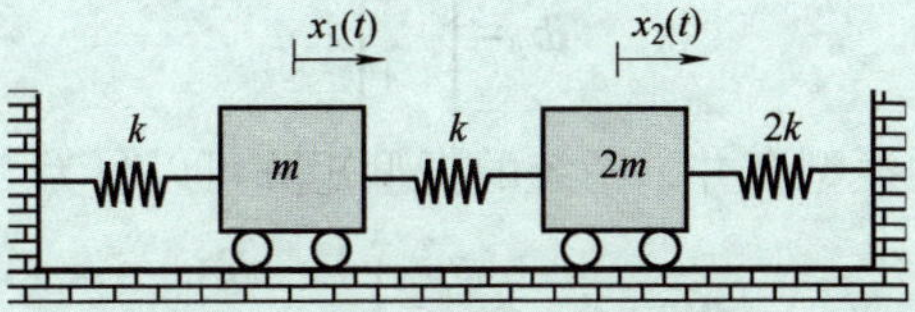

◀ 图 4-36 二自由度质量-弹簧系统

主振型算例（1）

【解】 选定质量块静平衡状态下的水平方向位移 $x_1(t)$ 和 $x_2(t)$ 为系统的广义坐标，可以建立系统的动力学方程为

$$\begin{bmatrix} m & 0 \\ 0 & 2m \end{bmatrix}\begin{bmatrix} \ddot{x}_1 \\ \ddot{x}_2 \end{bmatrix}+\begin{bmatrix} 2k & -k \\ -k & 3k \end{bmatrix}\begin{bmatrix} x_1 \\ x_2 \end{bmatrix}=\begin{bmatrix} 0 \\ 0 \end{bmatrix} \tag{a}$$

令系统的主振动为$[x_1(t),x_2(t)]^{\mathrm{T}}=[\phi_1,\phi_2]^{\mathrm{T}}\sin(\omega t+\varphi)$，代入式（a），可以得到系统的特征值问题的方程为

$$\begin{bmatrix} 2k-m\omega^2 & -k \\ -k & 3k-2m\omega^2 \end{bmatrix}\begin{bmatrix} \phi_1 \\ \phi_2 \end{bmatrix}=\begin{bmatrix} 0 \\ 0 \end{bmatrix} \tag{b}$$

令 $\alpha=m\omega^2/k$，式（b）可以简化为

$$\begin{bmatrix} 2-\alpha & -1 \\ -1 & 3-2\alpha \end{bmatrix}\begin{bmatrix} \phi_1 \\ \phi_2 \end{bmatrix}=\begin{bmatrix} 0 \\ 0 \end{bmatrix} \tag{c}$$

令式（c）的系数行列式为零，可以得到系统的特征方程为

$$\begin{vmatrix} 2-\alpha & -1 \\ -1 & 3-2\alpha \end{vmatrix}=2\alpha^2-7\alpha+5=0 \tag{d}$$

可以求得

$$\alpha_1=1,\ \alpha_2=2.5 \tag{e}$$

因此系统的两个固有频率为

$$\omega_1=\sqrt{\frac{k}{m}},\ \omega_2=1.581\sqrt{\frac{k}{m}} \tag{f}$$

将 $\omega_1=\sqrt{k/m}$ 代入式（c），并令 $\phi_2=1$，由式（c）可以解得 $\phi_1=1$，因此系统的第一阶主振型为

$$\boldsymbol{\phi}_1 = \begin{bmatrix} 1 \\ 1 \end{bmatrix} \tag{g}$$

同理，将 $\omega_2 = 1.581\sqrt{k/m}$ 代入式（c），并令 $\phi_2 = 1$，可以解得 $\phi_1 = -2$，因此系统的第二阶主振型为

$$\boldsymbol{\phi}_2 = \begin{bmatrix} -2 \\ 1 \end{bmatrix} \tag{h}$$

将两阶主振型合并，系统的振型矩阵可以写为

$$\boldsymbol{\Phi} = [\boldsymbol{\phi}_1, \boldsymbol{\phi}_2] = \begin{bmatrix} 1 & -2 \\ 1 & 1 \end{bmatrix} \tag{i}$$

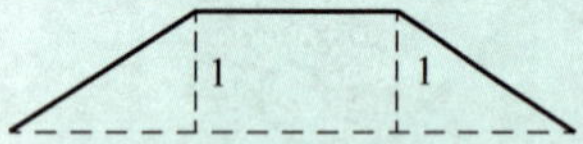

图 4-37　系统第一阶主振型

将系统的两阶主振型以图形形式予以显示，其中水平虚线代表平衡位置，铅垂线代表主振型中各元素的值。第一阶主振型的图形如图 4-37 所示，系统第一阶主振型运动示意图如图 4-38 所示。由两幅图形可以看出，当系统做第一阶模态主振动时，它振动的频率为 $\omega_1 = \sqrt{k/m}$，两个质量块在任何时刻都位于平衡位置的同侧，同时在平衡位置的右侧或同时在平衡位置的左侧，而且同时经过平衡位置。

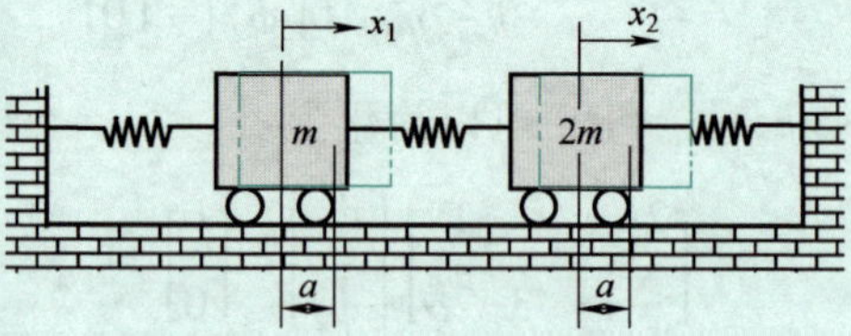

▶ 图 4-38　系统第一阶主振型运动示意图

系统第二阶主振型以及两个质量块的运动示意图如图 4-39 和图 4-40 所示。可以看出，当系统做第二阶模态主振动时，它振动的频率为 $\omega_2 = 1.581\sqrt{k/m}$，两个质量块在任意时刻都位于平衡位置的异侧，一个位于左边时另一个位于右边，而且任意时刻第一个质量块的位移都是第二个质量块位移的两倍；但是和第一阶主振动相同的是，它们仍然是同时经过平衡位置。另外，由图 4-39 还可以看出，第二阶主振型中有一个“节点”，该点是不动点，也就是说，当系统做第二阶模态主振动时，该点是静止不运动的。节点的概念对于传感器的放置位置很关键。例如，如果把传感器放置在第二阶主振型的节点位置

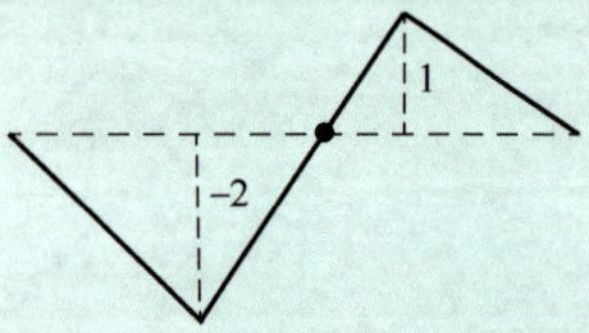

图 4-39　系统第二阶主振型

上，那么传感器所测量到的信号里将不包含有第二阶模态的信息。反观第一阶主振型图 4-37 可以发现，第一阶主振型没有节点。在此给出节点数量的结论：对于正定振动系统，第 i 阶主振型具有 i-1 个节点。节点的概念对于振动主动控制也同样很关键。例如，如果把作动器放置在第二阶主振型的节点位置，那么无论施加多大的力都将无法控制住第二阶模态响应。关于节点和传感器和作动器关系的详细描述也可以参见 7. 3 节和 7. 4 节的相关内容。

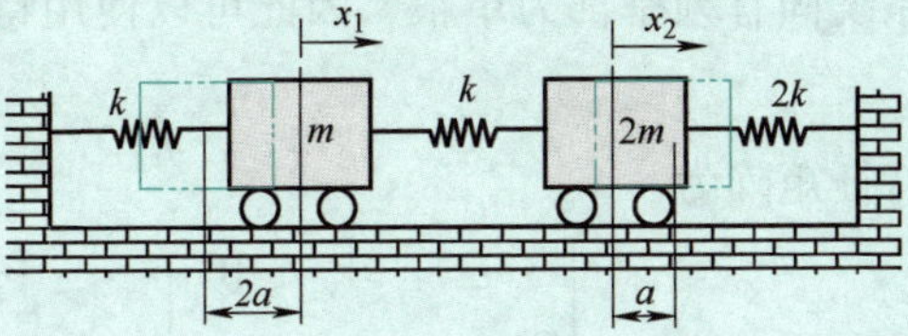

◀ 图 4-40 系统第二阶主振型运动示意图

例 4-14 图4-41 所示为三自由度质量-弹簧系统，试利用伴随矩阵方法求解系统的主振型。

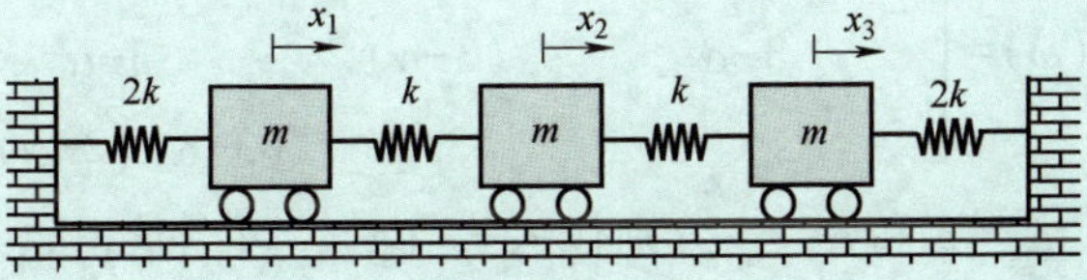

◀ 图 4-41 三自由度质量-弹簧系统

主振型算例（2）

【解】 系统的动力学方程可以建立为

$$\begin{bmatrix} m & 0 & 0 \\ 0 & m & 0 \\ 0 & 0 & m \end{bmatrix}\begin{bmatrix} \ddot{x}_1 \\ \ddot{x}_2 \\ \ddot{x}_3 \end{bmatrix}+\begin{bmatrix} 3k & -k & 0 \\ -k & 2k & -k \\ 0 & -k & 3k \end{bmatrix}\begin{bmatrix} x_1 \\ x_2 \\ x_3 \end{bmatrix}=\begin{bmatrix} 0 \\ 0 \\ 0 \end{bmatrix} \tag{a}$$

式（a）代入主振动 $[x_1, x_2, x_3]^{\mathrm{T}}=[\phi_1, \phi_2, \phi_3]^{\mathrm{T}}\sin(\omega t+\varphi)$，或者直接使用 $(\boldsymbol{K}-\omega^2\boldsymbol{M})\boldsymbol{\phi}=\mathbf{0}$，可得：

$$\begin{bmatrix} 3k-m\omega^2 & -k & 0 \\ -k & 2k-m\omega^2 & -k \\ 0 & -1 & 3k-m\omega^2 \end{bmatrix}\begin{bmatrix} \phi_1 \\ \phi_2 \\ \phi_3 \end{bmatrix}=\begin{bmatrix} 0 \\ 0 \\ 0 \end{bmatrix} \tag{b}$$

令 $\alpha=m\omega^2/k$，式（b）可简化为：

$$\begin{bmatrix} 3-\alpha & -1 & 0 \\ -1 & 2-\alpha & -1 \\ 0 & -1 & 3-\alpha \end{bmatrix} \begin{bmatrix} \phi_1 \\ \phi_2 \\ \phi_3 \end{bmatrix} = \begin{bmatrix} 0 \\ 0 \\ 0 \end{bmatrix} \tag{c}$$

根据特征方程可以解得

$$\alpha_1 = 1,\ \alpha_2 = 3,\ \alpha_3 = 4 \tag{d}$$

即系统各阶固有频率为

$$\omega_1 = \sqrt{\frac{k}{m}},\ \omega_2 = 1.732\sqrt{\frac{k}{m}},\ \omega_3 = 2\sqrt{\frac{k}{m}} \tag{e}$$

可以看出，系统固有频率都为单根，因此可以使用特征矩阵求解主振型。

系统的特征矩阵为

$$\boldsymbol{B}(\omega) = \begin{bmatrix} 3-\alpha & -1 & 0 \\ -1 & 2-\alpha & -1 \\ 0 & -1 & 3-\alpha \end{bmatrix} \tag{f}$$

其伴随矩阵 $\mathrm{adj}\boldsymbol{B}(\omega)$ 为

$$\mathrm{adj}\boldsymbol{B}(\omega) = \begin{bmatrix} (3-\alpha)(2-\alpha)-1 & 3-\alpha & 1 \\ 3-\alpha & (3-\alpha)^2 & 3-\alpha \\ 1 & 3-\alpha & (3-\alpha)(2-\alpha)-1 \end{bmatrix} \tag{g}$$

将 $\alpha_1 = 1$，$\alpha_2 = 3$ 和 $\alpha_3 = 4$ 分别代入式（g），可以求得系统的主振型分别为

$$\boldsymbol{\phi}_1 = \begin{bmatrix} 1 \\ 2 \\ 1 \end{bmatrix},\ \boldsymbol{\phi}_2 = \begin{bmatrix} -1 \\ 0 \\ 1 \end{bmatrix},\ \boldsymbol{\phi}_3 = \begin{bmatrix} 1 \\ -1 \\ 1 \end{bmatrix} \tag{h}$$

将各阶主振型合并，可以得到系统的振型矩阵为

$$\boldsymbol{\Phi} = [\boldsymbol{\phi}_1, \boldsymbol{\phi}_2, \boldsymbol{\phi}_3] = \begin{bmatrix} 1 & -1 & 1 \\ 2 & 0 & -1 \\ 1 & 1 & 1 \end{bmatrix} \tag{i}$$

系统的振型图如图 4-42 所示。由图 4-42 可以看出，第一阶主振型不存在节点，第二阶主振型存在 1 个节点，第三阶主振型存在 2 个节点，节点的数量由主振型内元素符号变号的次数也可以判断出。

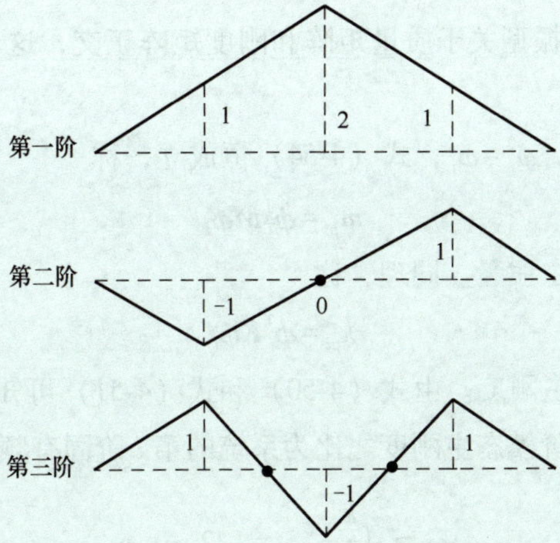

◀ 图 4-42 三自由质量-弹簧系统振型图

4.2.3 主振型的正交性与线性无关性

由 4.2.2 节的分析可知，多自由度系统的第 i 阶固有频率和第 i 阶主振型是一一对应的，它们一起构成了系统的第 i 阶主振动。设固有频率 ω_i 和 ω_j 所对应的主振型分别为 $\boldsymbol{\phi}_i$ 和 $\boldsymbol{\phi}_j$，它们均满足系统的特征方程（4-25），即

主振型正交性（Ⅰ）

主振型正交性（Ⅱ）

$$\boldsymbol{K\phi}_i=\omega_i^2\boldsymbol{M\phi}_i \tag{4-50}$$

$$\boldsymbol{K\phi}_j=\omega_j^2\boldsymbol{M\phi}_j \tag{4-51}$$

将式（4-50）两边转置并且右乘 $\boldsymbol{\phi}_j$，利用 $\boldsymbol{M}$ 和 $\boldsymbol{K}$ 的对称性，可得

$$\boldsymbol{\phi}_i^{\mathrm{T}}\boldsymbol{K\phi}_j=\omega_i^2\boldsymbol{\phi}_i^{\mathrm{T}}\boldsymbol{M\phi}_j \tag{4-52}$$

将式（4-51）等号两边分别左乘 $\boldsymbol{\phi}_i^{\mathrm{T}}$，可得

$$\boldsymbol{\phi}_i^{\mathrm{T}}\boldsymbol{K\phi}_j=\omega_j^2\boldsymbol{\phi}_i^{\mathrm{T}}\boldsymbol{M\phi}_j \tag{4-53}$$

将式（4-52）和式（4-53）相减，可得

$$(\omega_i^2-\omega_j^2)\boldsymbol{\phi}_i^{\mathrm{T}}\boldsymbol{M\phi}_j=0 \tag{4-54}$$

对于系统不存在重固有频率的情况，当 $i\neq j$ 时有 $\omega_i^2\neq\omega_j^2$，由式（4-54）可得

$$\boldsymbol{\phi}_i^{\mathrm{T}}\boldsymbol{M\phi}_j=0,\quad i\neq j \tag{4-55}$$

式（4-55）即为主振型关于质量的正交性。

当式（4-55）成立时，由式（4-52）或式（4-53）可知有

$$\boldsymbol{\phi}_i^{\mathrm{T}}\boldsymbol{K\phi}_j=0,\quad i\neq j \tag{4-56}$$

此即为主振型关于刚度的正交性。式（4-55）和式（4-56）表明，不同阶次的主振型关于质量矩阵和刚度矩阵正交，这一性质称为主振型的正交性。

当 $i=j$ 时，$\omega_i^2=\omega_j^2$，式（4-54）恒成立，称

$$m_{pi}=\boldsymbol{\phi}_i^{\mathrm{T}}\boldsymbol{M}\boldsymbol{\phi}_i \tag{4-57}$$

为第 i 阶模态主质量。同理，称

$$k_{pi}=\boldsymbol{\phi}_i^{\mathrm{T}}\boldsymbol{K}\boldsymbol{\phi}_i \tag{4-58}$$

为第 i 阶模态主刚度。由式（4-50）和式（4-51）可知，第 i 阶模态主质量与第 i 阶模态主刚度之比为系统的第 i 阶固有频率，即

$$\omega_i=\sqrt{\frac{k_{pi}}{m_{pi}}},\quad i=1,2,\cdots,n \tag{4-59}$$

利用克罗内克（Kronecker）符号，可以将系统的正交性条件写为

$$\begin{cases}\boldsymbol{\phi}_i^{\mathrm{T}}\boldsymbol{M}\boldsymbol{\phi}_j=\delta_{ij}m_{pi}\\ \boldsymbol{\phi}_i^{\mathrm{T}}\boldsymbol{K}\boldsymbol{\phi}_j=\delta_{ij}k_{pi}\end{cases} \tag{4-60}$$

式中，

$$\delta_{ij}=\begin{cases}1 & i=j\\ 0 & i\neq j\end{cases}$$

将系统的所有主振型 $\boldsymbol{\phi}_i$ 组成振型矩阵，该矩阵已由式（4-44）给出，为便于在此理解，重写如下：

$$\boldsymbol{\Phi}=[\boldsymbol{\phi}_1,\boldsymbol{\phi}_2,\cdots,\boldsymbol{\phi}_n]\in\mathbf{R}^{n\times n} \tag{4-61}$$

系统的正交性可以表示为

$$\begin{cases}\boldsymbol{\Phi}^{\mathrm{T}}\boldsymbol{M}\boldsymbol{\Phi}=\mathrm{diag}(m_{p1},m_{p2},\cdots,m_{pn})=\boldsymbol{M}_p\\ \boldsymbol{\Phi}^{\mathrm{T}}\boldsymbol{K}\boldsymbol{\Phi}=\mathrm{diag}(k_{p1},k_{p2},\cdots,k_{pn})=\boldsymbol{K}_p\end{cases} \tag{4-62}$$

式中，$\boldsymbol{M}_p=\mathrm{diag}(m_{p1},m_{p2},\cdots,m_{pn})\in\mathbf{R}^{n\times n}$为系统的主质量矩阵，是由$m_{p1},m_{p2},\cdots,m_{pn}$组成的对角矩阵，对角线上的元素为各阶模态主质量；$\boldsymbol{K}_p=\mathrm{diag}(k_{p1},k_{p2},\cdots,k_{pn})\in\mathbf{R}^{n\times n}$为系统的主刚度矩阵，是由 k_{p1}，$k_{p2},\cdots,k_{pn}$组成的对角矩阵，对角线上的元素为各阶模态主刚度。

下面给出主质量矩阵为对角矩阵的证明过程：

$$\begin{aligned}\boldsymbol{M}_p&=\boldsymbol{\Phi}^{\mathrm{T}}\boldsymbol{M}\boldsymbol{\Phi}\\ &=[\boldsymbol{\phi}_1,\boldsymbol{\phi}_2,\cdots,\boldsymbol{\phi}_n]^{\mathrm{T}}\boldsymbol{M}[\boldsymbol{\phi}_1,\boldsymbol{\phi}_2,\cdots,\boldsymbol{\phi}_n]\end{aligned}$$

$$
=\begin{bmatrix} \boldsymbol{\phi}_1^{\mathrm{T}}\boldsymbol{M}\boldsymbol{\phi}_1 & \boldsymbol{\phi}_1^{\mathrm{T}}\boldsymbol{M}\boldsymbol{\phi}_2 & \cdots & \boldsymbol{\phi}_1^{\mathrm{T}}\boldsymbol{M}\boldsymbol{\phi}_n \\ \boldsymbol{\phi}_2^{\mathrm{T}}\boldsymbol{M}\boldsymbol{\phi}_1 & \boldsymbol{\phi}_2^{\mathrm{T}}\boldsymbol{M}\boldsymbol{\phi}_2 & \cdots & \boldsymbol{\phi}_2^{\mathrm{T}}\boldsymbol{M}\boldsymbol{\phi}_n \\ \vdots & \vdots & & \vdots \\ \boldsymbol{\phi}_n^{\mathrm{T}}\boldsymbol{M}\boldsymbol{\phi}_1 & \boldsymbol{\phi}_n^{\mathrm{T}}\boldsymbol{M}\boldsymbol{\phi}_2 & \cdots & \boldsymbol{\phi}_n^{\mathrm{T}}\boldsymbol{M}\boldsymbol{\phi}_n \end{bmatrix}
$$

$$
=\begin{bmatrix} m_{p1} & 0 & \cdots & 0 \\ 0 & m_{p2} & \cdots & 0 \\ \vdots & \vdots & & \vdots \\ 0 & 0 & \cdots & m_{pn} \end{bmatrix} \tag{4-63}
$$

同理，可以证明主刚度矩阵也为对角矩阵。

将系统的各阶特征根问题方程 $\boldsymbol{K}\boldsymbol{\phi}_i=\omega_i^2\boldsymbol{M}\boldsymbol{\phi}_i$ 合并写成矩阵形式，有

$$
\boldsymbol{K}\boldsymbol{\Phi}=\boldsymbol{M}\boldsymbol{\Phi}\boldsymbol{\Lambda} \tag{4-64}
$$

式中，

$$
\boldsymbol{\Lambda}=\begin{bmatrix} \omega_1^2 & & \\ & \ddots & \\ & & \omega_n^2 \end{bmatrix} \in \mathbf{R}^{n\times n}
$$

为谱矩阵，为对角矩阵，对角线上的元素为各阶固有频率的平方。将式（4-64）左乘 $\boldsymbol{\Phi}^{\mathrm{T}}$，并且利用主振型的正交性，可得

$$
\boldsymbol{K}_p=\boldsymbol{M}_p\boldsymbol{\Lambda} \tag{4-65}
$$

因此，有

$$
\boldsymbol{\Lambda}=\boldsymbol{M}_p^{-1}\boldsymbol{K}_p \tag{4-66}
$$

下面介绍另一种主振型，称为正则振型，其定义为系统全部主质量都为 1 时所对应的主振型。根据正则振型的定义，有

$$
m_{pi}=\boldsymbol{\phi}_{Ni}^{\mathrm{T}}\boldsymbol{M}\boldsymbol{\phi}_{Ni}=1,\ i=1,2,\cdots,n \tag{4-67}
$$

令

$$
\boldsymbol{\phi}_{Ni}=c_i\boldsymbol{\phi}_i \tag{4-68}
$$

将式（4-68）代入式（4-67），可得

$$
\boldsymbol{\phi}_{Ni}^{\mathrm{T}}\boldsymbol{M}\boldsymbol{\phi}_{Ni}=c_i^2\boldsymbol{\phi}_i^{\mathrm{T}}\boldsymbol{M}\boldsymbol{\phi}_i=c_i^2m_{pi}=1 \tag{4-69}
$$

可以推得有

$$
c_i=\frac{1}{\sqrt{m_{pi}}} \tag{4-70}
$$

将式（4-70）代入式（4-68），可得正则振型 $\boldsymbol{\phi}_{Ni}$ 和主振型 $\boldsymbol{\phi}_i$ 之间的

关系为

$$\boldsymbol{\phi}_{Ni}=\frac{1}{\sqrt{m_{pi}}}\boldsymbol{\phi}_i \tag{4-71}$$

根据正则振型关于刚度的正交性，可以推得有

$$\boldsymbol{\phi}_{Ni}^{\mathrm{T}}\boldsymbol{K}\boldsymbol{\phi}_{Ni}=\frac{1}{m_{pi}}\boldsymbol{\phi}_i^{\mathrm{T}}\boldsymbol{K}\boldsymbol{\phi}_i=\frac{k_{pi}}{m_{pi}}=\omega_i^2 \tag{4-72}$$

可以看出，正则振型关于刚度的正交性为固有频率的平方。

将系统的所有正则振型 $\boldsymbol{\phi}_{Ni}$ 组成如下的正则振型矩阵：

$$\boldsymbol{\Phi}_N=[\boldsymbol{\phi}_{N1},\cdots,\boldsymbol{\phi}_{Nn}]\in\mathbf{R}^{n\times n} \tag{4-73}$$

与式（4-62）的推导类似，对于正则振型，系统的正交性可以写为

$$\begin{cases}\boldsymbol{\Phi}_N^{\mathrm{T}}\boldsymbol{M}\boldsymbol{\Phi}_N=\mathrm{diag}(1,1,\cdots,1)=\boldsymbol{I}_N\\ \boldsymbol{\Phi}_N^{\mathrm{T}}\boldsymbol{K}\boldsymbol{\Phi}_N=\mathrm{diag}(\omega_1^2,\omega_2^2,\cdots,\omega_n^2)=\boldsymbol{\Lambda}\end{cases} \tag{4-74}$$

式中，$\boldsymbol{I}_N\in\mathbf{R}^{n\times n}$ 为单位矩阵。

应当注意的是，正则振型只是系统振型的另一种表达形式，它并不改变系统各个坐标相对位移之间的比例关系。

由主振型的正交性，可以证明主振型是线性无关的，对于正则振型同样如此，具体证明如下。

根据线性代数知识，n 个主振型向量线性无关的充要条件为：只有全部为零的常数 $a_i(i=1,2,\cdots,n)$，才能使得

$$\sum_{i=1}^{n}a_i\boldsymbol{\phi}_i=\boldsymbol{0} \tag{4-75}$$

成立。将式（4-75）两端同时左乘 $\boldsymbol{\phi}_j^{\mathrm{T}}\boldsymbol{M}$，可得

$$\sum_{i=1}^{n}a_i\boldsymbol{\phi}_j^{\mathrm{T}}\boldsymbol{M}\boldsymbol{\phi}_i=0 \tag{4-76}$$

由主振型的正交性，可以推得有 $a_j=0$ 成立。依次令 $j=1,2,\cdots,n$，便可以依次得到 $a_1=a_2=\cdots=a_n=0$，证毕。

例 4-15 试求解例4-14 中三自由度质量-弹簧系统的主质量阵、主刚度阵、谱矩阵和正则振型矩阵。

【解】 根据例 4-11 的计算结果，系统的振型矩阵为

$$\boldsymbol{\Phi}=\begin{bmatrix}1 & -1 & 1\\ 2 & 0 & -1\\ 1 & 1 & 1\end{bmatrix} \tag{a}$$

根据式（4-62），可得系统的主质量阵为

$$\boldsymbol{M}_p=\boldsymbol{\Phi}^{\mathrm{T}}\boldsymbol{M}\boldsymbol{\Phi}=\begin{bmatrix}6m & 0 & 0\\ 0 & 2m & 0\\ 0 & 0 & 3m\end{bmatrix} \tag{b}$$

系统的主刚度阵为

$$\boldsymbol{K}_p=\boldsymbol{\Phi}^{\mathrm{T}}\boldsymbol{K}\boldsymbol{\Phi}=\begin{bmatrix}6k & 0 & 0\\ 0 & 6k & 0\\ 0 & 0 & 12k\end{bmatrix} \tag{c}$$

由式（b）和式（c）可以看到，系统的主质量阵和主刚度阵都为对角矩阵，这验证了主振型关于质量矩阵和刚度矩阵的正交性。

利用式（4-71），可推得系统的各阶正则振型为

$$\boldsymbol{\phi}_{N1}=\frac{1}{\sqrt{6m}}\begin{bmatrix}1\\2\\1\end{bmatrix},\ \boldsymbol{\phi}_{N2}=\frac{1}{\sqrt{2m}}\begin{bmatrix}-1\\0\\1\end{bmatrix},\ \boldsymbol{\phi}_{N3}=\frac{1}{\sqrt{3m}}\begin{bmatrix}1\\-1\\1\end{bmatrix} \tag{d}$$

因此，正则振型矩阵为

$$\boldsymbol{\Phi}_N=\frac{1}{\sqrt{6m}}\begin{bmatrix}1 & -\sqrt{3} & \sqrt{2}\\ 2 & 0 & -\sqrt{2}\\ 1 & \sqrt{3} & \sqrt{2}\end{bmatrix} \tag{e}$$

系统的谱矩阵为

$$\boldsymbol{\Lambda}=\frac{1}{\sqrt{6m}}\begin{bmatrix}\dfrac{k}{m} & 0 & 0\\ 0 & \dfrac{3k}{m} & 0\\ 0 & 0 & \dfrac{4k}{m}\end{bmatrix} \tag{f}$$

可以验证，有 $\boldsymbol{\Phi}_N^{\mathrm{T}}\boldsymbol{M}\boldsymbol{\Phi}_N=\boldsymbol{I}_3$，$\boldsymbol{\Phi}_N^{\mathrm{T}}\boldsymbol{K}\boldsymbol{\Phi}_N=\boldsymbol{\Lambda}$ 和 $\boldsymbol{\Lambda}=\boldsymbol{M}_p^{-1}\boldsymbol{K}_p$ 成立。

4.2.4 振型叠加法

由于振型向量 $\boldsymbol{\phi}_1,\boldsymbol{\phi}_2,\cdots,\boldsymbol{\phi}_n$ 之间存在线性无关性和正交性，因此可以构成 n 维空间的一组向量基。n 自由度系统的任意振动形式都可以唯一地表示为这 n 个振型向量的线性组合，即

振型叠加法

$$x(t)=\sum_{i=1}^{n}\phi_i\eta_i(t) \tag{4-77}$$

式中，η_i 称为系统的第 i 阶主模态坐标。式（4-77）表明，系统的振动可以表示为 n 阶主振动的线性叠加，因此这种方法被称为振型叠加法。利用振型叠加法，可以实现从系统的物理坐标向模态坐标的转换。

将式（4-77）写成矩阵形式，有

$$x(t)=\Phi\eta(t) \tag{4-78}$$

式中，$x(t)=[x_1(t),\cdots,x_n(t)]^T\in R^{n\times1}$ 为系统的物理坐标列阵，$\eta(t)=[\eta_1(t),\eta_2(t),\cdots,\eta_n(t)]^T\in R^{n\times1}$ 为主模态坐标列阵；$\Phi\in R^{n\times n}$ 为振型矩阵。

式（4-78）事实上代表着一种转换关系，将物理空间坐标向模态空间转换。

当然，系统的物理空间响应也可以用正则模态坐标表示，即

$$x(t)=\Phi_N\eta_N(t)=\sum_{i=1}^{n}\phi_{Ni}\eta_{Ni}(t) \tag{4-79}$$

式中，$\eta_N(t)=[\eta_{N1}(t),\eta_{N2}(t),\cdots,\eta_{Nn}(t)]^T\in R^{n\times1}$ 为系统的正则模态坐标列阵；$\Phi_N\in R^{n\times n}$ 为正则模态矩阵。

下面利用以上两类模态坐标求解系统的自由振动响应，首先使用主模态坐标。

n 自由度系统在初始条件下的无阻尼自由振动方程可以写为

$$\begin{cases}M\ddot{x}(t)+Kx(t)=0\\ x(0)=x_0\\ \dot{x}(0)=\dot{x}_0\end{cases} \tag{4-80}$$

式中，$x_0=[x_1(0),x_2(0),\cdots,x_n(0)]^T\in R^{n\times1}$ 为初始位移列阵；$\dot{x}_0=[\dot{x}_1(0),\dot{x}_2(0),\cdots,\dot{x}_n(0)]^T\in R^{n\times1}$ 为初始速度列阵。

将式（4-78）代入式（4-80），并且在方程两边左乘 Φ^T，可得

$$\Phi^T M\Phi\ddot{\eta}(t)+\Phi^T K\Phi\eta(t)=M_p\ddot{\eta}(t)+K_p\eta(t)=0 \tag{4-81}$$

式中，M_p 和 K_p 分别为主质量矩阵和主刚度矩阵，都为对角矩阵。可以看出，利用主振型的正交性可以实现对系统方程的解耦。式（4-81）已经不是物理空间的动力学方程，而是主模态空间的动力学方程。

下面进行初始条件的处理。由式（4-78）和式（4-80）可以得到主模态空间的初始位移和初始速度分别为

$$\boldsymbol{\eta}(0)=\boldsymbol{\Phi}^{-1}\boldsymbol{x}_0,\ \dot{\boldsymbol{\eta}}(0)=\boldsymbol{\Phi}^{-1}\dot{\boldsymbol{x}}_0 \tag{4-82}$$

式中，$\boldsymbol{\eta}(0)=[\eta_1(0),\eta_2(0),\cdots,\eta_n(0)]^{\mathrm{T}}\in\mathbf{R}^{n\times1}$；$\dot{\boldsymbol{\eta}}(0)=[\dot{\eta}_1(0),\dot{\eta}_2(0),\cdots,\dot{\eta}_n(0)]^{\mathrm{T}}\in\mathbf{R}^{n\times1}$。

因此，系统主模态空间的自由振动问题可以表示为

$$\begin{cases}\boldsymbol{M}_p\ddot{\boldsymbol{\eta}}(t)+\boldsymbol{K}_p\boldsymbol{\eta}(t)=\mathbf{0}\\ \boldsymbol{\eta}(0)=\boldsymbol{\Phi}^{-1}\boldsymbol{x}_0,\dot{\boldsymbol{\eta}}(0)=\boldsymbol{\Phi}^{-1}\dot{\boldsymbol{x}}_0\end{cases} \tag{4-83}$$

将式（4-83）写成 n 个单自由度的方程的形式，为

$$m_{pi}\ddot{\eta}_i+k_{pi}\eta_i=0,\ i=1,2,\cdots,n \tag{4-84}$$

式中，m_{pi} 和 k_{pi} 分别为第 i 阶模态主质量和第 i 阶模态主刚度。

结合第 i 阶模态初始条件，可以得到系统的第 i 阶模态响应为

$$\eta_i=\eta_i(0)\cos\omega_i t+\frac{\dot{\eta}_i(0)}{\omega_i}\sin\omega_i t,\ i=1,2,\cdots,n \tag{4-85}$$

在求得 $\eta_i(i=1,2,\cdots,n)$ 后，再利用式（4-78），即可得到系统原物理空间的解。

和采用主模态坐标求解系统响应类似，当采用正则模态坐标求解系统响应时，利用坐标转换关系式（4-79）可以得到系统在正则模态空间的自由振动问题为

$$\begin{cases}\boldsymbol{I}_N\ddot{\boldsymbol{\eta}}_N(t)+\boldsymbol{\Lambda}\boldsymbol{\eta}_N(t)=\mathbf{0}\\ \boldsymbol{\eta}_N(0)=\boldsymbol{\Phi}_N^{-1}\boldsymbol{x}_0,\ \dot{\boldsymbol{\eta}}_N(0)=\boldsymbol{\Phi}_N^{-1}\dot{\boldsymbol{x}}_0\end{cases} \tag{4-86}$$

式中，$\boldsymbol{\eta}_N=[\eta_{N1},\eta_{N2},\cdots,\eta_{Nn}]^{\mathrm{T}}\in\mathbf{R}^{n\times1}$ 为系统的正则模态坐标列阵；$\boldsymbol{I}_N\in\mathbf{R}^{n\times n}$ 为单位矩阵；$\boldsymbol{\Lambda}\in\mathbf{R}^{n\times n}$ 为谱矩阵；$\boldsymbol{\eta}_N(0)=[\eta_{N1}(0),\eta_{N2}(0),\cdots,\eta_{Nn}(0)]^{\mathrm{T}}\in\mathbf{R}^{n\times1}$ 为正则模态空间的初始位移列阵；$\dot{\boldsymbol{\eta}}_N(0)=[\dot{\eta}_{N1}(0),\dot{\eta}_{N2}(0),\cdots,\dot{\eta}_{Nn}(0)]^{\mathrm{T}}\in\mathbf{R}^{n\times1}$ 为正则模态空间的初始速度列阵。

系统的第 i 阶正则模态方程可以写为

$$\ddot{\eta}_{Ni}+\omega_i^2\eta_{Ni}=0,\ i=1,2,\cdots,n \tag{4-87}$$

结合第 i 阶正则模态初始条件，根据式（4-87），可以解得第 i 阶正则模态响应为

$$\eta_{Ni}=\eta_{Ni}(0)\cos\omega_i t+\frac{\dot{\eta}_{Ni}(0)}{\omega_i}\sin\omega_i t,\ i=1,2,\cdots,n \tag{4-88}$$

在求得 $\eta_{Ni}(i=1,2,\cdots,n)$ 后，再利用式（4-79）即可得到系统

原物理空间的解。

振型叠加法算例

例 4-16 假设例4-14 中的三自由度质量-弹簧系统的初始条件为 $\boldsymbol{x}_0=[2,2,0]^{\mathrm{T}}$，$\dot{\boldsymbol{x}}_0=[0,0,0]^{\mathrm{T}}$，试利用振型叠加法求解系统的响应。

【解】 系统的动力学微分方程为

$$\begin{bmatrix} m & 0 & 0 \\ 0 & m & 0 \\ 0 & 0 & m \end{bmatrix}\begin{bmatrix} \ddot{x}_1(t) \\ \ddot{x}_2(t) \\ \ddot{x}_3(t) \end{bmatrix}+\begin{bmatrix} 3k & -k & 0 \\ -k & 2k & -k \\ 0 & -k & 3k \end{bmatrix}\begin{bmatrix} x_1(t) \\ x_2(t) \\ x_3(t) \end{bmatrix}=\begin{bmatrix} 0 \\ 0 \\ 0 \end{bmatrix} \tag{a}$$

系统固有频率可以求得为

$$\omega_1=\sqrt{\frac{k}{m}},\ \omega_2=1.732\sqrt{\frac{k}{m}},\ \omega_3=2\sqrt{\frac{k}{m}} \tag{b}$$

由例 4-12 可知，系统的正则振型矩阵为

$$\boldsymbol{\Phi}_N=\frac{1}{\sqrt{6m}}\begin{bmatrix} 1 & -\sqrt{3} & \sqrt{2} \\ 2 & 0 & -\sqrt{2} \\ 1 & \sqrt{3} & \sqrt{2} \end{bmatrix} \tag{c}$$

利用式（4-79），正则模态空间的初始条件可以求得为

$$\boldsymbol{\eta}_N(0)=\boldsymbol{\Phi}_N^{-1}\boldsymbol{x}_0=\sqrt{\frac{m}{6}}\begin{bmatrix} 6 \\ -2\sqrt{3} \\ 0 \end{bmatrix} \tag{d}$$

$$\dot{\boldsymbol{\eta}}_N(0)=\boldsymbol{\Phi}_N^{-1}\dot{\boldsymbol{x}}_0=\boldsymbol{0} \tag{e}$$

将式（d）和式（e）代入到式（4-88）中，可以得到系统正则模态空间的响应为

$$\boldsymbol{\eta}_N=\begin{bmatrix} \eta_{N1} \\ \eta_{N2} \\ \eta_{N3} \end{bmatrix}=\sqrt{\frac{m}{6}}\begin{bmatrix} 6\cos\omega_1 t \\ -2\sqrt{3}\cos\omega_2 t \\ 0 \end{bmatrix} \tag{f}$$

再利用式（4-79），可以得到系统物理空间的动力学响应为

$$\boldsymbol{x}(t)=\begin{bmatrix} x_1(t) \\ x_2(t) \\ x_3(t) \end{bmatrix}=\boldsymbol{\Phi}_N\boldsymbol{\eta}_N=\frac{1}{\sqrt{6m}}\begin{bmatrix} 1 & -\sqrt{3} & \sqrt{2} \\ 2 & 0 & -\sqrt{2} \\ 1 & \sqrt{3} & \sqrt{2} \end{bmatrix}\times\sqrt{\frac{m}{6}}\begin{bmatrix} 6\cos\omega_1 t \\ -2\sqrt{3}\cos\omega_2 t \\ 0 \end{bmatrix}$$

$$
=\begin{bmatrix}\cos\omega_1 t+\cos\omega_2 t\\ 2\cos\omega_1 t\\ \cos\omega_1 t-\cos\omega_2 t\end{bmatrix} \tag{g}
$$

下面对系统的解进行进一步的分析。系统的三阶正则振型分别为

$$
\boldsymbol{\phi}_{N1}=\frac{1}{\sqrt{6m}}\begin{bmatrix}1\\2\\1\end{bmatrix},\ \boldsymbol{\phi}_{N2}=\frac{1}{\sqrt{6m}}\begin{bmatrix}-\sqrt{3}\\0\\\sqrt{3}\end{bmatrix},\ \boldsymbol{\phi}_{N3}=\frac{1}{\sqrt{6m}}\begin{bmatrix}\sqrt{2}\\-\sqrt{2}\\\sqrt{2}\end{bmatrix} \tag{h}
$$

系统的三阶正则模态响应分别为

$$
\eta_{N1}=\sqrt{\frac{m}{6}}6\cos\omega_1 t,\ \eta_{N2}=\sqrt{\frac{m}{6}}\cdot(-2\sqrt{3}\cos\omega_2 t),\ \eta_{N3}=\sqrt{\frac{m}{6}}\cdot 0 \tag{i}
$$

利用式（4-79），系统物理空间的解可以写成如下形式：

$$
\begin{aligned}
\boldsymbol{x}(t)=\boldsymbol{\Phi}_N\boldsymbol{\eta}_N&=[\boldsymbol{\phi}_{N1},\boldsymbol{\phi}_{N2},\boldsymbol{\phi}_{N3}]\begin{bmatrix}\eta_{N1}\\\eta_{N2}\\\eta_{N3}\end{bmatrix}=\sum_{i=1}^{3}\boldsymbol{\phi}_{Ni}\eta_{Ni}\\
&=\boldsymbol{\phi}_{N1}\eta_{N1}+\boldsymbol{\phi}_{N2}\eta_{N2}+\boldsymbol{\phi}_{N3}\eta_{N3}
\end{aligned} \tag{j}
$$

将三阶正则振型和三阶正则模态响应代入式（j），有

$$
\begin{aligned}
\boldsymbol{x}(t)=&\frac{1}{\sqrt{6m}}\begin{bmatrix}1\\2\\1\end{bmatrix}\sqrt{\frac{m}{6}}\cdot 6\cos\omega_1 t+\frac{1}{\sqrt{6m}}\begin{bmatrix}-\sqrt{3}\\0\\\sqrt{3}\end{bmatrix}\sqrt{\frac{m}{6}}\cdot(-2\sqrt{3}\cos\omega_2 t)+\\
&\frac{1}{\sqrt{6m}}\begin{bmatrix}\sqrt{2}\\-\sqrt{2}\\\sqrt{2}\end{bmatrix}\sqrt{\frac{m}{6}}\cdot 0
\end{aligned} \tag{k}
$$

式（k）的解合并后与式（g）的解是一致的。式（k）中，等号右端第一项为系统的第一阶模态主振动，第二项为第二阶模态主振动，第三项为第三阶模态主振动。在第一阶模态主振动中，$\sqrt{m/6}\cdot 6\cos\omega_1 t$ 为系统的第一阶模态空间响应，$[1,2,1]^{\mathrm{T}}$ 为第一阶模态空间响应中三个质量任意时刻位移的相对比值，即第一阶振型。系统的第一阶模态主振动是以第一阶固有频率 ω_1 为振动频率所发生的振动，振动中三个质量相对位移的比值为$[1,2,1]^{\mathrm{T}}$。

同理，可对第二阶和第三阶模态主振动进行分析。系统物理空间的响应是系统三阶模态主振动的叠加。由以上分析，可以看出振型叠加法的本质思想。

振型叠加法转换关系示意图如图 4-43 所示。可以看出，振型叠加法是将物理空间耦合的问题通过振型矩阵转到模态空间进行解耦，变成了 n 个相互独立的单自由度系统问题的求解，在求得所有单自由度系统的解后，再通过振型矩阵转换返回物理空间，最终得到物理空间的解。

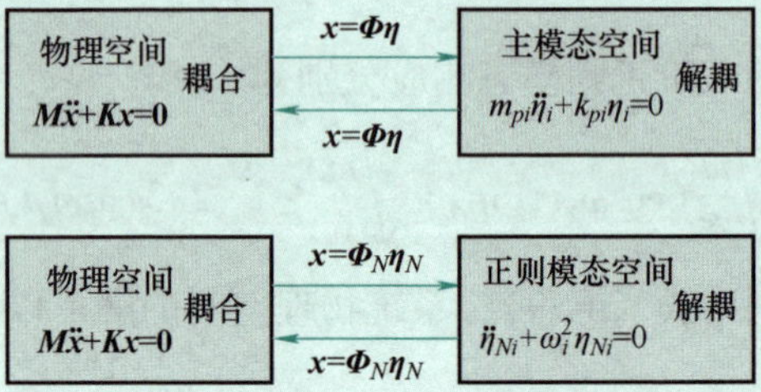

▶ 图 4-43　振型叠加法转换关系示意图

4.2.5　振型截断法

振型截断法

振型截断法是多自由度系统振动的一种近似分析方法，它原本应当放在第 5 章进行介绍，但由于它的内容与 4.2.4 节的振型叠加法紧密相关，为了便于理解相关知识，因此放在振型叠加法之后进行介绍。

对于自由度数很大的复杂系统，不可能求出全部的固有频率和相应的主振型，然后用振型叠加法分析系统的响应。在工程实践中，一般截取系统的前 r 阶固有频率和主振型来近似地模拟系统的振动，这种近似方法称为**振型截断法**。对于受迫振动问题，当外部激励频率主要包含低频成分时，可以忽略高阶振型及固有频率对系统响应的贡献，而只利用较低的前面若干阶固有频率及主振型近似分析系统响应。

对于 n 自由度振动系统 $\boldsymbol{M}\ddot{\boldsymbol{x}}(t)+\boldsymbol{K}\boldsymbol{x}(t)=\boldsymbol{0}$，根据振型叠加法以及振型截断法，振型截断前和截断后的系统响应分别为

$$\boldsymbol{x}(t)=\sum_{i=1}^{n}\boldsymbol{\phi}_i\eta_i(t)\quad（截断前）\tag{4-89}$$

$$\boldsymbol{x}(t)\approx\sum_{i=1}^{r}\boldsymbol{\phi}_i\eta_i(t)\quad（截断后）\tag{4-90}$$

式中，r 为截断振型的个数，一般令 $r \ll n$。

将前 r 阶主振型构成矩阵，有

$$\boldsymbol{\Phi}_r = [\boldsymbol{\phi}_1, \boldsymbol{\phi}_2, \cdots, \boldsymbol{\phi}_r] \in \mathbf{R}^{n \times r} \tag{4-91}$$

该矩阵称为**振型截断矩阵**，它不是方阵。

振型截断前和截断后系统的主质量矩阵和主刚度矩阵分别为

$$\boldsymbol{M}_p = \boldsymbol{\Phi}^{\mathrm{T}} \boldsymbol{M} \boldsymbol{\Phi} \in \mathbf{R}^{n \times n},\ \boldsymbol{K}_p = \boldsymbol{\Phi}^{\mathrm{T}} \boldsymbol{K} \boldsymbol{\Phi} \in \mathbf{R}^{n \times n} \quad（截断前） \tag{4-92}$$

$$\boldsymbol{M}_p^r = \boldsymbol{\Phi}_r^{\mathrm{T}} \boldsymbol{M} \boldsymbol{\Phi}_r \in \mathbf{R}^{n \times r},\ \boldsymbol{K}_p^r = \boldsymbol{\Phi}_r^{\mathrm{T}} \boldsymbol{K} \boldsymbol{\Phi}_r \in \mathbf{R}^{n \times r} \quad（截断后） \tag{4-93}$$

式中，$\boldsymbol{M}_p^r$ 和 $\boldsymbol{K}_p^r$ 分别为前 r 个主质量和主刚度排成的 r 阶对角矩阵。

根据振型截断法的定义，系统的任意 n 阶振动可以近似地表示为截断后的 r 阶振型的线性组合，将式（4-90）写成矩阵形式有

$$\boldsymbol{x}(t) \approx \sum_{i=1}^{r} \boldsymbol{\phi}_i \eta_i(t) = \boldsymbol{\Phi}_r \boldsymbol{\eta}_r(t) \tag{4-94}$$

式中，$\boldsymbol{\eta}_r = [\eta_1, \eta_2, \cdots, \eta_r]^{\mathrm{T}} \in \mathbf{R}^{r \times 1}$ 为振型截断后的系统主坐标列阵。利用振型截断法可将 n 自由度系统原有的 n 个坐标变换成了数量较少的前 r 个主坐标。

将式（4-94）代入 n 自由度系统的动力学方程 $\boldsymbol{M}\ddot{\boldsymbol{x}}(t) + \boldsymbol{K}\boldsymbol{x}(t) = \boldsymbol{0}$，并在方程两边左乘 $\boldsymbol{\Phi}_r^{\mathrm{T}}$，可得

$$\boldsymbol{\Phi}_r^{\mathrm{T}} \boldsymbol{M} \boldsymbol{\Phi}_r \ddot{\boldsymbol{\eta}}_r(t) + \boldsymbol{\Phi}_r^{\mathrm{T}} \boldsymbol{K} \boldsymbol{\Phi}_r \boldsymbol{\eta}_r(t) = \boldsymbol{M}_p^r \ddot{\boldsymbol{\eta}}_r(t) + \boldsymbol{K}_p^r \boldsymbol{\eta}_r(t) = \boldsymbol{0} \tag{4-95}$$

式中，

$$\boldsymbol{M}_p^r = \boldsymbol{\Phi}_r^{\mathrm{T}} \boldsymbol{M} \boldsymbol{\Phi}_r = \begin{bmatrix} m_{p1} & 0 & \cdots & 0 \\ 0 & m_{p2} & \cdots & 0 \\ \vdots & \vdots & & \vdots \\ 0 & 0 & \cdots & m_{pr} \end{bmatrix} \in \mathbf{R}^{r \times r}$$

$$\boldsymbol{K}_p^r = \boldsymbol{\Phi}_r^{\mathrm{T}} \boldsymbol{K} \boldsymbol{\Phi}_r = \begin{bmatrix} k_{p1} & 0 & \cdots & 0 \\ 0 & k_{p2} & \cdots & 0 \\ \vdots & \vdots & & \vdots \\ 0 & 0 & \cdots & k_{pr} \end{bmatrix} \in \mathbf{R}^{r \times r} \tag{4-96}$$

分别为振型截断后的主质量矩阵和主刚度矩阵，都为对角矩阵。

将式（4-95）展开，可以得到 r 个单自由度振动系统：

$$m_{pi} \ddot{\eta}_i(t) + k_{pi} \eta_i(t) = 0,\ i = 1, 2, \cdots, r \tag{4-97}$$

求出 $\eta_i (i = 1, 2, \cdots, r)$ 后，再利用式（4-90）或式（4-94）就可以得到原 n 自由度系统的近似解。

4.3 固有频率重根、零根和高频的情况

在 4.2.3 节的多自由度系统主振型正交性的分析中，假设了系统固有频率都为单根。在正交性条件成立的基础上，4.2.4 节给出了振型叠加法求解系统振动响应的方法。在多自由度系统的振动中，有时会遇到固有频率重根和零根的情况。由系统的特征值问题方程$(\boldsymbol{K}-\omega^2\boldsymbol{M})\boldsymbol{\phi}=\boldsymbol{0}$可知，当系统存在重根时，它们所对应的特征向量也将相同，这会使得系统的振型矩阵出现奇异，正交性条件不再成立，导致振型叠加法无法用于系统的振动分析；当系统存在零固有频率时，有$\boldsymbol{K}\boldsymbol{\phi}=\boldsymbol{0}$成立，系统各个坐标上不发生弹性振动，即系统存在刚体自由度，系统的响应会随着时间而变得越来越大。以下对固有频率重根和零根的情况进行分析，另外还将给出高频的振动分析。

4.3.1 固有频率重根的情况

实际工程中存在着系统固有频率非常接近的情况，例如，大型航天空间结构的尺寸可达百米级别，系统呈现出低频密频的振动特征，固有频率很低且密集，振动的分析将变得非常困难。当振动系统的固有频率存在重根时，主振动的正交性不再成立，振型叠加法将无法用于系统的振动分析。那么，针对固有频率重根的系统又该如何求出相互正交的主振型呢?

为了便于理解，重写 n 自由度系统的特征值问题方程如下：

$$(\boldsymbol{K}-\omega^2\boldsymbol{M})\boldsymbol{\phi}=\boldsymbol{0} \tag{4-98}$$

固有频率重根的情况（1）

这是一个由 n 个方程所构成的齐次线性方程组，如果系统的所有特征根都是单根，上述方程组中只有 $n-1$ 个是独立的，该问题在 4.2.3 节的主振型正交性中已详细描述。

固有频率重根的情况（2）

当系统的特征根存在重根时，例如 ω_1^2 是系统的 r 重根，即 $\omega_1^2=\omega_2^2=\cdots=\omega_r^2$，其余的特征根 $\omega_{r+1}^2,\omega_{r+2}^2,\cdots,\omega_n^2$ 都是单根，将 $\omega^2=\omega_1^2$ 代入特征值问题方程（4-98），有

$$(\boldsymbol{K}-\omega_1^2\boldsymbol{M})\boldsymbol{\phi}=\boldsymbol{0} \tag{4-99}$$

式（4-99）的特征矩阵的秩为

$$\mathrm{rank}(\boldsymbol{K}-\omega_1^2\boldsymbol{M})=n-r \tag{4-100}$$

即式（4-99）所示的方程组的 n 个方程中只有 $n-r$ 个是独立的。

为简单计，令 $\omega_1=\omega_2$，即 $r=2$，则计算 ω_1 所对应的主振型时，$(\boldsymbol{K}-\omega_1^2\boldsymbol{M})\boldsymbol{\phi}=\boldsymbol{0}$ 中有两个是不独立的方程。由特征行列式 $|\boldsymbol{K}-\omega^2\boldsymbol{M}|=0$ 可以求得系统的固有频率为

$$\omega_1=\omega_2\neq\omega_3\neq\omega_4\neq\cdots\neq\omega_n \tag{4-101}$$

结合特征根可由特征方程$(\boldsymbol{K}-\omega^2\boldsymbol{M})\boldsymbol{\phi}=\boldsymbol{0}$求得系统的主振型为

$$\boldsymbol{\phi}_1=\boldsymbol{\phi}_2\neq\boldsymbol{\phi}_3\neq\boldsymbol{\phi}_4\neq\cdots\neq\boldsymbol{\phi}_n \tag{4-102}$$

所有的 $\omega_i(i=1,2,\cdots,n)$ 和 $\boldsymbol{\phi}_i(i=1,2,\cdots,n)$ 都满足方程$(\boldsymbol{K}-\omega_i^2\boldsymbol{M})\boldsymbol{\phi}_i=\boldsymbol{0}$，因此 $\boldsymbol{\phi}_1$ 或者 $\boldsymbol{\phi}_2$ 都与 $\boldsymbol{\phi}_j(j=3,4,\cdots,n)$ 正交，而且 $\boldsymbol{\phi}_i(i=3,4,\cdots,n)$ 与 $\boldsymbol{\phi}_j(j=3,4,\cdots,n)$ 之间也相互正交，证明过程如下。

证明：考虑 $\boldsymbol{\phi}_1$。$\boldsymbol{\phi}_1$ 和 $\boldsymbol{\phi}_j(j=3,4,\cdots,n)$分别满足如下方程：

$$(\boldsymbol{K}-\omega_1^2\boldsymbol{M})\boldsymbol{\phi}_1=\boldsymbol{0} \tag{4-103}$$

$$(\boldsymbol{K}-\omega_j^2\boldsymbol{M})\boldsymbol{\phi}_j=\boldsymbol{0} \tag{4-104}$$

由式（4-103）可得 $\boldsymbol{K}\boldsymbol{\phi}_1=\omega_1^2\boldsymbol{M}\boldsymbol{\phi}_1$，对其转置并且两边右乘 $\boldsymbol{\phi}_j$，可得

$$\boldsymbol{\phi}_1^{\mathrm{T}}\boldsymbol{K}\boldsymbol{\phi}_j=\omega_j^2\boldsymbol{\phi}_1^{\mathrm{T}}\boldsymbol{M}\boldsymbol{\phi}_j \tag{4-105}$$

由式（4-104）可得 $\boldsymbol{K}\boldsymbol{\phi}_j=\omega_j^2\boldsymbol{M}\boldsymbol{\phi}_j$，并两边左乘 $\boldsymbol{\phi}_1^{\mathrm{T}}$，可得

$$\boldsymbol{\phi}_1^{\mathrm{T}}\boldsymbol{K}\boldsymbol{\phi}_j=\omega_1^2\boldsymbol{\phi}_1^{\mathrm{T}}\boldsymbol{M}\boldsymbol{\phi}_j \tag{4-106}$$

式（4-105）和式（4-106）两式相减，可得

$$(\omega_1^2-\omega_j^2)\boldsymbol{\phi}_1^{\mathrm{T}}\boldsymbol{M}\boldsymbol{\phi}_j=0 \tag{4-107}$$

由于 $\omega_1^2\neq\omega_j^2(j=3,4,\cdots,n)$，因此有

$$\boldsymbol{\phi}_1^{\mathrm{T}}\boldsymbol{M}\boldsymbol{\phi}_j=0,\ j=3,4,\cdots,n \tag{4-108}$$

由式（4-105）或式（4-106）可知同时有

$$\boldsymbol{\phi}_1^{\mathrm{T}}\boldsymbol{K}\boldsymbol{\phi}_j=0,\ j=3,4,\cdots,n \tag{4-109}$$

由式（4-108）或式（4-109）可以看出，$\boldsymbol{\phi}_1$ 和 $\boldsymbol{\phi}_j(j=3,4,\cdots,n)$之间相互正交。同理可以验证，$\boldsymbol{\phi}_2$ 和 $\boldsymbol{\phi}_j(j=3,4,\cdots,n)$之间相互正交，$\boldsymbol{\phi}_i(i=3,4,\cdots,n)$与 $\boldsymbol{\phi}_j(j=3,4,\cdots,n)$之间也相互正交。

$\boldsymbol{\phi}_1$ 或者 $\boldsymbol{\phi}_2$ 都与 $\boldsymbol{\phi}_j(j=3,4,\cdots,n)$正交，$\boldsymbol{\phi}_i(i=3,4,\cdots,n)$与 $\boldsymbol{\phi}_j(j=3,4,\cdots,n)$之间也相互正交，这保证了主质量矩阵和主刚度矩阵中非对角线上的一些元素为零，但是由于 $\boldsymbol{\phi}_1$ 和 $\boldsymbol{\phi}_2$ 之间并不正交，因此主质量矩阵和主刚度矩阵仍然不是对角矩阵。由于 $\omega_1=\omega_2$

和 $\boldsymbol{\phi}_1=\boldsymbol{\phi}_2$，因此有

$$\boldsymbol{\phi}_1^{\mathrm{T}}\boldsymbol{M}\boldsymbol{\phi}_2=\boldsymbol{\phi}_2^{\mathrm{T}}\boldsymbol{M}\boldsymbol{\phi}_1=m_{p1}=m_{p2}\neq 0 \tag{4-110}$$

$$\boldsymbol{\phi}_1^{\mathrm{T}}\boldsymbol{K}\boldsymbol{\phi}_2=\boldsymbol{\phi}_2^{\mathrm{T}}\boldsymbol{K}\boldsymbol{\phi}_1=k_{p1}=k_{p2}\neq 0 \tag{4-111}$$

式中，m_{p1} 和 m_{p2} 分别为第一阶模态和第二阶模态主质量，k_{p1} 和 k_{p2} 分别为第一阶和第二阶模态主刚度。

例如，对于四自由度系统，当系统的固有频率为 $\omega_1=\omega_2\neq\omega_3\neq\omega_4$ 时，可以求得主质量矩阵和主刚度矩阵为

$$\boldsymbol{\Phi}^T\boldsymbol{M}\boldsymbol{\Phi}=\begin{bmatrix} m_{p1} & ? & 0 & 0 \\ ? & m_{p2} & 0 & 0 \\ 0 & 0 & m_{p3} & 0 \\ 0 & 0 & 0 & m_{p3} \end{bmatrix},\quad \boldsymbol{\Phi}^T\boldsymbol{K}\boldsymbol{\Phi}=\begin{bmatrix} k_{p1} & ? & 0 & 0 \\ ? & k_{p2} & 0 & 0 \\ 0 & 0 & k_{p3} & 0 \\ 0 & 0 & 0 & k_{p4} \end{bmatrix} \tag{4-112}$$

式中，“?”所示的元素值不为零。

那么，该如何处理 $\boldsymbol{\phi}_1$ 和 $\boldsymbol{\phi}_2$ 之间的正交性问题呢？下面给出处理方法。

计算 ω_1 所对应的主振型时，方程组$(\boldsymbol{K}-\omega_1^2\boldsymbol{M})\boldsymbol{\phi}=\boldsymbol{0}$ 中有两个方程是不独立的，将方程组的最后两个方程划掉，并将 $\boldsymbol{\phi}$ 的最后两个元素 ϕ_{n-1} 和 ϕ_n 的有关项移至等号右端，可以得到如下 $n-2$ 个方程所构成的方程组：

$$\begin{cases}(k_{11}-\omega_1^2m_{11})\varphi_1+(k_{12}-\omega_1^2m_{12})\varphi_2+\cdots+(k_{1,n-2}-\omega_1^2m_{1,n-2})\varphi_{n-2}=-(k_{1,n}-\omega_1^2m_{1,n-1})\varphi_{n-1}-(k_{1,n}-\omega_1^2m_{1,n})\varphi_n \\ (k_{21}-\omega_1^2m_{21})\varphi_1+(k_{22}-\omega_1^2m_{22})\varphi_2+\cdots+(k_{2,n-2}-\omega_1^2m_{2,n-2})\varphi_{n-2}=-(k_{2,n}-\omega_1^2m_{2,n-1})\varphi_{n-1}-(k_{2,n}-\omega_1^2m_{2,n})\varphi_n \\ \vdots \\ (k_{n-2,1}-\omega_1^2m_{n-2,1})\varphi_1+\cdots+k_{n-2,n-2}-\omega_1^2m_{n-2,n-2})\varphi_{n-2}=-(k_{n-2,n-1}-\omega_1^2m_{n-2,n-1})\varphi_{n-1}-(k_{n-2,n}-\omega_1^2m_{n-2,n})\varphi_n\end{cases} \tag{4-113}$$

任意给定 ϕ_{n-1} 和 ϕ_n 两组线性独立的值$[\phi_{n-1}^{(1)},\phi_n^{(1)}]$或$[\phi_{n-1}^{(2)},\phi_n^{(2)}]$，例如，$[\varphi_{n-1}^{(1)},\varphi_n^{(1)}]^{\mathrm{T}}=[1,0]^{\mathrm{T}}$ 和$[\varphi_{n-1}^{(2)},\varphi_n^{(2)}]^{\mathrm{T}}=[0,1]^{\mathrm{T}}$，由式（4-113）可以解出其余 $n-2$ 个 $\phi_i^{(j)}$ 的两组解 $\boldsymbol{\phi}^{(1)}\in\mathbf{R}^{(n-2)\times 1}$ 和 $\boldsymbol{\phi}^{(2)}\in\mathbf{R}^{(n-2)\times 1}$，其中 $i=1,2,\cdots,n-2$，$j=1,2$。由此构成系统的前两阶主振型分别为

$$\boldsymbol{\phi}^{(1)}=[\phi_1^{(1)},\phi_2^{(1)},\cdots,\phi_{n-2}^{(1)},1,0]^{\mathrm{T}}\in\mathbf{R}^{n\times 1} \tag{4-114}$$

$$\boldsymbol{\phi}^{(2)}=[\phi_1^{(2)},\phi_2^{(2)},\cdots,\phi_{n-2}^{(2)},0,1]^{\mathrm{T}}\in\mathbf{R}^{n\times 1} \tag{4-115}$$

这样所构成的前两阶主振型相互之间并不正交，为保证它们之间满足正交性条件，令

$$\bar{\boldsymbol{\phi}}^{(2)}=\boldsymbol{\phi}^{(2)}+c\boldsymbol{\phi}^{(1)} \tag{4-116}$$

式中，c 为常值系数。根据线性叠加原理可知，由于 $\boldsymbol{\phi}^{(1)}$ 和 $\boldsymbol{\phi}^{(2)}$ 是式（4-113）的解，因此 $\bar{\boldsymbol{\phi}}^{(2)}$ 也是方程的解。$\bar{\boldsymbol{\phi}}^{(2)}$ 和 $\boldsymbol{\phi}^{(1)}$ 要正交，需要满足如下条件：

$$\boldsymbol{\phi}^{(1)\mathrm{T}}\boldsymbol{M}\bar{\boldsymbol{\phi}}^{(2)}=0 \tag{4-117}$$

将 $\bar{\boldsymbol{\phi}}^{(2)}$ 的表达式代入式（4-117），有

$$\boldsymbol{\phi}^{(1)\mathrm{T}}\boldsymbol{M}(\boldsymbol{\phi}^{(2)}+c\boldsymbol{\phi}^{(1)})=0 \tag{4-118}$$

可以求得

$$c=-\frac{\boldsymbol{\phi}^{(1)\mathrm{T}}\boldsymbol{M}\boldsymbol{\phi}^{(2)}}{\boldsymbol{\phi}^{(1)\mathrm{T}}\boldsymbol{M}\boldsymbol{\phi}^{(1)}}=-\frac{1}{m_{p1}}\boldsymbol{\phi}^{(1)\mathrm{T}}\boldsymbol{M}\boldsymbol{\phi}^{(2)} \tag{4-119}$$

在得到系数 c 后，即可得到相互正交的 $\bar{\boldsymbol{\phi}}^{(2)}$ 和 $\boldsymbol{\phi}^{(1)}$。同样根据线性叠加原理可知，由于 $\boldsymbol{\phi}_1$ 和 $\boldsymbol{\phi}_2$ 都与 $\boldsymbol{\phi}_j(j=3,4,\cdots,n)$ 正交，因此 $\bar{\boldsymbol{\phi}}^{(2)}$ 也与 $\boldsymbol{\phi}_j(j=3,4,\cdots,n)$ 正交。

经过上述求解和处理，最终可以得到系统的振型矩阵为

$$\boldsymbol{\Phi}=[\boldsymbol{\phi}^{(1)},\bar{\boldsymbol{\phi}}^{(2)},\boldsymbol{\phi}^{(3)},\cdots,\boldsymbol{\phi}^{(n)}]\in\mathbf{R}^{n\times n} \tag{4-120}$$

该矩阵能够使得系统的质量矩阵和刚度矩阵同时对角化，即有 $\boldsymbol{\Phi}^{\mathrm{T}}\boldsymbol{M}\boldsymbol{\Phi}=\boldsymbol{M}_p$ 和 $\boldsymbol{\Phi}^{\mathrm{T}}\boldsymbol{K}\boldsymbol{\Phi}=\boldsymbol{K}_p$，这样振型叠加法即能够用于系统响应的求解。

例 4-17 试求图 4-44 所示的四自由度质量-弹簧系统的主振型矩阵。

固有频率重根的情况算例

【解】 系统的质量矩阵和刚度矩阵可以写为

$$\boldsymbol{M}=\begin{bmatrix} m & 0 & 0 & 0\\ 0 & m & 0 & 0\\ 0 & 0 & m & 0\\ 0 & 0 & 0 & m\end{bmatrix},\quad \boldsymbol{K}=\begin{bmatrix} 4k & -k & -k & -k\\ -k & 3k & -k & 0\\ -k & -k & 4k & -k\\ -k & 0 & -k & 3k\end{bmatrix} \tag{a}$$

根据特征方程 $|\boldsymbol{K}-\boldsymbol{M}\omega^2|=0$，可以求得系统的固有频率为

$$\omega_1^2=\frac{k}{m},\quad \omega_2^2=\frac{3k}{m},\quad \omega_3^2=\omega_4^2=\frac{5k}{m} \tag{b}$$

可以看出，系统存在固有频率重根的情况。

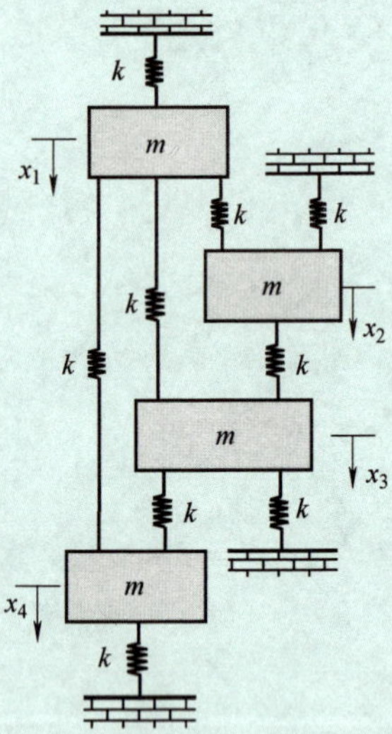

图 4-44　四自由度质量-弹簧系统

对于非重固有频率 ω_1 和 ω_2，可以求得其所对应的主振型分别为

$$\boldsymbol{\phi}_1=[1,1,1,1]^{\mathrm{T}},\ \boldsymbol{\phi}_2=[0,-1,0,1]^{\mathrm{T}} \tag{c}$$

将 ω_3 和 ω_4 代入 $(\boldsymbol{K}-\omega^2\boldsymbol{M})\boldsymbol{\phi}=\mathbf{0}$，有

$$\begin{bmatrix}-1&-1&-1&-1\\-1&-2&-1&0\\-1&-1&-1&-1\\-1&0&-1&-2\end{bmatrix}\begin{bmatrix}\phi_1\\\phi_2\\\phi_3\\\phi_4\end{bmatrix}=\begin{bmatrix}0\\0\\0\\0\end{bmatrix} \tag{d}$$

第三个方程显然不独立，第四个方程可由第一个方程乘以 2 再减去第二个方程得到，故也不独立。划去最后两个方程，并分别令

$$\begin{bmatrix}\phi_3\\\phi_4\end{bmatrix}=\begin{bmatrix}1\\0\end{bmatrix},\begin{bmatrix}\phi_3\\\phi_4\end{bmatrix}=\begin{bmatrix}0\\1\end{bmatrix}$$

可以解得

$$\boldsymbol{\phi}_3=[-1,0,1,0]^{\mathrm{T}},\ \boldsymbol{\phi}_4=[-2,1,0,1]^{\mathrm{T}} \tag{e}$$

不难验证，$\boldsymbol{\phi}_1$，$\boldsymbol{\phi}_2$，$\boldsymbol{\phi}_3$ 和 $\boldsymbol{\phi}_4$ 都关于 $\boldsymbol{M}$ 和 $\boldsymbol{K}$ 相互正交，但是 $\boldsymbol{\phi}_3$ 和 $\boldsymbol{\phi}_4$ 之间不正交，有 $\boldsymbol{\phi}_3^{\mathrm{T}}\boldsymbol{M}\boldsymbol{\phi}_4=2m\neq0$ 和 $\boldsymbol{\phi}_3^{\mathrm{T}}\boldsymbol{K}\boldsymbol{\phi}_4=10k\neq0$。为了得到相互正交的 $\boldsymbol{\phi}_3$ 和 $\boldsymbol{\phi}_4$，令

$$\bar{\boldsymbol{\phi}}_4=\boldsymbol{\phi}_4+c\boldsymbol{\phi}_3 \tag{f}$$

由正交性条件 $\boldsymbol{\phi}_3^{\mathrm{T}}\boldsymbol{M}\bar{\boldsymbol{\phi}}_4=0$ 可以解得

$$c=-\frac{\boldsymbol{\phi}_3^{\mathrm{T}}\boldsymbol{M}\boldsymbol{\phi}_4}{\boldsymbol{\phi}_3^{\mathrm{T}}\boldsymbol{M}\boldsymbol{\phi}_3}=-1 \tag{g}$$

最终，可以得到系统的主振型矩阵为

$$\boldsymbol{\Phi}=[\boldsymbol{\phi}_1,\boldsymbol{\phi}_2,\boldsymbol{\phi}_3,\bar{\boldsymbol{\phi}}_4]=\begin{bmatrix}1&0&-1&-1\\1&-1&0&1\\1&0&1&-1\\1&1&0&1\end{bmatrix} \tag{h}$$

不难验证，有

$$\boldsymbol{\Phi}^{\mathrm{T}}\boldsymbol{M}\boldsymbol{\Phi}=\begin{bmatrix}4m&0&0&0\\0&2m&0&0\\0&0&2m&0\\0&0&0&4m\end{bmatrix},\ \boldsymbol{\Phi}^{\mathrm{T}}\boldsymbol{K}\boldsymbol{\Phi}=\begin{bmatrix}4k&0&0&0\\0&6k&0&0\\0&0&10k&0\\0&0&0&20k\end{bmatrix} \tag{i}$$

4.3.2 固有频率零根的情况

固有频率零根的情况

在 4.2.1 节中，曾讲述过系统的主振动有一种形式为 $f(t)=at+b$，它对应系统固有频率 $\omega=0$ 的情形，如式（4-23）所示。这种情形说明系统存在刚体运动，即系统有一种运动形式为随着时间的延长响应变得越来越大。存在刚体运动的系统如图 4-24 和图 4-25 所示。这种存在刚体运动的多自由度的振动即为本节将要讲述的固有频率存在零根的情况。

为了便于理解，在此重写多自由度系统的动力学方程和特征根问题方程。系统的动力学方程为

$$\boldsymbol{M}\ddot{\boldsymbol{x}}(t)+\boldsymbol{K}\boldsymbol{x}(t)=\boldsymbol{0} \tag{4-121}$$

系统的特征根问题方程为

$$(\boldsymbol{K}-\omega^2\boldsymbol{M})\boldsymbol{\phi}=\boldsymbol{0} \tag{4-122}$$

$\boldsymbol{\phi}$ 有非零解的充要条件为

$$|\boldsymbol{K}-\omega^2\boldsymbol{M}|=0 \tag{4-123}$$

当 $\omega=0$ 时，由式（4-123）可知，$|\boldsymbol{K}|=0$ 成立，即系统的刚度矩阵奇异。因此，系统的刚度矩阵 $\boldsymbol{K}$ 为奇异矩阵是零固有频率存在的充要条件，满足此条件时 $\boldsymbol{K}$ 是半正定的，系统为半正定系统，系统存在刚体运动，系统不具有唯一平衡位置而具有随遇平衡位置。当 $\omega=0$ 时，由式（4-122）可知，$\boldsymbol{K}\boldsymbol{\phi}=\boldsymbol{0}$ 成立，可以看出，当半正定系统按刚体振型运动时，各个坐标上不发生弹性变形，因此不产生弹性恢复力。

假定多自由度系统的第一阶固有频率为零，即 $\omega_1=0$，与零固有频率所对应的振型称为**刚体振型**。与第一阶固有频率 ω_1 所对应的主坐标方程为

$$m_{p1}\ddot{\eta}_1(t)+k_{p1}\eta_1(t)=0 \tag{4-124}$$

由于 $\omega_1=0$，式（4-124）变为 $\ddot{x}_{p1}(t)=0$，因此可以解得

$$\eta_1(t)=at+b \tag{4-125}$$

式中，a 和 b 由初始条件所决定。式（4-125）表明此主振动为随时间匀速增大的刚体位移。

可以证明，系统刚体运动的自由度数等于刚度矩阵 $\boldsymbol{K}$ 的阶数与秩之差。对于 n 自由度系统，若 $\mathrm{rank}(\boldsymbol{K})=n-1$，则系统存在一个零

频/刚体振型，若 rank$(\boldsymbol{K})=n-2$，则系统存在两个零频/刚体振型，依此类推。

系统的刚体自由度可以利用振型的正交性条件消除。

设 $\boldsymbol{\phi}_1$ 为与 $\omega_1=0$ 对应的刚体位移振型。正交性条件 $\boldsymbol{\phi}_j^{\mathrm{T}}\boldsymbol{M}\boldsymbol{\phi}_i=0$ $(i\neq j)$ 要求：

$$\boldsymbol{\phi}_1^{\mathrm{T}}\boldsymbol{M}\boldsymbol{\phi}_i=0,\ i=2,3,\cdots,n \tag{4-126}$$

式中，$\boldsymbol{\phi}_i(i=2,3,\cdots,n)$ 为除了刚体位移之外的其他主振型。设 $\eta_i(i=2,3,\cdots,n)$ 为与 $\boldsymbol{\phi}_i(i=2,3,\cdots,n)$ 对应的主坐标，在式（4-126）两边右乘 $\eta_i(t)$，可得：

$$\boldsymbol{\phi}_1^{\mathrm{T}}\boldsymbol{M}\boldsymbol{\phi}_i\eta_i(t)=0,\ i=2,3,\cdots,n \tag{4-127}$$

令

$$\boldsymbol{x}(t)=\sum_{i=2}^{n}\boldsymbol{\phi}_i\eta_i(t) \tag{4-128}$$

为系统消除刚体位移后的自由振动，可以得到约束条件为

$$\boldsymbol{\phi}_1^{\mathrm{T}}\boldsymbol{M}\boldsymbol{x}(t)=0 \tag{4-129}$$

利用此约束条件可以消去系统的一个自由度，得到不含有刚体位移的缩减自由度系统，缩减系统的刚度矩阵是非奇异的。

固有频率零根的情况算例

系统存在刚体模态的条件

例 4-18 图4-45 所示的四自由度质量-弹簧系统，初始条件为 $\boldsymbol{x}_0=[0,0,0,0]^{\mathrm{T}}$ 和 $\dot{\boldsymbol{x}}_0=[v,0,0,v]^{\mathrm{T}}$，求系统的响应。

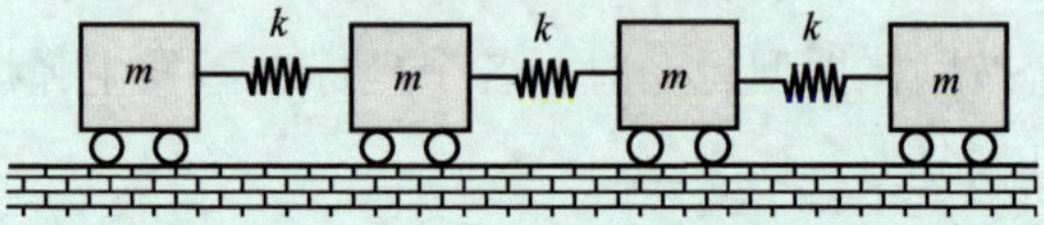

▶ 图 4-45 四自由度质量-弹簧系统

【解法一】 首先利用振型叠加法进行求解。系统的动力学方程为

$$\begin{bmatrix} m & 0 & 0 & 0\\ 0 & m & 0 & 0\\ 0 & 0 & m & 0\\ 0 & 0 & 0 & m \end{bmatrix}\begin{bmatrix}\ddot{x}_1(t)\\ \ddot{x}_2(t)\\ \ddot{x}_3(t)\\ \ddot{x}_4(t)\end{bmatrix}+k\begin{bmatrix} 1 & -1 & 0 & 0\\ -1 & 2 & -1 & 0\\ 0 & -1 & 2 & -1\\ 0 & 0 & -1 & 1 \end{bmatrix}\begin{bmatrix}x_1(t)\\ x_2(t)\\ x_3(t)\\ x_4(t)\end{bmatrix}=\begin{bmatrix}0\\0\\0\\0\end{bmatrix} \tag{a}$$

即

$$\boldsymbol{M}\ddot{\boldsymbol{x}}(t)+\boldsymbol{K}\boldsymbol{x}(t)=\boldsymbol{0} \tag{b}$$

可以验证，式（b）的刚度矩阵是奇异的。

系统的固有频率可以求得为

$$\omega_1^2=0,\ \omega_2^2=(2-\sqrt{2})\frac{k}{m},\ \omega_3^2=2\frac{k}{m},\ \omega_4^2=(2+\sqrt{2})\frac{k}{m} \tag{c}$$

系统的正则振型矩阵可以求得为

$$\boldsymbol{\Phi}_N=\frac{1}{2\sqrt{m}}\begin{bmatrix} 1 & \dfrac{-1}{\sqrt{2-\sqrt{2}}} & 1 & \dfrac{-1}{\sqrt{2+\sqrt{2}}} \\ 1 & \dfrac{1-\sqrt{2}}{\sqrt{2-\sqrt{2}}} & -1 & \dfrac{1+\sqrt{2}}{\sqrt{2+\sqrt{2}}} \\ 1 & \dfrac{-(1-\sqrt{2})}{\sqrt{2-\sqrt{2}}} & -1 & \dfrac{-(1+\sqrt{2})}{\sqrt{2+\sqrt{2}}} \\ 1 & \dfrac{1}{\sqrt{2-\sqrt{2}}} & 1 & \dfrac{1}{\sqrt{2+\sqrt{2}}} \end{bmatrix} \tag{d}$$

利用 $\boldsymbol{x}(t)=\boldsymbol{\Phi}_N\boldsymbol{\eta}_N(t)$，可以求得系统的正则模态方程为：

$$\ddot{\boldsymbol{\eta}}_N(t)+\boldsymbol{\Lambda}\boldsymbol{\eta}_N(t)=\boldsymbol{0} \tag{e}$$

式中，$\boldsymbol{\eta}_N(t)=[\eta_{N1}(t),\eta_{N2}(t),\eta_{N3}(t),\eta_{N4}(t)]^{\mathrm{T}}$ 为正则模态坐标列阵。

将式（e）写成单自由度系统的形式，有：

$$\ddot{\eta}_{Ni}(t)+\omega_i^2\eta_{Ni}(t)=0,\ i=1,2,3,4 \tag{f}$$

模态坐标初始条件可以求得为

$$\boldsymbol{\eta}_N(0)=\boldsymbol{\Phi}_N^{-1}\boldsymbol{x}_0=[0,0,0,0]^{\mathrm{T}} \tag{g}$$

$$\dot{\boldsymbol{\eta}}_N(0)=\boldsymbol{\Phi}_N^{-1}\dot{\boldsymbol{x}}_0=\sqrt{m}\times v[1,0,1,0]^{\mathrm{T}} \tag{h}$$

对于式（f），当 $i=1$ 时，$\omega_1=0$，可得 $\ddot{\eta}_{N1}(t)=0$，推导得 $\eta_{N1}(t)=at+b$。由模态初始条件可知有 $\eta_{N1}(0)=0$ 和 $\dot{\eta}_{N1}(0)=\sqrt{m}\times v$，推导得 $a=\sqrt{m}\times v$ 和 $b=0$。因此，系统的第一阶模态响应为

$$\eta_{N1}(t)=at+b=\sqrt{m}\,vt \tag{i}$$

此即为系统的刚体振型响应。

当 $i\neq1$ 时，系统的模态响应为

$$\eta_{Ni}(t)=\eta_{Ni}(0)\cos\omega_i t+\frac{\dot{\eta}_{Ni}(0)}{\omega_i}\sin\omega_i t,\ i=2,3,4 \tag{j}$$

利用模态初始条件，可以得到系统的第二阶到第四阶模态响应分别为

$$\eta_{N2}(t)=0,\ \eta_{N3}(t)=\frac{\sqrt{m}v}{\omega_3}\sin\omega_3 t,\ \eta_{N4}(t)=0 \tag{k}$$

将四阶模态空间响应合并，有

$$\boldsymbol{\eta}_N(t)=\begin{bmatrix}\eta_{N1}(t)\\ \eta_{N2}(t)\\ \eta_{N3}(t)\\ \eta_{N4}(t)\end{bmatrix}=\sqrt{m}v\begin{bmatrix}t\\ 0\\ \dfrac{1}{\omega_3}\sin\omega_3 t\\ 0\end{bmatrix} \tag{l}$$

因此，系统物理空间的响应可以求得为

$$\boldsymbol{x}(t)=\begin{bmatrix}x_1(t)\\ x_2(t)\\ x_3(t)\\ x_4(t)\end{bmatrix}=\boldsymbol{\Phi}_N\boldsymbol{\eta}_N(t)=\frac{v}{2}\begin{bmatrix}t+\dfrac{1}{\omega_3}\sin\omega_3 t\\ t-\dfrac{1}{\omega_3}\sin\omega_3 t\\ t-\dfrac{1}{\omega_3}\sin\omega_3 t\\ t+\dfrac{1}{\omega_3}\sin\omega_3 t\end{bmatrix} \tag{m}$$

由系统响应可以看到，系统每个自由度上都存在相同的项 $vt/2$，这对应了系统整体的刚体位移。

【解法二】 利用约束条件进行求解。利用主坐标进行求解。系统的动力学方程如解法一中的式（a）所示，可以求得主振型矩阵为

$$\boldsymbol{\Phi}=\begin{bmatrix}1 & -1 & 1 & -1\\ 1 & 1-\sqrt{2} & -1 & 1+\sqrt{2}\\ 1 & -(1-\sqrt{2}) & -1 & -(1+\sqrt{2})\\ 1 & 1 & 1 & 1\end{bmatrix} \tag{n}$$

利用约束条件 $\boldsymbol{\phi}_1^{\mathrm{T}}\boldsymbol{M}\boldsymbol{x}(t)=0$，可得

$$x_1+x_2+x_3+x_4=0 \tag{o}$$

即

$$x_1=-x_2-x_3-x_4 \tag{p}$$

将式（p）代入系统的动力学方程，整理后可得

$$\begin{bmatrix} m & 0 & 0 \\ 0 & m & 0 \\ 0 & 0 & m \end{bmatrix}\begin{bmatrix} \ddot{x}_2(t) \\ \ddot{x}_3(t) \\ \ddot{x}_4(t) \end{bmatrix}+k\begin{bmatrix} 3 & 0 & 1 \\ -1 & 2 & -1 \\ 0 & -1 & -1 \end{bmatrix}\begin{bmatrix} x_2(t) \\ x_3(t) \\ x_4(t) \end{bmatrix}=0 \tag{q}$$

可以看出，动力学方程消去了一个系统自由度，此时的刚度矩阵是非奇异的。

求解式（q）所示缩减自由度系统的固有频率，可得

$$\omega_2^2=(2-\sqrt{2})\frac{k}{m},\ \omega_3^2=2\frac{k}{m},\ \omega_4^2=(2+\sqrt{2})\frac{k}{m} \tag{r}$$

与解法一中式（c）进行对比可知，这三个固有频率对应解法一式（c）结果中的后三个。

求解式（q）所示缩减自由度系统的正则振型矩阵，可得

$$\boldsymbol{\Phi}_N=\frac{1}{2\sqrt{m}}\begin{bmatrix} \dfrac{1-\sqrt{2}}{\sqrt{2-\sqrt{2}}} & -1 & \dfrac{1+\sqrt{2}}{\sqrt{2+\sqrt{2}}} \\ \dfrac{-(1-\sqrt{2})}{\sqrt{2-\sqrt{2}}} & -1 & \dfrac{-(1+\sqrt{2})}{\sqrt{2+\sqrt{2}}} \\ \dfrac{1}{\sqrt{2-\sqrt{2}}} & 1 & \dfrac{1}{\sqrt{2+\sqrt{2}}} \end{bmatrix} \tag{s}$$

与解法一中式（d）进行对比可知，该正则振型矩阵对应式（d）中的后三行和后三列所构成的矩阵。

由解法一中式（g）和式（h）可知，缩减自由度系统模态空间的初始条件为

$$\boldsymbol{\eta}_N(0)=[0,0,0]^{\mathrm{T}},\ \dot{\boldsymbol{\eta}}_N(0)=\sqrt{m}v[0,1,0]^{\mathrm{T}} \tag{t}$$

可以求得缩减自由度系统模态空间的响应为

$$\eta_{N2}(t)=0,\ \eta_{N3}(t)=\frac{\sqrt{m}v}{\omega_3}\sin\omega_3 t,\ \eta_{N4}(t)=0 \tag{u}$$

因此，缩减自由度系统物理空间的响应为

$$\boldsymbol{x}(t)=\begin{bmatrix} x_2(t) \\ x_3(t) \\ x_4(t) \end{bmatrix}=\boldsymbol{\Phi}_N\boldsymbol{\eta}_N(t)=\frac{v}{2}\begin{bmatrix} -\dfrac{1}{\omega_3}\sin\omega_3 t \\ -\dfrac{1}{\omega_3}\sin\omega_3 t \\ \dfrac{1}{\omega_3}\sin\omega_3 t \end{bmatrix} \tag{v}$$

坐标 x_1 的响应可以利用式（p）得出为

$$x_1(t)=-x_2(t)-x_3(t)-x_4(t)=\frac{v}{2}\frac{1}{\omega_3}\sin\omega_3 t \tag{w}$$

合并系统四个物理坐标的响应，可得

$$\begin{bmatrix} x_1(t) \\ x_2(t) \\ x_3(t) \\ x_4(t) \end{bmatrix}=\frac{v}{2}\begin{bmatrix} \frac{1}{\omega_3}\sin\omega_3 t \\ -\frac{1}{\omega_3}\sin\omega_3 t \\ -\frac{1}{\omega_3}\sin\omega_3 t \\ \frac{1}{\omega_3}\sin\omega_3 t \end{bmatrix} \tag{x}$$

对比式（x）和解法一中式（m）可知，式（x）结果消除了刚体位移。

思考题 解法二式（x）中的物理坐标和解法一式（m）中的物理坐标是否为同一物理坐标？对该问题解释如下。

如图 4-46 所示，解法一中各个物体的物理坐标是绝对位移坐标，坐标系是与基础固接的，系统的响应类似于人站在基础上看四个物体的运动，四个物体一边相互振动着，一边整体向右运动着。

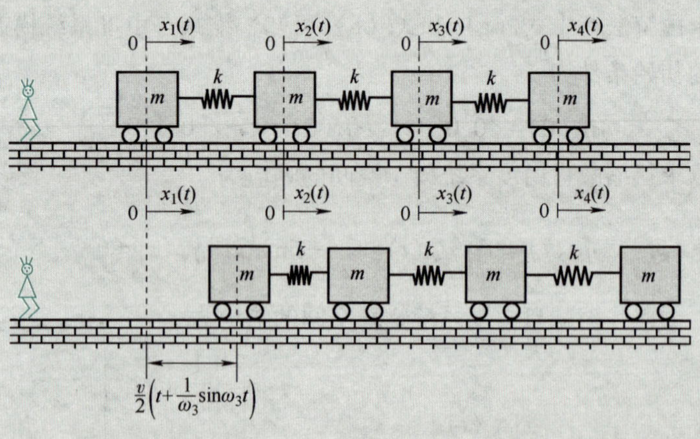

▶ 图 4-46　解法一四个物体坐标运动示意图

如图 4-47 所示，解法二中的物理坐标是相对位移坐标。假定小人存在向右的运动 $vt/2$，此时 $x_1(t)$，$x_2(t)$，$x_3(t)$ 和 $x_4(t)$ 表示相对于运动小人所在坐标系中各个质量的位移。

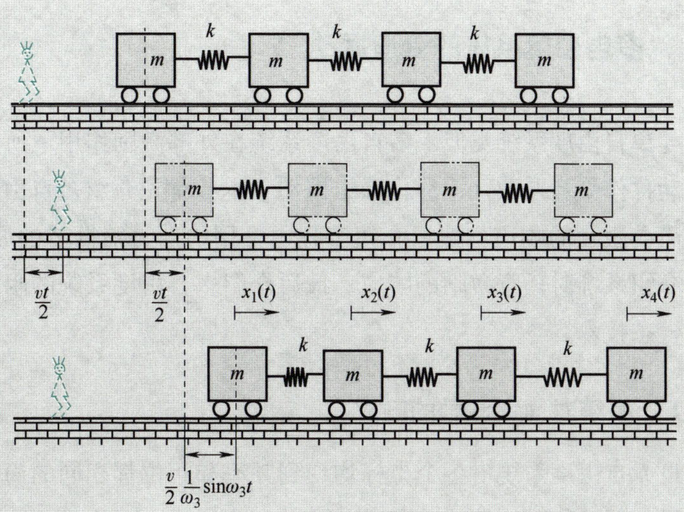

◀ 图 4-47 解法二四个物体坐标运动示意图

由以上分析可知，解法一和解法二中的物理坐标代表的意义是不同的。

对于判断系统是否存在刚体模态，有一点需要进行说明。由以上分析可以知道，如果系统存在刚体模态，系统的刚度矩阵一定是奇异的，系统的第一阶固有频率也一定为零，即 $\omega_1=0$，第一阶主振型中的所有元素都一定是相等的，可以简单地写成 $\boldsymbol{\phi}_1=[1,1,\cdots,1]^{\mathrm{T}}$ 的形式。但是只根据主振型所有元素都相等是无法判断系统是否存在刚体模态的，例如，对于例 4-13 所示的两自由度系统，第一阶主振型为 $\boldsymbol{\phi}_1=[1,1]^{\mathrm{T}}$，但是显然系统是不存在刚体模态的，系统的第一阶固有频率为 $\omega_1=\sqrt{k/m}$，也不为零。

4.3.3 固有频率高频的情况

若系统的固有频率很大，即 $\omega\to\infty$ 时，由式（4-25）可得

$$\boldsymbol{M\phi}\approx\boldsymbol{0} \tag{4-130}$$

由于质量矩阵 $\boldsymbol{M}$ 为正定的，因此由式（4-126）可推得

$$\boldsymbol{\phi}\approx\boldsymbol{0} \tag{4-131}$$

式（4-131）表明，若系统的固有频率很大时，系统高频主振动很小，相较于低频主振动可以忽略不计。这也是采用振型截断法截取系统低阶主振型来求解系统振动响应近似解的原因。

4.4　多自由度系统的受迫振动

与单自由度系统类似，多自由度系统在外部激励作用下所产生的振动称作受迫振动，也称作强迫振动。本节首先介绍多自由度系统对简谐激励的响应，然后介绍工程中常用的动力消振器的原理，接着介绍系统对任意激励的响应，最后介绍多自由度系统的阻尼以及复模态技术。

4.4.1　系统对简谐激励的响应

系统对简谐激励的响应

设 n 自由度系统沿各个坐标均受到频率和相位都相同的简谐力的激励，系统的受迫振动方程可以写为

$$\boldsymbol{M}\ddot{\boldsymbol{x}}(t)+\boldsymbol{K}\boldsymbol{x}(t)=\boldsymbol{f}_0\mathrm{e}^{\mathrm{i}\omega t} \tag{4-132}$$

式中，$\boldsymbol{x}(t)\in\mathbf{C}^{n\times1}$ 为复数位移列阵，实部和虚部分别为余弦或正弦激励的响应；$\boldsymbol{M}\in\mathbf{R}^{n\times n}$ 和 $\boldsymbol{K}\in\mathbf{R}^{n\times n}$ 分别为质量矩阵和刚度矩阵；$\boldsymbol{f}_0=[f_{01},f_{02},\cdots,f_{0n}]^{\mathrm{T}}\in\mathbf{R}^{n\times1}$ 为激励力幅值列阵；ω 为外部激励的频率。

式（4-132）的稳态解可以写为

$$\boldsymbol{x}(t)=\bar{\boldsymbol{x}}\mathrm{e}^{\mathrm{i}\omega t} \tag{4-133}$$

式中，$\bar{\boldsymbol{x}}=[\bar{x}_1,\bar{x}_2,\cdots,\bar{x}_n]^{\mathrm{T}}$ 为振幅列向量。

将式（4-133）代入式（4-132），可得

$$(\boldsymbol{K}-\omega^2\boldsymbol{M})\bar{\boldsymbol{x}}=\boldsymbol{f}_0 \tag{4-134}$$

记

$$\boldsymbol{H}(\omega)=[\boldsymbol{K}-\omega^2\boldsymbol{M}]^{-1} \tag{4-135}$$

为多自由度系统的幅频响应矩阵，将式（4-135）代入式（4-134）中，有

$$\bar{\boldsymbol{x}}=\boldsymbol{H}\boldsymbol{f}_0 \tag{4-136}$$

将式（4-136）代入式（4-133），可以得到系统的响应为

$$\boldsymbol{x}(t)=\boldsymbol{H}\boldsymbol{f}_0\mathrm{e}^{\mathrm{i}\omega t} \tag{4-137}$$

可以看到，在简谐激励作用下，系统的稳态响应也为简谐响应，并且振动频率为外部激励的频率，但是各个自由度上的振幅各不相同。

工程中，称 $\boldsymbol{K}-\omega^2\boldsymbol{M}$ 为阻抗矩阵，$\boldsymbol{H}(\omega)=(\boldsymbol{K}-\omega^2\boldsymbol{M})^{-1}$ 为导纳矩阵。

将系统响应表达式（4-136）沿 i 坐标进行投影，可得

$$\bar{x}_i = \sum_{j=1}^{n} H_{ij} f_{0j} \tag{4-138}$$

可以看出，$\boldsymbol{H}$ 中元素 H_{ij} 的物理意义为：沿 j 坐标作用频率为 ω 的单位幅值简谐力时，沿 i 坐标所引起的受迫振动的复振幅。

$\boldsymbol{H}(\omega)$ 的表达式又可以写为

$$\boldsymbol{H}(\omega) = (\boldsymbol{K}-\omega^2\boldsymbol{M})^{-1} = \frac{\mathrm{adj}(\boldsymbol{K}-\omega^2\boldsymbol{M})}{|\boldsymbol{K}-\omega^2\boldsymbol{M}|} \tag{4-139}$$

由式（4-139）可以看出，当外部激励的频率接近系统的任一阶固有频率时，有 $|\boldsymbol{K}-\omega^2\boldsymbol{M}|=0$，会导致受迫振动的振幅无限增大，此即为多自由度系统的共振。多自由度系统共振点的数量是和系统的自由度相等的，即 n 自由度系统有 n 个共振点。

下面利用振型叠加法求解多自由度系统受简谐外部激励的响应，仍然假设 n 自由度系统在各个广义坐标上受到频率和相位都相同的简谐激励力的作用，简谐激励为正弦形式。不考虑阻尼作用，多自由度受迫振动的动力学微分方程为

$$\boldsymbol{M}\ddot{\boldsymbol{x}}(t)+\boldsymbol{K}\boldsymbol{x}(t)=\boldsymbol{f}_0\sin\omega t \tag{4-140}$$

式中，$\boldsymbol{x}(t) \in \mathbf{R}^{n\times1}$；$\boldsymbol{f}_0 \in \mathbf{R}^{n\times1}$ 为外力幅值列阵；ω 为外部激励的频率。

采用坐标变换 $\boldsymbol{x}=\boldsymbol{\Phi}\boldsymbol{\eta}_N$，系统在正则模态空间的动力学方程可以写为

$$\boldsymbol{I}_N\ddot{\boldsymbol{\eta}}_N+\boldsymbol{\Lambda}\boldsymbol{\eta}_N=\boldsymbol{\Phi}_N^{\mathrm{T}}\boldsymbol{f}_0\sin\omega t \tag{4-141}$$

式中，$\boldsymbol{I}_N \in \mathbf{R}^{n\times n}$ 为单位矩阵；$\boldsymbol{\Lambda} \in \mathbf{R}^{n\times n}$ 为谱矩阵。

将式（4-141）展开，可得

$$\ddot{\eta}_{Ni}+\omega_i^2\eta_{Ni}=\boldsymbol{\phi}_{Ni}^{\mathrm{T}}\boldsymbol{f}_0\sin\omega t,\ i=1,2,\cdots,n \tag{4-142}$$

其中，$\boldsymbol{\phi}_{Ni} \in \mathbf{R}^{n\times1}$ 为系统的第 i 阶正则振型列阵。

求解方程（4-142）的稳态解为

$$\eta_{Ni}(t)=\frac{\boldsymbol{\phi}_{Ni}^{\mathrm{T}}\boldsymbol{f}_0\sin\omega t}{\omega_i^2-\omega^2},\ i=1,2,\cdots,n \tag{4-143}$$

求得系统的正则模态响应后，再利用 $\boldsymbol{x}=\boldsymbol{\Phi}\boldsymbol{\eta}_N$ 即可得到系统物理空间的稳态解为

$$\boldsymbol{x}(t)=\sum_{i=1}^{n}\boldsymbol{\phi}_{Ni}\eta_{Ni}=\sum_{i=1}^{n}\frac{\boldsymbol{\phi}_{Ni}\boldsymbol{\phi}_{Ni}^{\mathrm{T}}\boldsymbol{f}_0\sin\omega t}{\omega_i^2-\omega^2} \tag{4-144}$$

由式（4-144）可以看出，简谐激励作用下系统的稳态响应也为简谐形式，且振动频率与外部激励的频率相同。当激励频率接近系统的任意阶固有频率时，系统响应都将急剧增大，即发生共振。

对于简谐激励的情况，系统的稳态响应也可以通过直接法进行求解。对于方程（4-140）所示系统，因为系统的稳态响应是以外部激励频率为振动频率的振动，因此系统的稳态响应可以假设为

$$\boldsymbol{x}(t)=\bar{\boldsymbol{x}}\sin\omega t \tag{4-145}$$

剩下的问题就是求解振幅 $\bar{\boldsymbol{x}}$。将式（4-145）代入系统的动力学方程（4-140）中，可得

$$(\boldsymbol{K}-\omega^2\boldsymbol{M})\bar{\boldsymbol{x}}=\boldsymbol{f}_0 \tag{4-146}$$

令 $\boldsymbol{H}(\omega)=(\boldsymbol{K}-\omega^2\boldsymbol{M})^{-1}$ 为系统的幅频响应矩阵，系统的稳态响应可以表示为

$$\boldsymbol{x}(t)=\boldsymbol{H}(\omega)\boldsymbol{f}_0\sin\omega t \tag{4-147}$$

对于 $\boldsymbol{H}(\omega)$ 矩阵可进行如下推导：

$$\begin{aligned}\boldsymbol{H}(\omega)&=(\boldsymbol{K}-\omega^2\boldsymbol{M})^{-1}\\&=\boldsymbol{\Phi}_N\boldsymbol{\Phi}_N^{-1}(\boldsymbol{K}-\omega^2\boldsymbol{M})^{-1}(\boldsymbol{\Phi}_N^{\mathrm{T}})^{-1}\boldsymbol{\Phi}_N^{\mathrm{T}}\\&=\boldsymbol{\Phi}_N[\boldsymbol{\Phi}_N^{\mathrm{T}}(\boldsymbol{K}-\omega^2\boldsymbol{M})\boldsymbol{\Phi}_N]^{-1}\boldsymbol{\Phi}_N^{\mathrm{T}}\\&=\boldsymbol{\Phi}_N(\boldsymbol{\Lambda}-\omega^2\boldsymbol{I})^{-1}\boldsymbol{\Phi}_N^{\mathrm{T}}\\&=\sum_{i=1}^{n}\frac{\boldsymbol{\phi}_{Ni}\boldsymbol{\phi}_{Ni}^{\mathrm{T}}}{(\omega_i^2-\omega^2)}\end{aligned} \tag{4-148}$$

将式（4-148）代入式（4-147），可得

$$\boldsymbol{x}(t)=\sum_{i=1}^{n}\frac{\boldsymbol{\phi}_{Ni}\boldsymbol{\phi}_{Ni}^{\mathrm{T}}\boldsymbol{f}_0\sin\omega t}{\omega_i^2-\omega^2} \tag{4-149}$$

显然，该结果与利用振型叠加法所推导的结果是相同的。

例 4-19 假定图4-48 所示三自由度系统中的第一个质量上作用有简谐激励力 $f(t)=\bar{f}\sin\omega t$，激励频率设定为 $\omega=1.7\sqrt{k/m}$，试求解系统的稳态响应。

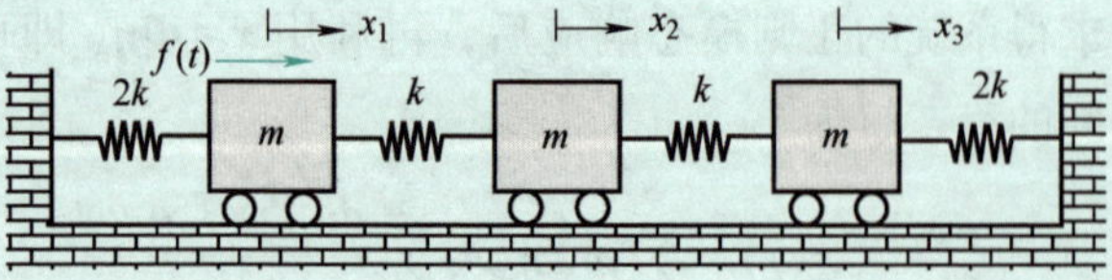

▶ 图 4-48 受简谐激励作用的三自由度质量-弹簧

【解】 系统的动力学方程为

$$\begin{bmatrix} m & 0 & 0 \\ 0 & m & 0 \\ 0 & 0 & m \end{bmatrix}\begin{bmatrix} \ddot{x}_1(t) \\ \ddot{x}_2(t) \\ \ddot{x}_3(t) \end{bmatrix}+\begin{bmatrix} 3k & -k & 0 \\ -k & 2k & -k \\ 0 & -k & 3k \end{bmatrix}\begin{bmatrix} x_1(t) \\ x_2(t) \\ x_3(t) \end{bmatrix}=\begin{bmatrix} \bar{f}\sin\omega t \\ 0 \\ 0 \end{bmatrix} \tag{a}$$

系统的固有频率可以求得为

$$\omega_1=\sqrt{\frac{k}{m}},\ \omega_2=1.732\sqrt{\frac{k}{m}},\ \omega_3=2\sqrt{\frac{k}{m}} \tag{b}$$

系统的正则振型矩阵可以求得为

$$\boldsymbol{\Phi}_N=[\boldsymbol{\phi}_{N,1},\boldsymbol{\phi}_{N,2},\boldsymbol{\phi}_{N,3}]=\frac{1}{\sqrt{6m}}\begin{bmatrix} 1 & -\sqrt{3} & \sqrt{2} \\ 2 & 0 & -\sqrt{2} \\ 1 & \sqrt{3} & \sqrt{2} \end{bmatrix} \tag{c}$$

系统物理空间的外部力列阵为$\boldsymbol{f}(t)=[\bar{f}\sin\omega t,0,0]^{\mathrm{T}}$，系统模态空间中的正则外部力可以求得为

$$\boldsymbol{f}_N(t)=\boldsymbol{\Phi}_N^{\mathrm{T}}\boldsymbol{f}(t)=\frac{P_0\sin\omega t}{\sqrt{6m}}[1,-\sqrt{3},\sqrt{2}]^{\mathrm{T}} \tag{d}$$

可以求解系统在正则模态空间的响应为

$$\eta_{N,1}(t)=-0.216\frac{\sqrt{m}}{k}\bar{f}\sin\omega t,\ \eta_{N,2}(t)=-6.43\frac{\sqrt{m}}{k}\bar{f}\sin\omega t,$$

$$\eta_{N,3}(t)=0.52\frac{\sqrt{m}}{k}\bar{f}\sin\omega t \tag{e}$$

因此，系统物理空间的稳态响应可以求得为

$$\boldsymbol{x}(t)=\begin{bmatrix} x_1(t) \\ x_2(t) \\ x_3(t) \end{bmatrix}=-0.088\begin{bmatrix} 1 \\ 2 \\ 1 \end{bmatrix}\frac{\bar{f}}{k}\sin\omega t-2.63\begin{bmatrix} -\sqrt{3} \\ 0 \\ \sqrt{3} \end{bmatrix}\frac{\bar{f}}{k}\sin\omega t+$$

$$0.21\begin{bmatrix} \sqrt{2} \\ -\sqrt{2} \\ \sqrt{2} \end{bmatrix}\frac{\bar{f}}{k}\sin\omega t \tag{f}$$

可以看到，由于激励频率接近系统的第二阶固有频率，因此在系统的稳态响应中第二阶模态响应占据主导成分。

4.4.2 动力消振器

动力消振器（Ⅰ）　动力消振器（Ⅱ）

随着科技的进步，机械设备越来越高速化和精细化。为了降低系统的振动和改善人机环境，振动控制是一个重要问题。实际工程中，许多机器或部件由于旋转部分的质量偏心而产生强迫振动，为减小这种振动有时可以采用**动力消振器**。动力消振器是一个典型的被动振动控制手段，同时也是多自由度系统振动在工程中一个十分重要的应用实例。

图 4-49a 所示为主系统，主系统的质量为 m_1 和刚度为 k_1，忽略主系统的阻尼，主系统的固有频率为 $\omega_1=\sqrt{k_1/m_1}$，主质量受到简谐激励力 $f_0\sin\omega t$ 的作用，其中 f_0 为外力的幅值，ω 为外力的频率。在主系统上面附加一个单自由度的质量-弹簧-阻尼子系统，如图 4-49b 所示，该子系统称为动力消振器，它的质量为 m_2，刚度为 k_2，阻尼为 c，动力消振器的无阻尼固有频率为 $\omega_2=\sqrt{k_2/m_2}$。从本质上来说，动力消振器和主系统组成了一个两自由度受迫振动系统。动力消振器的目的是通过调节消振器的参数大小以抑制主系统的振动。下面分别介绍无阻尼动力消振器和有阻尼动力消振器。

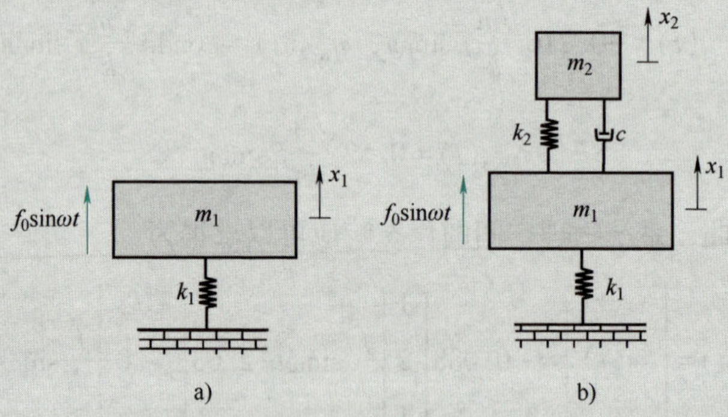

▶ 图 4-49　动力消振器系统示意图

a）加装消振器之前

b）加装消振器之后

1. 无阻尼动力消振器

首先考虑无阻尼动力消振器。在图 4-49b 中忽略阻尼 c，两自由度系统的动力学方程可以写为

$$\begin{bmatrix} m_1 & 0 \\ 0 & m_2 \end{bmatrix}\begin{bmatrix} \ddot{x}_1(t) \\ \ddot{x}_2(t) \end{bmatrix}+\begin{bmatrix} k_1+k_2 & -k_2 \\ -k_2 & k_2 \end{bmatrix}\begin{bmatrix} x_1(t) \\ x_2(t) \end{bmatrix}=\begin{bmatrix} f_0\sin\omega t \\ 0 \end{bmatrix} \tag{4-150}$$

因为系统承受简谐激励，因此可以采用直接法求解系统的稳态

响应。令稳态响应为

$$\boldsymbol{x}(t)=\begin{bmatrix}x_1(t)\\x_2(t)\end{bmatrix}=\begin{bmatrix}\bar{x}_1\sin\omega t\\\bar{x}_2\sin\omega t\end{bmatrix} \tag{4-151}$$

式中，$\bar{x}_1$ 和 $\bar{x}_2$ 分别为两个质量的振幅。将式（4-151）代入式（4-150）中，可以解得振幅为

$$\begin{bmatrix}\bar{x}_1\\\bar{x}_2\end{bmatrix}=\begin{bmatrix}k_1+k_2-m_1\omega^2 & -k_2\\-k_2 & k_2-m_2\omega^2\end{bmatrix}^{-1}\begin{bmatrix}f_0\\0\end{bmatrix}=\frac{f_0}{\Delta(\omega)}\begin{bmatrix}k_2-m_2\omega^2\\k_2\end{bmatrix} \tag{4-152}$$

即

$$\bar{x}_1=\frac{f_0(k_2-m_2\omega^2)}{\Delta(\omega)},\quad \bar{x}_2=\frac{f_0k_2}{\Delta(\omega)} \tag{4-153}$$

式（4-152）中，$\Delta(\omega)$为系统的特征多项式，表达式为

$$\Delta(\omega)=\begin{vmatrix}k_1+k_2-m_1\omega^2 & -k_2\\-k_2 & k_2-m_2\omega^2\end{vmatrix} \tag{4-154}$$

展开式（4-154），有

$$\begin{aligned}\Delta(\omega)&=(k_1+k_2-m_1\omega^2)(k_2-m_2\omega^2)-k_2^2\\&=m_1m_2\omega^4-(k_1m_2+k_2m_1+k_2m_2)\omega^2+k_1k_2\end{aligned} \tag{4-155}$$

由式（4-152）或式（4-153）可以看出，当 $\omega=\sqrt{k_2/m_2}$ 时，即外部激励的频率与动力消振器的固有频率相等时，有 $\bar{x}_1=0$ 成立，此时主系统不再振动，该现象被称为**反共振**。将 $\omega=\sqrt{k_2/m_2}$ 代入式（4-155），此时有 $\Delta(\omega)=-k_2^2$，再由式（4-152）或式（4-153）可以得出反共振时消振器的振幅为

$$\bar{x}_2=-\frac{f_0}{k_2} \tag{4-156}$$

由式（4-151），式（4-152）和式（4-156），可以求得反共振时动力消振器 m_2 的稳态振动为

$$x_2(t)=-\frac{f_0}{k_2}\sin\omega t \tag{4-157}$$

考虑到反共振时 $\bar{x}_1=0$，由式（4-151）和式（4-156）可知，此时弹簧 k_2 对主质量 m_1 的作用力为

$$f_R=k_2(x_2-x_1)=k_2(\bar{x}_2-\bar{x}_1)\sin\omega t=-f_0\sin\omega t \tag{4-158}$$

可以看到，此时弹簧 k_2 产生的弹性恢复力与主质量上受到的激励力相互抵消，实现了一种动力平衡，使得主质量静止不动，这也是该

系统被称为动力“消”振器的原因。

考虑到反共振时有 $\omega=\sqrt{k_2/m_2}$，由式（4-156）可以推得

$$k_2\bar{x}_2=-f_0=m_2\omega^2\bar{x}_2 \tag{4-159}$$

式（4-159）是动力消振器设计的一个关键公式，消振器的刚度 k_2 和质量 m_2 的值是由 $\bar{x}_2$ 的允许值所决定的。实际中，由于空间尺寸等的限制，消振器的最大位移量是有条件的，不可能任意大。

对于存在转子偏心的旋转机械，由 3.2.3 节可知，系统的固有频率为两端简支情况下转子横向振动的固有频率。如果旋转机械在使用动力消振器之前在接近共振的情况下工作，即 $\omega\approx\omega_1=\sqrt{k_1/m_1}$，也即机器的工作转速与系统的临界转速接近，此时由于共振旋转机械会发生较大的横向振动。为了抑制旋转机械的振动，在机械上附加一个动力消振器，并且在设计动力消振器时使得消振器的固有频率与旋转机械的工作转速相等，即 $\sqrt{k_2/m_2}=\omega_2=\omega\approx\omega_1=\sqrt{k_1/m_1}$，则当机械在它原始的共振频率下运行时它的振幅将会变为零。

根据上述分析，动力消振器的参数 k_2 和 m_2 一般选为

$$\frac{k_2}{k_1}=\frac{m_2}{m_1}=\mu \tag{4-160}$$

即使得消振器的固有频率和主系统的固有频率相等，μ 也称为质量比，即消振器质量与主系统质量之比。

记

$$\omega_0=\sqrt{\frac{k_1}{m_1}}=\sqrt{\frac{k_2}{m_2}} \tag{4-161}$$

$$s=\frac{\omega}{\omega_0} \tag{4-162}$$

式（4-155）可以改写为

$$\Delta(\omega)=k_1k_2[s^4-(2+\mu)s^2+1] \tag{4-163}$$

主系统加装动力消振器后，整个系统变成两自由度系统，设两自由度系统的固有频率为 $\bar{\omega}_1$ 和 $\bar{\omega}_2$。记频率比 s_1 和 s_2 为

$$s_1=\frac{\bar{\omega}_1}{\omega_0},\ s_2=\frac{\bar{\omega}_2}{\omega_0} \tag{4-164}$$

由特征方程（4-163）可以求得两自由度系统的固有频率，用 s_1 和 s_2 表示为

$$s_{1,2}^2 = 1+\frac{\mu}{2} \mp \sqrt{\mu+\frac{\mu^2}{4}} \tag{4-165}$$

将式（4-163）代入式（4-153），并设 $\bar{x}_0 = f_0/k_1$ 为主系统的静变形，可得

$$\frac{\bar{x}_1}{\bar{x}_0} = \frac{1-s^2}{s^4-(2+\mu)s^2+1}, \quad \frac{\bar{x}_2}{\bar{x}_0} = \frac{1}{s^4-(2+\mu)s^2+1} \tag{4-166}$$

令参数 $\mu = 0.3$，即消振器质量与主系统质量之比为 0.3，画出 $\bar{x}_1/\bar{x}_0$ 和 $\bar{x}_2/\bar{x}_0$ 随频率比 s 的变化曲线，如图 4-50 所示，该曲线为两自由度系统的频响曲线。可以看出，虽然 $\omega = \sqrt{k_1/m_1} = \sqrt{k_2/m_2}$ 出现了反共振，但是在反共振点两旁存在着两个新的共振点，即 s_1 和 s_2。可以证明，反共振点一定位于两个共振点即 s_1 和 s_2 之间，即有 $s_1<1<s_2$ 成立。由式（4-165）可以看到，当 μ 较小时，即消振器质量较主系统质量较小时，新的共振频率与反共振频率非常接近，这意味着动力消振器的工作频带很窄。

应当注意：

1）若旋转机械的运行速度在主系统固有频率附近，机械启动和制止时必然经过 s_1，这会引起大振幅；

2）因为消振器是根据一个特定的激励频率设计的，只有当固有频率等于外部激励频率时主系统的振幅才为零。如果机械在其他频率下运行或者机械上的力包含有几个不同的频率成分，则其振幅也可能会很大。

动力消振器（Ⅲ）

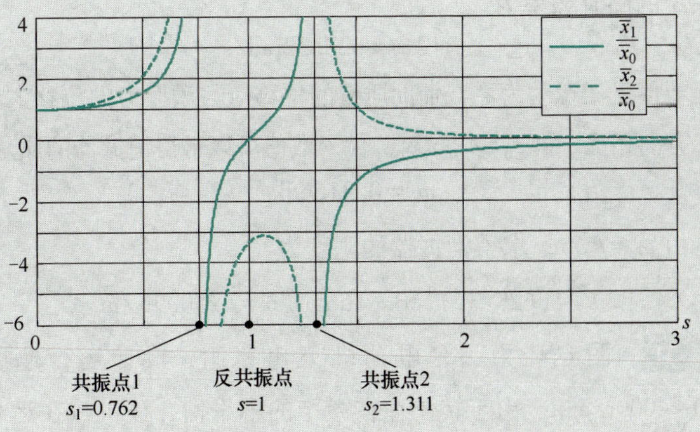

◀ 图 4-50　无阻尼动力消振器系统频响曲线

为了允许激励频率 ω 在 $s=1$ 附近有一定范围的变化，则要求 s_1 和 s_2 应当相距远些。图 4-51 为频率比 s 随质量比 μ 的变化曲线，可

以看出，当μ较大时，s_1 和 s_2 相距较远。但是由式（4-160）可以看出，μ较大会导致 k_2 和 m_2 变大，这会使得动力消振器变得笨拙，解决该问题的措施之一是采用阻尼动力消振器。

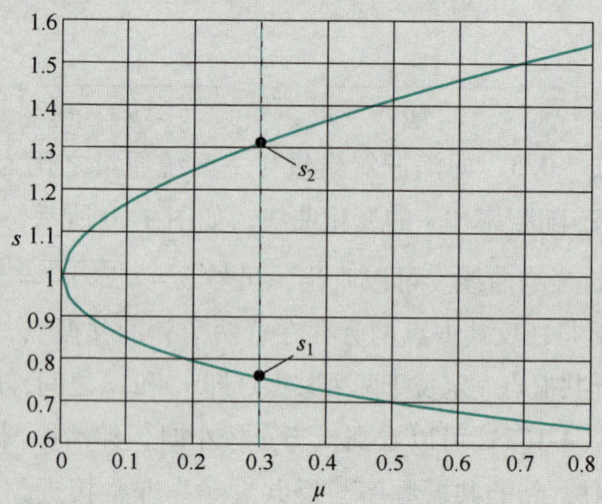

▶ 图 4-51　s 随μ变化曲线

动力消振器算例

例 4-20　一台重力为3000N 的柴油机，安装在支架上。当其以6000r/min 转速工作时，可以观察到它的振动通过支架对周围环境造成了影响。试确定需要安装在支架上的消振器的参数。激振力的幅值为 250N，辅助质量的最大许可位移为 2mm。

【解】　机械的振动频率为

$$f=\frac{6000}{60}\text{Hz}=100\text{Hz} \tag{a}$$

即系统的固有频率为

$$\omega=2\pi f=628.32\text{rad/s} \tag{b}$$

要使支架运动为零，辅助质量的位移应与激振力的位移大小相等、方向相反，即$f_0=m_2\omega^2\bar{x}_2$，代入数值可以求得消振器的质量为

$$m_2=0.31665\text{kg} \tag{c}$$

由 $\omega^2=k_2/m_2$ 求得消振器的刚度为

$$k_2=(628.32)^2\times0.31665\text{N/m}=125009\text{N/m} \tag{d}$$

例 4-21　图4-52 为一台电动机-发电机组，设计运行速度为2000~4000r/min。由于转子存在微小的不平衡，该机械在运行速度为 3000r/min 时发生剧烈振动。为此设计安装一个悬臂式集中质量消振器来消除振动。当一个有 2kg 的实验载荷以悬臂方式安装

到机器上之后，所得系统的某一阶固有频率为 2500r/min。设计消振器的质量和刚度，使得整个系统的固有频率在电动机-发电机组的转速范围之外。

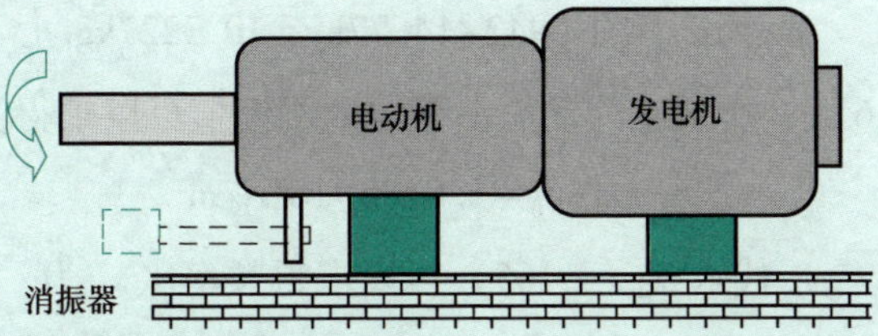

◀ 图 4-52　电动机-发电机组

【解】　已知机组在运行速度为 3000r/min 时发生剧烈振动，即主系统的固有频率为

$$\omega_0 = 3000\text{r/min} = 314.16\text{rad/s} \tag{a}$$

由题意知，在机组上安装 2kg 的实验载荷时，由实验载荷和机组所构成的两自由度系统的某一阶固有频率为 2500r/min，假定两阶固有频率分别为 ω_1 和 ω_2，则有 $\omega_1 = \omega_2 = 261.8\text{rad/s}$（或 2500r/min），频率比为

$$s_1 = s_2 = \frac{\omega_1}{\omega_0} = \frac{\omega_2}{\omega_0} = \frac{261.80}{314.16} = 0.8333 \tag{b}$$

由式（4-165）可以计算得到实验载荷和机组的质量比 μ 为

$$\mu = \left(\frac{s_1^4 + 1}{s_1^2}\right) - 2 = 0.1354 \tag{c}$$

因此，再根据 $\mu = m_2/m_1$ 可以推得机组的质量为

$$m_1 = \frac{m_2}{\mu} = \frac{2}{0.1345}\text{kg} = 14.77\text{kg} \tag{d}$$

由以上分析可以看出，通过在机组上安装实验载荷并测得系统的共振转速，求得机组的质量。下面设计动力消振器的参数。

根据题意，设计要求机组的运行速度为 2000～4000r/min，为了使得系统的固有频率在机组的转速范围之外，不妨令

$$\omega_1 = 2000\text{r/min} = 209.44\text{rad/s} \tag{e}$$

此时有频率比 s_1 为

$$s_1 = \frac{\omega_1}{\omega_0} = \frac{209.44}{314.16} = 0.6667 \tag{f}$$

由式（4-165）可以推得消振器和机组的质量比 μ 为

$$\mu=\frac{s_1^4-2s_1^2+1}{s_1^2}=0.6942 \tag{g}$$

根据式（g），可以得到所设计的动力消振器的质量为

$$m_2=\mu m_1=0.6942\times14.77\text{kg}=10.3227\text{kg} \tag{h}$$

由式（4-161），所设计的动力消振器的刚度值可以求得为

$$k_2=m_2\omega_0^2=1.0188\times10^6\text{N/m} \tag{i}$$

将式（g）代入式（4-165）可以求得频率比 s_2 为

$$s_2=2.2497 \tag{j}$$

因此，由式（4-164）可以求得系统的另一个共振转速为

$$\omega_2=s_2\omega_0=4499.4\text{r/min}>4000\text{r/min} \tag{k}$$

可以看出，$\omega_2=4499.4\text{r/min}>4000\text{r/min}$，满足设计需求。

2. 有阻尼动力消振器

对于图 4-49b 所示的有阻尼两自由度系统，可以建立动力学方程如下：

$$\begin{bmatrix} m_1 & 0 \\ 0 & m_2 \end{bmatrix}\begin{bmatrix} \ddot{x}_1(t) \\ \ddot{x}_2(t) \end{bmatrix}+\begin{bmatrix} c & -c \\ -c & c \end{bmatrix}\begin{bmatrix} \dot{x}_1(t) \\ \dot{x}_2(t) \end{bmatrix}+\begin{bmatrix} k_1+k_2 & -k_2 \\ -k_2 & k_2 \end{bmatrix}\begin{bmatrix} x_1(t) \\ x_2(t) \end{bmatrix}=\begin{bmatrix} f_0\sin\omega t \\ 0 \end{bmatrix} \tag{4-167}$$

式中，$\begin{bmatrix} c & -c \\ -c & c \end{bmatrix}$为阻尼矩阵，将在 4.5 节进行详细介绍。

依据式（4-167），可以求解得到主系统的稳态响应为

$$x_1(t)=\bar{x}_1\sin(\omega t-\varphi_1) \tag{4-168}$$

式中，$\bar{x}_1$ 为主系统的振幅；φ_1 为由于阻尼所导致的主系统响应的相位滞后。$\bar{x}_1$ 和 φ_1 可以求得为

$$\bar{x}_1=\frac{f_0\sqrt{(k_2-m_2\omega^2)^2+\omega^2c^2}}{\sqrt{[(k_1-m_1\omega^2)(k_2-m_2\omega^2)-\omega^2m_2k_2]^2+[\omega c(k_1-\omega^2m_1-\omega^2m_2)]^2}} \tag{4-169}$$

$$\varphi_1=\arctan\frac{cm_2^2\omega^5}{(k_2-m_2\omega^2)[(k_1-m_1\omega^2)(k_2-m_2\omega^2)-\omega^2m_2k_2]+\omega^2c^2(k_1-\omega^2m_1-\omega^2m_2)} \tag{4-170}$$

为了方便分析，对式（4-169）进行无量纲化处理。设 $\bar{x}_0=f_0/k_1$ 表示主系统的静变形，$\omega_1=\sqrt{k_1/m_1}$ 表示主系统的固有频率，$\omega_2=\sqrt{k_2/m_2}$ 表示消振器固有频率，$\mu=m_2/m_1$ 表示消振器与主系统的质量比，

$\alpha=\omega_2/\omega_1$ 表示消振器与主系统的频率比，$s=\omega/\omega_1$ 表示外部激励频率与主系统的频率比，$\zeta=c/(2m_2\omega_2)$表示动力消振器的相对阻尼系数。则式（4-169）可以改写为

$$\beta=\frac{\bar{x}_1}{\bar{x}_0}=\frac{\sqrt{(s^2-\alpha^2)^2+(2\zeta s\alpha)^2}}{\sqrt{[\mu s^2\alpha^2-(s^2-1)(s^2-\alpha^2)]^2+(2\zeta s\alpha)^2(s^2-1+\mu s^2)^2}} \tag{4-171}$$

式中，β 为振幅放大因子，代表了主质量振动幅度的大小。

当$\zeta=c/(2m_2\omega_2)=0$ 时，即式（4-171）转化为

$$\beta=\frac{s^2-\alpha^2}{\mu s^2\alpha^2-(s^2-1)(s^2-\alpha^2)} \tag{4-172}$$

图 4-53 展示的是$\mu=0.05$ 和 $\alpha=1$ 时，不同相对阻尼系数下振幅放大因子β 随频率比 s 的变化情况。由图可知，当 $\zeta=0$ 时，系统存在两个共振频率点，即 $s=0.895$ 和 1.12；若 $s=\alpha$ 即 $\omega_2=\omega$ 时，系统出现反共振，主系统的振幅为零，消振器的工作效率最高，这与前面无阻尼动力消振器的分析是一致的。

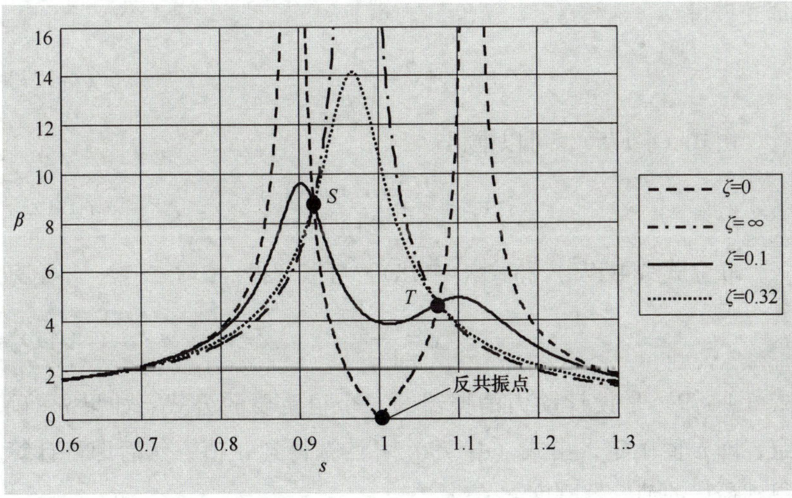

◀ 图 4-53　在 $\mu=0.05$ 和 $\alpha=1$ 时不同阻尼比下振幅放大因子 β 随频率比 s 的变化情况

当$\zeta\to\infty$ 时，整个系统变成了一个单自由度系统，由式（4-171）可得

$$\beta=\left|\frac{1}{s^2-1+\mu s^2}\right| \tag{4-173}$$

此时，系统只有一个共振频率，频率比可以求得为 $s=1/\sqrt{1+\mu}=0.976$，对应图 4-53 中点画线所示的情况。

当 $\zeta=0.10$ 和 $\zeta=0.32$ 时，可以看到在主系统原共振点（$s=1$），

系统的振动不会被削减到 0，但是和无阻尼系统的两个共振振幅相比，此时系统的共振振幅明显下降，这也是有阻尼动力消振器的优点所在。通过设计合理的阻尼值，可以使得主系统在原共振点的振幅得到抑制。同时可以在较大的频率范围内实现振动抑制的效果。

观察图 4-53，可以发现一个有趣的现象：不论相对阻尼系数为何值，所有的曲线都通过 S 点和 T 点。联立式（4-172）和式（4-173），在 S 点和 T 点处有

$$\frac{s^2-\alpha^2}{\mu s^2\alpha^2-(s^2-1)(s^2-\alpha^2)}=\frac{1}{s^2-1+\mu s^2} \tag{4-174}$$

整理得

$$s^4-\frac{2(1+\alpha^2+\mu\alpha^2)}{2+\mu}s^2+\frac{2\alpha^2}{2+\mu}=0 \tag{4-175}$$

在设计动力消振器时，一般会通过选择合适的 m_2 和 k_2 的值使得曲线在 S 点和 T 点具有相同的幅值。在 S 点和 T 点有

$$\beta_S=\frac{-1}{s_S^2-1+\mu s_S^2}=\beta_T=\frac{1}{s_T^2-1+\mu s_T^2} \tag{4-176}$$

推导可得

$$s_S^2+s_T^2=\frac{2}{1+\mu} \tag{4-177}$$

由式（4-175），可以推得

$$s_S^2+s_T^2=\frac{2(1+\alpha^2+\mu\alpha^2)}{2+\mu} \tag{4-178}$$

联立式（4-177）和式（4-178），可以解得

$$\alpha=\frac{1}{1+\mu} \tag{4-179}$$

式（4-179）是设计动力消振器的一个很重要的公式。如果 m_2 确定，即 μ 值确定，由式（4-179）可计算得到 α 值，然后即可计算得到最优的消振器刚度 k_2 值。

将式（4-179）代入式（4-175），可以解得

$$s_{S,T}^2=\frac{1}{1+\mu}\left(1\mp\sqrt{\frac{\mu}{2+\mu}}\right) \tag{4-180}$$

将式（4-180）代入式（4-176），可得

$$\beta_S=\beta_T=\sqrt{\frac{2+\mu}{\mu}} \tag{4-181}$$

下面的问题是如何选择合适的相对阻尼系数ζ，使得主系统的振幅达到最小。为了使得动力消振器在较宽的频带内起减振作用并且不会引起较大的共振峰，希望选择适当的ζ值使得曲线在S点和T点同时具有极大值。根据式（4-171），令

$$\left.\frac{\partial\beta}{\partial s}\right|_{s=s_{S,T}}=0 \tag{4-182}$$

可以解得

$$\begin{aligned}\zeta_S^2&=\frac{\mu}{8(1+\mu)^3}\left(3-\sqrt{\frac{\mu}{2+\mu}}\right)\\ \zeta_T^2&=\frac{\mu}{8(1+\mu)^3}\left(3+\sqrt{\frac{\mu}{2+\mu}}\right)\end{aligned} \tag{4-183}$$

可以看到，无论如何选择相对阻尼系数，不可能在S和T两点同时使得β取极大值。然而，一般动力消振器与主系统的质量比μ都很小（$\mu\ll1$），所以ζ_S和ζ_T在实际问题中很接近，于是最佳相对阻尼系数可以选为ζ_S和ζ_T的算术平均值，即

$$\zeta_{\text{optimal}}^2=\frac{3\mu}{8(1+\mu)^3} \tag{4-184}$$

一旦m_2确定，即μ值确定，由式（4-184）可以计算得到最优的相对阻尼系数为$\zeta_{\text{optimal}}=\sqrt{3\mu/[8(1+\mu)^3]}$，然后即可计算得到最优的消振器阻尼$c$值。

动力消振器的应用

护楼神器-调谐质量阻尼器： 调谐质量阻尼器（Tuned Mass Damper，TMD）是最早的结构振动被动控制装置之一，在建筑、桥梁、车辆、船舶及机械领域均有广泛应用。调谐质量阻尼器的工作机理就是动力消振器的基本原理，将主结构的振动转移到调谐质量上以保障主结构不动。从能量角度说，调谐质量阻尼器的作用是一种能量转移，即将主系统的振动能量转移到调谐质量阻尼器上。上海中心大厦、广州塔、台北101大厦等许多高层建筑上都安装了调谐质量阻尼器，来增强大楼的防风抗震能力。例如，台北101大厦在其92层悬挂了一个重达约660t的金属球形阻尼器，当建筑物在风的作用下晃动时，阻尼器会像钟摆一样运动，以吸收建筑物的动能，并由摆球与建筑物之间的液压缸将动能转化为热量进行释放，由此来保障建筑物的稳定性。上海中心在126层大楼顶部距离地面584m处安装有重达1000t的“电涡流摆设式调谐质量阻尼器”，它采用的电涡流技术以往用于磁悬浮等工程，这项技术是世界上首次用于风阻尼器，是中国人首创。

调谐质量阻尼器具有如下优点：

1）减振效果显著。只要调谐质量阻尼器的固有频率与主系统的固有频率一致，理论上讲主系统的振动可以完全消除，实际工程中也能达到80%以上；

2）结构设计灵活。可根据振动主系统结构特征和安装空间，将调谐质量阻尼器外形结构设计成不同的形状，如可设计成摆式、悬臂式或环形等。

但是调谐质量阻尼器也具有一些缺点：

1）最大的缺点是减振频带较窄。只有当调谐质量阻尼器的固有频率与被控对象的激振频率一致或接近时，减振才有效，若偏离时便会产生两个新的共振峰。因此，如果调谐质量阻尼器使用不当，不但不能消振，反而易产生新的共振，即“频率失调”现象；

2）调谐质量阻尼器一旦发生频率失调，主系统会因共振而产生更大的振动。该现象在当调谐质量阻尼器的质量较小时更为明显，这对调谐质量阻尼器固有频率的设计提出了更高的要求；

3）调谐质量阻尼器起动速度具有一定的滞后性，对冲击或突发载荷等无法迅速做出反应。

由于调谐质量阻尼器对调谐频率的敏感型，许多学者对其有效频带拓宽方法进行研究，出现了各种主动、半主动的调谐质量阻尼器以调谐其目标频率。主动型调谐质量阻尼器（ATMD）从20世纪90年代初期起由于现代控制理论（如PID控制、LQR控制等）的普及从而得到了广泛的研究。主动型调谐质量阻尼器最有魅力的地方就是可以利用一个调谐质量阻尼器就可实现多个振动模态的控制。主动型调谐质量阻尼器优于被动式调谐质量阻尼器，但是主动型调谐质量阻尼器需要提供额外的能量来获得期望的减振效果。半主动型调谐质量阻尼器（SATMD）由于具有刚度和阻尼可调的能力及较强的适应能力，自1980年被提出之后便得到了广泛的关注。半主动型调谐质量阻尼器维护简单，对外部能源需求比主动型调谐质量阻尼器低，可靠性和鲁棒性好。相关文献指出，半主动型调谐质量阻尼器比被动式调谐质量阻尼器和主动型调谐质量阻尼器更有效和更具有发展潜力。

例 4-22 如图4-54所示的电动机动力消振系统，已知主系统质量为 $m_1=5\text{kg}$，刚度为 $k_1=25000\text{N/m}$。假定动力消振器的质量为 $m_2=0.5\text{kg}$，

试设计动力消振器的刚度和阻尼使得减振效果最优。

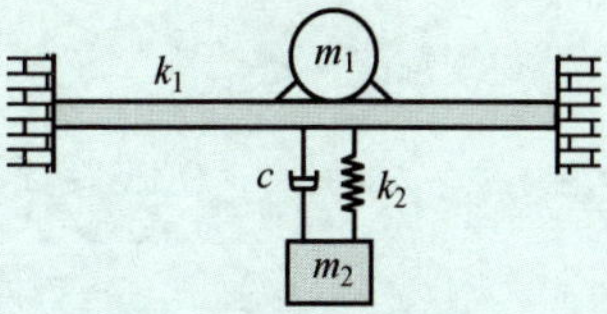

图 4-54　电动机动力消振系统

【解】 根据主系统质量 m_1 和消振器质量 m_2，可以求得系统的质量比为

$$\mu=\frac{m_2}{m_1}=0.1 \tag{a}$$

根据式（4-179），可以计算得到消振器系统的频率比 α 应设定为

$$\alpha=\frac{\omega_2}{\omega_1}=\frac{1}{1+\mu}=0.909 \tag{b}$$

根据式（b），可以求得动力消振器的刚度 k_2 为

$$k_2=m_2\omega_2^2=m_2(\alpha\omega_1)^2=\mu\alpha^2k_1=2070\text{N/m} \tag{c}$$

根据式（4-184），可以计算得到消振器的最优相对阻尼系数为

$$\zeta=\sqrt{\frac{3\mu}{8(1+\mu)^3}}=0.168 \tag{d}$$

根据式（b），可以求得动力消振器的阻尼 c 为

$$c=2m_2\omega_2\zeta=2\sqrt{m_2k_2}\zeta=10.81\text{N}\cdot\text{s/m} \tag{e}$$

4.4.3　系统对任意激励的响应

系统对任意激励的响应

下面采用振型叠加法求解多自由度系统对任意激励的响应。首先考虑正则模态坐标的情况。系统的动力学问题方程可以写为

$$\begin{cases}\boldsymbol{M}\ddot{\boldsymbol{x}}(t)+\boldsymbol{K}\boldsymbol{x}(t)=\boldsymbol{f}(t)\\ \boldsymbol{x}(0)=\boldsymbol{x}_0\\ \dot{\boldsymbol{x}}(0)=\dot{\boldsymbol{x}}_0\end{cases} \tag{4-185}$$

式中，$\boldsymbol{x}(t)\in\mathbf{R}^{n\times1}$ 为位移坐标列阵；$\boldsymbol{M}\in\mathbf{R}^{n\times n}$ 和 $\boldsymbol{K}\in\mathbf{R}^{n\times n}$ 分别为质量矩阵和刚度矩阵；$\boldsymbol{f}(t)\in\mathbf{R}^{n\times1}$ 为外部力列阵。

使用坐标转换 $\boldsymbol{x}(t)=\boldsymbol{\Phi}_N\boldsymbol{\eta}_N(t)$，可以得到系统正则模态空间的动力学方程为

$$\boldsymbol{I}_N\ddot{\boldsymbol{\eta}}_N(t)+\boldsymbol{\Lambda}\boldsymbol{\eta}_N(t)=\boldsymbol{f}_N(t) \tag{4-186}$$

式中，$\boldsymbol{\eta}_N(t)\in\mathbf{R}^{n\times1}$ 为正则模态位移坐标列阵；$\boldsymbol{I}_N\in\mathbf{R}^{n\times n}$ 为单位矩阵；$\boldsymbol{\Lambda}\in\mathbf{R}^{n\times n}$ 为谱矩阵；$\boldsymbol{f}_N(t)=\boldsymbol{\Phi}_N^{\mathrm{T}}\boldsymbol{f}(t)\in\mathbf{R}^{n\times1}$ 为正则模态广义力列阵。

正则模态空间的初始条件可以求得为

$$\boldsymbol{\eta}_N(0)=\boldsymbol{\Phi}_N^{-1}\boldsymbol{x}(0),\ \dot{\boldsymbol{\eta}}_N(0)=\boldsymbol{\Phi}_N^{-1}\dot{\boldsymbol{x}}(0) \tag{4-187}$$

将式（4-186）展开，可以得到系统第 i 个正则模态的动力学方程为

$$\ddot{\eta}_{Ni}+\omega_i^2\eta_{Ni}=f_{Ni}(t),\ i=1,2,\cdots,n \tag{4-188}$$

式中，$f_{Ni}(t)=\boldsymbol{\phi}_{Ni}^{\mathrm{T}}\boldsymbol{f}(t)$ 为第 i 个正则模态广义力。

利用杜阿梅尔积分和考虑正则模态空间的初始条件，式（4-188）的解可以求得为

$$\eta_{Ni}(t)=\eta_{Ni}(0)\cos\omega_i t+\frac{\dot{\eta}_{Ni}(0)}{\omega_i}\sin\omega_i t+\frac{1}{\omega_i}\int_0^t f_{Ni}(\tau)\sin\omega_i(t-\tau)\mathrm{d}\tau,\ i=1,2,\cdots,n \tag{4-189}$$

将式（4-189）代入方程（4-79），可以得到系统物理空间的解为

$$\begin{aligned}\boldsymbol{x}(t)&=\sum_{i=1}^{n}\boldsymbol{\phi}_{Ni}\eta_{Ni}(t)\\&=\sum_{i=1}^{n}\boldsymbol{\phi}_{Ni}\left[\eta_{Ni}(0)\cos\omega_i t+\frac{\dot{\eta}_{Ni}(0)}{\omega_i}\sin\omega_i t+\frac{1}{\omega_i}\int_0^t f_{Ni}(\tau)\sin\omega_i(t-\tau)\mathrm{d}\tau\right]\end{aligned} \tag{4-190}$$

例 4-23 假定在图4-55 所示的四自由度系统的第一个和第四个质量上作用有阶跃激励力 $f(t)=f_0(t\geqslant 0)$，系统的初始条件为零，试利用振型叠加法求解系统的动力学响应。

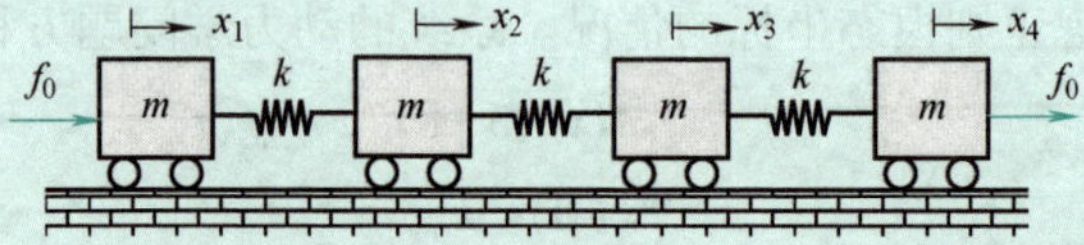

▶ 图 4-55　受阶跃激励的四自由度系统

【解】 因为阶跃激励力 f_0 是在零时刻施加到系统上的，因此系统会发生弹性振动。采用影响系数法，可以建立系统的受迫振动方程为

$$\begin{bmatrix}m&0&0&0\\0&m&0&0\\0&0&m&0\\0&0&0&m\end{bmatrix}\begin{bmatrix}\ddot{x}_1(t)\\\ddot{x}_2(t)\\\ddot{x}_3(t)\\\ddot{x}_4(t)\end{bmatrix}+\begin{bmatrix}k&-k&0&0\\-k&2k&-k&0\\0&-k&2k&-k\\0&0&-k&k\end{bmatrix}\begin{bmatrix}x_1(t)\\x_2(t)\\x_3(t)\\x_4(t)\end{bmatrix}=\begin{bmatrix}f_0\\0\\0\\f_0\end{bmatrix} \tag{a}$$

系统的固有频率和正则振型矩阵可以求得为

$$\omega_1=0,\ \omega_2=\sqrt{(2-\sqrt{2})\frac{k}{m}},\ \omega_3=\sqrt{\frac{2k}{m}},\ \omega_4=\sqrt{(2+\sqrt{2})\frac{k}{m}} \tag{b}$$

$$\boldsymbol{\Phi}_N=\frac{1}{2\sqrt{m}}\begin{bmatrix}1 & -c_1 & 1 & -c_2\\ 1 & (1-\sqrt{2})c_1 & -1 & (1+\sqrt{2})c_2\\ 1 & -(1-\sqrt{2})c_1 & -1 & -(1+\sqrt{2})c_2\\ 1 & c_1 & 1 & c_2\end{bmatrix} \tag{c}$$

式中，$c_1=1/\sqrt{2-\sqrt{2}}$，$c_2=1/\sqrt{2+\sqrt{2}}$。

利用式（4-188），可以求得系统的正则模态广义力列阵为

$$\begin{bmatrix}f_N\\ f_{N2}\\ f_{N3}\\ f_{N4}\end{bmatrix}=\frac{f_0}{\sqrt{m}}\begin{bmatrix}1\\0\\1\\0\end{bmatrix} \tag{d}$$

利用振型叠加法，可以得到系统正则模态空间的动力学方程为

$$\ddot{\eta}_{Ni}+\omega_i^2\eta_{Ni}=f_{Ni}(t),\ i=1,2,3,4 \tag{e}$$

求解式（e），可以得到系统的各阶正则模态响应为

$$\begin{cases}\eta_{N1}(t)=\dfrac{f_0}{2\sqrt{m}}t^2\\ \eta_{N2}(t)=0\\ \eta_{N3}(t)=\dfrac{1}{\omega_3}\displaystyle\int_0^t\frac{f_0}{\sqrt{m}}\sin\omega_3(t-\tau)\,\mathrm{d}\tau=\frac{f_0}{\sqrt{m}}m(1-\cos\omega_3 t)/2k\\ \eta_{N4}(t)=0\end{cases} \tag{f}$$

利用转换 $\boldsymbol{x}(t)=\boldsymbol{\Phi}_N\boldsymbol{\eta}_N(t)$，系统物理空间的解可以求得为

$$\boldsymbol{x}(t)=\boldsymbol{\Phi}_N\boldsymbol{\eta}_N(t)=\frac{f_0}{4m}\begin{bmatrix}t^2+(1-\cos\omega_3 t)m/k\\ t^2-(1-\cos\omega_3 t)m/k\\ t^2-(1-\cos\omega_3 t)m/k\\ t^2+(1-\cos\omega_3 t)m/k\end{bmatrix} \tag{g}$$

值得说明的是，当系统所受到的外部激励不是简谐激励时，只能采用振型叠加法求解系统的响应，4.4.1 节中的直接法不再适用。

4.5 有阻尼的多自由度系统

对于一个实际的机械系统，阻尼的存在往往是不可避免的，例如结构的材料阻尼、介质的黏性阻尼等。由于各种阻尼力的机理十分复杂，目前关于阻尼特性了解的还很不充分，难以给出恰当的数学表达。在阻尼力较小时，或激励远离系统的固有频率时，可以忽略阻尼力的存在，近似地将系统当作无阻尼系统。但是当激励频率接近系统的固有频率，且激励时间又不是很短暂的情况下，阻尼对系统动力学响应的影响是不可忽略的。本节首先介绍多自由度系统的阻尼，然后介绍一般黏性阻尼的多自由度系统的振动求解。

4.5.1 多自由度系统的阻尼

多自由度系统的阻尼

在建立阻尼的数学模型时，为了简化考虑，通常采用黏性阻尼模型，即认为阻尼力的大小与速度成正比，方向与运动方向相反。考虑黏性阻尼的作用，n 自由度系统的动力学方程可表示为

$$\boldsymbol{M}\ddot{\boldsymbol{x}}+\boldsymbol{C}\dot{\boldsymbol{x}}+\boldsymbol{K}\boldsymbol{x}=\boldsymbol{f}(t) \tag{4-191}$$

式中，$\boldsymbol{C}\in\mathbf{R}^{n\times n}$ 为系统的阻尼阵，它的元素 c_{ij} 称为阻尼影响系数，其物理意义为：使系统仅在第 j 个广义坐标上产生单位速度而相应于第 i 个坐标上所需施加的力。阻尼矩阵 $\boldsymbol{C}$ 一般是正定或半正定的对称矩阵。

对于式（4-191）所示的 n 自由度系统，假定已经得到系统无阻尼下的振型矩阵 $\boldsymbol{\Phi}$ 及谱矩阵 $\boldsymbol{\Lambda}$，对方程做坐标变换 $\boldsymbol{x}(t)=\boldsymbol{\Phi}\boldsymbol{\eta}(t)$，可以得到

$$\boldsymbol{M}_p\ddot{\boldsymbol{\eta}}(t)+\boldsymbol{C}_p\dot{\boldsymbol{\eta}}(t)+\boldsymbol{K}_p\boldsymbol{\eta}(t)=\boldsymbol{f}_p(t) \tag{4-192}$$

式中，$\boldsymbol{f}_p(t)=\boldsymbol{\Phi}^{\mathrm{T}}\boldsymbol{f}(t)$ 表示模态外力向量；$\boldsymbol{M}_p$ 和 $\boldsymbol{K}_p$ 分别为模态质量矩阵和模态刚度矩阵；$\boldsymbol{C}_p=\boldsymbol{\Phi}^{\mathrm{T}}\boldsymbol{C}\boldsymbol{\Phi}$ 称为模态阻尼矩阵。虽然模态质量矩阵与模态刚度矩阵都是对角阵，但是模态阻尼矩阵一般不是对角矩阵，因而模态坐标下的强迫振动方程仍然存在着耦合。

例 4-24 图4-56 所示的三自由度系统，只在第一个质量左边存在阻尼 c_1。试建立系统的动力学方程，并计算系统的模态质量矩阵、模态刚度矩阵和模态阻尼矩阵。

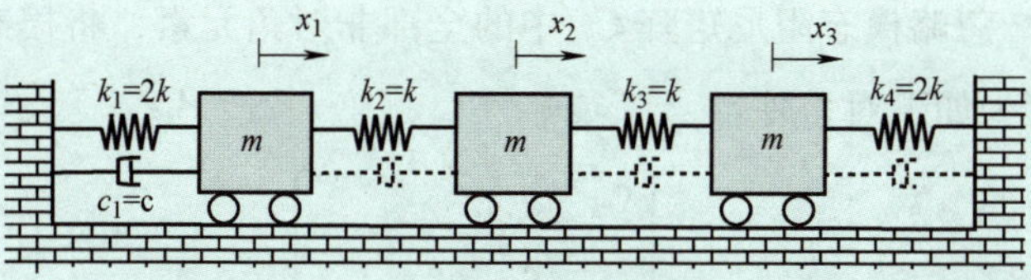

◀ 图 4-56 三自由度质量-弹簧系统

【解】 采用影响系数法，可以求得系统的质量矩阵、刚度矩阵、阻尼矩阵分别为

$$\boldsymbol{M}=\begin{bmatrix} m & 0 & 0 \\ 0 & m & 0 \\ 0 & 0 & m \end{bmatrix},\ \boldsymbol{K}=\begin{bmatrix} 3k & -k & 0 \\ -k & 2k & -k \\ 0 & -k & 3k \end{bmatrix},\ \boldsymbol{C}=\begin{bmatrix} c & 0 & 0 \\ 0 & 0 & 0 \\ 0 & 0 & 0 \end{bmatrix} \quad \text{(a)}$$

根据式（a），可以得到系统的动力学方程为

$$\boldsymbol{M}\ddot{\boldsymbol{x}}+\boldsymbol{C}\dot{\boldsymbol{x}}+\boldsymbol{K}\boldsymbol{x}=\begin{bmatrix} m & 0 & 0 \\ 0 & m & 0 \\ 0 & 0 & m \end{bmatrix}\begin{bmatrix} \ddot{x}_1 \\ \ddot{x}_2 \\ \ddot{x}_3 \end{bmatrix}+\begin{bmatrix} c & 0 & 0 \\ 0 & 0 & 0 \\ 0 & 0 & 0 \end{bmatrix}\begin{bmatrix} \dot{x}_1 \\ \dot{x}_2 \\ \dot{x}_3 \end{bmatrix}+\begin{bmatrix} 3k & -k & 0 \\ -k & 2k & -k \\ 0 & -k & 3k \end{bmatrix}\begin{bmatrix} x_1 \\ x_2 \\ x_3 \end{bmatrix}=\boldsymbol{0} \quad \text{(b)}$$

根据系统的质量矩阵和刚度矩阵，可以求得系统的主振型矩阵为

$$\boldsymbol{\Phi}=\begin{bmatrix} 1 & -1 & 1 \\ 2 & 0 & -1 \\ 1 & 1 & 1 \end{bmatrix} \quad \text{(c)}$$

根据式（a）和式（c），可以求得系统的模态质量矩阵、模态刚度矩阵和模态阻尼矩阵分别为

$$\boldsymbol{M}_p=\boldsymbol{\Phi}^{\mathrm{T}}\boldsymbol{M}\boldsymbol{\Phi}=\begin{bmatrix} 6m & 0 & 0 \\ 0 & 2m & 0 \\ 0 & 0 & 3m \end{bmatrix},\ \boldsymbol{K}_p=\boldsymbol{\Phi}^{\mathrm{T}}\boldsymbol{K}\boldsymbol{\Phi}=\begin{bmatrix} 6k & 0 & 0 \\ 0 & 6k & 0 \\ 0 & 0 & 12k \end{bmatrix}, \quad \text{(d)}$$

$$\boldsymbol{C}_p=\boldsymbol{\Phi}^{\mathrm{T}}\boldsymbol{C}\boldsymbol{\Phi}=\begin{bmatrix} c & -c & c \\ -c & c & -c \\ c & -c & c \end{bmatrix}$$

可以看出，此时模态阻尼矩阵不是对角矩阵。

如果振型矩阵无法使得模态阻尼矩阵对角化，则在无阻尼系统中介绍的振型叠加法将不再适用，振动分析会变得十分复杂。为了能够沿用无阻尼系统中的分析方法，工程中常采用下列近似处理方法。

1）忽略模态阻尼矩阵 $\boldsymbol{C}_P$ 中的全部非对角元素，将模态阻尼矩阵写为如下对角阵：

$$\boldsymbol{C}_P=\begin{bmatrix} c_{p1} & & & \\ & c_{p2} & & \\ & & \ddots & \\ & & & c_{pn} \end{bmatrix} \tag{4-193}$$

式中，c_{Pi} 为第 i 阶主振型的阻尼系数，$i=1,2,\cdots,n$，也称为第 i 阶振型阻尼或模态阻尼。

这样，根据式（4-192），可以得出系统的模态空间相互独立的振动方程为

$$m_{pi}\ddot{\eta}_i(t)+c_{pi}\dot{\eta}_i(t)+k_{pi}\eta_i(t)=f_{pi}(t),\ i=1,2,\cdots,n \tag{4-194}$$

式中，$f_{pi}(t)=\boldsymbol{\phi}_i^{\mathrm{T}}\boldsymbol{f}(t)$ 表示第 i 个模态广义力。

令 $c_{pi}/m_{pi}=2\zeta_i\omega_i$，其中 ζ_i 称为第 i 阶模态相对阻尼系数，则式（4-194）也可以改写为

$$\ddot{\eta}_i(t)+2\zeta_i\omega_i\dot{\eta}_i(t)+\omega_i^2\eta_i(t)=\frac{1}{m_{pi}}f_{pi}(t),\ i=1,2,\cdots,n \tag{4-195}$$

考虑到模态初始条件，利用杜阿梅尔积分可以求得式（4-195）的解为

$$\eta_i(t)=\mathrm{e}^{-\zeta_i\omega_i t}\left[\eta_i(0)\cos\omega_{di}t+\frac{\dot{\eta}_i(0)+\zeta_i\omega_i\eta_i(0)}{\omega_{di}}\sin\omega_{di}t\right]+\frac{1}{\omega_{di}m_{pi}}\int_0^t f_{pi}(\tau)\mathrm{e}^{-\zeta_i\omega_i(t-\tau)}\sin\omega_{di}(t-\tau)\mathrm{d}\tau,\ i=1,2,\cdots,n \tag{4-196}$$

式中，$\omega_{di}=\omega_i\sqrt{1-\zeta_i^2}$ 为第 i 阶模态阻尼固有频率；$\eta_i(0)$ 和 $\dot{\eta}_i(0)$ 分别为主模态空间的初始位移和初始速度。式（4-196）右端第二项表示有阻尼多自由度系统受迫振动的稳态响应。

利用模态转换关系式 $\boldsymbol{x}(t)=\boldsymbol{\Phi}\boldsymbol{\eta}(t)$，即可以得到系统物理空间的解为

$$\boldsymbol{x}(t)=\sum_{i=1}^{n}\boldsymbol{\phi}_i\left[\mathrm{e}^{-\zeta_i\omega_i t}\left(\eta_i(0)\cos\omega_{di}t+\frac{\dot{\eta}_i(0)+\zeta_i\omega_i\eta_i(0)}{\omega_{di}}\right)+\frac{1}{\omega_{di}m_{pi}}\int_0^t f_{pi}(\tau)\mathrm{e}^{-\zeta_i\omega_i(t-\tau)}\sin\omega_{di}(t-\tau)\mathrm{d}\tau\right] \tag{4-197}$$

2）将矩阵矩阵 $\boldsymbol{C}$ 假设为比例阻尼。人们习惯上将能够对角化的黏性阻尼称为比例阻尼，也称为经典阻尼。常用的比例阻尼模型是瑞利阻尼模型，其表达式为

$$\boldsymbol{C}=a\boldsymbol{M}+b\boldsymbol{K} \tag{4-198}$$

式中，a 和 b 称作比例阻尼系数，通常由试验确定。

将式（4-198）代入 $\boldsymbol{C}_p=\boldsymbol{\Phi}^{\mathrm{T}}\boldsymbol{C}\boldsymbol{\Phi}$ 中，有

$$\boldsymbol{C}_p=\boldsymbol{\Phi}^{\mathrm{T}}(a\boldsymbol{M}+b\boldsymbol{K})\boldsymbol{\Phi}=a\boldsymbol{M}_p+b\boldsymbol{K}_p \tag{4-199}$$

可以看出，此时模态阻尼矩阵 $\boldsymbol{C}_p$ 为对角矩阵。

第 i 阶模态相对阻尼系数可以求得为

$$\zeta_i=\frac{c_{pi}}{2\omega_i m_{pi}}=\frac{am_{pi}+bk_{pi}}{2\omega_i m_{pi}}=\frac{1}{2}\left(\frac{a}{\omega_i}+b\omega_i\right) \tag{4-200}$$

3）由试验测定 n 阶振型阻尼比 $\zeta_i(i=1,2,\cdots,n)$。

例 4-25 假定例4-16 所示的三自由度系统中存在阻尼作用，设定比例阻尼系数为 $a=0$，$b=0.1$，试计算系统的稳态响应。

【解】 系统的阻尼矩阵为

$$\boldsymbol{C}=a\boldsymbol{M}+b\boldsymbol{K}=\begin{bmatrix}0.3k & -0.1k & 0\\ -0.1k & 0.2k & -0.1k\\ 0 & -0.1k & 0.3k\end{bmatrix} \tag{a}$$

利用式（4-200）可以求得系统的三阶模态相对阻尼系数为

$$\zeta_1=0.05\sqrt{\frac{k}{m}},\ \zeta_2=0.0866\sqrt{\frac{k}{m}},\ \zeta_3=0.1\sqrt{\frac{k}{m}} \tag{b}$$

根据式（4-196），在正则模态空间中，系统的响应可以求得为

$$\boldsymbol{\eta}_{N1}(t)=\frac{\bar{f}}{\sqrt{6m}}\left[\frac{\omega_1^2-\omega^2}{(\omega_1^2-\omega^2)^2+4\zeta_1^2\omega_1^2\omega^2}\sin\omega t-\frac{4\zeta_1^2\omega_1^2\omega^2}{(\omega_1^2-\omega^2)^2+4\zeta_1^2\omega_1^2\omega^2}\cos\omega t\right] \tag{c}$$

$$\boldsymbol{\eta}_{N2}(t)=\frac{-\bar{f}}{\sqrt{2m}}\left[\frac{\omega_2^2-\omega^2}{(\omega_2^2-\omega^2)^2+4\zeta_2^2\omega_2^2\omega^2}\sin\omega t-\frac{4\zeta_2^2\omega_2^2\omega^2}{(\omega_2^2-\omega^2)^2+4\zeta_2^2\omega_2^2\omega^2}\cos\omega t\right] \tag{d}$$

$$\boldsymbol{\eta}_{N3}(t)=\frac{\bar{f}}{\sqrt{3m}}\left[\frac{\omega_3^2-\omega^2}{(\omega_3^2-\omega^2)^2+4\zeta_3^2\omega_3^2\omega^2}\sin\omega t-\frac{4\zeta_3^2\omega_3^2\omega^2}{(\omega_3^2-\omega^2)^2+4\zeta_3^2\omega_3^2\omega^2}\cos\omega t\right] \tag{e}$$

式中，$\omega_1=\sqrt{k/m}$，$\omega_2=1.732\sqrt{k/m}$ 和 $\omega_3=2\sqrt{k/m}$ 为系统的固有频率。

根据式（c）~式（e），可以求得系统的稳态响应为

$$\boldsymbol{x}(t)=\sum_{i=1}^{3}\boldsymbol{\phi}_{Ni}\eta_{Ni}(t) \tag{f}$$

4.5.2　一般黏性阻尼系统的响应

一般黏性阻尼系统的响应

当系统的阻尼矩阵不允许忽略非对角元素时，振型矩阵将无法使得系统的动力学方程解耦，此时只能采用**复模态技术**进行振动分析。与复模态技术相对应，采用振型叠加法求解多自由度系统响应的技术也称为**实模态技术**。下面对复模态技术进行介绍。

考虑 n 自由度系统的自由振动情况，系统的动力学方程可以表示为

$$\boldsymbol{M}\ddot{\boldsymbol{x}}(t)+\boldsymbol{C}\dot{\boldsymbol{x}}(t)+\boldsymbol{K}\boldsymbol{x}(t)=\boldsymbol{0} \tag{4-201}$$

根据线性常微分方程理论，式（4-201）的解可表示为

$$\boldsymbol{x}(t)=\boldsymbol{\phi}\mathrm{e}^{\lambda t} \tag{4-202}$$

式中，λ 为特征根；$\boldsymbol{\phi}\in\mathbf{R}^{n\times 1}$ 为特征向量。

将式（4-202）代入式（4-201），可以得到系统的特征值问题方程为

$$(\boldsymbol{M}\lambda^2+\boldsymbol{C}\lambda+\boldsymbol{K})\boldsymbol{\phi}=\boldsymbol{0} \tag{4-203}$$

式（4-203）具有非零解的充要条件是

$$|\boldsymbol{M}\lambda^2+\boldsymbol{C}\lambda+\boldsymbol{K}|=0 \tag{4-204}$$

式（4-204）称为**一般黏性阻尼系统的特征方程**。对式（4-204）进行求解，可以得到 $2n$ 个特征值 $\lambda_i(i=1,2,\cdots,2n)$；相应地，可由式（4-203）解得 $2n$ 个特征向量 $\boldsymbol{\phi}_i(i=1,2,\cdots,2n)$。$\lambda_i$ 可为实数，也可为复数，因为特征方程的系数都是实的，因此当特征根为复数时必以共轭形式出现；相应地，特征向量也是共轭成对的复向量，称为**复振型**。复振型是一种具有相位关系的振型，不再具有原来主振型的意义。当特征值为具有负实部的复数时，每一对这样的共轭特征值对应系统中具有特定的频率和衰减系数的自由衰减振动；也就是说，阻尼的存在使得系统的自由振动成为一种衰减振动，振动的频率和衰减系数由复特征值的虚部和实部来确定。

对式（4-201）补充下列方程：

$$\boldsymbol{M}\dot{\boldsymbol{x}}(t)-\boldsymbol{M}\dot{\boldsymbol{x}}(t)=\boldsymbol{0} \tag{4-205}$$

此时，系统的动力学方程可以表示为如下状态方程的形式：

$$\hat{\boldsymbol{M}}\dot{\boldsymbol{y}}(t)+\hat{\boldsymbol{K}}\boldsymbol{y}(t)=\boldsymbol{0} \tag{4-206}$$

式中，

$$\boldsymbol{y}(t)=\begin{bmatrix}\dot{\boldsymbol{x}}(t)\\ \boldsymbol{x}(t)\end{bmatrix}\in\mathbf{R}^{2n\times 1} \tag{4-207}$$

为系统的**状态变量列阵**，$\hat{\boldsymbol{M}}$ 和 $\hat{\boldsymbol{K}}$ 的表达式如下：

$$\hat{\boldsymbol{M}}=\begin{bmatrix}\boldsymbol{O} & \boldsymbol{M}\\ \boldsymbol{M} & \boldsymbol{C}\end{bmatrix}\in\mathbf{R}^{2n\times 2n} \tag{4-208}$$

$$\hat{\boldsymbol{K}}=\begin{bmatrix}-\boldsymbol{M} & \boldsymbol{O}\\ \boldsymbol{O} & \boldsymbol{K}\end{bmatrix}\in\mathbf{R}^{2n\times 2n} \tag{4-209}$$

由于 $\boldsymbol{M}$、$\boldsymbol{K}$ 和 $\boldsymbol{C}$ 都为对称矩阵，因此 $\hat{\boldsymbol{M}}$ 和 $\hat{\boldsymbol{K}}$ 也都为对称矩阵。

对于状态方程（4-206），方程的解可以设定为

$$\boldsymbol{y}(t)=\boldsymbol{\psi}\mathrm{e}^{\lambda t} \tag{4-210}$$

式中，λ 为状态方程的特征根；$\boldsymbol{\psi}\in\mathbf{R}^{2n\times 1}$ 为状态方程的特征向量。

将式（4-210）代入式（4-206），可得

$$(\hat{\boldsymbol{M}}\lambda+\hat{\boldsymbol{K}})\boldsymbol{\psi}=\boldsymbol{0} \tag{4-211}$$

利用和 4.2.3 节相同的证明过程，可以很容易地证明，特征向量 $\boldsymbol{\psi}$ 关于 $\hat{\boldsymbol{M}}$ 和 $\hat{\boldsymbol{K}}$ 是存在正交性的，即

$$\boldsymbol{\psi}_i^{\mathrm{T}}\hat{\boldsymbol{M}}\boldsymbol{\psi}_j=\delta_{ij}\hat{m}_{pi} \tag{4-212}$$

$$\boldsymbol{\psi}_i^{\mathrm{T}}\hat{\boldsymbol{K}}\boldsymbol{\psi}_j=\delta_{ij}\hat{k}_{pi} \tag{4-213}$$

式中，

$$\delta_{ij}=\begin{cases}1, & i=j\\ 0, & i\neq j\end{cases}$$

$\hat{m}_{pi}$ 和 $\hat{k}_{pi}$ 的定义类似于 4.2.3 节中的模态主质量和模态主刚度。

特征值 λ_i 可以表示为

$$\lambda_i=-\frac{\hat{k}_p}{\hat{m}_{pi}},\quad i=1,2,\cdots,2n \tag{4-214}$$

动力学方程（4-201）和状态方程（4-206）描述的是同一个系统，系统的特征根是一致的，又由于有 $\boldsymbol{y}=[\dot{\boldsymbol{x}},\boldsymbol{x}]^{\mathrm{T}}$，对比式（4-202）和式（4-210），可以得到 $\boldsymbol{\psi}$ 和 $\boldsymbol{\phi}$ 之间存在如下关系：

$$\boldsymbol{\psi}=\begin{bmatrix}\lambda\boldsymbol{\phi}\\ \boldsymbol{\phi}\end{bmatrix} \tag{4-215}$$

分别将动力学方程和状态方程的特征向量组合成矩阵形式，有

$$\boldsymbol{\Phi}=[\boldsymbol{\phi}_1,\boldsymbol{\phi}_2,\cdots,\boldsymbol{\phi}_{2n}]\in\mathbf{R}^{n\times 2n} \tag{4-216}$$

$$\boldsymbol{\Psi}=[\boldsymbol{\psi}_1,\boldsymbol{\psi}_2,\cdots,\boldsymbol{\psi}_{2n}]\in\mathbf{R}^{2n\times 2n} \tag{4-217}$$

类似于谱矩阵的定义，定义如下对角矩阵：

$$\boldsymbol{\Lambda}=\begin{bmatrix}\lambda_1 & 0 & \cdots & 0\\ 0 & \lambda_2 & \cdots & 0\\ \vdots & \vdots & & \vdots\\ 0 & 0 & \cdots & \lambda_{2n}\end{bmatrix}\in\mathbf{R}^{2n\times 2n} \tag{4-218}$$

由式（4-215）可以看出，$\boldsymbol{\Psi}$ 和 $\boldsymbol{\Phi}$ 之间有如下关系：

$$\boldsymbol{\Psi}=\begin{bmatrix}\boldsymbol{\Phi\Lambda}\\ \boldsymbol{\Phi}\end{bmatrix} \tag{4-219}$$

将式（4-212）和式（4-213）的正交性写成矩阵形式，有

$$\hat{\boldsymbol{M}}_p=\boldsymbol{\Psi}^{\mathrm{T}}\hat{\boldsymbol{M}}\boldsymbol{\Psi}=\begin{bmatrix}\hat{m}_{p1} & 0 & \cdots & 0\\ 0 & \hat{m}_{p2} & \cdots & 0\\ \vdots & \vdots & & \vdots\\ 0 & 0 & \cdots & \hat{m}_{p2n}\end{bmatrix} \tag{4-220}$$

$$\hat{\boldsymbol{K}}_p=\boldsymbol{\Psi}^{\mathrm{T}}\hat{\boldsymbol{K}}\boldsymbol{\Psi}=\begin{bmatrix}\hat{k}_{p1} & 0 & \cdots & 0\\ 0 & \hat{k}_{p2} & \cdots & 0\\ \vdots & \vdots & & \vdots\\ 0 & 0 & \cdots & \hat{k}_{p2n}\end{bmatrix} \tag{4-221}$$

针对状态向量 $\boldsymbol{y}$ 做如下坐标变换：

$$\boldsymbol{y}(t)=\boldsymbol{\Psi}\boldsymbol{z}(t)=[\boldsymbol{\psi}_1,\boldsymbol{\psi}_2,\cdots,\boldsymbol{\psi}_{2n}]\begin{bmatrix}z_1\\ z_2\\ \vdots\\ z_{2n}\end{bmatrix} \tag{4-222}$$

将式（4-222）代入状态方程（4-206）中，同时在方程两边左乘 $\boldsymbol{\Psi}^{\mathrm{T}}$，可得

$$\boldsymbol{\Psi}^{\mathrm{T}}\hat{\boldsymbol{M}}\boldsymbol{\Psi}\dot{\boldsymbol{z}}+\boldsymbol{\Psi}^{\mathrm{T}}\hat{\boldsymbol{K}}\boldsymbol{\Psi}\boldsymbol{z}=\hat{\boldsymbol{M}}_p\dot{\boldsymbol{z}}+\hat{\boldsymbol{K}}_p\boldsymbol{z}=\mathbf{0} \tag{4-223}$$

利用式（4-220）和式（4-221），可以将式（4-223）展开为 $2n$

个方程：

$$\hat{m}_{pi}\dot{z}_i(t)+\hat{k}_{pi}z_i(t)=0,\ i=1,2,\cdots,2n \tag{4-224}$$

利用式（4-214），式（4-224）可以改写为

$$\dot{z}_i(t)-\lambda_i z_i(t)=0,\ i=1,2,\cdots,2n \tag{4-225}$$

其解可以求得为

$$z_i(t)=z_i(0)e^{\lambda_i t},\ i=1,2,\cdots,2n \tag{4-226}$$

式中，$z_i(0)$可以根据系统的初始条件进行确定，具体如下。

设动力学系统的初始条件为

$$\boldsymbol{x}(0)=\boldsymbol{x}_0,\ \dot{\boldsymbol{x}}(0)=\dot{\boldsymbol{x}}_0 \tag{4-227}$$

由式（4-207）可以得到状态方程的初始条件为

$$\boldsymbol{y}(0)=\begin{bmatrix}\dot{\boldsymbol{x}}_0\\ \boldsymbol{x}_0\end{bmatrix} \tag{4-228}$$

由式（4-222）可以得到变量 z 的初始条件为

$$\boldsymbol{z}(0)=\boldsymbol{\Psi}^{-1}\boldsymbol{y}(0) \tag{4-229}$$

在求得$\boldsymbol{z}(0)$后，利用式（4-226）即可得到$\boldsymbol{z}(t)$的解，再利用式（4-222）可以得到状态变量$\boldsymbol{y}(t)$的解，最后利用式（4-207）可以得到原系统物理空间的解$\boldsymbol{x}(t)$。下面给出解$\boldsymbol{x}(t)$的具体表达式。

由式（4-220）可以推得

$$\boldsymbol{\Psi}^{-1}=\hat{\boldsymbol{M}}_p^{-1}\boldsymbol{\Psi}^{\mathrm{T}}\hat{\boldsymbol{M}} \tag{4-230}$$

代入式（4-229），可得

$$\boldsymbol{z}(0)=\hat{\boldsymbol{M}}_p^{-1}\boldsymbol{\Psi}^{\mathrm{T}}\hat{\boldsymbol{M}}\boldsymbol{y}(0) \tag{4-231}$$

考虑到式（4-220），式（4-219），式（4-208）和式（4-228），式（4-231）的第 i 个分量 $z_i(0)$可以写为

$$\begin{aligned} z_i(0)&=\frac{1}{\hat{m}_{pi}}[\lambda_i\boldsymbol{\phi}_i^{\mathrm{T}},\boldsymbol{\phi}_i^{\mathrm{T}}]\begin{bmatrix}\boldsymbol{O} & \boldsymbol{M}\\ \boldsymbol{M} & \boldsymbol{C}\end{bmatrix}\begin{bmatrix}\dot{\boldsymbol{x}}_0\\ \boldsymbol{x}_0\end{bmatrix}\\ &=\frac{1}{\hat{m}_{pi}}\boldsymbol{\phi}_i^{\mathrm{T}}(\lambda_i\boldsymbol{M}\boldsymbol{x}_0+\boldsymbol{M}\dot{\boldsymbol{x}}_0+\boldsymbol{C}\boldsymbol{x}_0) \end{aligned} \tag{4-232}$$

根据式（4-207）、式（4-231）和式（4-229），可以推得

$$\boldsymbol{y}(t)=\begin{bmatrix}\dot{\boldsymbol{x}}(t)\\ \boldsymbol{x}(t)\end{bmatrix}=\boldsymbol{\Psi}\boldsymbol{z}(t)=\begin{bmatrix}\boldsymbol{\Phi}\boldsymbol{\Lambda}\\ \boldsymbol{\Phi}\end{bmatrix}\boldsymbol{z}(t) \tag{4-233}$$

由式（4-233）可得

$$\boldsymbol{x}(t)=\boldsymbol{\Phi}\boldsymbol{z}(t),\ \dot{\boldsymbol{x}}(t)=\boldsymbol{\Phi}\boldsymbol{\Lambda}\boldsymbol{z}(t) \tag{4-234}$$

根据式（4-234）、式（4-232）和式（4-216），可以得到一般黏性阻尼系统的自由振动响应为

$$\boldsymbol{x}(t)=\boldsymbol{\Phi z}(t)=\sum_{i=1}^{2n}\boldsymbol{\phi}_i z_i(t)=\sum_{i=1}^{2n}\frac{\mathrm{e}^{\lambda_i t}}{\hat{m}_{pi}}\boldsymbol{\phi}_i\boldsymbol{\phi}_i^{\mathrm{T}}(\lambda_i\boldsymbol{Mx}_0+\boldsymbol{M\dot{x}}_0+\boldsymbol{Cx}_0) \tag{4-235}$$

考虑一般黏性阻尼系统受迫振动的情况，此时系统的受迫振动方程可以表示为

$$\boldsymbol{M\ddot{x}}+\boldsymbol{C\dot{x}}+\boldsymbol{Kx}=\boldsymbol{f}(t) \tag{4-236}$$

式中，$\boldsymbol{f}(t)\in\mathbf{R}^{n\times 1}$为外部激励列阵。

类似地，可以将方程改写为如下的状态方程形式：

$$\hat{\boldsymbol{M}}\dot{\boldsymbol{y}}+\hat{\boldsymbol{K}}\boldsymbol{y}=\hat{\boldsymbol{f}}(t) \tag{4-237}$$

其中，

$$\hat{\boldsymbol{f}}(t)=\begin{bmatrix}\boldsymbol{0}\\ \boldsymbol{f}(t)\end{bmatrix}\in\mathbf{R}^{2n\times 1} \tag{4-238}$$

同理，利用$\boldsymbol{y}(t)=\boldsymbol{\Psi z}(t)$并且利用$\boldsymbol{\Psi}$的正交性，可以推得

$$\boldsymbol{\Psi}^{\mathrm{T}}\hat{\boldsymbol{M}}\boldsymbol{\Psi}\dot{\boldsymbol{z}}+\boldsymbol{\Psi}^{\mathrm{T}}\hat{\boldsymbol{K}}\boldsymbol{\Psi z}=\hat{\boldsymbol{M}}_p\dot{\boldsymbol{z}}+\hat{\boldsymbol{K}}_p\boldsymbol{z}=\boldsymbol{\Psi}^{\mathrm{T}}\hat{\boldsymbol{f}}(t)=\boldsymbol{\Phi}^{\mathrm{T}}\boldsymbol{f}(t) \tag{4-239}$$

式（4-239）可以改写为

$$\dot{z}_i(t)-\lambda_i z_i(t)=\frac{1}{\hat{m}_{pi}}\boldsymbol{\phi}_i^{\mathrm{T}}\boldsymbol{f}(t),\ i=1,2,\cdots,2n \tag{4-240}$$

式（4-240）的解可以表示为

$$z_i(t)=z_i(0)\mathrm{e}^{\lambda_i t}+\frac{1}{\hat{m}_{pi}}\int_0^t\boldsymbol{\phi}_i^{\mathrm{T}}\boldsymbol{f}(\tau)\mathrm{e}^{\lambda_i(t-\tau)}\mathrm{d}\tau,\ i=1,2,\cdots,2n \tag{4-241}$$

根据式（4-234）、式（4-232）和式（4-241），一般黏性阻尼系统的受迫振动响应为

$$\begin{aligned}\boldsymbol{x}(t)&=\boldsymbol{\Phi z}(t)=\sum_{i=1}^{2n}\boldsymbol{\varphi}_i z_i(t)\\&=\sum_{i=1}^{2n}\frac{\mathrm{e}^{\lambda_i t}}{\hat{m}_{pi}}\boldsymbol{\phi}_i\boldsymbol{\phi}_i^{\mathrm{T}}(\lambda_i\boldsymbol{Mx}_0+\boldsymbol{M\dot{x}}_0+\boldsymbol{Cx}_0)+\sum_{i=1}^{2n}\frac{1}{\hat{m}_{pi}}\boldsymbol{\phi}_i\boldsymbol{\phi}_i^{\mathrm{T}}\int_0^t\boldsymbol{f}(\tau)\mathrm{e}^{\lambda_i(t-\tau)}\mathrm{d}\tau\end{aligned} \tag{4-242}$$

下面以自由振动的情况为例，给出一般黏性阻尼多自由度系统的求解流程框图，如图 4-57 所示。另外，图 4-58 给出了多自由度系统实模态和复模态的求解流程对比框图。由这两个框图可以看出，实模态的求解只用到一次坐标转换，即将物理空间转到模态空

间。而复模态的求解则用到两次坐标转换，第一次是物理空间到状态空间，第二次是状态空间到变量 $z(t)$ 所构成的空间。

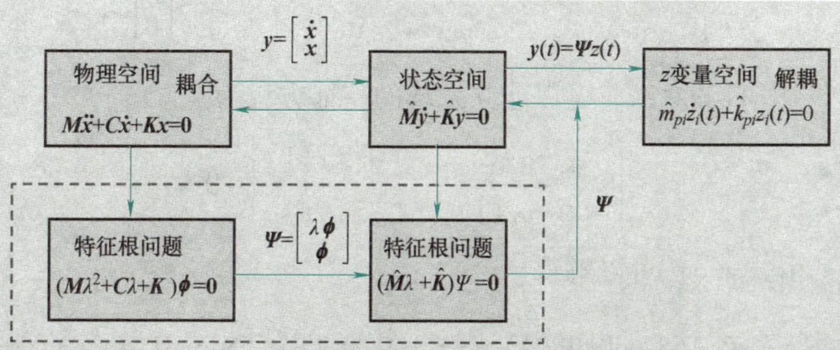

◀ 图 4-57　一般黏性阻尼多自由度系统的求解流程

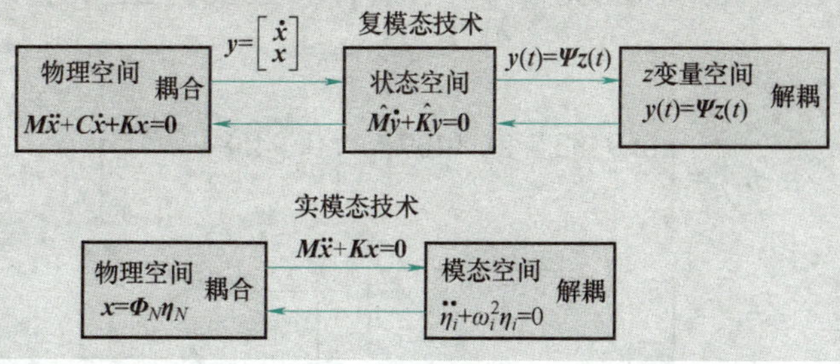

◀ 图 4-58　复模态技术和实模态技术比较

例 4-26　考虑图4-59 所示的有阻尼两自由度质量-弹簧系统，令阻尼系数 $c=0.5\sqrt{km}$，系统的初始条件设定为

$$x_1(0)=x_2(0)=0,\ \dot{x}_1(0)=0,\ \dot{x}_2(0)=v$$

1）试利用复模态技术求解系统的振动响应；

2）忽略模态阻尼矩阵中的非对角元素，利用实模态技术求解系统的振动响应。

一般黏性阻尼系统的求响应算例

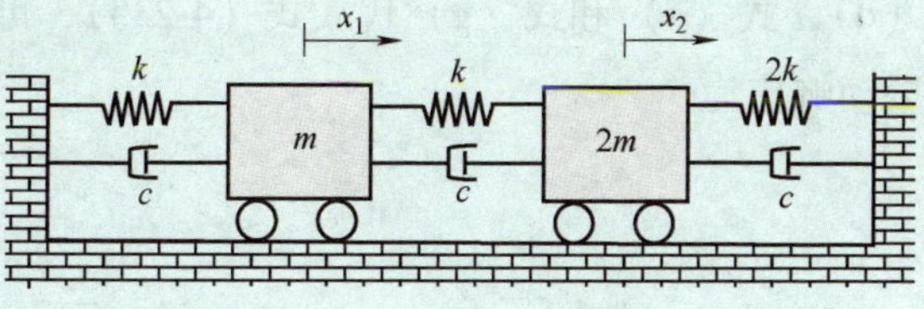

◀ 图 4-59　有阻尼两自由度质量-弹簧系统

【解】 系统的动力学方程可以表示为

$$\begin{bmatrix}m & 0\\0 & 2m\end{bmatrix}\begin{bmatrix}\ddot{x}_1(t)\\\ddot{x}_2(t)\end{bmatrix}+\begin{bmatrix}2c & -c\\-c & 2c\end{bmatrix}\begin{bmatrix}\dot{x}_1(t)\\\dot{x}_2(t)\end{bmatrix}+\begin{bmatrix}2k & -k\\-k & 3k\end{bmatrix}\begin{bmatrix}x_1(t)\\x_2(t)\end{bmatrix}=\begin{bmatrix}0\\0\end{bmatrix} \quad \text{(a)}$$

令

$$\boldsymbol{x}(t)=\begin{bmatrix}x_1(t)\\x_2(t)\end{bmatrix}=\begin{bmatrix}\phi_{e1}\\\phi_{e2}\end{bmatrix}\mathrm{e}^{\lambda t}$$

可以推得

$$\begin{bmatrix} m\lambda^2+2c\lambda+2k & -(c\lambda+k) \\ -(c\lambda+k) & 2m\lambda^2+2c\lambda+3k \end{bmatrix}\begin{bmatrix} \phi_{e1} \\ \phi_{e2} \end{bmatrix}=\begin{bmatrix} 0 \\ 0 \end{bmatrix} \tag{b}$$

令 $\alpha^2=m\lambda^2/k$，可以建立系统的特征方程为

$$\begin{vmatrix} \alpha^2+\alpha+2 & -(0.5\alpha+1) \\ -(0.5\alpha+1) & 2\alpha^2+\alpha+3 \end{vmatrix}=0 \tag{c}$$

由式（c）可以解得

$$\lambda_{1,2}=(-0.1657\pm \mathrm{i}0.9904)\sqrt{\frac{k}{m}},\ \lambda_{3,4}=(-0.5843\pm \mathrm{i}1.4622)\sqrt{\frac{k}{m}} \tag{d}$$

$$\boldsymbol{\phi}_{1,2}=\begin{bmatrix} 0.9353\mp \mathrm{i}0.1409 \\ 1 \end{bmatrix}=\begin{bmatrix} 0.9458\mathrm{e}^{\mp \mathrm{i}0.1495} \\ \mathrm{e}^{\mathrm{i}0} \end{bmatrix},$$

$$\boldsymbol{\phi}_{3,4}=\begin{bmatrix} -2.1853\mp \mathrm{i}0.5052 \\ 1 \end{bmatrix}=\begin{bmatrix} 2.2429\mathrm{e}^{\mp \mathrm{i}2.9144} \\ \mathrm{e}^{\mathrm{i}0} \end{bmatrix} \tag{e}$$

由式（4-212），可得

$$\hat{m}_{pi}=\boldsymbol{\psi}_i^{\mathrm{T}}\hat{\boldsymbol{M}}\boldsymbol{\psi}_i=\begin{bmatrix} \lambda_i\boldsymbol{\phi}_i \\ \boldsymbol{\phi}_i \end{bmatrix}^{\mathrm{T}}\begin{bmatrix} \boldsymbol{0} & \boldsymbol{M} \\ \boldsymbol{M} & \boldsymbol{C} \end{bmatrix}\begin{bmatrix} \lambda_i\boldsymbol{\phi}_i \\ \boldsymbol{\phi}_i \end{bmatrix}=2\lambda_i\boldsymbol{\phi}_i^{\mathrm{T}}\boldsymbol{M}\boldsymbol{\phi}_i+\boldsymbol{\phi}_i^{\mathrm{T}}\boldsymbol{C}\boldsymbol{\phi}_i \tag{f}$$

将式（d）和式（e）代入式（f），可以求得

$$\hat{m}_{p1,2}=(1.4150\pm 5.4968\mathrm{i})\sqrt{km}=5.6760\sqrt{km}\,\mathrm{e}^{\pm 1.3188\mathrm{i}}$$

$$\hat{m}_{p3,4}=(1.3350\pm 21.9133\mathrm{i})\sqrt{km}=21.9540\sqrt{km}\,\mathrm{e}^{\pm 1.5099\mathrm{i}} \tag{g}$$

将式（d），式（e）和式（g）代入式（4-235），可以求得系统的自由振动响应为

$$\boldsymbol{x}(t)=\sum_{i=1}^{4}\frac{\mathrm{e}^{\lambda_i t}}{\hat{m}_{pi}}\phi_i\phi_i^{\mathrm{T}}(\lambda_i\boldsymbol{M}\boldsymbol{x}_0+\boldsymbol{M}\dot{\boldsymbol{x}}_0+\boldsymbol{C}\boldsymbol{x}_0)=$$

$$\begin{bmatrix} 0.6665v\sqrt{\frac{m}{k}}\mathrm{e}^{-0.1657\sqrt{\frac{k}{m}}t}\sin\left(0.9904\sqrt{\frac{k}{m}}t+0.1025\right)-0.4087v\sqrt{\frac{m}{k}}\mathrm{e}^{-0.5843\sqrt{\frac{k}{m}}t}\sin\left(1.4622\sqrt{\frac{k}{m}}t+0.2880\right) \\ 0.7047v\sqrt{\frac{m}{k}}\mathrm{e}^{-0.1657\sqrt{\frac{k}{m}}t}\sin\left(0.9904\sqrt{\frac{k}{m}}t+0.2520\right)+0.1822v\sqrt{\frac{m}{k}}\mathrm{e}^{-0.5843\sqrt{\frac{k}{m}}t}\sin\left(1.4622\sqrt{\frac{k}{m}}t+0.0609\right) \end{bmatrix} \tag{h}$$

下面利用实模态技术进行求解。依据式（a），可以求得系统的固有频率和无阻尼振型矩阵为

$$\omega_1=\sqrt{\frac{k}{m}},\ \omega_2=1.5811\sqrt{\frac{k}{m}} \tag{i}$$

$$\boldsymbol{\Phi}=\begin{bmatrix}1 & -2\\ 1 & 1\end{bmatrix} \tag{j}$$

系统的模态阻尼矩阵为

$$\boldsymbol{C}_p=\boldsymbol{\Phi}^{\mathrm{T}}\boldsymbol{C}\boldsymbol{\Phi}=\begin{bmatrix}2c & -c\\ -c & 14c\end{bmatrix} \tag{k}$$

忽略模态阻尼矩阵中的非对角元素，则系统在实模态坐标下的动力学方程可以表示为

$$\boldsymbol{M}_p\ddot{\boldsymbol{\eta}}+\boldsymbol{C}_p\dot{\boldsymbol{\eta}}+\boldsymbol{K}_p\boldsymbol{\eta}=\begin{bmatrix}3m & 0\\ 0 & 6m\end{bmatrix}\begin{bmatrix}\ddot{\eta}_1\\ \ddot{\eta}_2\end{bmatrix}+\begin{bmatrix}2c & 0\\ 0 & 14c\end{bmatrix}\begin{bmatrix}\dot{\eta}_1\\ \dot{\eta}_2\end{bmatrix}+\begin{bmatrix}3k & 0\\ 0 & 15k\end{bmatrix}\begin{bmatrix}\eta_1\\ \eta_2\end{bmatrix}=\boldsymbol{0} \tag{l}$$

根据式（4-200），可以计算得到系统的模态相对阻尼系数为

$$\zeta_1=\frac{\sqrt{km}}{2\sqrt{\frac{k}{m}}\times 3m}=0.1667,\ \zeta_2=\frac{7\sqrt{km}}{2\times 1.5811\sqrt{\frac{k}{m}}\times 6m}=0.3689 \tag{m}$$

与实模态坐标所对应的初始条件为

$$\boldsymbol{\eta}(0)=\boldsymbol{M}_p^{-1}\boldsymbol{\Phi}^{\mathrm{T}}\boldsymbol{M}\boldsymbol{X}_0=\boldsymbol{0},\ \dot{\boldsymbol{\eta}}(0)=\boldsymbol{M}_p^{-1}\boldsymbol{\Phi}^{\mathrm{T}}\boldsymbol{M}\dot{\boldsymbol{X}}_0=\begin{bmatrix}2v/3\\ v/3\end{bmatrix} \tag{n}$$

利用式（4-196），可以求得系统模态空间的响应为

$$\begin{aligned}\eta_1(t)&=\mathrm{e}^{-\zeta_1\omega_1 t}\frac{\dot{\eta}_1(0)}{\omega_{\mathrm{d1}}}\sin\omega_{\mathrm{d1}}t=0.6761v\sqrt{\frac{m}{k}}\mathrm{e}^{-0.1667\sqrt{\frac{k}{m}}t}\sin\left(0.9860\sqrt{\frac{k}{m}}t\right)\\ \eta_2(t)&=\mathrm{e}^{-\zeta_2\omega_2 t}\frac{\dot{\eta}_2(0)}{\omega_{\mathrm{d2}}}\sin\omega_{\mathrm{d2}}t=0.2268v\sqrt{\frac{m}{k}}\mathrm{e}^{-0.5833\sqrt{\frac{k}{m}}t}\sin\left(1.4696\sqrt{\frac{k}{m}}t\right)\end{aligned} \tag{o}$$

由式（o），可以得到系统物理空间的响应为

$$\boldsymbol{x}(t)=\boldsymbol{\Phi}\boldsymbol{\eta}=\begin{bmatrix}0.6761v\sqrt{\frac{m}{k}}\mathrm{e}^{-0.1667\sqrt{\frac{k}{m}}t}\sin\left(0.9860\sqrt{\frac{k}{m}}t\right)-0.4536v\sqrt{\frac{m}{k}}\mathrm{e}^{-0.5833\sqrt{\frac{k}{m}}t}\sin\left(1.4696\sqrt{\frac{k}{m}}t\right)\\ 0.6761v\sqrt{\frac{m}{k}}\mathrm{e}^{-0.1667\sqrt{\frac{k}{m}}t}\sin\left(0.9860\sqrt{\frac{k}{m}}t\right)+0.2268v\sqrt{\frac{m}{k}}\mathrm{e}^{-0.5833\sqrt{\frac{k}{m}}t}\sin\left(1.4696\sqrt{\frac{k}{m}}t\right)\end{bmatrix} \tag{p}$$

4.6 本章小结

本章对多自由系统的振动问题进行了介绍，总结本章的关键知识点如下：

1）多自由系统的质量矩阵 $\boldsymbol{M}$ 为对称正定矩阵，刚度矩阵 $\boldsymbol{K}$ 和阻尼矩阵 $\boldsymbol{C}$ 为对称非负定矩阵。质量矩阵 $\boldsymbol{M}$ 的元素 m_{ij} 的物理含义是使系统仅在第 j 个坐标上产生单位加速度时相应地需要在第 i 个坐标上所施加的力；刚度矩阵 $\boldsymbol{K}$ 的元素 k_{ij} 的物理含义是使系统仅在第 j 个坐标上产生单位位移时需要在第 i 个坐标上所施加的力；阻尼矩阵 $\boldsymbol{C}$ 的元素 c_{ij} 的物理含义是使系统仅在第 j 个坐标上产生单位速度时需要在第 i 个坐标上所施加的力。根据 $\boldsymbol{M}$、$\boldsymbol{K}$ 和 $\boldsymbol{C}$ 元素物理意义建立系统动力学的方法称为影响系数法。

2）有时通过柔度矩阵 $\boldsymbol{D}$ 建立系统的位移方程更为方便。柔度矩阵 $\boldsymbol{D}$ 的元素 d_{ij} 的物理含义是使得系统在第 j 个坐标上施加单位力而相应地在第 i 个坐标上所产生的位移。

3）多自由度系统的固有频率和主振型可以通过特征根问题 $(\boldsymbol{K}-\omega^2\boldsymbol{M})\boldsymbol{\phi}=\boldsymbol{0}$ 进行求解而获得，其中固有频率可以通过求解特征多项式 $|\boldsymbol{K}-\omega^2\boldsymbol{M}|=0$ 来获得。n 自由度系统有 n 个固有频率，相应地，系统有 n 个主振型。第 i 阶固有频率 ω_i 和第 i 阶主振型 $\boldsymbol{\phi}_i$ 是一一对应的。主振型 $\boldsymbol{\phi}_i$ 的各个元素代表了系统做第 i 阶主振动时各个坐标上位移幅度的相对比值，即系统做第 i 阶主振动时的振动形态。

4）多自由度系统的第 i 阶主振动可以表示为 $\boldsymbol{x}=\boldsymbol{\phi}_i\sin(\omega_i t+\varphi_i)$。$n$ 自由度系统有 n 个主振动，系统物理空间的响应是系统各个主振动的线性叠加。系统做第 i 阶主振动时，各个坐标都将以第 i 阶固有频率 ω_i 做同相位的简谐运动，并且同时经过平衡位置。

5）刚度矩阵 $\boldsymbol{K}$ 奇异是零固有频率存在的充要条件，与零固有频率所对应的主振型称为刚体振型，与零固有频率所对应的主振动称为刚体运动。系统做刚体运动时，各个坐标上不发生弹性变形。存在零固有频率的系统称为半正定振动系统。

6）多自由度系统的主振型关于质量矩阵和刚度矩阵具有正交性，并且各个主振型向量是线性无关的。

7）由于多自由度系统的主振型存在正交性，因此可以采用振型叠加法求解系统的响应，该方法是通过振型矩阵将物理空间耦合的动力学问题转到模态空间进行解耦、再利用振型矩阵返回物理空间得出系统的解。有两类模态空间，即主模态空间和正则模态空间，在正则模态空间中系统的各阶模态主质量都为1。

8）n 自由度系统存在 n 个共振频率，当外部激励的频率与系统的任一阶固有频率接近或相等时，都会导致系统的响应变得很大。

9）多自由系统的自由振动是系统所有主振动的线性叠加。

10）多自由系统在简谐激励下的稳态响应也为简谐振动，且振动频率与外激励频率相同；求解系统的响应可以采用振型叠加法，也可以采用直接法。当求解任意激励作用下系统的响应时，只能采用振型叠加法。

11）对于有阻尼的多自由度系统，即使阻尼形式为黏性阻尼，根据质量矩阵 $\boldsymbol{M}$ 和刚度矩阵 $\boldsymbol{K}$ 所确定出的振型矩阵 $\boldsymbol{\Phi}$ 一般情况下无法使得模态阻尼矩阵 $\boldsymbol{C}$ 对角化。实际工程振动问题常常使用比例阻尼，这样阻尼矩阵 $\boldsymbol{C}$ 可以对角化，则振型叠加法可以用于系统的振动分析。如果阻尼矩阵 $\boldsymbol{C}$ 的非对角元不能忽略，则只能采用复模态技术进行系统响应的求解。与复模态技术相对应，常规的模态分析方法称为实模态技术。

12）当使用动力消振器对主系统进行振动控制时，如果使得消振器的固有频率与外部激励的频率相等，主系统的振动将变成零，出现反共振。

习 题

4.1 建立习题4.1图所示弹簧质量系统运动的作用力方程。

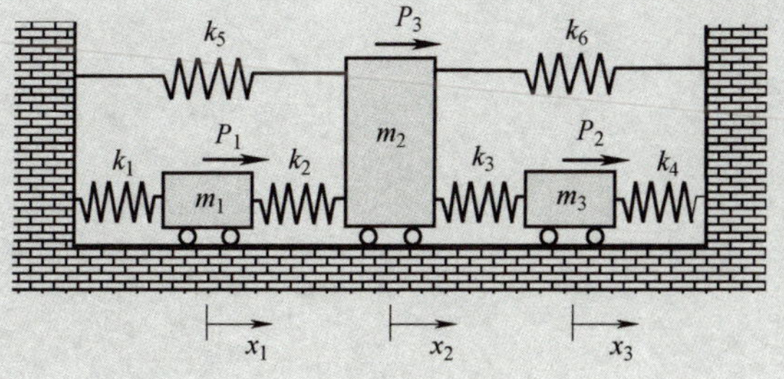

习题4.1图

4.2 两根均匀刚性杆如习题 4.2 图所示，具有相同长度但不同质量，使用影响系数法求系统动力学方程。

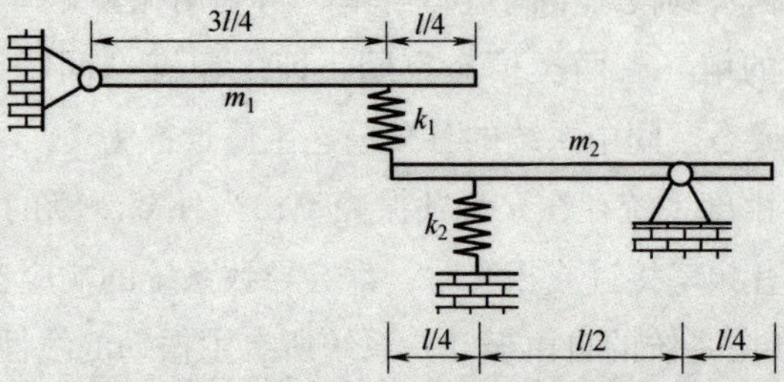

▶ 习题 4.2 图

4.3 如习题 4.3 图所示，长度为 $3L$ 的水平刚杆质量忽略不计，弹簧的刚度系数为 k，杆上有三个集中质量，已知质量分别为 $2m,m,2m$。假设各质量块只能在竖直方向做微小振动。系统质心位于距左端 $1.4L$ 处。以刚杆质心在 y 轴方向的位移 y 和杆绕质心做微转动角位移 θ 为系统的两个广义坐标，试采用影响系数法建立系统的振动微分方程。

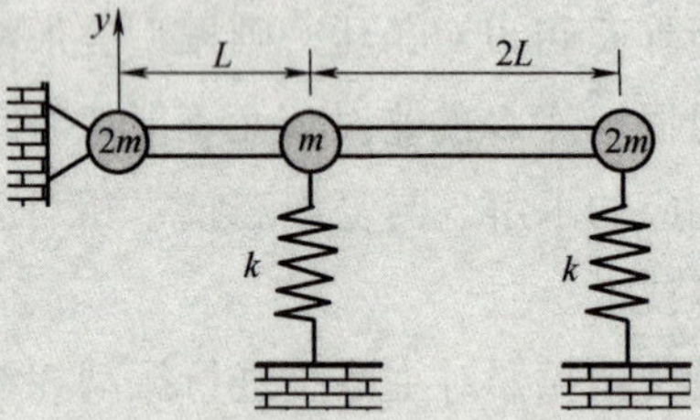

▶ 习题 4.3 图

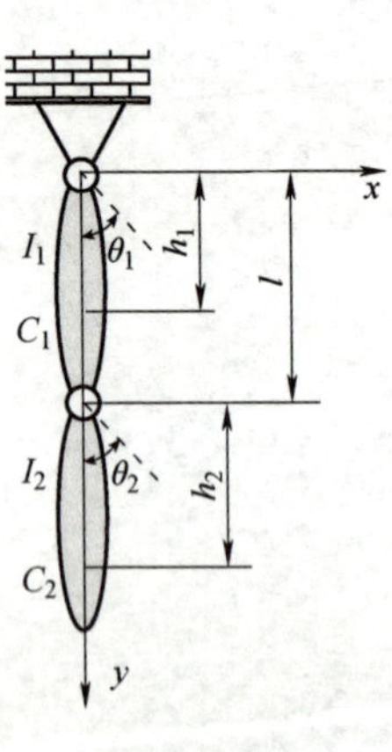

习题 4.4 图

4.4 习题 4.4 图所示双混合摆，质量分别为 m_1 和 m_2，点 C_1 和点 C_2 为质心，绕质心的转动惯量分别为 I_1 和 I_2。以微转动角位移 θ_1 和 θ_2 为系统的两个广义坐标，试采用影响系数法建立系统的振动微分方程。

4.5 习题 4.5 图所示多自由度系统，坐标原点为静平衡位置，采用影响系数法建立系统的动力学方程。

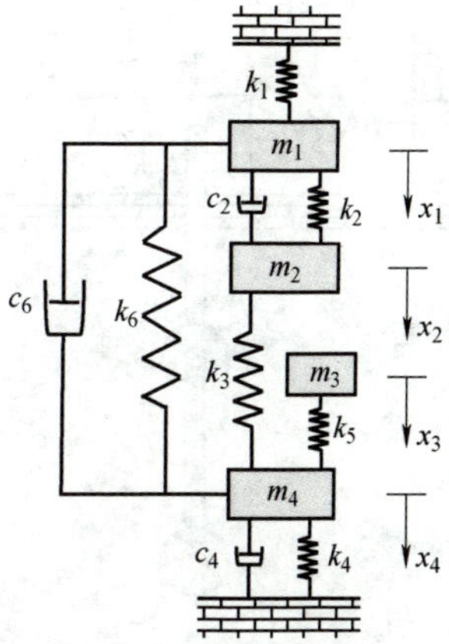

习题 4.5 图

4.6 习题 4.6 图所示的振动系统，用影响系数法建立系统的运动微分方程。

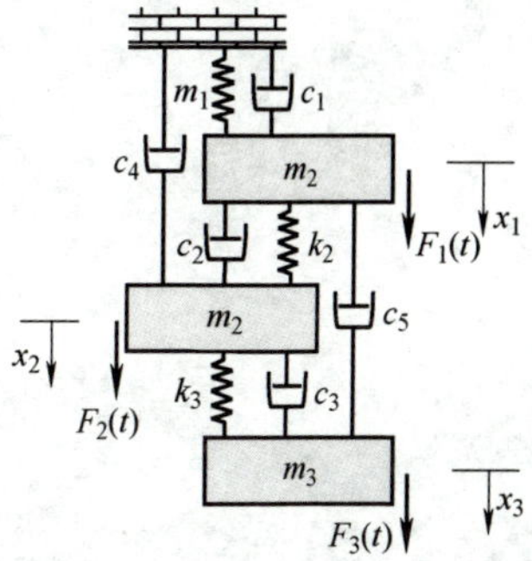

习题 4.6 图

4.7 习题 4.7 图所示的三自由度系统，已知系统中各参数如下：物块质量分别为 m_1, m_2，弹簧的刚度分别为 k_1, k_2, k_3，质量为 m_3 的小球通过长度为 l 的杆与物块 m_2 连接。不计连杆的质量，以图中所示 x_1、x_2 和 θ 为广义坐标，试用影响系数法建立系统的运动微分方程。

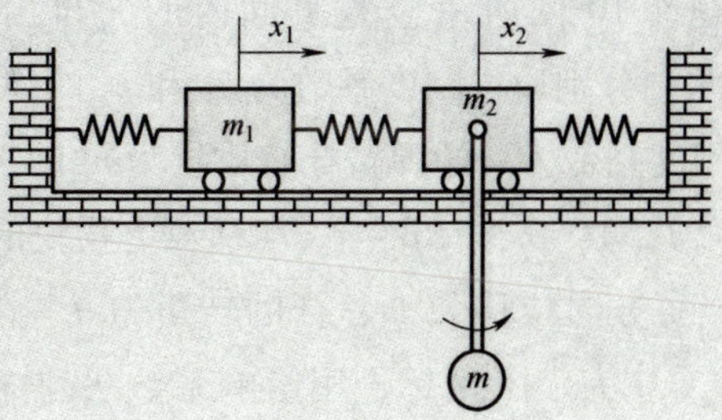

◀ 习题 4.7 图

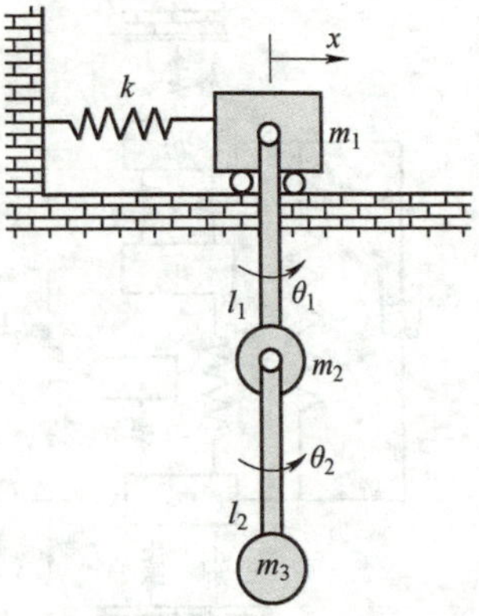

习题 4.8 图

4.8 习题 4.8 图所示的三自由度系统，物块质量为 m_1，弹簧的刚度为 k，质量为 m_2 的小球通过长度为 l_1 的杆与物块 m_1 铰接，质量为 m_3 的小球通过长度为 l_2 的杆与小球 m_2 铰接。不计连杆的质量，以 x_1、θ_1 和 θ_2 为广义坐标，用影响系数法建立系统的运动微分方程。

4.9 习题 4.9 图所示在竖直平面内的三自由度系统，质量为 m_1 的平面圆盘通过刚度为 k_1 的卷簧与圆心连接，圆盘可以绕圆心转动。质量为 m_2 的均质长杆一端通过刚度为 k_2 的弹簧与 m_1 圆盘边缘连接，另一端与地面铰接，中点处通过刚度为 k_3 的弹簧与质量为 m_3 的平面圆盘圆心连接。质量为 m_3 的圆盘在地面上做纯滚动。已知两圆盘的半径均为 r，长杆的长度为 $2r$，以图示 θ_1、θ_2 和 θ_3 为广义坐标，试用影响系数法建立系统的运动微分方程。

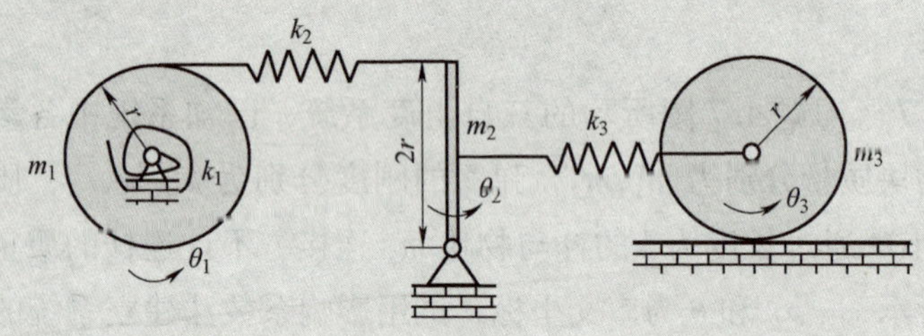

▶ 习题 4.9 图

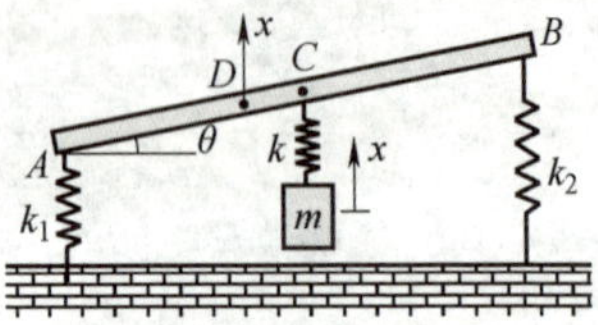

习题 4.10 图

4.10 习题 4.10 图所示竖直平面内的三自由度系统，质量为 M 的均质杆两端分别通过刚度系数为 k_1 和 k_2 的弹簧与地面连接，质心 C 处通过刚度系数为 k 的弹簧挂有质量为 m 的物块。杆相对质心的转动惯量为 J，$AD=a_1$，$BD=a_2$，$CD=e$。物块的铅垂方向位移为 x_1，D 点的竖直方向位移为 x_2，杆的转角为 θ。假设系统做微振动，试以 x_1、x_2、θ 为广义坐标，用影响系数法建立系统的自由振动力学方程。

4.11 习题4.11图所示悬臂梁的质量不计，梁的截面抗弯刚度为EI，利用柔度影响系数方法建立系统运动微分方程。

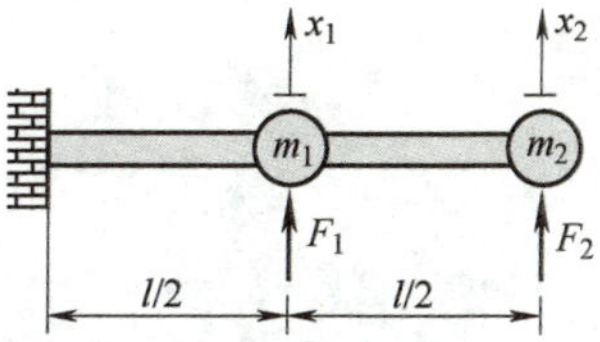

习题4.11图

4.12 建立习题4.12图所示系统的运动微分方程。

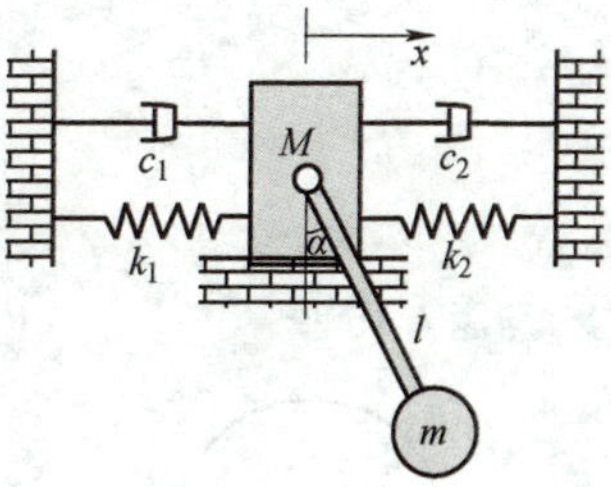

习题4.12图

4.13 如习题4.13图所示的系统中，各个质量只能沿竖直方向运动，假设$m_1=m_2=m_3=m$，$k_1=k_2=k_3=k_4=k_5=k_6=k$，试求系统的固有频率及振型矩阵。

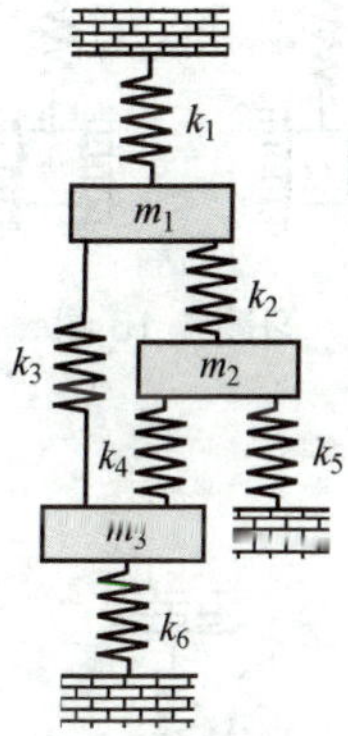

习题4.13图

4.14 习题4.14图所示刚性杆的质量不计，按图示坐标建立系统运动微分方程，并求出固有频率和固有振型。

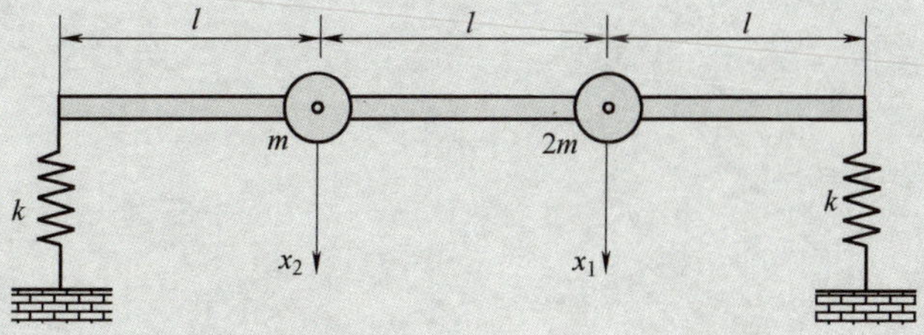

◀ 习题4.14图

4.15 习题 4.15 图所示系统，两根长度为 l 的均匀刚性杆质量分别为 m_1 及 m_2，求系统的刚度矩阵和柔度矩阵，并求出当 $m_1=m_2=m$ 和 $k_1=k_2=k$ 时系统的固有频率。

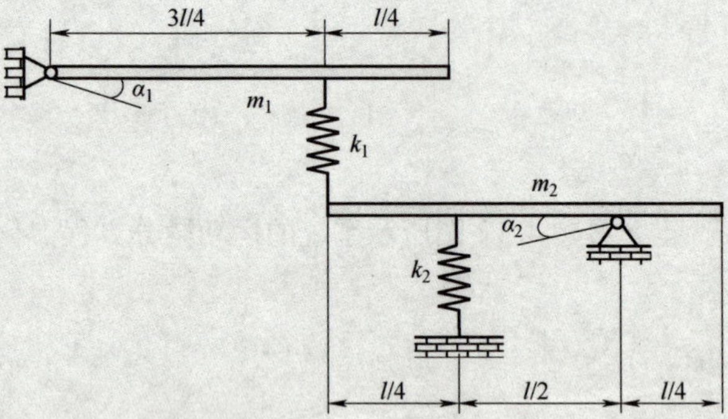

▶ 习题 4.15 图

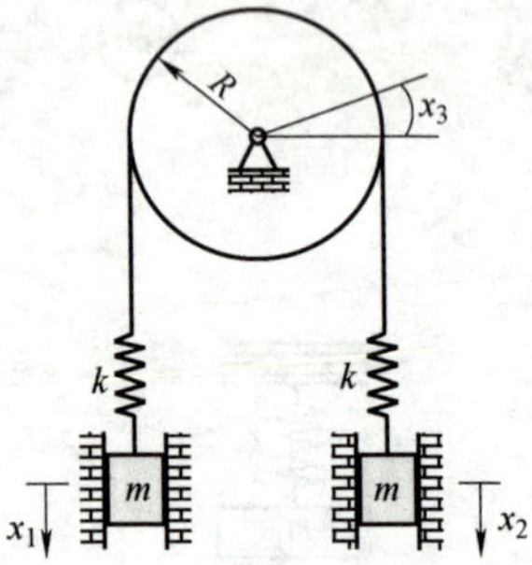

习题 4.16 图

4.16 已知习题 4.16 图所示系统中的滑轮半径为 R，绕中心的转动惯量为 $2mR^2$，物块质量为 m，弹簧刚度系数均为 k，不计轴承处摩擦和绳子的弹性和质量。推导系统的运动微分方程，分析系统的耦合性质，并求固有频率和固有振型。

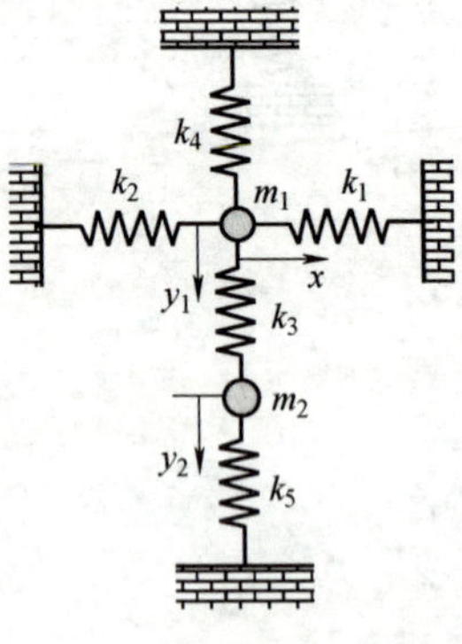

习题 4.17 图

4.17 如习题 4.17 图所示为一个三自由度系统，假定系统做微幅振动，弹簧 k_1、k_2 在 x 轴方向的变形不影响其他弹簧状态，其他弹簧在 y 方向的变形也不影响弹簧 k_1、k_2 在 x 轴方向的状态。其中，$m_1=m_2=1$，$k_1=k_2=2$，$k_3=1$，$k_4=k_5=4$。试用影响系数法建立系统的动力学方程，并求系统的频率和振型矩阵。

4.18 如习题 4.18 图所示的均匀刚性杆质量为 m_1，求系统的频率方程。

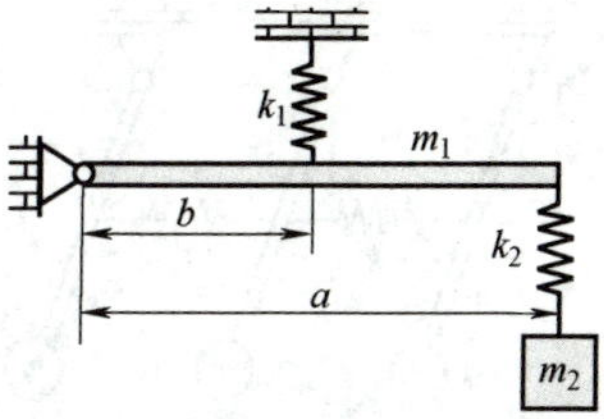

习题 4.18 图

4.19 如习题图 4.19 所示，质量为 m_1 的滑块用两个刚度分别为 k_1 和 k_2 的弹簧连接在基础上，滑块上有质量为 m_2、摆长为 l 的单摆，假设 $m_1=m_2=m$ 和 $k_1=k_2=k$，并设 $k/m=g/l$。系统满足微振条件。

1）写出系统运动微分方程；

2）求系统的共振频率。

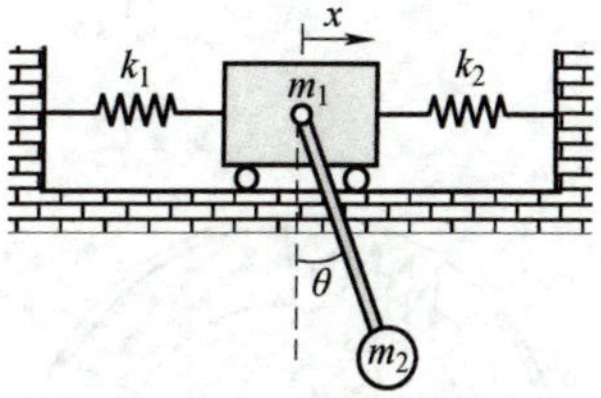

习题 4.19 图

4.20 在习题 4.20 图所示振动系统中，重物质量为 m，外壳质量为 $2m$，每个弹簧的刚度系数均为 k。设外壳只能沿竖直方向运动。

1）采用影响系数方法，以 x_1 和 x_2 为广义坐标，建立系统的微分方程；

2）求系统的固有频率。

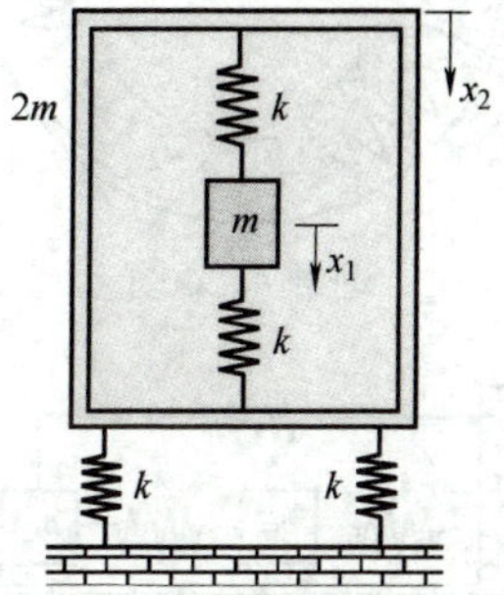

习题 4.20 图

4.21 在习题 4.21 图所示振动系统中，物体 A、B 的质量均为 m，弹簧的刚度系数均为 k，刚杆 AD 的质量忽略不计，杆水平时为系统的平衡位置。

1）采用影响系数方法，以 x_1 和 x_2 为广义坐标，求系统作微振动的微分方程；

2）系统的固有频率方程。

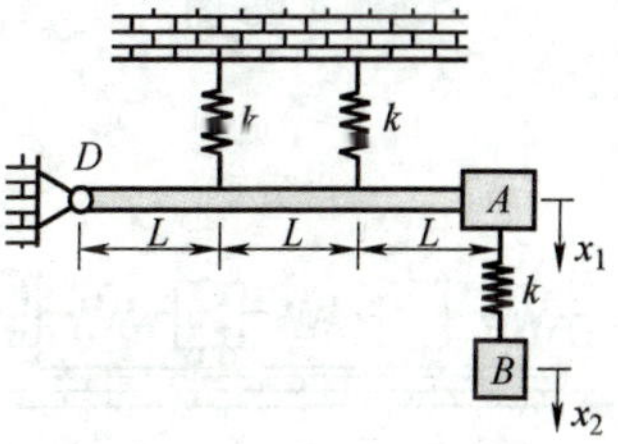

习题 4.21 图

4.22 习题 4.22 图所示，用三个弹簧连接的四个质量块可以沿水平方向自由平动，弹簧刚度系数均为 k，质量块的质量均为 m，试用作用力方程计算系统的固有频率及主振型。

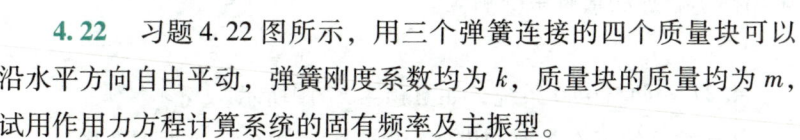

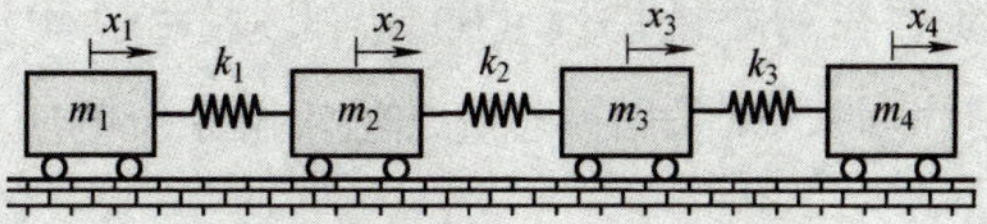

◀ 习题 4.22 图

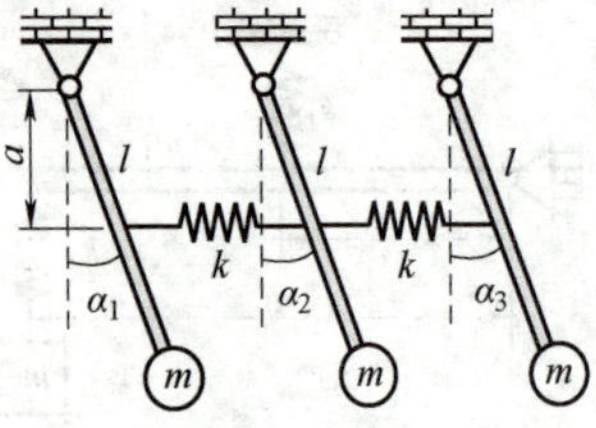

习题 4.23 图

4.23 如习题 4.23 图所示，由刚度系数均为 k 的两个弹簧连接三个相同的单摆。单摆的长度和质量分别为 l 和 m。系统做微幅摆动。

1）试用影响系数方法确定系统的刚度矩阵，建立系统的振动微分方程，并分析耦合性质；

2）求出固有频率和模态向量，画出模态图。

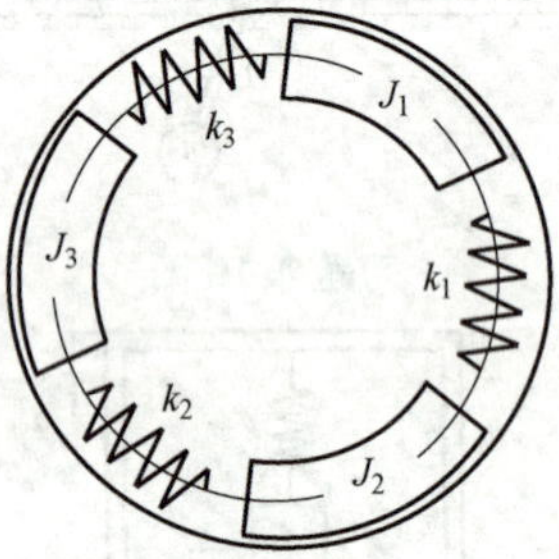

习题 4.24 图

4.24 习题 4.24 图所示系统中，假设各个质量绕轴 O 的转动惯量为 $J_1=J_2=J_3=J$，弹簧刚度系数为 $k_1=k_2=k_3=k$，求系统的固有频率和振型。

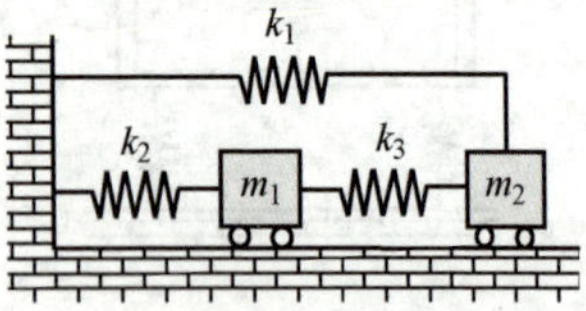

习题 4.25 图

4.25 习题 4.25 图所示的振动系统，其中 $m_1=m_2=m$，$k_1=k_2=k$，求此系统对初始条件 $x_1(0)=5\text{mm}$，$\dot{x}_1(0)=0$，$x_2(0)=\dot{x}_2(0)=0$ 的响应。

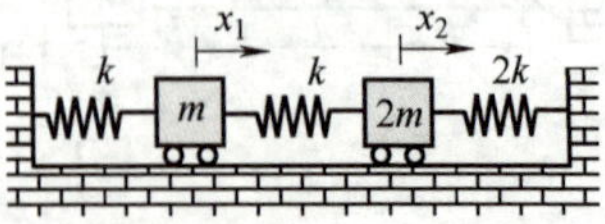

习题 4.26 图

4.26 习题 4.26 图所示两自由度系统。

1）求系统固有频率和模态矩阵，并画出各阶主振型图形；

2）当系统存在初始条件 $\begin{bmatrix} x_1(0) \\ x_2(0) \end{bmatrix} = \begin{bmatrix} 1 \\ 0 \end{bmatrix}$ 和 $\begin{bmatrix} \dot{x}_1(0) \\ \dot{x}_2(0) \end{bmatrix} = \begin{bmatrix} 0 \\ 0 \end{bmatrix}$ 时，试采用模态叠加法求解系统响应。

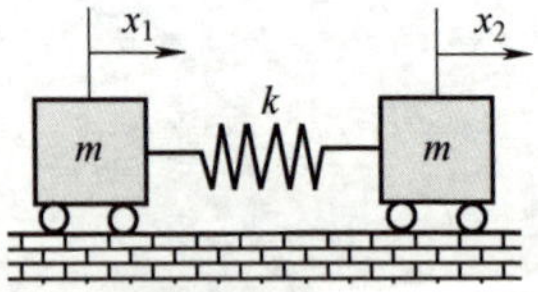

习题 4.27 图

4.27 两自由度系统，如习题 4.27 图所示。

1）求系统固有频率和模态矩阵，并画出各阶主振型图形；

2）当系统存在初始条件 $[x_1(0), x_2(0)]^{\mathrm{T}}=[1,0]^{\mathrm{T}}$ 和 $[\dot{x}_1(0), \dot{x}_2(0)]^{\mathrm{T}}=[0,0]^{\mathrm{T}}$ 时，试采用模态叠加法求解系统响应。

4.28 习题 4.28 图所示两自由度系统。

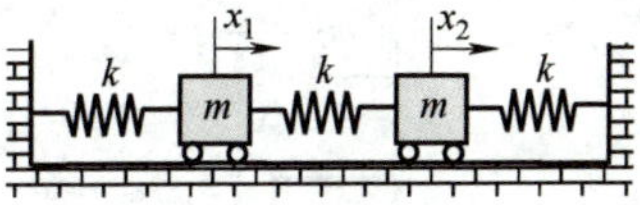

习题 4.28 图

1）求系统固有频率和模态矩阵，并画出各阶主振型图形；

2）当系统存在初始条件$[x_1(0),x_2(0)]^{\mathrm{T}}=[0,x_0]^{\mathrm{T}}$和$[\dot{x}_1(0),\dot{x}_2(0)]^{\mathrm{T}}=[0,0]^{\mathrm{T}}$时，试采用模态叠加法求解系统响应。

4.29 在习题 4.29 图所示振动系统中，已知两物块的质量分别为 m_1 和 m_2，弹簧的刚度系数分别为 k_1,k_2,k_3,k_4,k_5。

1）采用影响系数法写出系统的动力学方程；

2）假设 $m_1=m_2=m$，$k_1=k_2=k$，$k_3=k_4=k_5=k/3$，求出振动系统的固有频率和相应的振型；

3）假定系统存在初始条件$[x_1(0),x_2(0)]^{\mathrm{T}}=[2,4]^{\mathrm{T}}$，$[\dot{x}_1(0),\dot{x}_2(0)]^{\mathrm{T}}=[6,2]^{\mathrm{T}}$，用模态叠加法求系统响应。

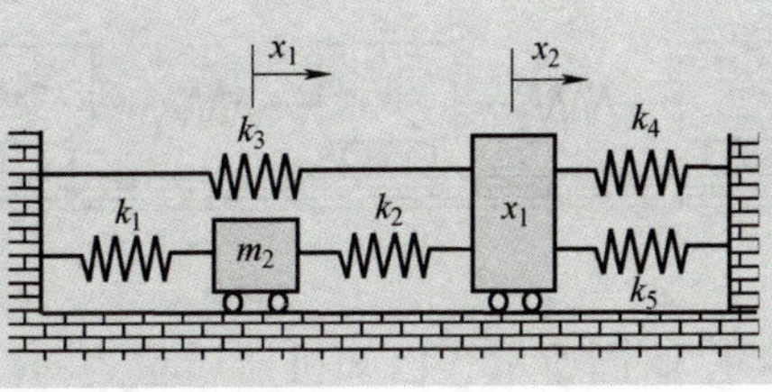

◀ 习题 4.29 图

4.30 在习题 4.30 图所示振动系统中，已知物体的质量分别为 m_1、m_2，弹簧的刚度系数分别为 k_1、k_2、k_3、k_4。

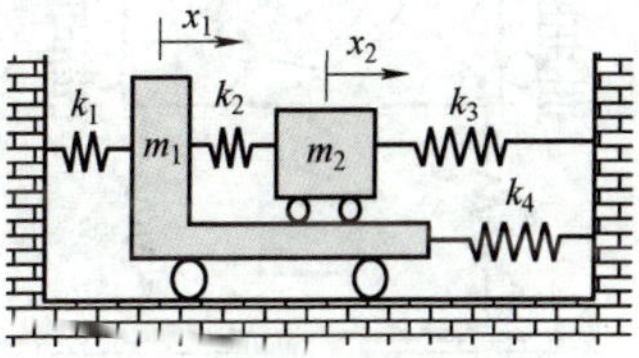

习题 4.30 图

1）采用影响系数方法建立系统的振动微分方程；

2）若 $k_1=k_3=k_4=k_0$，又 $k_2=2k_0$，求系统固有频率；

3）取 $k_0=1$，$m_1=8/9$，$m_2=1$，系统初始位移条件为 $x_1(0)=9$ 和 $x_2(0)=0$，初始速度都为零，采用模态叠加法求系统响应。

4.31 习题 4.31 图所示系统中，$k_1=k_2=k_3=k$，$k_4=2k$，$m_1=m_2=2m$。

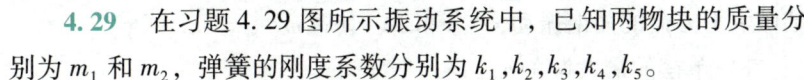

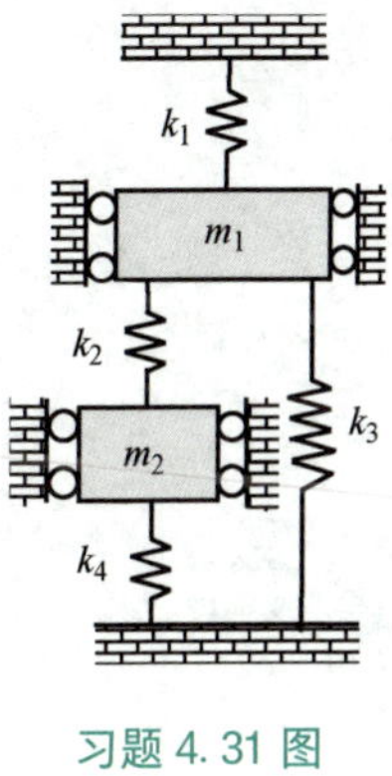

习题 4.31 图

1）采用影响系数法列出系统振动微分方程；

2）求系统的固有频率和模态矩阵；

3）当系统存在初始条件$[x_1(0),x_2(0)]^{\mathrm{T}}=[0,x_0]^{\mathrm{T}}$和$[\dot{x}_1(0),\dot{x}_2(0)]^{\mathrm{T}}=[0,0]^{\mathrm{T}}$时，采用模态叠加法求解系统响应。

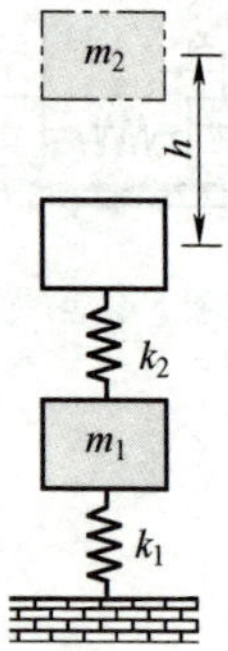

习题 4.32 图

4.32 习题 4.32 图所示系统，质量为 m_2 的物块从高处 h 自由下落，然后与弹簧质量系统一起做自由振动，已知 $m_1=2m$，$m_2=m$，$k_1=2k$，$k_2=k$，$h=mg/k$，以静平衡位置为坐标原点，求系统的响应。

4.33 习题 4.19 的系统中，假设 $m_1=m_2=m$ 和 $k_1=k_2=k$，基础做水平方向的简谐振动 $x_s=A\sin\omega t$，其中 $\omega=\sqrt{k/m}$，求：

1）单摆的最大摆角 α_{max}；

2）系统的共振频率。

4.34 习题 4.34 图所示一多自由度弹簧质量系统。

1）求各阶固有频率和固有振型，并画出各阶振型图；

2）验证固有振型的正交性；

3）用振型叠加法计算该系统受迫振动的稳态响应。

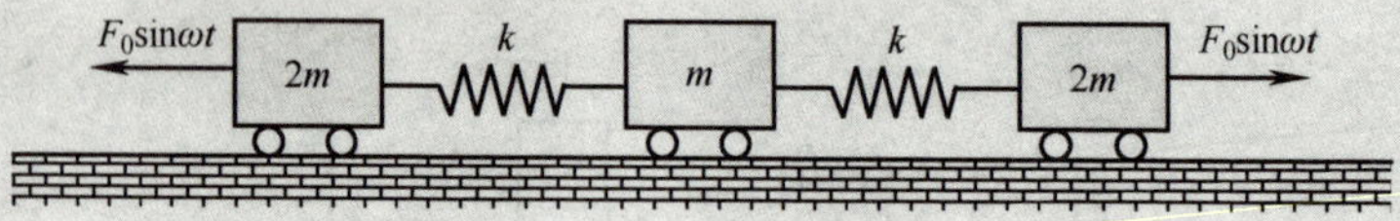

▶ 习题 4.34 图

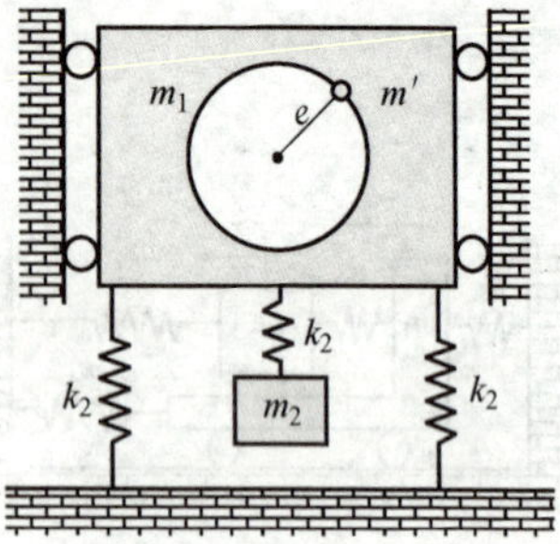

习题 4.35 图

4.35 习题 4.35 图所示，已知机器质量为 $m_1=90\text{kg}$，消振器质量为 $m_2=2.25\text{kg}$，若机器上有一偏心质量 $m'=0.5\text{kg}$，偏心距 $e=1\text{cm}$，机器转速 $n=1800\text{r/min}$。试问：

1）消振器的弹簧刚度系数 k_2 为多少时，才能使机器的振幅为零？

2）此时消振器的振幅 B_2 为多大？

3）若使消振器的振幅 B_2 不超过 2mm，应如何改变消振器的参数。

4.36 习题 4.36 图所示系统中，阻尼系数 $c<\sqrt{3km}/2$，左端的质量块受阶跃载荷 F 的作用，初始条件为零，求系统响应。

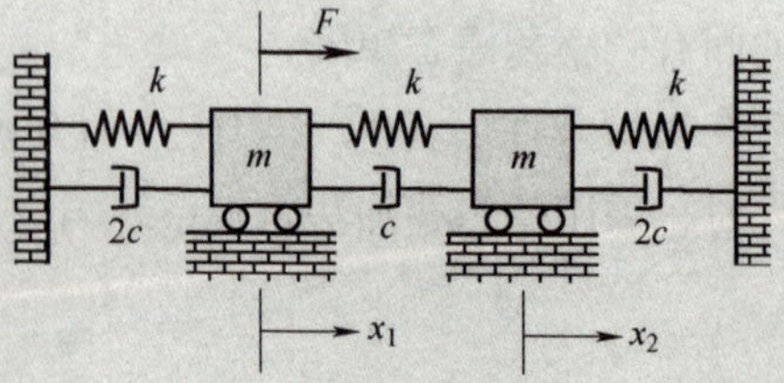

▶ 习题 4.36 图

4.37 习题4.37图所示的两自由度系统，横梁的刚度系数为 k_1，其上置有一质量为 m_1，悬挂弹簧的刚度系数为 k_2，悬挂质量为 m_2。

1）若 $k_1=k_2=k$，$m_1=2m$，$m_2=m$，试确定系统的固有频率及振型；

2）假设质量 m_1 上承受正弦力 $F(t)=F_1\sin\omega t$ 的作用，试确定系统的稳态响应。

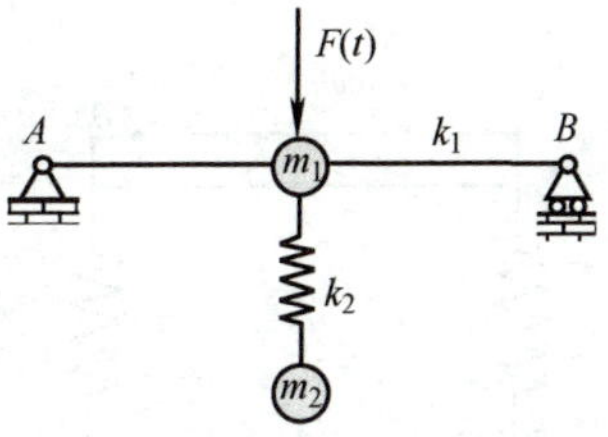

习题4.37图

4.38 习题4.38图所示系统左端无质量基础作简谐振动 $x_0=a\sin(\omega t)$，$k_1=k_3=2k$，$k_2=k$，$m_1=m_2=m$。

1）采用达朗贝尔原理建立系统的动力学方程；

2）采用直接法求解两个质量块的振幅；

3）讨论反共振现象。

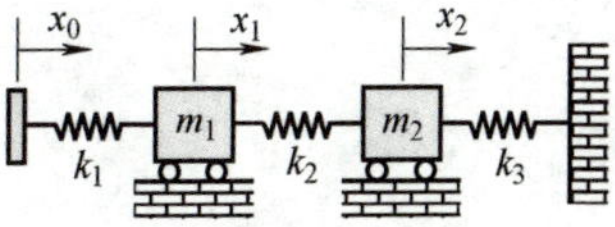

习题4.38图

4.39 习题4.39图所示的两自由度弹簧质量系统，在第一个质量上作用竖直简谐力 $P\sin\omega t$，试求第一个质量的振幅为零的条件。

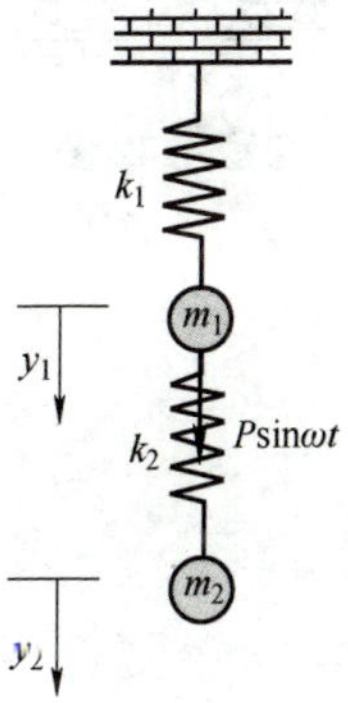

习题4.39图

4.40 在习题4.40图所示振动系统中，已知匀质杆 AB，质量 $m=3\text{kg}$，长 $L=2\text{m}$，弹簧的刚度系数 $k_1=2\text{N/m}$，$k_2=1\text{N/m}$。设杆 AB 铅垂时为系统的平衡位置，杆的线位移，角位移均极微小。在质心 C 点作用有一水平力 $F=\sin t$。以质心水平位移 x 和转角 θ 为广义坐标。

1）试求系统的动力学方程和固有频率；

2）问 ω 的值等于多少时，才能使系统强迫振动为转动而无平动？并求该强迫振动方程。

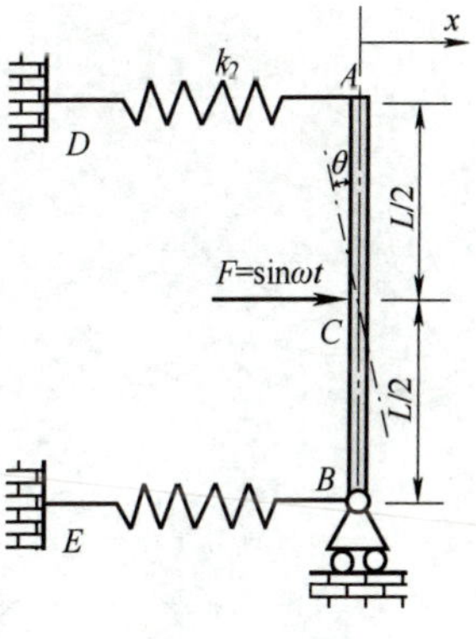

习题4.40图

4.41 如习题 4.41 图所示，一匀质杆质量为 m，长度为 L，两端用弹簧支承，弹簧的刚度系数为 k_1 和 k_2。杆质心 C 上沿 x 方向作用有简谐外部激励 $\sin\omega t$。图示水平位置为静平衡位置。

1）以 x 和 θ 为广义坐标，采用影响系数方法建立系统的振动微分方程；

2）取参数值为 $m=12\text{kg}$，$L=1\text{m}$，$k_1=1\text{N/m}$，$k_2=3\text{N/m}$，求出系统固有频率；

3）系统参数仍取前值，试问当外部激励的频率 ω 为多少时，能够使得杆件只有 θ 方向的角振动，而无 x 方向的振动？

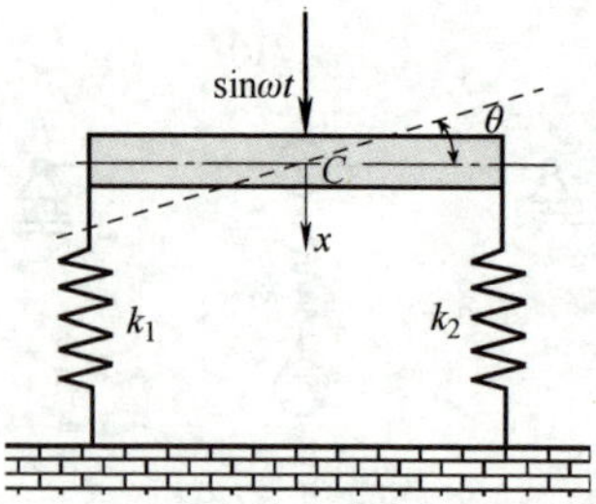

习题 4.41 图

4.42 习题 4.42 图所示两自由度系统。

1）求系统固有频率和模态矩阵，并画出各阶主振型图形；

2）当图示左边第一个质量上作用有周期激励 $F(t)=F(t+T)$ 时，试采用模态叠加法求解系统响应。$F(t)=\dfrac{a_0}{2}+\sum\limits_{n=1}^{\infty}(a_n\cos n\omega t+b_n\sin n\omega t)$，不用给出 a_0，a_n 和 b_n 表达式。

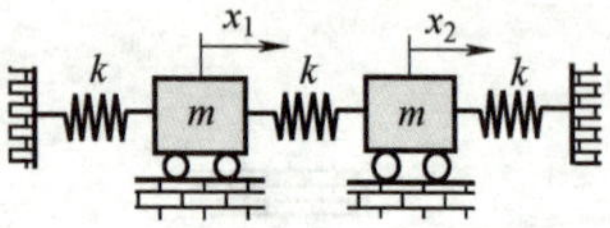

习题 4.42 图

4.43 如习题 4.43 图所示，一个质量为 m_2 的机器安装在质量为 m_1 的柜子内，柜子的重心在两个刚度系数为 k 的弹性支撑中间。若机器受到一个简谐力矩 $M=M_0\sin\omega t$ 的作用，试问：

1）要使柜子不发生摆动，k 应该等于多少？

2）要使柜子不发生垂直运动，机器安装的位置 a 应该等于多少？

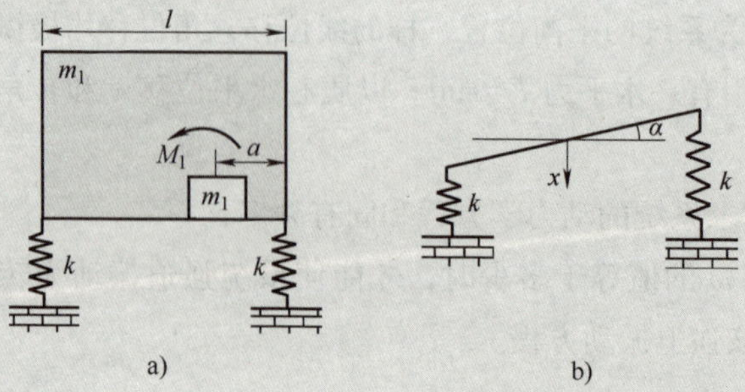

▶ 习题 4.43 图

4.44 如习题 4.44 图所示，一质量为 m 的物块处于无摩擦的水平面上，通过刚度系数为 k 的弹簧与质量为 M、长为 l 的均质刚性杆连接，试用影响系数法建立系统的运动微分方程，并求物块的稳态响应。

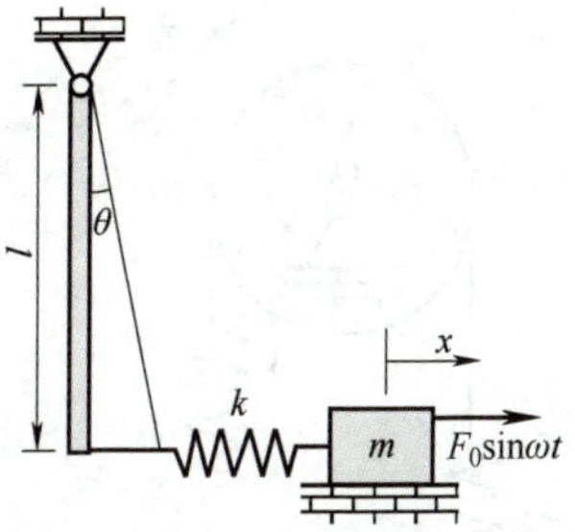

习题 4.44 图

4.45 如习题 4.45 图所示，一个两自由度系统，质量 m_1、m_2 上分别附有刚度为 k_1、k_2 的弹簧。系统中的连杆长度均为 l。质量 m_1 上承受水平方向正弦激励 $F(t)=F_0\sin\omega t$ 的作用。采用图示中质量的微小水平平移 x_1 和 x_2 为广义坐标。

1）试用影响系数法建立系统的自由振动微分方程。

2）令 $m_1=m_2=m$，$k_1=mg/l$，$k_2=3mg/l$。试求出系统的固有频率和振型。并确定系统在 F（t）作用下的稳态响应。

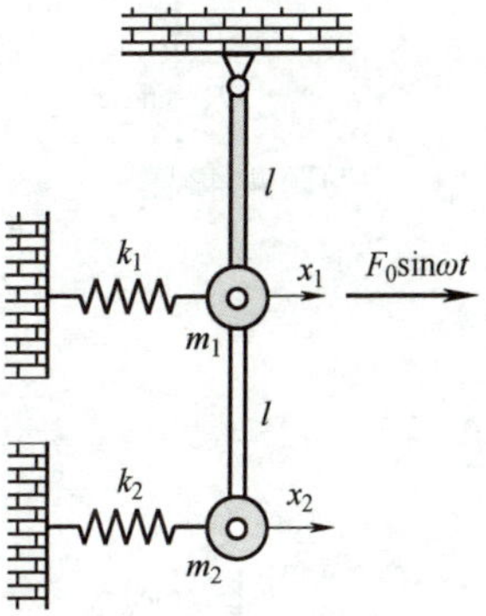

习题 4.45 图

4.46 习题 4.46 图所示的一个两自由度系统，已知系统的各参数如下：圆盘惯量 $I_1=I_2=I$，轴的扭转刚度 $k_{\theta1}=k_{\theta3}=k_\theta$，$k_{\theta2}=2k_\theta$。圆盘 I_1 上承受沿轴方向的正弦力矩激励 $M_1(t)=M_0\sin\omega t$ 的作用，不计轴的质量，以两圆盘的扭转角度 θ_1 和 θ_2 为广义坐标，试采用振型叠加法求解系统在零初始状态下的响应。

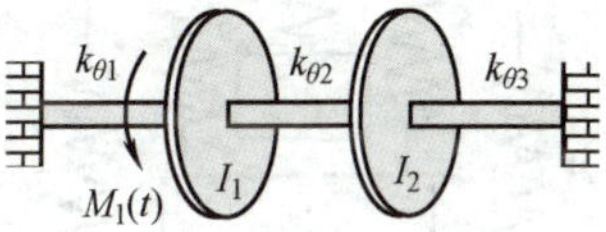

习题 4.46 图

4.47 习题 4.47 图所示两自由度系统，已知系统各参数如下：重物质量为 M，消振块质量为 m，重物与地面相连接的弹簧刚度为 K，消振块和重物之间通过刚度为 k 的弹簧连接。地面受一个余弦运动激励 $X_f(t)=A\cos\omega t$ 的作用。以消振块和重物的位移 x_1 和 x_2 为广义坐标，坐标原点都在静平衡位置，初始位移和初始速度都为零。

1）试建立系统的运动微分方程；

2）若需要重物 M 的稳态响应为零，试设计此时的重物与消振块相连接的弹簧刚度 k，并且求解此时消振块的稳态响应。

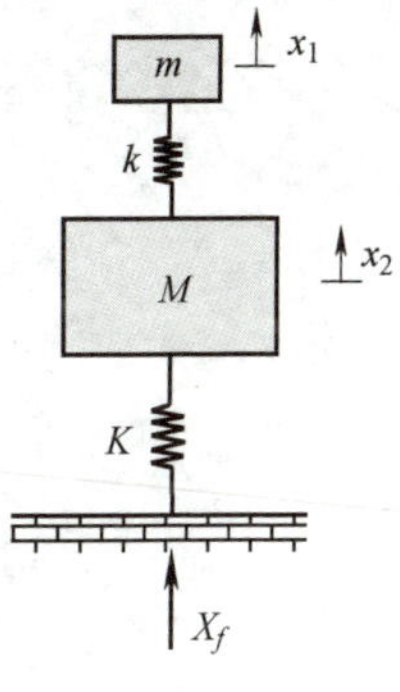

习题 4.47 图

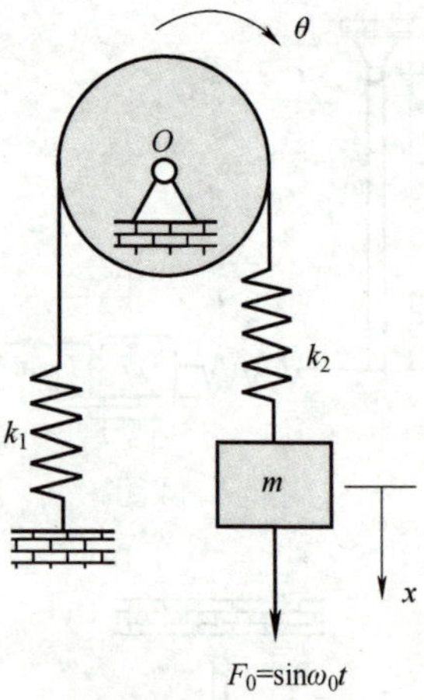

习题 4.48 图

4.48 习题 4.48 图所示的竖直平面内两自由度系统，质量为 m、半径为 R 的均质圆盘绕其圆心做定轴转动，圆盘一侧通过刚度系数为 k_1 的弹簧与地面连接，另一侧通过刚度系数为 k_2 的弹簧与质量为 m 的物块连接，物块受如图所示的简谐激励 $F_0\sin\omega_0 t$ 作用。已知 $k_1=2k$，$k_2=3k$。以圆盘的转角 θ 和物块的位移 x 为广义坐标。

1）用影响系数法建立系统运动微分方程；

2）求系统固有频率 ω_1、ω_2 和振型矩阵；

3）若 ω_0 与固有频率不相等，求零初值条件下系统响应。

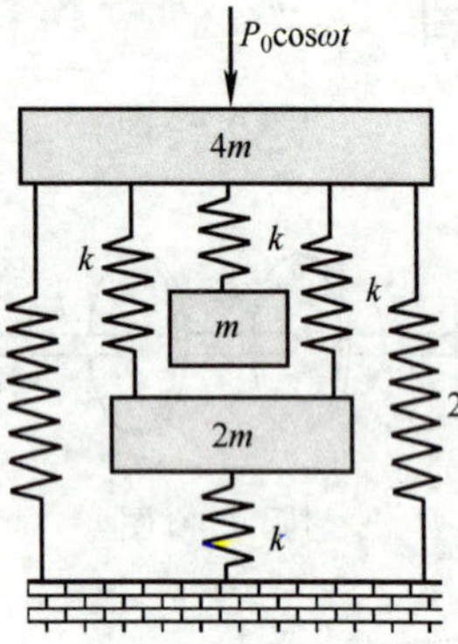

习题 4.49 图

4.49 习题 4.49 图所示系统中，各个质量只能沿竖直方向运动，假设在质量 $4m$ 上作用有铅垂力 $P_0\cos\omega t$，试求：

1）各个质量的强迫振动振幅；

2）系统的共振频率。

第 5 章

振动问题的近似解法

Chapter 5

第 5 章 振动问题的近似解法

约翰·威廉·斯特拉特，瑞利勋爵（John William Strutt，Lord Rayleigh，1842—1919）

英国物理学家，曾任剑桥大学教授、伦敦皇家科学院自然哲学教授、英国皇家科学协会主席和剑桥大学名誉校长。瑞利勋爵的最初研究工作主要是光学和振动系统的数学研究，后来的研究几乎涉及物理学的各个方面。他于 1877 年出版的《声的理论》一书仍被认为是关于声和振动方面的一流著作。1904 年，因“研究气体密度，并从中发现氩”，瑞利勋爵被授予诺贝尔物理学奖。

学习要点：

- 掌握邓克利法求解系统基频
- 掌握瑞利法求解系统基频
- 掌握里茨法求解系统固有频率和主振型
- 掌握传递矩阵法求解系统固有频率和主振型
- 掌握系统振动响应的直接积分解法

5.1 引言

振动分析的主要任务是获取系统的固有频率、主振型和振动响应。前面的章节对多自由度系统振动的精确求解方法进行了论述，但是随着现代工程技术的飞速发展，振动问题的精确求解变得越来越困难。一方面，工程结构系统越来越复杂化和集成化，系统的自由度数很高，求解难度很大；另一方面，受限于研究或者设计周期及现场的条件和要求，很多情况下寻求振动问题的精确解也变得不现实。寻找具有足够精度的振动近似解就显得很重要，在有些情况下甚至是解决工程问题的唯一途径。

系统固有频率和主振型的求解本质上是对系统质量矩阵和刚度矩阵求广义特征值的问题。本章首先介绍邓克利法、里茨法、瑞利法和传递矩阵法，用于近似求解多自由度系统的固有频率和主振型；然后介绍几种常用的直接积分方法，包括中心差分法、纽马克 β 法和威尔逊 θ 法，这些方法可以跳过模态分析步骤，利用数值积分的方法直接对结构的振动响应进行计算。

5.2 邓克利法

邓克利法

邓克利法是用于近似计算多自由度系统基频的一种最为简单的方法，是由邓克利在实验确定多圆盘的横向振动固有频率时提出的。对于一个多自由度系统，其自由振动的动力学方程可以表示为

$$\boldsymbol{M}\ddot{\boldsymbol{X}}(t)+\boldsymbol{K}\boldsymbol{X}(t)=\boldsymbol{0} \tag{5-1}$$

式（5-1）可以改写为如下的位移方程形式：

$$\boldsymbol{D}\boldsymbol{M}\ddot{\boldsymbol{X}}(t)+\boldsymbol{X}(t)=\boldsymbol{0} \tag{5-2}$$

式中，$\boldsymbol{D}=\boldsymbol{K}^{-1}$ 为系统的柔度矩阵。

进一步，式（5-2）可以改写为

$$\boldsymbol{P}\ddot{\boldsymbol{X}}(t)+\boldsymbol{X}(t)=\boldsymbol{0} \tag{5-3}$$

式中，$\boldsymbol{P}=\boldsymbol{D}\boldsymbol{M}$ 为系统的动力矩阵。

针对位移方程（5-3），系统的特征方程可以表示为

$$|\boldsymbol{P}-\lambda\boldsymbol{I}|=0 \tag{5-4}$$

式中，$\lambda=1/\omega^2$ 为位移方程的特征根，ω 为固有频率。

展开式（5-4），有

$$(-1)^n(\lambda^n+a_1\lambda^{n-1}+\cdots+a_{n-1}\lambda^1+a_n)=0 \tag{5-5}$$

式中，系数 a_1 为动力矩阵 $\boldsymbol{P}$ 的迹的负值，即

$$a_1=-(p_{11}+p_{22}+\cdots+p_{nn})=-\mathrm{tr}(\boldsymbol{P}) \tag{5-6}$$

其中，tr 代表方阵的迹，即方阵对角线上元素的和。例如，当 $n=2$ 时，由式（5-4）可知有

$$\begin{vmatrix} p_{11}-\lambda & p_{12} \\ p_{21} & p_{22}-\lambda \end{vmatrix}=0$$

展开可得

$$(-1)^2[\lambda^2-(p_{11}+p_{22})\lambda+(p_{11}p_{22}-p_{12}p_{21})]=0$$

可以看出有 $a_1=-(p_{11}+p_{22})$。

若系统的质量矩阵 $\boldsymbol{M}$ 为对角阵时，动力矩阵 $\boldsymbol{P}$ 的迹可以表示为

$$\mathrm{tr}(\boldsymbol{P})=\mathrm{tr}(\boldsymbol{D}\boldsymbol{M})=\sum_{i=1}^{n}d_{ii}m_i \tag{5-7}$$

式中，m_i 为质量矩阵 $\boldsymbol{M}$ 对角线上第 i 个元素；d_{ii} 为柔度矩阵 $\boldsymbol{D}$ 对角线上第 i 个元素，表示在第 i 个坐标上施加单位力时在第 i 个坐标上

所产生的位移。

系统的特征方程还可以表示为

$$(\lambda-\lambda_1)(\lambda-\lambda_2)\cdots(\lambda-\lambda_n)=0 \tag{5-8}$$

式中，λ_i 为位移方程的特征根，$\lambda_i=1/\omega_i^2$。

由式（5-6）和式（5-7），可得

$$a_1=-\sum_{i=1}^{n}\lambda_i=-\sum_{i=1}^{n}\frac{1}{\omega_i^2}=-\mathrm{tr}(\boldsymbol{P})=-\sum_{i=1}^{n}d_{ii}m_i \tag{5-9}$$

由 d_{ii}的物理意义可知，若系统仅保留第 i 个质量，d_{ii}的倒数等于此单自由度系统的刚度。此时，该单自由度系统的固有频率 $\bar{\omega}_i$ 可以表示为

$$\bar{\omega}_i^2=\frac{1}{d_{ii}m_i} \tag{5-10}$$

由式（5-9）和式（5-10）可得

$$\sum_{i=1}^{n}\frac{1}{\omega_i^2}=\frac{1}{\bar{\omega}_1^2}+\frac{1}{\bar{\omega}_2^2}+\cdots+\frac{1}{\bar{\omega}_n^2} \tag{5-11}$$

式中，ω_i 为 n 自由度系统的固有频率；$\bar{\omega}_i$ 为仅保留系统第 i 个质量时所构成的单自由度系统的固有频率。

当系统第二阶及以上的固有频率远大于基频时，式（5-11）等号左边求和式中除了与基频对应的 $\lambda_1=1/\omega_1^2$ 项以外，其余项均为小量可忽略。因此，可以得到系统基频的近似计算公式为

$$\frac{1}{\omega_1^2}\sim\frac{1}{\bar{\omega}_1^2}+\frac{1}{\bar{\omega}_2^2}+\cdots+\frac{1}{\bar{\omega}_n^2} \tag{5-12}$$

对比式（5-11）和式（5-12）不难看出，利用邓克利法计算得到的基频必定小于实际基频，即邓克利法的计算结果为真实基频值的下限。

例 5-1 图5-1 所示的三自由度系统中，$m_1=m_2=m$，$m_3=2m$，试利用邓克利法计算系统的基频。

【解】 选定质量块 m_1，m_2 和 m_3 在静平衡状态下的水平方向位移 x_1，x_2 和 x_3 作为系统的广义坐标，可以建立系统的动力学方程如下：

$$\begin{bmatrix} m & 0 & 0 \\ 0 & m & 0 \\ 0 & 0 & 2m \end{bmatrix}\begin{bmatrix} \ddot{x}_1 \\ \ddot{x}_2 \\ \ddot{x}_3 \end{bmatrix}+\begin{bmatrix} 2k & -k & 0 \\ -k & 3k & -2k \\ 0 & -2k & 2k \end{bmatrix}\begin{bmatrix} x_1 \\ x_2 \\ x_3 \end{bmatrix}=\begin{bmatrix} 0 \\ 0 \\ 0 \end{bmatrix} \tag{a}$$

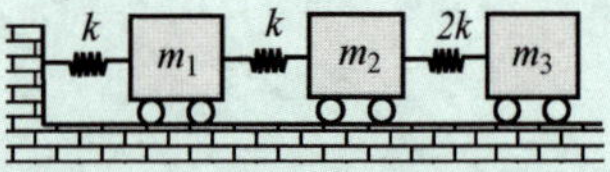

图 5-1　三自由度质量-弹簧系统

采用 4.3 节所述的方法，可以计算得到系统固有频率的精确解为

$$\omega_1 = 0.3730\sqrt{\frac{k}{m}},\ \omega_2 = 1.3213\sqrt{\frac{k}{m}},\ \omega_3 = 2.0286\sqrt{\frac{k}{m}} \tag{b}$$

采用邓克利方法进行计算系统基频。当仅保留 m_1 时，有 $d_{11} = 1/k$，此时有

$$\bar{\omega}_1^2 = \frac{1}{d_{11}m_1} = \frac{k}{m} \tag{c}$$

当仅保留 m_2 时，有 $d_{22} = 2/k$，此时有

$$\bar{\omega}_2^2 = \frac{1}{d_{22}m_2} = \frac{k}{2m} \tag{d}$$

当仅保留 m_3 时，有 $f_{33} = 5/(2k)$，此时有

$$\bar{\omega}_3^2 = \frac{1}{d_{33}m_3} = \frac{k}{5m} \tag{e}$$

根据式（5-12），系统的基频可以近似地计算得到为

$$\frac{1}{\omega_1^2} \approx \frac{1}{\bar{\omega}_1^2} + \frac{1}{\bar{\omega}_2^2} + \frac{1}{\bar{\omega}_3^2} = \frac{8m}{k} \tag{f}$$

即基频为

$$\omega_1 \approx 0.3535\sqrt{\frac{k}{m}} \tag{g}$$

与式（b）进行对比可以看到，由邓克利法计算得到的基频小于真实值。

5.3 瑞利法

瑞利法（1）　瑞利法（2）

瑞利法是基于能量原理的一种近似计算方法。对于一个 n 自由度系统，系统的动能和势能可以分别表示为

$$T = \frac{1}{2}\dot{\boldsymbol{x}}^{\mathrm{T}}\boldsymbol{M}\dot{\boldsymbol{x}},\ V = \frac{1}{2}\boldsymbol{x}^{\mathrm{T}}\boldsymbol{K}\boldsymbol{x} \tag{5-13}$$

假设系统做某阶主振动，即 $\boldsymbol{x}(t) = \boldsymbol{\psi}\sin(\omega t+\varphi)$，其中 $\boldsymbol{\psi}$ 表示假定的振型向量。此时系统的动能和势能的最大值可表示为

$$T_{\max} = \frac{1}{2}\omega^2\boldsymbol{\psi}^{\mathrm{T}}\boldsymbol{M}\boldsymbol{\psi},\ V_{\max} = \frac{1}{2}\boldsymbol{\psi}^{\mathrm{T}}\boldsymbol{K}\boldsymbol{\psi} \tag{5-14}$$

根据机械能守恒原理，系统的最大动能等于最大势能，即 $T_{\max}=V_{\max}$。由式（5-14）可以推导出

$$R(\boldsymbol{\psi})=\frac{\boldsymbol{\psi}^{\mathrm{T}}\boldsymbol{K}\boldsymbol{\psi}}{\boldsymbol{\psi}^{\mathrm{T}}\boldsymbol{M}\boldsymbol{\psi}}=\omega^2 \tag{5-15}$$

称 $R(\boldsymbol{\psi})=\dfrac{\boldsymbol{\psi}^{\mathrm{T}}\boldsymbol{K}\boldsymbol{\psi}}{\boldsymbol{\psi}^{\mathrm{T}}\boldsymbol{M}\boldsymbol{\psi}}$ 为瑞利商。

由式（5-15）可以看出，若 $\boldsymbol{\psi}$ 准确地等于系统的第 i 阶主振型，即 $\boldsymbol{\psi}=\boldsymbol{\phi}_i$，则瑞利商的值准确地等于系统的第 i 阶固有频率的平方，即 $R(\boldsymbol{\phi}_i)=\omega_i^2$。若 $\boldsymbol{\psi}$ 为一个任意列阵，则代入瑞利商的表达式（5-15）中可以得到一个数值。

由于系统的 n 个主振型具有正交性，因此任意一个列阵 $\boldsymbol{\psi}$ 一定可以表示为系统 n 个正则振型的线性组合，即有

$$\boldsymbol{\psi}=a_1\boldsymbol{\varphi}_{N1}+a_2\boldsymbol{\varphi}_{N2}+\cdots+a_n\boldsymbol{\varphi}_{Nn}=\sum_{j=1}^{n}a_j\boldsymbol{\varphi}_{Nj}=\boldsymbol{\Phi}_N\boldsymbol{a} \tag{5-16}$$

式中，$\boldsymbol{\Phi}_N=[\boldsymbol{\phi}_{N1},\boldsymbol{\phi}_{N2},\cdots,\boldsymbol{\phi}_{Nn}]\in\mathbf{R}^{n\times n}$ 为正则振型矩阵；$\boldsymbol{a}=[a_1,a_2,\cdots,a_n]^{\mathrm{T}}\in\mathbf{R}^{n\times 1}$ 为所有系数 a_i 所构成的列阵。

将式（5-16）代入式（5-15）中，并且考虑到系统的正交性条件有 $\boldsymbol{\Phi}_N^{\mathrm{T}}\boldsymbol{K}\boldsymbol{\Phi}_N=\boldsymbol{\Lambda}$ 和 $\boldsymbol{\Phi}_N^{\mathrm{T}}\boldsymbol{M}\boldsymbol{\Phi}_N=\boldsymbol{I}_n$，可以推得瑞利商为

$$R(\boldsymbol{\psi})=\frac{\boldsymbol{\psi}^{\mathrm{T}}\boldsymbol{K}\boldsymbol{\psi}}{\boldsymbol{\psi}^{\mathrm{T}}\boldsymbol{M}\boldsymbol{\psi}}=\frac{\boldsymbol{a}^{\mathrm{T}}\boldsymbol{\Phi}_N^{\mathrm{T}}\boldsymbol{K}\boldsymbol{\Phi}_N\boldsymbol{a}}{\boldsymbol{a}^{\mathrm{T}}\boldsymbol{\Phi}_N^{\mathrm{T}}\boldsymbol{M}\boldsymbol{\Phi}_N\boldsymbol{a}}=\frac{\boldsymbol{a}^{\mathrm{T}}\boldsymbol{\Lambda}\boldsymbol{a}}{\boldsymbol{a}^{\mathrm{T}}\boldsymbol{I}\boldsymbol{a}}=\frac{\sum\limits_{j=1}^{n}a_j^2\omega_j^2}{\sum\limits_{j=1}^{n}a_j^2} \tag{5-17}$$

可以看到，此时瑞利商的值不等于系统任一阶固有频率的平方，但是必定介于系统的最小固有频率值的平方和最大固有频率值的平方之间，即

$$\omega_1^2\leqslant R(\boldsymbol{\psi})\leqslant\omega_n^2 \tag{5-18}$$

只要在式（5-16）中分别令 $\omega_j=\omega_1$，$\omega_j=\omega_n$，并且考虑到 ω_1 和 ω_n 分别为固有频率的最小值和最大值，便可以很容易地证明式（5-18）是成立的。

若 $\boldsymbol{\psi}$ 接近系统的第 k 阶真实振型 $\boldsymbol{\phi}_{Nk}$，此时式（5-16）中除 a_k 外其他系数 $a_j(j\neq k)$ 均为小量，令

$$a_j=\varepsilon_j a_k,\ j=1,2,\cdots,n\ 且\ j\neq k \tag{5-19}$$

式中，$\varepsilon_j\ll 1$。将式（5-19）代入式（5-17），可以推得

$$R(\boldsymbol{\psi})=\frac{\sum_{j=1}^{n} a_j^2\omega_j^2}{\sum_{j=1}^{n} a_j^2}\approx\omega_k^2+\sum_{j=1,j\neq k}^{n}(\omega_j^2-\omega_k^2)\varepsilon_j^2 \tag{5-20}$$

可以看到，若假设振型 $\boldsymbol{\psi}$ 与第 k 阶真实振型 $\boldsymbol{\phi}_{Nk}$ 的差别为一阶小量，瑞利商与第 k 阶固有频率的平方的差别为二阶小量。计算中使用的假设振型越接近系统的真实振型，计算得到的固有频率越准确。瑞利商在系统的各阶真实振型处取驻值。实际应用中，由于系统的高阶振型难以做出合理的估计，所以式（5-20）一般只用于估计系统的基频时才可以获得较高的精度，而且估计基频时假设振型 $\boldsymbol{\psi}$ 可以采用系统的“静变形向量”，静变形向量往往与系统的第一阶主振型具有很高的相似性。

在式（5-20）中，令 $k=1$，此时瑞利商为

$$R(\boldsymbol{\psi})\approx\omega_1^2+\sum_{j=2}^{n}(\omega_j^2-\omega_1^2)\varepsilon_j^2 \tag{5-21}$$

由于基频为固有频率中的最小值，即 $\omega_j^2-\omega_1^2>0\ (j=2,3,\cdots,n)$，瑞利商在基频处取极大值。

例 5-2 试利用瑞利法计算例5-1 中系统的基频。

【解】 选取在 m_3 上施加力所产生的“静变形向量”作为近似的第一阶主振型，此时有

$$\boldsymbol{\psi}=[1,2,2.5]^{\mathrm{T}} \tag{a}$$

将式（a）代入瑞利商的计算公式（5-17），可以计算得到瑞利商为

$$R(\boldsymbol{\psi})=\frac{\boldsymbol{\psi}^{\mathrm{T}}\boldsymbol{K}\boldsymbol{\psi}}{\boldsymbol{\psi}^{\mathrm{T}}\boldsymbol{M}\boldsymbol{\psi}}=0.142857\,\frac{k}{m}\approx\omega_1^2 \tag{b}$$

因此，系统的基频可以求得为

$$\omega_1=0.3780\sqrt{\frac{k}{m}} \tag{c}$$

与真实固有频率进行对比，不难看到，瑞利商所得到的频率值高于真实值。

需要注意的是，方程（a）所示列阵是在质量 m_3 上施加静力所得到的三个质量的静变形列阵，该列阵接近于系统的第一阶主

振型。如果假设振型 $\boldsymbol{\psi}$ 采用在质量 m_1 上或者 m_2 上施加静力所构成的位移列阵，所得基频的误差会大些。

5.4 里茨法

沃尔特·里茨（Walther Ritz，1878—1909）

瑞士理论物理学家。他因与约翰·里德伯（Johannes Rydberg）共同工作的成果里德伯-里茨（Rydberg-Ritz）组合法则和以他来命名的变分方法“里茨法”而闻名。里茨于 1900 年染上肺结核，1909 年去世，年仅 31 岁。工科研究者比较熟悉里茨法，这一方法最早由英国的瑞利（Rayleigh）于 1877 年在《声学理论》一书中首先采用，里茨在 1908 年将之发展为解决泛函驻值问题的一般方法。瑞利-里茨法为 20 世纪兴起的有限元方法奠定了基础。

里茨法是对瑞利法的改进。用里茨法不仅可以计算系统的基频，还可以算出系统的前几阶频率和振型。瑞利法算出的基频的精度取决于假设的振型对第一阶主振型的近似程度，而且得到的基频总是精确值的上限；而里茨法将对近似振型给出更合理的假设，从而使算出的基频值更加准确。

里茨法

里茨法基于与瑞利法相同的原理，但将瑞利使用的单个假设振型 $\boldsymbol{\psi}$ 改进为若干个独立的假设振型的线性组合，即

$$\boldsymbol{\psi}=a_1\boldsymbol{\psi}_1+a_2\boldsymbol{\psi}_2+\cdots+a_r\boldsymbol{\psi}_r=\sum_{j=1}^{r}a_j\boldsymbol{\psi}_j=\boldsymbol{\Psi A} \tag{5-22}$$

式中，$r<n$，n 为系统的自由度数；$\boldsymbol{\Psi}=[\boldsymbol{\psi}_1,\boldsymbol{\psi}_2\cdots,\boldsymbol{\psi}_r]\in\mathbf{R}^{n\times r}$ 为由 r 个假设振型所构成的矩阵；$\boldsymbol{A}=[a_1,a_2,\cdots,a_r]^{\mathrm{T}}\in\mathbf{R}^{r\times1}$ 为 r 个待定系数组成的列阵。

将式（5-22）代入瑞利商表达式（5-17），有

$$R(\boldsymbol{\psi})=R(\boldsymbol{\Psi A})=\frac{\boldsymbol{A}^{\mathrm{T}}\boldsymbol{\Psi}^{\mathrm{T}}\boldsymbol{K}\boldsymbol{\Psi A}}{\boldsymbol{A}^{\mathrm{T}}\boldsymbol{\Psi}^{\mathrm{T}}\boldsymbol{M}\boldsymbol{\Psi A}}=\frac{\boldsymbol{A}^{\mathrm{T}}\bar{\boldsymbol{K}}\boldsymbol{A}}{\boldsymbol{A}^{\mathrm{T}}\bar{\boldsymbol{M}}\boldsymbol{A}}=\bar{\omega}^2 \tag{5-23}$$

式中，$\bar{\omega}$ 表示系统固有频率的估计值；$\bar{\boldsymbol{M}}$ 和 $\bar{\boldsymbol{K}}$ 分别表达如下：

$$\bar{\boldsymbol{K}}=\boldsymbol{\Psi}^{\mathrm{T}}\boldsymbol{K}\boldsymbol{\Psi}\in\mathbf{R}^{r\times r},\quad \bar{\boldsymbol{M}}=\boldsymbol{\Psi}^{\mathrm{T}}\boldsymbol{M}\boldsymbol{\Psi}\in\mathbf{R}^{r\times r} \tag{5-24}$$

由于瑞利商 $R(\boldsymbol{\psi})$ 在系统中的真实主振型处取驻值，所以 $\boldsymbol{A}$ 的各个元素 $a_j(j=1,2,\cdots,r)$ 应当满足：

$$\frac{\partial R(\boldsymbol{\psi})}{\partial a_j}=0,\ j=1,2,\cdots,r \tag{5-25}$$

将式（5-23）代入式（5-25），可以得

$$\frac{\partial}{\partial a_j}(\boldsymbol{A}^{\mathrm{T}}\overline{\boldsymbol{K}}\boldsymbol{A})-\overline{\omega}^2\frac{\partial}{\partial a_j}(\boldsymbol{A}^{\mathrm{T}}\overline{\boldsymbol{M}}\boldsymbol{A})=0,\ j=1,2,\cdots,r \tag{5-26}$$

对于式（5-26）中的第一项$\frac{\partial}{\partial a_j}(\boldsymbol{A}^{\mathrm{T}}\overline{\boldsymbol{K}}\boldsymbol{A})$，有

$$\frac{\partial}{\partial a_j}(\boldsymbol{A}^{\mathrm{T}}\overline{\boldsymbol{K}}\boldsymbol{A})=\left(\frac{\partial}{\partial a_j}\boldsymbol{A}\right)^{\mathrm{T}}\overline{\boldsymbol{K}}\boldsymbol{A}+\boldsymbol{A}^{\mathrm{T}}\overline{\boldsymbol{K}}\left(\frac{\partial}{\partial a_j}\boldsymbol{A}\right)=2\left(\frac{\partial}{\partial a_j}\boldsymbol{A}\right)^{\mathrm{T}}\overline{\boldsymbol{K}}\boldsymbol{A}=2\boldsymbol{e}_j^{\mathrm{T}}\overline{\boldsymbol{K}}\boldsymbol{A},\quad j=1,2,\cdots,r \tag{5-27}$$

式中，$\boldsymbol{e}_j$ 为 r 阶单位矩阵的第 j 列。

将式（5-27）中的 r 个方程进行组集，写成矩阵形式，有

$$\frac{\partial}{\partial \boldsymbol{A}}(\boldsymbol{A}^{\mathrm{T}}\overline{\boldsymbol{K}}\boldsymbol{A})=2\overline{\boldsymbol{K}}\boldsymbol{A} \tag{5-28}$$

式中，$\partial/\partial\boldsymbol{A}$ 表示将函数分别对 $\boldsymbol{A}$ 中的各个元素依次求偏导，再排成列向量。

同理，对式（5-26）中的第二项的$\frac{\partial}{\partial a_j}(\boldsymbol{A}^{\mathrm{T}}\overline{\boldsymbol{M}}\boldsymbol{A})$进行处理，并改写为矩阵形式，有

$$\frac{\partial}{\partial \boldsymbol{A}}(\boldsymbol{A}^{\mathrm{T}}\overline{\boldsymbol{M}}\boldsymbol{A})=2\overline{\boldsymbol{M}}\boldsymbol{A} \tag{5-29}$$

考虑到式（5-28）和式（5-29），式（5-26）可以改写为

$$(\overline{\boldsymbol{K}}-\overline{\omega}^2\overline{\boldsymbol{M}})\boldsymbol{A}=\boldsymbol{0} \tag{5-30}$$

可以看到，此时问题又转变为关于矩阵 $\overline{\boldsymbol{K}}$ 和 $\overline{\boldsymbol{M}}$ 的特征值问题。由于矩阵 $\overline{\boldsymbol{K}}$ 和 $\overline{\boldsymbol{M}}$ 的阶数 r 一般远小于系统自由度数 n，式（5-30）的矩阵特征值问题比原系统的矩阵特征值问题解起来容易得多。可以讲，里茨法实质上是一种缩减系统自由度求解固有频率和振型的近似方法。如果在假设振型表达式（5-22）中仅取一项，则里茨法退化为瑞利法，即瑞利法是里茨法的特殊情况。由于里茨法引入多个假设振型，因此其对单个假设振型的估计精度要求较低，这使得一般情况下里茨法的计算精度优于瑞利法。

通过对式（5-30）进行特征值计算，可以得到 r 个特征值 $\overline{\omega}_i(i=1,2,\cdots,r)$ 和 r 个特征向量 $\boldsymbol{A}_i(i=1,2,\cdots,r)$。原系统的前 r 阶固有频率和主振型可以近似表示为

$$\omega_i \approx \bar{\omega}_i,\ i=1,2,\cdots,r \tag{5-31}$$

$$\boldsymbol{\phi}_i \approx \boldsymbol{\Psi A}_i,\ i=1,2,\cdots,r \tag{5-32}$$

可以看到，里茨法不但可以计算系统的基频，还可以计算系统的前 r 阶固有频率和主振型。

根据式（5-32），可以证明有

$$\boldsymbol{\phi}_i^{\mathrm{T}}\boldsymbol{M}\boldsymbol{\phi}_j=\boldsymbol{A}_i^{\mathrm{T}}\boldsymbol{\Psi}^{\mathrm{T}}\boldsymbol{M}\boldsymbol{\Psi}\boldsymbol{A}_j=\boldsymbol{A}_i^{\mathrm{T}}\bar{\boldsymbol{M}}\boldsymbol{A}_j=0,\ i\neq j \tag{5-33}$$

$$\boldsymbol{\phi}_i^{\mathrm{T}}\boldsymbol{K}\boldsymbol{\phi}_j=\boldsymbol{A}_i^{\mathrm{T}}\boldsymbol{\Psi}^{\mathrm{T}}\boldsymbol{K}\boldsymbol{\Psi}\boldsymbol{A}_j=\boldsymbol{A}_i^{\mathrm{T}}\bar{\boldsymbol{K}}\boldsymbol{A}_j=0,\ i\neq j \tag{5-34}$$

即采用里茨法得出的近似主振型关于质量矩阵 $\boldsymbol{M}$ 和刚度矩阵 $\boldsymbol{K}$ 具有正交性。

例 5-3 试利用里茨法计算例5-1中系统的基频。

里茨法算例

【解】 近似取系统的前两阶假设振型分别为

$$\boldsymbol{\psi}^1=\begin{bmatrix}1\\2\\3\end{bmatrix},\ \boldsymbol{\psi}^2=\begin{bmatrix}1\\2\\-1\end{bmatrix} \tag{a}$$

则系统的假设振型矩阵为

$$\boldsymbol{\Psi}=[\boldsymbol{\psi}^1,\boldsymbol{\psi}^2]=\begin{bmatrix}1 & 1\\2 & 2\\3 & -1\end{bmatrix} \tag{b}$$

由式（5-24）可以计算缩减自由度系统的质量矩阵和刚度矩阵，分别为

$$\bar{\boldsymbol{M}}=\boldsymbol{\Psi}^{\mathrm{T}}\boldsymbol{M}\boldsymbol{\Psi}=\begin{bmatrix}23m & -m\\-m & 7m\end{bmatrix},\ \bar{\boldsymbol{K}}=\boldsymbol{\Psi}^{\mathrm{T}}\boldsymbol{K}\boldsymbol{\Psi}=\begin{bmatrix}4k & -4k\\-4k & 20k\end{bmatrix} \tag{c}$$

将式（c）代入式（5-30），可以得到缩减自由度系统的特征多项式为

$$\begin{vmatrix}4-23\alpha & -4+\alpha\\-4+\alpha & 20-7\alpha\end{vmatrix}=0 \tag{d}$$

式中，$\alpha=m\bar{\omega}^2/k$。由式（d）可以解得

$$\alpha_1=0.139853,\ \alpha_2=2.860147 \tag{e}$$

考虑式（e）的结果，由式（5-30）可以求得缩减自由度系统的特征向量分别为

$$\boldsymbol{A}_1=\begin{bmatrix}4.927547\\1\end{bmatrix},\ \boldsymbol{A}_2=\begin{bmatrix}-0.018449\\1\end{bmatrix} \tag{f}$$

根据式（5-31）和式（5-32），可以得到系统前两阶固有频率和主振型的估计值为

$$\omega_1 \approx \bar{\omega}_1 = \sqrt{\alpha_1 \frac{k}{m}} = 0.373969\sqrt{\frac{k}{m}}，\ \omega_2 \approx \bar{\omega}_2 = \sqrt{\alpha_2 \frac{k}{m}} = 1.691197\sqrt{\frac{k}{m}} \tag{g}$$

$$\boldsymbol{\phi}_1 \approx \boldsymbol{\Psi A}_1 = \beta_1 \begin{bmatrix} 0.430073 \\ 0.860147 \\ 1 \end{bmatrix}，\ \boldsymbol{\phi}_2 \approx \boldsymbol{\Psi A}_2 = \beta_2 \begin{bmatrix} -0.930074 \\ -1.860148 \\ 1 \end{bmatrix} \tag{h}$$

式中，β_1 和 β_2 是主振型归一化时产生的常数。

通过与例 5-1 和例 5-2 的计算结果进行对比不难看出，相较于邓克利法和瑞利法，里茨法的计算结果精度最高。同时也可以看到，里茨法关于系统第二阶固有频率的计算精度欠佳。计算经验表明，在用里茨法进行固有频率计算时，前半频率的精度较高。因此，若要计算系统的前 s 阶固有频率，一般需要选取 $2s$ 个假设振型。

考虑如下问题：如果将式（h）所示的结果作为系统的前两阶假设振型，再采用里茨法进行循环求解，计算精度会不会进一步得到提高？

5.5 传递矩阵法

传递矩阵法是一种求解链式结构振动的简化方法。在分析中，首先将整个结构分解为一系列具有简单力学特性的单元，单元一端的广义力和广义位移与另一端的广义力和广义位移之间的关系可以通过传递矩阵来进行描述。通过对每个单元的“接力连接”，就可以得到整个结构一端的广义力和广义位移与另一端的广义力和广义位移之间的联系。最后，利用结构的边界条件就可以建立起系统的特征方程，进而可以计算得到系统的固有频率和主振型。传递矩阵法将对全系统的计算分解为阶数很低的各个单元的计算，每个单元的传递矩阵的阶数等于单元的运动微分方程的阶数，可以大大减少计算工作量。传递矩阵法常被用于圆盘扭转振动系统和梁横向弯曲振动系统的求解。

5.5.1 圆盘扭转振动系统

考虑图 5-2 所示的圆盘扭转振动系统。假定各个轴的质量不计，只计刚度；各个圆盘不计刚度，只计质量。定义第 i 个单元是由第 $i-1$ 个和第 i 个圆盘以及连接两圆盘的轴段所构成，如图 5-3 所示。J_{i-1} 和 J_i 分别表示第 $i-1$ 个和第 i 个圆盘的转动惯量，l_i 表示轴段 i 的长度，k_i 表示轴段 i 的扭转刚度。

圆盘扭转振动系统

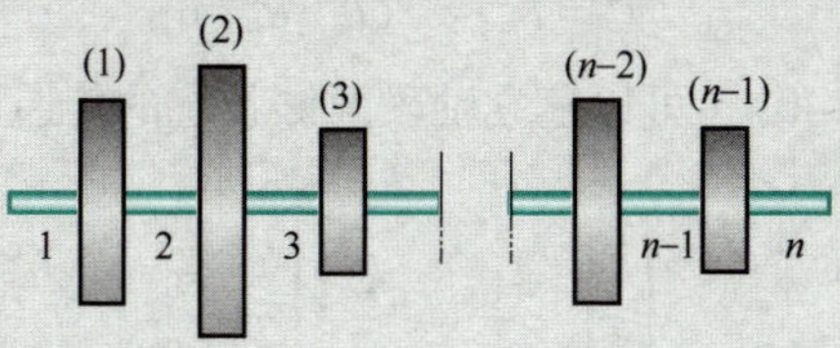

◀ 图 5-2　圆盘扭转振动系统

定义系统的状态变量为

$$\boldsymbol{x}=\begin{bmatrix}\theta\\T\end{bmatrix} \tag{5-35}$$

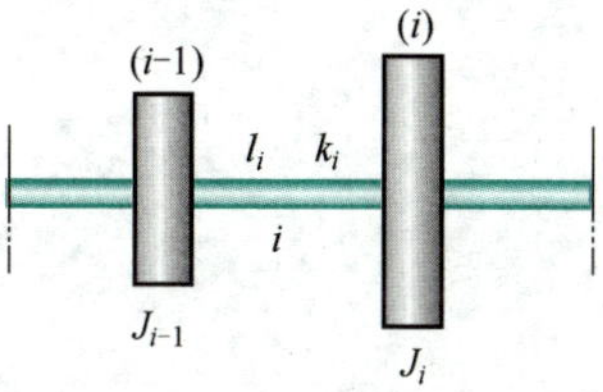

图 5-3　第 i 个单元

式中，θ 表示圆盘的转角；T 表示圆盘侧面的扭矩。

约定上角标 L 和 R 分别表示圆盘的左侧截面和右侧截面。如图 5-4a 所示，对于第 i 个圆盘，其两侧的状态变量满足：

$$\theta_i^{\mathrm{R}}=\theta_i^{\mathrm{L}},\quad T_i^{\mathrm{R}}=T_i^{\mathrm{L}}+J_i\ddot{\theta}_i \tag{5-36}$$

当圆盘以频率 ω 作简谐振动时，有

$$\ddot{\theta}_i=-\omega^2\theta_i,\quad T_i^{\mathrm{R}}=T_i^{\mathrm{L}}-\omega^2J_i\theta_i \tag{5-37}$$

根据式（5-36）和式（5-37），可以建立圆盘两侧状态的传递关系：

$$\begin{bmatrix}\theta\\T\end{bmatrix}_i^{\mathrm{R}}=\begin{bmatrix}1&0\\-\omega^2J_i&1\end{bmatrix}\begin{bmatrix}\theta\\T\end{bmatrix}_i^{\mathrm{L}} \tag{5-38}$$

式（5-38）可以改写为

$$\boldsymbol{x}_i^{\mathrm{R}}=\boldsymbol{S}_i^{\mathrm{P}}\boldsymbol{x}_i^{\mathrm{L}} \tag{5-39}$$

式中，$\boldsymbol{x}_i^{\mathrm{R}}=\begin{bmatrix}\theta\\T\end{bmatrix}_i^{\mathrm{R}}$ 表示第 i 个圆盘右侧的状态；$\boldsymbol{x}_i^{\mathrm{L}}=\begin{bmatrix}\theta\\T\end{bmatrix}_i^{\mathrm{L}}$ 表示第 i 个圆盘左侧的状态；$\boldsymbol{S}_i^{\mathrm{P}}=\begin{bmatrix}1&0\\-\omega^2J_i&1\end{bmatrix}$ 称作**点传递矩阵**。

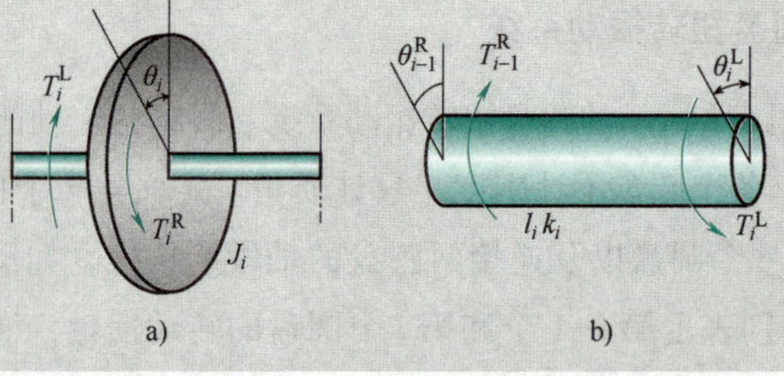

▶ 图 5-4 单元i 的传递关系

a）圆盘 i 两侧状态的传递关系

b）轴段 i 两侧状态的传递关系

如图 5-4b 所示，对于第 i 个轴段，可以建立扭矩平衡条件：

$$T_i^L = T_{i-1}^R = k_i(\theta_i^L - \theta_{i-1}^R) \tag{5-40}$$

根据式（5-40），可以建立轴段两侧状态的传递关系：

$$\begin{bmatrix}\theta\\T\end{bmatrix}_i^L = \begin{bmatrix}1 & \dfrac{1}{k_i}\\0 & 1\end{bmatrix}\begin{bmatrix}\theta\\T\end{bmatrix}_{i-1}^R \tag{5-41}$$

式（5-41）可改写为

$$\boldsymbol{x}_i^L = \boldsymbol{S}_i^F \boldsymbol{x}_{i-1}^R \tag{5-42}$$

式中，$\boldsymbol{S}_i^F = \begin{bmatrix}1 & \dfrac{1}{k_i}\\0 & 1\end{bmatrix}$称作**场传递矩阵**。

需要注意的是，虽然式（5-41）和式（5-42）是建立轴端两端状态的传递关系，但是两端的状态仍然是式（5-35）所定义的圆盘的状态。

根据式（5-39）和式（5-42），可以建立第 i 个单元中两个圆盘右侧状态的传递关系：

$$\boldsymbol{x}_i^R = \boldsymbol{S}_i^P \boldsymbol{S}_i^F \boldsymbol{x}_{i-1}^R = \boldsymbol{S}_i \boldsymbol{x}_{i-1}^R \tag{5-43}$$

式中，

$$\boldsymbol{S}_i = \boldsymbol{S}_i^P \boldsymbol{S}_i^F = \begin{bmatrix}1 & 0\\-\omega^2 J_i & 1\end{bmatrix}\begin{bmatrix}1 & \dfrac{1}{k_i}\\0 & 1\end{bmatrix} = \begin{bmatrix}1 & \dfrac{1}{k_i}\\-\omega^2 J_i & 1-\omega^2\left(\dfrac{J_i}{k_i}\right)\end{bmatrix} \tag{5-44}$$

称作**单元传递矩阵**。

对于一个具有 n 个圆盘的轴系，根据式（5-43）可建立系统最左端和最右端状态变量的传递关系为

$$\boldsymbol{x}_n^R = \boldsymbol{S}_n \boldsymbol{S}_{n-1} \cdots \boldsymbol{S}_2 \boldsymbol{S}_1 \boldsymbol{x}_1^R = \boldsymbol{S}(\omega)\boldsymbol{x}_1^R \tag{5-45}$$

式中，$\boldsymbol{S}(\omega)=\boldsymbol{S}_n\boldsymbol{S}_{n-1}\cdots\boldsymbol{S}_2\boldsymbol{S}_1$ 为第一个至第 n 个单元通路中所有单元传递矩阵的连乘积，称为**系统的传递矩阵**。它是频率 ω 的函数，利用系统两端的边界条件可以确定出系统的固有频率和主振型。

例 5-4 图5-5 所示的三圆盘扭转振动系统中，$k_1=k_2=k$，$J_1=J_3=J$，$J_2=2J$，试利用传递矩阵法求解系统的固有频率和主振型。

圆盘扭转振动系统算例

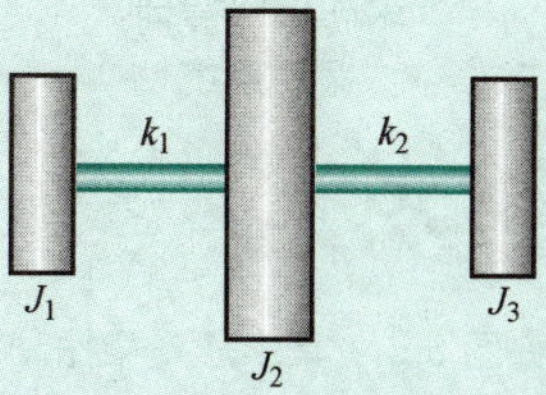

图 5-5 三圆盘扭转振动系统

【解】 该系统的两侧边界均为自由，根据边界条件可得

$$T_1^{\mathrm{L}}=T_3^{\mathrm{R}}=0 \tag{a}$$

不妨令第一个圆盘左端状态为

$$\begin{pmatrix}\theta\\ T\end{pmatrix}_1^{\mathrm{L}}=\begin{bmatrix}1\\0\end{bmatrix}$$

根据传递关系式（5-39），可推得第一个圆盘右端状态为

$$\boldsymbol{X}_1^{\mathrm{R}}=\boldsymbol{S}_1^{\mathrm{P}}\boldsymbol{X}_1^{\mathrm{L}}=\begin{bmatrix}1 & 0\\ -\omega^2 J & 1\end{bmatrix}\begin{bmatrix}1\\0\end{bmatrix}=\begin{bmatrix}1\\ -\omega^2 J\end{bmatrix} \tag{b}$$

根据传递关系（5-43），可以推得第二个和第三个圆盘右端的状态分别为

$$\begin{pmatrix}\theta\\ T\end{pmatrix}_2^{\mathrm{R}}=\begin{bmatrix}1 & \dfrac{1}{k}\\ -2\omega^2 J & 1-\omega^2\dfrac{2J}{k}\end{bmatrix}\begin{bmatrix}1\\ -\omega^2 J\end{bmatrix}=\begin{bmatrix}1-\omega^2\dfrac{J}{k}\\ \omega^2 J\left(2\omega^2\dfrac{J}{k}-3\right)\end{bmatrix} \tag{c}$$

$$\begin{pmatrix}\theta\\ T\end{pmatrix}_3^{\mathrm{R}}=\begin{bmatrix}1 & \dfrac{1}{k}\\ -\omega^2 J & 1-\omega^2\dfrac{J}{k}\end{bmatrix}\begin{bmatrix}1-\omega^2\dfrac{J}{k}\\ \omega^2 J\left(2\omega^2\dfrac{J}{k}-3\right)\end{bmatrix}=\begin{bmatrix}2\omega^4\left(\dfrac{J}{k}\right)^2-4\omega^2\dfrac{J}{k}+1\\ -\omega^2 J\left(\omega^4\left(\dfrac{J}{k}\right)^4-3\omega^2\dfrac{J}{k}+2\right)\end{bmatrix} \tag{d}$$

由式（d）中 $T_3^{\mathrm{R}}=0$，可以推得有

$$\omega^2 J\left(\omega^4\left(\frac{J}{k}\right)^4-3\omega^2\frac{J}{k}+2\right)=0 \tag{e}$$

由式（e）可以求得系统的固有频率分别为

$$\omega_1=0,\ \omega_2=\sqrt{\frac{k}{J}},\ \omega_3=\sqrt{\frac{2k}{J}} \tag{f}$$

将三个固有频分别代入各单元状态的第一个元素，可以得到系统的主振型分别为

$$\boldsymbol{\phi}_1=\begin{bmatrix}1\\1\\1\end{bmatrix},\ \boldsymbol{\phi}_2=\begin{bmatrix}1\\0\\-1\end{bmatrix},\ \boldsymbol{\phi}_3=\begin{bmatrix}1\\-1\\1\end{bmatrix} \tag{g}$$

5.5.2　梁的横向弯曲振动系统

梁的横向弯曲振动系统

传递矩阵法还可以用来分析梁的横向弯曲振动。考虑图 5-6 所示的集中质量梁振动系统。假定各个梁段的质量不计，只计刚度；各个质量不计刚度，只计质量。第 i 个单元是由第 i-1 个质量和第 i 个质量以及连接两质量的梁段所构成，如图 5-7 所示。m_{i-1} 和 m_i 分别表示第 i-1 个和第 i 个集中质量，l_i 表示梁段 i 的长度，E_iI_i 表示梁段 i 的抗弯刚度。

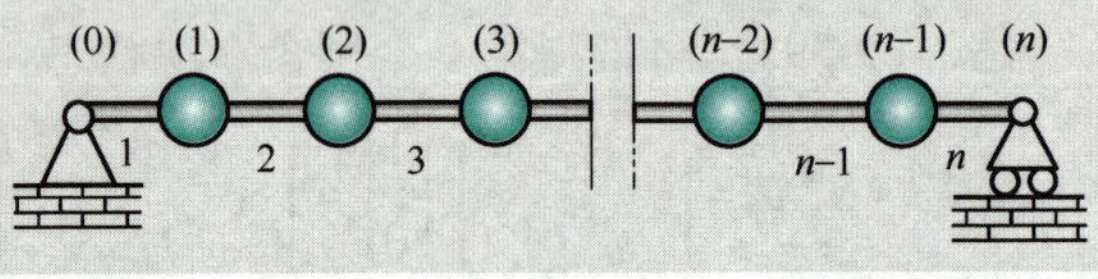

▶ 图 5-6　集中质量梁振动系统

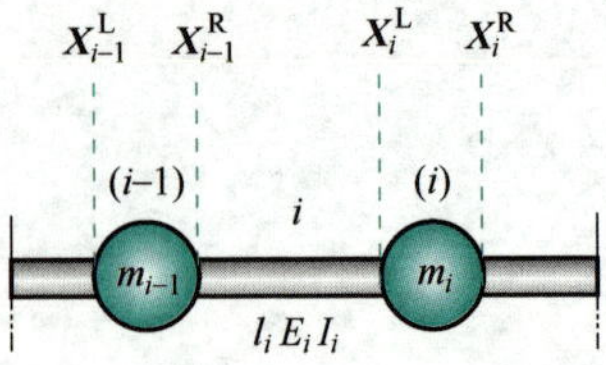

图 5-7　第 i 个单元

定义系统的状态变量为

$$\boldsymbol{x}=[\,y,\theta,M,F_{\mathrm{S}}\,]^{\mathrm{T}} \tag{5-46}$$

式中，y 表示集中质量处梁的横向位移；θ 表示集中质量处梁的截面转角；M 表示集中质量处梁的弯矩；F_{S} 表示集中质量处梁的剪力。

与 5.5.1 节内容相同，同样约定上角标 L 和 R 表示集中质量的左侧截面和右侧截面。对第 i 个质量进行受力分析，如图 5-8a 所示，质量两侧的状态满足如下方程：

$$\begin{cases}y_i^{\mathrm{R}}=y_i^{\mathrm{L}}\\ \theta_i^{\mathrm{R}}=\theta_i^{\mathrm{L}}\\ M_i^{\mathrm{R}}=M_i^{\mathrm{L}}\\ F_{\mathrm{S},i}^{\mathrm{R}}=F_{\mathrm{S},i}^{\mathrm{L}}-m_i\ddot{y}_i=F_{\mathrm{S},i}^{\mathrm{L}}+m_i\omega^2y_i\end{cases} \tag{5-47}$$

上述方程中的第四式使用到了表达式 $\ddot{y}_i=-\omega^2y_i$，认为当系统以频率 ω 做简谐振动时，有 $\ddot{y}_i=-\omega^2y_i$ 成立。

根据式（5-47），可以建立集中质量两侧状态的传递关系为

$$\begin{bmatrix}y\\ \theta\\ M\\ F_{\mathrm{S}}\end{bmatrix}_i^{\mathrm{R}}=\begin{bmatrix}1&0&0&0\\0&1&0&0\\0&0&1&0\\ \omega^2m_i&0&0&1\end{bmatrix}\begin{bmatrix}y\\ \theta\\ M\\ F_{\mathrm{S}}\end{bmatrix}_i^{\mathrm{L}} \tag{5-48}$$

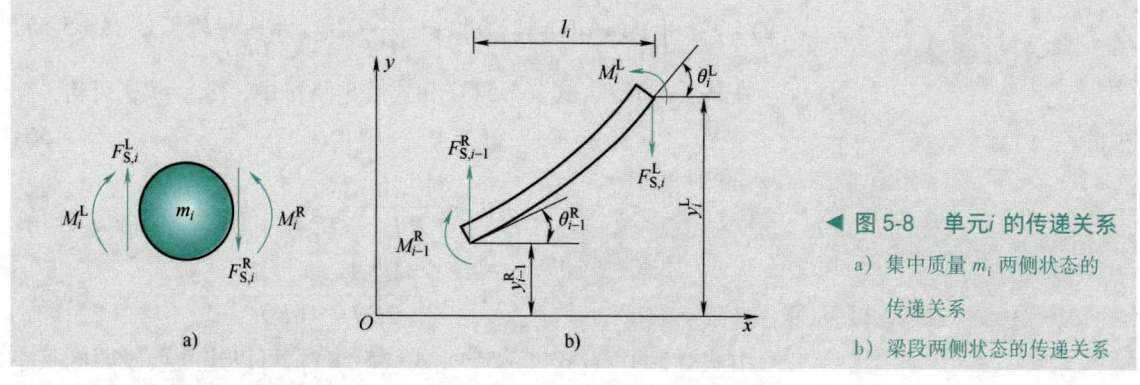

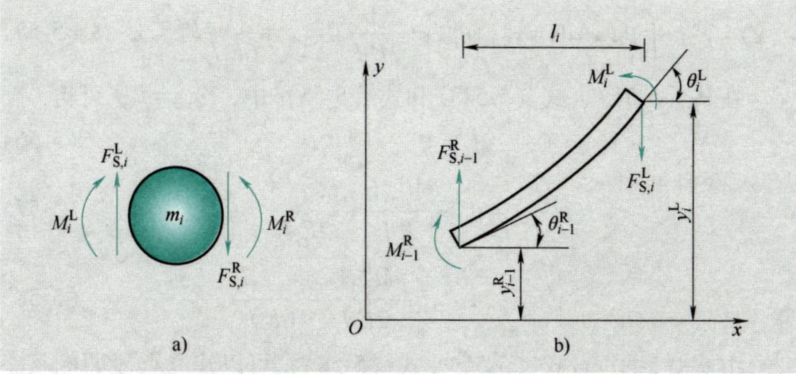

图 5-8 单元i 的传递关系

a）集中质量 m_i 两侧状态的传递关系

b）梁段两侧状态的传递关系

式（5-48）可以改写为：

$$\boldsymbol{x}_i^{R}=\boldsymbol{S}_i^{P}\boldsymbol{x}_i^{L} \tag{5-49}$$

式中，$\boldsymbol{x}_i^{R}=\begin{bmatrix} y \\ \theta \\ M \\ F_S \end{bmatrix}_i^{R}$ 表示第 i 个集中质量右侧的状态；$\boldsymbol{x}_i^{L}=\begin{bmatrix} y \\ \theta \\ M \\ F_S \end{bmatrix}_i^{L}$ 表示第 i 个集中质量左侧的状态；$\boldsymbol{S}_i^{P}=\begin{bmatrix} 1 & 0 & 0 & 0 \\ 0 & 1 & 0 & 0 \\ 0 & 0 & 1 & 0 \\ \omega^2 m_i & 0 & 0 & 1 \end{bmatrix}$为**点传递矩阵**。

对第 i 个梁段进行受力分析，如图 5-8b 所示，由力的平衡条件可得

$$F_{S,i}^{L}=F_{S,i-1}^{R} \tag{5-50}$$

设第 i 个梁段与左端距离为 x 处的截面的弯矩、转角和挠度分别为 $M_i(x)$、$\theta_i(x)$ 和 $y_i(x)$。对于弯矩，有如下关系：

$$M_i(x)=M_{i-1}^{R}+F_{S,i-1}^{R}x \tag{5-51}$$

对于转角和挠度，由材料力学可知，有

$$\theta_i(x)=\theta_{i-1}^{R}+\frac{1}{E_iI_i}\int_0^x M_i(x)\,dx \tag{5-52}$$

$$y_i(x)=y_{i-1}^{R}+\int_0^x \theta_i(x)\,dx \tag{5-53}$$

将式（5-51）代入式（5-52）可以求得 $\theta_i(x)$，再将结果 $\theta_i(x)$ 代入式（5-53）可以求得 $y_i(x)$，结果分别为

$$\theta_i(x)=\theta_{i-1}^{R}+\frac{1}{E_iI_i}\int_0^x M_i(x)\,dx=\theta_{i-1}^{R}+\frac{1}{E_iI_i}M_{i-1}^{R}x+\frac{1}{2E_iI_i}F_{S,i-1}^{R}x^2 \tag{5-54}$$

$$y_i(x)=y_{i-1}^{\mathrm{R}}+\int_0^x\theta_i(x)\,\mathrm{d}x=y_{i-1}^{\mathrm{R}}+\theta_{i-1}^{\mathrm{R}}x+\frac{1}{2E_iI_i}M_{i-1}^{\mathrm{R}}x^2+\frac{1}{6E_iI_i}F_{\mathrm{S},i-1}^{\mathrm{R}}x^3 \tag{5-55}$$

在式（5-51）、式（5-54）和式（5-55）中，令 $x=l_i$，可得

$$M_i^{\mathrm{L}}=M_{i-1}^{\mathrm{R}}+F_{\mathrm{S},i-1}^{\mathrm{R}}l_i \tag{5-56}$$

$$\theta_i^{\mathrm{L}}=\theta_{i-1}^{\mathrm{R}}+\frac{M_{i-1}^{\mathrm{R}}l_i}{E_iI_i}+\frac{F_{\mathrm{S},i-1}^{\mathrm{R}}l_i^2}{2E_iI_i} \tag{5-57}$$

$$y_i^{\mathrm{L}}=y_{i-1}^{\mathrm{R}}+\theta_{i-1}^{\mathrm{R}}l_i+\frac{M_{i-1}^{\mathrm{R}}l_i^2}{2E_iI_i}+\frac{F_{\mathrm{S},i-1}^{\mathrm{R}}l_i^3}{6E_iI_i} \tag{5-58}$$

由式（5-50）、式（5-56）~式（5-58），可以建立梁段两侧状态的传递关系：

$$\begin{bmatrix} y \\ \theta \\ M \\ F_{\mathrm{S}} \end{bmatrix}_i^{\mathrm{L}}=\begin{bmatrix} 1 & l_i & l_i^2/(2E_iI_i) & l_i^3/(6E_iI_i) \\ 0 & 1 & l_i/(E_iI_i) & l_i^2/(2E_iI_i) \\ 0 & 0 & 1 & l_i \\ 0 & 0 & 0 & 1 \end{bmatrix}\begin{bmatrix} y \\ \theta \\ M \\ F_{\mathrm{S}} \end{bmatrix}_{i-1}^{\mathrm{R}} \tag{5-59}$$

式（5-59）可以改写为

$$\boldsymbol{x}_i^{\mathrm{L}}=\boldsymbol{S}_i^{\mathrm{F}}\boldsymbol{x}_{i-1}^{\mathrm{R}} \tag{5-60}$$

式中，

$$\boldsymbol{S}_i^{\mathrm{F}}=\begin{bmatrix} 1 & l_i & l_i^2/(2E_iI_i) & l_i^3/(6E_iI_i) \\ 0 & 1 & l_i/(E_iI_i) & l_i^2/(2E_iI_i) \\ 0 & 0 & 1 & l_i \\ 0 & 0 & 0 & 1 \end{bmatrix}$$

称作**场传递矩阵**。

根据式（5-49）和式（5-60），可建立圆盘两侧状态的传递关系：

$$\boldsymbol{x}_i^{\mathrm{R}}=\boldsymbol{S}_i^{\mathrm{P}}\boldsymbol{S}_i^{\mathrm{F}}\boldsymbol{x}_{i-1}^{\mathrm{R}}=\boldsymbol{S}_i\boldsymbol{x}_{i-1}^{\mathrm{R}} \tag{5-61}$$

式中，

$$\boldsymbol{S}_i=\boldsymbol{S}_i^{\mathrm{P}}\boldsymbol{S}_i^{\mathrm{F}}=\begin{bmatrix} 1 & l_i & \dfrac{l_i^2}{2E_iI_i} & \dfrac{l_i^3}{6E_iI_i} \\ 0 & 1 & \dfrac{l_i}{E_iI_i} & \dfrac{l_i^2}{2E_iI_i} \\ 0 & 0 & 1 & l_i \\ \omega^2m_i & \omega^2m_il_i & \dfrac{\omega^2m_il_i^2}{2E_iI_i} & 1+\dfrac{\omega^2m_il_i^3}{6E_iI_i} \end{bmatrix} \tag{5-62}$$

称作**单元传递矩阵**。

对于一个具有 n 个集中质量的梁结构，根据式（5-61）可以建立系统最左端和最右端状态变量的传递关系：

$$\boldsymbol{x}_n^{\mathrm{R}}=\boldsymbol{S}_n\boldsymbol{S}_{n-1}\cdots\boldsymbol{S}_2\boldsymbol{x}_1^{\mathrm{R}}=\boldsymbol{S}(\omega)\boldsymbol{x}_1^{\mathrm{R}} \tag{5-63}$$

式中，$\boldsymbol{S}(\omega)=\boldsymbol{S}_n\boldsymbol{S}_{n-1}\cdots\boldsymbol{S}_2\boldsymbol{S}_1$ 称为**系统的传递矩阵**。它是频率 ω 的函数，利用系统两端的边界条件可以确定出系统的固有频率和主振型。

例 5-5 针对图5-9 所示的二集中质量梁振动系统，假定梁的弯曲刚度为 EI，试利用传递矩阵法求解系统的固有频率。

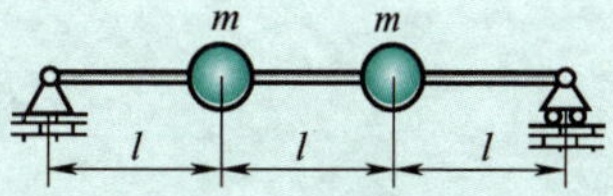

图 5-9 二集中质量梁振动系统

【解】 对支座、集中质量、梁段进行编号，如图 5-10 所示。

引入无量纲变量：

$$\bar{y}=\frac{y}{l},\quad \bar{M}=\frac{Ml}{EI},\quad \bar{F}_{\mathrm{S}}=\frac{F_{\mathrm{S}}l^2}{EI},\quad \lambda=\frac{ml^3\omega^2}{EI} \tag{a}$$

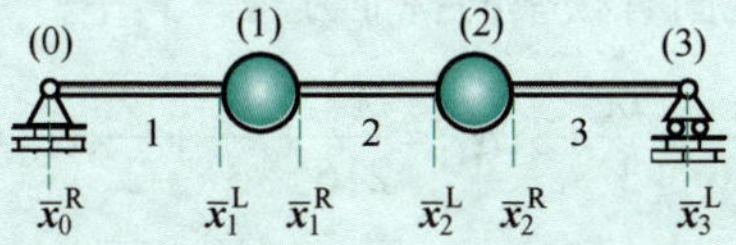

◀ 图 5-10 二集中质量梁振动系统编号

梁的横向弯曲振动系统算例

系统的无量纲状态变量设定为

$$\bar{\boldsymbol{x}}=[\bar{y},\theta,\bar{M},\bar{F}_{\mathrm{S}}]^{\mathrm{T}} \tag{b}$$

由图 5-9 可以看出，系统两端的边界条件为

$$\bar{y}_0^{\mathrm{R}}=\bar{M}_0^{\mathrm{R}}=0,\quad \bar{y}_3^{\mathrm{L}}=\bar{M}_3^{\mathrm{L}}=0 \tag{c}$$

将系统的点传递矩阵和场传递矩阵转到无量纲域，可得

$$\bar{\boldsymbol{S}}_i^{\mathrm{P}}=\begin{bmatrix}1&0&0&0\\0&1&0&0\\0&0&1&0\\\lambda&0&0&1\end{bmatrix},\quad \bar{\boldsymbol{S}}_i^{\mathrm{F}}=\begin{bmatrix}1&1&\frac{1}{2}&\frac{1}{6}\\0&1&1&\frac{1}{2}\\0&0&1&1\\0&0&0&1\end{bmatrix} \tag{d}$$

对于图 5-10 所示的梁结构，可以建立结构两端状态的传递关系：

$$\begin{aligned}\bar{\boldsymbol{X}}_3^{\mathrm{L}}&=\bar{\boldsymbol{S}}_3^{\mathrm{F}}\bar{\boldsymbol{X}}_2^{\mathrm{R}}=\bar{\boldsymbol{S}}_3^{\mathrm{F}}(\bar{\boldsymbol{S}}_2^{\mathrm{P}}\bar{\boldsymbol{X}}_2^{\mathrm{L}})=\bar{\boldsymbol{S}}_3^{\mathrm{F}}\bar{\boldsymbol{S}}_2^{\mathrm{P}}(\bar{\boldsymbol{S}}_2^{\mathrm{F}}\bar{\boldsymbol{X}}_1^{\mathrm{R}})=\bar{\boldsymbol{S}}_3^{\mathrm{F}}\bar{\boldsymbol{S}}_2^{\mathrm{P}}\bar{\boldsymbol{S}}_2^{\mathrm{F}}(\bar{\boldsymbol{S}}_1^{\mathrm{P}}\bar{\boldsymbol{X}}_1^{\mathrm{L}})\\&=\bar{\boldsymbol{S}}_3^{\mathrm{F}}\bar{\boldsymbol{S}}_2^{\mathrm{P}}\bar{\boldsymbol{S}}_2^{\mathrm{F}}\bar{\boldsymbol{S}}_1^{\mathrm{P}}(\bar{\boldsymbol{S}}_1^{\mathrm{F}}\bar{\boldsymbol{X}}_0^{\mathrm{R}})=\bar{\boldsymbol{S}}\bar{\boldsymbol{X}}_0^{\mathrm{R}}\end{aligned} \tag{e}$$

式中，

$$\bar{S}=\bar{S}_3^{F}\bar{S}_2^{P}\bar{S}_2^{F}\bar{S}_1^{P}\bar{S}_1^{F}=\begin{bmatrix}\alpha_{11} & \alpha_{12} & \alpha_{13} & \alpha_{14}\\ \alpha_{21} & \alpha_{22} & \alpha_{23} & \alpha_{24}\\ \alpha_{31} & \alpha_{32} & \alpha_{33} & \alpha_{34}\\ \alpha_{41} & \alpha_{42} & \alpha_{43} & \alpha_{44}\end{bmatrix}$$

为系统传递矩阵。

根据式（c）和式（e），可以推得

$$\begin{cases}\alpha_{12}\theta_0+\alpha_{14}\bar{F}_{S0}=0\\ \alpha_{32}\theta_0+\alpha_{34}\bar{F}_{S0}=0\end{cases} \tag{f}$$

式（f）具有非零解的充要条件为

$$\Delta(\lambda)=\begin{vmatrix}\alpha_{12} & \alpha_{14}\\ \alpha_{32} & \alpha_{34}\end{vmatrix}=0 \tag{g}$$

式（g）即为系统固有频率的特征方程，其中，

$$\alpha_{12}=\alpha_{34}=\frac{\lambda^2}{36}+\frac{5\lambda}{3}+3,\alpha_{14}=\frac{\lambda^2}{216}+\frac{4\lambda}{3}+\frac{9}{2},\alpha_{32}=\lambda\left(4+\frac{\lambda}{6}\right)$$

将式（g）展开，可得

$$5\lambda^2-96\lambda+108=0 \tag{h}$$

由式（h）可以解得

$$\lambda_1=1.1385,\ \lambda_2=94.8615 \tag{i}$$

因此，系统的固有频率可以求得为

$$\omega_1=\sqrt{\frac{\lambda_1 EI}{ml^3}}=\sqrt{\frac{1.1385EI}{ml^3}},\ \omega_2=\sqrt{\frac{\lambda_2 EI}{ml^3}}=\sqrt{\frac{94.8615EI}{ml^3}} \tag{j}$$

大型商业软件“卡脖子”：前面介绍的邓克利法、瑞利法和里茨法虽然都可以实现系统固有频率和振型的简化计算，但是当系统自由度达到两位数时，求解过程的难度依然很大。可喜的是目前计算广义特征值问题的数值方法和软件已经发展得十分的成熟。对于矩阵阶次不高的广义特征值问题，一般可采用矩阵变换方法（如雅可比方法和正交三角迭代方法）计算全部特征对。对于矩阵阶次很高的广义特征值问题，则可以采用迭代方法（例如：子空间迭代方法和兰索斯方法）计算低阶特征对。目前，比较流形的数值分析软件有MATLAB、MAPLE等。用户只需要输入一句命令，软件就可以根据特征值问题的类型和规模，

决定计算方法并输出结果。然而，目前这些大型商业软件大都依赖进口，发展具有我国自主知识产权的大型商业软件是突破西方对我国“卡脖子”的重要工作。

5.6 结构振动响应的直接积分解法

在对结构的振动响应进行求解时，可以直接使用数值积分方法进行数值计算，这类方法称为**直接积分法**。对于多自由度系统或者连续体系统经过空间离散后，可以获得系统的动力学方程为

$$\begin{cases} \boldsymbol{M}\ddot{\boldsymbol{x}}+\boldsymbol{C}\dot{\boldsymbol{x}}+\boldsymbol{K}\boldsymbol{x}=\boldsymbol{f}(t) \\ \boldsymbol{x}(0)=\boldsymbol{x}_0 \\ \dot{\boldsymbol{x}}(0)=\dot{\boldsymbol{x}}_0 \end{cases} \tag{5-64}$$

本节主要介绍具有综合性能优势且被商业软件广泛采用的中心差分法、纽马克 β 法和威尔逊 θ 法。

5.6.1 中心差分法

中心差分法利用了数学上差商近似导数的思想。首先，将速度表示为位移的前向差商和后向差商的平均值，即

$$\dot{\boldsymbol{x}}_t=\frac{1}{2}\left(\frac{\boldsymbol{x}_{t+\Delta t}-\boldsymbol{x}_t}{\Delta t}+\frac{\boldsymbol{x}_t-\boldsymbol{x}_{t-\Delta t}}{\Delta t}\right)=\frac{1}{2\Delta t}(\boldsymbol{x}_{t+\Delta t}-\boldsymbol{x}_{t-\Delta t}) \tag{5-65}$$

式（5-65）中，把时刻作为下角标的变量表示该变量在该时刻的近似值。

然后，将加速度表示为速度的前向差商，再把每个时刻的速度用位移的前向差商来表示，可得

$$\ddot{\boldsymbol{x}}_t=\frac{\dot{\boldsymbol{x}}_{t+\Delta t}-\dot{\boldsymbol{x}}_t}{\Delta t}=\frac{1}{\Delta t}\left(\frac{\boldsymbol{x}_{t+\Delta t}-\boldsymbol{x}_t}{\Delta t}-\frac{\boldsymbol{x}_t-\boldsymbol{x}_{t-\Delta t}}{\Delta t}\right)=\frac{1}{\Delta t^2}(\boldsymbol{x}_{t+\Delta t}-2\boldsymbol{x}_t+\boldsymbol{x}_{t-\Delta t}) \tag{5-66}$$

将式（5-65）和式（5-66）代入式（5-64），可得

$$\left(\frac{1}{\Delta t^2}\boldsymbol{M}+\frac{1}{2\Delta t}\boldsymbol{C}\right)\boldsymbol{x}_{t+\Delta t}=\boldsymbol{f}_t-\left(\boldsymbol{K}-\frac{2}{\Delta t^2}\boldsymbol{M}\right)\boldsymbol{x}_t-\left(\frac{1}{\Delta t^2}\boldsymbol{M}-\frac{1}{2\Delta t}\boldsymbol{C}\right)\boldsymbol{x}_{t-\Delta t} \tag{5-67}$$

令

$$a_0=\frac{1}{\Delta t^2},\quad a_1=\frac{1}{2\Delta t},\quad a_2=\frac{2}{\Delta t^2} \tag{5-68}$$

式（5-67）可以改写为

$$\overline{\boldsymbol{K}}\boldsymbol{x}_{t+\Delta t}=\overline{\boldsymbol{f}}_t \tag{5-69}$$

式中，$\bar{\boldsymbol{K}}=a_0\boldsymbol{M}+a_1\boldsymbol{C}$ 称作有效刚度矩阵；$\bar{\boldsymbol{f}}_t=\boldsymbol{f}_t-(\boldsymbol{K}-a_2\boldsymbol{M})\boldsymbol{x}_t-(a_0\boldsymbol{M}-a_1\boldsymbol{C})\boldsymbol{x}_{t-\Delta t}$称作有效载荷向量。

由式（5-69）可以看到，采用中心差分法，利用系统在 $t-\Delta t$ 和 t 时刻的位移，可以计算得到系统在 $t+\Delta t$ 时刻的位移。

中心差分法是一种显式方法，具有计算效率高、程序简练的优点，但该方法是条件稳定的，只有当中心差分法具有足够小的时间步长 Δt，算法才能给出稳定的数值解。通常要求：

$$\Delta t \leqslant \Delta t_{\mathrm{cr}}=\frac{T_n}{\pi} \tag{5-70}$$

式中，Δt_{cr}称作临界时间步长；T_n 为系统的最小固有周期。

中心差分法的计算流程如下：

（1）初始值计算

1）计算系统的质量矩阵 $\boldsymbol{M}$、刚度矩阵 $\boldsymbol{K}$ 和阻尼矩阵 $\boldsymbol{C}$。

2）根据初始条件 $\boldsymbol{x}(0)=\boldsymbol{x}_0$ 和 $\dot{\boldsymbol{x}}(0)=\dot{\boldsymbol{x}}_0$，计算初始加速度 $\ddot{\boldsymbol{x}}_0=\boldsymbol{M}^{-1}(\boldsymbol{f}_0-\boldsymbol{C}\dot{\boldsymbol{x}}_0-\boldsymbol{K}\boldsymbol{x}_0)$。

3）选定时间步长 $\Delta t\leqslant\Delta t_{\mathrm{cr}}$，并计算 $a_0=1/\Delta t^2, a_1=1/(2\Delta t), a_2=2/\Delta t^2$。

4）计算 $\boldsymbol{x}_{-\Delta t}=\boldsymbol{x}_0-\dot{\boldsymbol{x}}_0/(2a_1)+\ddot{\boldsymbol{x}}_0/(2a_0)$。

5）计算有效刚度阵 $\bar{\boldsymbol{K}}=a_0\boldsymbol{M}+a_1\boldsymbol{C}$，并对其进行三角分解 $\bar{\boldsymbol{K}}=\boldsymbol{LDL}^{\mathrm{T}}$。

（2）递推计算

1）计算 t 时刻的有效载荷向量 $\bar{\boldsymbol{f}}_t=\boldsymbol{f}_t-(\boldsymbol{K}-a_2\boldsymbol{M})\boldsymbol{x}_t-(a_0\boldsymbol{M}-a_1\boldsymbol{C})\boldsymbol{x}_{t-\Delta t}$。

2）根据方程$(\boldsymbol{LDL}^{\mathrm{T}})\boldsymbol{x}_{t+\Delta t}=\bar{\boldsymbol{f}}_t$ 求解 $t+\Delta t$ 时刻的位移。

3）如需计算 t 时刻的速度和加速度，则 $\dot{\boldsymbol{x}}_t=a_1(\boldsymbol{x}_{t+\Delta t}-\boldsymbol{x}_{t-\Delta t})$，$\ddot{\boldsymbol{x}}_t=a_0(\boldsymbol{x}_{t+\Delta t}-2\boldsymbol{x}_t+\boldsymbol{x}_{t-\Delta t})$。

4）将 t 时刻和 $t+\Delta t$ 时刻的位移分别赋给前一时刻，即 $\boldsymbol{x}_{t-\Delta t}=\boldsymbol{x}_t$，$\boldsymbol{x}_t=\boldsymbol{x}_{t+\Delta t}$。

5）返回步骤 1）进行下一时刻的递推运算。

5.6.2 纽马克 $\boldsymbol{\beta}$ 法

在 $t+\Delta t$ 时刻，根据式（5-64），有

$$\boldsymbol{M}\ddot{\boldsymbol{x}}_{t+\Delta t}+\boldsymbol{C}\dot{\boldsymbol{x}}_{t+\Delta t}+\boldsymbol{K}\boldsymbol{x}_{t+\Delta t}=\boldsymbol{f}_{t+\Delta t} \tag{5-71}$$

纽马克β法假定$[t,t+\Delta t]$内任意时刻的加速度可以表示为

$$\ddot{\boldsymbol{x}}=\ddot{\boldsymbol{x}}_t+\gamma(\ddot{\boldsymbol{x}}_{t+\Delta t}-\ddot{\boldsymbol{x}}_t) \tag{5-72}$$

式中，$0\leqslant\gamma\leqslant1$为待定参数。

将$\dot{\boldsymbol{x}}_{t+\Delta t}$表示为以$t$时刻为原点的一阶泰勒展开式：

$$\dot{\boldsymbol{x}}_{t+\Delta t}=\dot{\boldsymbol{x}}_t+\Delta t\ddot{\boldsymbol{x}} \tag{5-73}$$

将式（5-72）代入式（5-73），可得

$$\dot{\boldsymbol{x}}_{t+\Delta t}=\dot{\boldsymbol{x}}_t+\Delta t(1-\gamma)\ddot{\boldsymbol{x}}_t+\Delta t\gamma\ddot{\boldsymbol{x}}_{t+\Delta t} \tag{5-74}$$

将$\boldsymbol{x}_{t+\Delta t}$表示为以$t$时刻为原点的二阶泰勒展开式：

$$\boldsymbol{x}_{t+\Delta t}=\boldsymbol{x}_t+\Delta t\dot{\boldsymbol{x}}_t+\frac{1}{2}\Delta t^2\ddot{\boldsymbol{x}} \tag{5-75}$$

采用与式（5-71）类似的加速度表达式，但是选取不同的控制参数δ，使得

$$\ddot{\boldsymbol{x}}=\ddot{\boldsymbol{x}}_t+2\delta(\ddot{\boldsymbol{x}}_{t+\Delta t}-\ddot{\boldsymbol{x}}_t) \tag{5-76}$$

式中，$0\leqslant\delta\leqslant0.5$。

将式（5-76）代入式（5-75），可得

$$\boldsymbol{x}_{t+\Delta t}=\boldsymbol{x}_t+\Delta t\dot{\boldsymbol{x}}_t+(0.5-\delta)\Delta t^2\ddot{\boldsymbol{x}}_t+\delta\Delta t^2\ddot{\boldsymbol{x}}_{t+\Delta t} \tag{5-77}$$

由式（5-77）可以解得

$$\ddot{\boldsymbol{x}}_{t+\Delta t}=\frac{1}{\delta\Delta t^2}(\boldsymbol{x}_{t+\Delta t}-\boldsymbol{x}_t)-\frac{1}{\delta\Delta t}\dot{\boldsymbol{x}}_t-\left(\frac{1}{2\delta}-1\right)\ddot{\boldsymbol{x}}_t \tag{5-78}$$

将式（5-77）和式（5-78）代入式（5-71），可以推得

$$\bar{\boldsymbol{K}}\boldsymbol{x}_{t+\Delta t}=\bar{\boldsymbol{f}}_{t+\Delta t} \tag{5-79}$$

式中，$\bar{\boldsymbol{K}}$为有效刚度矩阵；$\bar{\boldsymbol{f}}_{t+\Delta t}$为有效载荷向量。其表达式分别为

$$\bar{\boldsymbol{K}}=\boldsymbol{K}+\frac{1}{\delta\Delta t^2}\boldsymbol{M}+\frac{\gamma}{\delta\Delta t}\boldsymbol{C} \tag{5-80}$$

$$\begin{aligned}\bar{\boldsymbol{f}}_{t+\Delta t}=\boldsymbol{f}_{t+\Delta t}+\boldsymbol{M}\left[\frac{1}{\delta\Delta t^2}\boldsymbol{x}_t+\frac{1}{\delta\Delta t}\dot{\boldsymbol{x}}_t+\left(\frac{1}{2\delta}-1\right)\ddot{\boldsymbol{x}}_t\right]+\\ \boldsymbol{C}\left[\frac{\gamma}{\delta\Delta t}\boldsymbol{x}_t+\left(\frac{\gamma}{\delta}-1\right)\dot{\boldsymbol{x}}_t+\frac{\Delta t}{2}\left(\frac{\gamma}{\delta}-2\right)\ddot{\boldsymbol{x}}_t\right]\end{aligned} \tag{5-81}$$

由式（5-79）可以看到，采用纽马克β法，利用系统在t时刻的位移、速度和加速度，可以计算得到系统在$t+\Delta t$时刻的位移，然后利用式（5-74）和式（5-78）即可计算得到系统在$t+\Delta t$时刻的速度和加速度。可以证明，当参数$\gamma\geqslant1/2$和$\delta\geqslant\gamma/2$时，纽马克β法是无条件稳定的。

纽马克β法的计算流程如下：

（1）初始值计算

1）计算系统的质量矩阵$\boldsymbol{M}$、刚度矩阵$\boldsymbol{K}$和阻尼矩阵$\boldsymbol{C}$。

2）根据初始条件$\boldsymbol{x}(0)=\boldsymbol{x}_0$和$\dot{\boldsymbol{x}}(0)=\dot{\boldsymbol{x}}_0$，计算初始加速度$\ddot{\boldsymbol{x}}_0=\boldsymbol{M}^{-1}(\boldsymbol{f}_0-\boldsymbol{C}\dot{\boldsymbol{x}}_0-\boldsymbol{K}\boldsymbol{x}_0)$。

3）选定参数γ、δ和时间步长Δt，并计算$a_0=1/(\delta\Delta t^2)$，$a_1=\gamma/(\delta\Delta t)$，$a_2=1/(\delta\Delta t)$，$a_3=1/(2\delta)-1$，$a_4=\gamma/\delta-1$，$a_5=\Delta t(\gamma/\delta-2)/2$，$a_6=\Delta t(1-\gamma)$，$a_7=\gamma\Delta t$。

4）计算有效刚度矩阵$\bar{\boldsymbol{K}}=\boldsymbol{K}+a_0\boldsymbol{M}+a_1\boldsymbol{C}$，并对其进行三角分解$\bar{\boldsymbol{K}}=\boldsymbol{LDL}^{\mathrm{T}}$。

（2）递推计算

1）计算$t+\Delta t$时刻的有效载荷向量$\bar{\boldsymbol{f}}_{t+\Delta t}=\boldsymbol{f}_{t+\Delta t}+\boldsymbol{M}[a_0\boldsymbol{x}_t+a_2\dot{\boldsymbol{x}}_t+a_3\ddot{\boldsymbol{x}}_t]+\boldsymbol{C}[a_1\boldsymbol{x}_t+a_4\dot{\boldsymbol{x}}_t+a_5\ddot{\boldsymbol{x}}_t]$。

2）根据方程$(\boldsymbol{LDL}^{\mathrm{T}})\boldsymbol{x}_{t+\Delta t}=\bar{\boldsymbol{f}}_{t+\Delta t}$，求解$t+\Delta t$时刻的位移。

3）计算$t+\Delta t$时刻的加速度和速度，$\ddot{\boldsymbol{x}}_{t+\Delta t}=a_0(\boldsymbol{x}_{t+\Delta t}-\boldsymbol{x}_t)-a_2\dot{\boldsymbol{x}}_t-a_3\ddot{\boldsymbol{x}}_t$，$\dot{\boldsymbol{x}}_{t+\Delta t}=\dot{\boldsymbol{x}}_t+a_6\ddot{\boldsymbol{x}}_t+a_7\ddot{\boldsymbol{x}}_{t+\Delta t}$。

4）将$t+\Delta t$时刻的位移，速度，加速度赋给前一时刻，即$\boldsymbol{x}_t=\boldsymbol{x}_{t+\Delta t}$，$\dot{\boldsymbol{x}}_t=\dot{\boldsymbol{x}}_{t+\Delta t}$，$\ddot{\boldsymbol{x}}_t=\ddot{\boldsymbol{x}}_{t+\Delta t}$。

5）返回步骤1）进行下一时刻的递推运算。

5.6.3 威尔逊θ法

威尔逊θ法假设加速度在$[t,t+\theta\Delta t]$内是线性变化的，在$[t,t+\theta\Delta t]$内任意时刻的加速度可表示为

$$\ddot{\boldsymbol{x}}_{t+\tau}=\ddot{\boldsymbol{x}}_t+\frac{\tau}{\theta\Delta t}(\ddot{\boldsymbol{x}}_{t+\theta\Delta t}-\ddot{\boldsymbol{x}}_t) \tag{5-82}$$

将方程（5-82）积分两次，可得到$[t,t+\theta\Delta t]$内任意时刻的速度和位移为

$$\dot{\boldsymbol{x}}_{t+\tau}=\dot{\boldsymbol{x}}_t+\tau\ddot{\boldsymbol{x}}_t+\frac{\tau^2}{2\theta\Delta t}(\ddot{\boldsymbol{x}}_{t+\theta\Delta t}-\ddot{\boldsymbol{x}}_t) \tag{5-83}$$

$$\boldsymbol{x}_{t+\tau}=\boldsymbol{x}_t+\tau\dot{\boldsymbol{x}}_t+\frac{\tau^2}{2}\ddot{\boldsymbol{x}}_t+\frac{\tau^3}{6\theta\Delta t}(\ddot{\boldsymbol{x}}_{t+\theta\Delta t}-\ddot{\boldsymbol{x}}_t) \tag{5-84}$$

当$\tau=\theta\Delta t$时，即在$t+\theta\Delta t$时刻，可得

$$\dot{\boldsymbol{x}}_{t+\theta\Delta t}=\dot{\boldsymbol{x}}_t+\frac{\theta\Delta t}{2}(\ddot{\boldsymbol{x}}_{t+\theta\Delta t}+\ddot{\boldsymbol{x}}_t) \tag{5-85}$$

$$\boldsymbol{x}_{t+\theta\Delta t}=\boldsymbol{x}_t+\theta\Delta t\dot{\boldsymbol{x}}_t+\frac{\theta^2\Delta t^2}{6}(\ddot{\boldsymbol{x}}_{t+\theta\Delta t}+2\ddot{\boldsymbol{x}}_t) \tag{5-86}$$

根据式（5-84）可推得

$$\ddot{\boldsymbol{x}}_{t+\theta\Delta t}=\frac{6}{\theta^2\Delta t^2}(\boldsymbol{x}_{t+\theta\Delta t}-\boldsymbol{x}_t)-\frac{6}{\theta\Delta t}\dot{\boldsymbol{x}}_t-2\ddot{\boldsymbol{x}}_t \tag{5-87}$$

将式（5-87）代入式（5-85），可以推得

$$\dot{\boldsymbol{x}}_{t+\theta\Delta t}=\frac{3}{\theta\Delta t}(\boldsymbol{x}_{t+\theta\Delta t}-\boldsymbol{x}_t)-2\dot{\boldsymbol{x}}_t-\frac{\theta\Delta t}{2}\ddot{\boldsymbol{x}}_t \tag{5-88}$$

在 $t+\theta\Delta t$ 时刻，根据式（5-64），有

$$\boldsymbol{M}\ddot{\boldsymbol{x}}_{t+\theta\Delta t}+\boldsymbol{C}\dot{\boldsymbol{x}}_{t+\theta\Delta t}+\boldsymbol{K}\boldsymbol{x}_{t+\theta\Delta t}=\boldsymbol{f}_{t+\theta\Delta t} \tag{5-89}$$

式中，$\boldsymbol{f}_{t+\theta\Delta t}=\boldsymbol{f}_t+\theta(\boldsymbol{f}_{t+\Delta t}-\boldsymbol{f}_t)$。

将式（5-87）和式（5-88）代入式（5-89），可以推得

$$\overline{\boldsymbol{K}}\boldsymbol{x}_{t+\theta\Delta t}=\overline{\boldsymbol{f}}_{t+\theta\Delta t} \tag{5-90}$$

式中，$\overline{\boldsymbol{K}}$ 为有效刚度矩阵；$\overline{\boldsymbol{f}}_{t+\theta\Delta t}$ 为有效载荷向量。其表达式分别为

$$\overline{\boldsymbol{K}}=\boldsymbol{K}+\frac{6}{\theta^2\Delta t^2}\boldsymbol{M}+\frac{3}{\theta\Delta t}\boldsymbol{C} \tag{5-91}$$

$$\overline{\boldsymbol{f}}_{t+\theta\Delta t}=\boldsymbol{f}_t+\theta(\boldsymbol{f}_{t+\Delta t}-\boldsymbol{f}_t)+\boldsymbol{M}\left[\frac{6}{\theta^2\Delta t^2}\boldsymbol{x}_t+\frac{6}{\theta\Delta t}\dot{\boldsymbol{x}}_t+2\ddot{\boldsymbol{x}}_t\right]+\boldsymbol{C}\left[\frac{3}{\theta\Delta t}\boldsymbol{x}_t+2\dot{\boldsymbol{x}}_t+\frac{\theta\Delta t}{2}\ddot{\boldsymbol{x}}_t\right] \tag{5-92}$$

根据式（5-90），可以解得 $\boldsymbol{x}_{t+\theta\Delta t}$。令 $\tau=\Delta t$，根据式（5-82）~式（5-84）和式（5-87），可以推得

$$\ddot{\boldsymbol{x}}_{t+\Delta t}=\frac{6}{\theta^3\Delta t^2}(\boldsymbol{x}_{t+\theta\Delta t}-\boldsymbol{x}_t)-\frac{6}{\theta^2\Delta t}\dot{\boldsymbol{x}}_t+\left(1-\frac{3}{\theta}\right)\ddot{\boldsymbol{x}}_t \tag{5-93}$$

$$\dot{\boldsymbol{x}}_{t+\Delta t}=\dot{\boldsymbol{x}}_t+\frac{\Delta t}{2}(\ddot{\boldsymbol{x}}_{t+\Delta t}+\ddot{\boldsymbol{x}}_t) \tag{5-94}$$

$$\boldsymbol{x}_{t+\Delta t}=\boldsymbol{x}_t+\Delta t\dot{\boldsymbol{x}}_t+\frac{\Delta t^2}{6}(\ddot{\boldsymbol{x}}_{t+\Delta t}+2\ddot{\boldsymbol{x}}_t) \tag{5-95}$$

根据式（5-90）和式（5-93）~式（5-95），可以逐步递推计算得到系统在任意时刻的位移、速度和加速度。可以证明，当参数 $\theta\geqslant1.37$ 时，威尔逊 θ 法是无条件稳定的。

威尔逊 θ 法的计算流程如下：

（1）初始值计算

1）计算系统的质量矩阵 $\boldsymbol{M}$、刚度矩阵 $\boldsymbol{K}$ 和阻尼矩阵 $\boldsymbol{C}$。

2）根据初始条件 $\boldsymbol{x}(0)=\boldsymbol{x}_0$ 和 $\dot{\boldsymbol{x}}(0)=\dot{\boldsymbol{x}}_0$，计算初始加速度 $\ddot{\boldsymbol{x}}_0=\boldsymbol{M}^{-1}(\boldsymbol{f}_0-\boldsymbol{C}\dot{\boldsymbol{x}}_0-\boldsymbol{K}\boldsymbol{x}_0)$。

3）选定参数 θ 和时间步长 Δt，并计算

$$a_0=\frac{6}{\theta^2\Delta t^2},\ a_1=\frac{3}{\theta\Delta t},\ a_2=2a_1,\ a_3=\frac{\theta\Delta t}{2},\ a_4=\frac{a_0}{\theta},\ a_5=-\frac{a_2}{\theta},$$

$$a_6=1-\frac{3}{\theta},\ a_7=\frac{\Delta t}{2},\ a_8=\frac{\Delta t^2}{6}$$

4）计算有效刚度矩阵 $\bar{\boldsymbol{K}}=\boldsymbol{K}+a_0\boldsymbol{M}+a_1\boldsymbol{C}$，并对其进行三角分解 $\bar{\boldsymbol{K}}=\boldsymbol{LDL}^{\mathrm{T}}$。

（2）递推计算

1）计算 $t+\theta\Delta t$ 时刻的有效载荷向量

$$\bar{\boldsymbol{f}}_{t+\theta\Delta t}=\boldsymbol{f}_t+\theta(\boldsymbol{f}_{t+\Delta t}-\boldsymbol{f}_t)+\boldsymbol{M}[a_0\boldsymbol{x}_t+a_2\dot{\boldsymbol{x}}_t+2\ddot{\boldsymbol{x}}_t]+\boldsymbol{C}[a_1\boldsymbol{x}_t+2\dot{\boldsymbol{x}}_t+a_3\ddot{\boldsymbol{x}}_t]$$

2）根据方程 $(\boldsymbol{LDL}^{\mathrm{T}})\boldsymbol{x}_{t+\theta\Delta t}=\bar{\boldsymbol{f}}_{t+\theta\Delta t}$ 求解 $t+\theta\Delta t$ 时刻的位移。

3）计算 $t+\Delta t$ 时刻的加速度、速度和位移，即

$$\ddot{\boldsymbol{x}}_{t+\Delta t}=a_4(\boldsymbol{x}_{t+\theta\Delta t}-\boldsymbol{x}_t)+a_5\dot{\boldsymbol{x}}_t+a_6\ddot{\boldsymbol{x}}_t$$

$$\dot{\boldsymbol{x}}_{t+\Delta t}=\dot{\boldsymbol{x}}_t+a_7(\ddot{\boldsymbol{x}}_{t+\Delta t}+\ddot{\boldsymbol{x}}_t)$$

$$\boldsymbol{x}_{t+\Delta t}=\boldsymbol{x}_t+\Delta t\dot{\boldsymbol{x}}_t+a_8(\ddot{\boldsymbol{x}}_{t+\Delta t}+2\ddot{\boldsymbol{x}}_t)$$

4）将 $t+\Delta t$ 时刻的位移、速度、加速度赋给前一时刻，即 $\boldsymbol{x}_t=\boldsymbol{x}_{t+\Delta t}$，$\dot{\boldsymbol{x}}_t=\dot{\boldsymbol{x}}_{t+\Delta t}$，$\ddot{\boldsymbol{x}}_t=\ddot{\boldsymbol{x}}_{t+\Delta t}$。

5）返回步骤 1）进行下一时刻的递推运算。

5.7　本章小结

本章对多自由系统振动问题的近似解法进行了介绍，本章的关键知识点总结如下：

1）邓克利法用于计算多自由度系统的基频，它是将 n 自由度系统基频的计算近似转换成 n 个单自由度系统固有频率的计算，近似计算公式为

$$\frac{1}{\omega_1^2}\approx\frac{1}{\bar{\omega}_1^2}+\frac{1}{\bar{\omega}_2^2}+\cdots+\frac{1}{\bar{\omega}_i^2}\cdots+\frac{1}{\bar{\omega}_n^2}$$

式中，$\bar{\omega}_i^2=1/(d_{ii}m_i)$代表单自由度系统的固有频率；$d_{ii}$为柔度系数，其倒数表示系统仅保留第 i 个质量时的单自由度系统的刚度。

邓克利法所计算出的基频为真实基频值的下限。

2）瑞利法同样用于求解多自由系统基频，近似计算公式为

$$R(\boldsymbol{\psi})=\frac{\boldsymbol{\psi}^{\mathrm{T}}\boldsymbol{K}\boldsymbol{\psi}}{\boldsymbol{\psi}^{\mathrm{T}}\boldsymbol{M}\boldsymbol{\psi}}\approx\omega_1^2$$

式中，$R(\boldsymbol{\psi})$称为瑞利商，$\boldsymbol{\psi}$ 为系统的假设振型。

瑞利法算出的基频的精度取决于假设的振型对第一阶主振型的近似程度，一般取为结构静力平衡条件下的静变形向量。瑞利法所得到的基频总是精确值的上限。

3）里茨法是对瑞利法的改进，它不仅可以计算系统的基频，还可以算出系统的前几阶固有频率和主振型。里茨法基于与瑞利法相同的原理，但将瑞利使用的单个假设振型 $\boldsymbol{\psi}$ 改进为若干个独立的假设振型的线性组合

$$\boldsymbol{\psi}=a_1\boldsymbol{\psi}_1+a_2\boldsymbol{\psi}_2+\cdots+a_r\boldsymbol{\psi}_r=\boldsymbol{\Psi}\boldsymbol{A}$$

从而可以得到一个缩减自由度系统的特征根问题

$$(\bar{\boldsymbol{K}}-\bar{\omega}^2\bar{\boldsymbol{M}})\boldsymbol{A}=\boldsymbol{0}$$

式中，$\bar{\boldsymbol{K}}=\boldsymbol{\Psi}^{\mathrm{T}}\boldsymbol{K}\boldsymbol{\Psi}$ 和 $\bar{\boldsymbol{M}}=\boldsymbol{\Psi}^{\mathrm{T}}\boldsymbol{M}\boldsymbol{\Psi}$。

本质上讲，里茨法是一种通过缩减系统自由度求解多自由度系统固有频率和主振型的近似方法。

4）传递矩阵法是一种求解链式结构振动的简化方法。该方法将整个结构分解为一系列具有简单力学特性的单元，单元两端的广义力和广义位移可以通过单元传递矩阵来进行描述。通过对所有单元进行“接力连接”，可以得到整个结构两端的广义力和广义位移的传递关系。最后，利用结构的边界条件就可以建立起系统的特征方程，进而可计算得到系统的固有频率和主振型。传递矩阵法只涉及维数较低的单元传递矩阵的运算，和多自由度系统的自由度数量无关，很高自由度数的系统也可以采用很低维数的传递矩阵法进行分析。

5）利用中心差分法、纽马克 β 法和威尔逊 θ 法可以跳过模态分析步骤而直接采用数值积分方法对结构的动态响应进行计算，这也是目前被商业软件广泛采用的求解多自由度系统振动响应的做法。

习 题

5.1 质量为 m、长为 l、抗弯刚度为 EI 的均匀悬臂梁，基频为 $3.515\sqrt{EI/ml^3}$，在梁自由端放置集中质量 m_1。用邓克利法计算横向振动的基频。

5.2 如习题 5.2 图所示，不计质量的梁上有三个集中质量。用邓克利法计算横向振动的基频。

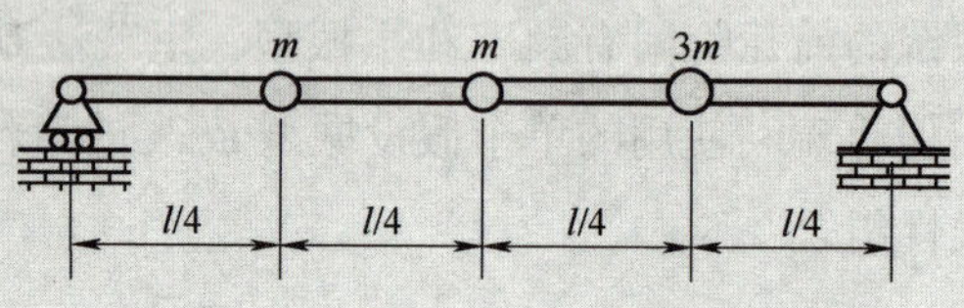

▶ 习题 5.2 图

5.3 用邓克利法求习题 5.3 图所示系统的基频。

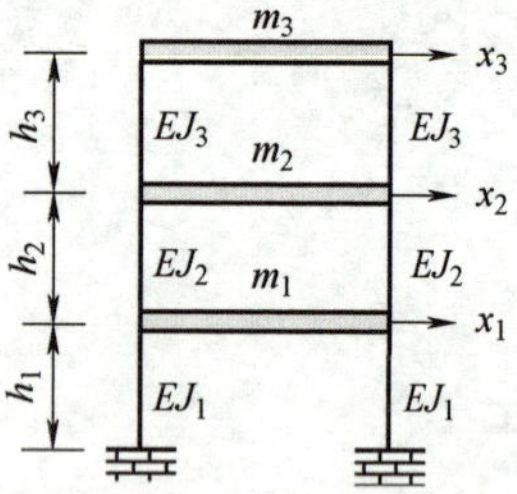

习题 5.3 图

5.4 试分别用邓克利法和瑞利法求出习题 5.4 图所示系统的基频。

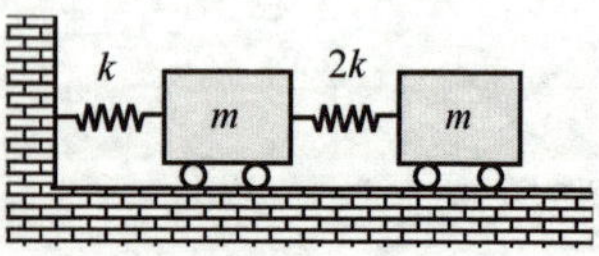

习题 5.4 图

5.5 用瑞利法求习题 5.5 图中系统的基频。已知 $k_1=k_2=k_3=k$，$m_1=m_2=m_3=m$。

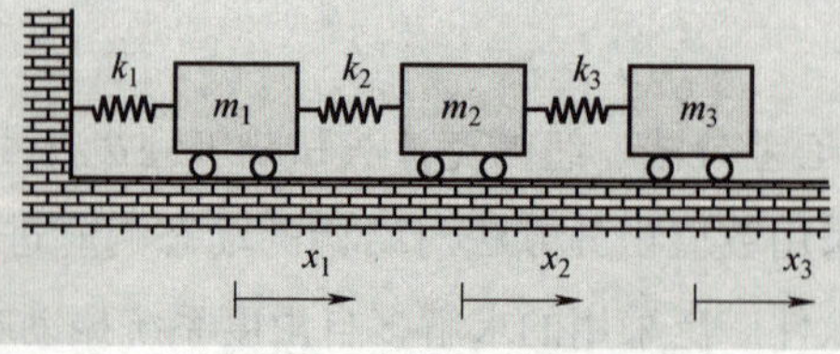

▶ 习题 5.5 图

5.6 用瑞利法求习题 5.3 所示系统的基频。

5.7 用瑞利法求习题 5.2 所示系统的基频。

5.8 在习题 5.8 图所示的系统中，已知 m 和 k，用瑞利法计算系统的基频。

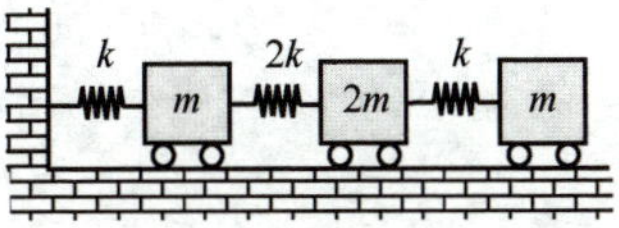

习题 5.8 图

5.9 用瑞利法计算基频时，选假设模态为 $\boldsymbol{\psi}$。证明 $\omega_1^2=\dfrac{\boldsymbol{\psi}^{\mathrm{T}}\boldsymbol{M}\boldsymbol{\psi}}{\boldsymbol{\psi}^{\mathrm{T}}\boldsymbol{MFM}\boldsymbol{\psi}}$比用 $\omega_1^2=\dfrac{\boldsymbol{\psi}^{\mathrm{T}}\boldsymbol{K}\boldsymbol{\psi}}{\boldsymbol{\psi}^{\mathrm{T}}\boldsymbol{M}\boldsymbol{\psi}}$计算所得的结果更精确。其中，$\boldsymbol{M}$、$\boldsymbol{K}$ 和 $\boldsymbol{F}$ 分别为系统的质量矩阵、刚度矩阵和柔度矩阵。

5.10 如习题 5.10 图所示三自由度系统，已知 m 和 k。给出系统的前两阶假设模态为 $\boldsymbol{\psi}_1=[1,2,3]^{\mathrm{T}}$，$\boldsymbol{\psi}_2=[1,0,-1]^{\mathrm{T}}$。试用里茨法计算系统的前两阶固有频率和主振型。

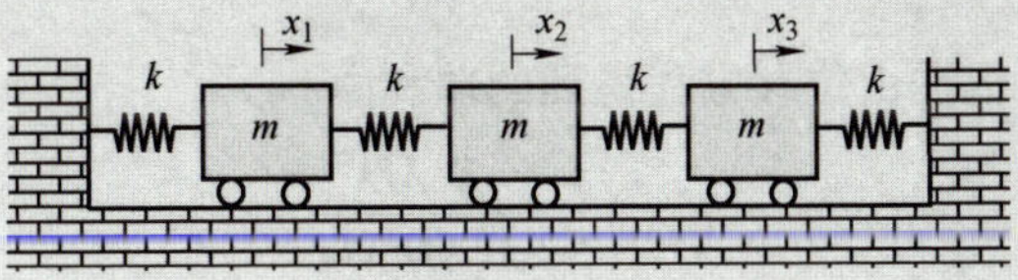

◀ 习题 5.10 图

5.11 习题 5.11 图所示处在光滑水平面上的系统，已知 m 和 k。假设前两阶振型分别为 $\boldsymbol{\psi}_1=[1,1,1]^{\mathrm{T}}$，$\boldsymbol{\psi}_2=[0,1,-1]^{\mathrm{T}}$，试用里茨法计算系统的前两阶固有频率和主振型。

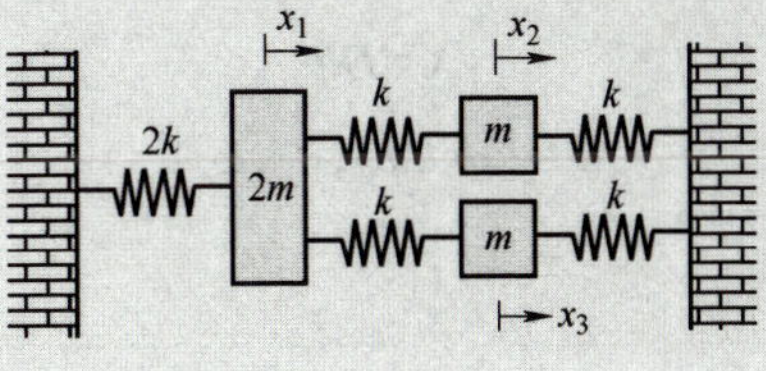

◀ 习题 5.11 图

5.12　水平面上的三自由度系统，物块质量均为 m，各弹簧刚度系数如习题 5.12 图所示。以各物块位移为广义坐标，假设系统前两阶振型为 $\boldsymbol{\psi}_1=[1,2,2]^{\mathrm{T}}$，$\boldsymbol{\psi}_2=[1,-1,1]^{\mathrm{T}}$，用里茨法求解系统的前两阶固有频率和主振型。

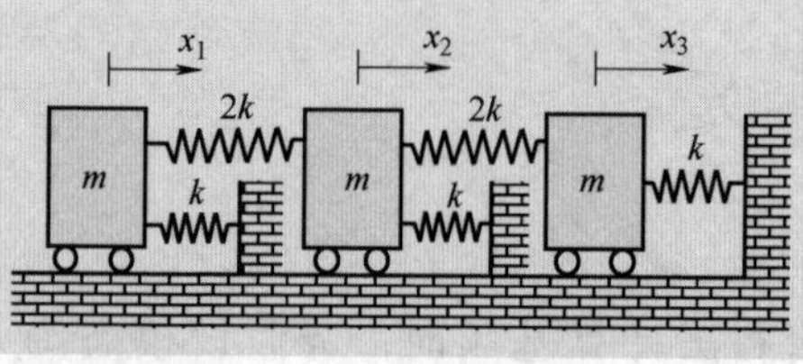

▶ 习题 5.12 图

5.13　用里茨法求习题 5.5 所示系统的第一、第二阶固有频率。

5.14　根据由位移方程得到的瑞利商

$$R_F(X)=\frac{\boldsymbol{X}^{\mathrm{T}}\boldsymbol{M}\boldsymbol{X}}{\boldsymbol{X}^{\mathrm{T}}\boldsymbol{M}\boldsymbol{F}\boldsymbol{M}\boldsymbol{X}}$$

推导里茨法的矩阵特征值问题的另一种形式为

$$(\overline{\boldsymbol{M}}-\overline{\omega}^2\boldsymbol{L})\boldsymbol{a}=\boldsymbol{0}$$

式中，

$$\overline{\boldsymbol{M}}=\boldsymbol{D}^{\mathrm{T}}\boldsymbol{M}\boldsymbol{D},\ \boldsymbol{L}=\boldsymbol{D}^{\mathrm{T}}(\boldsymbol{M}\boldsymbol{F}\boldsymbol{M})\boldsymbol{D}$$

式中，$\boldsymbol{D}$ 是以 s 个线性独立的假设振型作为列组成的 $n\times s$ 阶矩阵；$\boldsymbol{a}$ 是 s 维常数列向量，即

$$\boldsymbol{X}=\boldsymbol{D}\boldsymbol{a}$$

$$\boldsymbol{D}=[\hat{\boldsymbol{\varphi}}_1,\hat{\boldsymbol{\varphi}}_2,\cdots,\hat{\boldsymbol{\varphi}}_s]$$

$$\boldsymbol{a}=[a_1,a_2,\cdots,a_s]^{\mathrm{T}}$$

5.15 用习题 5.14 形式的里茨法求习题 5.3 所示系统的第一、第二阶固有频率。

5.16 用传递矩阵法求系统的固有频率，如习题 5.16 图所示。

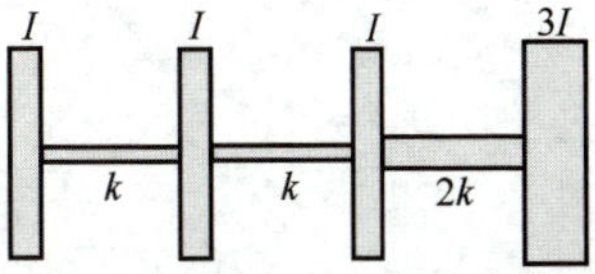

习题 5.16 图

5.17 在习题 5.17 图所示系统中悬臂梁的质量不计，抗弯刚度为 EI。用传递矩阵法计算系统固有频率。

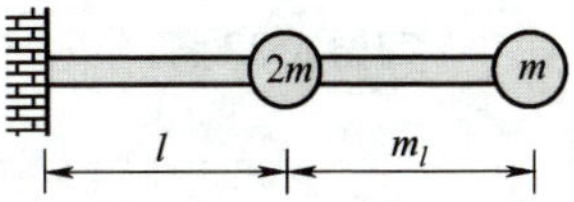

习题 5.17 图

5.18 在习题 5.18 图所示系统中悬臂梁的质量不计。用传递矩阵法计算系统固有频率。

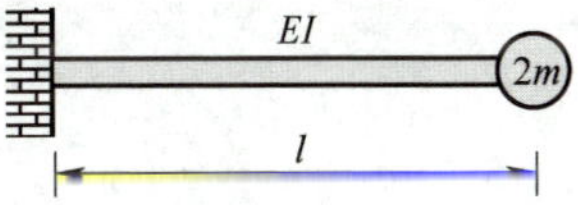

习题 5.18 图

5.19 在习题 5.19 图所示系统中，梁质量不计，支承弹簧刚度系数 $k=6EI/l^3$，用传递矩阵法计算系统固有频率。

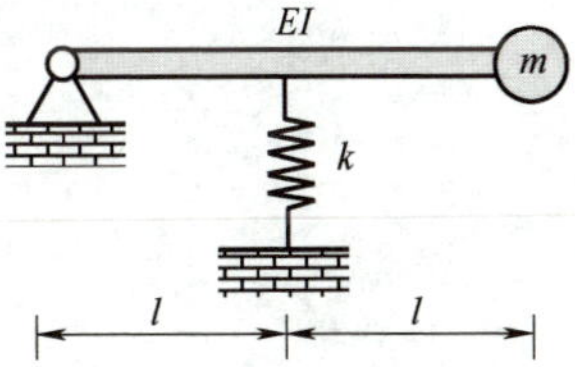

习题 5.19 图

5.20 用传递矩阵法求习题 5.3 所示系统的固有频率和主振型。

5.21 用传递矩阵法求习题 5.5 所示系统的固有频率和主振型。

5.22 在习题 5.22 图所示系统中，已知 k 和 J。用传递矩阵法计算系统的固有频率和模态。

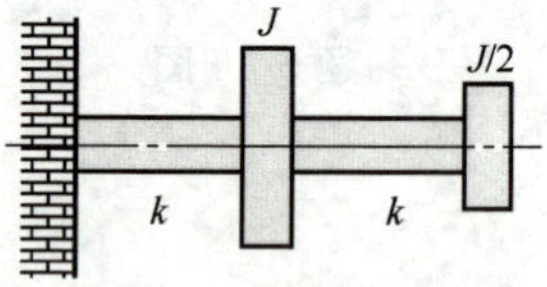

习题 5.22 图

5.23 在习题 5.23 图所示系统中，已知 GI_{pi}，l_i 和 $J_i(i=1,2)$。用传递矩阵法计算系统的固有频率和模态。

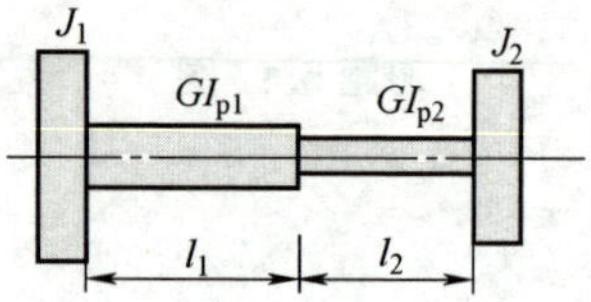

习题 5.23 图

Chapter 6

第 6 章

连续体系统的振动

第 6 章 连续体系统的振动

莱昂哈德·欧拉（Leonhard Euler，1707—1783）

瑞士数学家、自然科学家，是 18 世纪数学界最杰出的人物之一。他不但为数学界做出贡献，更把整个数学推至物理的领域。他是数学史上最多产的数学家，平均每年写出八百多页的论文，还写了大量的力学、分析学、几何学、变分法等的课本，《微分学原理》《积分法原理》等都成为数学界中的经典著作。欧拉对数学的研究如此之广泛，因此在许多数学的分支中也可经常见到以他的名字命名的重要常数、公式和定理。此外欧拉还涉及建筑学、弹道学、航海学等领域。瑞士教育与研究国务秘书查尔斯·克莱伯（Charles Kleiber）曾表示，“没有欧拉的众多科学发现，我们将过着完全不一样的生活”。

学习要点：

- 掌握杆的轴向振动固有频率和振型函数的求解及振型正交性的推导
- 掌握杆的轴向受迫振动响应的解析求解
- 掌握梁的弯曲振动固有频率和振型函数的求解及振型正交性的推导
- 掌握梁的弯曲受迫振动响应的解析求解
- 掌握连续体振动的近似求解方法，尤其是假设模态法
- 掌握连续体振动和多自由度系统振动模态分析的相同与不同之处

实际振动系统都是连续体，具有连续分布的质量与弹性，又称**连续系统**或**分布参数系统**。确定连续体上无数质点的位置需要用无限多个坐标进行描述，因此连续体是具有无限多自由度的系统。连续体的振动要用时间和空间坐标的函数来描述，其运动方程不再像有限多自由度系统那样是二阶常微分方程组，它是偏微分方程。在物理本质上，连续体系统和多自由度系统没有什么差别，连续体振动的基本概念与分析方法与有限多自由度系统是完全类似的。

本章介绍连续体系统的振动，重点介绍杆的轴向振动和梁的弯曲振动。另外，还将介绍连续体系统振动的近似方法，如集中质量法、假设模态法、模态综合法、有限元方法等。

6.1 一维波动方程

本节介绍连续体振动的一维波动方程，重点介绍杆的轴向振动

问题，内容包括动力学方程的建立、固有频率和振型函数的求解、振型函数的正交性、振动问题的求解等。

6.1.1 动力学方程

1. 杆的纵向振动

动力学方程（1）　动力学方程（2）

实际工程中，运载火箭和导弹等工程结构需要考虑轴向方向的振动。以运载火箭为例，在火箭飞行过程中会产生轴向、横向、周向（扭转）三个方向的振动，这三个方向的振动都有各自的动力学方程描述。早期由于火箭长度方向较短和火箭直径较小，三个方向的振动可以解耦进行分析，即火箭三个方向的运动相互不影响，可以分别根据各自的动力学方程进行振动分析。随着航天技术的发展，火箭朝着大型化方向发展，长度变长、直径变粗，三方向解耦的动力学分析方法已经不能满足要求，火箭的轴向、横向、周向（扭转）三个方向的运动耦合加剧，需要进行火箭的整体耦合动力学分析。

如图 6-1 所示，等截面细直杆做纵向振动，杆长为 l，截面积为 S，材料密度为 ρ，弹性模量为 E，$p(x,t)$ 为单位长度杆上分布的纵向作用力。假定振动过程中各横截面仍保持为平面，忽略由纵向振动引起的横向变形。

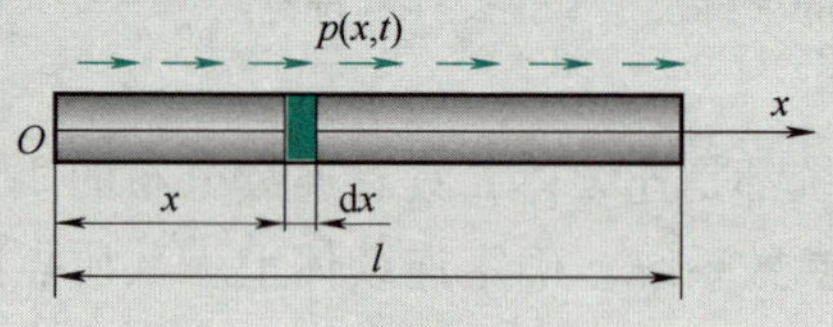

▶ 图 6-1　等截面细直杆

取杆微段 dx 进行分析，如图 6-2 所示。令 $u(x,t)$ 为杆上与原点距离为 x 处截面 t 时刻的纵向位移，微段应变为

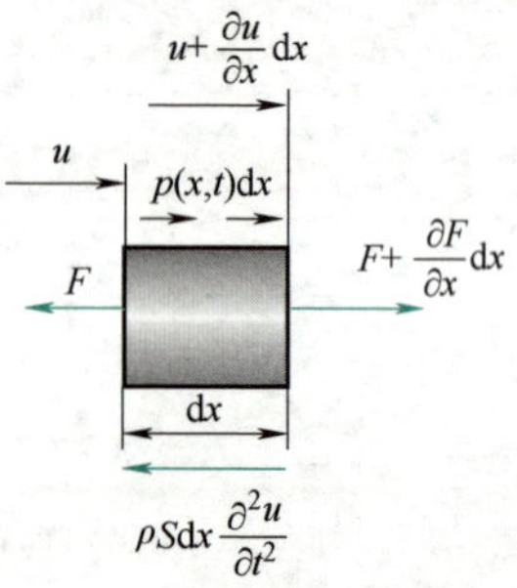

图 6-2　杆微段受力分析

$$\varepsilon=\frac{\left(u+\dfrac{\partial u}{\partial x}\mathrm{d}x\right)-u}{\mathrm{d}x}=\frac{\partial u}{\partial x} \tag{6-1}$$

横截面上内力为

$$F=ES\varepsilon=ES\frac{\partial u}{\partial x} \tag{6-2}$$

根据达朗贝尔原理，有

$$\rho S\mathrm{d}x\frac{\partial^2 u}{\partial t^2}=\left(F+\frac{\partial F}{\partial x}\mathrm{d}x\right)-F+p(x,t)\mathrm{d}x \tag{6-3}$$

式中，$\rho S\mathrm{d}x\partial^2 u/\partial t^2$ 为达朗贝尔惯性力。

化简式（6-3），可得

$$\rho S\frac{\partial^2 u}{\partial t^2}=\frac{\partial}{\partial x}\left(ES\frac{\partial u}{\partial x}\right)+p(x,t) \tag{6-4}$$

此即为杆的纵向强迫振动方程。对于等直杆，ES 为常数，则有

$$\frac{\partial^2 u}{\partial t^2}=a_0^2\frac{\partial^2 u}{\partial x^2}+\frac{1}{\rho S}p(x,t) \tag{6-5}$$

式中，$a_0=\sqrt{E/\rho}$ 为弹性纵波沿杆的纵向传播速度。

2. 弦的横向振动

实际工程中，琴弦、传动皮带等的振动可以视为弦的横向振动。弦的定义为细长、承受张拉力的结构。如图 6-3 所示，弦两端固定，以张力 F 拉紧，在分布力作用下做横向振动，振动中认为张力不变。假定 ρ 为单位长度的弦的质量，$p(x,t)$ 为单位长度的弦上分布的作用力。建立坐标系 Oxy，定义振动广义坐标 $y(x,t)$ 为弦上 x 处截面 t 时刻的横向位移。

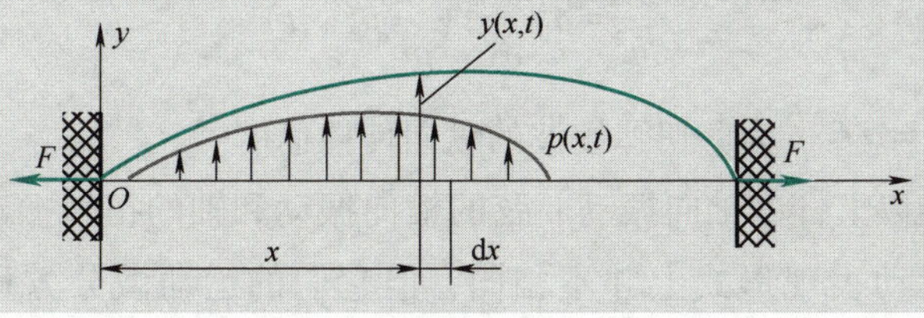

图 6-3　弦的横向振动

弦的微段受力情况如图 6-4 所示，其中 $\rho\mathrm{d}x\dfrac{\partial^2 y}{\partial^2 t}$ 为达朗贝尔惯性力。微振动时认为 $\sin\theta\approx\theta$，并考虑到 $\theta=\partial y/\partial x$，根据达朗贝尔原理，可以得到弦的强迫振动方程为

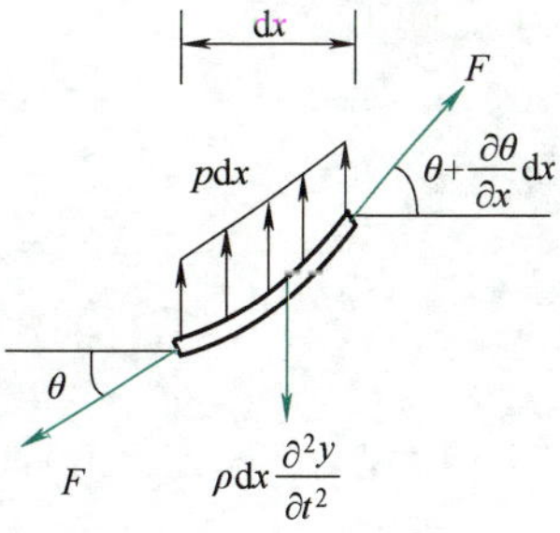

图 6-4　弦微段受力分析

$$\rho\mathrm{d}x\frac{\partial^2 y}{\partial t^2}\approx F\left(\theta+\frac{\partial\theta}{\partial x}\mathrm{d}x\right)-F\theta+p(x,t)\mathrm{d}x \tag{6-6}$$

令 $a_0=\sqrt{E/\rho}$ 为弹性横波的纵向传播速度，则有

$$\frac{\partial^2 y}{\partial t^2}=a_0^2\frac{\partial^2 y}{\partial x^2}+\frac{1}{\rho}p(x,t) \tag{6-7}$$

3. 轴的扭转振动

轴的扭转振动的工程对象如运载火箭、汽轮机轴系等。如图 6-5 所示，细长圆截面等直杆在分布扭矩作用下做扭转振动。轴的截面极惯性矩为 I_p，材料密度为 ρ，切变模量为 G，$p(x,t)$ 为单位长度的

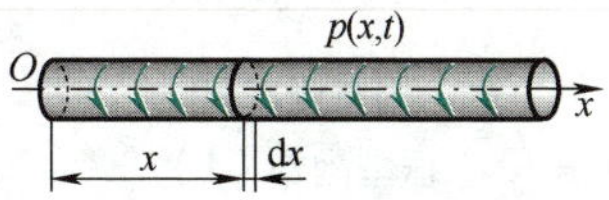

图 6-5　轴的扭转振动

杆上分布的外力偶矩。假定振动过程中各横截面仍保持为平面。

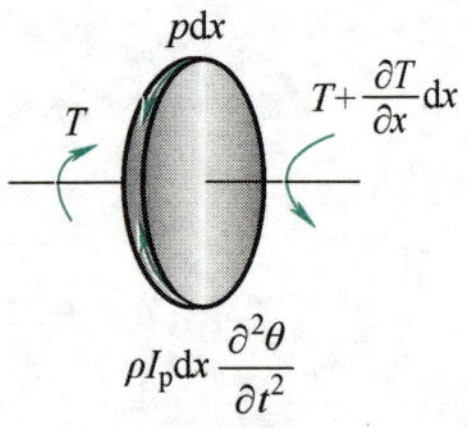

图 6-6　轴微段受力分析

图 6-6 为微段 dx 受力分析情况，其中，T 为截面处扭矩，$\rho I_{\mathrm{p}}\mathrm{d}x$ 为微段绕轴线的转动惯量，$\rho I_{\mathrm{p}}\mathrm{d}x\partial^2\theta/\partial t^2$ 为达朗贝尔力偶。令扭转振动的广义坐标为 $\theta(x,t)$，即杆上距原点 x 处截面 t 时刻的角位移。根据达朗贝尔原理，有

$$\rho I_{\mathrm{p}}\mathrm{d}x\frac{\partial^2\theta}{\partial t^2}=\left(T+\frac{\partial T}{\partial x}\mathrm{d}x\right)-T+p\mathrm{d}x \tag{6-8}$$

化简可得

$$\rho I_{\mathrm{p}}\frac{\partial^2\theta}{\partial t^2}=\frac{\partial T}{\partial x}+p(x,t) \tag{6-9}$$

根据材料力学知识，有 $T=GI_{\mathrm{p}}\partial\theta/\partial x$，最终可以得到圆截面杆的扭转振动强迫振动方程为

$$\rho I_{\mathrm{p}}\frac{\partial^2\theta}{\partial t^2}=\frac{\partial}{\partial x}\left(GI_{\mathrm{p}}\frac{\partial\theta}{\partial x}\right)+p(x,t) \tag{6-10}$$

对于等直杆，抗扭转刚度 GI_{p} 为常数，则动力学方程变为

$$\frac{\partial^2\theta}{\partial t^2}=a_0^2\frac{\partial^2\theta}{\partial x^2}+\frac{1}{\rho I_{\mathrm{p}}}p(x,t) \tag{6-11}$$

式中，$a_0=\sqrt{G/\rho}$ 为剪切弹性波的纵向传播速度。

总结以上杆的轴向振动、弦的横向振动和轴的扭转振动，虽然它们在运动表现形式上并不相同，但它们的运动微分方程是类同的，都属于一维波动方程。下面以杆的轴向振动为例进行分析，分析方法同样适用于弦的横向振动和轴的扭转振动。

6.1.2　固有频率和振型函数

固有频率和振型函数（1）

以等直杆的纵向振动为对象，重写杆的受迫振动方程如下：

$$\frac{\partial^2 u}{\partial t^2}=a_0^2\frac{\partial^2 u}{\partial x^2}+\frac{1}{\rho S}p(x,t) \tag{6-12}$$

式中，$a_0=\sqrt{E/\rho}$。当杆自由振动时，其方程为

$$\frac{\partial^2 u}{\partial t^2}=a_0^2\frac{\partial^2 u}{\partial x^2} \tag{6-13}$$

假设杆的各点做同步运动，即杆上各点每一时刻的位移不同，但是随时间变化的规律相同，杆上各点的位移可以写为

$$u(x,t)=\phi(x)q(t) \tag{6-14}$$

式中，$q(t)$为杆上各点运动规律的时间函数；$\phi(x)$为杆上与原点距离为 x 处截面的纵向振动振幅或者位移。将式（6-14）代入式（6-13）中，可得

$$\frac{\ddot{q}(t)}{q(t)}=a_0^2\frac{\phi''(x)}{\phi(x)}=-\lambda(\text{常数}) \tag{6-15}$$

其中，第一个等号左端是时间的函数，右端是位移的函数，因此它们恒等于常数。记 $\lambda=\omega^2$，则由式（6-15）可以得到如下两个方程：

$$\ddot{q}(t)+\omega^2 q(t)=0 \tag{6-16}$$

$$\phi''(x)+\left(\frac{\omega}{a_0}\right)^2\phi(x)=0 \tag{6-17}$$

式（6-16）和式（6-17）的通解可以写为

$$q(t)=a\sin(\omega t+\theta) \tag{6-18}$$

$$\phi(x)=c_1\sin\frac{\omega x}{a_0}+c_2\cos\frac{\omega x}{a_0} \tag{6-19}$$

式中，a 和 θ 由杆的振动初始条件所决定；c_1、c_2 和 ω 由杆的边界条件所确定；$\phi(x)$确定了杆纵向振动的形态，称为**振型函数**。

与有限自由度系统不同，连续系统的振型为坐标的连续函数，表示杆上各点坐标振幅的相对比值。值得注意的是，以上在推导杆的振型函数的过程中，并不涉及杆的边界条件。事实上，杆的固有频率和振型函数是由边界条件所决定的。连续系统的固有频率有无穷多个，因此所对应的振型函数也有无穷多个。

杆的第 i 阶固有频率 ω_i 与振型函数 $\phi_i(x)$存在一一对应关系，第 i 阶主振动表示为

$$u^{(i)}(x,t)=a_i\phi_i(x)\sin(\omega_i t+\theta_i),\quad i=1,2\cdots \tag{6-20}$$

系统的自由振动是无穷多个主振动的叠加：

$$u(x,t)=\sum_{i=1}^{\infty}a_i\phi_i\sin(\omega_i t+\theta_i) \tag{6-21}$$

固有频率和振型函数（2）

下面讨论几种常见边界条件下的固有频率和模态函数。

（1）两端固定

两端固定情况如图 6-7 所示，其特征是杆两端的位移为零，利用式（6-14），杆两端的物理边界条件可以写为：

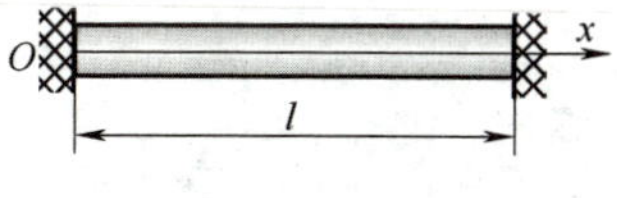

图 6-7　两端固定杆

$$u(0,t)=\phi(0)q(t)=0,\quad u(l,t)=\phi(l)q(t)=0 \tag{6-22}$$

因为是振动问题，$q(t)$不能恒为零，由式（6-22）可以得到振

型函数的边界条件为

$$\phi(0)=0,\ \phi(l)=0 \tag{6-23}$$

将式（6-23）代入方程（6-19）中，可得 $c_2=0$，

$$\sin\frac{\omega l}{a_0}=0 \tag{6-24}$$

式（6-24）为两端固定情况下杆振动的频率方程，由此方程可以解得固有频率为

$$\omega_i=\frac{i\pi a_0}{l},\ i=0,1,2,\cdots \tag{6-25}$$

将式（6-25）代入振型函数表达式（6-19），可以得到振型函数为

$$\phi_i(x)=c_i\sin\frac{i\pi x}{l},\ i=0,1,2,\cdots \tag{6-26}$$

由于零固有频率对应的振型函数为零，因此在以上固有频率中将零固有频率除去。

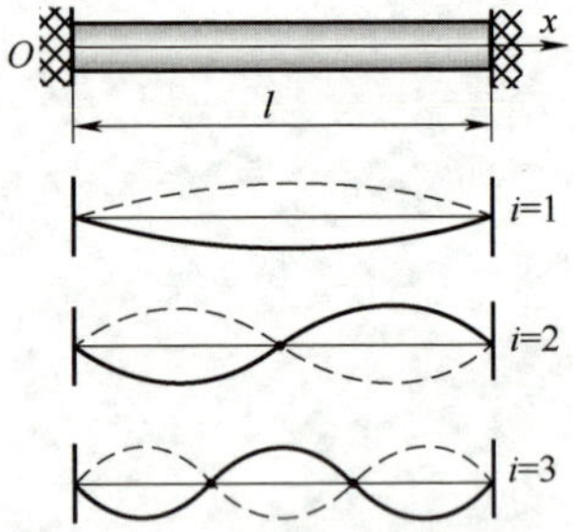

图 6-8　两端固定杆轴向振动的前三阶振型函数曲线

图 6-8 为两端固定杆轴向振动的前三阶振型函数曲线，其中细实线代表平衡位置。可以看到，对于杆的第一阶模态主振动，杆是以第一阶固有频率 ω_1 为频率进行振动的，杆上所有点所呈现出的振动形状如第一阶振型函数曲线所示，即杆上所有点的运动都同时在平衡位置的同侧，并且同时经过平衡位置。第二阶振型有一个节点，表示当杆以第二阶振型函数发生振动时该点是不动点，即不产生位移。第三阶振型函数有两个节点，以此类推，第 n 阶振型函数将有 n-1 个节点。

节点的概念对于结构振动主动控制很关键，振动主动控制系统中会使用传感器和作动器，传感器用于拾取结构的振动响应，作动器则根据结构响应对结构实时施加控制力。结构的振动主动控制常常是通过对结构的模态进行控制而达到对结构振动进行控制的目的，传感器和作动器的安装位置应当避开振型的节点位置。例如，当要求对结构的第二阶模态进行控制时，如果将传感器放置于第二阶振型函数的节点位置上，显然传感器将无法拾取第二阶模态振动的信息；而如果将作动器放置于第二阶振型函数的节点位置上，则无论施加多大的控制力，作动器都将无法控制住第二阶模态振动。事实上，若要有效拾取第二阶模态振动的信息和对第二阶模态振动进行有效控制，传感器和作动器应当放置在第二阶振型函数的峰谷位置。对于复杂工程结构的主动控制，“节点”有可能是节线或者

节面，位置不易确定，往往需要采用最优化方法去寻找传感器和作动器的优化位置。

（2）两端自由

两端自由杆情况如图 6-9 所示，这种情况的特征是杆两端的轴向力为零，因此物理边界条件为

$$ES\frac{\partial u(0,t)}{\partial x}=0,\ ES\frac{\partial u(l,t)}{\partial x}=0 \tag{6-27}$$

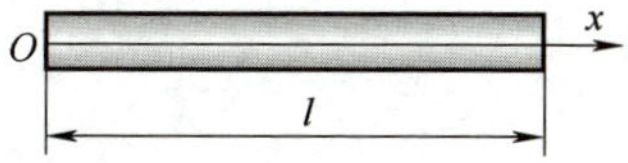

图 6-9　两端自由杆

利用式（6-14），可以得到振型函数的边界条件为

$$\phi'(0)=0,\ \phi'(l)=0 \tag{6-28}$$

代入式（6-19）中，可得 $c_1=0$ 及频率方程

$$\sin\frac{\omega l}{a_0}=0 \tag{6-29}$$

求得固有频率为

$$\omega_i=\frac{i\pi a_0}{l},\ i=0,1,2,\cdots \tag{6-30}$$

振型函数可以求得为

$$\phi_i(x)=c_i\cos\frac{i\pi x}{l},\ i=0,1,2,\cdots \tag{6-31}$$

其中，零固有频率对应的常值振型为杆的纵向刚性位移。

图 6-10 为两端自由杆轴向振动的第二到四阶振型函数曲线。第一阶振型函数为刚体振型，没有节点；第二阶振型函数（对应 $i=1$）有一个节点；第三阶振型函数有两个节点（对应 $i=2$）；第四阶振型函数有三个节点（对应 $i=3$）。

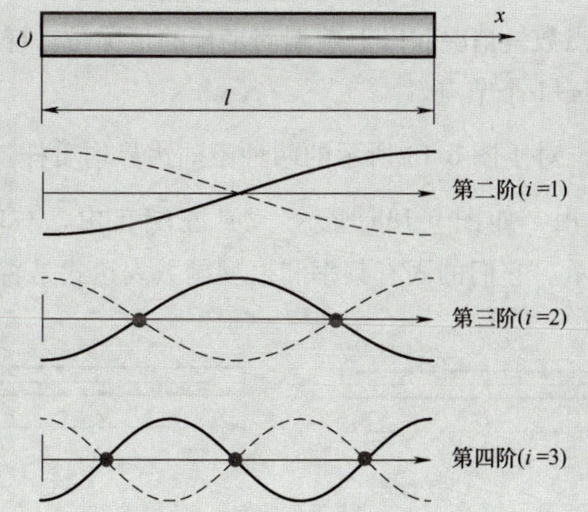

◀ 图 6-10　两端自由杆轴向振动的第二到四阶振型函数曲线

(3) 一端固定、一端自由

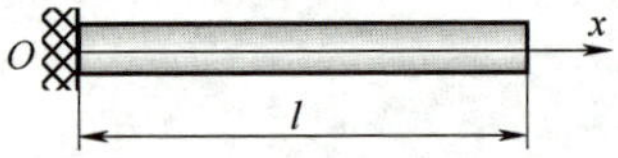

图 6-11　一端固定另一端自由杆

一端固定、另一端自由情况如图 6-11 所示，这种情况的特征是杆的固定端的位移为零，自由端的轴向力为零，因此物理边界条件为

$$u(0,t)=0,\ ES\frac{\partial u(l,t)}{\partial x}=0 \tag{6-32}$$

可以得到振型函数的边界条件为

$$\phi(0)=0,\ \phi'(l)=0 \tag{6-33}$$

将式（6-33）代入式（6-19）中，可得 $c_2=0$ 及频率方程

$$\cos\frac{\omega l}{a_0}=0 \tag{6-34}$$

求得固有频率为

$$\omega_i=\left(\frac{2i-1}{2}\right)\frac{\pi a}{l},\ i=1,2,\cdots$$

或

$$\omega_i=\frac{i}{2}\frac{\pi a}{l},\ i=1,3,5,\cdots \tag{6-35}$$

振型函数可以求得为

$$\phi_i(x)=c_i\sin\left(\frac{2i-1}{2}\frac{\pi}{l}x\right),\ i=1,2,\cdots$$

或

$$\phi_i(x)=c_i\sin\left(\frac{i\pi}{2l}x\right),\ i=1,3,5,\cdots \tag{6-36}$$

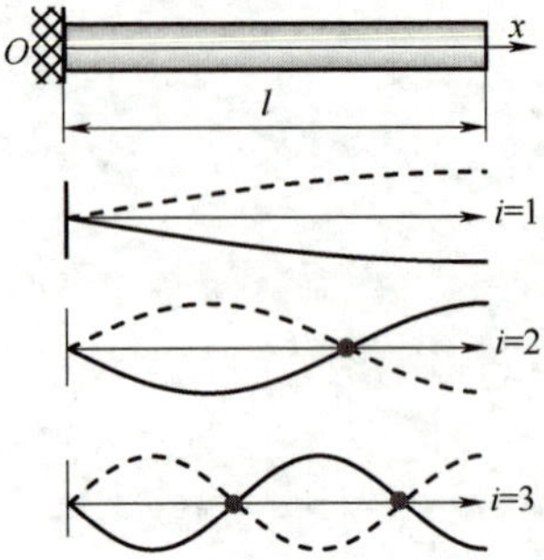

图 6-12　一端固定、另一端自由杆轴向振动的前三阶振型函数曲线

图 6-12 为一端固定、另一端自由杆轴向振动的前三阶振型函数曲线，其节点数量情况和以上两端固定杆的情况是一样的，第 n 阶振型函数有 $n-1$ 个节点。

思考题　对于图 6-13 所示的两种不同边界均质杆：1）左端固定、右端自由，如图 6-13a 所示。2）左端自由、右端固定，如图 6-13b 所示。它们的固有频率和振型函数表达式是否相同？

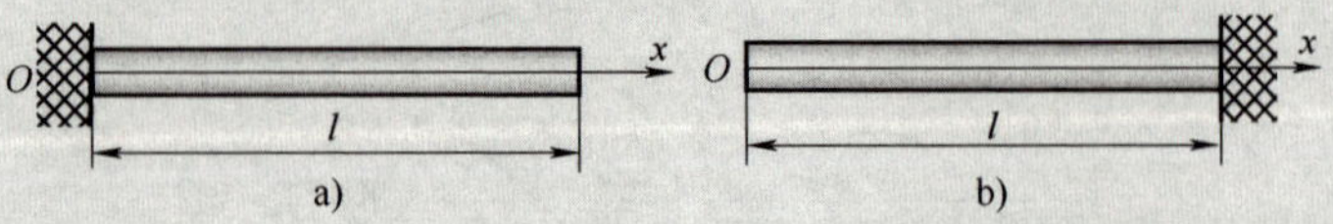

▶ 图 6-13　两种不同边界均质杆

例 6-1 图6-14 所示均质杆，左端固定，右端与一弹簧连接，推导系统的频率方程。

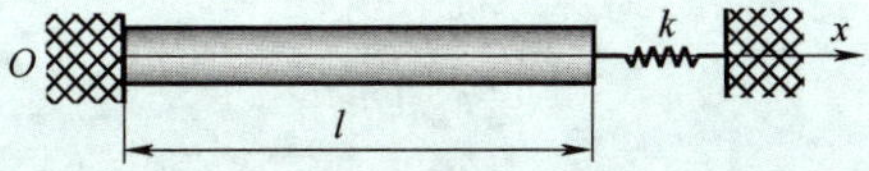

◀ 图 6-14　末端带有弹簧的均质杆

【解】 杆左端的轴向位移为零，右端的轴向力与弹簧的弹性力相抵消，因此可以将两端的物理边界条件写为

$$u(0,t)=0,\ ku(l,t)=-ES\frac{\partial u}{\partial x}(l,t) \tag{a}$$

将式（a）代入表达式 $u(x,t)=\phi(x)q(t)$，可以得到振型函数的边界条件为

$$\phi(0)=0,\ k\phi(l)=-ES\frac{\partial \phi}{\partial x}(l,t) \tag{b}$$

将式（b）代入式（6-19）中，可以求得 $c_2=0$ 及频率方程

$$k\sin\frac{\omega l}{a_0}=-ES\frac{\omega}{a_0}\cos\frac{\omega l}{a_0} \tag{c}$$

对式（c）化简，可得

$$\frac{\tan(\omega l/a_0)}{\omega l/a_0}=-\frac{ES}{kl}\equiv\text{常数} \tag{d}$$

振型函数可以求得为

$$\phi_i(x)=c_i\sin\frac{\omega_i}{a_0}x \tag{e}$$

例 6-2 如图6-15 所示均质杆，左端固定，右端与一集中质量 m 固接，推导系统的频率方程。

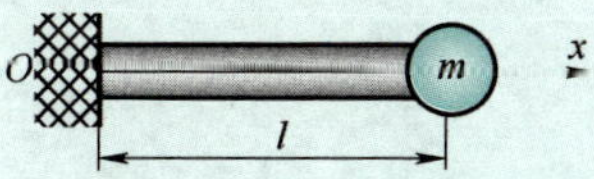

图 6-15　末端带有集中质量的均质杆

【解】 杆左端的轴向位移为零，右端的轴向力与集中质量的惯性力相抵消，因此可以将两端的物理边界条件写为

$$u(0,t)=0,\ m\frac{\partial^2 u}{\partial t^2}(l,t)=-ES\frac{\partial u}{\partial x}(l,t) \tag{a}$$

代入表达式 $u(x,t)=\phi(x)q(t)$，可以得到振型函数的边界条件为

$$\phi(0)=0,\ m\phi(l)\ddot{q}(t)=-ES\frac{\partial \phi(l)}{\partial x}q(t) \tag{b}$$

根据方程（6-18）和方程（6-19），可以求得 $c_2=0$ 及频率方程：

$$\tan\frac{\omega l}{a_0}=\frac{ES}{m\omega a_0} \tag{c}$$

6.1.3 振型函数的正交性

振型函数的正交性（1）

振型函数的正交性（2）

本节只对具有简单边界条件的杆讨论振型函数的正交性。杆可以是变截面或匀截面的，质量密度及截面积等都可以是 x 的函数。简单边界条件是指杆的边界要么是固定端，要么是自由端。

重写杆的受迫振动方程如下：

$$\rho S\frac{\partial^2 u}{\partial t^2}=\frac{\partial}{\partial x}\left(ES\frac{\partial u}{\partial x}\right)+p(x,t) \tag{6-37}$$

当杆发生自由振动时，在式（6-37）中去掉外力项，有

$$\rho S\frac{\partial^2 u}{\partial t^2}=\frac{\partial}{\partial x}\left(ES\frac{\partial u}{\partial x}\right) \tag{6-38}$$

与多自由度系统的主振动相同，对于杆的轴向振动，其主振动定义为：杆上各点在任意时刻的轴向位移不同，但是随时间变化的规律相同，主振动可以表达为

$$u(x,t)=\phi(x)a\sin(\omega t+\theta) \tag{6-39}$$

将式（6-39）代入式（6-38）中，可得

$$(ES\phi')'=-\omega^2\rho S\phi \tag{6-40}$$

对于杆的自由振动，第 i 阶固有频率与第 i 阶振型函数一一对应，即当杆以第 i 阶固有频率 ω_i 为频率进行自由振动时，其所对应的振动形状为 $\phi_i(x)$，因此根据式（6-40），有

$$(ES\phi'_i)'=-\omega_i^2\rho S\phi_i \tag{6-41}$$

$$(ES\phi'_j)'=-\omega_j^2\rho S\phi_j \tag{6-42}$$

式（6-41）两边乘 $\phi_j(x)$ 并沿杆长积分，有

$$\int_0^l\phi_j(ES\phi'_i)'\mathrm{d}x=-\omega_i^2\int_0^l\rho S\phi_i\phi_j\mathrm{d}x \tag{6-43}$$

对式（6-43）等号左端项进行分部积分，有

$$\int_0^l\phi_j(ES\phi'_i)'\mathrm{d}x=\phi_j(ES\phi'_i)\Big|_0^l-\int_0^l ES\phi'_i\phi'_j\mathrm{d}x \tag{6-44}$$

对于杆的简单边界，固定端有 $\phi(x)=0$，自由端 $ES\phi'(x)=0$，$x=0$ 或 l 代表两端，因此式（6-44）等号右端第一项总为零，也即对于任一端总有 $\phi=0$ 或 $\phi'=0$ 成立，因此由式（6-43）和式（6-44）可得

$$\int_0^l ES\phi_i'\phi_j'\mathrm{d}x=\omega_i^2\int_0^l \rho S\phi_i\phi_j\mathrm{d}x \tag{6-45}$$

同理，式（6-42）两边乘 $\phi_i(x)$ 并沿杆长积分，可得

$$\int_0^l ES\phi_i'\phi_j'\mathrm{d}x=\omega_j^2\int_0^l \rho S\phi_i\phi_j\mathrm{d}x \tag{6-46}$$

将式（6-45）和式（6-46）相减，有

$$(\omega_i^2-\omega_j^2)\int_0^l \rho S\phi_i\phi_j\mathrm{d}x=0 \tag{6-47}$$

当 $i\neq j$ 时，$\omega_i\neq\omega_j$，因此有

$$\int_0^l \rho S\phi_i\phi_j\mathrm{d}x=0 \tag{6-48}$$

此为**杆的振型函数关于质量的正交性**。

由式（6-44）和式（6-45）可知，当 $i\neq j$ 时，有

$$\int_0^l ES\phi_i'\phi_j'\mathrm{d}x=-\int_0^l \phi_j(ES\phi_i')'\mathrm{d}x=0 \tag{6-49}$$

此即**杆的振型函数关于刚度的正交性**。

当 $i=j$ 时，式（6-47）恒成立，令

$$m_{pi}=\int_0^l \rho S\phi_i^2\mathrm{d}x \tag{6-50}$$

为**第 i 阶模态主质量**，令

$$k_{pi}=\int_0^l ES(\phi_i')^2\mathrm{d}x=-\int_0^l \phi_i(ES\phi_i')'\mathrm{d}x \tag{6-51}$$

为**第 i 阶模态主刚度**，则第 i 阶固有频率为

$$\omega_i=\sqrt{\frac{k_{pi}}{m_{pi}}} \tag{6-52}$$

在多自由度系统正交性中介绍了两种振型，即主振型和正则振型，正交性分别可以采用这两种振型进行表达。以上阐述杆的正交性所采用的振型函数事实上是主振型函数，当然也可以采用正则振型函数阐述正交性。对主振型函数进行归一化，令各阶主质量都为 1，即

$$\int_0^l \rho S\phi_i^2\mathrm{d}x=m_{pi}=1 \tag{6-53}$$

此时第 i 阶主刚度为

$$k_{pi}=\omega_i^2 \tag{6-54}$$

正则振型函数的正交性可以合写为

$$\begin{cases}\int_0^l \rho S\phi_i\phi_j \mathrm{d}x=\delta_{ij} \\ \int_0^l ES\phi_i'\phi_j' \mathrm{d}x=\omega_i^2\delta_{ij} \quad 或 \quad \int_0^l \phi_i(ES\phi_j')'\mathrm{d}x=-\omega_i^2\delta_{ij}\end{cases} \tag{6-55}$$

其中，

$$\delta_{ij}=\begin{cases}1, & i=j \\ 0, & i\neq j\end{cases} \tag{6-56}$$

值得说明的是，当采用正则振型函数时，由于主质量值为 1，因此振型函数的系数 c_i 将变成一个定值。

6.1.4 杆的轴向受迫振动

本节介绍采用振型叠加法对杆的受迫振动问题进行求解。与多自由度系统相同，连续体的振动问题也可以采用振型叠加法进行求解。

杆的轴向受迫振动（1）

杆的轴向受迫振动（2）

重写杆的受迫振动方程如下：

$$\rho S\frac{\partial^2 u}{\partial t^2}=\frac{\partial}{\partial x}\left(ES\frac{\partial u}{\partial x}\right)+p(x,t) \tag{6-57}$$

假定杆存在如下初始条件：

$$\begin{cases}u(x,0)=f_1(x) \\ \left.\dfrac{\partial u}{\partial t}\right|_{t=0}=f_2(x)\end{cases} \tag{6-58}$$

假定固有频率 ω_i 和振型函数 $\phi_i(i=1,2,\cdots)$ 已经通过边界条件得出。令

$$u(x,t)=\sum_{i=1}^{\infty}\phi_i(x)q_i(t) \tag{6-59}$$

式中，$q_i(t)$ 为模态坐标。

式（6-59）事实上是一种坐标空间转换，将物理空间的动力学方程转换到模态空间。

将式（6-59）代入式（6-57），可得

$$\rho S\sum_{i=1}^{\infty}\phi_i\ddot{q}_i=\sum_{i=1}^{\infty}(ES\phi_i')'q_i+p(x,t) \tag{6-60}$$

式（6-60）两边乘 ϕ_j 并沿杆长对 x 积分，有

$$\sum_{i=1}^{\infty}\ddot{q}_i\int_0^l \rho S\phi_i\phi_j \mathrm{d}x=\sum_{i=1}^{\infty}q_i\int_0^l \phi_j(ES\phi_i')'\mathrm{d}x+\int_0^l p(x,t)\phi_j \mathrm{d}x \tag{6-61}$$

利用正则振型函数正交性条件，可以得到杆的模态动力学方程为

$$\ddot{q}_j+\omega_j^2 q_j=Q_j(t) \tag{6-62}$$

式中，

$$Q_j(t)=\int_0^l p(x,t)\phi_j \mathrm{d}x \tag{6-63}$$

为与正则模态坐标 $q_j(t)$ 所对应的模态广义力。

下面进行初始条件的处理。在式（6-59）中令 $t=0$，并代入式（6-58）中，有

$$\begin{cases} u(x,0)=f_1(x)=\sum\limits_{i=1}^{\infty}\phi_i(x)q_i(0) \\ \left.\dfrac{\partial u}{\partial t}\right|_{t=0}=f_2(x)=\sum\limits_{i=1}^{\infty}\phi_i(x)\dot{q}_i(0) \end{cases} \tag{6-64}$$

在式（6-64）两个方程中乘 $\rho S\phi_j(x)$ 并沿杆长对 x 积分，并利用正交性条件，可以得到模态空间的初始位移和初始速度为

$$\begin{cases} q_j(0)=\int_0^l \rho S f_1(x)\phi_j(x)\mathrm{d}x \\ \dot{q}_j(0)=\int_0^l \rho S f_2(x)\phi_j(x)\mathrm{d}x \end{cases} \tag{6-65}$$

这样，根据式（6-62）和式（6-65），就能求得模态空间的解为

$$q_j(t)=q_j(0)\cos\omega_j t+\frac{\dot{q}_j(0)}{\omega_j}\sin\omega_j t+\frac{1}{\omega_j}\int_0^t Q_j(t)\sin\omega_j(t-\tau)\mathrm{d}\tau,\ j=1,2,\cdots \tag{6-66}$$

在求得 $q_j(t)$ 后，再利用式（6-59），即能求得杆的响应 $u(x,t)$。

如果作用在杆上的外力不是分布力，而是集中力，如图 6-16 所示，则可以使用 δ 函数将集中力写成分布力的形式，即

$$p(x,t)=P(t)\delta(x-\xi) \tag{6-67}$$

式中，ξ 为集中力在杆上的位置，则正则模态广义力变为

$$Q_j(t)=\int_0^l P(t)\delta(x-\xi)\phi_j(x)\mathrm{d}x=P(t)\phi_j(\xi) \tag{6-68}$$

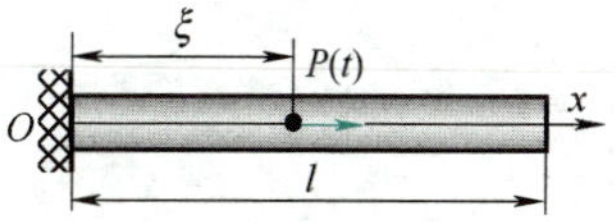

图 6-16　集中力杆

例 6-3 图6-17 所示等直杆，自由端作用有 $P(t)=P_0\sin\omega t$，其中 P_0 为常数。求杆的纵向稳态响应。

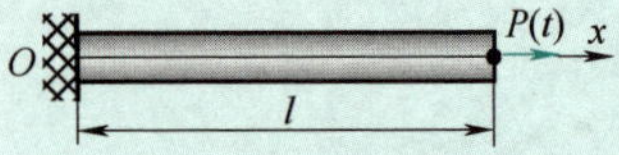

图 6-17 等直杆

杆的轴向受迫振动算例（1）

【解】 杆的物理边界为一端固定、一端自由，可以求得固有频率和振型函数分别为

$$\omega_i=\frac{i\pi a_0}{2l},\ i=1,3,5,\cdots \tag{a}$$

$$\phi_i(x)=c_i\sin\frac{i\pi x}{2l},\ i=1,3,5,\cdots \tag{b}$$

采用正则振型函数，对振型函数进行归一化：

$$\int_0^l \rho S\phi_i^2\mathrm{d}x=1 \tag{c}$$

可以求得

$$c_i=\sqrt{\frac{2}{\rho Sl}} \tag{d}$$

根据式（6-68），求得模态广义力为

$$Q_i(t)=c_iP_0\sin\frac{i\pi}{2}\sin\omega t,\ i=1,3,5,\cdots \tag{e}$$

因此，模态动力学方程可以写为

$$\ddot{q}_i(t)+\omega_i^2q_i(t)=c_iP_0\sin\frac{i\pi}{2}\sin\omega t \tag{f}$$

模态响应为

$$q_i(t)=\frac{1}{\omega_i^2-\omega^2}c_iP_0\sin\frac{i\pi}{2}\sin\omega t \tag{g}$$

根据式（6-59），杆的稳态振动解为

$$u(x,t)=\sum_i^{\infty}\phi_i(x)q_i(t)=\frac{2P_0\sin\omega t}{\rho sl}\sum_{i=1}^{\infty}\frac{1}{\omega_i^2-\omega^2}\sin\frac{i\pi}{2}\sin\frac{i\pi x}{2l} \tag{h}$$

可以看出，当外部力频率等于杆的任一阶固有频率时都会发生共振现象。杆具有无穷多个固有频率，因此存在无穷多个共振频率。

例 6-4 图6-18 所示等直杆，杆两端固定，假定在杆上作用有两个集中力。试问：当这些力突然移去时，杆将产生什么样的振动？

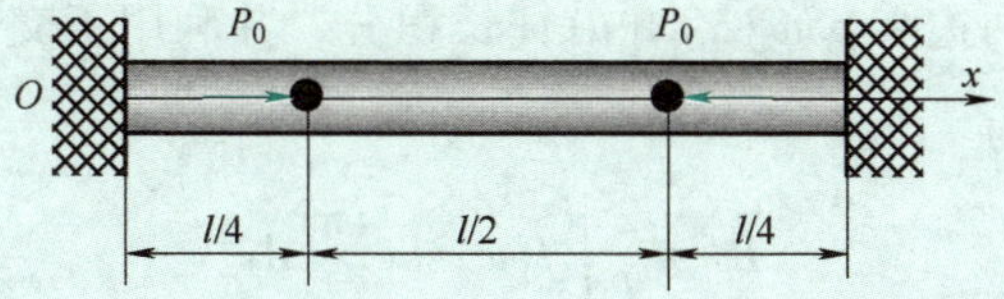

◀ 图 6-18 等直杆

【解】 外力去掉后杆将产生自由振动，动力学方程如式（6-13）所示。杆的物理边界为两端固定，可以求得固有频率和振型函数分别为

$$\omega_i=\frac{i\pi a_0}{l},\ i=1,2,\cdots \tag{a}$$

$$\phi_i(x)=c_i\sin\frac{i\pi x}{l},\ i=1,2,\cdots \tag{b}$$

振动初始条件为

$$\begin{cases}u(x,0)=f(x)\\ \left.\dfrac{\partial u}{\partial t}\right|_{t=0}=0\end{cases} \tag{c}$$

根据材料力学，可以求得 $f(x)$ 为

$$f(x)=\begin{cases}\varepsilon_0 x, & 0\leqslant x\leqslant\dfrac{l}{4}\\ \varepsilon_0\left(\dfrac{l}{2}-x\right), & \dfrac{l}{4}<x\leqslant\dfrac{3l}{4}\\ \varepsilon_0(l-x), & \dfrac{3l}{4}<x\leqslant l\end{cases} \tag{d}$$

式中，$\varepsilon_0=P_0/(4ES)$。

杆的自由振动是无穷多个主振动的叠加，振动解可以写为

$$\begin{aligned}u(x,t)&=\sum_{i=1}^{\infty}a_i\phi_i\sin(\omega_i t+\theta_i)\\&=\sum_{i=1}^{\infty}\left(B_{1i}\cos\frac{i\pi a_0}{l}t+B_{2i}\sin\frac{i\pi a_0}{l}t\right)\sin\frac{i\pi x}{l}\end{aligned} \tag{e}$$

式中，B_{1i} 和 B_{2i} 为由 a_i 和 θ_i 所导致的项。

可以看出，杆自由振动的求解转换成 B_{1i} 和 B_{2i} 的求解。根据位移初始条件，有

$$f(x)=\sum_{i=1}^{\infty}B_{1i}\sin\frac{i\pi x}{l} \tag{f}$$

对式 (f) 两边乘 $\rho S\phi_j(x)$ 并沿杆长积分，并利用正交性条件，可以求得 B_{1i} 为

$$B_{1i}=\frac{2}{l}\int_0^l f(x)\sin\frac{i\pi x}{l}\mathrm{d}x \tag{g}$$

将 $f(x)$ 表达式代入式 (g)，有

$$\begin{aligned}B_{1i}&=\frac{2}{l}\int_0^l f(x)\sin\frac{i\pi x}{l}\mathrm{d}x\\&=\frac{2}{l}\varepsilon_0\left[\int_0^{l/4}x\sin\frac{i\pi x}{l}\mathrm{d}x+\int_{l/4}^{3l/4}\left(\frac{l}{2}-x\right)\sin\frac{i\pi x}{l}\mathrm{d}x+\int_{3l/4}^{l}(l-x)\sin\frac{i\pi x}{l}\mathrm{d}x\right]\\&=\frac{P_0 l}{i^2\pi^2 ES}(-1)^{(i-2)/4}\end{aligned} \tag{h}$$

其中，$i=2,6,10,\cdots$。

应用速度初始条件可以求得 $B_{2i}=0$。因此，杆的振型响应解为

$$\begin{aligned}u(x,t)&=\sum_{i=1}^{\infty}\left(B_{1i}\cos\frac{i\pi a_0}{l}t+B_{2i}\sin\frac{i\pi a_0}{l}t\right)\sin\frac{i\pi x}{l}\\&=\frac{P_0 l}{\pi^2 ES}\sum_{j}^{\infty}\frac{(-1)^{(j-2)/4}}{j^2}\sin\frac{j\pi x}{l}\cos\frac{j\pi a_0}{l}t\end{aligned} \tag{i}$$

其中，$j=2,6,10,\cdots$。

思考题 有一根以匀速度 v 沿 x 轴运动的杆。如果杆的中点处突然被卡住停止，试求出所产生的自由振动表达式。

在此种情况下，可从杆的中点分开，分开的左右两部分的振动形式相同，因此只分析右半部分即可。右半部分为一端固定、另一端自由的杆，物理边界条件：

$$u(0,t)=0,\ \left.\frac{\partial u}{\partial x}\right|_{x=l/2}=0 \tag{a}$$

初始条件为：

$$u(x,0)=0,\ \left.\frac{\partial u}{\partial t}\right|_{t=0}=v \tag{b}$$

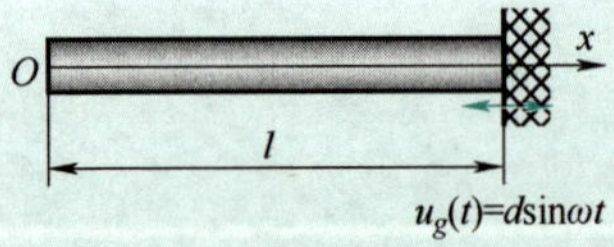

图 6-19 承受支承运动的等直杆

例 6-5 如图6-19 所示，有一根 $x=0$ 端为自由、$x=l$ 端处固定的杆，固定端做支承运动 $u_g(t)=d\sin\omega t$，d 为振动的幅值，试求杆的稳态响应。

【解】 这种情况类似于多自由度系统振动中的基础振动问题。

首先建立动力学方程。定义 $u(x,t)$ 为杆上距原点 x 处截面在时刻 t 的纵向位移。

取杆微段受力分析，如图 6-20 所示。微段应变为

$$\varepsilon=\frac{\left[u+\frac{\partial(u-u_g)}{\partial x}\mathrm{d}x\right]-u}{\mathrm{d}x}=\frac{\partial(u-u_g)}{\partial x} \tag{a}$$

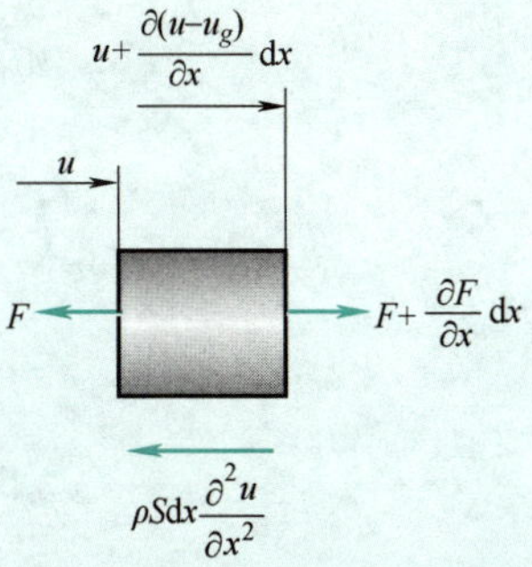

图 6-20　杆微段受力分析

杆的轴向受迫振动算例（2）

微段内力为

$$F=ES\varepsilon=ES\frac{\partial(u-u_g)}{\partial x} \tag{b}$$

根据达朗贝尔原理，可以得到微段动力学方程为

$$\rho S\mathrm{d}x\frac{\partial^2 u}{\partial x^2}=\left(F+\frac{\partial F}{\partial x}\mathrm{d}x\right)-F \tag{c}$$

化简后，有

$$\rho S\frac{\partial^2 u}{\partial t^2}=ES\frac{\partial^2(u-u_g)}{\partial x^2} \tag{d}$$

令新的广义坐标为

$$u^*=u-u_g \tag{e}$$

将 $u=u^*+u_g$ 代入式（d），可得

$$\rho S\ddot{u}^*-ESu^{*''}=-\rho S\ddot{u}_g=-\rho Sd\omega^2\sin\omega t \tag{f}$$

设式（f）的解为

$$u^*=\sum_{i=1}^{\infty}\phi_i(x)q_i(t) \tag{g}$$

式中，$\phi_i(x)$ 为左端自由、右端固定杆的振型函数，利用边界条件可以求得归一化的正则振型函数为

$$\phi_i(x)=\sqrt{\frac{2}{l}}\cos\frac{i\pi}{2l}x,\ i=1,3,5,\cdots$$

将式（g）代入式（f），可得

$$\sum_{i=1}^{\infty}(\rho S\ddot{q}_i\phi_i-ESq_i\phi_i'')=\rho Sd\omega^2\sin\omega t \tag{h}$$

用 $\phi_j(x)$ 乘式（h），并沿杆长积分，有

$$\sum_{i=1}^{\infty}\left(\ddot{q}_i\int_0^l\rho S\phi_i\phi_j\mathrm{d}x-q_i\int_0^l ES\phi_i''\phi_j\mathrm{d}x\right)=\rho Sd\omega^2\sin\omega t\int_0^l\phi_j\mathrm{d}x \tag{i}$$

利用正交性条件，可以得到杆振动的模态动力学方程为

$$\ddot{q}_i+\omega_i^2 q_i=\sqrt{\frac{2}{l}}\frac{2l}{i\pi}(-1)^{(i-1)/2}d\omega^2\sin\omega t \tag{j}$$

求得模态坐标稳态解为

$$q_i=\frac{\omega^2}{\omega_i^2}\eta_i\sqrt{\frac{2}{l}}\frac{2l}{i\pi}(-1)^{(i-1)/2}d\sin\omega t \tag{k}$$

将模态解代入式（g），可得

$$u^*=\frac{16\rho l^2\omega^2}{\pi^3 E}\sum_{i=1}^{\infty}\frac{(-1)^{(i-1)/2}}{i^3}d\eta_i\cos\frac{i\pi x}{2l}\sin\omega t \tag{l}$$

因此，杆的振动解为

$$u=u^*+u_g=\left[1+\frac{16\rho l^2\omega^2}{\pi^3 E}\sum_{i=1}^{\infty}\frac{\eta_i}{i^3}(-1)^{(i-1)/2}\cos\frac{i\pi x}{2l}\right]d\sin\omega t,\ i=1,3,5,\cdots \tag{m}$$

总结以上杆轴向振动问题的求解如下：

1）建立动力学方程；

2）根据边界条件求解固有频率 ω_i 和振型 $\phi_i(x)$；

3）将分离变量法 $u(x,t)=\sum_{i=1}^{\infty}\phi_i(x)q_i(t)$ 代入动力学方程；

4）利用正交性条件得到模态空间坐标 $\ddot{q}_j+\omega_j^2 q_j=Q_j(t)$；

5）利用正交性求解模态空间的初始条件 $q_j(0)$ 和 $\dot{q}_j(0)$；

6）模态空间方程求解 $q_j(t)$；

7）返回物理空间，得解 $u(x,t)=\sum_{i=1}^{\infty}\phi_i(x)q_i(t)$。

由以上求解过程可见，连续体振动问题的求解和多自由度系统振动问题的求解本质上是一样的，都是采用振型叠加法进行求解，即首先利用转换将物理空间耦合的振动问题转到模态空间进行解耦，求得模态空间的解后再返回物理空间求解，示意图如图 6-21 所示。

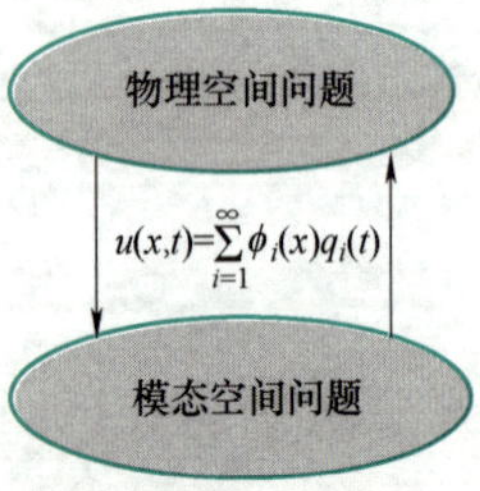

图 6-21　杆模态叠加法求解流程

虽然连续体振动问题的求解与多自由度系统大体相同，但是两者的分析也存在一些不同，主要体现在：

1）连续体系统的固有频率和振型函数是由物理边界所决定的，多自由度系统则是由系统质量矩阵和刚度矩阵的特征根问题所决定的；

2）连续体系统的振型是函数形式，多自由度系统则是向量形式；

3）连续体系统的固有频率有无穷多个，多自由度系统的固有频率数量等于系统的自由度数；

4）连续体系统的解析求解不涉及矩阵运算，多自由度系统则涉及矩阵运算。

6.2 梁的弯曲振动

丹尼尔·伯努利（Daniel Bernoulli，1700—1782）

1715 年获学士学位，1716 年获硕士学位，1721 年获医学博士学位。1725 年至 1733 年在彼得堡科学院工作，被任命为生理学院士和数学院士。1727 年开始与欧拉一起工作。1733 年回到了巴塞尔，先任解剖学和植物学教授。1738 年出版著作《流体力学》。1750 年被选为英国皇家学会会员。伯努利的研究的工作几乎对当时的数学和物理学的研究前沿的问题都有所涉及，他最出色的工作是将微积分、微分方程应用到物理学，研究流体问题、物体振动和摆动问题，他被推崇为数学物理方法的奠基人。

6.2.1 动力学方程

动力学方程

考虑细长梁的横向弯曲振动。梁的物理参数如下：单位体积梁的质量为 ρ，弹性模量为 E，截面对中性轴的惯性积为 I，梁横截面积为 S。梁所受外部力有：$m(x,t)$ 为单位长度梁上分布的外力矩，$f(x,t)$ 为单位长度梁上分布的外力。

对细长梁做如下假设：

1）梁各截面的中心惯性轴在同一平面 xOy 内，外载荷作用在该平面内，梁在该平面做横向振动（微振），这时梁的主要变形是弯曲变形；

2）在低频振动时可以忽略剪切变形以及截面绕中性轴转动惯量的影响。

满足以上条件的细长梁称为欧拉-伯努利梁（Euler-Bernoulli Beam）。欧拉-伯努利梁方程是一个简化线性弹性理论用于计算梁受力和变形特征的经典方程。欧拉-伯努利梁方程约形成于 1750 年。1750 年，瑞士学者莱昂哈德·欧拉（Leonhard Euler）与丹尼尔·伯努利

(Daniel Bernoulli) 开始研究梁并把梁理论推向实用，成功地把科学与工程学区分成两个学科，同时使得工程学成为一门数理科学。但这条方程却没有在后期建筑之中得到广泛的应用。直到 19 世纪，这条方程才成为第二次工业革命的基石。

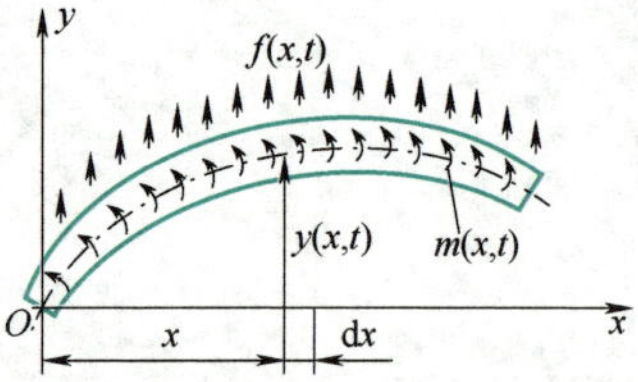

图 6-22　柔性梁弯曲振动

令 $y(x,t)$ 为梁与原点距离为 x 处的截面在 t 时刻的横向位移，如图 6-22 所示。对梁微段 $\mathrm{d}x$ 进行受力分析，如图 6-23 所示。其中，F_S 和 M 为截面上的剪力和弯矩，$\rho S\mathrm{d}x\,\partial^2 y/\partial t^2$ 为微段的惯性力，$f(x,t)\mathrm{d}x$ 为微段所受外力，$m(x,t)\mathrm{d}x$ 为微段所受的外力矩。

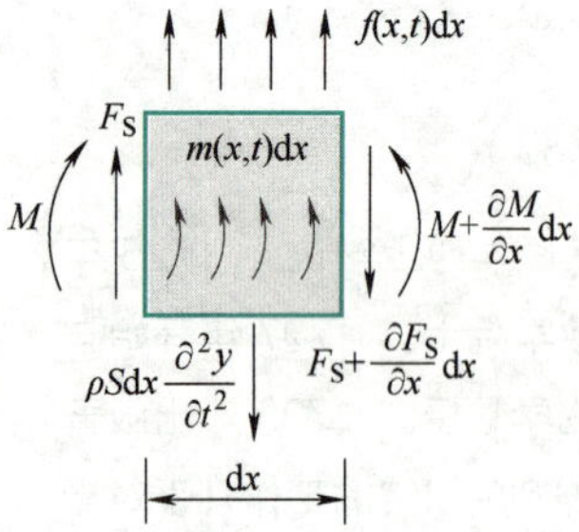

图 6-23　梁微段受力分析

根据 y 方向的力平衡条件，可以得到如下方程：

$$\rho S\mathrm{d}x\frac{\partial^2 y}{\partial t^2}+\left(F_S+\frac{\partial F_S}{\partial x}\mathrm{d}x\right)-F_S-f(x,t)\mathrm{d}x=0 \tag{6-69}$$

化简后，有

$$\frac{\partial F_S}{\partial x}=f(x,t)-\rho S\frac{\partial^2 y}{\partial t^2} \tag{6-70}$$

以右截面上任一点为矩心，根据力矩平衡，可以得到

$$\left(M+\frac{\partial M}{\partial x}\mathrm{d}x\right)-M-F_S\mathrm{d}x-f(x,t)\mathrm{d}x\frac{\mathrm{d}x}{2}+\rho S\mathrm{d}x\frac{\partial^2 y}{\partial t^2}\frac{\mathrm{d}x}{2}+m(x,t)\mathrm{d}x=0 \tag{6-71}$$

略去 $\mathrm{d}x$ 高阶小量，化简后有

$$F_S=\frac{\partial M}{\partial x}+m(x,t) \tag{6-72}$$

根据材料力学的等截面假设，弯矩与挠度之间关系为

$$M(x,t)=EI\frac{\partial^2 y(x,t)}{\partial x^2} \tag{6-73}$$

将式（6-73）代入式（6-72），然后再将式（6-72）代入式（6-70），可以得到变截面梁的动力学方程为

$$\frac{\partial^2}{\partial x^2}\left[EI\frac{\partial^2 y(x,t)}{\partial x^2}\right]+\rho S\frac{\partial^2 y(x,t)}{\partial t^2}=f(x,t)-\frac{\partial}{\partial x}m(x,t) \tag{6-74}$$

当梁为等截面时，EI 为常数，梁的动力学方程变为

$$EI\frac{\partial^4 y}{\partial x^4}+\rho S\frac{\partial^2 y}{\partial t^2}=f(x,t)-\frac{\partial}{\partial x}m(x,t) \tag{6-75}$$

6.2.2　固有频率和振型函数

考虑变截面梁的自由振动，其动力学方程为

$$\frac{\partial^2}{\partial x^2}\left[EI\frac{\partial^2 y(x,t)}{\partial x^2}\right]+\rho S\frac{\partial^2 y(x,t)}{\partial t^2}=0 \tag{6-76}$$

固有频率和振型函数（Ⅰ）(1)

与杆轴向振动的分析类似，梁的横向弯曲振动的主振动可以假设为

$$y(x,t)=\phi(x)q(t)=\phi(x)a\sin(\omega t+\theta) \tag{6-77}$$

式中，$\phi(x)$为梁的振型函数。将式（6-77）代入自由振动方程（6-76），可得

$$(EI\phi'')''-\omega^2\rho S\phi=0 \tag{6-78}$$

对于等截面梁，有

$$\phi^{(4)}(x)-\beta^4\phi(x)=0 \tag{6-79}$$

式中，$\beta^4=\omega^2/a_0^2$，$a_0^2=EI/(\rho S)$。

根据微分方程理论，方程（6-79）的通解为

$$\phi(x)=C_1\cos\beta x+C_2\sin\beta x+C_3\cosh\beta x+C_4\sinh\beta x \tag{6-80}$$

其中，$C_i(i=1,2,3,4)$和 ω 应满足的频率方程由梁的边界条件确定。

与杆轴向振动分析相同，第 i 阶固有频率 ω_i 与第 i 阶振动函数 $\phi_i(x)$一一对应，有无穷多个，因此梁的第 i 阶主振动可以表示为

$$y^{(i)}(x,t)=a_i\phi_i(x)\sin(\omega_i t+\theta_i) \tag{6-81}$$

式中，a_i 和 θ_i 由梁的振动初始条件确定。

梁的自由振动解是无穷多个主振动的叠加，即

$$y(x,t)=\sum_{i=1}^{\infty}a_i\phi_i(x)\sin(\omega_i t+\theta_i) \tag{6-82}$$

下面讨论柔性梁常见的约束状况与边界条件。梁常见的约束状况有三种：固定端、简支端和自由端。

（1）固定端

固定端情况如图 6-24 所示。对于固定端，物理边界条件为挠度和截面转角为零，即

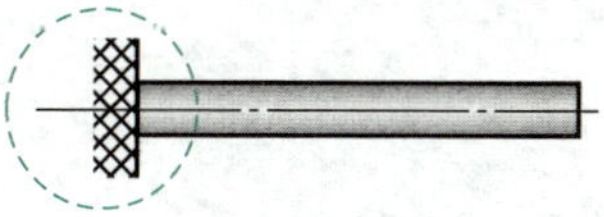

图 6-24　梁固定端

$$y(x,t)=0,\ \frac{\partial y(x,t)}{\partial x}=0,\ x=0\text{ 或 }l \tag{6-83}$$

利用式（6-77），固定端的振型函数边界条件为

$$\phi(x)=0,\ \phi'(x)=0 \tag{6-84}$$

（2）简支端

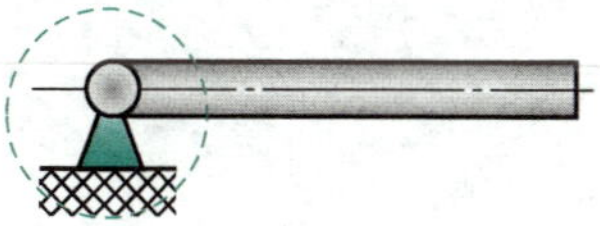

图 6-25　梁简支端

自由端情况如图 6-25 所示。对于简支端，物理边界条件为挠度和弯矩为零，即

$$y(x,t)=0,\ M=EI\frac{\partial^2 y(x,t)}{\partial x^2}=0,\ x=0\text{ 或 }l \tag{6-85}$$

因此，振型函数边界条件为

$$\phi(x)=0,\ \phi''(x)=0 \tag{6-86}$$

（3）自由端

自由端情况如图 6-26 所示。对于自由端，物理边界条件为弯矩和剪力为零，即

$$M=EI\frac{\partial^2 y(x,t)}{\partial x^2}=0,\ F_S=\frac{\partial M}{\partial x}=0,\ x=0\text{ 或 }l \tag{6-87}$$

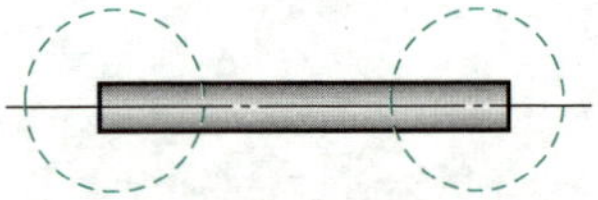

图 6-26 梁自由端

振型函数边界条件为

$$\phi''(x)=0,\ \phi'''(x)=0 \tag{6-88}$$

例 6-6 求左端固定、右端自由的悬臂梁的固有频率和模态函数。

固有频率和振型函数（Ⅰ）（2）

【解】 对于固定端，有挠度和截面转角为零，振型函数边界条件为

$$\phi(0)=0,\ \phi'(0)=0 \tag{a}$$

对于自由端，有弯矩和截面剪力为零，即

$$\phi''(l)=0,\ \phi'''(l)=0 \tag{b}$$

将式（a）和式（b）的条件代入振型函数表达式（6-80），可得

$$C_1=-C_3,\ C_2=-C_4 \tag{c}$$

$$\begin{cases}C_1(\cos\beta l+\cosh\beta l)+C_2(\sin\beta l+\sinh\beta l)=0\\-C_1(\sin\beta l-\sinh\beta l)+C_2(\cos\beta l+\cosh\beta l)=0\end{cases} \tag{d}$$

C_1、C_2 存在非零解的条件为系数行列式为零，即

$$\begin{vmatrix}\cos\beta l+\cosh\beta l & \sin\beta l+\sinh\beta l\\-\sin\beta l+\sinh\beta l & \cos\beta l+\cosh\beta l\end{vmatrix}=0 \tag{e}$$

简化可得

$$\cos\beta l\cosh\beta l+1=0 \tag{f}$$

此即为悬臂梁的频率方程。当 i 取 1,2,3 时，可以求得

$$\beta_1 l=1.875,\ \beta_2 l=4.694,\ \beta_3 l=7.855 \tag{g}$$

当 $i\geqslant 3$ 时，有

$$\beta_i l\approx\frac{2i-1}{2}\pi,\ i=3,4,\cdots \tag{h}$$

柔性梁的各阶固有频率可以求得为

$$\omega_i=(\beta_i l)^2\sqrt{\frac{EI}{\rho S l^4}},\ i=1,2,\cdots \tag{i}$$

所对应的各阶振型函数为

$$\phi_i(x)=\cos\beta_i x-\cosh\beta_i x+\xi_i(\sin\beta_i x-\sinh\beta_i x),\ i=1,2,\cdots \tag{j}$$

式中，

$$\xi_i=-\frac{\cos\beta_i l+\cosh\beta_i l}{\sin\beta_i l+\sinh\beta_i l},\ i=1,2,\cdots,\ \beta^4=\frac{\omega^2}{a_0^2},\ a_0^2=\frac{EI}{\rho S}。$$

悬臂梁的前三阶振型函数的示意图如图 6-27 所示。可以看到，第一阶振型曲线无节点，第二阶振型曲线有一个节点，第三阶振型曲线有两个节点。

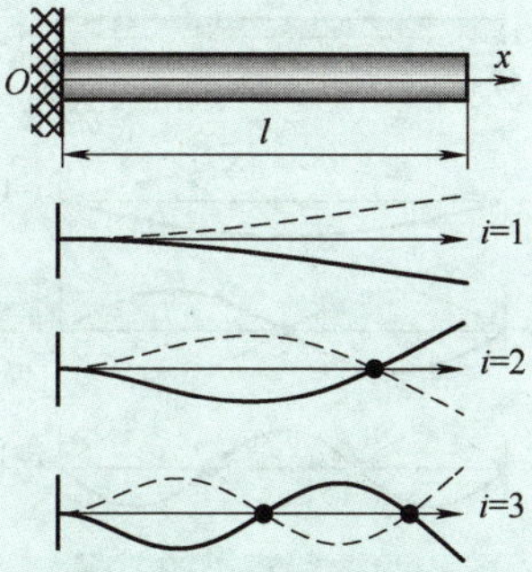

图 6-27　悬臂梁的前三阶振型函数曲线

例 6-7　如图6-28 所示简支梁，求其固有频率和振型函数。

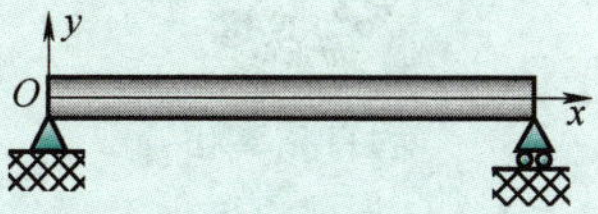

图 6-28　简支梁

【解】　梁一端为固定铰、另一端为滑动铰。对于固定铰，边界条件为挠度和截面弯矩为零，振型函数边界条件为

$$\phi(0)=0,\ \phi''(0)=0 \tag{a}$$

滑动铰的边界也为挠度和截面弯矩为零，可得

$$\phi(l)=0,\ \phi''(l)=0 \tag{b}$$

代入振型函数表达式，可以求得

$$C_1=C_3=0 \tag{c}$$

$$\begin{cases}C_2\sin\beta l+C_4\sinh\beta l=0\\-C_2\sin\beta l+C_4\sinh\beta l=0\end{cases} \tag{d}$$

由式（d）可得 $C_4=0$，因此将 $C_1=C_3=C_4=0$ 代入式（6-80）并考虑式（b），可得频率方程为

$$\sin\beta l=0 \tag{e}$$

求得

$$\beta_i l=i\pi,\ i=1,2,\cdots \tag{f}$$

因此，简支梁的固有频率为

$$\omega_i=\left(\frac{i\pi}{l}\right)^2\sqrt{\frac{EI}{\rho S}},\ i=1,2,\cdots \tag{g}$$

振型函数可以求得为

$$\phi_i(x)=\sin\frac{i\pi}{l}x,\ i=1,2,\cdots \tag{h}$$

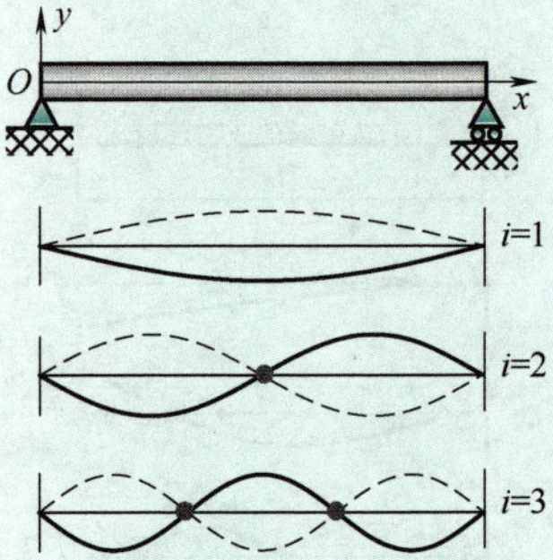

图 6-29　简支梁的前三阶振型函数曲线

固有频率和振型函数（Ⅱ）

式中，$\beta^4=\omega^2/a_0^2$，$a_0^2=EI/(\rho S)$。

简支梁的前三阶振型函数的示意图如图 6-29 所示。

例 6-8　求两端自由梁的固有频率和振型函数。

【解】　两端自由梁的工程背景有导弹、火箭等，它们在飞行过程中会产生自身的弹性振动。这类系统为半正定系统，存在刚体模态。

梁两端自由端的边界条件为弯矩和截面剪力为零，振型函数边界条件为

$$\phi''(0)=0,\ \phi'''(0)=0 \tag{a}$$

$$\phi''(l)=0,\ \phi'''(l)=0 \tag{b}$$

采用与例 6-6 和例 6-7 相同的方法，可以求得系统的频率方程为

$$\cos\beta l\cosh\beta l=1 \tag{c}$$

当 $i=0$ 时，有

$$\beta_0 l=0 \tag{d}$$

它对应刚体模态；当 i 取 1,2,3 时，有

$$\beta_1 l=4.730,\ \beta_2 l=7.853,\ \beta_3 l=10.996 \tag{e}$$

当 $i\geqslant 3$ 时，有

$$\beta_i l\approx\left(i+\frac{1}{2}\right)\pi,\ i=3,4,\cdots \tag{f}$$

系统的振型函数可以求得为

$$\phi_i(x)=\cos\beta_i x+\cosh\beta_i x+\xi_i(\sin\beta_i x+\sinh\beta_i x),\ i=1,2,\cdots \tag{g}$$

式中，$\beta^4=\omega^2/a_0^2$，$a_0^2=EI/(\rho S)$，ξ_i 的表达式为

$$\xi_i=-\frac{\cos\beta_i l-\cosh\beta_i l}{\sin\beta_i l-\sinh\beta_i l}=\frac{\sin\beta_i l+\sinh\beta_i l}{\cos\beta_i l-\cosh\beta_i l},\ i=1,2,\cdots \tag{h}$$

两端自由梁的第二阶至第四阶振型函数的示意图如图 6-30 所示。第一阶振型为刚体振型，所对应的固有频率为零，即梁的第一阶模态运动为刚体运动，不发生弹性变形。第二阶振型（对应 $i=1$）有两个节点；第三阶振型（对应 $i=2$）有三个节点；第四阶振型（对应 $i=3$）有三个节点，这和悬臂梁和简支梁的情况是不一样的。

下面给出几个复杂边界情况梁的固有频率和振型函数的求解例题。

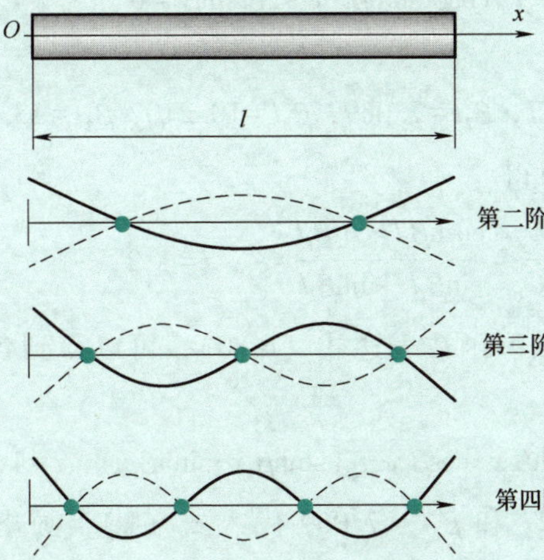

◀ 图 6-30　两端自由梁的第二阶至第四阶振型函数曲线

例 6-9　图6-31 所示柔性梁，一端固定，另一端简支。求解梁的频率方程，并且绘出第一阶振型函数和第二阶振型函数的挠度曲线。

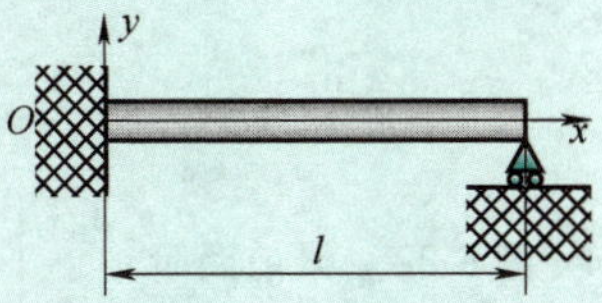

图 6-31　柔性梁

【解】 对于固定端，梁的挠度和截面转角为零，有

$$y(0,t)=0,\ y'(0,t)=0 \tag{a}$$

因此，振型函数的边界条件为

$$\phi(0)=0,\ \phi'(0)=0 \tag{b}$$

对于简支端，梁的挠度和弯矩为零，有

$$y(l,t)=0,\ y''(l,t)=0 \tag{c}$$

因此有

$$\phi(l)=0,\ \phi''(l)=0 \tag{d}$$

利用振型函数表达式（6-80）和边界条件式（b）和式（d），可以得到

$$C_3=-C_1,\ C_4=-C_2 \tag{e}$$

$$\begin{cases} C_1(\cos\beta l-\cosh\beta l)+C_2(\sin\beta l-\sinh\beta l)=0 \\ C_1(\cos\beta l+\cosh\beta l)+C_2(\sin\beta l+\sinh\beta l)=0 \end{cases} \tag{f}$$

C_1、C_2 有非零解的条件为

$$\begin{vmatrix} \cos\beta l-\cosh\beta l & \sin\beta l-\sinh\beta l \\ \sin\beta l+\sinh\beta l & \cos\beta l+\cosh\beta l \end{vmatrix}=0 \tag{g}$$

得到频率方程为

$$\cos\beta l\sinh\beta l-\cosh\beta l\sin\beta l=0 \tag{h}$$

求得

$$\beta_1 l=3.927,\ \beta_2 l=7.069,\ \beta_3 l=10.210,\ \beta_4 l=13.352 \tag{i}$$

由式（f）可得

$$\frac{C_2}{C_1}=\frac{\cosh\beta_i l-\cos\beta_i l}{\sin\beta_i l-\sinh\beta_i l}=\xi_i,\ i=1,2,\cdots \tag{j}$$

将式（j）代入振型函数表达式（6-80），可以得到各阶振型函数为

$$\phi_i(x)=\cosh\beta_i x-\cos\beta_i x-\xi_i(\sinh\beta_i x-\sinh\beta_i x),\ i=1,2,\cdots \tag{k}$$

将 $\beta_1 l=3.927$ 和 $\beta_2 l=7.069$ 代入式（k），画出振型函数 $\phi_i(x)$ 随 x 的变化曲线，可以得到第一阶振型函数曲线和第二阶振型函数曲线，如图 6-32 所示。第一阶振型函数没有节点，第二阶振型函数有一个节点，在梁 $x=0.560$ 的位置。

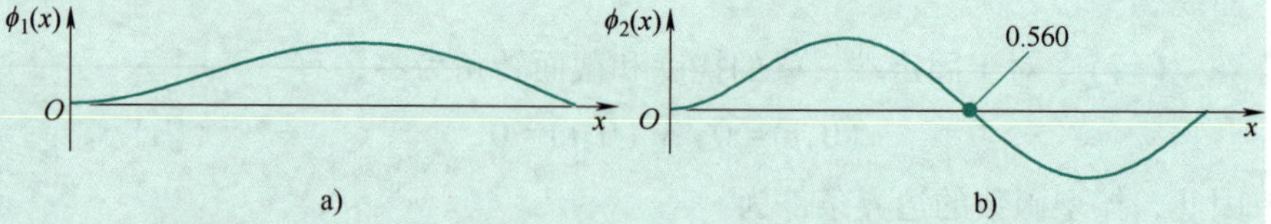

▶ 图 6-32 梁前两阶振型函数曲线

例 6-10 如图6-33 所示悬臂梁，一端固定，另一端有卷簧 k_1 和直线弹簧 k_2 构成的弹性支承，求频率方程。

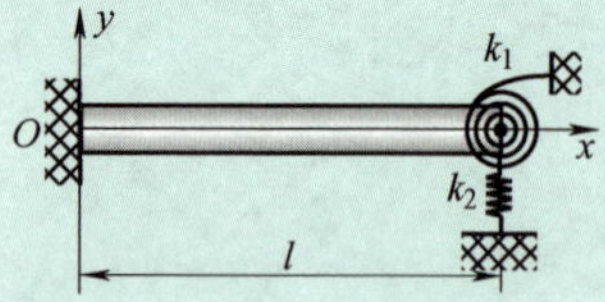

图 6-33 悬臂梁 1

【解】 卷簧产生的弯矩与界面的转角成正比，直线弹簧产生的力与挠度成正比。对于固定端，物理边界条件为挠度和截面转角都为零，因此可以得到振型函数的边界条件为

$$\phi(0)=0,\ \phi'(0)=0 \tag{a}$$

对于弹性支撑端，剪力和弯矩分别与直线弹簧力、卷簧力矩相等，因此有剪力平衡条件：

$$\frac{\partial}{\partial x}\left(EI\frac{\partial^2 y(l,t)}{\partial x^2}\right)=k_2 y(l,t) \tag{b}$$

弯矩平衡条件：

$$EI\frac{\partial^2 y(l,t)}{\partial x^2}=-k_1\frac{\partial y(l,t)}{\partial x} \tag{c}$$

由剪力平衡条件可得

$$EI\phi'''(l)=k_2\phi(l) \tag{d}$$

由弯矩平衡条件可得

$$EI\phi''(l)=-k_1\phi'(l) \tag{e}$$

根据振型函数表达式（6-80），由固定端的边界条件解得

$$C_1=-C_3,\ C_2=-C_4 \tag{f}$$

由弹性支撑固定端条件解得

$$C_1[EI\beta(\cos\beta l+\cosh\beta l)+k_1(\sin\beta l+\sinh\beta l)]+$$
$$C_2[EI\beta(\sin\beta l+\sinh\beta l)-k_1(\cos\beta l-\cosh\beta l)]=0 \tag{g}$$
$$C_1[EI\beta^3(\sin\beta l-\sinh\beta l)-k_2(\cos\beta l-\cosh\beta l)]-$$
$$C_2[EI\beta^3(\cos\beta l+\cosh\beta l)+k_2(\sin\beta l-\sinh\beta l)]=0 \tag{h}$$

由 C_1 和 C_2 有非零解的条件可以得到频率方程为

$$\cos\beta l\cosh\beta l+1=-\frac{k_1}{EI\beta}(\cos\beta l\sinh\beta l+\sin\beta l\cosh\beta l),\ k_2=0 \tag{i}$$

或

$$\cos\beta l\cosh\beta l+1=-\frac{k_2}{EI\beta^3}(\cos\beta l\sinh\beta l-\sin\beta l\cosh\beta l),\ k_1=0 \tag{j}$$

讨论：

1）若 k_1 和 k_2 同时为零，则柔性梁退化为悬臂梁的情形，由式（i）或式（j）可得悬臂梁的频率方程为

$$\cos\beta l\cosh\beta l+1=0 \tag{k}$$

2）若 $k_1=0$，k_2 无穷大，则柔性梁退化为一端固定、另一端简支的情形，由式（j）可得

$$k_2=-\frac{EI\beta^3(\cos\beta l\cosh\beta l+1)}{\cos\beta l\sinh\beta l-\sin\beta l\cosh\beta l} \tag{l}$$

由于 k_2 无穷大，因此可得

$$\cos\beta l\sinh\beta l-\sin\beta l\cosh\beta l=0 \tag{m}$$

例 6-11 悬臂梁自由端附有集中质量，如图 6-34 所示，求频率方程。

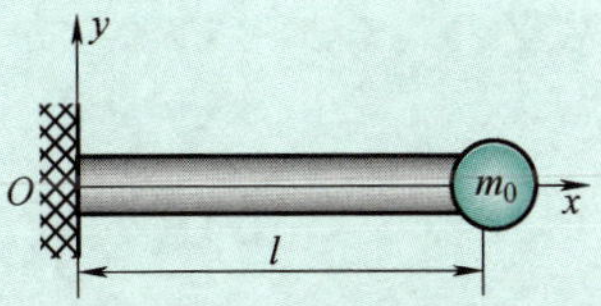

图 6-34 悬臂梁 2

【解】对于固定端，有边界条件：

$$\phi(0)=0,\ \phi'(0)=0 \tag{a}$$

对于自由端，弯矩为零，剪力与质量惯性力平衡，有边界条件：

$$EI\phi''(l)=0,\ EI\phi'''(l)=-m_0\omega^2\phi(l) \tag{b}$$

利用同上述算例相同的方法，可得频率方程为

$$\cos\beta l\cosh\beta l+1=\alpha\beta l(\sin\beta l\cosh\beta l-\cos\beta l\sinh\beta l) \tag{c}$$

式中，$\alpha=m_0/m$ 为集中质量与梁质量之比，$m=\rho Sl$ 为梁质量。

值得说明的是，以上关于柔性梁的分析中没有考虑剪切变形和截面转动惯量的影响，因此以上有关梁的分析只适用于细长梁，一般认为细长梁的长度大于梁高度 5 倍以上，这种梁称为欧拉-伯努利梁。若梁不是细长梁，则必须考虑剪切变形和截面转动惯量的影响，这种梁称为**铁摩辛柯梁**（Timoshenko beam）。考虑剪切变形使得梁的刚度降低，考虑转动惯量使得梁的惯性增加，这两个因素都会使梁的固有频率降低。

6.2.3 振型函数的正交性

本节讨论具有简单边界的梁的振型函数的正交性，梁可以是变截面或等截面的，质量密度及截面积 S 等都可以是 x 的函数。简单边界条件是指梁的边界要么是固定端，要么是自由端，要么是简支端。

振型函数正交性

重写梁的受迫振动方程如下：

$$EI\frac{\partial^4 y}{\partial x^4}+\rho S\frac{\partial^2 y}{\partial t^2}=f(x,t)-\frac{\partial}{\partial x}m(x,t) \tag{6-89}$$

当梁自由振动时，在式（6-89）中去掉外力项，有

$$\frac{\partial^2}{\partial x^2}\left[EI\frac{\partial^2 y(x,t)}{\partial x^2}\right]+\rho S\frac{\partial^2 y(x,t)}{\partial t^2}=0 \tag{6-90}$$

与杆的轴向振动主振动相同，定义梁弯曲振动的主振动为：梁上各点在任意时刻的弯曲位移不同，但是随时间变化的规律相同。主振动可以表达如下：

$$y(x,t)=\phi(x)q(t)=\phi(x)a\sin(\omega t+\theta) \tag{6-91}$$

将式（6-91）代入式（6-90）中，可得

$$(EI\phi'')''-\omega^2\rho S\phi=0 \tag{6-92}$$

对于梁的自由振动，第 i 阶固有频率与第 i 阶振型函数是一一对应的，即当梁以第 i 阶固有频率 ω_i 为频率进行振动时，其所对应的振动形状为 $\phi_i(x)$，因此根据式（6-92），有

$$(EI\phi_i'')''=\omega_i^2\rho S\phi_i \tag{6-93}$$

$$(EI\phi_j'')''=\omega_j^2\rho S\phi_j \tag{6-94}$$

式（6-93）两边乘 $\phi_j(x)$ 并沿杆长积分，有

$$\int_0^l \phi_j(EI\phi_i'')''\mathrm{d}x=\omega_i^2\int_0^l \rho S\phi_i\phi_j\mathrm{d}x \tag{6-95}$$

对式（6-95）等号左端项进行分部积分，有

$$\int_0^l \phi_j(EI\phi_i'')''\mathrm{d}x=\phi_j(EI\phi_i'')'\big|_0^l-\phi_j'(EI\phi_i'')\big|_0^l+\int_0^l EI\phi_i''\phi_j''\mathrm{d}x \tag{6-96}$$

对于梁的简单边界，总有挠度或剪力中的一个与转角或弯矩中的一个同时为零，因此式（6-96）等号右端前两项总为零，因此有

$$\int_0^l \phi_j(EI\phi_i'')''\mathrm{d}x=\int_0^l EI\phi_i''\phi_j''\mathrm{d}x \tag{6-97}$$

由式（6-95）和式（6-97）可得

$$\int_0^l EI\phi_i''\phi_j''\mathrm{d}x=\omega_i^2\int_0^l \rho S\phi_i\phi_j\mathrm{d}x \tag{6-98}$$

同理，式（6-94）两边乘 $\phi_i(x)$ 并沿杆长积分，可得

$$\int_0^l EI\phi_i''\phi_j''\mathrm{d}x=\omega_j^2\int_0^l \rho S\phi_i\phi_j\mathrm{d}x \tag{6-99}$$

将式（6-98）和式（6-99）相减，有

$$(\omega_i^2-\omega_j^2)\int_0^l \rho S\phi_i\phi_j\mathrm{d}x=0 \tag{6-100}$$

当 $i\neq j$ 时，$\omega_i\neq\omega_j$，因此有

$$\int_0^l \rho S\phi_i\phi_j\mathrm{d}x=0 \tag{6-101}$$

式（6-101）表达了**梁的振型函数关于质量的正交性**。

由式（6-95）和式（6-97）可知，当 $i\neq j$ 时，有

$$\int_0^l \phi_j(EI\phi_i'')''\mathrm{d}x=\int_0^l EI\phi_i''\phi_j''\mathrm{d}x=0 \tag{6-102}$$

此即**梁的振型函数关于刚度的正交性**。

当 $i=j$ 时，式（6-100）恒成立，令

$$m_{pi}=\int_0^l \rho S\phi_i^2\mathrm{d}x \tag{6-103}$$

为**第 i 阶模态主质量**，令

$$k_{pi}=\int_0^l \phi_i(EI\phi_i'')''\mathrm{d}x=\int_0^l EI(\phi_i'')^2\mathrm{d}x \tag{6-104}$$

为第 i 阶模态主刚度，则第 i 阶固有频率为

$$\omega_i=\sqrt{\frac{k_{pi}}{m_{pi}}} \tag{6-105}$$

当采用正则振型函数时，正交性可以写为

$$\begin{cases}\int_0^l \rho S\phi_i\phi_j\mathrm{d}x=\delta_{ij}\\ \int_0^l \phi_j(EI\phi_i'')''\mathrm{d}x=\int_0^l EI\phi_i''\phi_j''\mathrm{d}x=\delta_{ij}\omega_j^2\end{cases} \tag{6-106}$$

其中，

$$\delta_{ij}=\begin{cases}1, & i=j\\ 0, & i\neq j\end{cases}$$

当采用正则振型函数时，由于主质量值都为 1，因此振型函数的系数 c_i 将变成一个定值。

6.2.4 梁的弯曲受迫振动

梁的弯曲受迫振动

本节采用振型叠加法对梁的受迫振动问题进行求解。重写梁的受迫振动方程如下：

$$EI\frac{\partial^4 y}{\partial x^4}+\rho S\frac{\partial^2 y}{\partial t^2}=f(x,t)-\frac{\partial}{\partial x}m(x,t) \tag{6-107}$$

梁存在如下初始条件：

$$\begin{cases}y(x,0)=f_1(x)\\ \left.\frac{\partial y}{\partial t}\right|_{t=0}=f_2(x)\end{cases} \tag{6-108}$$

假定固有频率 ω_i 和振型函数 $\phi_i(i=1,2,\cdots)$ 已经通过边界条件得出。令

$$y(x,t)=\sum_{i=1}^{\infty}\phi_i(x)q_i(t) \tag{6-109}$$

式中，$q_i(t)$ 为模态坐标。将式（6-109）代入式（6-107），可得

$$\sum_{i=1}^{\infty}(EI\phi_i'')''q_i+\rho S\sum_{i=1}^{\infty}\phi_i\ddot{q}_i=f(x,t)-\frac{\partial}{\partial x}m(x,t) \tag{6-110}$$

式（6-110）两边乘 ϕ_j 并沿杆长对 x 积分，有

$$\sum_{i=1}^{\infty}q_i\int_0^l\phi_j(EI\phi_i'')''\mathrm{d}x+\sum_{i=1}^{\infty}\ddot{q}_i\int_0^l\rho S\phi_i\phi_j\mathrm{d}x=\int_0^l\left[f(x,t)-\frac{\partial}{\partial x}m(x,t)\right]\phi_j\mathrm{d}x \tag{6-111}$$

利用正则振型函数正交性条件，可以得到梁的模态动力学方程为

$$\ddot{q}_j+\omega_j^2 q_j = Q_j(t) \tag{6-112}$$

其中，

$$Q_j(t)=\int_0^l \left[f(x,t)-\frac{\partial}{\partial x}m(x,t)\right]\phi_j(x)\,\mathrm{d}x \tag{6-113}$$

为与正则模态坐标 $q_j(t)$ 所对应的模态广义力。

下面进行初始条件的处理。在式（6-109）中，令 $t=0$，并代入式（6-108）中，有

$$\begin{cases} y(x,0)=f_1(x)=\sum\limits_{i=1}^{\infty}\phi_i(x)q_i(0) \\ \left.\dfrac{\partial y}{\partial t}\right|_{t=0}=f_2(x)=\sum\limits_{i=1}^{\infty}\phi_i(x)\dot{q}_i(0) \end{cases} \tag{6-114}$$

在式（6-114）中的两个方程乘 $\rho S\phi_j(x)$ 并沿杆长对 x 积分，并利用正交性条件，可以得到模态初始位移和模态初始速度为

$$\begin{cases} q_j(0)=\int_0^l \rho S f_1(x)\phi_j(x)\,\mathrm{d}x \\ \dot{q}_j(0)=\int_0^l \rho S f_2(x)\phi_j(x)\,\mathrm{d}x \end{cases} \tag{6-115}$$

这样，就能求得模态方程（6-112）的解为

$$q_j(t)=q_j(0)\cos\omega_j t+\frac{\dot{q}_j(0)}{\omega_j}\sin\omega_j t+\frac{1}{\omega_j}\int_0^t Q_j(t)\sin\omega_j(t-\tau)\,\mathrm{d}\tau \tag{6-116}$$

在求得 $q_j(t)$ 后，再利用式（6-109），即能求得梁的响应 $y(x,t)$。

如果作用在梁上的外力不是分布力，而是集中力和集中力矩，如图 6-35 所示，可以使用 δ 函数将集中力写成分布力的形式，即

$$\begin{cases} f(x,t)=F_0(t)\delta(x-\xi_1) \\ m(x,t)=M_0(t)\delta(x-\xi_2) \end{cases} \tag{6-117}$$

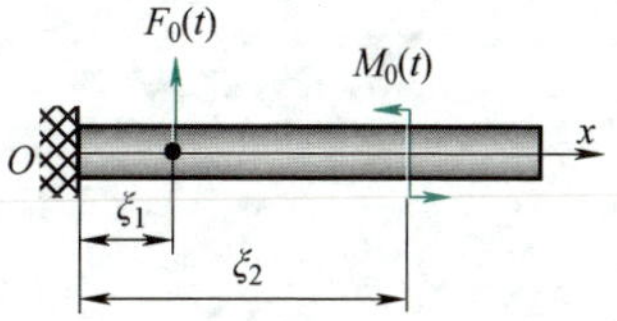

图 6-35 集中外力柔性梁

式中，ξ 为集中力在梁上的位置，则正则模态广义力变为

$$\begin{aligned} Q_j(t)&=\int_0^l \left(F_0(t)\delta(x-\xi_1)\phi_j(x)+M_0(t)\delta(x-\xi_2)\phi_j'(x)\right)\mathrm{d}x \\ &=F_0(t)\varphi_j(\xi_1)+M_0(t)\varphi_j'(\xi_2) \end{aligned} \tag{6-118}$$

例 6-12 图6-36 所示简支梁，中点受常力 P 作用产生静变形，求当力 P 突然移除时梁的响应。

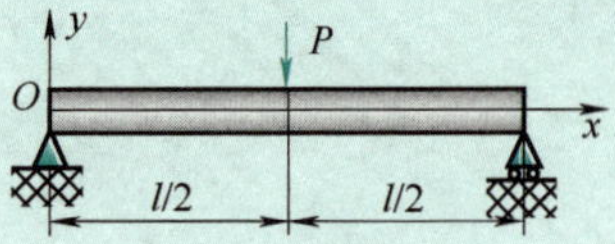

图 6-36 简支梁

梁的弯曲受迫振动算例（1）

【解】 由材料力学知识得初始条件为

$$y(x,0)=f_1(x)=\begin{cases} y_{st}\left[3\left(\dfrac{x}{l}\right)-4\left(\dfrac{x}{l}\right)^3\right], & 0\leqslant x\leqslant \dfrac{l}{2} \\ y_{st}\left[3\left(\dfrac{l-x}{x}\right)-4\left(\dfrac{l-x}{l}\right)^3\right], & \dfrac{l}{2}\leqslant x\leqslant l \end{cases} \tag{a}$$

$$\left.\frac{\partial y}{\partial t}\right|_{t=0}=f_2(x)=0 \tag{b}$$

式中，$y_{st}=-Pl^3/(48EI)$ 为梁中点的静挠度。

根据边界条件，可以求得简支梁的固有频率为

$$\omega_i=i^2\pi^2\sqrt{\frac{EI}{\rho S l^4}} \tag{c}$$

振型函数为

$$\phi_i=C_i\sin\frac{i\pi x}{l},\ i=1,2,3,\cdots \tag{d}$$

由归一化条件

$$\int_0^l\rho S\left(C_i\sin\frac{i\pi x}{l}\right)^2\mathrm{d}x=\frac{\rho S l}{2}C_i^2=1 \tag{e}$$

可以求得

$$C_i=\sqrt{\frac{2}{\rho S l}} \tag{f}$$

根据式（6-115），可以求得模态坐标初始条件为

$$\begin{aligned} q_i(0)&=\int_0^{\frac{l}{2}}\rho S y_{st}\left[3\left(\frac{x}{l}\right)^3-4\left(\frac{x}{l}\right)^3\right]C_i\sin\frac{i\pi x}{l}\mathrm{d}x+ \\ &\quad\int_{\frac{l}{2}}^{l}\rho S y_{st}\left[3\left(\frac{l-x}{l}\right)-4\left(\frac{l-x}{l}\right)^3\right]C_i\sin\frac{i\pi x}{l}\mathrm{d}x \\ &=-\frac{Pl^4\rho S}{i^4\pi^4 EI},\ i=1,3,5,\cdots \end{aligned} \tag{g}$$

$$\dot{q}_i(0)=0,\ i=1,3,5,\cdots \tag{h}$$

外力移除后梁呈现自由振动，正则模态坐标响应为

$$q_i(t)=q_i(0)\cos\omega_i t \tag{i}$$

最终，梁的响应可以求得为

$$y(x,t)=\sum_{i=1}^{\infty}\phi_i(x)q_i(t)=-\frac{2Pl^3}{\pi^4 EI}\sum_i^{\infty}\frac{(-1)^{\frac{i-1}{2}}}{i^4}\sin\frac{i\pi x}{l}\cos\omega_i t \quad \text{(j)}$$

例 6-13 如图6-37 所示简支梁，中点受力矩 $M_0\sin\omega t$ 作用，求梁的响应。

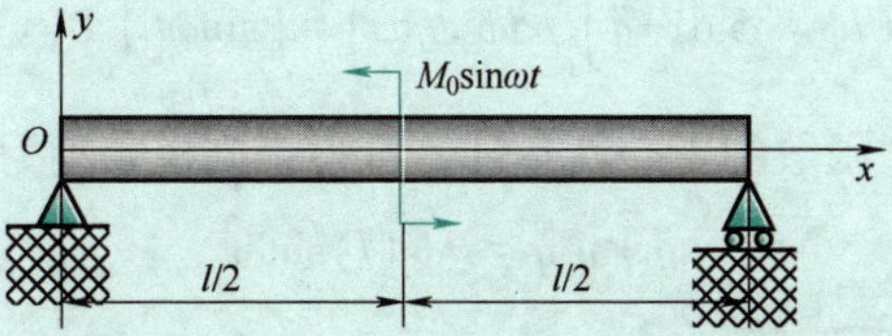

◀ 图 6-37 简支梁

【解】 简支梁的固有频率和正则振型函数如例 6-12 式（c）和式（d）所示。

根据式（6-118），可以求得正则广义力为

$$Q_i(t)=M_0C_i\frac{i\pi}{l}\cos\frac{i\pi}{2}\sin\omega t \quad \text{(a)}$$

则第 i 个正则模态方程为

$$\ddot{q}_i(t)+\omega_i^2q_i(t)=M_0C_i\frac{i\pi}{2}\cos\frac{i\pi}{2}\sin\omega t \quad \text{(b)}$$

可以求得模态响应为

$$q_i(t)=\frac{1}{\omega_i^2-\omega^2}C_iM_0\frac{i\pi}{l}\cos\frac{i\pi}{2}\sin\omega t \quad \text{(c)}$$

最终，梁的响应可以求得为

$$y(x,t)=\sum_{i=1}^{\infty}\phi_i(x)q_i(t)=\frac{2\pi M_0}{\rho Sl^2}\sin\omega t\sum_{i=2}^{\infty}\frac{i}{\omega_i^2-\omega^2}(-1)^{\frac{i}{2}}\sin\frac{i\pi x}{l},$$

$$i=2,4,\cdots \quad \text{(d)}$$

例 6-14 如图6-38 所示悬臂梁，自由端作用有正弦力 $P\sin\omega t$，求稳态强迫振动及梁自由端的响应。

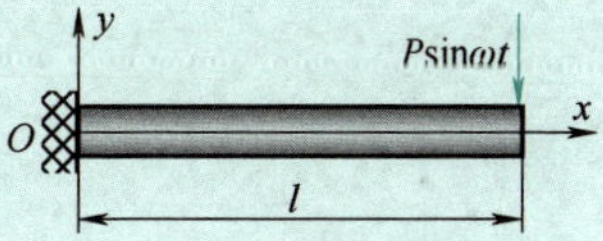

图 6-38 悬臂梁

【解】 在此给出另一种求解梁响应的方法。采用 δ 函数，可以将梁的强迫振动方程写为

$$EI\frac{\partial^4 y}{\partial x^4}+\rho S\frac{\partial^2 y}{\partial t^2}=P\delta(x-l)\sin\omega t \quad \text{(a)}$$

设梁的解为

$$y(x,t)=\sum_{i=1}^{\infty}\phi_i(x)q_i(t) \quad \text{(b)}$$

将式（b）代入式（a）中，有

$$\sum_{i=1}^{\infty}(EIq_i\phi''_i{}'' + \rho S\ddot{q}_i\phi_i) = P\delta(x-l)\sin\omega t \tag{c}$$

式（c）两边同乘 ϕ_j 并沿梁长对 x 积分，有

$$\sum_{i=1}^{\infty}\left(q_i\int_0^l EI\phi''_i{}''\phi_j\mathrm{d}x + \ddot{q}_i\int_0^l \rho S\phi_i\phi_j\mathrm{d}x\right) = P\sin\omega t\int_0^l \delta(x-l)\phi_j\mathrm{d}x \tag{d}$$

利用正则振型函数的正交性条件，可得正则模态动力学方程为

$$\ddot{q}_i + \omega_i^2 q_i = P\phi_i(l)\sin\omega t \tag{e}$$

可以求得模态稳态解为

$$q_i = \frac{P\phi_i(l)}{\omega_i^2[1-(\omega/\omega_i)^2]}\sin\omega t,\ i=1,2,\cdots \tag{f}$$

最终，梁的响应可以求得为

$$y(x,t) = \sum_{i=1}^{\infty}\phi_i(x)q_i(t) = P\sin\omega t\sum_{i=1}^{\infty}\frac{\phi_i(l)\phi_i(x)}{\omega_i^2[1-(\omega/\omega_i)^2]},\ i=1,2,\cdots \tag{g}$$

在式（g）中，令 $x=l$，可以得到梁自由端的响应为

$$y(l,t) = P\sin\omega t\sum_{i=1}^{\infty}\frac{\phi_i^2(l)}{\omega_i^2[1-(\omega/\omega_i)^2]},\ i=1,2,\cdots \tag{h}$$

在悬臂梁的正则振型函数中，令 $x=l$，可以求得

$$\phi_i(x)\big|_{x=l} = \cos\beta_i l - \cosh\beta_i l + \frac{\cos\beta_i l + \cosh\beta_i l}{\sin\beta_i l + \sinh\beta_i l}(\sin\beta_i l - \sinh\beta_i l),\ i=1,2,\cdots \tag{i}$$

式中，$\beta_1 l=1.875$；$\beta_2 l=4.694$；$\beta_3 l=7.855$；$\beta_i l\approx(2i-1)\pi/2(i=3,4,\cdots)$。

将式（i）代入式（h），最终可以得到梁中点的响应为

$$y(l,t) = \frac{4Pl^3}{EI}\left[\frac{\eta_1}{(1.875)^4} + \frac{\eta_2}{(4.694)^4} + \frac{\eta_3}{(7.855)^4} + \cdots\right]\sin\omega t \tag{j}$$

式中，$\eta_i = 1/[1-(\omega/\omega_i)^2](i=1,2,\cdots)$。

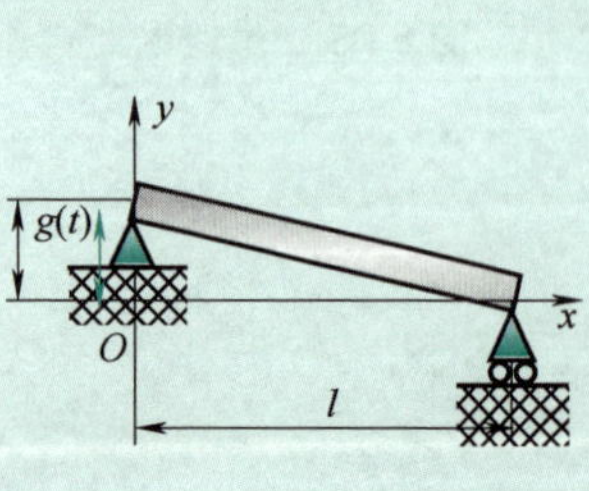

图 6-39　支承运动简支梁

例 6-15　图6-39 所示简支梁，左端做正弦支承运动 $g(t)=y_0\sin\omega t$，求梁的响应。

【解】　这种情况类似于多自由度系统振动中的基础振动情况，

也类似于杆的轴向振动中的基础振动情况，动力学方程与简支梁的方程不同，需要重新推导。

取梁微段受力分析，如图 6-40 所示。由力的平衡关系，可得如下方程：

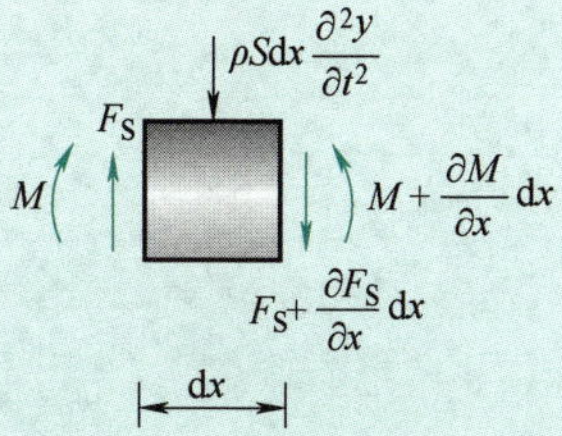

图 6-40　梁微段受力分析

梁的弯曲受迫振动算例（2）

$$\rho S\mathrm{d}x\frac{\partial^2 y}{\partial t^2}+\left(F_S+\frac{\partial F_S}{\partial x}\mathrm{d}x\right)-F_S=0 \tag{a}$$

化简式（a）后，有

$$\frac{\partial F_S}{\partial x}=\rho S\frac{\partial^2 y}{\partial t^2} \tag{b}$$

以微段右截面上任一点为矩心，由力矩平衡，可得

$$\left(M+\frac{\partial M}{\partial x}\mathrm{d}x\right)-M-F_S\mathrm{d}x+\rho S\mathrm{d}x\frac{\partial^2 y}{\partial t^2}\frac{\mathrm{d}x}{2}=0 \tag{c}$$

略去 dx 高阶小量，可得

$$F_S=\frac{\partial M}{\partial x} \tag{d}$$

由材料力学的等截面假设，弯矩与挠度的关系为

$$M(x,t)=EI\frac{\partial^2[y(x,t)-y_g(x,t)]}{\partial x^2} \tag{e}$$

式中，$y_g(x,t)$为由梁左端基础振动所导致的 x 位置处的挠度，表达如下：

$$y_g(x,t)=g(t)\left(1-\frac{x}{l}\right) \tag{f}$$

将式（f）代入式（e），然后再代入式（d）和式（b），最终可以得到梁的动力学方程为

$$EI\frac{\partial^4(y-y_g)}{\partial x^4}+\rho S\frac{\partial^2 y}{\partial t^2}=0 \tag{g}$$

令

$$y^*=y-y_g \tag{h}$$

即 $y=y^*+y_g$，代入式（g）中，有

$$EIy^{*(4)}+\rho S\ddot{y}^*=-\rho S\ddot{y}_g=-\rho S\omega^2 y_0\sin\omega t\left(1-\frac{x}{l}\right) \tag{i}$$

设式（i）的解为

$$y^* = \sum_{i=1}^{\infty} \phi_i(x) q_i(t) \tag{j}$$

式中，$\phi_i(x) = \sqrt{2/l}\sin(i\pi x/l)$ 为简支梁的归一化的正则振型函数。将式（j）代入式（i）中，有

$$\sum_{i=1}^{\infty} (EIq_i\phi''_i{}'' + \rho S\ddot{q}_i\phi_i) = \rho S\omega^2 y_0 \left(1 - \frac{x}{l}\right) \sin\omega t \tag{k}$$

用 $\phi_j(x)$ 乘式（k）等号两边，并沿杆长积分，有

$$\sum_{i=1}^{\infty} \left(q_i\int_0^l EI\phi_i''''\phi_j \mathrm{d}x + \ddot{q}_i\int_0^l \rho S\phi_i\phi_j \mathrm{d}x \right) = \rho S\omega^2 y_0 \sin\omega t \int_0^l \phi_j \left(1 - \frac{x}{l}\right) \mathrm{d}x \tag{l}$$

利用正则正交性条件，可以得到模态动力学方程为

$$\ddot{q}_i + \omega_i^2 q_i = \sqrt{\frac{2}{l}} \frac{l\omega^2 y_0 \sin\omega t}{i\pi},\ i = 1, 2, \cdots \tag{m}$$

求得模态坐标稳态解为

$$q_i = \sqrt{\frac{2}{l}} \frac{l\omega^2 y_0 \eta_i}{i\pi\omega_i^2} \sin\omega t = \sqrt{\frac{2}{l}} \frac{l^5\omega^2 y_0}{i^5\pi^5 a_0^2} \eta_i \sin\omega t,\ i = 1, 2, \cdots \tag{n}$$

式中，$\eta_i = 1/[1 - (\omega/\omega_i)^2]$；$a_0^2 = EI/(\rho S)$；梁固有频率为

$$\omega_i = \left(\frac{i\pi}{l}\right)^2 \sqrt{\frac{EI}{\rho S}},\ i = 1, 2, \cdots$$

将模态坐标稳态解代入式（j）中，可得

$$y^* = \frac{2l^4\omega^2 y_0 \sin\omega t}{\pi^5 a_0^2} \sum_{i=1}^{\infty} \frac{\eta_i}{i^5} \sin\frac{i\pi x}{l} \tag{o}$$

最终，梁的解为

$$y = y^* + y_g = y_0 \sin\omega t \left[1 - \frac{x}{l} + \frac{2l^4\omega^2}{\pi^5 a_0^2} \sum_{i=1}^{\infty} \frac{\eta_i}{i^5} \sin\frac{i\pi x}{l}\right] \tag{p}$$

思考题 图 6-41 所示悬臂梁，左端固定，右端简支，右端支承基座存在运动，假定具运动形式为 $g(t) = y_0\sin\omega t$，试求梁的响应。

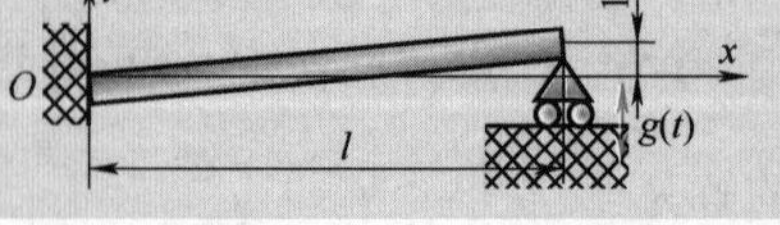

▶ 图 6-41　支承运动悬臂梁

6.2.5　塔科马海峡大桥倒塌现象及启示录

本节以美国塔科马海峡大桥为例，介绍垮塌前的现象、垮塌过程、事故原因调查、事故启示录等，以引导学生追求真理和善于创新，培育学术志向和专业情怀。

塔科马海峡大桥始建于1938年，大桥全长1524m，主跨853m，是当时世界上第三长的悬索桥，仅次于金门大桥和乔治·华盛顿大桥，大桥造价640万美元。1940年7月1日大桥通车（见图6-42），大桥像一条薄薄的钢带，既富有弹性，又非常美观，悬挂在海湾最狭处，把奥林匹克半岛和华顿州其他地区连接起来，成为当地一个景点。1940年11月7日大桥发生垮塌，如图6-43所示，此时距离大桥通车仅近四个月。大桥的设计承载风速为60m/s，发生垮塌时的风速为19m/s，也就是说，大桥在中等风速情况下就发生了垮塌。

图6-42　塔科马海峡大桥通车当日盛况

图6-43　塔科马海峡大桥

1. 垮塌前现象和所采取的措施

事实上，塔科马海峡大桥在建造过程中及建成通车起就已经出现了明显异常，大桥在轻风中就已经出现了上下1.2m的波动，为此建造方拟采取一些措施来抑制桥梁的振动，这些措施包括：

1）加固连接到板梁上的索缆，锚固在岸上50t的混凝土块中；

2）增加一对斜拉索，将主缆连接到跨中桥面；

3）在桥塔与桥面的梁板间安装液压缓冲装置，以抑制主跨度的纵向运动。

然而，此时距离大桥倒塌只有5天，这些措施还没来得及实施，桥梁就垮塌了。

2. 大桥垮塌

1940年11月7日上午11时，华盛顿大学法夸尔森教授现场见证了这座当时世界第三长的悬索桥的倒塌，他称，“大桥起初呈上下波动，频率约0.6Hz，1h后，没有中间任何过渡过程，上下波动突然转变为双波扭转振动，频率为0.23Hz。除了垂直波动外，还具有横向扭曲运动”（见图6-44），这是该桥以前没有表现出来的。

冯·卡门教授在自传中描述：路灯杆首先倒下，接着一个约180m的中跨桥面松散开，从58m的高度栽进海湾，10min后，其余中跨鱼贯而入到大海中。失去支撑的两个边跨，猛然抽动后坍落。

当时华盛顿大学法夸尔森教授正站在边跨上拍摄大桥经受考验全过程的电影，一下子被摔倒在地，他使劲站起来才脱离危险。

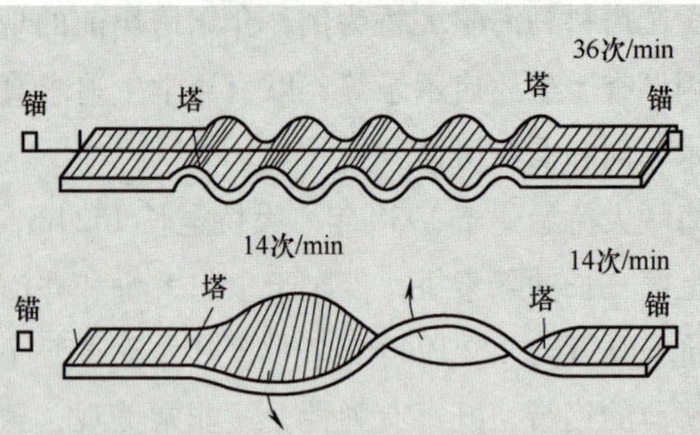

▶ 图 6-44 塔科马海峡大桥所呈现的两阶振动形状

3. 事故原因调查

11 月 7 号桥梁坍塌，12 月美国联邦政府组织事故调查小组，其中冯·卡门教授负责空气动力学。他在家中用电扇吹桥梁模型，一开始模型轻轻摇动，电扇转速加快时模型开始振动，当电扇送风节奏和模型频率合拍时振动厉害，出现不稳定现象，故他推测，兴风作浪的是“卡门涡街”。卡门涡街是流体力学现象，当定常来流绕过物体两侧时会周期性地脱落出旋转方向相反、排列规则的双列线涡。1911 年冯·卡门教授发表了第一篇绕流涡论文，后人将此称为卡门涡街（见图 6-45）。

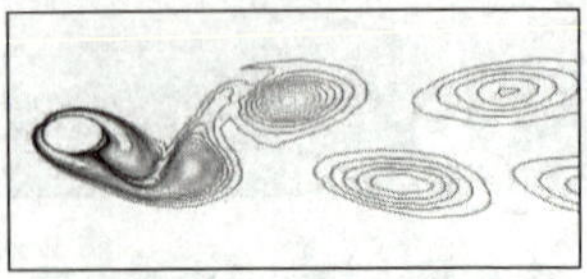

图 6-45 卡门涡街

冯·卡门教授的助手路易斯·邓恩在塔科马海峡大桥事故后也做了桥梁模型试验，他发现：风速小时，桥梁模型很安静，无振动发生；当风速达到某一定值时，即涡旋脱落节奏和模型振动频率同步时，模型发生剧烈振动，即自激振动源于垂直主梁的迎风面的涡旋脱落（见图 6-46）。

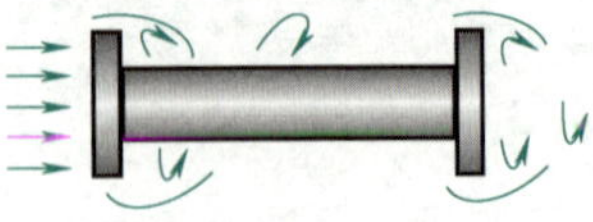

图 6-46 大桥涡旋脱落

调查委员会在调查报告中认为，塔科马海峡大桥的垂直振动可能是由风的湍流所引起的，大桥的破坏是扭转振动所引起的。并指出，扭转振动一旦被诱发，在非对称卡门涡旋作用下，振幅有增大趋势，并进一步造成结构的破坏。报告中认为，可能是连接中心拉杆的桥北侧线缆的滑落引发了扭转振动。

但是，当时的桥梁工程师有着不同的看法，受当时技术水平的限制，他们在设计桥梁时仅考虑静态力，如重量和压力等，原来塔科马海峡大桥能抗 60m/s 的大风也是指的恒定风速，而不考虑较小的阵风。他们不认为相对桥梁较小的构件如飞机机翼所采用的理论，能用于桥梁那样的庞然大物上。调查组组长安曼就不承认那样小的动载荷引起的振动会危及桥的安全。

在事故调查总结的西雅图会议上，在模型实验面前，大多数出席者承认空气动力学对桥梁建筑具有相当价值，这意味着与会专家认同了小的阵风引起的“卡门涡街”导致大桥振动，并最终使塔科马海峡大桥坍塌。

4. 事故原因进一步研究

塔科马海峡大桥事故调查虽然使得人们认识到空气动力学的作用，但是桥梁坍塌的机理并没有弄清，相关研究仍在继续。早在事故前，由于桥梁会发生起伏波动，华盛顿大学法夸尔森教授就已展开了研究，事故发生后他又开始研究失效机理。1963 年，美国斯坎伦教授提出了钝体断面的分离流自激颤振理论，较好地解释了造成塔科马海峡大桥风毁的致振机理。1966 年，日本科学家 Saknta 等人对比了桥梁断面和机翼断面的气动导数的差别后，建立了桥梁结构的分离流颤振理论。Matsumoto 等人在研究工作的总结中，报道了截面宽高比及湍流对 H 形截面临界风速的影响。1990 年，塔科马海峡大桥垮塌 50 周年之际，Wyatt 和 Walshe 指出两种熟知的气动弹性失稳机理与该桥的扭转振动相关。Billah 等人指出卡门涡街可能引起限幅扭转振动，但不至于导致大振幅扭转发散振动。

我国学者也开展了大量的研究与探索，例如，《旧 Tacoma 桥风振过程及演化机理初探》(张靖．西南交通大学硕士学位论文，2018)《绕流对称性破缺诱发柔细结构——以 Tacoma 大桥风振致毁事故为例》(葛秀坤等．防灾减灾工程学报，2011)《Tacoma 大桥风振致毁事故机理分析与模拟》(赵庆贤等．中国安全生产科学技术，2011)《塔科马大桥倒塌原因的几种解释》(赵慧明等．力学与实践，2021)、《空气绕流诱发 H 型桥面振动的 Tacoma 大桥风振致毁事故为例》(赵庆贤等．力学与实践，2011) 等。

5. 垮塌原因的几点解释

总结对塔科马海峡大桥垮塌的解释，主要有四种学说：结构失效说、共振说、卡门涡街说和颤振说。分别简述如下。

（1）结构失效说

结构失效说认为大桥桥面过于扁平、实体，风吹过时可像风筝摇摆；中间缆绳卡箍滑出导致缆绳发生多米诺骨牌效应，发生倒塌（实际上去掉一根并不影响结构安全）。

（2）共振说

这是联邦报告中提到的原因之一。风产生了周期交替出现的激励，其频率与结构固有频率接近发生共振，振幅超过桥梁容限导致倒塌。但人们始终怀疑自然界随机的风是否可以保持与大桥精准且一致的频率。

（3）卡门涡街说

该假说与共振说本质相同，认为卡门涡街脱落频率与结构频率一致发生共振。但大桥倒塌时扭转频率约为 0.2Hz，与卡门涡街的脱落频率（约 1Hz）相差较远，成为卡门涡街说的重要不足之处。

（4）颤振说

颤振是飞行术语，是指流体诱发的自激振动，通常为弯曲和扭转组合振动。颤振临界速度是指在该速度下飞机结构出现不稳定；低于该值振动会衰减，等于该值时保持等幅振动，高于该值时振动会发散，从而导致结构破坏。将颤振理论用于大桥事故分析，是指桥梁变形改变了气动性能，从而产生了弯扭振动，直至桥梁倒塌。基于该理论，应该存在一个很高的桥梁颤振临界风速（实际风速只有 19m/s）。风洞对薄板的实验显示出，高风速只增加竖向振动但却降低扭转振动。另外颤振无法解释的是大桥如何从弯曲振动转变为扭转振动？

以上四种说法都有一定的正确性，但又都存在不足。人们普遍接受大桥由涡形成而开始振动，但对倒塌原因争论激烈，尤其是颤振说和共振说。共振人们很容易理解，特别是“军队整齐划一通过桥梁引起桥梁倒塌”的典故更加普及了共振说，因此共振也写入了教材，成为了塔科马海峡大桥倒塌最常见的解释。但这引起颤振说学者强烈不满，因为桥倒塌时涡街频率 1Hz，而桥扭振频率 0.2Hz，显然不能解释为共振，颤振说能很好地解释这一现象，但颤振说却无法解释：颤振临界速度，以及如何“突然”由上下弯曲振动跳变到扭转振动。

6. 事故启示录

为何塔科马海峡大桥耗资百万通车仅四个月被风吹断，却成为了建造史上的里程碑？工程故障和失败对工程科学具有重要意义，它是工程科学发展的重要途径之一，只有故障才是工程师第一可及的事物，也只有有了故障信息才会有可靠性定量值和由此而来的一系列指标、理论和方法。塔科马海峡大桥事故的发生及其调查研究过程给了我们许多启示。

（1）促进了空气动力学研究

大桥坍塌促使人们对悬索桥结构空气动力稳定问题进行研究。虽没完全弄清大桥坍塌的机理，但通过已掌握的原理和试验模拟，对新桥的建设起到了重要作用。

（2）促进了动载荷研究

大桥坍塌使人们认识到，大型建筑物的建造不能仅仅考虑静载荷，还要考虑动载荷，小的动载荷也有可能酿成大事故。

（3）大型工程不能只考虑成本，最重要还是安全

最初华盛顿州工程师克拉克·艾尔德里奇对塔科马海峡大桥的计划经费是 1100 万美元，最终著名金门大桥的设计师莫伊塞夫设计的方案胜出，他将 2.4m 普通梁代替原计划 7.6m 的桁架梁，不仅将建造成本从 1100 万美元大幅降低至 640 万美元，还使大桥更加纤细优雅和具有观赏性（见图 6-47）。另外，大桥主跨 853.4m，桥宽却仅 11.9m，这在同期悬索桥十分罕见。不仅桥面过于狭窄，只有 2.4m 高的钢梁也无法使桥身产生足够刚度。

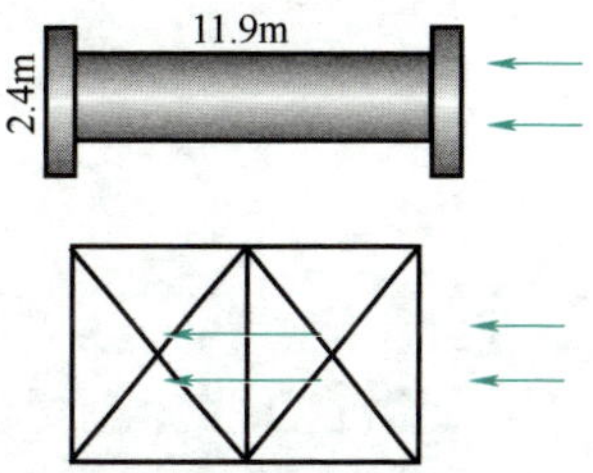

图 6-47 塔科马海峡大桥迎风面

10 年后（1950 年），在原桥墩上建成新塔科马海峡大桥（见图 6-48），仍为悬索形式，但将加劲梁改为钢桁梁，梁高跨比从 1/350 提至 1/85，跨宽比从 1/72 提至 1/47，并在桥面开有带状孔隙以改善抗风性能。2007 年又建立了一座新的塔科马海峡大桥。

图 6-48 新塔科马海峡大桥

（4）要注重历史教训

在塔科马海峡大桥坍塌前，已有十几座悬索桥因风致毁，早在 19 世纪初就已有报道，但却没有引起人们的足够重视，另外塔科马

海峡大桥还采用了柔性更高的结构形式，结果是历史再次重演。

（5）要注重模型试验和数值模拟

大型结构建成后要经历各种载荷，有些载荷机理可能不为人知。为让结构能在有效期内经受住各种载荷，需要做承载试验。现在数值模拟技术发展迅猛，有些试验可由数值模拟代替。

（6）事故调查要彻底，要注重理论研究

塔科马海峡大桥事故调查小组进行了很多调查，并给出了“卡门涡街”导致大桥振动的结论。华盛顿大学法夸尔森教授经过长时间的调查和研究，给出了五卷报告。但他们都未能在理论上给出风致振动的机理。这或许是受当时理论发展水平所限，但若能给出彻底、深入和全面的结论，对工程指导意义更大。理论研究清楚了，可以在更多更大的范围内对工程进行指导。

事实上，直到目前，对于风致振动的机理人们仍还没完全弄清楚。例如，2010 年 5 月 19 日，俄罗斯伏尔加大桥桥面突然呈现波浪形翻滚，伴发震耳欲聋声音。2020 年 5 月 5 日，我国虎门大桥上下起伏振动，5 月 6 日又振动，是桥梁通行 23 年来首次振幅近半米。1997 年日本东京湾大桥上下振动，振幅达半米。2011 年韩国珍岛大桥发生振动。可以讲，人们目前对风振机理的了解仍然不全面和不准确，还有不为人所知的因素和谜题有待进一步揭开。

7. 工程伦理

塔科马海峡大桥垮塌谁之错？我们不能过多地指责建造大桥的工程师们，那个年代人们对悬索桥的空气动力学特性知之甚少，这场灾难在当时是无法预测的，可以说是桥梁建筑史的必然过程。

工程伦理是由设计者、决策者、建造者、管理者等共同参与的工程系统的设计、建造、维护等，不但受各个参与者的认知、情感、技术水平的影响，也受当时科技发展水平的制约。工程伦理的核心是技术人员的科学素养，科学素养包括知识构成、科学精神、开拓能力、洞察能力等。

以塔科马海峡大桥垮塌为例，大桥的设计符合当时的技术规范，但是当时人们主要是以静载荷为准进行强度校核，对动载荷和空气动力学的认识明显不足，因此在知识构成上存在不足。当时的科学家们很敬业，但也存在一些欠缺，例如，对于大型建筑物的构建忽视了建造前的试验环节，为了降低成本而轻视了安全性，因此在科学精神上欠缺。当时的科技飞速发展，科学家们具有很好的开拓精神和能力，因此在开拓能力方面是不错的。当时的科学家们在发现问题和解决问题的能力方面存在严重不足，例如，上世纪初至1940年，已有十几座悬索桥风致倒塌，但是未引起足够的重视，因此在洞察能力方面存在欠缺。

真理是对客观事物的正确反映，探究真理的过程是曲折的，塔科马海峡大桥的坍塌机理仍然在探索中！

6.3 集中质量法

在6.1节和6.2节分别给出杆振动和梁振动的解析求解方法。实际工程振动问题一般很少能够求得解析解，往往需要对系统的偏微分动力学方程进行离散化，以得到一个常微分动力学方程，用常微分动力学方程的解去近似逼近原偏微分动力学方程的解。常常使用的离散化方法有集中质量法、有限段方法、假设模态法、有限元方法等。本节介绍集中质量法，在6.4节和6.6节将分别介绍假设模态法和有限元方法。

集中质量法

工程系统的物理参数常常分布不均匀，惯性和刚性较大的部件可看作质量集中的质点和刚体，惯性小和弹性强的部件可抽象为无质量的弹簧，它们的质量可以不计或折合到集中质量上。物理参数分布均匀的系统，也可以近似地分解为有限个集中质量，集中质量的数量取决于所要求的计算精度。连续系统离散为有限自由度系统后，可以采用多自由度系统的方法进行振动分析。

以图6-49a所示的等截面梁为例，梁长度为l，抗弯刚度为EI，材料密度为ρ，横截面积为S，梁质量为$m=\rho Sl$。将梁均分为四段，如图6-49b所示，将每段质量平均分到该段两端，如图6-49c所示支座处集中质量不影响梁弯曲，连续梁可用三个集中质量代替，其中$m_1=m_2=m_3=m/4$，如图6-49d所示。

连续体近似成了三自由度系统，系统的质量矩阵为

$$\boldsymbol{M}=\frac{m}{4}\begin{bmatrix}1&0&0\\0&1&0\\0&0&1\end{bmatrix} \tag{6-119}$$

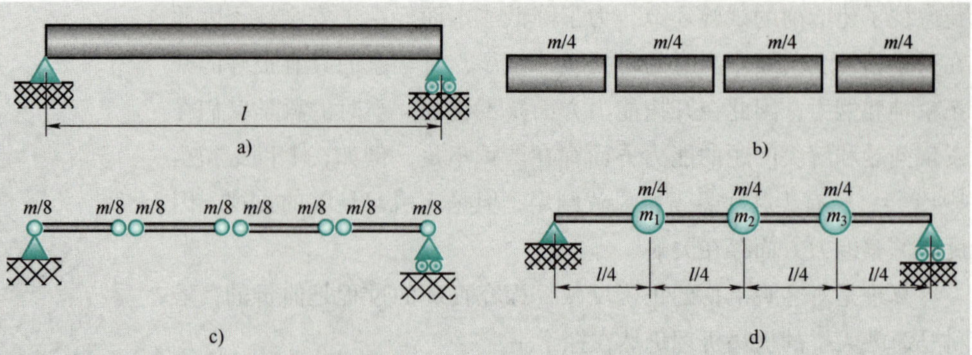

▲ 图 6-49 柔性梁离散化

三个质点之间的梁端具有相同的弹性性质，由材料力学知识可得柔度影响系数：

$$\begin{cases} f_{11}=f_{33}=\dfrac{9l^3}{768EI} \\ f_{12}=f_{21}=f_{23}=f_{32}=\dfrac{11l^3}{768EI} \\ f_{22}=\dfrac{16l^3}{768EI} \\ f_{13}=f_{31}=\dfrac{7l^3}{768EI} \end{cases} \tag{6-120}$$

因此，系统的柔度矩阵为

$$\boldsymbol{F}=\frac{l^3}{768EI}\begin{bmatrix} 9 & 11 & 7 \\ 11 & 16 & 11 \\ 7 & 11 & 9 \end{bmatrix} \tag{6-121}$$

同理，也可将连续梁离散为两自由度或单自由度系统，如图 6-50 所示。在求得系统的质量矩阵和柔度矩阵后，可以计算出相应的系统固有频率。梁取不同集中质量数量时的固有频率及误差见表 6-1，可以看出：

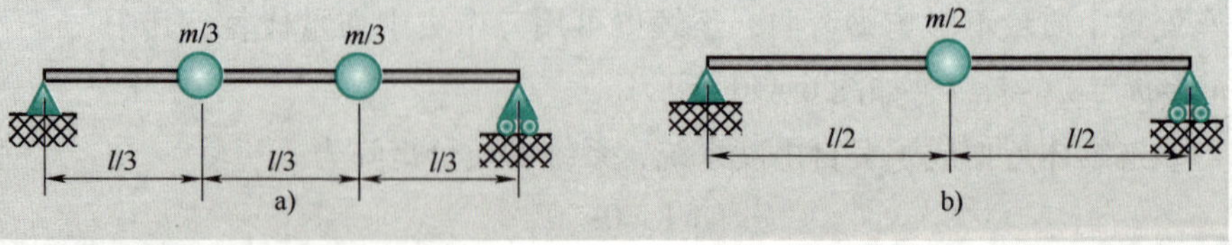

▶ 图 6-50 柔性梁离散化

1）随着自由度数目的增加，计算精度提高；

2）基频的精度较高；

3）自由度相同情况下，频率阶数增高，误差增大。

表 6-1　简支梁取不同集中质量数量时的固有频率及误差

固有频率	连续梁精确解	三自由度系统		两自由度系统		单自由度系统	
		近似解	误差	近似解	误差	近似解	误差
ω_1	$\frac{9.870}{l^2}\sqrt{\frac{EI}{\rho S}}$	$\frac{9.867}{l^2}\sqrt{\frac{EI}{\rho S}}$	0.03%	$\frac{9.859}{l^2}\sqrt{\frac{EI}{\rho S}}$	0.1%	$\frac{9.798}{l^2}\sqrt{\frac{EI}{\rho S}}$	0.7%
ω_2	$\frac{39.48}{l^2}\sqrt{\frac{EI}{\rho S}}$	$\frac{39.19}{l^2}\sqrt{\frac{EI}{\rho S}}$	0.73%	$\frac{38.18}{l^2}\sqrt{\frac{EI}{\rho S}}$	3.3%	—	—
ω_3	$\frac{88.83}{l^2}\sqrt{\frac{EI}{\rho S}}$	$\frac{83.21}{l^2}\sqrt{\frac{EI}{\rho S}}$	6.3%	—	—	—	—

值得注意的是，在使用集中质量法时，固有频率的计算精度与边界条件有关，例如将同一模型用于悬臂梁系统，计算的精度将明显下降，究其原因是悬臂梁比简支梁少了一端约束，简支梁的两端存在约束，而悬臂梁只有固定端存在约束。一般来说，约束越多，采用集中质量法进行离散化的计算精度越高。

6.4　假设模态法

实际工程系统常常使用假设模态法和有限元方法进行动力学与控制的研究，有限元方法常用于动力学的分析，假设模态法常用于控制的设计。有限元方法的计算精度可以通过对单元的细小划分而得以保障，目前已经开发有成熟的大型有限元计算软件，如 Ansys、Nastran、Abaqus 等，其有效性已在大量的工程实践中得到了检验。然而，有限元方法所建立起的系统动力学方程的维数很大，不便于主动控制的设计，控制设计要求方程的维数应当尽可能地低。假设模态法是利用有限个已知的振型函数来确定系统的运动规律，采用假设模态法可以得到一个维数很低的动力学方程，因此对于大型工程结构的主动控制设计一般都是采用假设模态法。

假设模态法
（1）

本节介绍假设模态法，包括动力学方程的建立、瑞利法和里茨法，在 6.6 节将介绍有限元离散化方法。

1. 动力学方程

在采用振型叠加法讨论连续体系统的响应时，是将连续体系统的解写作全部振型函数的线性组合：

$$y(x,t)=\sum_{i=1}^{\infty}\phi_i(x)q_i(t) \tag{6-122}$$

式中，$\phi_i(x)$为振型函数，满足连续体的物理边界条件；$q_i(t)$为模态坐标。

当取前 n 个有限项时，近似解为

$$y(x,t)\approx\sum_{i=1}^{n}\phi_i(x)q_i(t) \tag{6-123}$$

若实际系统的振形函数 $\phi_i(x)$ 难以解得，一般是代以假设振型函数的试函数簇 $\psi_i(x)$，或称为假设模态。假设振型函数满足部分或全部边界条件，但不一定满足动力学方程。式（6-123）中的变量 $q_i(t)$称为与假设振型函数所对应的模态坐标。

下面以均质梁的横向振动为例，阐述离散动力学方程的建立。假定振型函数 $\phi_i(x)$已经通过梁的边界条件确定或者代以假设模态 $\psi_i(x)$，梁的近似解可以写为

$$y(x,t)\approx\sum_{i=1}^{n}\psi_i(x)q_i(t)=\boldsymbol{\Psi q} \tag{6-124}$$

式中，$\boldsymbol{\Psi}=[\psi_1(x),\psi_2(x),\cdots,\psi_n(x)]\in\mathbf{R}^{1\times n}$为假设振型函数行阵，$\boldsymbol{q}=[q_1,q_2,\cdots,q_n]^{\mathrm{T}}\in\mathbf{R}^{n\times 1}$为模态坐标列阵。

梁的动能可以写为

$$\begin{aligned}T&=\frac{1}{2}\int_0^l\rho S\left(\frac{\partial y(x,t)}{\partial t}\right)^2\mathrm{d}x\\&=\frac{1}{2}\int_0^l\rho S(\dot{\boldsymbol{q}}^{\mathrm{T}}\boldsymbol{\Psi}^{\mathrm{T}})(\dot{\boldsymbol{q}})\mathrm{d}x\\&=\frac{1}{2}\dot{\boldsymbol{q}}^{\mathrm{T}}\left(\int_0^l\rho S\boldsymbol{\Psi}^{\mathrm{T}}\boldsymbol{\Psi}\mathrm{d}x\right)\dot{\boldsymbol{q}}\\&=\frac{1}{2}\dot{\boldsymbol{q}}^{\mathrm{T}}\boldsymbol{M}\dot{\boldsymbol{q}}\end{aligned} \tag{6-125}$$

式中，$\boldsymbol{M}$ 为梁的质量矩阵，为正定对称矩阵，表达式为

$$\boldsymbol{M}=\int_0^l\rho S\boldsymbol{\Psi}^{\mathrm{T}}\boldsymbol{\Psi}\mathrm{d}x\in\mathbf{R}^{n\times n} \tag{6-126}$$

$\boldsymbol{M}$ 矩阵的元素为

$$m_{ij}=m_{ji}=\int_0^l\rho S\psi_i(x)\psi_j(x)\mathrm{d}x \tag{6-127}$$

梁的势能可以写为

$$
\begin{aligned}
V&=\frac{1}{2}\int_0^l EI\left(\frac{\partial^2 y(x,t)}{\partial x^2}\right)^2\mathrm{d}x\\
&=\frac{1}{2}\int_0^l EI(\boldsymbol{q}^{\mathrm{T}}\boldsymbol{\Psi}''^{\mathrm{T}})(\boldsymbol{\Psi}''\boldsymbol{q})\mathrm{d}x\\
&=\frac{1}{2}\boldsymbol{q}^{\mathrm{T}}\boldsymbol{K}\boldsymbol{q}
\end{aligned}
\tag{6-128}
$$

式中，$\boldsymbol{K}$ 为梁的刚度矩阵，为正定对称矩阵，表达式为

$$
\boldsymbol{K}=\int_0^l EI\boldsymbol{\Psi}''^{\mathrm{T}}\boldsymbol{\Psi}''\mathrm{d}x\in\mathbf{R}^{n\times n}
\tag{6-129}
$$

$\boldsymbol{K}$ 矩阵的元素为

$$
k_{ij}=k_{ji}=\int_0^l EI\psi_i''(x)\psi_j''(x)\mathrm{d}x
\tag{6-130}
$$

下面求解对应于广义坐标 $q_i(t)$ 的广义力。设沿梁作用有分布力 $p(x,t)$，梁的虚位移可以写为

$$
\delta y=\sum_{i=1}^{n}\psi_i\delta q_i
\tag{6-131}
$$

此时，分布力的虚功为

$$
\begin{aligned}
\delta W(t)&=\int_0^l p(x,t)\delta y\mathrm{d}x\\
&=\int_0^l p(x,t)\left(\sum_{i=1}^{n}\psi_i\delta q_i\right)\mathrm{d}x\\
&=\sum_{i=1}^{n}\left(\int_0^l p(x,t)\psi_i(x)\mathrm{d}x\right)\delta q_i\\
&=\sum_{i=1}^{n}Q_i\delta q_i
\end{aligned}
\tag{6-132}
$$

式中，$Q_i(t)$ 为与广义坐标 $q_i(t)$ 所对应的广义力，表达式为

$$
Q_i(t)=\int_0^l p(x,t)\psi_i(x)\mathrm{d}x
\tag{6-133}
$$

将广义力写成列阵形式，有

$$
\boldsymbol{Q}(t)=[Q_1(t),Q_2(t),\cdots,Q_n(t)]^{\mathrm{T}}\in\mathbf{R}^{n\times 1}
\tag{6-134}
$$

将动能、势能、广义力代入拉格朗日方程矩阵方程：

$$
\frac{\mathrm{d}}{\mathrm{d}t}\left(\frac{\partial T}{\partial\dot{\boldsymbol{q}}}\right)-\frac{\partial T}{\partial\boldsymbol{q}}+\frac{\partial V}{\partial\boldsymbol{q}}=\boldsymbol{Q}
\tag{6-135}
$$

最终可以得到梁的离散动力学方程为

$$\boldsymbol{M}\ddot{\boldsymbol{q}}+\boldsymbol{K}\boldsymbol{q}=\boldsymbol{Q}(t) \tag{6-136}$$

可以看出，弹性体的强迫振动转换成了 n 自由度系统的强迫振动问题。

假设模态法（2）

如果梁上有集中质量 m，质量位于梁上 x_a 位置处，如图 6-51 所示，则集中质量的位移可以表达为

$$y(x_a,t)=\boldsymbol{\Psi}(x_a)\boldsymbol{q}(t) \tag{6-137}$$

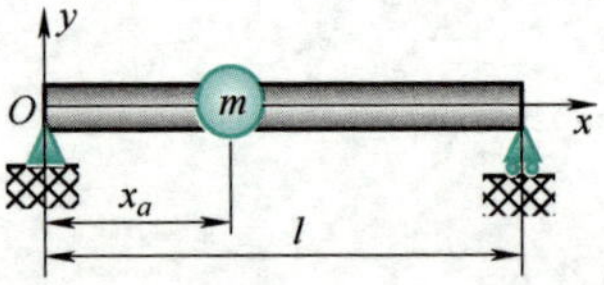

图 6-51　带集中质量柔性梁

此时系统的动能可以写为

$$T=\frac{1}{2}\int_0^l \rho S\left(\frac{\partial y(x,t)}{\partial t}\right)^2 \mathrm{d}x+\frac{1}{2}m\left(\frac{\partial y(x_a,t)}{\partial t}\right)^2$$

$$=\frac{1}{2}\dot{\boldsymbol{q}}^{\mathrm{T}}(\boldsymbol{M}_0+\boldsymbol{M}_1)\dot{\boldsymbol{q}} \tag{6-138}$$

系统质量阵为 $\boldsymbol{M}=\boldsymbol{M}_0+\boldsymbol{M}_1$，其中 $\boldsymbol{M}_0$ 和 $\boldsymbol{M}_1$ 分别为：

$$\boldsymbol{M}_0=\int_0^l \rho S\boldsymbol{\Psi}^{\mathrm{T}}\boldsymbol{\Psi}\mathrm{d}x\in\mathbf{R}^{n\times n} \tag{6-139}$$

$$\boldsymbol{M}_1=m[\boldsymbol{\Psi}(x_a)]^{\mathrm{T}}[\boldsymbol{\Psi}(x_a)]\in\mathbf{R}^{n\times n} \tag{6-140}$$

$\boldsymbol{M}$ 矩阵的元素为

$$m_{ij}=m_{ji}=\int_0^l \rho S\psi_i(x)\psi_j(x)\mathrm{d}x+m\psi_i(x_a)\psi_j(x_a) \tag{6-141}$$

如果梁上有卷簧 k_1 和弹簧 k_2，如图 6-52 所示，则系统的势能可以写为

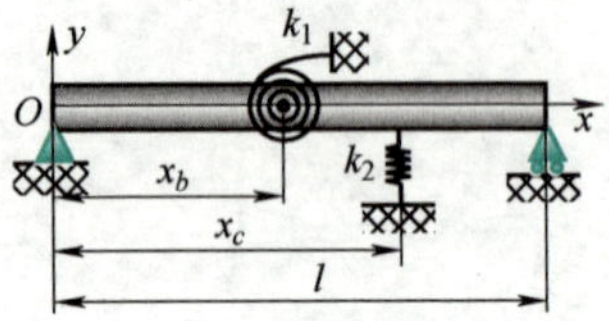

图 6-52　带直线弹簧和卷簧柔性梁

$$V=\frac{1}{2}\int_0^l EI\left(\frac{\partial^2 y(x,t)}{\partial x^2}\right)^2 \mathrm{d}x+\frac{1}{2}k_1\left(\frac{\partial y(x_b,t)}{\partial x}\right)^2+\frac{1}{2}k_2y^2(x_c,t)$$

$$=\frac{1}{2}\boldsymbol{q}^{\mathrm{T}}(\boldsymbol{K}_0+\boldsymbol{K}_1+\boldsymbol{K}_2)\boldsymbol{q} \tag{6-142}$$

系统刚度矩阵为 $\boldsymbol{K}=\boldsymbol{K}_0+\boldsymbol{K}_1+\boldsymbol{K}_2$，其表达式分别为

$$\boldsymbol{K}_0=\int_0^l EI\boldsymbol{\Psi}''^{\mathrm{T}}\boldsymbol{\Psi}''dx\in\mathbf{R}^{n\times n} \tag{6-143}$$

$$\boldsymbol{K}_1=k_1\boldsymbol{\Psi}'^{\mathrm{T}}(x_b)\boldsymbol{\Psi}'(x_b)\in\mathbf{R}^{n\times n} \tag{6-144}$$

$$\boldsymbol{K}_2=k_2\boldsymbol{\Psi}^{\mathrm{T}}(x_c)\boldsymbol{\Psi}(x_c)\in\mathbf{R}^{n\times n} \tag{6-145}$$

$\boldsymbol{K}$ 矩阵的元素为

$$k_{ij}=k_{ji}=\int_0^l EI\psi_i''(x)\psi_j''(x)\mathrm{d}x+k_1\psi_i'(x_b)\psi_j'(x_b)+k_2\psi_i(x_c)\psi_j(x_c) \tag{6-146}$$

例 6-16 图6-53 所示等直简支梁，梁中部有一集中质量 M_a，大小等于梁的质量，集中质量上有外力 $P_0\sin\omega t$，$\omega=50\sqrt{EI/(\rho Sl^4)}$。假设振型函数取为 $\psi_i(x)=\sin i\pi x/l(i=1,2,\cdots)$。采用假设模态法，求：

1）梁的前三阶固有频率；

2）梁的稳态横向受迫振动。

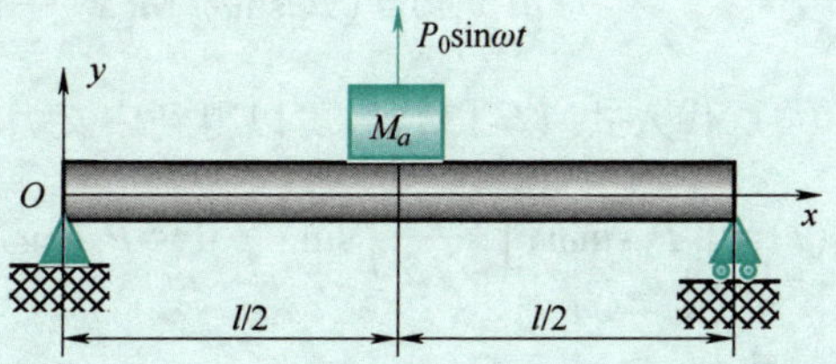

◀ 图 6-53 带集中质量简支梁

【解】 若对第三阶固有频率的精度要求不高，取 $n=3$。振型函数行阵为

$$\boldsymbol{\Psi}=[\psi_1(x),\psi_2(x),\psi_3(x)]=\left[\sin\frac{\pi x}{l},\sin\frac{2\pi x}{l},\sin\frac{3\pi x}{l}\right] \tag{a}$$

利用式（6-139）和式（6-140），可以求得系统的质量矩阵为

$$\boldsymbol{M}=\frac{\rho Sl}{2}\begin{bmatrix}3 & 0 & -2\\ 0 & 1 & 0\\ -2 & 0 & 3\end{bmatrix} \tag{b}$$

利用式（6-129），可以求得系统的刚度矩阵为

$$\boldsymbol{K}=\frac{\pi^4 EI}{2l^3}\begin{bmatrix}1 & 0 & 0\\ 0 & 16 & 0\\ 0 & 0 & 81\end{bmatrix} \tag{c}$$

对三自由度的特征值问题$(\boldsymbol{K}-\omega^2\boldsymbol{M})\boldsymbol{\varphi}=\boldsymbol{0}$进行求解，可得固有频率为

$$\omega_1=5.6825\sqrt{\frac{EI}{\rho Sl^4}},\ \omega_1=5.6825\sqrt{\frac{EI}{\rho Sl^4}},\ \omega_3=68.9944\sqrt{\frac{EI}{\rho Sl^4}} \tag{d}$$

正则化特征向量为

$$\boldsymbol{\varphi}_1=\sqrt{\frac{2}{\rho Sl}}\begin{bmatrix}0.5742\\ 0\\ -0.0048\end{bmatrix},\ \boldsymbol{\varphi}_2=\sqrt{\frac{2}{\rho Sl}}\begin{bmatrix}0\\ 1\\ 0\end{bmatrix},\ \boldsymbol{\varphi}_3=\sqrt{\frac{2}{\rho Sl}}\begin{bmatrix}0.5199\\ 0\\ 0.7746\end{bmatrix} \tag{e}$$

下面求解梁的稳态受迫振动响应。梁的稳态振动解可以写为

$$y(x,t)=\sum_{i=1}^{3}\psi_i(x)q_i(t)=\sum_{i=1}^{3}q_i(t)\sin\frac{i\pi x}{l} \tag{f}$$

可以看出，稳态振动解关键是要求出模态响应 $q_i(t)$。

将集中外力写成分布力的形式，有

$$p(x,t)=(P_0\sin\omega t)\delta\left(x-\frac{l}{2}\right) \tag{g}$$

将式（g）代入式（6-133），可以得到广义力为

$$Q_i(t)=\int_0^l P_0\sin\omega t\delta\left(x-\frac{l}{2}\right)\sin\frac{i\pi x}{l}\mathrm{d}x=P_0\sin\omega t\sin\frac{i\pi}{2},\ i=1,2,3 \tag{h}$$

写成列阵形式，有

$$\boldsymbol{Q}(t)=P_0[1,0,-1]^{\mathrm{T}}\sin\omega t=\boldsymbol{Q}_0\sin\omega t \tag{i}$$

式中，$\boldsymbol{Q}_0=P_0[1,0,-1]^{\mathrm{T}}$。

因此，梁的离散强迫振动方程可以写为

$$\boldsymbol{M}\ddot{\boldsymbol{q}}+\boldsymbol{K}\boldsymbol{q}=\boldsymbol{Q}_0\sin\omega t \tag{j}$$

令

$$\boldsymbol{\Lambda}=\mathrm{diag}(\omega_1,\omega_2,\omega_3) \tag{k}$$

$$\boldsymbol{\Phi}=[\boldsymbol{\varphi}_1,\boldsymbol{\varphi}_2,\boldsymbol{\varphi}_3] \tag{l}$$

对式（j）进行坐标变换

$$\boldsymbol{q}=\boldsymbol{\Phi}\boldsymbol{\eta} \tag{m}$$

可以得到模态振动方程为

$$\ddot{\boldsymbol{\eta}}+\boldsymbol{\Lambda}\boldsymbol{\eta}=\boldsymbol{\Phi}^{\mathrm{T}}\boldsymbol{Q}_0\sin\omega t \tag{n}$$

即

$$\eta_i(t)=\frac{\boldsymbol{\varphi}_i^{\mathrm{T}}\boldsymbol{Q}_0}{\omega_i^2-\omega^2}\sin\omega t,\ i=1,2,3 \tag{o}$$

将式（o）代入式（m），可得

$$q_i(t)=\sum_{j=1}^{3}\boldsymbol{\varphi}_{j,i}\eta_i(t)=\sum_{j=1}^{3}\left[\frac{\boldsymbol{\varphi}_{j,i}\boldsymbol{\varphi}_i^{\mathrm{T}}\boldsymbol{Q}_0}{\omega_i^2-\omega^2}\sin\omega t\right],\ i=1,2,3 \tag{p}$$

式中，$\boldsymbol{\varphi}_{j,i}$ 为列阵 $\boldsymbol{\varphi}_j$ 的第 i 个元素。将式（p）代入式（f），最终可以得到梁的稳态受迫振动解为

$$y(x,t)=\sum_{i=1}^{3}\psi_i(x)q_i(t)=\sum_{i=1}^{3}\left[\sum_{j=1}^{3}\left(\frac{\boldsymbol{\varphi}_{j,i}\boldsymbol{\varphi}_i^{\mathrm{T}}\boldsymbol{Q}_0}{\omega_i^2-\omega^2}\sin\omega t\right)\sin\frac{i\pi x}{l}\right] \tag{q}$$

2. 瑞利法

连续体系统的瑞利法是基于能量法的假设模态法，是多自由度系统瑞利法的推广。下面以梁的弯曲振动为例进行阐述。

瑞利法

假设梁以某阶振型函数作频率为 ω 的自由振动：

$$y(x,t)=\psi(x)\sin\omega t \tag{6-147}$$

设系统为保守系统，机械能守恒，则系统的最大动能和最大势能相等，即 $T_{\max}=V_{\max}$。利用式（6-125），系统的最大动能可以写为

$$T_{\max}=\frac{1}{2}\omega^2\int_0^l \rho S\psi^2(x)\,\mathrm{d}x \tag{6-148}$$

利用式（6-128），系统的最大势能可以写为

$$V_{\max}=\frac{1}{2}\int_0^l EI(\psi''(x))^2\,\mathrm{d}x \tag{6-149}$$

引入系统的参考动能为

$$T^*=\frac{T_{\max}}{\omega^2}=\frac{1}{2}\int_0^l \rho S\psi^2(x)\,\mathrm{d}x \tag{6-150}$$

定义瑞利商为

$$R(\psi)=\frac{V_{\max}}{T^*}=\omega^2 \tag{6-151}$$

当 $\psi(x)$ 为准确的第 i 阶振型函数时，瑞利商即为相应的特征值，即第 i 阶固有频率的平方 ω_i^2。若 $\psi(x)$ 是试函数，它满足梁的几何边界条件，但不满足动力学方程，则瑞利商是一个依赖于 $\psi(x)$ 的标量。试函数 $\psi(x)$ 越接近某阶真实振型，瑞利商越接近该阶固有频率。与多自由度系统相同，瑞利商大于基频 $R(\psi)>\omega_1^2$。实际计算时，可选择梁的静变形函数或选择条件相近的梁的精确解作为试函数。

若梁上存在集中质量和弹性支承，如图 6-54，则参考动能和最大势能相应改为

$$T^*=\frac{T_{\max}}{\omega^2}=\frac{1}{2}\left[\int_0^l \rho S\psi^2(x)\,\mathrm{d}x+m\psi^2(x_a)\right] \tag{6-152}$$

$$V_{\max}=\frac{1}{2}\int_0^l EI(\psi''(x))^2\,\mathrm{d}x+k_1(\psi'(x_b))^2+k_2(\psi(x_c))^2 \tag{6-153}$$

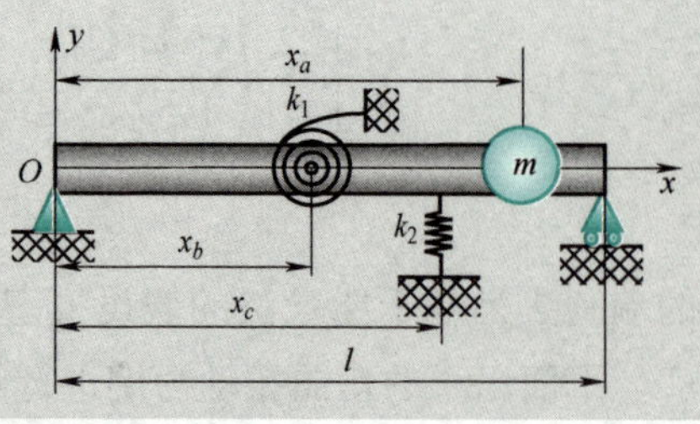

▶ 图 6-54 带集中质量和弹性支承的柔性梁

例 6-17 如图6-55 所示等截面悬臂梁，端部有一集中质量 $m=2\rho Sl$，用瑞利法估计基频。

【解】 选择等截面悬臂梁在均布载荷下的静挠度曲线作为试函数：

$$\psi(x)=A_1(x^4-4lx^3+6l^2x^2) \tag{a}$$

代入瑞利商表达式（6-151），可得基频为

$$\omega_1=1.1908\sqrt{\frac{EI}{\rho Sl^4}} \tag{b}$$

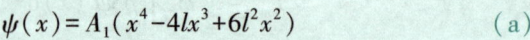

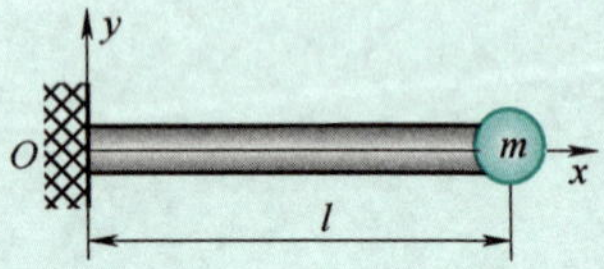

图 6-55 末端带有集中质量柔性梁

如果选择端部集中质量作用下的静挠度曲线作为试函数：

$$\psi(x)=A_2(3lx^2-x^3) \tag{c}$$

可得基频为

$$\omega_1=1.1584\sqrt{\frac{EI}{\rho Sl^4}} \tag{d}$$

因为集中质量大于梁的分布质量，选用后一种试函数好。

3. 里茨法

里茨法是瑞利法的改进，瑞利法使用单个试函数，而里茨法使用若干个独立的试函数的线性组合：

$$\psi(x)=\sum_{i=1}^{n}a_i\psi_i(x) \tag{6-154}$$

式中，$\psi_i(i=1,2,\cdots,n)$为里茨基函数，满足几何边界条件；$a_i(i=1,2,\cdots,n)$为待定系数。将式（6-154）代入动能和势能表达式可知，最大动能 $T_{\max}$、最大势能 $V_{\max}$、参考动能 T^* 都是 a_i 的函数，瑞利商可以写为

$$R(\psi)=\frac{V_{\max}(a_1,a_2,\cdots,a_n)}{T^*(a_1,a_2,\cdots,a_n)} \tag{6-155}$$

选择系数 $a_i(i=1,2,\cdots,n)$，使得瑞利商取驻值：

$$\frac{\partial R(\psi)}{\partial a_i}=0,\quad i=1,2,\cdots,n \tag{6-156}$$

得到 a_i 的齐次代数方程组，其非零解条件可用来计算系统的固有频率。

考虑梁的弯曲振动。将式（6-154）代入式（6-150），梁的参考动能可以写为

$$\begin{aligned}T^*&=\frac{1}{2}\int_0^l\rho S\psi^2(x)\,\mathrm{d}x\\&=\frac{1}{2}\int_0^l\rho S\left(\sum_{i=1}^n a_i\psi_i(x)\right)\left(\sum_{j=1}^n a_j\psi_j(x)\right)\mathrm{d}x\\&=\frac{1}{2}\sum_{i=1}^n\sum_{j=1}^n\tilde{m}_{ij}a_ia_j\end{aligned} \tag{6-157}$$

式中，

$$\tilde{m}_{ij}=\frac{1}{2}\int_0^l\rho S\psi_i(x)\psi_j(x)\,\mathrm{d}x,\quad i,j=1,2,\cdots,n \tag{6-158}$$

定义 $\boldsymbol{a}=[a_1,a_2,\cdots,a_n]^{\mathrm{T}}\in\mathbf{R}^{n\times1}$，则参考动能可以写为

$$T^*=\frac{1}{2}\boldsymbol{a}^{\mathrm{T}}\tilde{\boldsymbol{M}}\boldsymbol{a} \tag{6-159}$$

式中，$\tilde{\boldsymbol{M}}=[\tilde{m}_{ij}]\in\mathbf{R}^{n\times n}$。

如果梁上存在集中质量 m，如图 6-54 所示，则参考动能为

$$\begin{aligned}T^*&=\frac{1}{2}\left[\int_0^l\rho S\psi^2(x)\,\mathrm{d}x+m\psi^2(x_a)\right]\\&=\frac{1}{2}\boldsymbol{a}^{\mathrm{T}}(\boldsymbol{M}_0+\boldsymbol{M}_1)\boldsymbol{a}\\&=\frac{1}{2}\boldsymbol{a}^{\mathrm{T}}\tilde{\boldsymbol{M}}\boldsymbol{a}\end{aligned} \tag{6-160}$$

式中，$\tilde{\boldsymbol{M}}=\boldsymbol{M}_0+\boldsymbol{M}_1=[\tilde{m}_{ij}]\in\mathbf{R}^{n\times n}$，其元素为

$$\tilde{m}_{ij}=\tilde{m}_{ji}=\frac{1}{2}\int_0^l\rho S\psi_i(x)\psi_j(x)\,\mathrm{d}x+m\psi_i(x_a)\psi_j(x_a),\quad i,j=1,2,\cdots,n \tag{6-161}$$

同理，将式（6-154）代入式（6-149），梁的最大势能可以写为

$$V_{\max}=\frac{1}{2}\int_0^l EI\psi''^2(x)\,\mathrm{d}x$$

$$=\frac{1}{2}\int_0^l EI\left(\sum_{i=1}^{n} a_i\psi_i''(x)\right)\left(\sum_{j=1}^{n} a_j\psi_j''(x)\right)\mathrm{d}x$$

$$=\frac{1}{2}\sum_{i=1}^{n}\sum_{j=1}^{n}\tilde{k}_{ij}a_i a_j$$

$$=\frac{1}{2}\boldsymbol{a}^{\mathrm{T}}\tilde{\boldsymbol{K}}\boldsymbol{a} \tag{6-162}$$

式中，$\tilde{\boldsymbol{K}}=[\tilde{k}_{ij}]\in\mathbf{R}^{n\times n}$，其元素为

$$\tilde{k}_{ij}=\frac{1}{2}\int_0^l EI\psi_i''(x)\psi_j''(x)\mathrm{d}x,\ i,j=1,2,\cdots,n \tag{6-163}$$

如果梁上存在弹性支承，如图 6-54 所示，则最大势能为

$$V_{\max}=\frac{1}{2}\int_0^l EI(\psi''(x))^2\mathrm{d}x+k_1(\psi'(x_b))^2+k_2(\psi(x_c))^2$$

$$=\frac{1}{2}\boldsymbol{a}^{\mathrm{T}}(\boldsymbol{K}_0+\boldsymbol{K}_1+\boldsymbol{K}_2)\boldsymbol{a}$$

$$=\frac{1}{2}\boldsymbol{a}^{\mathrm{T}}\tilde{\boldsymbol{K}}\boldsymbol{a} \tag{6-164}$$

其中，$\tilde{\boldsymbol{K}}=\boldsymbol{K}_0+\boldsymbol{K}_1+\boldsymbol{K}_2$，其元素为

$$\tilde{k}_{ij}=\tilde{k}_{ji}=\int_0^l EI\psi_i''(x)\psi_j''(x)\mathrm{d}x+k_1\psi_i'(x_b)\psi_j'(x_b)+k_2\psi_i(x_c)\psi_j(x_c) \tag{6-165}$$

将最大势能和参考动能代入瑞利商的表达式（6-155），并令其值为 $\tilde{\omega}^2$，则有

$$R(\psi)=\frac{\boldsymbol{a}^{\mathrm{T}}\tilde{\boldsymbol{K}}\boldsymbol{a}}{\boldsymbol{a}^{\mathrm{T}}\tilde{\boldsymbol{M}}\boldsymbol{a}}=\tilde{\omega}^2 \tag{6-166}$$

由式（6-166）可以得到特征值问题：

$$(\tilde{\boldsymbol{K}}-\tilde{\omega}^2\tilde{\boldsymbol{M}})\boldsymbol{a}=\boldsymbol{0} \tag{6-167}$$

由式（6-167）可以求得 n 个特征值 $\tilde{\omega}_i^2$ 和 n 个特征向量 $\boldsymbol{a}_i$，$\boldsymbol{a}_i=[a_{i1},a_{i2},\cdots,a_{in}]^{\mathrm{T}}$。这 n 个特征值即可作为梁的前 n 阶固有频率的近似值，将 n 个特征向量逐一代入式（6-154），即可得到梁前 n 阶振型函数的近似表达。

由以上可以看出，里茨法改善了瑞利法对基频的估计，还可以计算高阶固有频率，并且对振型函数进行估计。理论上讲，n 愈大，计算精度愈高。计算精度也与基函数 $\psi_i(i=1,2,\cdots,n)$ 的选择有关，通常采用幂函数、三角函数、贝塞尔函数或条件相近的有精确解的

梁的振型函数作为基函数。

例 6-18 如图6-56 所示等截面简支梁，梁中部有一集中质量 M_a，大小等于梁的质量。采用里茨法求梁的振型函数近似解。

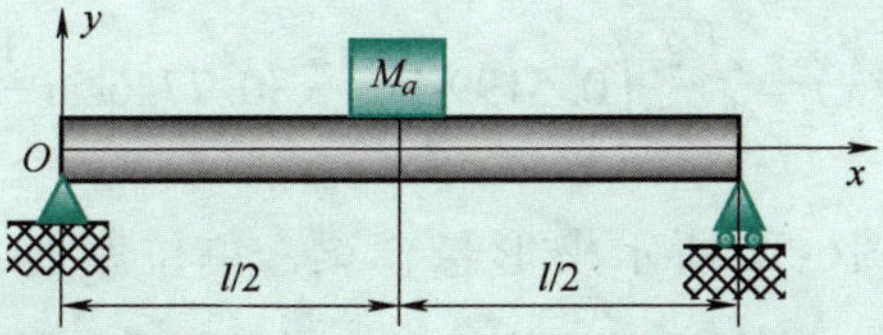

◀ 图 6-56 带集中质量的简支梁

【解】 选取无集中质量时的简支梁的振型函数作为里茨基函数：

$$\psi_i(x)=\sin\frac{i\pi x}{l},\ i=1,2,\cdots \tag{a}$$

基函数满足自然边界条件，即两端挠度和弯矩为零，也即

$$\psi_i(x)=0,\ \psi_i''(x)=0,\ x=0\text{ 或 }l \tag{b}$$

若对第三阶固有频率的精度要求不高，取 $n=3$，振型试函数为

$$\psi(x)=\sum_{i=1}^{3}a_i\psi_i(x)=\sum_{i=1}^{3}a_i\sin\frac{i\pi x}{l} \tag{c}$$

由以上理论可以得到系统的质量矩阵和刚度矩阵分别为

$$\boldsymbol{M}=\frac{\rho Sl}{2}\begin{bmatrix}3 & 0 & -2\\ 0 & 1 & 0\\ -2 & 0 & 3\end{bmatrix},\ \boldsymbol{K}=\frac{\pi^4EI}{2l^3}\begin{bmatrix}1 & 0 & 0\\ 0 & 16 & 0\\ 0 & 0 & 81\end{bmatrix} \tag{d}$$

由特征根问题可以求得固有频率和特征向量分别为

$$\omega_1=5.6825\sqrt{\frac{EI}{\rho Sl^4}},\ \omega_2=39.4784\sqrt{\frac{EI}{\rho Sl^4}},\ \omega_3=68.9944\sqrt{\frac{EI}{\rho Sl^4}} \tag{e}$$

$$\boldsymbol{a}_1=\sqrt{\frac{2}{\rho Sl}}\begin{bmatrix}0.5742\\ 0\\ -0.0048\end{bmatrix},\ \boldsymbol{a}_2=\sqrt{\frac{2}{\rho Sl}}\begin{bmatrix}0\\ 1\\ 0\end{bmatrix},\ \boldsymbol{a}_3=\sqrt{\frac{2}{\rho Sl}}\begin{bmatrix}0.5199\\ 0\\ 0.7746\end{bmatrix} \tag{f}$$

这三个固有频率值即可视为系统的前三阶固有频率近似值。将特征向量逐一代入式（c），可以得到梁的振型函数近似解：

$$
\begin{cases}
\psi_1(x)=\sqrt{\dfrac{2}{\rho Sl}}\left(0.5742\sin\dfrac{\pi x}{l}-0.0048\sin\dfrac{3\pi x}{l}\right)\\
\psi_2(x)=\sqrt{\dfrac{2}{\rho Sl}}\sin\dfrac{2\pi x}{l}\\
\psi_3(x)=\sqrt{\dfrac{2}{\rho Sl}}\left(0.5199\sin\dfrac{\pi x}{l}-0.7746\sin\dfrac{3\pi x}{l}\right)
\end{cases}
\tag{g}
$$

例 6-19 如图6-57 所示楔形悬臂梁，单位厚度，截面变化为 $A(x)=A_0x/l$，$A_0=2b$ 为根部截面积。用里茨法求基频。

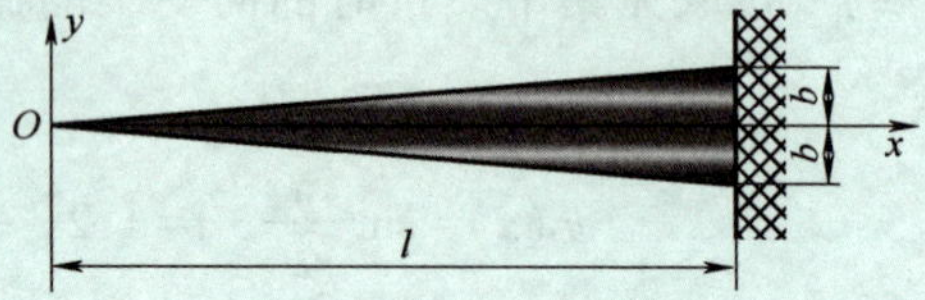

▶ 图 6-57 楔形悬臂梁

【解】 截面对中性轴的惯性矩为

$$
I(x)=\frac{1}{12}\left(\frac{2bx}{l}\right)^3=I_0\frac{x^3}{l^3}
\tag{a}
$$

式中，$I_0=(2b)^3/12$ 为根部截面对中性轴的惯性矩。

取里茨基函数为

$$
\psi_i(x)=\left(1-\frac{x}{l}\right)^2\left(\frac{x}{l}\right)^{i-1},\ i=1,2,\cdots,n
\tag{b}
$$

可以验证，基函数满足所有位移边界条件和力边界条件。

取 $n=2$，可以求得质量矩阵和刚度矩阵分别为

$$
\boldsymbol{M}=\rho A_0 l\begin{bmatrix}\dfrac{1}{30} & \dfrac{1}{105}\\ \dfrac{1}{105} & \dfrac{1}{280}\end{bmatrix},\ \boldsymbol{K}=\rho A_0 l\begin{bmatrix}1 & \dfrac{2}{5}\\ \dfrac{2}{5} & \dfrac{2}{5}\end{bmatrix}
\tag{c}
$$

由特征方程 $|\boldsymbol{K}-\omega^2\boldsymbol{M}|=0$ 可以求得基频为

$$
\omega_1=5.319\sqrt{\frac{EI_0}{\rho A_0 l^4}}
\tag{d}
$$

若取 $n=1$，基频可以求得为

$$
\omega_1=5.477\sqrt{\frac{EI_0}{\rho A_0 l^4}}
\tag{e}
$$

基频的精确解为

$$\omega_1 = 5.315\sqrt{\frac{EI_0}{\rho A_0 l^4}} \tag{f}$$

可以看出，n 取 2 时的计算精度高于 n 取 1 时的结果。

6.5 有限元法

有限元法是 20 世纪 50~60 年代发展起来的方法，它吸取了集中质量法与假设模态法的优点，将复杂结构分割成有限个**单元**，单元端点称为**节点**，将节点的位移作为**广义坐标**，并将单元的质量和刚度集中到节点上。每个单元作为弹性体，单元内各点的位移用节点位移的插值函数表示，即单元的假设振型。由于是仅对单元而非整个结构取假设振型，因此振型函数可以取得十分简单，并且可令各个单元的振型相同。有限元法是目前工程中计算复杂结构广泛使用的方法，其有效性已在大量的工程实践中得到了检验，并且目前开发有成熟的大型工程有限元计算软件，如 Ansys、Nastran、Abaqus 等。下面分别以杆的轴向振动和梁的弯曲振动为例，介绍有限元法的中心思想。

6.5.1 杆的轴向振动

有限元法的关键在于系统质量矩阵和刚度矩阵的求解，它首先求解单元的质量矩阵和刚度矩阵，然后组集得到系统的质量矩阵和刚度矩阵。

将杆划分成多个单元，分析其中的某一单元。如图 6-58 所示，单元长为 l，材料密度为 ρ，截面积为 A，弹性模量为 E，单元两端节点的位移分别为 $u_1(t)$ 和 $u_2(t)$，单元上的分布外力为 $f(t)$。距离单元左边节点 x 位置截面的位移可以表示为：

$$u(x,t) = \sum_{i=1}^{2} N_i(x) u_i(t) \tag{6-168}$$

式中，$N_1(x)$ 和 $N_2(x)$ 为单元的形函数，即假设振型，取为单元一个节点有单位位移、另一节点位移为零时的静变形函数，例如：

杆的轴向振动（1）

杆的轴向振动（2）

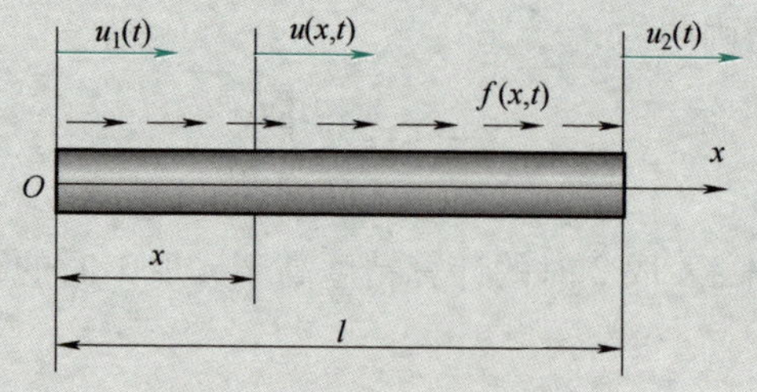

▶ 图 6-58　杆单元

$$N_1(x)=1-\frac{x}{l},\ N_2(x)=\frac{x}{l} \tag{6-169}$$

形函数曲线如图 6-59 所示。

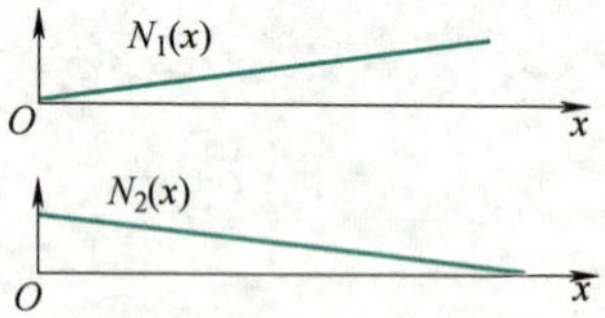

图 6-59　杆单元形函数

将式（6-168）写成矩阵形式，有

$$u(x,t)=\boldsymbol{N}^{\mathrm{T}}(x)\boldsymbol{u}_e(t) \tag{6-170}$$

式中，$\boldsymbol{N}(x)$ 为单元形函数列阵；$\boldsymbol{u}_e(t)$ 为单元节点位移列阵，分别表达如下：

$$\boldsymbol{N}(x)=\left[1-\frac{x}{l},\frac{x}{l}\right]^{\mathrm{T}} \tag{6-171}$$

$$\boldsymbol{u}_e(t)=[u_1(t),u_2(t)]^{\mathrm{T}} \tag{6-172}$$

单元的动能可以写为

$$T_e=\frac{1}{2}\int_0^l \rho A\left(\frac{\partial u(x,t)}{\partial t}\right)^2\mathrm{d}x=\frac{1}{2}\dot{\boldsymbol{u}}_e^{\mathrm{T}}\boldsymbol{m}_e\dot{\boldsymbol{u}}_e \tag{6-173}$$

式中，$\boldsymbol{m}_e\in\mathbf{R}^{2\times2}$ 为单元质量矩阵，当 ρA 为常数时，有

$$\boldsymbol{m}_e=\int_0^l \rho A\boldsymbol{N}\boldsymbol{N}^{\mathrm{T}}\mathrm{d}x=\frac{\rho Al}{6}\begin{bmatrix}2 & 1\\1 & 2\end{bmatrix} \tag{6-174}$$

单元的势能可以写为

$$V_e=\frac{1}{2}\int_0^l EA\left(\frac{\partial u(x,t)}{\partial x}\right)^2\mathrm{d}x=\frac{1}{2}\boldsymbol{u}_e^{\mathrm{T}}\boldsymbol{k}_e\boldsymbol{u}_e \tag{6-175}$$

式中，$\boldsymbol{k}_e\in\mathbf{R}^{2\times2}$ 为单元的刚度矩阵。由式（6-167）可得 $\boldsymbol{N}'=(-1/l,1/l)^{\mathrm{T}}$，当 EA 为常数时，单元刚度矩阵可以写为

$$\boldsymbol{k}_e=\int_0^l EA\boldsymbol{N}'(\boldsymbol{N}')^{\mathrm{T}}\mathrm{d}x=\frac{EA}{l}\begin{bmatrix}1 & -1\\-1 & 1\end{bmatrix} \tag{6-176}$$

外力 $f(x,t)$ 对虚位移 $\delta u(x,t)$ 所做的虚功为

$$\delta W=\frac{1}{2}\int_0^l f(x,t)\delta u(x,t)\mathrm{d}x=\boldsymbol{F}_e^{\mathrm{T}}\delta\boldsymbol{u}_e \tag{6-177}$$

式中，$\boldsymbol{F}_e$ 为与节点坐标 $\boldsymbol{u}_e$ 所对应的单元广义力列阵。若轴向力 $f(x,$

t)为常力，单元广义外力可以写为

$$\boldsymbol{F}_e=\int_0^l f(x,t)\boldsymbol{N}\mathrm{d}x=\frac{fl}{2}[1,1]^{\mathrm{T}} \tag{6-178}$$

以上对单元所做的分析必须进行综合，以扩展到总体结构，以得到全系统的动力学方程。下来以一个例子为例进行说明。

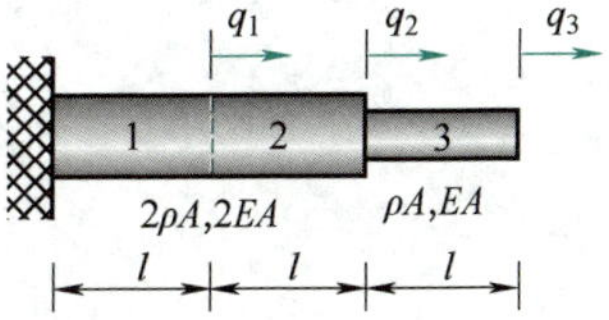

图 6-60　悬臂杆

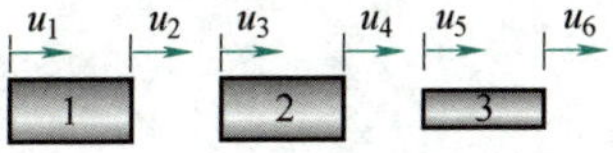

图 6-61　三个杆单元

如图 6-60 所示，杆一端固定、另一端自由。将杆划分为三个单元，如图 6-61 所示，单元坐标列阵为

$$\boldsymbol{u}_{e1}=[u_1,u_2]^{\mathrm{T}},\ \boldsymbol{u}_{e2}=[u_3,u_4]^{\mathrm{T}},\ \boldsymbol{u}_{e3}=[u_5,u_6]^{\mathrm{T}} \tag{6-179}$$

三个单元的质量矩阵可以分别求得为

$$\boldsymbol{m}_{e1}=\boldsymbol{m}_{e2}=\frac{\rho Al}{3}\begin{bmatrix}2 & 1\\ 1 & 2\end{bmatrix},\ \boldsymbol{m}_{e3}=\frac{\rho Al}{6}\begin{bmatrix}2 & 1\\ 1 & 2\end{bmatrix} \tag{6-180}$$

三个单元的刚度矩阵可以分别求得为

$$\boldsymbol{k}_{e1}=\boldsymbol{k}_{e2}=\frac{2EA}{l}\begin{bmatrix}1 & -1\\ -1 & 1\end{bmatrix},\ \boldsymbol{k}_{e3}=\frac{EA}{l}\begin{bmatrix}1 & -1\\ -1 & 1\end{bmatrix} \tag{6-181}$$

全部节点的坐标列阵为

$$\boldsymbol{U}=[\boldsymbol{u}_{e1}^{\mathrm{T}},\boldsymbol{u}_{e2}^{\mathrm{T}},\boldsymbol{u}_{e3}^{\mathrm{T}}]^{\mathrm{T}}=[u_1,u_2,u_3,u_4,u_5,u_6]^{\mathrm{T}} \tag{6-182}$$

节点坐标的约束条件为

$$u_1=0,\ u_2=u_3,\ u_4=u_5 \tag{6-183}$$

即全部节点坐标中只有三个是独立的，定义独立的广义坐标为

$$q_1=u_2=u_3,\ q_2=u_4=u_5,\ q_3=u_6 \tag{6-184}$$

即

$$\boldsymbol{q}=[q_1,q_2,q_3]^{\mathrm{T}} \tag{6-185}$$

由方程（6-182）和方程（6-185）可知，全部节点坐标 $\boldsymbol{U}$ 与广义坐标 $\boldsymbol{q}$ 之间的关系为

$$\boldsymbol{U}=\boldsymbol{\beta q} \tag{6-186}$$

式中，

$$\boldsymbol{\beta}=\begin{bmatrix}0 & 1 & 1 & 0 & 0 & 0\\ 0 & 0 & 0 & 1 & 1 & 0\\ 0 & 0 & 0 & 0 & 0 & 1\end{bmatrix}^{\mathrm{T}}$$

全系统的动能是三个单元的动能之和，利用方程（6-173）和方程（6-186），用独立广义坐标描述的全系统动能可以写为

$$T=\sum_{i=1}^{3}T_{ei}=\frac{1}{2}\sum_{i=1}^{3}\dot{\boldsymbol{u}}_{ei}^{\mathrm{T}}\boldsymbol{m}_{ei}\dot{\boldsymbol{u}}_{ei}=\frac{1}{2}\dot{\boldsymbol{U}}^{\mathrm{T}}\widetilde{\boldsymbol{M}}\dot{\boldsymbol{U}}=\frac{1}{2}\dot{\boldsymbol{q}}^{\mathrm{T}}\boldsymbol{M}\dot{\boldsymbol{q}} \tag{6-187}$$

式中，$\tilde{\boldsymbol{M}} \in \mathbf{R}^{6\times 6}$为对应全部节点坐标 $\boldsymbol{U}$ 的全系统的质量矩阵；$\boldsymbol{M} \in \mathbf{R}^{3\times 3}$为对应独立广义坐标 $\boldsymbol{q}$ 的全系统的质量矩阵。其分别表达如下：

$$\tilde{\boldsymbol{M}} = \begin{bmatrix} \boldsymbol{m}_{e1} & \boldsymbol{O} & \boldsymbol{O} \\ \boldsymbol{O} & \boldsymbol{m}_{e2} & \boldsymbol{O} \\ \boldsymbol{O} & \boldsymbol{O} & \boldsymbol{m}_{e3} \end{bmatrix} \tag{6-188}$$

$$\boldsymbol{M} = \boldsymbol{\beta}^{\mathrm{T}} \tilde{\boldsymbol{M}} \boldsymbol{\beta} \tag{6-189}$$

质量矩阵 $\boldsymbol{M}$ 也可直接利用单元质量矩阵组集而成，方法是将单元质量矩阵 $\boldsymbol{m}_{e1}$、$\boldsymbol{m}_{e2}$ 和 $\boldsymbol{m}_{e3}$ 的各个元素统一按 $q_i(i=1,2,3)$ 的下标重新编号，放入 $\boldsymbol{M}$ 中与编号相对应的行和列中。单元质量矩阵 $\boldsymbol{m}_{e1}$、$\boldsymbol{m}_{e2}$ 和 $\boldsymbol{m}_{e3}$ 按元素可以书写如下：

$$\boldsymbol{m}_{e1} = \begin{bmatrix} m_{11} & m_{12} \\ m_{21} & m_{22} \end{bmatrix},\ \boldsymbol{m}_{e2} = \begin{bmatrix} m_{33} & m_{34} \\ m_{43} & m_{44} \end{bmatrix},\ \boldsymbol{m}_{e3} = \begin{bmatrix} m_{55} & m_{56} \\ m_{65} & m_{66} \end{bmatrix} \tag{6-190}$$

由式（6-184）知，单元坐标 u 的下标“2”和“3”对应着独立坐标 q 的下标“1”，u 的下标“4”和“5”对应着 q 的下标“2”，u 的下标“6”对应着 q 的下标“3”，u 的下标“1”没有可以对应的 q 的下标则设为“0”。据此原则对式（6-190）中三个矩阵的元素下标进行改写为

$$\boldsymbol{m}_{e1} = \begin{bmatrix} 0 & 0 \\ 0 & m_{11} \end{bmatrix},\ \boldsymbol{m}_{e2} = \begin{bmatrix} m_{11} & m_{12} \\ m_{21} & m_{22} \end{bmatrix},\ \boldsymbol{m}_{e3} = \begin{bmatrix} m_{22} & m_{23} \\ m_{32} & m_{33} \end{bmatrix} \tag{6-191}$$

利用式（6-180），将相应的矩阵元素值代入式（6-191），有

$$\boldsymbol{m}_{e1} = \frac{\rho A l}{3}\begin{bmatrix} 0 & 0 \\ 0 & 2 \end{bmatrix},\ \boldsymbol{m}_{e2} = \frac{\rho A l}{3}\begin{bmatrix} 2 & 1 \\ 1 & 2 \end{bmatrix},\ \boldsymbol{m}_{e3} = \frac{\rho A l}{6}\begin{bmatrix} 2 & 1 \\ 1 & 2 \end{bmatrix} \tag{6-192}$$

方程（6-191）中单元质量矩阵元素的下标即为与广义坐标 $\boldsymbol{q}$ 相对应的质量矩阵 $\boldsymbol{M}$ 的下标，如果元素重复出现，如 m_{11} 和 m_{22} 都出现了两次，则在 $\boldsymbol{M}$ 矩阵中进行累加，因此全系统的质量矩阵为

$$\boldsymbol{M} = \begin{bmatrix} m_{11} & m_{12} & m_{13} \\ m_{21} & m_{22} & m_{23} \\ m_{31} & m_{32} & m_{33} \end{bmatrix} = \frac{\rho A l}{6}\begin{bmatrix} 4+4 & 2 & 0 \\ 2 & 4+2 & 1 \\ 0 & 1 & 2 \end{bmatrix} \tag{6-193}$$

同理，可以求得全系统的刚度矩阵。全系统的势能为

$$V = \sum_{i=1}^{3} V_{ei} = \frac{1}{2}\sum_{i=1}^{3} \boldsymbol{u}_{ei}^{\mathrm{T}} \boldsymbol{k}_{ei} \boldsymbol{u}_{ei} = \frac{1}{2}\dot{\boldsymbol{U}}^{\mathrm{T}} \tilde{\boldsymbol{K}} \dot{\boldsymbol{U}} = \frac{1}{2}\boldsymbol{q}^{\mathrm{T}} \boldsymbol{K} \boldsymbol{q} \tag{6-194}$$

式中，单元势能 V_{ei} 的表达式如式（6-175）所示；矩阵 $\widetilde{\boldsymbol{K}}$ 和与广义坐标 $\boldsymbol{q}$ 所对应的系统刚度矩阵 $\boldsymbol{K}$ 表达如下：

$$\widetilde{\boldsymbol{K}}=\begin{bmatrix}\boldsymbol{k}_{e1} & \boldsymbol{O} & \boldsymbol{O}\\ \boldsymbol{O} & \boldsymbol{k}_{e2} & \boldsymbol{O}\\ \boldsymbol{O} & \boldsymbol{O} & \boldsymbol{k}_{e3}\end{bmatrix}\in\mathbf{R}^{6\times6} \tag{6-195}$$

$$\boldsymbol{K}=\boldsymbol{\beta}^{\mathrm{T}}\widetilde{\boldsymbol{K}}\boldsymbol{\beta}=\frac{EA}{l}\begin{bmatrix}2+2 & -2 & 0\\ -2 & 2+1 & -1\\ 0 & -1 & 1\end{bmatrix} \tag{6-196}$$

与全系统的质量矩阵相同，全系统的刚度矩阵也可以通过组集方法得到。

当杆上有常值轴向力作用时，三根杆的广义外力阵为

$$\boldsymbol{F}_{e1}=\boldsymbol{F}_{e2}=\boldsymbol{F}_{e3}=\frac{fl}{2}[1,1]^{\mathrm{T}} \tag{6-197}$$

全系统的广义力列阵为

$$\boldsymbol{F}=[\boldsymbol{F}_{e1}^{\mathrm{T}},\boldsymbol{F}_{e2}^{\mathrm{T}},\boldsymbol{F}_{e3}^{\mathrm{T}}]^{\mathrm{T}}\in\mathbf{R}^{6\times1} \tag{6-198}$$

利用式（6-186），外部作用力的总虚功为

$$\delta W=\boldsymbol{F}^{\mathrm{T}}\delta\boldsymbol{U}=\boldsymbol{Q}^{\mathrm{T}}\delta\boldsymbol{q} \tag{6-199}$$

式中，$\boldsymbol{Q}$ 为与广义坐标 $\boldsymbol{q}$ 所对应的广义力列阵，表达如下：

$$\boldsymbol{Q}-\boldsymbol{\beta}^{\mathrm{T}}\boldsymbol{F}=\frac{fl}{2}[2,1,1]^{\mathrm{T}} \tag{6-200}$$

也可将 $\boldsymbol{F}_{e1}$、$\boldsymbol{F}_{e2}$ 和 $\boldsymbol{F}_{e3}$ 的各个元素统一按 $q_i(i=1,2,3)$ 的下标重新编号，放入 $\boldsymbol{Q}$ 中与编号相对应的行和列中，通过组集得到矩阵 $\boldsymbol{Q}$。

用广义坐标阵 $\boldsymbol{q}$ 表示的全系统的动力学方程为

$$\boldsymbol{M}\ddot{\boldsymbol{q}}+\boldsymbol{K}\boldsymbol{q}=\boldsymbol{Q} \tag{6-201}$$

即

$$\frac{\rho Al}{6}\begin{bmatrix}8 & 2 & 0\\ 2 & 6 & 1\\ 0 & 1 & 2\end{bmatrix}\begin{bmatrix}\ddot{q}_1\\ \ddot{q}_2\\ \ddot{q}_3\end{bmatrix}+\frac{EA}{l}\begin{bmatrix}4 & -2 & 0\\ -2 & 3 & -1\\ 0 & -1 & 1\end{bmatrix}\begin{bmatrix}q_1\\ q_2\\ q_3\end{bmatrix}=\frac{fl}{2}\begin{bmatrix}2\\ 1\\ 1\end{bmatrix} \tag{6-202}$$

6.5.2 梁的弯曲振动

梁的弯曲振动（1）

梁的弯曲振动（2）

首先求解单元的质量矩阵和刚度矩阵。将梁划分为多个单元，取出其中一个单元进行分析如图 6-62 所示。单元长为 l，两端节点

的横向位移分别为 $u_1(t)$ 和 $u_3(t)$，两个节点的截面转角分别为 $u_2(t)$ 和 $u_4(t)$。单元的节点坐标列阵为

$$\boldsymbol{u}_e=[u_1,u_2,u_3,u_4]^{\mathrm{T}} \tag{6-203}$$

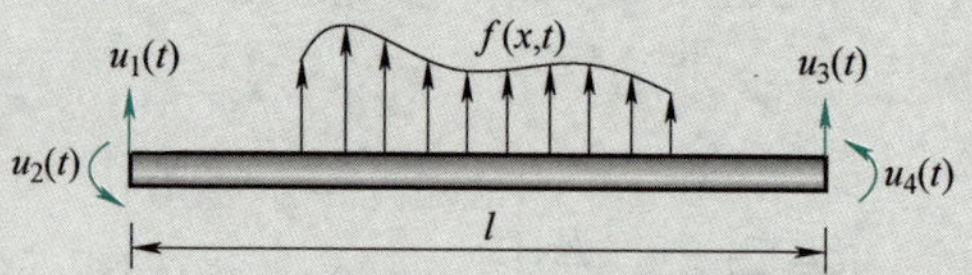

▶ 图 6-62　梁单元

距离单元左端节点 x 位置的截面的横向位移可以表示为

$$y(x,t)=\sum_{i=1}^{4}N_i(x)u_i(t) \tag{6-204}$$

式中，$N_i(x)(i=1,2,3,4)$ 为单元形函数，选为匀质梁在端点常值位移作用下的静挠度曲线：

$$N_i(x)=a_0+a_1x+a_2x^2+a_3x^3,\ i=1,2,3,4 \tag{6-205}$$

单元形函数应满足的边界条件为

$$\begin{cases}N_1(0)=1,N_1'(0)=N_1(l)=N_1'(l)=0\\N_2(0)=0,N_2'(0)=1,N_2(l)=N_2'(l)=0\\N_3(0)=N_3'(0)=0,N_3(l)=1,N_3'(l)=0\\N_4(0)=N_4'(0)=N_4(l)=1,N_4'(l)=1\end{cases} \tag{6-206}$$

将边界条件代入形函数方程（6-205），可以解得

$$\begin{cases}N_1(x)=1-\dfrac{3x^2}{l^2}+\dfrac{2x^3}{l^3}\\N_2(x)=x-\dfrac{2x^2}{l}+\dfrac{x^3}{l^2}\\N_3(x)=\dfrac{3x^2}{l^2}-\dfrac{2x^3}{l^3}\\N_4(x)=-\dfrac{x^2}{l}+\dfrac{x^3}{l^2}\end{cases} \tag{6-207}$$

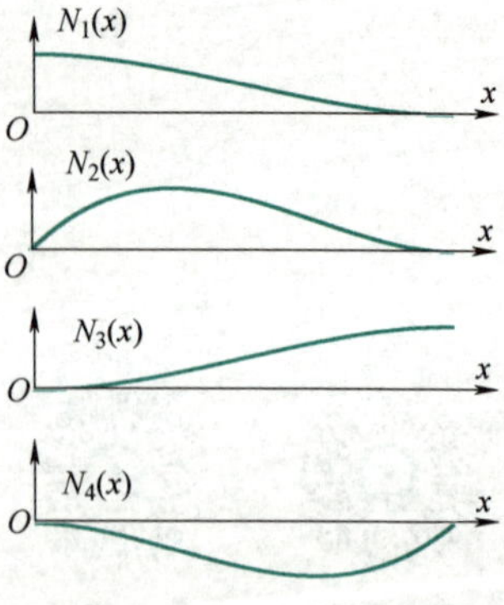

图 6-63　梁单元形函数

四个形函数曲线如图 6-63 所示。将形函数组成列阵，有

$$\boldsymbol{N}=[N_1(x),N_2(x),N_3(x),N_4(x)]^{\mathrm{T}} \tag{6-208}$$

将式（6-204）写成矩阵形式，可得

$$y(x,t)=\boldsymbol{N}^{\mathrm{T}}\boldsymbol{u}_e \tag{6-209}$$

单元的动能可以写为

$$T_e=\frac{1}{2}\int_0^l \rho A\left(\frac{\partial y(x,t)}{\partial t}\right)^2 \mathrm{d}x=\frac{1}{2}\dot{\boldsymbol{u}}_e^{\mathrm{T}}\boldsymbol{m}_e\dot{\boldsymbol{u}}_e \tag{6-210}$$

式中，ρ 为材料密度；A 为单元横截面积。当 ρA 为常数时，单元质量矩阵为

$$\boldsymbol{m}_e=\int_0^l \rho A\boldsymbol{N}\boldsymbol{N}^{\mathrm{T}}\mathrm{d}x=\frac{\rho Al}{420}\begin{bmatrix}156 & 22l & 54 & -13l\\ 22l & 4l^2 & 13l & -3l^2\\ 54 & 13l & 156 & -22l\\ -13l & -3l^2 & -22l & 4l^2\end{bmatrix} \tag{6-211}$$

单元的势能可以写为

$$V_e=\frac{1}{2}\int_0^l EI\left(\frac{\partial y^2(x,t)}{\partial x^2}\right)^2 \mathrm{d}x=\frac{1}{2}\boldsymbol{u}_e^{\mathrm{T}}\boldsymbol{k}_e\boldsymbol{u}_e \tag{6-212}$$

式中，EI 为抗弯刚度。当 EI 为常数时，单元的刚度矩阵为

$$\boldsymbol{k}_e=\int_0^l EI\boldsymbol{N}''\boldsymbol{N}''^{\mathrm{T}}\mathrm{d}x=\frac{2EI}{l^3}\begin{bmatrix}6 & 3l & -6 & 3l\\ 3l & 2l^2 & -3l & l^2\\ -6 & -3l & 6 & -3l\\ 3l & l^2 & -3l & 2l^2\end{bmatrix} \tag{6-213}$$

假设梁上有外部分布外力，其虚功为

$$\delta W=\frac{1}{2}\int_0^l f(x,t)\delta y(x,t)\mathrm{d}x=\boldsymbol{F}_e^{\mathrm{T}}\delta\boldsymbol{u}_e \tag{6-214}$$

式中，$\boldsymbol{F}_e$ 为与节点坐标 $\boldsymbol{u}_e$ 所对应的单元广义力列阵，表达式为

$$\boldsymbol{F}_e=\int_0^l f(x,t)\boldsymbol{N}\mathrm{d}x \tag{6-215}$$

对于均布载荷，f 为常数，有

$$\boldsymbol{F}_e=\frac{fl}{2}\left[1,\frac{l}{6},1,-\frac{l}{6}\right]^{\mathrm{T}} \tag{6-216}$$

以上对单元所做的分析必须进行综合，以扩展到总体结构，下面以一个例子说明全系统动力学方程的建立。

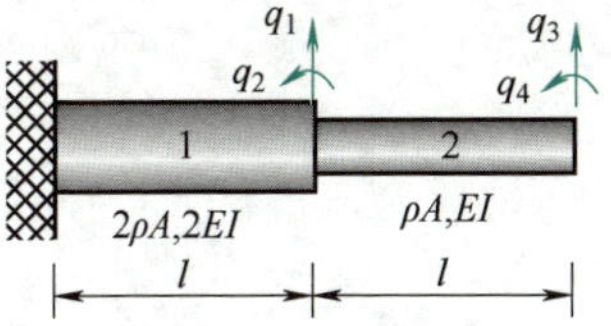

图 6-64　悬臂梁

如图 6-64 所示悬臂梁，将梁划分为两个单元，如图 6-65 所示。

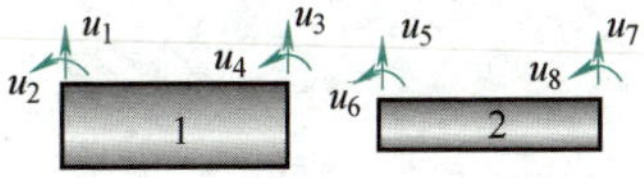

图 6-65　两个梁单元

单元坐标列阵为

$$\boldsymbol{u}_{e1}=[u_1,u_2,u_3,u_4]^{\mathrm{T}},\ \boldsymbol{u}_{e2}=[u_5,u_6,u_7,u_8]^{\mathrm{T}} \tag{6-217}$$

单元的质量矩阵为

$$\boldsymbol{m}_{e1}=2\boldsymbol{m}_{e2}=2\int_0^l \rho A\boldsymbol{N}\boldsymbol{N}^{\mathrm{T}}\mathrm{d}x=\frac{\rho Al}{210}\begin{bmatrix}156 & 22l & 54 & -13l\\ 22l & 4l^2 & 13l & -3l^2\\ 54 & 13l & 156 & -22l\\ -13l & -3l^2 & -22l & 4l^2\end{bmatrix}\tag{6-218}$$

单元的刚度矩阵为

$$\boldsymbol{k}_{e1}=2\boldsymbol{k}_{e2}=2\int_0^l EI\boldsymbol{N}''\boldsymbol{N}''^{\mathrm{T}}\mathrm{d}x=\frac{4EI}{l^3}\begin{bmatrix}6 & 3l & -6 & 3l\\ 3l & 2l^2 & -3l & l^2\\ 6 & -3l & 6 & -3l\\ 3l & l^2 & -3l & 2l^2\end{bmatrix}\tag{6-219}$$

全部节点的坐标列阵为

$$\boldsymbol{U}=[\boldsymbol{u}_{e1}^{\mathrm{T}},\boldsymbol{u}_{e2}^{\mathrm{T}}]^{\mathrm{T}}=(u_1,u_2,\cdots,u_8)^{\mathrm{T}}\tag{6-220}$$

节点坐标约束条件为

$$u_1=u_2=0,\ u_3=u_5,\ u_4=u_6\tag{6-221}$$

因此，全部节点坐标中只有四个是独立的，定义独立的广义坐标为

$$q_1=u_3=u_5,\ q_2=u_4=u_6,\ q_3=u_7,\ q_4=u_8\tag{6-222}$$

将广义坐标写成矩阵形式：

$$\boldsymbol{q}=[q_1,q_2,q_3,q_4]^{\mathrm{T}}\tag{6-223}$$

节点坐标 $\boldsymbol{U}$ 与广义坐标 $\boldsymbol{q}$ 之间的关系为

$$\boldsymbol{U}=\boldsymbol{\beta q}\tag{6-224}$$

其中，

$$\boldsymbol{\beta}=\begin{bmatrix}0 & 0 & 1 & 0 & 1 & 0 & 0 & 0\\ 0 & 0 & 0 & 1 & 0 & 1 & 0 & 0\\ 0 & 0 & 0 & 0 & 0 & 1 & 0 & 0\\ 0 & 0 & 0 & 0 & 0 & 0 & 0 & 1\end{bmatrix}^{\mathrm{T}}$$

全系统的动能可以写为

$$T=\frac{1}{2}\sum_{i=1}^{2}\dot{\boldsymbol{u}}_{ei}^{\mathrm{T}}\boldsymbol{m}_{ei}\dot{\boldsymbol{u}}_{ei}=\frac{1}{2}\dot{\boldsymbol{U}}^{\mathrm{T}}\tilde{\boldsymbol{M}}\dot{\boldsymbol{U}}=\frac{1}{2}\dot{\boldsymbol{q}}^{\mathrm{T}}\boldsymbol{M}\dot{\boldsymbol{q}}\tag{6-225}$$

式中，$\tilde{\boldsymbol{M}}\in\mathbf{R}^{8\times8}$ 为对应全部节点坐标 $\boldsymbol{U}$ 的全系统的质量矩阵；$\boldsymbol{M}\in\mathbf{R}^{4\times4}$ 为对应独立广义坐标 $\boldsymbol{q}$ 的全系统的质量矩阵，分别表达如下：

$$\tilde{\boldsymbol{M}}=\begin{bmatrix}\boldsymbol{m}_{e1} & \boldsymbol{O}\\ \boldsymbol{O} & \boldsymbol{m}_{e2}\end{bmatrix}\tag{6-226}$$

$$
\boldsymbol{M}=\boldsymbol{\beta}^{\mathrm{T}}\widetilde{\boldsymbol{M}}\boldsymbol{\beta}=\frac{\rho Al}{420}\begin{bmatrix}468 & -22l & 54 & -13l\\ -22l & 12l^2 & 13l & -3l^2\\ 54 & 13l & 156 & -22l\\ -13l & -3l^2 & -22l & 4l^2\end{bmatrix} \tag{6-227}
$$

与杆相同，质量矩阵 $\boldsymbol{M}$ 也可直接将将 m_{e1}、m_{e2} 的各个元素统一按 $q_i(i=1,2,3,4)$ 的下标重新编号，放入对应的行列组集而成。

同理可得与广义坐标 $\boldsymbol{q}$ 所对应的刚度矩阵为

$$
\boldsymbol{K}=\frac{2EI}{l^3}\begin{bmatrix}18 & -3l & -6 & 3l\\ -3l & 6l^2 & -3l & l^2\\ -6 & -3l & 6 & -3l\\ 3l & l^2 & -3l & 2l^2\end{bmatrix} \tag{6-228}
$$

假设梁上有简谐变化的均布载荷 $f(x,t)=f_0\sin\omega t$，根据方程（6-215）可以得到两个单元的外力列阵为

$$
\boldsymbol{F}_{e1}=\boldsymbol{F}_{e2}=\left[1,\frac{l}{6},1,-\frac{l}{6}\right]^{\mathrm{T}}\frac{f_0 l}{2}\sin\omega t \tag{6-229}
$$

与节点坐标 $\boldsymbol{U}$ 对应的外部力列阵为

$$
\boldsymbol{F}=[\boldsymbol{F}_{e1}^{\mathrm{T}},\boldsymbol{F}_{e2}^{\mathrm{T}}]^{\mathrm{T}} \tag{6-230}
$$

利用方程（6-224），可以得到外部作用力的总虚功为

$$
\delta W=\boldsymbol{F}^{\mathrm{T}}\delta\boldsymbol{U}=\boldsymbol{Q}^{\mathrm{T}}\delta\boldsymbol{q} \tag{6-231}
$$

式中，$\boldsymbol{Q}$ 为与广义坐标 $\boldsymbol{q}$ 所对应的广义力列阵，表达式为

$$
\boldsymbol{Q}=\boldsymbol{\beta}^{\mathrm{T}}\boldsymbol{F}=\left[1,0,\frac{1}{2},-\frac{l}{12}\right]^{\mathrm{T}}f_0 l\sin\omega t \tag{6-232}
$$

也可将 $\boldsymbol{F}_{e1}$、$\boldsymbol{F}_{e2}$ 的各个元素统一按 $q_i(i=1,2,3,4)$ 的下标重新编号，放入 $\boldsymbol{Q}$ 中与编号相对应的行和列中。

用广义坐标阵 $\boldsymbol{q}$ 表示的全系统的动力学方程为

$$
\boldsymbol{M}\ddot{\boldsymbol{q}}+\boldsymbol{K}\boldsymbol{q}=\boldsymbol{Q} \tag{6-233}
$$

即

$$
\frac{\rho Al}{420}\begin{bmatrix}468 & -22l & 54 & -13l\\ -22l & 12l^2 & 13l & -3l^2\\ 54 & 13l & 156 & -22l\\ -13l & -3l^2 & -22l & 4l^2\end{bmatrix}\begin{bmatrix}\ddot{q}_1\\ \ddot{q}_2\\ \ddot{q}_3\\ \ddot{q}_4\end{bmatrix}+\frac{2EI}{l^3}\begin{bmatrix}18 & -3l & -6 & 3l\\ -3l & 6l^2 & -3l & l^2\\ -6 & -3l & 6 & -3l\\ 3l & l^2 & -3l & 2l^2\end{bmatrix}\begin{bmatrix}q_1\\ q_2\\ q_3\\ q_4\end{bmatrix}=\begin{bmatrix}1\\ 0\\ 1/2\\ -l/12\end{bmatrix}f_0 l\sin\omega t \tag{6-234}
$$

6.6 模态综合法

模态综合法（1）

模态综合法（2）

现代工程结构，例如飞机、大型轮船、高层建筑、大型机械、大型航天器等，朝着大型化和复杂化方向发展，系统的自由度成千上万、甚至几十万阶，传统的动力特性和动力响应分析往往十分困难。为了能够进行有效的动力学计算与分析，人们希望能够从量级上大幅缩减整体结构的自由度而不改变问题的本质。为此，在 20 世纪 60 年代初，人们为了解决大型复杂结构系统的整体动力分析困难的问题而提出了模态综合技术，即**模态综合法**，也称为动态子结构法。Hurty 和 Glad Well 等人于 20 世纪 60 年代初奠定了模态综合技术的理论基础。20 世纪 60 年代末至 70 年代间，Craig 和 Bampton、Rubin、Hou、Hintz 等人先后从各个不同角度对古典的模态综合技术进行了改进和总结。我国学者王文亮、王永岩、张汝清等人也做了大量研究工作，使模态综合方法得到了进一步发展。

对于由多个构件组成的复杂系统，很难找到适合于整个系统的假设模态。解决该问题的对策之一是将复杂结构分解成若干个较为简单的子结构，对每个子结构选定假设模态，然后根据对接面上的位移和力的协调条件，将各个子结构的假设振型综合成总体系统的振型函数，此方法即为模态综合法。实际工程振动问题中低阶模态占主要成分，因此对每个子结构只需要计算少量低阶模态，然后加以综合。子结构的划分应使得子结构易于分析，并且对接面尽量缩小，以减少子结构之间的耦合。由于子结构只计及少量低阶模态，因此模态综合法也常常作为一种模型降阶方法使用，它可以建立起一个维数较低的系统动力学方程。

下面以等截面直角梁的弯曲振动问题为例阐述模态综合法的中心思想。如图 6-66 所示，两根梁在 O_3 处固接，梁长度都为 l，截面抗弯刚度为 EI，梁材料密度为 ρ，截面积为 A。将直角梁分为两个子结构，连体坐标系分别为 $O_1x_1y_1$ 和 $O_2x_2y_2$。

子结构振型的选取一般有两种方法，一是固定界面法，另一是自由界面法，相应的模态综合也称为固定界面模态综合法和自由界面模态综合法。对于固定界面法，是将两个子结构的界面 O_3

加以固定，使得两个子结构都成为两端固定的直梁。对于自由界面模态综合法，则是将界面约束解开，使得两个子结构都成为一端固定另一端自由的悬臂梁。下面采用固定界面模态综合法进行分析。

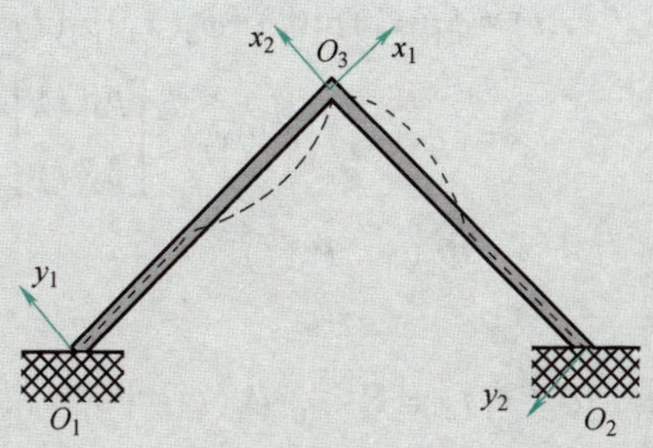

◀ 图 6-66　直角梁

不计梁的纵向振动，梁端部无横向位移，但端部界面可以自由转动。下面分别给出几种满足几何边界条件的振型函数。

考虑到梁端部为固定端，满足几何边界条件的振型函数取为

$$\phi_1(x_i)=\left(\frac{x_i}{l}\right)^2\left[1-\left(\frac{x_i}{l}\right)\right]^2 \tag{6-235}$$

由式（6-235）可以看出，当 $x_i=0$ 或 l 时，有 $\phi_1(x_i)=0$。对式（6-235）求导，可得

$$\frac{\partial\phi_1(x_i)}{\partial x_i}=\left(\frac{2x_i}{l^2}\right)\left[1-\left(\frac{x_i}{l}\right)\right]^2+\left(\frac{x_i}{l}\right)^2\left[1-\left(\frac{x_i}{l}\right)\right]^2\left(-\frac{2}{l}\right) \tag{6-236}$$

可以看出，当 $x_i=0$ 或 l 时有 $\partial\phi_1(x_i)/\partial x_i=0$。因此，式（6-235）所示的振型函数满足梁固定端的位移和转角边界条件。

考虑到梁端部界面 O_3 自由转动，当 O_3 产生单位角位移时，两个子结构满足的几何边界条件的振型称为**约束振型**，取为

$$\phi_2(x_i)=\left(\frac{x_i}{l}\right)^2\left[1-\left(\frac{x_i}{l}\right)\right] \tag{6-237}$$

求导，可得

$$\frac{\partial\phi_2(x_i)}{\partial x_i}=\left(\frac{2x_i}{l^2}\right)\left[1-\left(\frac{x_i}{l}\right)\right]+\left(\frac{x_i}{l}\right)^2\left(-\frac{1}{l}\right) \tag{6-238}$$

可以看出，当 $x_i=l$ 时有 $\partial\phi_2(x_i)/\partial x_i=-1/l$。

两个子结构梁的横向位移表示为式（6-235）和式（6-237）的线性叠加，即

$$y_1(x_1,t)=\phi_1(x_1)p_1(t)+\phi_2(x_1)p_2(t)$$
$$=[\phi_1(x_1),\phi_2(x_1)]\begin{bmatrix}p_1(t)\\p_2(t)\end{bmatrix}$$
$$=\boldsymbol{\Phi}_1(x_1)\boldsymbol{P}_1(t) \tag{6-239}$$
$$y_2(x_2,t)=\phi_1(x_2)p_3(t)+\phi_2(x_2)p_4(t)$$
$$=[\phi_1(x_2),\phi_2(x_2)]\begin{bmatrix}p_3(t)\\p_4(t)\end{bmatrix}$$
$$=\boldsymbol{\Phi}_2(x_2)\boldsymbol{P}_2(t) \tag{6-240}$$

式中，

$$\boldsymbol{\Phi}_1(x_1)=[\phi_1(x_1),\phi_2(x_1)]\in\mathbf{R}^{1\times2},\ \boldsymbol{P}_1(t)=[p_1(t),p_2(t)]^{\mathrm{T}}\in\mathbf{R}^{2\times1} \tag{6-241}$$
$$\boldsymbol{\Phi}_2(x_2)=[\phi_1(x_2),\phi_2(x_2)]\in\mathbf{R}^{1\times2},\ \boldsymbol{P}_2(t)=[p_3(t),p_4(t)]^{\mathrm{T}}\in\mathbf{R}^{2\times1} \tag{6-242}$$

式中，$p_1(t)$和$p_2(t)$为左边梁与振型函数$\phi_i(x_1)$所对应的模态坐标；$p_3(t)$和$p_4(t)$为右边梁与振型函数$\phi_i(x_2)$所对应的模态坐标。

系统的动能可以写为

$$T=\frac{1}{2}\int_0^l\rho A\left[\left(\frac{\partial y_1(x_1,t)}{\partial t}\right)^2+\left(\frac{\partial y_2(x_2,t)}{\partial t}\right)^2\right]\mathrm{d}x$$
$$=\frac{1}{2}\dot{\boldsymbol{P}}_1^{\mathrm{T}}\widetilde{\boldsymbol{M}}_1\dot{\boldsymbol{P}}_1+\frac{1}{2}\dot{\boldsymbol{P}}_2^{\mathrm{T}}\widetilde{\boldsymbol{M}}_2\dot{\boldsymbol{P}}_2$$
$$=\frac{1}{2}\dot{\boldsymbol{P}}^{\mathrm{T}}\widetilde{\boldsymbol{M}}\dot{\boldsymbol{P}} \tag{6-243}$$

式中，

$$\boldsymbol{P}=[\boldsymbol{P}_1^{\mathrm{T}},\boldsymbol{P}_2^{\mathrm{T}}]^{\mathrm{T}}$$
$$=[p_1(t),p_2(t),p_3(t),p_4(t)]^{\mathrm{T}}\in\mathbf{R}^{4\times1} \tag{6-244}$$
$$\widetilde{\boldsymbol{M}}=\begin{bmatrix}\widetilde{\boldsymbol{M}}_1 & \boldsymbol{O}\\ \boldsymbol{O} & \widetilde{\boldsymbol{M}}_2\end{bmatrix}\in\mathbf{R}^{6\times6},\ \widetilde{\boldsymbol{M}}_i=\int_0^l\rho A\boldsymbol{\Phi}_i^{\mathrm{T}}\boldsymbol{\Phi}_i\mathrm{d}x\in\mathbf{R}^{3\times3},\ i=1,2 \tag{6-245}$$

系统的势能可以写为

$$V=\frac{1}{2}\int_0^l EI\left[\left(\frac{\partial^2 y_1(x_1,t)}{\partial x_1^2}\right)^2+\left(\frac{\partial^2 y_2(x_2,t)}{\partial x_2^2}\right)^2\right]\mathrm{d}x$$
$$=\frac{1}{2}\boldsymbol{P}_1^{\mathrm{T}}\widetilde{\boldsymbol{K}}_1\boldsymbol{P}_1+\frac{1}{2}\boldsymbol{P}_2^{\mathrm{T}}\widetilde{\boldsymbol{K}}_2\boldsymbol{P}_2$$

$$=\frac{1}{2}\boldsymbol{P}^{\mathrm{T}}\widetilde{\boldsymbol{K}}\boldsymbol{P} \tag{6-246}$$

式中，

$$\widetilde{\boldsymbol{K}}=\begin{bmatrix}\widetilde{\boldsymbol{K}}_1 & \boldsymbol{0}\\ \boldsymbol{0} & \widetilde{\boldsymbol{K}}_2\end{bmatrix}\in\mathbf{R}^{6\times 6},\ \widetilde{\boldsymbol{K}}_i=\int_0^l EI(\boldsymbol{\Phi}_i'')^{\mathrm{T}}\boldsymbol{\Phi}_i''\mathrm{d}x\in\mathbf{R}^{3\times 3},\ i=1,2 \tag{6-247}$$

系统的动力学方程可以写为

$$\widetilde{\boldsymbol{M}}\ddot{\boldsymbol{\Psi}}(t)+\widetilde{\boldsymbol{K}}\boldsymbol{\Psi}(t)=\boldsymbol{0} \tag{6-248}$$

界面 O_3 为两个子结构的共点，具有相同的位移和弯矩，因此位移协调条件为

$$\frac{\partial y_1(l,t)}{\partial x_1}=\frac{\partial y_2(l,t)}{\partial x_2} \tag{6-249}$$

弯矩协调条件为

$$EI\frac{\partial^2 y_1(l,t)}{\partial x_1^2}=EI\frac{\partial^2 y_2(l,t)}{\partial x_2^2} \tag{6-250}$$

由式（6-239）和式（6-240），并在式（6-236）和式（6-238）中令 $x_1=x_2=l$，可得

$$\frac{\partial y_1(l,t)}{\partial x_1}=\left.\frac{\partial \phi_1(x_1)}{\partial x_1}\right|_{x=l}p_1(t)+\left.\frac{\partial \phi_2(x_1)}{\partial x_1}\right|_{x=l}p_2(t)=\left(-\frac{1}{l}\right)p_2(t) \tag{6-251}$$

$$\frac{\partial y_2(l,t)}{\partial x_2}=\left.\frac{\partial \phi_1(x_2)}{\partial x_2}\right|_{x=l}p_3(t)+\left.\frac{\partial \phi_2(x_2)}{\partial x_2}\right|_{x=l}p_4(t)=\left(-\frac{1}{l}\right)p_4(t) \tag{6-252}$$

利用位移协调条件式（6-249），可得

$$p_2=p_4 \tag{6-253}$$

同理，利用弯矩协调条件式（6-250），可得

$$p_1=p_3 \tag{6-254}$$

可以看出，式（6-244）中的四个广义坐标相互不独立。

令系统独立的广义坐标为

$$q_1=p_1,\ q_2=p_2,\ \boldsymbol{q}=(q_1,q_2)^{\mathrm{T}} \tag{6-255}$$

由式（6-244）和式（6-255），有

$$\boldsymbol{P}=\boldsymbol{\beta}\boldsymbol{q} \tag{6-256}$$

式中，

$$\boldsymbol{\beta}=\begin{pmatrix}1&0\\0&1\\1&0\\0&1\end{pmatrix}$$

将式（6-256）代入式（6-243）和式（6-246），用独立的广义坐标表达的系统动能和势能可以写为

$$T=\frac{1}{2}\dot{\boldsymbol{P}}^{\mathrm{T}}\widetilde{\boldsymbol{M}}\dot{\boldsymbol{P}}=\frac{1}{2}\dot{\boldsymbol{q}}^{\mathrm{T}}\boldsymbol{M}\dot{\boldsymbol{q}} \tag{6-257}$$

$$V=\frac{1}{2}\boldsymbol{P}^{\mathrm{T}}\widetilde{\boldsymbol{K}}\boldsymbol{P}=\frac{1}{2}\boldsymbol{q}^{\mathrm{T}}\boldsymbol{K}\boldsymbol{q} \tag{6-258}$$

其中，系统质量矩阵 $\boldsymbol{M}$ 和刚度矩阵 $\boldsymbol{K}$ 表达如下：

$$\boldsymbol{M}=\boldsymbol{\beta}^{\mathrm{T}}\widetilde{\boldsymbol{M}}\boldsymbol{\beta}=2\rho A\begin{bmatrix}1/630 & 1/280\\ 1/280 & 1/105\end{bmatrix} \tag{6-259}$$

$$\boldsymbol{K}=\boldsymbol{\beta}^{\mathrm{T}}\widetilde{\boldsymbol{K}}\boldsymbol{\beta}=\frac{8EI}{l^3}\begin{bmatrix}1/5 & 0\\ 0 & 1\end{bmatrix} \tag{6-260}$$

最终，系统的动力学方程可以表示为

$$\boldsymbol{M}\ddot{\boldsymbol{q}}+\boldsymbol{K}\boldsymbol{q}=\boldsymbol{0} \tag{6-261}$$

以上模态综合法中，连续体假设模态采用的是函数形式。实际工程中，有限元方法得到了普遍使用，下面介绍基于有限元离散化方法的模态综合法。

图 6-67a 所示悬臂结构。将整体结构划分成 a 和 b 两个子结构，如图 6-67b 所示，两个子结构的自由度分别为 n_1 和 n_2，每个子结构的自由度分为内部自由度 $\boldsymbol{u}_{\mathrm{I}}$ 和界面自由度 $\boldsymbol{u}_{\mathrm{J}}$：

$$\boldsymbol{u}^a=\begin{bmatrix}\boldsymbol{u}_{\mathrm{I}}^a\\ \boldsymbol{u}_{\mathrm{J}}^a\end{bmatrix}\in\mathbf{R}^{n_1\times1},\ \boldsymbol{u}^b=\begin{bmatrix}\boldsymbol{u}_{\mathrm{I}}^b\\ \boldsymbol{u}_{\mathrm{J}}^b\end{bmatrix}\in\mathbf{R}^{n_2\times1} \tag{6-262}$$

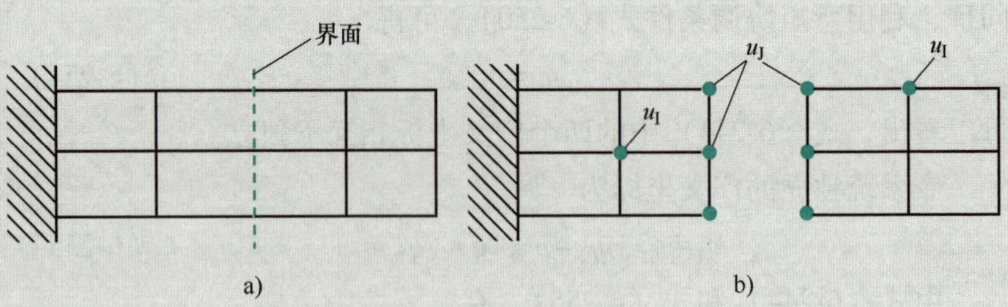

▶ 图 6-67　整体结构划分

根据界面连续性条件，有

$$\boldsymbol{u}_{\mathrm{J}}^a=\boldsymbol{u}_{\mathrm{J}}^b \tag{6-263}$$

界面内力合力为零，由力的对接条件，有

$$\boldsymbol{f}_{\mathrm{J}}^a+\boldsymbol{f}_{\mathrm{J}}^b=\boldsymbol{0} \tag{6-264}$$

式中，$\boldsymbol{f}_{\mathrm{J}}^a$ 和 $\boldsymbol{f}_{\mathrm{J}}^b$ 为两个子结构的截面力。

系统的动能为

$$T=T^a+T^b$$
$$=\frac{1}{2}(\dot{\boldsymbol{u}}^a)^{\mathrm{T}}\boldsymbol{m}^a\dot{\boldsymbol{u}}^a+\frac{1}{2}(\dot{\boldsymbol{u}}^b)^{\mathrm{T}}\boldsymbol{m}^b\dot{\boldsymbol{u}}^b \tag{6-265}$$

式中，$\boldsymbol{m}^a\in\mathbf{R}^{n_1\times n_1}$和$\boldsymbol{m}^b\in\mathbf{R}^{n_2\times n_2}$分别为两个子结构的质量阵。

系统的势能为

$$V=V^a+V^b$$
$$=\frac{1}{2}(\boldsymbol{u}^a)^{\mathrm{T}}\boldsymbol{k}^a\boldsymbol{u}^a+\frac{1}{2}(\boldsymbol{u}^b)^{\mathrm{T}}\boldsymbol{k}^b\boldsymbol{u}^b \tag{6-266}$$

式中，$\boldsymbol{k}^a\in\mathbf{R}^{n_1\times n_1}$和$\boldsymbol{k}^b\in\mathbf{R}^{n_2\times n_2}$分别为两个子结构的刚度阵。

选择恰当的子结构的保留模态来构成子结构的里茨基，对两个子结构做模态坐标变换：

$$\boldsymbol{u}^a=\boldsymbol{\Phi}^a\boldsymbol{p}^a,\ \boldsymbol{u}^b=\boldsymbol{\Phi}^b\boldsymbol{p}^b \tag{6-267}$$

式中，$\boldsymbol{p}^a\in\mathbf{R}^{r_1\times 1}$和$\boldsymbol{p}^b\in\mathbf{R}^{r_2\times 1}$分别为两个子结构的模态坐标列阵，两个子结构的模态坐标数量r_1和r_2可以不等，通常子结构保留模态的个数少于它的自由度，即$r_1<n_1$和$r_2<n_2$，也即模态坐标的数量小于物理坐标的数量。$\boldsymbol{\Phi}^a\in\mathbf{R}^{n_1\times r_1}$和$\boldsymbol{\Phi}^b\in\mathbf{R}^{n_2\times r_2}$为里茨基。式（6-267）的变换也称为**第一次坐标变换**，将物理坐标变换成模态坐标。

将式（6-267）代入系统动能表达式（6-265）和势能表达式（6-266），可得

$$T=\frac{1}{2}(\dot{\boldsymbol{p}}^a)^{\mathrm{T}}\boldsymbol{M}^a\dot{\boldsymbol{p}}^a+\frac{1}{2}(\dot{\boldsymbol{p}}^b)^{\mathrm{T}}\boldsymbol{M}^b\dot{\boldsymbol{p}}^b=\frac{1}{2}\dot{\boldsymbol{p}}^{\mathrm{T}}\boldsymbol{M}\dot{\boldsymbol{p}} \tag{6-268}$$

$$V=\frac{1}{2}(\boldsymbol{p}^a)^{\mathrm{T}}\boldsymbol{K}^a\boldsymbol{p}^a+\frac{1}{2}(\boldsymbol{p}^b)^{\mathrm{T}}\boldsymbol{K}^b\boldsymbol{p}^b=\frac{1}{2}\boldsymbol{p}^{\mathrm{T}}\boldsymbol{K}\boldsymbol{p} \tag{6-269}$$

式中，

$$\boldsymbol{M}^a=(\boldsymbol{\Phi}^a)^{\mathrm{T}}\boldsymbol{m}^a\boldsymbol{\Phi}^a\in\mathbf{R}^{r_1\times r_1},\ \boldsymbol{M}^b=(\boldsymbol{\Phi}^b)^{\mathrm{T}}\boldsymbol{m}^b\boldsymbol{\Phi}^b\in\mathbf{R}^{r_2\times r_2} \tag{6-270}$$

$$\boldsymbol{K}^a=(\boldsymbol{\Phi}^a)^{\mathrm{T}}\boldsymbol{k}^a\boldsymbol{\Phi}^a\in\mathbf{R}^{r_1\times r_1},\ \boldsymbol{K}^b=(\boldsymbol{\Phi}^b)^{\mathrm{T}}\boldsymbol{k}^b\boldsymbol{\Phi}^b\in\mathbf{R}^{r_2\times r_2} \tag{6-271}$$

$$\boldsymbol{M}=\begin{bmatrix}\boldsymbol{M}^a & \boldsymbol{O}\\ \boldsymbol{O} & \boldsymbol{M}^b\end{bmatrix}\in\mathbf{R}^{(r_1+r_2)\times(r_1+r_2)} \tag{6-272}$$

$$\boldsymbol{K}=\begin{bmatrix}\boldsymbol{K}^a & \boldsymbol{O}\\ \boldsymbol{O} & \boldsymbol{K}^b\end{bmatrix}\in\mathbf{R}^{(r_1+r_2)\times(r_1+r_2)} \tag{6-273}$$

$$\boldsymbol{p}=\begin{bmatrix}\boldsymbol{p}^a\\ \boldsymbol{p}^b\end{bmatrix}\in\mathbf{R}^{(r_1+r_2)\times 1} \tag{6-274}$$

质量矩阵 $\boldsymbol{M}$ 和刚度矩阵 $\boldsymbol{K}$ 实际上是独立处理各子结构后得到的，而每个子结构的界面自由度 $\boldsymbol{u}_{\mathrm{J}}^{a}$ 和 $\boldsymbol{u}_{\mathrm{J}}^{b}$ 不是相互独立的，因此坐标 $\boldsymbol{p}$ 中的元素不是相互独立的，不独立坐标的个数 d 恒等于界面自由度数，例如，如果将图 6-67 中所示的界面上三个点视为界面自由度，则有 $d=3$。由界面连续性条件式（6-263）以及式（6-267）可得

$$\boldsymbol{\Phi}_{\mathrm{J}}^{a}\boldsymbol{p}^{a}=\boldsymbol{\Phi}_{\mathrm{J}}^{b}\boldsymbol{p}^{b} \tag{6-275}$$

式中，$\boldsymbol{\Phi}_{\mathrm{J}}^{a}\in\mathbf{R}^{p\times r_1}$；$\boldsymbol{\Phi}_{\mathrm{J}}^{b}\in\mathbf{R}^{p\times r_2}$。改写式（6-275）为

$$[\boldsymbol{\Phi}_{\mathrm{J}}^{a},-\boldsymbol{\Phi}_{\mathrm{J}}^{b}]\begin{bmatrix}\boldsymbol{p}^{a}\\ \boldsymbol{p}^{b}\end{bmatrix}=\mathbf{0} \tag{6-276}$$

即

$$\boldsymbol{C}\boldsymbol{p}=\mathbf{0} \tag{6-277}$$

式中，$\boldsymbol{C}=[\boldsymbol{\Phi}_{\mathrm{J}}^{a},-\boldsymbol{\Phi}_{\mathrm{J}}^{b}]\in\mathbf{R}^{p\times(r_1+r_2)}$。

设 $\boldsymbol{p}$ 中独立的广义坐标为 $\boldsymbol{p}_{\mathrm{I}}$，非独立广义坐标为 $\boldsymbol{p}_{\mathrm{d}}$，将 $\boldsymbol{p}$ 重写为

$$\boldsymbol{p}=\begin{bmatrix}\boldsymbol{p}_{\mathrm{d}}\\ \boldsymbol{p}_{\mathrm{I}}\end{bmatrix}\in\mathbf{R}^{(r_1+r_2)\times 1} \tag{6-278}$$

其中，$\boldsymbol{p}_{\mathrm{d}}\in\mathbf{R}^{d\times 1}$，$\boldsymbol{p}_{\mathrm{I}}\in\mathbf{R}^{(r_1+r_2-d)\times 1}$。相应地，将式（6-277）改写为

$$[\boldsymbol{C}_{\mathrm{dd}},\boldsymbol{C}_{\mathrm{dI}}]\begin{bmatrix}\boldsymbol{p}_{\mathrm{d}}\\ \boldsymbol{p}_{\mathrm{I}}\end{bmatrix}=\mathbf{0} \tag{6-279}$$

式中，$\boldsymbol{C}_{\mathrm{dd}}\subset\mathbf{R}^{d\times d}$；$\boldsymbol{C}_{\mathrm{dI}}\in\mathbf{R}^{d\times(r_1+r_2-d)}$。由式（6-279）可得

$$\boldsymbol{p}_{\mathrm{d}}=-\boldsymbol{C}_{\mathrm{dd}}^{-1}\boldsymbol{C}_{\mathrm{dI}}\boldsymbol{p}_{\mathrm{I}} \tag{6-280}$$

将式（6-280）代入式（6-278）中，可得

$$\boldsymbol{p}=\begin{bmatrix}-\boldsymbol{C}_{\mathrm{dd}}^{-1}\boldsymbol{C}_{\mathrm{dI}}\\ \boldsymbol{I}\end{bmatrix}\boldsymbol{p}_{\mathrm{I}}=\boldsymbol{S}\boldsymbol{q} \tag{6-281}$$

式中，

$$\boldsymbol{S}=\begin{bmatrix}-\boldsymbol{C}_{\mathrm{dd}}^{-1}\boldsymbol{C}_{\mathrm{dI}}\\ \boldsymbol{I}\end{bmatrix}\in\mathbf{R}^{(r_1+r_2)\times(r_1+r_2-d)}$$

$$\boldsymbol{q}=\boldsymbol{p}\in\mathbf{R}^{(r_1+r_2-d)\times 1}$$

为独立的广义坐标。式（6-281）称为**第二次坐标变换**。

将式（6-281）代入式（6-268）和式（6-269），系统动能和势

能可以写为

$$T=\frac{1}{2}\dot{\boldsymbol{q}}^{\mathrm{T}}\boldsymbol{M}^{*}\dot{\boldsymbol{q}} \tag{6-282}$$

$$V=\frac{1}{2}\boldsymbol{q}^{\mathrm{T}}\boldsymbol{K}^{*}\boldsymbol{q} \tag{6-283}$$

式中，

$$\boldsymbol{M}^{*}=\boldsymbol{S}^{\mathrm{T}}\boldsymbol{M}\boldsymbol{S}\in\mathbf{R}^{(r_1+r_2-d)\times(r_1+r_2-d)} \tag{6-284}$$

$$\boldsymbol{K}^{*}=\boldsymbol{S}^{\mathrm{T}}\boldsymbol{K}\boldsymbol{S}\in\mathbf{R}^{(r_1+r_2-d)\times(r_1+r_2-d)} \tag{6-285}$$

系统的无阻尼自由振动的运动方程可以写为

$$\boldsymbol{M}^{*}\ddot{\boldsymbol{q}}+\boldsymbol{K}^{*}\boldsymbol{q}=\boldsymbol{0} \tag{6-286}$$

新方程的阶数等于所选取的全部保留模态的总数减去对接界面的自由度数。系统的广义特征值问题为

$$\boldsymbol{K}^{*}\boldsymbol{\Phi}=\omega^{2}\boldsymbol{M}^{*}\boldsymbol{\Phi} \tag{6-287}$$

对于一般的动力学分析问题，也可以得到缩聚方程为

$$\boldsymbol{M}^{*}\ddot{\boldsymbol{q}}+\boldsymbol{C}^{*}\boldsymbol{q}+\boldsymbol{K}^{*}\boldsymbol{q}=\boldsymbol{R}^{*} \tag{6-288}$$

式中，

$$\boldsymbol{C}^{*}=\boldsymbol{S}^{\mathrm{T}}\boldsymbol{C}\boldsymbol{S} \tag{6-289}$$

$$\boldsymbol{R}^{*}=\boldsymbol{S}^{\mathrm{T}}\boldsymbol{R} \tag{6-290}$$

上述分析很容易推广到多个子结构组成的结构系统。为了进一步阐述上述模态综合法的两次坐标转化，下面以运载火箭为例进行进一步的说明。运载火箭主要由芯级火箭和助推器所构成，如图 6-68 所示。为了避免助推器向芯级火箭传递扭矩，引起芯级发生损伤和破坏，助推器一般是设计成二力杆的形式，只沿轴向方向产生作用力。为简化描述，考虑系统的平面模型，即系统由一个芯级火箭和两个助推器所构成。

将平面火箭模型分成三个子结构，如图 6-69 所示。首先对子结构 1 进行分析。采用有限元方法对子结构 1 进行动力学建模，子结构 1 的内部自由度坐标分别为 $\boldsymbol{u}_{\mathrm{I1}}$，$\boldsymbol{u}_{\mathrm{I2}}$和 $\boldsymbol{u}_{\mathrm{I3}}$，截面自由度坐标分别为 $\boldsymbol{u}_{\mathrm{J1}}$和 $\boldsymbol{u}_{\mathrm{J2}}$。按照结构物理坐标的顺序，子结构 1 的物理坐标列阵为

$$\boldsymbol{u}_{1}=[\boldsymbol{u}_{\mathrm{I1}},\boldsymbol{u}_{\mathrm{J1}},\boldsymbol{u}_{\mathrm{I2}},\boldsymbol{u}_{\mathrm{J2}},\boldsymbol{u}_{\mathrm{I3}}]^{\mathrm{T}} \tag{6-291}$$

子结构 1 的有限元动力学方程为

$$\boldsymbol{M}_{1}\ddot{\boldsymbol{u}}_{1}+\boldsymbol{K}_{1}\boldsymbol{u}_{1}=\boldsymbol{f}_{1} \tag{6-292}$$

式中，$\boldsymbol{M}_1$、$\boldsymbol{K}_1$ 和 $\boldsymbol{f}_1$ 分别为子结构 1 的质量矩阵、刚度矩阵和外力列阵。

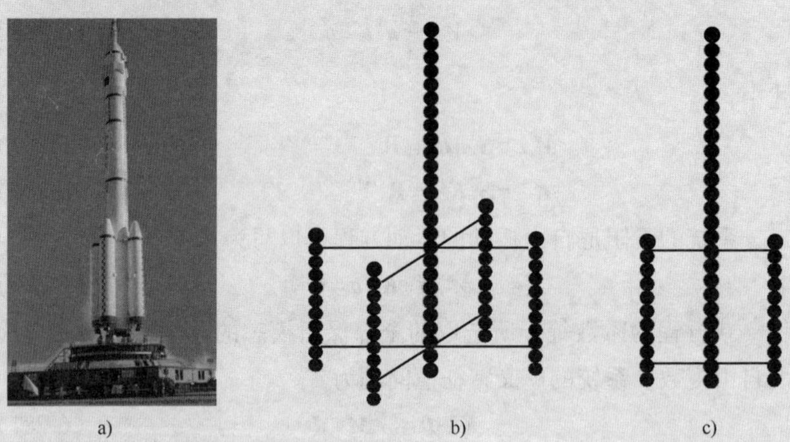

▶ 图 6-68　运载火箭模型
a）运载火箭　b）空间模型
c）平面模型

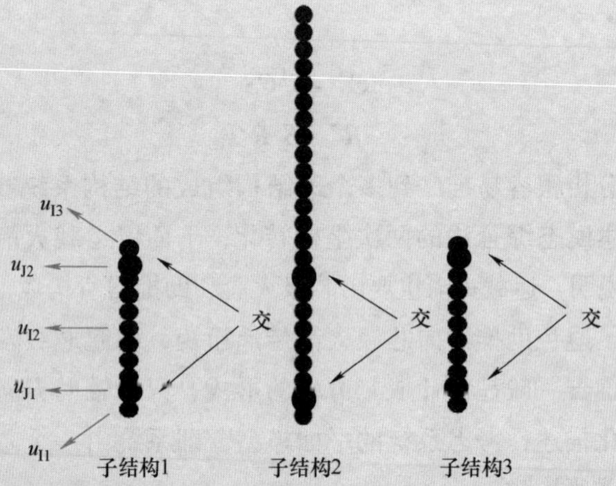

▶ 图 6-69　运载火箭平面模型交界面

为方便将内部自由度与界面自由度分开，定义子结构 1 新的物理坐标列阵为

$$\boldsymbol{u}_1^* = \begin{bmatrix} \boldsymbol{u}_{1\mathrm{I}} \\ \boldsymbol{u}_{1\mathrm{J}} \end{bmatrix} = \begin{bmatrix} \boldsymbol{u}_{\mathrm{I}1} \\ \boldsymbol{u}_{\mathrm{I}2} \\ \boldsymbol{u}_{\mathrm{I}3} \\ \boldsymbol{u}_{\mathrm{J}1} \\ \boldsymbol{u}_{\mathrm{J}2} \end{bmatrix} \tag{6-293}$$

式中，$\boldsymbol{u}_{1\mathrm{I}}=[\boldsymbol{u}_{\mathrm{I}1},\boldsymbol{u}_{\mathrm{I}2},\boldsymbol{u}_{\mathrm{I}3}]^{\mathrm{T}}$ 为内部自由度坐标，$\boldsymbol{u}_{1\mathrm{J}}=[\boldsymbol{u}_{\mathrm{J}1},\boldsymbol{u}_{\mathrm{J}2}]^{\mathrm{T}}$ 为界面自由度坐标。则 $\boldsymbol{u}_1$ 和 $\boldsymbol{u}_1^*$ 存在如下的转换关系：

$$\boldsymbol{u}_1^*=\begin{bmatrix}\boldsymbol{u}_{\mathrm{I}1}\\ \boldsymbol{u}_{\mathrm{I}2}\\ \boldsymbol{u}_{\mathrm{I}3}\\ \boldsymbol{u}_{\mathrm{J}1}\\ \boldsymbol{u}_{\mathrm{J}2}\end{bmatrix}=\begin{bmatrix}\boldsymbol{I}&\boldsymbol{O}&\boldsymbol{O}&\boldsymbol{O}&\boldsymbol{O}\\ \boldsymbol{O}&\boldsymbol{O}&\boldsymbol{I}&\boldsymbol{O}&\boldsymbol{O}\\ \boldsymbol{O}&\boldsymbol{O}&\boldsymbol{O}&\boldsymbol{O}&\boldsymbol{I}\\ \boldsymbol{O}&\boldsymbol{I}&\boldsymbol{O}&\boldsymbol{O}&\boldsymbol{O}\\ \boldsymbol{O}&\boldsymbol{O}&\boldsymbol{O}&\boldsymbol{I}&\boldsymbol{O}\end{bmatrix}\begin{bmatrix}\boldsymbol{u}_{\mathrm{I}1}\\ \boldsymbol{u}_{\mathrm{J}1}\\ \boldsymbol{u}_{\mathrm{I}2}\\ \boldsymbol{u}_{\mathrm{J}2}\\ \boldsymbol{u}_{\mathrm{I}3}\end{bmatrix}=\boldsymbol{T}_1\boldsymbol{u}_1 \tag{6-294}$$

式中，

$$\boldsymbol{T}_1=\begin{bmatrix}\boldsymbol{I}&\boldsymbol{O}&\boldsymbol{O}&\boldsymbol{O}&\boldsymbol{O}\\ \boldsymbol{O}&\boldsymbol{O}&\boldsymbol{I}&\boldsymbol{O}&\boldsymbol{O}\\ \boldsymbol{O}&\boldsymbol{O}&\boldsymbol{O}&\boldsymbol{O}&\boldsymbol{I}\\ \boldsymbol{O}&\boldsymbol{I}&\boldsymbol{O}&\boldsymbol{O}&\boldsymbol{O}\\ \boldsymbol{O}&\boldsymbol{O}&\boldsymbol{O}&\boldsymbol{I}&\boldsymbol{O}\end{bmatrix}$$

为坐标转换矩阵。

经过以上坐标转换，子结构 1 的有限元方程可以改写为

$$\boldsymbol{M}_1^*\ddot{\boldsymbol{u}}_1^*+\boldsymbol{K}_1^*\boldsymbol{u}_1^*=\boldsymbol{f}_1^* \tag{6-295}$$

式中，$\boldsymbol{M}_1^*=\boldsymbol{T}_1\boldsymbol{M}_1\boldsymbol{T}_1^{-1}$；$\boldsymbol{K}_1^*=\boldsymbol{T}_1\boldsymbol{K}_1\boldsymbol{T}_1^{-1}$；$\boldsymbol{f}_1^*=\boldsymbol{T}_1\boldsymbol{f}_1$。

对子结构 1 解除所有界面约束进行模态分析，保留主振型 $\boldsymbol{\Phi}_{1a}$，这里要求主振型的数量须大于界面自由度的数量，子结构 1 的第一次变换为

$$\boldsymbol{u}_1^*=\begin{bmatrix}\boldsymbol{u}_{1\mathrm{I}}\\ \boldsymbol{u}_{1\mathrm{J}}\end{bmatrix}=\boldsymbol{\Phi}_1\boldsymbol{p}_1=\begin{bmatrix}\boldsymbol{\Phi}_{1\mathrm{I}}\\ \boldsymbol{\Phi}_{1\mathrm{J}}\end{bmatrix}\boldsymbol{p}_1 \tag{6-296}$$

式中，$\boldsymbol{p}_1$ 为子结构 1 保留的模态坐标列阵；$\boldsymbol{\Phi}_{1\mathrm{I}}$ 和 $\boldsymbol{\Phi}_{1\mathrm{J}}$ 分别为与内部坐标 $\boldsymbol{u}_{1\mathrm{I}}$ 和截面坐标 $\boldsymbol{u}_{1\mathrm{J}}$ 所对应的主振型。

同理，子结构 2 和子结构 3 的第一次变换分别为

$$\boldsymbol{u}_2^*=\begin{bmatrix}\boldsymbol{u}_{2\mathrm{I}}\\ \boldsymbol{u}_{2\mathrm{J}}\end{bmatrix}=\boldsymbol{\Phi}_2\boldsymbol{p}_2=\begin{bmatrix}\boldsymbol{\Phi}_{2\mathrm{I}}\\ \boldsymbol{\Phi}_{2\mathrm{J}}\end{bmatrix}\boldsymbol{p}_2 \tag{6-297}$$

$$\boldsymbol{u}_3^*=\begin{bmatrix}\boldsymbol{u}_{3\mathrm{I}}\\ \boldsymbol{u}_{3\mathrm{J}}\end{bmatrix}=\boldsymbol{\Phi}_3\boldsymbol{p}_3=\begin{bmatrix}\boldsymbol{\Phi}_{3\mathrm{I}}\\ \boldsymbol{\Phi}_{3\mathrm{J}}\end{bmatrix}\boldsymbol{p}_3 \tag{6-298}$$

系统的界面协调条件为

$$\boldsymbol{u}_{1\mathrm{J}}=\boldsymbol{u}_{2\mathrm{J}}=\boldsymbol{u}_{3\mathrm{J}} \tag{6-299}$$

由式（6-296）~式（6-298）可得

$$\boldsymbol{\Phi}_{1J}\boldsymbol{p}_1=\boldsymbol{\Phi}_{2J}\boldsymbol{p}_2=\boldsymbol{\Phi}_{3J}\boldsymbol{p}_3 \tag{6-300}$$

由于子结构的保留主振型的数量大于界面自由度的数量，因此可以将子结构 1 的保留主振型写为

$$\boldsymbol{\Phi}_{1J}=[\boldsymbol{\Phi}_{1JS}\ \vdots\ \boldsymbol{\Phi}_{1JR}] \tag{6-301}$$

式中，$\boldsymbol{\Phi}_{1JS}$为方阵，其维数等于子结构 1 保留主振型的个数。将式（3-301）代入式（6-300）左边等式，并将$\boldsymbol{p}_{1a}$拆分成相应维数的分块列阵，可得

$$[\boldsymbol{\Phi}_{1JS}\ \vdots\ \boldsymbol{\Phi}_{1JR}]\begin{bmatrix}\boldsymbol{p}_{1S}\\ \boldsymbol{p}_{1R}\end{bmatrix}=\boldsymbol{\Phi}_{2J}\boldsymbol{p}_2 \tag{6-302}$$

式中，$\boldsymbol{p}_{1S}$为子结构 1 和子结构 2 所构成的组合体的非独立的广义坐标列阵。由式（6-302）可以求得

$$\boldsymbol{p}_{1s}=-\boldsymbol{\Phi}_{1JS}^{-1}\boldsymbol{\Phi}_{1JR}\boldsymbol{p}_{1R}+\boldsymbol{\Phi}_{1JS}^{-1}\boldsymbol{\Phi}_{2J}\boldsymbol{p}_2 \tag{6-303}$$

将子结构 1 与子结构 2 进行对接，去掉界面非独立坐标，有

$$\begin{bmatrix}\boldsymbol{p}_1\\ \boldsymbol{p}_2\end{bmatrix}=\begin{bmatrix}\boldsymbol{p}_{1S}\\ \boldsymbol{p}_{1R}\\ \boldsymbol{p}_2\end{bmatrix}=\boldsymbol{T}\begin{bmatrix}\boldsymbol{p}_{1R}\\ \boldsymbol{p}_2\end{bmatrix} \tag{6-304}$$

式中，$[\boldsymbol{p}_{1R},\boldsymbol{p}_2]^{\mathrm{T}}$为子结构 1 和子结构 2 所构成的组合体的独立的广义坐标列阵；$\boldsymbol{T}$为转换矩阵，即

$$\boldsymbol{T}=\begin{bmatrix}-\boldsymbol{\Phi}_{1JS}^{-1}\boldsymbol{\Phi}_{1JR} & \boldsymbol{\Phi}_{1JS}^{-1}\boldsymbol{\Phi}_{2J}\\ \boldsymbol{I} & \boldsymbol{O}\\ \boldsymbol{O} & \boldsymbol{I}\end{bmatrix} \tag{6-305}$$

对于子结构 3 作同样处理，将子结构 3 与子结构 1 和 2 的组合体进行对接，最终得到第二次变换为

$$\boldsymbol{p}=\begin{bmatrix}\boldsymbol{p}_1\\ \boldsymbol{p}_2\\ \boldsymbol{p}_3\end{bmatrix}=\begin{bmatrix}\boldsymbol{p}_{1S}\\ \boldsymbol{p}_{1R}\\ \boldsymbol{p}_2\\ \boldsymbol{p}_{3S}\\ \boldsymbol{p}_{3R}\end{bmatrix}=\boldsymbol{S}\boldsymbol{q}=\boldsymbol{S}\begin{bmatrix}\boldsymbol{p}_{1R}\\ \boldsymbol{p}_2\\ \boldsymbol{p}_{3R}\end{bmatrix} \tag{6-306}$$

式中，$[\boldsymbol{p}_{1R},\boldsymbol{p}_2,\boldsymbol{p}_{3R}]^{\mathrm{T}}$为系统独立的广义坐标列阵；$\boldsymbol{S}$为转换矩阵，表达如下：

$$
S=\begin{bmatrix} -\boldsymbol{\Phi}_{1JS}^{-1}\boldsymbol{\Phi}_{1JR} & \boldsymbol{\Phi}_{1JS}^{-1}\boldsymbol{\Phi}_{2J} & \boldsymbol{0} \\ \boldsymbol{I} & \boldsymbol{0} & \boldsymbol{0} \\ \boldsymbol{0} & \boldsymbol{I} & \boldsymbol{0} \\ \boldsymbol{0} & \boldsymbol{\Phi}_{1JS}^{-1}\boldsymbol{\Phi}_{2J} & -\boldsymbol{\Phi}_{1JS}^{-1}\boldsymbol{\Phi}_{1JR} \\ \boldsymbol{0} & \boldsymbol{0} & \boldsymbol{I} \end{bmatrix} \tag{6-307}
$$

得到第二次变换矩阵后，可以得到整体结构最终的质量阵和刚度阵，然后就可进行固有频率和振型分析。

在使用模态综合法时，困难的是如何构造和获取各子结构的保留模态来构成里茨基，各种不同的获取方法便形成了不同的模态综合技术。近代模态综合法中，子结构的模态基常取为

$$
\boldsymbol{H}=[\boldsymbol{\Psi}\vdots\boldsymbol{\Phi}] \tag{6-308}
$$

式中，$\boldsymbol{\Psi}$ 为静力振型基，也称为**约束振型**；$\boldsymbol{\Phi}$ 为动力振型基，一般由子结构的固定界面或自由界面的低阶主振型组成，也称为**主振型**。主振型一般可以通过子结构的特征值问题方程$(\boldsymbol{K}-\omega^2\boldsymbol{M})\boldsymbol{\Phi}=\boldsymbol{0}$求得，但是需要保留子结构的低阶主振型来组成主振型矩阵 $\boldsymbol{\Phi}$，也称之为**保留主振型**，模态综合法正是因为舍去了子结构的高阶主振型而达到整体降阶的目的。约束振型的选取一般遵循如下原则：在截面自由度所构成的集合 D 中，依次给集合中的每一个坐标一个单位位移而同时强制集合 D 内其余坐标的位移为零，这样物理坐标产生的一系列静变形的集合就称为定义在集合 D 上的约束振型。以图 6-66 所示的直角梁为例，式（6-235）的 $\phi_1(x)$为主振型，式（6-237）的 $\phi_2(x)$为约束振型。

一个实际结构划分为若干个子结构后可能出现各种不同形式的子结构，不同形式的子结构将对应不同形式的振型。根据约束情况划分，子结构可分为**约束的子结构**和**自由悬浮的子结构**。以图 6-67 所示的两个子结构为例，图 6-67a 为约束的子结构，图 6-67b 为自由悬浮的子结构。子结构的主振型和约束振型根据受约束和自由悬浮将有不同的含义，自由悬浮的子结构将具有刚体自由度。

6.7 本章小结

本章介绍了连续体的振动，总结本章的关键知识点如下：

1）连续体系统振动与多自由度系统振动的分析方法本质上是一样的，都是采用模态叠加法进行系统振动问题的求解，即将物理空间耦合的振动问题转到模态空间进行解耦，在求得模态空间的解之后再返回物理空间得到原系统的解。

2）连续体系统振动与多自由度系统振动的分析也有不同之处：

① 连续体系统的固有频率和振型是由物理边界条件所决定的，而多自由度系统的固有频率和振型则是通过求解系统质量矩阵和刚度矩阵的特征值问题获得；

② 连续体系统的振型是函数形式，而多自由度系统的振型是向量形式；

③ 连续体系统的固有频率有无穷多个，所对应的振型函数也有无穷多个，而多自由度系统的固有频率和振型的数量等于系统的自由度数。

3）连续体系统的振动响应为 $y(x,t)=\sum_{i=1}^{\infty}\phi_i(x)q_i(t)$。其中，$q_i(t)$为第 i 阶模态坐标，$\phi_i(x)$为第 i 阶振型函数。当系统为自由振动时，系统响应可以写为

$$y(x,t)=\sum_{i=1}^{\infty}a_i\phi_i(x)\sin(\omega_i t+\theta_i)$$

式中，$y^{(i)}(x,t)=a_i\phi_i(x)\sin(\omega_i t+\theta_i)$为第 i 阶模态主振动。这里需要注意，有无求和符号 $\sum_{i=1}^{\infty}$ 所代表的含义是不同的，一个代表物理空间的振动响应，另一个代表主振动。如果系统所受外力不是简谐激励，则系统响应只能写成

$$y(x,t)=\sum_{i=1}^{\infty}\phi_i(x)q_i(t)$$

4）杆轴向振动和梁弯曲振动的振型正交性条件是针对简单边界进行的，例如，杆的边界只考虑了固定端和自由端，梁的边界只考虑了固定端、简支端和自由端。

5）集中质量法是一种离散化方法，它可以将连续体的振动离散为有限自由度系统的振动，系统自由度的维数等于集中质量的个数。

6）假设模态法也是一种使用有限自由度系统去近似描述原连

续体系统的离散化方法，它是将连续体系统的解写作有限个假设振型函数的线性组合，即

$$y(x,t)=\sum_{i=1}^{n}\psi_i(x)q_i(t)$$

假设振型函数 $\psi_i(x)$ 满足部分或全部边界条件，但不一定满足动力学方程。将 $y(x,t)$ 代入连续体系统的动能和势能表达式，可以求得离散自由端系统的质量矩阵和刚度矩阵。假设模态法所得到的有限自由度动力学方程的维数等于所选取假设振型函数的数量。由于假设模态法所得到了动力学方程的维数一般很低，因此常常用于振动主动控制的设计。

7）有限元方法也是一种离散化方法，它是将连续体系统进行有限单元划分，通过对单元质量矩阵和刚度矩阵进行组集，最终得到一个离散系统的动力学方程。有限元方法的计算精度可以通过对系统单元的细小划分而得以保证。采用有限元方法所建立的离散动力学方程的维数一般很大，常常只用于动力学特性的分析，不便于主动控制的设计。

8）模态综合法是将复杂结构按照几何轮廓等规则拆分成若干个子结构，首先对各个子结构进行动态分析，保留它们的主要模态信息，最后根据界面连接条件综合出总体结构的动态特性。模态综合法常常用于大型复杂结构的低维动力学建模与快速计算。

习　题

6.1　如习题 6.1 图所示，长为 l，单位长度质量为 ρ_l、以不变张力 F_0 张紧的弦线受一以匀速 v 沿弦线运动的不变力 F 作用。求弦线运动规律。

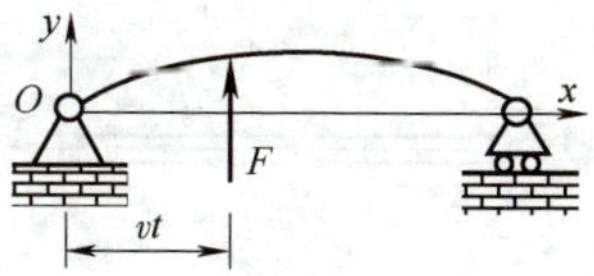

习题 6.1 图

6.2 求下列情况中当轴向常力突然移去时两端固定的等直杆的自由振动：

1）常力 P 作用于杆的中点，如习题 6.2a 图所示；

2）常力 P 作用于杆的 1/3 点处，如习题 6.2b 图所示；

3）两个大小相等、方向相反的常力 P 作用于杆 1/4 和 3/4 处，如习题 6.2c 图所示。

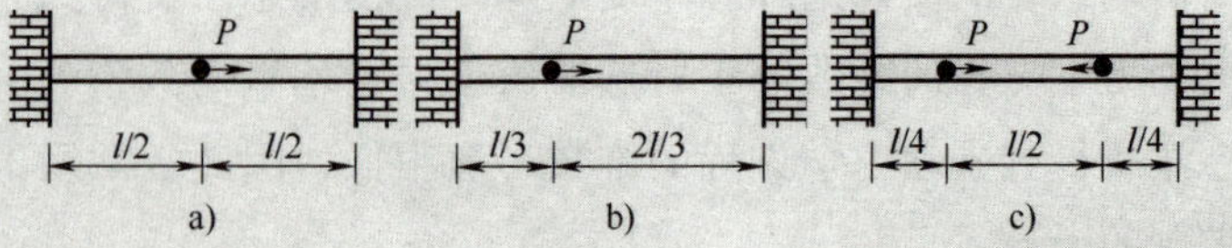

▶ 习题 6.2 图

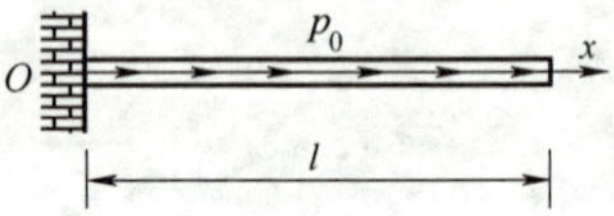

习题 6.3 图

6.3 如习题 6.3 图所示，一端固定一端自由的等直杆受到均匀分布力 $p_0=P_0/l$ 的作用，求分布力突然移去时杆的响应。

6.4 假定习题 6.3 的等直杆上作用有轴向均匀分布的干扰力 $P_0/l\sin\omega t$，求该杆的稳态强迫振动。

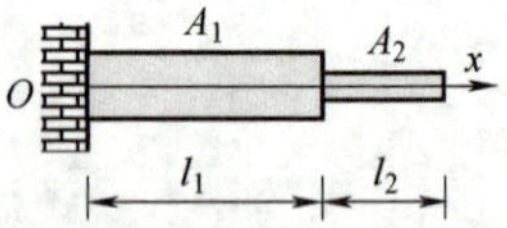

习题 6.5 图

6.5 密度为 ρ、弹性模量为 E 的阶梯轴，如习题 6.5 图所示，给出该系统的固有频率方程，并给出当截面面积比 $A_1/A_2=2$，长度比 $l_1/l_2=2$ 时的前三阶固有频率表达式。

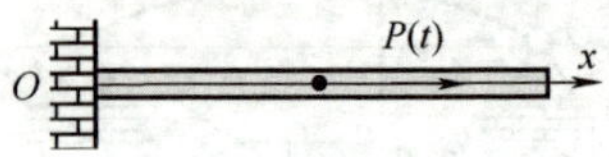

习题 6.6 图

6.6 如习题 6.6 图所示，杆长为 l，密度为 ρ，截面积为 S，弹性模量为 E，在杆的中点处作用一个集中力 $P(t)$。

1）推导简单边界条件的杆的轴向振动的正交性条件；

2）已知杆的初始条件 $u(x,0)=f_1(x)$，$\dot{u}(x,0)=f_2(x)$，求杆的纵向稳定响应。假定第 i 阶固有频率为 ω_i，相应的模态函数为 $\phi_i(x)$，$i=1,2,\cdots$。

6.7 一根两端自由的等直杆，中点作用有一轴向力 $P(t)=P_1t^2/t_1^2$，其中 P_1、t_1 为常数，假设初始时杆处于静止，求杆的响应。

6.8 一根等直圆轴的两端连接着两个相同的圆盘，如习题 6.8 图所示，已知轴长为 l，轴及圆盘对轴中心线的转动惯量分别为 I_1 和 I_0，求系统扭转振动的频率方程。

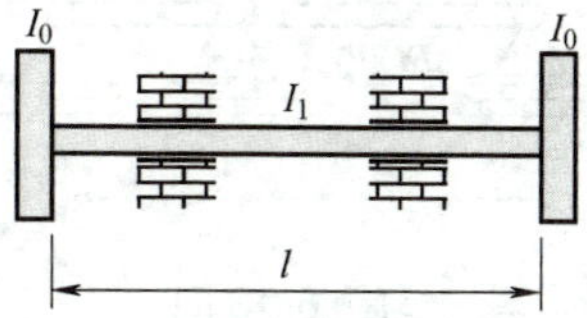

习题 6.8 图

6.9 如习题 6.9 图所示，一根长度为 l 的等直杆左端固定，右端自由。杆的密度为 ρ，截面积为 S，弹性模量为 E。在杆上 $x=l/3$ 处作用有外力载荷 $P(t)=P_0\sin\omega t$，P_0 为常数。假设杆的固有频率 ω_i 与对应的振型 $\varphi_i(x)$ $(i=1,2,3,\cdots)$ 已给出。

1）试推导杆的振型正交性条件；

2）求解杆自由端的纵向振动稳态响应。

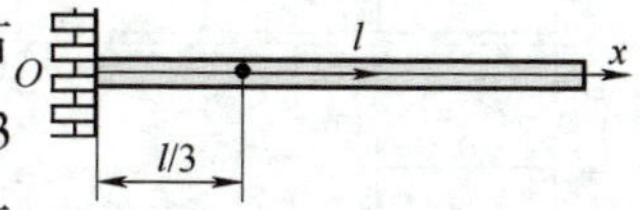

习题 6.9 图

6.10 习题 6.10 图所示等直圆轴一端固定，另一端和扭转弹簧相连，已知轴的抗扭刚度为 GJ_p，质量密度为 ρ，长度为 l，弹簧的扭转刚度为 k_θ，求系统扭转振动的频率方程。

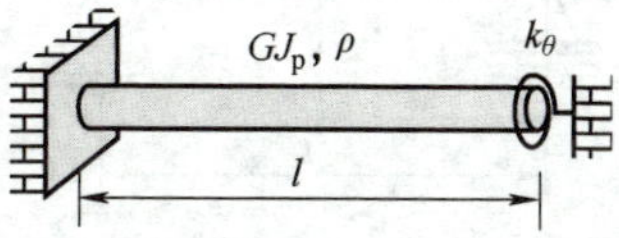

习题 6.10 图

6.11 写出如习题 6.11 图所示系统纵向振动频率方程，并写出主振型的正交性表达式。

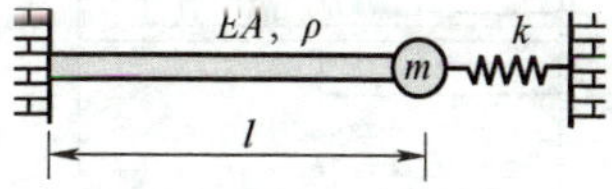

习题 6.11 图

6.12 如习题 6.12 图所示，一根用张力 T 拉紧的细弦左端固定，右端连接在一个弹簧质量系统上，弦长为 l，单位长度弦的质量为 ρ，质量块质量为 m 及弹簧刚度为 k，求弦横向振动的频率方程。

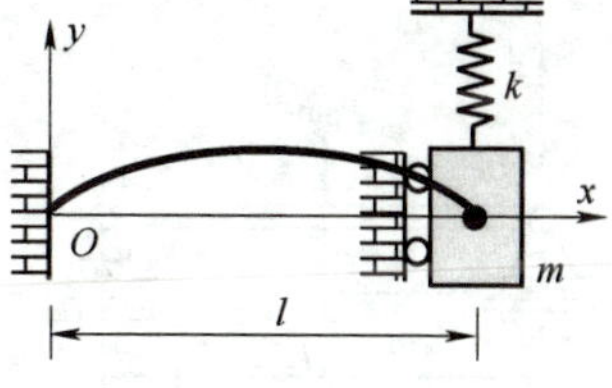

习题 6.12 图

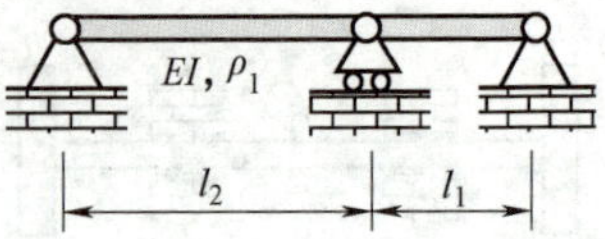

习题 6.13 图

6.13 习题 6.13 图所示连续梁，两段长度分别为 l_1 和 l_2，单位长度质量均为 ρ_1，抗弯刚度均为 EI。求梁横向振动的频率方程。

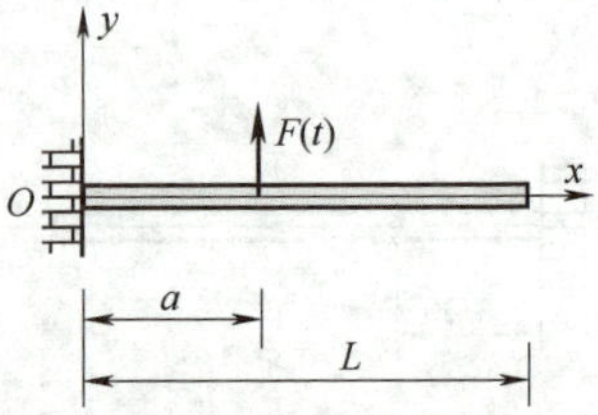

习题 6.14 图

6.14 习题 6.14 图所示等截面悬臂梁，梁长度为 L，弹性模量为 E，横截面对中性轴的惯性矩为 I，梁材料密度为 ρ。在梁距原点 O 为 a 的位置作用有集中载荷 $F(t)$。已知梁的初始条件为 $y(x,0)=f_1(x)$，$\dot{y}(x,0)=f_2(x)$。

1）推导梁的正交性条件；

2）写出求解梁的响应 $y(x,t)$ 的详细过程。假定已知第 i 阶固有频率为 ω_i，相应的模态函数为 $\phi_i(x)$，$i=1,2,\cdots$。

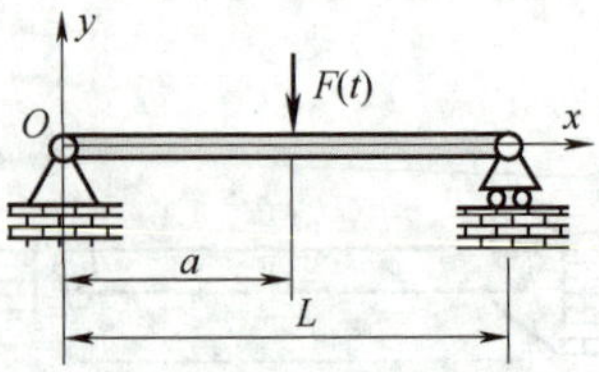

习题 6.15 图

6.15 习题 6.15 图所示等截面悬臂梁，梁长度为 L，弹性模量为 E，横截面对中性轴的惯性矩为 I，梁材料密度为 ρ。在梁的 a 位置作用有集中载荷 $F(t)$。已知梁的初始条件为零。求解梁的响应。假定已知第 i 阶固有频率为 ω_i，相应的模态函数为 $\varphi_i(x)$，$i=1,2,\cdots$。

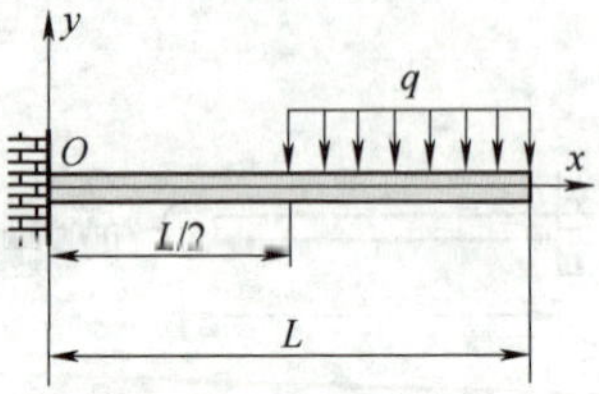

习题 6.16 图

6.16 习题 6.16 图所示的均质悬臂梁，EI 为梁的抗弯刚度，ρ_l 为线密度。在距固定端 $L/2$ 至 L 处受到均布载荷 q，已知 $\int_{L/2}^{L}\phi_i(x)\,\mathrm{d}x=\boldsymbol{\Phi}_i$，$\phi_i$ 为悬臂梁的第 i 阶振型函数。

1）推导梁弯曲的正交性条件；

2）求梁的响应。

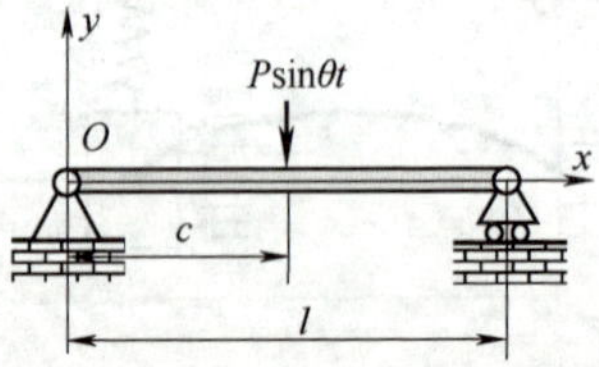

习题 6.17 图

6.17 如习题 6.17 图所示，简支梁在 $x=c$ 处作用有一个正弦集中力 $P\sin\theta t$，假设梁的各阶固有频率已知为 ω_i 和各阶模态已知为 $Y_i(x)=\sin(i\pi x/l)$，系统为零初始条件。

1）求梁的动响应；

2）若正弦激励以等速 v 移动，即有 $c=vt$，求梁的动响应。

6.18 求下列情况中常力 P 突然移去时等截面简支梁的自由振动。

1）常力 P 作用于 $x=a$ 处，如习题 6.18a 图所示；

2）两个大小相等、方向相反的常力 P 作用于梁的 1/4 和 3/4 处，如习题 6.18b 图所示。

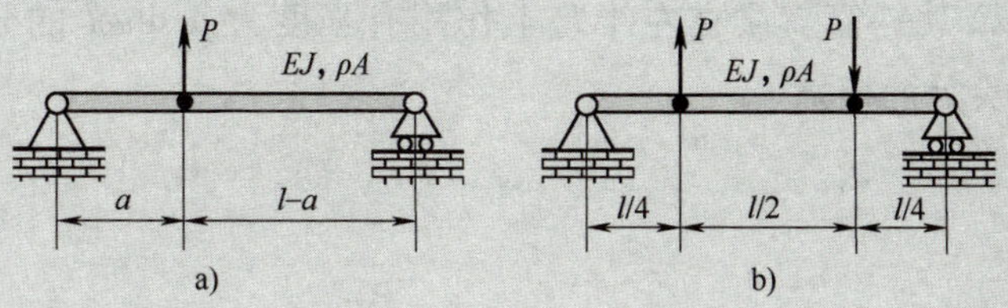

◀ 习题 6.18 图

6.19 如习题 6.19 图所示，杆长度为 L，质量密度为 ρ，截面积为 S，弹性模量为 E，在杆的中点处作用一个集中力 $P(t)$。

1）推导简单边界条件的杆的轴向振动的正交性条件；

2）已知杆的初始条件 $u(x,0)=f_1(x)$，$\dot{u}(x,0)=f_2(x)$，求杆的纵向稳态响应。假定已知第 i 阶固有频率为 ω_i，相应的模态函数为 $\phi_i(x)$，$i=1,2,\cdots$。

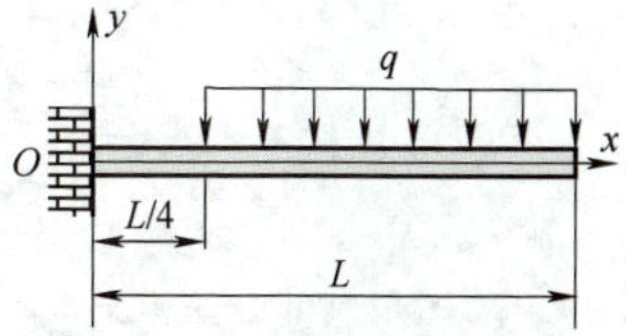

习题 6.19 图

6.20 习题 6.20 图所示的均质悬臂梁，EI 为梁的抗弯刚度，ρ_l 为线密度。在距固定端 O 点至 $x=L/2$ 处受到均布载荷 q，已知 $\int_0^{L/2}\phi_i(x)\mathrm{d}x=\boldsymbol{\Phi}_i$，$\phi_i$ 为悬臂梁的第 i 阶振型函数。试求解：

1）梁两端的边界条件；

2）梁弯曲振动正交性条件的推导过程；

3）梁的响应。

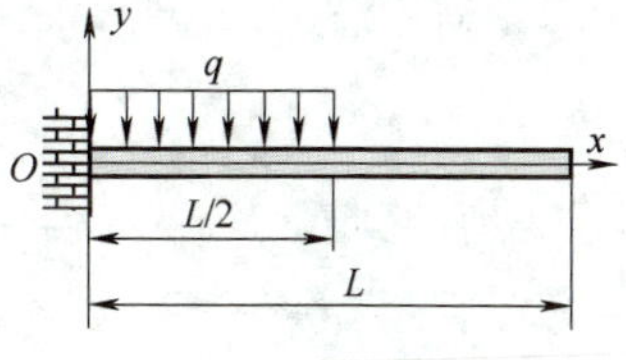

习题 6.20 图

6.21 长为 l 的简支梁在距左端 $l/3$ 和 $2l/3$ 处作用有两个横向干扰力 $P_0\sin\omega t$，求梁的稳态响应。

6.22 一简支梁在左半跨上作用有强度为 $p_0\sin\omega t$ 的分布力，求梁中央处的振幅。

6.23 一简支梁在 $x=l$ 端的支座有 $y_l(t)=b\sin\omega t$ 的横向运动，求梁的稳态响应。

6.24 长度为 l、单位长度质量为 ρ_l、抗弯刚度为 EI 的简支梁在初始时突加分布载荷 $F(x,t)=cxF_0(t)$，如习题 6.24a 图所示，其中力 $F_0(t)$ 如习题 6.24b 图所示。求系统的总响应。

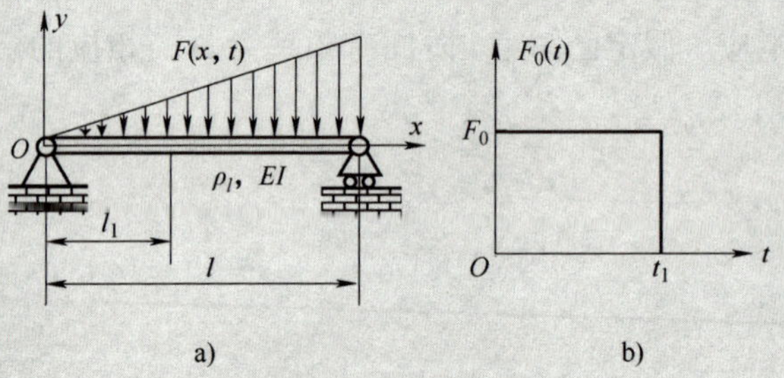

▶ 习题 6.24 图

6.25 一等截面梁，$x=0$ 端自由，$x=l$ 端简支，若简支端有横向运动 $y_l\sin\omega t$，证明简支端与自由端的振幅比为

$$\frac{y_l}{y_0}=\frac{\mathrm{sh}\beta l\cos\beta l-\mathrm{ch}\beta l\sin\beta l}{\mathrm{sh}\beta l-\sin\beta l}$$

其中，$\beta^4=\dfrac{\omega^2\rho A}{EJ}$。

6.26 习题 6.26 图所示的均质悬臂梁，EI 为梁的抗弯刚度，ρ 为线密度。受到分布载荷，已知

$$\int_0^{L/2} x\phi_i(x)\,\mathrm{d}x = \boldsymbol{\Phi}_i,\quad \int_{L/2}^{L} \phi_i(x)\,\mathrm{d}x = \boldsymbol{\Gamma}_i$$

式中，ϕ_i 为悬臂梁的第 i 阶振型函数。试求解：

1）梁两端的边界条件；

2）梁弯曲振动正交性条件的推导过程；

3）求梁的响应。

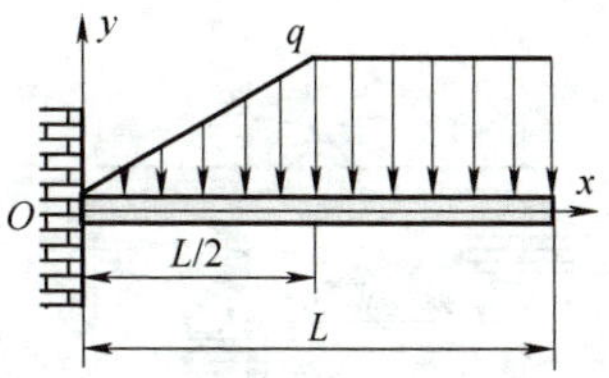

习题 6.26 图

6.27 习题 6.27 图所示的均质悬臂梁，EI 为梁的抗弯刚度，ρ_l 为线密度。在距固定端 $L/3$ 至 $2L/3$ 处受到均布载荷 s，已知 $\int_{L/3}^{2L/3} \phi_i(x)\,\mathrm{d}x = V_i$，$\phi_i(x)$ 为悬臂梁的第 i 阶振型函数。

1）写出梁两端的边界条件；

2）推导梁弯曲振动的正交性条件；

3）求梁的响应。

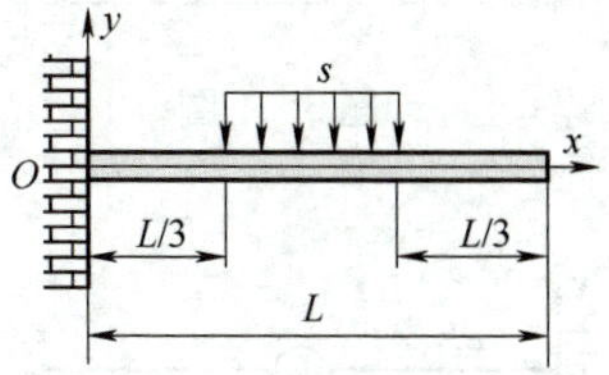

习题 6.27 图

6.28 习题 6.28 图所示的等截面均质梁，左端固定右端简支。EI 为梁的抗弯刚度，ρS 为梁的线密度。在距离固定端 0 到 $L/2$ 处受到梯形分布载荷作用，$L/2$ 到 L 处受到均布载荷作用。$\phi_i(x)$ 为梁的第 i 阶正则振型函数，ω_i 为梁的第 i 阶固有频率。已知

$$\int_0^{L/2} x\phi_i(x)\,\mathrm{d}x = V_i,\quad \int_0^{L/2} \phi_i(x)\,\mathrm{d}x = \boldsymbol{\Gamma}_i,\quad \int_{L/2}^{L} \phi_i(x)\,\mathrm{d}x = H_i$$

1）写出梁两端的边界条件；

2）推导梁弯曲振动的正交性条件；

3）求零初值条件下梁的响应。

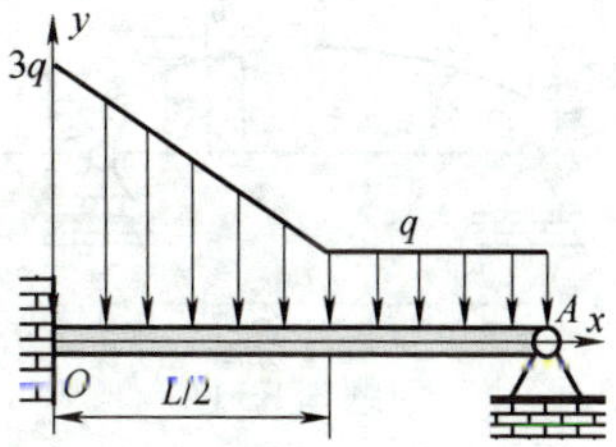

习题 6.28 图

6.29 如习题 6.29 图所示，等截面悬臂梁的自由端有一弹簧支承，其刚度为 k，求频率方程和主振型的正交性条件。

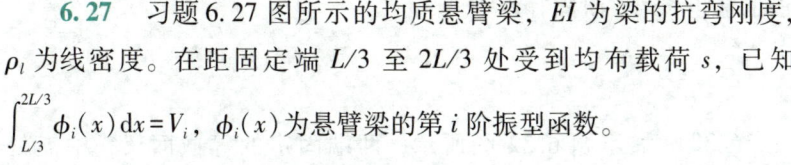

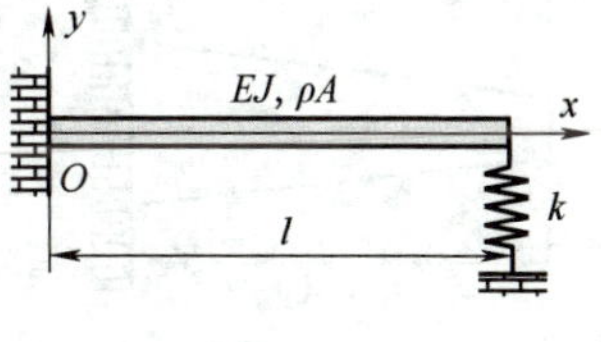

习题 6.29 图

6.30 如习题 6.30 图所示等截面梁，长度为 l，弹性模量为 E，横截面对中性轴的惯性矩为 I，梁材料密度为 ρ。集中质量为 m，卷簧刚度为 k_1，直线弹簧刚度为 k_2。写出系统的动能和势能表达式，以及系统质量阵和刚度阵表达式。

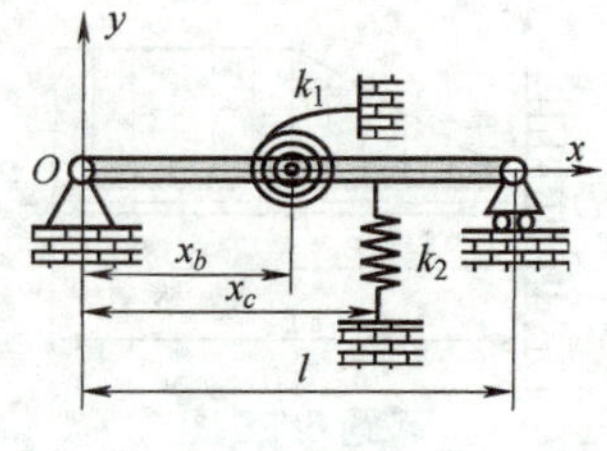

习题 6.30 图

6.31 如习题 6.31 图所示，简支梁上附有两个相等的集中质量 m，m 等于全梁质量的一半，试用瑞利法求系统的基频，并用里茨法求基频和第二阶固有频率。

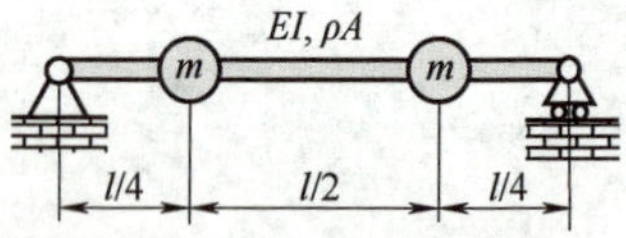

习题 6.31 图

6.32 如习题 6.32 图所示，两端固定的等截面梁，中点处有一集中质量 m，设振型函数 $Y(x)=Y_0[1-\cos 2\pi x/l]$，用瑞利法求梁横向振动的基频。

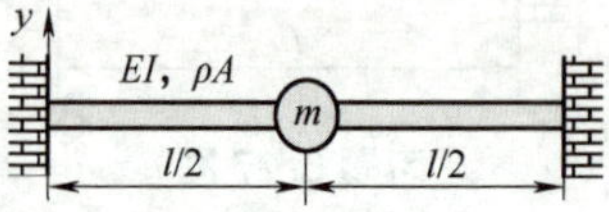

习题 6.32 图

6.33 习题 6.33 图中矩形截面简支梁的厚度为 b，长度为 l，而高度 h 按简谐规律 $h(x)=h_0[1+\sin(\pi x/l)]$ 变化，其中，h_0 是梁端部的高度，试用里茨法求该变截面梁横向振动的第一及第二阶固有频率。

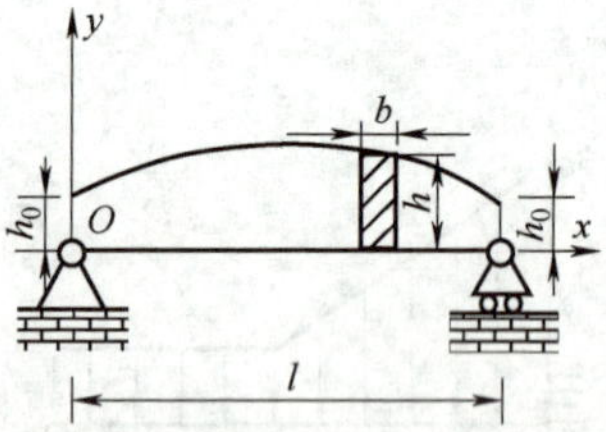

习题 6.33 图

6.34 长度为 l，密度为 ρ，弹性模量为 E 的变截面杆一端固定，另一端与刚度系数为 $k=ES_0/2l$ 的弹簧相连，如习题 6.34 图所示，截面积按 $S=S_0(1-x/2l)$ 规律变化。试用瑞利法计算此变截面杆纵向振动的基频。以 $\psi(x)=\sin[\pi x/(2l)]$ 为试函数。

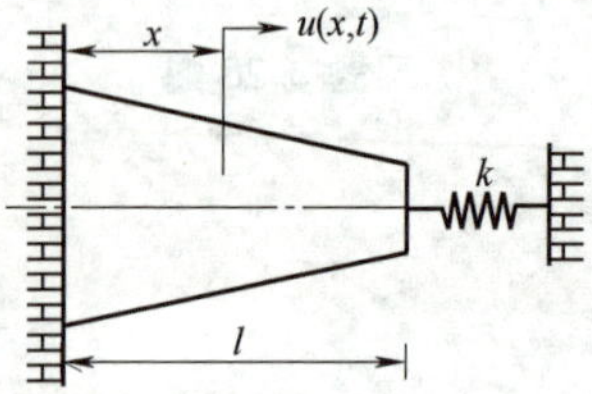

习题 6.34 图

6.35 如习题 6.35 图所示，一根矩形截面杆一端固定、一端自由，其长度为 l，厚度为 b，横截面积 A 按直线规律变化：$A(x)=A_0(1+x/l)$，其中，A_0 为自由端的截面积，试用里茨法求杆纵向振动的第一及第二阶固有频率。假设基础函数选为

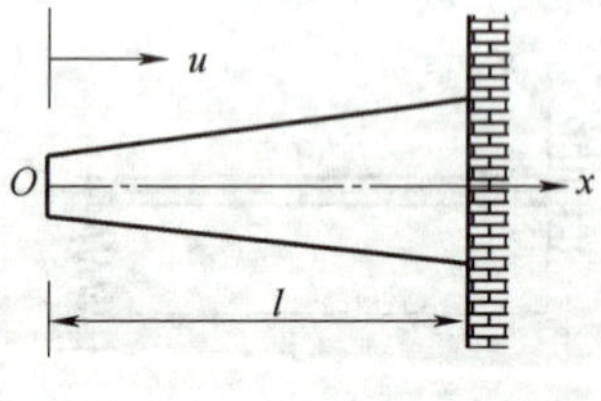

习题 6.35 图

$$\psi_1(x)=1-\frac{x^2}{l^2},\quad \psi_2(x)=1-\frac{x^3}{l^3}$$

6.36 两端固定的等截面梁，中点处有一集中质量 m，如习题 6.36 图所示，设振型函数为

$$Y(x)=Y_0\left(1-\cos\frac{2\pi}{l}x\right)$$

用瑞利法求梁横向振动的基频。

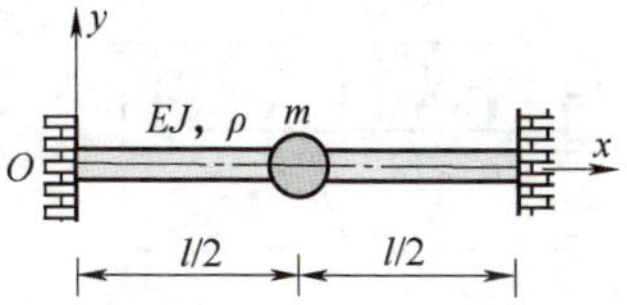

习题 6.36 图

6.37 用里茨法求习题 6.37 图所示带两个集中质量的简支梁弯曲振动的前二阶固有频率和前二阶模态函数的近似值。其中，$m_1=\rho_l l/2$，$m_2=\rho_l l$，ρ_l、E、I 分别为梁的长度质量、弹性模量和截面二次矩，以 $\psi_i(x)=\sin(i\pi x/l)$ 为基函数($i=1,2$)。

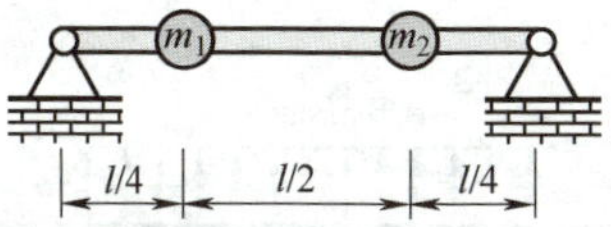

习题 6.37 图

6.38 习题 6.38 图所示为一等截面梁。

1）选基础函数为

$$\psi_1(x)=\left(\frac{x}{l}\right)^2,\ \psi_2(x)=2\left(\frac{x}{l}\right)^2-\left(\frac{x}{l}\right)^3$$

用里茨法求梁的第一及第二阶固有频率，并与精确值比较；

2）分别取 $\psi_1(x)$ 及 $\psi_2(x)$ 为振型函数，用瑞利法求梁的基频，并与上小题的结果比较。

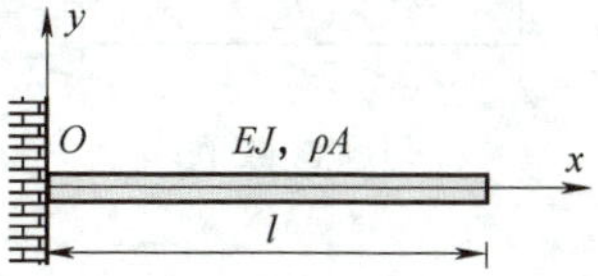

习题 6.38 图

6.39 如习题 6.39 图所示，一根等直杆两端固定，承受纵向均匀分布力 $p(x,t)=p_0(t)$，若假设模态取为

$$\psi_1(x)=\sin\frac{\pi x}{l},\ \psi_2(x)=\sin\frac{2\pi x}{l}$$

用假设模态法写出两自由度的杆的纵向振动方程。

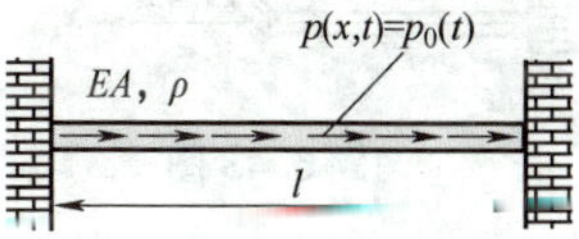

习题 6.39 图

6.40 如习题 6.40 图所示，长度为 l、单位长度质量为 ρ_l、抗弯刚度为 EI 的悬臂梁，自由端附有质量弹簧系统。物块质量为 m，弹簧刚度系数为 k。初始时突然作用集中力 F_0 于物块。假设挠度为

$$y(x,t)=\sum_{i=1}^{3}\psi_i(x)q_i(t)$$

式中，$\psi_i(x)=(x/l)^{i+1}$，其中 $i=1,2,3$，用假设模态法建立广义坐标 $q_i(i=1,2,3)$ 的运动微分方程。

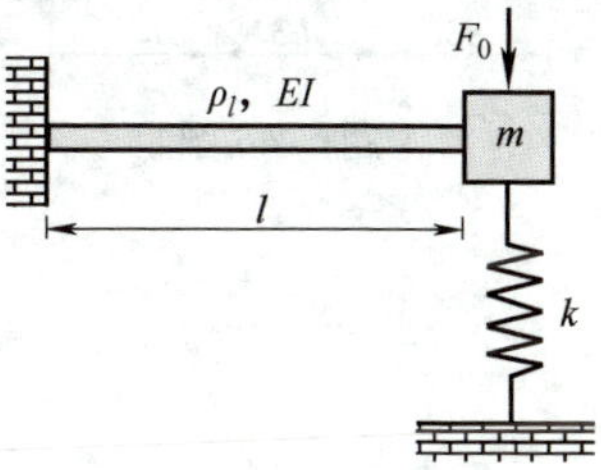

习题 6.40 图

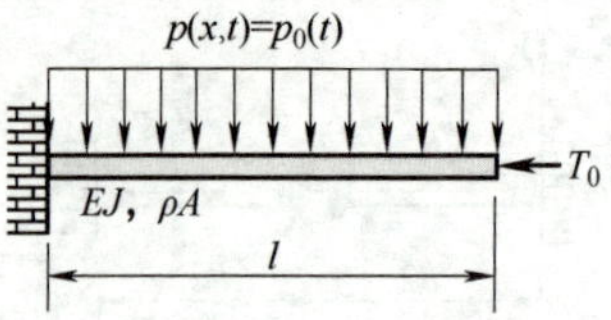

习题 6.41 图

6.41 如习题 6.41 图所示，等截面悬臂梁上作用有均匀分布力 $p(x,t)=p_0(t)$ 和不变的轴向压力 T_0，若假设模态函数取为

$$\psi_1(x)=\left(\frac{x}{l}\right)^2,\ \psi_2(x)=\left(\frac{x}{l}\right)^3$$

试用假设模态法写出两自由度的梁的横向振动微分方程。

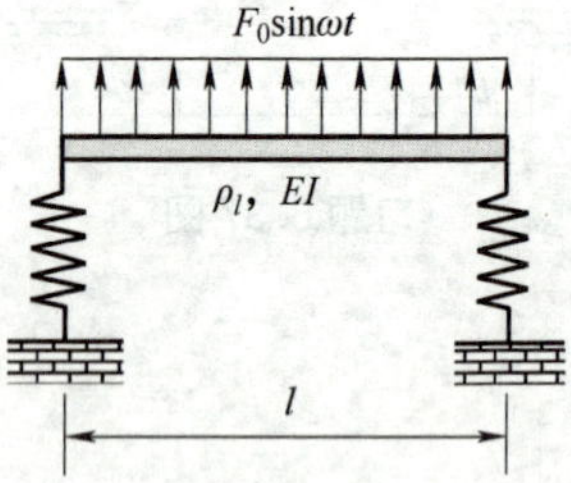

习题 6.42 图

6.42 如习题 6.42 图所示，长度为 l、单位长度质量为 ρ_l、抗弯刚度为 EI 的均质梁两端分别支承在刚度系数为 k_1 和 k_2 的弹簧上，梁承受均匀分布简谐载荷 $F(x,t)=F_0\sin\omega t$。设挠度

$$y(x,t)=\sum_{i=1}^{2}\psi_i(x)q_i(t)$$

式中，$\psi_1(x)=\sin(\pi x/l)$；$\psi_2(x)=1$。用假定模态法建立广义坐标 $q_i(i=1,2)$ 的运动微分方程。

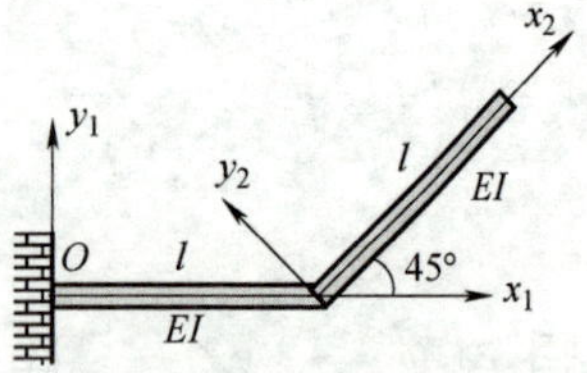

习题 6.43 图

6.43 如习题 6.43 图所示，长度为 l、单位长度质量为 ρ_l、抗弯刚度为 EI 的两等截面梁组成悬臂折梁，梁段的夹角为 45°。用综合模态法计算计算前二阶固有频率。

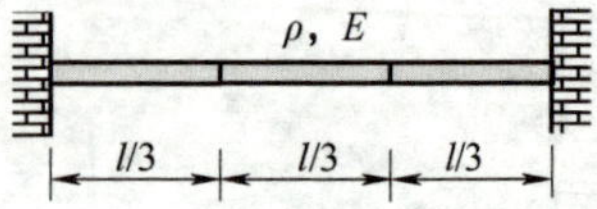

习题 6.44 图

6.44 如习题 6.44 图所示，长度为 l、密度为 ρ、弹性模量为 E 的等截面直杆两端固定。将杆分为三段长为 $l/3$ 的单元，用有限单元法计算杆纵向振动的前二阶固有频率。

Chapter 7

第 7 章

结构振动的最优控制

第 7 章 结构振动的最优控制

钱学森（1911—2009）

中国著名航天科学家，中国科学院、中国工程院资深院士，中国人民政治协商会议第六届、七届、八届全国委员会副主席，中国航天事业奠基人。

1929 ~1934 年就读于上海国立交通大学机械工程系，1939 年获得美国加州理工学院航空和数学博士学位，1947 年任美国麻省理工学院教授，曾任加州理工学院教授兼喷气推进中心主任。1955 年 10 月，冲破重重阻力回到祖国。1956 年任中国科学院力学研究所所长，1957 年补选为中国科学院学部委员（院士）。主要从事应用力学、工程控制论、航空工程、火箭导弹技术、系统工程和系统科学、思维科学和人体科学以及马克思主义哲学等领域的研究。1986 年 6 月任中国科学技术协会主席，1994 年当选为中国工程院院士。1991 年 10 月被国务院、中央军委授予“国家杰出贡献科学家”荣誉称号，被中央军委授予一级英雄模范奖章。1999 年 9 月被党中央、国务院、中央军委授予“两弹一星功勋奖章”，是享誉世界的中国国家杰出贡献科学家。

学习要点：

- 掌握结构振动控制系统的稳定性、可控性和可观性
- 掌握二次型性能指标的物理含义
- 掌握最优控制设计

随着科技的发展，现代工程结构朝大型化和复杂化方向发展，一方面是轻质和柔性构件在结构中被大量使用，另一方面对系统性能和定位精度的要求越来越高，由此形成当今所谓的柔性结构系统。柔性结构一般具有较小的模态阻尼，一旦受到某种外部激励，其振动将会持续较长时间，而长时间的振动不但会影响系统的工作性能，而且有可能引起构件的疲劳破坏，影响其使用寿命。因此，对柔性结构振动控制的研究具有重要的理论意义和实际应用价值。

最早人们是采用被动控制方法对柔性结构的振动进行控制。被动控制方法无须外部能量输入，它是利用结构中的阻尼元件对振动能量进行耗散，以达到结构振动控制的目的。被动控制有较长的研究历史和广泛的工程应用，具有结构简单、易于实现、经济性好、可靠性高等优点，但也有控制效果和适应性差的缺点，阻尼的增加也很有限。另外，被动控制的效果受制于外部激励的特性，一般对高频振动有效，对低频振动的控制效果不佳。随着现代控制理论的

飞速发展和日臻成熟，振动主动控制呈现出日益强大的生命力。主动控制需要外部能量输入，它是利用系统的状态进行实时反馈，以达到对结构响应进行实时调节和控制的目的。由于主动控制方法具有控制效果不依赖于外部激励的特性，而且控制效果明显优于被动控制方法，因此柔性结构的振动主动控制近几十年来得到了众多学者的关注。另外，随着材料科学的发展和进步，以压电陶瓷、电（磁）流变液和形状记忆合金为代表的智能材料在振动工程中的应用日益广泛，这也进一步促进了振动主动控制技术的发展。智能材料具有传感功能和作动功能，它是通过粘贴和填充等方式与构件结为一体，因此非常适合于柔性结构/机构的振动控制。

控制理论可以分为经典控制理论和现代控制理论。经典控制理论发展较早，理论较为成熟。它是在频域内对系统进行分析，采用传递函数模型，一般只能处理单输入、单输出的线性定常系统。现代控制理论则是在时域内进行分析，采用的是状态空间模型，不但能够处理线性定常系统，而且能够处理多变量、非线性和时变的复杂系统，因此应用范围更广。另外，现代控制理论可以借助计算机对系统进行分析和设计，所以有其独特的优越性。在现代控制理论体系中，人们提出了许多的控制设计方法，例如最优控制、PID 控制、变结构控制、鲁棒控制等，其中最优控制是理论体系最为完备的控制方法。

本章介绍结构振动的最优控制方法，主要内容包括：控制系统的稳定性、可控性、可观性和最优控制设计。

7.1 状态方程建立

状态方程建立

通过对前面章节的学习，我们知道振动系统多采用二阶常微分方程进行描述，即使是连续系统也常是先借助有限元等方法将偏微分动力学方程离散化，用常微分方程来近似逼近原动力学系统。现代控制理论是在时域空间进行控制设计的，采用的是一阶状态方程。下面给出二阶微分动力学方程向一阶状态方程的转换方式。

多自由度线性系统的强迫振动动力学方程表达如下：

$$\boldsymbol{M}\ddot{\boldsymbol{x}}+\boldsymbol{C}\dot{\boldsymbol{x}}+\boldsymbol{K}\boldsymbol{x}=\boldsymbol{p}(t)+\boldsymbol{D}\boldsymbol{u}(t) \tag{7-1}$$

式中，$\boldsymbol{x}\in\mathbf{R}^{n\times1}$ 为系统位移列向量，n 是系统的自由度数；$\boldsymbol{M}$、$\boldsymbol{C}$、$\boldsymbol{K}$

分别为质量、阻尼和刚度矩阵；$\boldsymbol{p}(t) \in \mathbf{R}^{n\times1}$ 为外部激励列向量；$\boldsymbol{u}(t) \in \mathbf{R}^{r\times1}$ 为控制力列向量，r 表示用于主动控制的作动器数；$\boldsymbol{D} \in \mathbf{R}^{n\times r}$ 为作动器的位置指示矩阵。

定义系统状态变量为

$$\boldsymbol{y}=\begin{bmatrix}\boldsymbol{x}\\ \dot{\boldsymbol{x}}\end{bmatrix} \in \mathbf{R}^{2n\times1} \tag{7-2}$$

则式（7-1）可写为如下状态方程形式：

$$\dot{\boldsymbol{y}}=\boldsymbol{A}\boldsymbol{y}+\bar{\boldsymbol{p}}(t)+\boldsymbol{B}\boldsymbol{u}(t) \tag{7-3}$$

式中，

$$\boldsymbol{A}=\begin{bmatrix}\boldsymbol{O} & \boldsymbol{I}\\ -\boldsymbol{M}^{-1}\boldsymbol{K} & -\boldsymbol{M}^{-1}\boldsymbol{C}\end{bmatrix},\ \bar{\boldsymbol{p}}(t)=\begin{bmatrix}\boldsymbol{O}\\ \boldsymbol{M}^{-1}\boldsymbol{p}(t)\end{bmatrix},\ \boldsymbol{B}=\begin{bmatrix}\boldsymbol{O}\\ \boldsymbol{M}^{-1}\boldsymbol{D}\end{bmatrix}$$

可以看出，转到状态空间后系统的维数扩大了一倍。

例 7-1 图7-1 为二自由度振动系统，假定在第一个质量上作用有外部激励 $p_0\sin\omega t$，在第二个质量上作用有控制力 $u(t)$，试写出系统的动力学方程和状态方程。

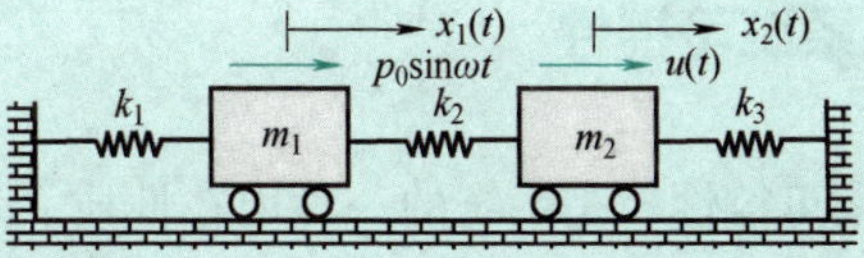

◀ 图 7-1　二自由度振动系统

【解】 利用影响系数法，图 7-1 所示系统的动力学方程可写为

$$\begin{bmatrix}m_1 & 0\\ 0 & m_2\end{bmatrix}\begin{bmatrix}\ddot{x}_1\\ \ddot{x}_2\end{bmatrix}+\begin{bmatrix}k_1+k_2 & -k_2\\ -k_2 & k_2+k_3\end{bmatrix}\begin{bmatrix}x_1\\ x_2\end{bmatrix}=\begin{bmatrix}p_0\sin\omega t\\ 0\end{bmatrix}+\begin{bmatrix}0\\ 1\end{bmatrix}u(t) \tag{a}$$

由式（a）可推得系统的状态方程为

$$\begin{bmatrix}\dot{x}_1\\ \dot{x}_2\\ \ddot{x}_1\\ \ddot{x}_2\end{bmatrix}=\begin{bmatrix}0 & 0 & 1 & 0\\ 0 & 0 & 0 & 1\\ -\dfrac{k_1+k_2}{m_1} & \dfrac{k_2}{m_1} & 0 & 0\\ \dfrac{k_2}{m_2} & -\dfrac{k_2+k_3}{m_2} & 0 & 0\end{bmatrix}\begin{bmatrix}x_1\\ x_2\\ \dot{x}_1\\ \dot{x}_2\end{bmatrix}+\begin{bmatrix}0\\ 0\\ \dfrac{1}{m_1}p_0\sin\omega t\\ 0\end{bmatrix}+\begin{bmatrix}0\\ 0\\ 0\\ \dfrac{1}{m_2}\end{bmatrix}u(t) \tag{b}$$

以下将针对式（7-3）所示的状态方程讨论系统的稳定性、可控性、可观性以及控制律的设计。

7.2 系统稳定性

系统稳定性

对于式（7-1）所示的振动系统，忽略外部激励项和控制项，可将系统的振动解设为 $\boldsymbol{x}=\boldsymbol{\varphi}\mathrm{e}^{st}$ 代入式（7-1）可以得到系统的特征方程为 $(\boldsymbol{M}s^2+\boldsymbol{C}s+\boldsymbol{K})\boldsymbol{\varphi}=\boldsymbol{0}$。因为 $\boldsymbol{M}$、$\boldsymbol{C}$、$\boldsymbol{K}$ 都是实矩阵，因此系统的特征根和特征向量若为复数则必定以共轭形式出现。当特征根都具有非正的实部时，可判定系统稳定；当所有特征都具有负实部时，则系统渐近稳定。状态方程（7-3）只是式（7-1）的转换，因此若式（7-3）是渐近稳定的，也要求系数矩阵 $\boldsymbol{A}$ 的所有特征值皆具有负实部。动力学方程和状态方程的稳定性判据具有等价性。

对于例 7-1 所示的两自由度系统，设定 $m_1=m_2=1\mathrm{kg}$，$k_1=k_2=k_3=1\mathrm{N/m}$，可解得动力学方程的特征根分别为 $s_{1,2}=\pm\mathrm{i}$ 和 $s_{3,4}=\pm\sqrt{3}\,\mathrm{i}$，利用状态方程求得的特征根亦为 $s_{1,2}=\pm\mathrm{i}$ 和 $s_{3,4}=\pm\sqrt{3}\,\mathrm{i}$。可以看到，特征根都具有非正的实部，因此可判定系统是稳定的。

7.3 系统可控性

所谓可控性，是系统的一种内在性质，表示系统在输入作用下其内部状态转移的能力。对于一个主动控制系统，这种能力当然越大越好。下面以单输入振动控制系统为例进行阐述，所得结论很容易推广到多输入的情况。

系统可控性

单输入振动控制系统的状态方程可以写为

$$\dot{\boldsymbol{y}}=\boldsymbol{A}\boldsymbol{y}+\boldsymbol{b}u(t) \tag{7-4}$$

式中，$\boldsymbol{y}\in\mathbf{R}^{2n\times1}$；$\boldsymbol{A}\in\mathbf{R}^{2n\times2n}$；$\boldsymbol{b}\in\mathbf{R}^{2n\times1}$；$u(t)$ 为标量控制力。假定系统初始状态为零状态，即 $\boldsymbol{y}(0)=\boldsymbol{0}$。问：能否选择控制 $u(t)$，使得系统在时刻 t_1 的状态 $\boldsymbol{y}(t_1)$ 取任意指定的值，其中 t_1 是某一确定的时刻。解答如下。

式（7-4）的解为

$$\boldsymbol{y}(t_1)=\int_0^{t_1}\mathrm{e}^{\boldsymbol{A}(t_1-\tau)}\boldsymbol{b}u(\tau)\,\mathrm{d}\tau \tag{7-5}$$

由哈密顿-凯莱定理（Hamilton-Cayley theorem），有

$$\mathrm{e}^{\boldsymbol{A}t}=a_0(t)\boldsymbol{I}+a_1(t)\boldsymbol{A}+a_2(t)\boldsymbol{A}^2+\cdots+a_{2n-1}(t)\boldsymbol{A}^{2n-1} \tag{7-6}$$

式中，$a_i(t)$是已知函数，且可证明这些已知函数是线性独立的。将式（7-6）代入式（7-5），并考虑到 $\boldsymbol{A}$ 和 $\boldsymbol{b}$ 都是常数矩阵和向量，可以提到积分号外面，因而可得

$$\boldsymbol{y}(t_1)=\boldsymbol{b}\int_0^{t_1}a_0(t_1-\tau)u(\tau)\mathrm{d}\tau+\boldsymbol{Ab}\int_0^{t_1}a_1(t_1-\tau)u(\tau)\mathrm{d}\tau+$$
$$\boldsymbol{A}^2\boldsymbol{b}\int_0^{t_1}a_2(t_1-\tau)u(\tau)\mathrm{d}\tau+\cdots+\boldsymbol{A}^{2n-1}\boldsymbol{b}\int_0^{t_1}a_{2n-1}(t_1-\tau)u(\tau)\mathrm{d}\tau \tag{7-7}$$

式（7-7）中，每一个积分都可以转化为一个标量，将它们相应地记为$f_0(t_1),f_1(t_1),f_2(t_1),\cdots,f_{2n-1}(t_1)$，有

$$\begin{aligned}\boldsymbol{y}(t_1)&=\boldsymbol{b}f_0(t_1)+\boldsymbol{Ab}f_1(t_1)+\boldsymbol{A}^2\boldsymbol{b}f_2(t_1)+\cdots+\boldsymbol{A}^{2n-1}\boldsymbol{b}f_{2n-1}(t_1)\\&=[\boldsymbol{b},\boldsymbol{Ab},\boldsymbol{A}^2\boldsymbol{b},\cdots,\boldsymbol{A}^{2n-1}\boldsymbol{b}]\begin{bmatrix}f_0(t_1)\\f_1(t_1)\\f_2(t_1)\\\vdots\\f_{2n-1}(t_1)\end{bmatrix}=\boldsymbol{Pf}(t_1)\end{aligned} \tag{7-8}$$

由此可见，矩阵

$$\boldsymbol{P}=[\boldsymbol{b},\boldsymbol{Ab},\boldsymbol{A}^2\boldsymbol{b},\cdots,\boldsymbol{A}^{2n-1}\boldsymbol{b}] \tag{7-9}$$

的秩等于 $2n$ 是式（7-8）有解的充要条件。假设系统在 t_1 时刻的状态为$\boldsymbol{y}(t_1)$，如若 $\boldsymbol{P}$ 矩阵的秩为 $2n$，则由式（7-8）可以解得

$$\boldsymbol{f}(t_1)=\boldsymbol{P}^{-1}\boldsymbol{y}(t_1) \tag{7-10}$$

即系统的状态可以通过输入的控制作用而转移到任意所需的状态。由以上分析可以得出如下定理。

定理 7-1　线性定常连续系统：

$$\dot{\boldsymbol{y}}=\boldsymbol{Ay}+\boldsymbol{Bu}(t) \tag{7-11}$$

式中，$\boldsymbol{y}\in\mathbf{R}^{2n\times1}$；$\boldsymbol{A}\in\mathbf{R}^{2n\times2n}$；$\boldsymbol{B}\in\mathbf{R}^{2n\times r}$；$\boldsymbol{u}(t)\in\mathbf{R}^{r\times1}$。系统可控的充要条件是它的可控性矩阵的秩为 $2n$，即

$$\mathrm{rank}(\boldsymbol{B},\boldsymbol{AB},\boldsymbol{A}^2\boldsymbol{B},\cdots,\boldsymbol{A}^{2n-1}\boldsymbol{B})=2n \tag{7-12}$$

例 7-2　考虑图7-2 所示的三自由度质量-弹簧系统，设定 $m_1=m_2=m_3=m=1\mathrm{kg}$，$k=1\mathrm{N/m}$，试分别判定控制力分别作用在 m_1、m_2 和 m_3 时系统的可控性。

【解】　系统的动力学方程为

$$\boldsymbol{M}\ddot{\boldsymbol{x}}+\boldsymbol{Kx}=\boldsymbol{d}u(t) \tag{a}$$

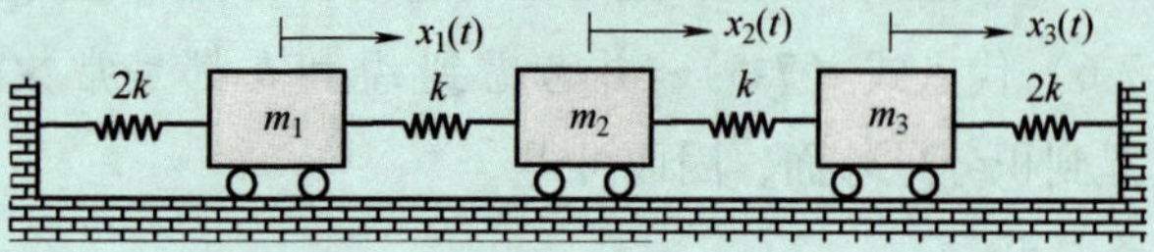

▶ 图 7-2　三自由度质量-弹簧系统

式中，

$$\boldsymbol{x}=\begin{bmatrix}x_1(t)\\x_2(t)\\x_3(t)\end{bmatrix},\ \boldsymbol{M}=\begin{bmatrix}m&0&0\\0&m&0\\0&0&m\end{bmatrix},\ \boldsymbol{K}=\begin{bmatrix}3k&-k&0\\-k&2k&-k\\0&-k&3k\end{bmatrix}$$

$\boldsymbol{d}$ 为控制力位置矩阵，$u(t)$ 表示控制力。当控制力分别作用在 m_1，m_2，m_3 时，有 $\boldsymbol{d}=[1,0,0]^{\mathrm{T}},[0,1,0]^{\mathrm{T}},[0,0,1]^{\mathrm{T}}$。

系统的状态方程为

$$\dot{\boldsymbol{y}}=\boldsymbol{A}\boldsymbol{y}+\boldsymbol{b}u \tag{b}$$

式中，

$$\boldsymbol{y}=\begin{bmatrix}\boldsymbol{x}\\\dot{\boldsymbol{x}}\end{bmatrix},\ \boldsymbol{A}=\begin{bmatrix}\boldsymbol{0}&\boldsymbol{I}\\-\boldsymbol{M}^{-1}\boldsymbol{K}&\boldsymbol{0}\end{bmatrix},\ \boldsymbol{b}=\begin{bmatrix}\boldsymbol{0}\\\boldsymbol{M}^{-1}\boldsymbol{d}\end{bmatrix}$$

考虑控制力作用在 m_1 上的情况。此时的系统可控性判别矩阵为

$$\boldsymbol{P}=[\boldsymbol{b},\boldsymbol{A}\boldsymbol{b},\cdots,\boldsymbol{A}^5\boldsymbol{b}]=\begin{bmatrix}0&1&0&-3&0&10\\0&0&0&1&0&-5\\0&0&0&0&0&1\\1&0&-3&0&10&0\\0&0&1&0&-5&0\\0&0&0&0&1&0\end{bmatrix} \tag{c}$$

计算可得 $\mathrm{rank}(\boldsymbol{P})=6$，即 $\boldsymbol{P}$ 矩阵满秩，故系统是可控的。

当控制力作用在 m_2 上时，有

$$\boldsymbol{P}=[\boldsymbol{b},\boldsymbol{A}\boldsymbol{b},\cdots,\boldsymbol{A}^5\boldsymbol{b}]=\begin{bmatrix}0&0&0&1&0&-5\\0&1&0&-2&0&6\\0&0&0&1&0&-5\\0&0&1&0&-5&0\\1&0&-2&0&6&0\\0&0&1&0&-5&0\end{bmatrix} \tag{d}$$

此时，rank$(\boldsymbol{P})=4$，不满秩，故可判断系统是不可控的。

类似地，当控制力作用在 m_3 上时，有

$$\boldsymbol{P}=[\boldsymbol{b},\boldsymbol{Ab},\cdots,\boldsymbol{A}^5\boldsymbol{b}]=\begin{bmatrix}0&0&0&0&0&1\\0&0&0&1&0&-5\\0&1&0&-3&0&10\\0&0&0&0&1&0\\0&0&1&0&-5&0\\1&0&-3&0&10&0\end{bmatrix}\tag{e}$$

此时，rank$(\boldsymbol{P})=6$，即系统是可控的。

从上面的分析可以看到，系统的可控性与控制力位置的选取密切相关。为了能够清楚地解释上述结果，将动力学方程转换到模态空间，系统的模态矩阵可求得为

$$\boldsymbol{\Phi}=\begin{bmatrix}1&-1&1\\2&0&-1\\1&1&1\end{bmatrix}\tag{f}$$

结构的主振型如图 7-3 所示。

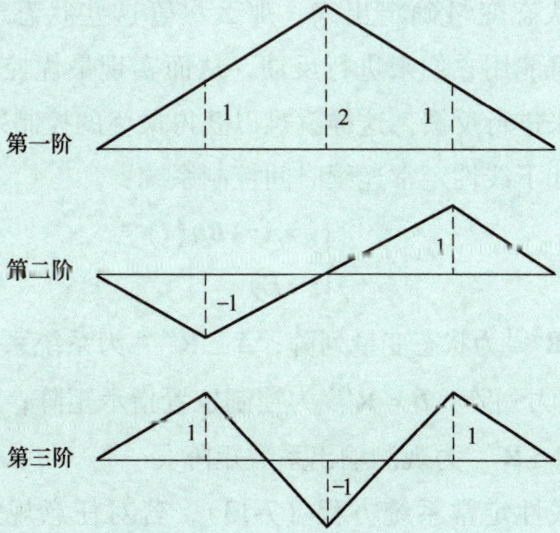

图 7-3　三自由系统振型图

利用模态矩阵，将系统动力学方程转到模态空间，有

$$\boldsymbol{M}_p\ddot{\boldsymbol{\eta}}+\boldsymbol{K}_p\boldsymbol{\eta}=\boldsymbol{d}_pu(t)\tag{g}$$

式中，$\boldsymbol{\eta}=[\eta_1,\eta_2,\eta_3]^{\mathrm{T}}$ 为模态坐标列向量；$\boldsymbol{M}_p=\boldsymbol{\Phi}^{\mathrm{T}}\boldsymbol{M\Phi}=\mathrm{diag}(6m,2m,3m)$；$\boldsymbol{K}_p=\boldsymbol{\Phi}^{\mathrm{T}}\boldsymbol{K\Phi}=\mathrm{diag}(6k,6k,12k)$；$\boldsymbol{d}_p=\boldsymbol{\Phi}^{\mathrm{T}}\boldsymbol{d}$。

当控制力作用于 m_2 上时，由振型图 7-3 可以看出，此时控制

力作用在第二阶振型的节点上，计算可得此时 $\boldsymbol{d}_p=[2,0,-1]^{\mathrm{T}}$，因此控制力将无法对系统的第二阶模态进行控制，这就是系统在当前情况下不可控的原因。当控制力分别作用于 m_1 和 m_3 上时，可以计算得到此时的 $\boldsymbol{d}_p$ 矩阵分别为 $[1,-1,1]^{\mathrm{T}}$ 和 $[1,1,1]^{\mathrm{T}}$，故这两种情况下系统是可控的。

当采用两个控制力对系统振动进行控制时，例如 m_1 和 m_2、m_2 和 m_3、m_1 和 m_3，都有 $\mathrm{rank}(\boldsymbol{P})=6$，因此系统都是能控的。

由以上计算得出结论，系统的能控性与结构的振型节点位置密切相关，控制力位置应该尽可能地避开节点位置。

7.4 系统可观性

系统可观性

在实践中常会遇到这样的问题：系统的状态变量不能直接测量，能否根据系统的输出把这些状态变量确定下来？这就是系统的可观性问题。在现代控制理论中，这个问题很重要。如果能通过输出变量把状态变量确定出来，那么尽管这些状态变量不能直接获得，但仍可能用它们来进行反馈，从而实现最优控制。否则只能用输出变量来进行反馈，这样就难以获得最优的控制效果。

考虑如下线性定常连续时间控制系统：

$$\begin{cases}\dot{\boldsymbol{y}}=\boldsymbol{A}\boldsymbol{y}+\boldsymbol{B}\boldsymbol{u}(t)\\ \boldsymbol{z}=\boldsymbol{E}\boldsymbol{y}\end{cases} \tag{7-13}$$

式中，$\boldsymbol{y}\in\mathbf{R}^{2n\times1}$ 为状态变量列阵；$\boldsymbol{A}\in\mathbf{R}^{2n\times2n}$ 为系统系数矩阵；$\boldsymbol{u}(t)\in\mathbf{R}^{r\times1}$ 为控制力列阵；$\boldsymbol{B}\in\mathbf{R}^{2n\times r}$ 为控制位置指示矩阵；$\boldsymbol{z}\in\mathbf{R}^{l\times1}$ 为观测输出列阵；$\boldsymbol{E}\in\mathbf{R}^{l\times2n}$ 为观测输出系数矩阵。

给定线性定常系统方程（7-13），若对任意规定的输入 $\boldsymbol{u}(t)$，总存在有限的时间 $t_1\geqslant t_0$，使得系统根据区间 $t_0\leqslant t\leqslant t_1$ 上的输入 $\boldsymbol{u}(t)$ 和观测 $\boldsymbol{z}(t)$，就能唯一地确定出系统在时刻 t_0 的每一状态 $\boldsymbol{y}(t_0)$，那么就称系统在 t_0 是可观的。若系统在所论时间区间上的每一时刻都是可观的，那就说系统是完全可观的。

定理 7-2 对于方程（7-13）所描述的系统，其完全可观的充分必要条件是 $2ln\times2n$ 矩阵 $\boldsymbol{Q}$ 的秩为 $2n$：

$$
Q = \begin{bmatrix} E \\ EA \\ \vdots \\ EA^{2n-1} \end{bmatrix} \tag{7-14}
$$

式中，Q 矩阵称为可观性矩阵。当该条件得到满足时，称矩阵偶 $[A, E]$ 是可观的。当系统的输出为标量时，即当矩阵 E 为 $1\times 2n$ 的行向量时，可观性矩阵 Q 是一个 $2n\times 2n$ 方阵。在此情况下，系统完全可观的充要条件是方阵 Q 非奇异，即方阵 Q 满秩。

证明：状态方程的解可表示为

$$
y(t) = e^{A(t-t_0)} y(t_0) + \int_{t_0}^{t} e^{A(t-\tau)} Bu(\tau) d\tau \tag{7-15}
$$

由输出方程，可得

$$
z(t) = Ey(t) = Ee^{A(t-t_0)} y(t_0) + E\int_{t_0}^{t} e^{A(t-\tau)} Bu(\tau) d\tau \tag{7-16}
$$

我们的目的是研究在什么条件下从输入 $u(t)$ 和输出 $z(t)$ 可以把状态 $y(t_0)$ 确定出来。由于 $u(t)$ 是给定函数，式（7-16）中的积分项是与 $z(t)$ 维数相同的已知函数。所以单根据 $z(t)$ 来求解 $y(t_0)$ 与根据 $z(t) - E\int_{t_0}^{t} e^{A(t-\tau)} Bu(\tau) d\tau$ 来求解 $y(t_0)$ 是完全等价的。由于所讨论的系统是线性定常的，不失一般性，可以假定 $t_0 = 0$。这样，所研究的问题就变成由如下方程来确定 $y(0)$：

$$
z(t) = Ee^{At} y(0) \tag{7-17}
$$

利用哈密顿-凯莱定理，可知

$$
e^{At} = \sum_{i=0}^{2n-1} a_i(t) A^i \tag{7-18}
$$

将式（7-18）代入式（7-17），可得

$$
z(t) = \sum_{i=0}^{2n-1} a_i(t) EA^i y(0) \tag{7-19}
$$

或写成

$$
\begin{aligned}
z(t) &= a_0(t) Ey(0) + a_1(t) EAy(0) + \cdots + a_{2n-1}(t) EA^{2n-1} y(0) \\
&= [a_0 I, a_1 I, \cdots, a_{2n-1} I] \begin{bmatrix} E \\ EA \\ \vdots \\ EA^{2n-1} \end{bmatrix} y(0)
\end{aligned} \tag{7-20}
$$

式（7-20）表明，根据在时间区间 $0\leqslant t\leqslant t_1$ 内的观测 $z(t)$，能把状态 $y(0)$ 唯一地确定出来的充要条件是 $2ln\times 2n$ 矩阵 Q 的秩为 $2n$：

$$Q=\begin{bmatrix} E \\ EA \\ \vdots \\ EA^{2n-1} \end{bmatrix} \tag{7-21}$$

就是说，系统完全可观的充要条件是它的可观性矩阵 Q 的秩为 $2n$，即 $\mathrm{rank}(Q)=2n$。

例 7-3 考虑如图7-2 所示的三自由度弹簧质量系统，设定 $m_1=m_2=m_3=m=1\mathrm{kg}$，$k=1\mathrm{N/m}$，试分别判定观测量分别选择为 m_1、m_2 和 m_3 的位移时系统的可观性。

【解】 若选取 m_1 的位移为系统的观测量，观测矩阵为 $e=[1,0,0,0,0,0]$，计算得到系统的可观性判别矩阵为

$$Q=\begin{bmatrix} e \\ eA \\ \vdots \\ eA^5 \end{bmatrix}=\begin{bmatrix} 1 & 0 & 0 & 0 & 0 & 0 \\ 0 & 0 & 0 & 1 & 0 & 0 \\ -3 & 1 & 0 & 0 & 0 & 0 \\ 0 & 0 & 0 & -3 & 1 & 0 \\ 10 & -5 & 1 & 0 & 0 & 0 \\ 0 & 0 & 0 & 10 & -5 & 1 \end{bmatrix}$$

矩阵 Q 的秩为 6，满秩，故系统是可观测的。

若选取 m_2 的位移为观测量，$e=[0,1,0,0,0,0]$，可以计算得 $\mathrm{rank}(Q)=4$，不满秩，故系统是不可观测的，其原因与例 7-2 中的解释类似。若选取 m_3 的位移为观测量，$e=[0,0,1,0,0,0]$，$\mathrm{rank}(Q)=6$，故系统是可观测的。另外还可以验证，当采用两个位移量作为观测量时，例如 m_1 和 m_2、m_2 和 m_3、m_1 和 m_3，都有 $\mathrm{rank}(Q)=6$，此时系统都是可观测的。

当采用速度作为观测量时，仿真结果显示，除了单独采用 m_2 的速度作为唯一观测量外，系统都是可观测的。

由以上计算得出结论，系统的可观性与观测点位置的选取密切相关，传感器的位置应该尽可能地避开结构振型的节点位置，尤其不能选择节点处的位移或速度作为唯一观测量。

7.5 最优控制设计

考虑如下线性定常连续时间控制系统：

$$\dot{\boldsymbol{y}}=\boldsymbol{A}\boldsymbol{y}+\boldsymbol{B}\boldsymbol{u}(t) \tag{7-22}$$

式中，$\boldsymbol{y}\in\mathbf{R}^{2n\times1}$为状态变量列阵；$\boldsymbol{A}\in\mathbf{R}^{2n\times2n}$为系统系数矩阵；$\boldsymbol{u}(t)\in\mathbf{R}^{r\times1}$为控制力列阵；$\boldsymbol{B}\in\mathbf{R}^{2n\times r}$为控制位置指示矩阵。

常见的主动控制问题，视其对控制对象的要求可以分为两类：

1）**调节器问题**，当控制对象不处于平衡状态或有偏离平衡状态的趋势时，对它加以控制，使它回到平衡状态，此即为调节器问题。

2）**伺服机问题**，对控制对象施加控制，使它的输出按某种规律而变化的问题，称为伺服机问题。比如，让系统的响应按照某种预设的规律进行运动。

本节中将分别对这两种控制问题进行阐述。

7.5.1 性能指标

性能指标

在线性最优控制理论中，最优控制的设计应使得某一性能指标取极小值。对于线性定常控制系统，常采用如下形式的二次型性能指标：

$$J=\frac{1}{2}\boldsymbol{y}^{\mathrm{T}}(t_1)\boldsymbol{S}\boldsymbol{y}(t_1)+\frac{1}{2}\int_{t_0}^{t_1}[\boldsymbol{y}^{\mathrm{T}}(t)\boldsymbol{Q}\boldsymbol{y}(t)+\boldsymbol{u}^{\mathrm{T}}(t)\boldsymbol{R}\boldsymbol{u}(t)]\mathrm{d}t \tag{7-23}$$

式中，矩阵$\boldsymbol{S}\in\mathbf{R}^{2n\times2n}$和$\boldsymbol{Q}\in\mathbf{R}^{2n\times2n}$要求是半正定对称常值矩阵；$\boldsymbol{R}\in\mathbf{R}^{r\times r}$要求是正定对称常值矩阵。

之所以有如此要求，下面加以说明。对于一个振动控制系统的调节问题，目的是要使系统从非零状态回到零状态，即静平衡位置，这种回归从理论上讲当然越快越好。但是，要使它越快，控制作用$\boldsymbol{u}$就得越强，即控制代价大。在实际中，任何控制总是受物理因素的限制，不能任意大。另一方面，施加控制就意味着消耗能量，因此这里还有节省能量的问题。于是，我们希望$\boldsymbol{u}$有界，而且能够尽可能的小。要达到此目的，一般可以采用下述几种指标对$\boldsymbol{u}$进行限制：

$$\int_{t_0}^{t_1} \boldsymbol{u}^{\mathrm{T}}(t)\boldsymbol{u}(t)\,\mathrm{d}t,\ \int_{t_0}^{t_1} [\boldsymbol{u}^{\mathrm{T}}(t)\boldsymbol{u}(t)]^{\frac{1}{2}}\,\mathrm{d}t,\ \max_{t\in(t_0,t_1)} \|\boldsymbol{u}(t)\| \tag{7-24}$$

但是，控制力 $\boldsymbol{u}$ 的各个分量 u_i 往往并非同等重要，这就需要对各个分量进行加权处理，因此常取如下指标来衡量控制代价：

$$\int_{t_0}^{t_1} \boldsymbol{u}^{\mathrm{T}}(t)\boldsymbol{R}\boldsymbol{u}(t)\,\mathrm{d}t \tag{7-25}$$

不失一般性，且为了简化计算，可设加权矩阵 $\boldsymbol{R}$ 为对称阵。不但如此，$\boldsymbol{R}$ 还是正定矩阵。为什么要求 $\boldsymbol{R}$ 正定呢？有两方面的理由。我们知道，任何对称矩阵 $\boldsymbol{R}$ 必然与某个对角矩阵

$$\boldsymbol{\lambda}=\begin{bmatrix} \lambda_1 & & & \\ & \lambda_2 & & \\ & & \ddots & \\ & & & \lambda_r \end{bmatrix} \tag{7-26}$$

相似。若矩阵 $\boldsymbol{R}$ 正定，则矩阵 $\boldsymbol{\lambda}$ 的主对角线上的各个元素满足：

$$\lambda_i>0,\ i=1,2,\cdots,r \tag{7-27}$$

若矩阵 $\boldsymbol{R}$ 不正定，则式（7-27）不成立，有些 λ_i 就会等于零甚至小于零。取这样的矩阵作加权矩阵就会出现“控制任意变大乃至越大越省能量”的矛盾。再者，在以下计算中需要用到矩阵 $\boldsymbol{R}$ 的逆，如果只要求 $\boldsymbol{R}$ 半正定，其逆则不存在。

单对控制 $\boldsymbol{u}$ 提出要求还不够，对系统的状态也有要求。我们当然希望 $\boldsymbol{y}(t)$ 能够尽快地从非零状态转移到零状态，即如下指标越小越好：

$$\int_{t_0}^{t_1} [\boldsymbol{y}^{\mathrm{T}}(t)\boldsymbol{y}(t)]^{\alpha}\,\mathrm{d}t \tag{7-28}$$

式中，α 是任何正数。考虑到加权，并便于计算，式（7-28）常常取如下形式：

$$\int_{t_0}^{t_1} \boldsymbol{y}^{\mathrm{T}}(t)\boldsymbol{Q}\boldsymbol{y}(t)\,\mathrm{d}t \tag{7-29}$$

式中，加权矩阵 $\boldsymbol{Q}$ 与 $\boldsymbol{R}$ 不同，只需半正定即可，因为状态的某些变量 $y_i(t)$ 可能无关紧要，不必加以限制。

在某些情况下，状态在终点时刻 t_1 的值很重要，比如炮弹的落点。为此可以加一项单独衡量状态终点值的指标：

$$\boldsymbol{y}^{\mathrm{T}}(t_1)\boldsymbol{S}\boldsymbol{y}(t_1) \tag{7-30}$$

式中，$\boldsymbol{S}$ 是半正定常数阵。

以上所述即为引进性能指标式（7-23）的理由。式中常数因子1/2是为了构成标准二次型而添加的，可起到简化计算的效果。

7.5.2 控制律设计

控制律是指控制输入的变化规律，一般表示为控制输入与受控状态变量间的函数形式。以下分三种情况分别进行讨论：有限时间的调节器问题、无限长时间的调节器问题和伺服机问题。

1. 有限时间调节器问题

给定 $2n$ 阶结构振动系统的状态方程如下：

$$\dot{\boldsymbol{y}}=\boldsymbol{A}\boldsymbol{y}+\boldsymbol{B}\boldsymbol{u}(t),\ \boldsymbol{y}(t_0)=\boldsymbol{y}_0 \tag{7-31}$$

式中，$\boldsymbol{y}_0$ 为初始状态。需要确定使性能指标

$$J=\frac{1}{2}\int_{t_0}^{t_1}(\boldsymbol{y}^{\mathrm{T}}\boldsymbol{Q}\boldsymbol{y}+\boldsymbol{u}^{\mathrm{T}}\boldsymbol{R}\boldsymbol{u})\mathrm{d}t \tag{7-32}$$

取极小值的最优控制 $\boldsymbol{u}^*(t)$。其中，t_1 是固定的，终态 $\boldsymbol{y}(t)$ 是自由的。

调节问题

解决这个问题可以用最小值原理，变分法或哈密顿-雅可比(Hamilton-Jacobi)方程。

最小值原理：对于终点时刻 t_1 固定和终态 $\boldsymbol{y}(t_1)$ 自由的 $2n$ 阶结构振动控制系统

$$\dot{y}_i=f_i(y_1,\cdots,y_{2n},u_1,\cdots,u_r,t)=f_i(\boldsymbol{y},\boldsymbol{u},t),\ \boldsymbol{y}_i(t_0)=\boldsymbol{y}_{i0},\ i=1,2,\cdots,2n \tag{7-33}$$

和评价系统品质的性能指标

$$J=\int_{t_0}^{t_1}F(\boldsymbol{y},\boldsymbol{u},t)\mathrm{d}t \tag{7-34}$$

定义哈密顿（Hamilton）函数为

$$H(\boldsymbol{y},\boldsymbol{P},\boldsymbol{u},t)=F(\boldsymbol{y},\boldsymbol{u},t)+\boldsymbol{P}^{\mathrm{T}}f(\boldsymbol{y},\boldsymbol{u},t) \tag{7-35}$$

式中，$\boldsymbol{P}(t)=[p_1(t),p_2(t),\cdots,p_{2n}(t)]^{\mathrm{T}}$ 为拉格朗日乘子列向量。最优控制 $\boldsymbol{u}^*(t)$ 必然使哈密顿函数 H 取最小值，变量 $\boldsymbol{y}$ 与 $\boldsymbol{P}$ 满足下列方程：

$$\begin{cases}\dot{y}_i=\dfrac{\partial H}{\partial p_i}, & i=1,2,\cdots,2n\\[2ex] \dot{p}_i=-\dfrac{\partial H}{\partial y_i}, & i=1,2,\cdots,2n\end{cases} \tag{7-36}$$

终点条件为 $\boldsymbol{P}(t_1)=\boldsymbol{0}$。

式（7-31）和式（7-32）所描述的控制问题是积分型的最优控制问题，作 Hamilton 函数：

$$H(\boldsymbol{y},\boldsymbol{P},\boldsymbol{u},t)=\frac{1}{2}[\boldsymbol{y}^{\mathrm{T}}(t)\boldsymbol{Q}\boldsymbol{y}(t)+\boldsymbol{u}^{\mathrm{T}}(t)\boldsymbol{R}\boldsymbol{u}(t)]+\sum_{i=1}^{2n}p_i f_i(\boldsymbol{y},\boldsymbol{u},t) \tag{7-37}$$

采用矩阵形式表示，有

$$H=\frac{1}{2}(\boldsymbol{y}^{\mathrm{T}}\boldsymbol{Q}\boldsymbol{y}+\boldsymbol{u}^{\mathrm{T}}\boldsymbol{R}\boldsymbol{u})+\boldsymbol{P}^{\mathrm{T}}(\boldsymbol{A}\boldsymbol{y}+\boldsymbol{B}\boldsymbol{u}) \tag{7-38}$$

根据最小值原理，有

$$-\frac{\partial H}{\partial \boldsymbol{y}}=\dot{\boldsymbol{P}}=-\boldsymbol{Q}\boldsymbol{y}-\boldsymbol{A}^{\mathrm{T}}\boldsymbol{P} \tag{7-39}$$

其终点条件为

$$\boldsymbol{P}(t_1)=\boldsymbol{0} \tag{7-40}$$

由于控制 $\boldsymbol{u}$ 没有约束条件，运用最小值原理，可得

$$\frac{\partial H}{\partial \boldsymbol{u}}=\boldsymbol{0}=\boldsymbol{R}\boldsymbol{u}+\boldsymbol{B}^{\mathrm{T}}\boldsymbol{P} \tag{7-41}$$

由此可以解出

$$\boldsymbol{u}=-\boldsymbol{R}^{-1}\boldsymbol{B}^{\mathrm{T}}\boldsymbol{P} \tag{7-42}$$

将式（7-42）代入系统方程（7-31），并结合式（7-39）和条件式（7-40），原问题就变成下列两点边值问题：

$$\dot{\boldsymbol{y}}=\boldsymbol{A}\boldsymbol{y}-\boldsymbol{B}\boldsymbol{R}^{-1}\boldsymbol{B}^{\mathrm{T}}\boldsymbol{P},\ \boldsymbol{y}(t_0)=\boldsymbol{y}_0 \tag{7-43}$$

$$\dot{\boldsymbol{P}}=-\boldsymbol{Q}\boldsymbol{y}-\boldsymbol{A}^{\mathrm{T}}\boldsymbol{P},\ \boldsymbol{P}(t_1)=\boldsymbol{0} \tag{7-44}$$

合并成矩阵形式，有

$$\begin{bmatrix}\dot{\boldsymbol{y}}\\ \dot{\boldsymbol{P}}\end{bmatrix}=\begin{bmatrix}\boldsymbol{A} & -\boldsymbol{B}\boldsymbol{R}^{-1}\boldsymbol{B}^{\mathrm{T}}\\ -\boldsymbol{Q} & -\boldsymbol{A}^{\mathrm{T}}\end{bmatrix}\begin{bmatrix}\boldsymbol{y}\\ \boldsymbol{P}\end{bmatrix},\ \boldsymbol{y}(t_0)=\boldsymbol{y}_0,\boldsymbol{P}(t_1)=\boldsymbol{0} \tag{7-45}$$

式（7-45）是一组齐次方程。这就启发我们假设伴随方程存在形式为

$$\boldsymbol{P}(t)=\boldsymbol{Y}(t)\boldsymbol{y}(t) \tag{7-46}$$

的解，其中 $\boldsymbol{Y}\in\mathbf{R}^{2n\times 2n}$ 是待定矩阵。将式（7-46）代入式（7-43），得到

$$\dot{\boldsymbol{y}}=\boldsymbol{A}\boldsymbol{y}-\boldsymbol{B}\boldsymbol{R}^{-1}\boldsymbol{B}^{\mathrm{T}}\boldsymbol{Y}\boldsymbol{y} \tag{7-47}$$

另一方面，对式（7-46）两边求导，并代入式（7-34），又有

$$\dot{\boldsymbol{P}}=\dot{\boldsymbol{Y}}\boldsymbol{y}+\boldsymbol{Y}\dot{\boldsymbol{y}}=-\boldsymbol{A}^{\mathrm{T}}\boldsymbol{P}-\boldsymbol{Q}\boldsymbol{y} \tag{7-48}$$

利用式（7-46）和式（7-47），并移项后，由式（7-48）可得

$$(\dot{\boldsymbol{Y}}+\boldsymbol{Y}\boldsymbol{A}+\boldsymbol{A}^{\mathrm{T}}\boldsymbol{Y}-\boldsymbol{Y}\boldsymbol{B}\boldsymbol{R}^{-1}\boldsymbol{B}^{\mathrm{T}}\boldsymbol{Y}+\boldsymbol{Q})\boldsymbol{y}=\boldsymbol{0} \tag{7-49}$$

因为式（7-49）必须对所有非零的 $\boldsymbol{y}(t)$ 都成立，这就要求：

$$\dot{\boldsymbol{Y}}+\boldsymbol{YA}+\boldsymbol{A}^{\mathrm{T}}\boldsymbol{Y}-\boldsymbol{YBR}^{-1}\boldsymbol{B}^{\mathrm{T}}\boldsymbol{Y}+\boldsymbol{Q}=\boldsymbol{0} \tag{7-50}$$

式（7-50）是一个矩阵形式里卡蒂（Riccati）方程。根据式（7-40）和式（7-46）可以得出 $\boldsymbol{Y}(t)$ 的终点条件为

$$\boldsymbol{Y}(t_1)=\boldsymbol{0} \tag{7-51}$$

根据终点条件（7-51）解出里卡蒂方程（7-50）后，由式（7-46）和式（7-42）可以得出最优控制为

$$\boldsymbol{u}^*(t)=-\boldsymbol{R}^{-1}\boldsymbol{B}^{\mathrm{T}}\boldsymbol{Y}(t)\boldsymbol{y}(t)=-\bar{\boldsymbol{K}}\boldsymbol{y}(t) \tag{7-52}$$

式中，$\bar{\boldsymbol{K}}=\boldsymbol{R}^{-1}\boldsymbol{B}^{\mathrm{T}}\boldsymbol{Y}(t)$ 为控制反馈增益。由式（7-52）可以看到，在此情况下得到的反馈规律是线性的。

值得指出，将式（7-38）所示的哈密顿函数 H 对 $\boldsymbol{u}$ 求二阶导数，有

$$\frac{\partial^2 H}{\partial \boldsymbol{u}^2}=\boldsymbol{R} \tag{7-53}$$

由此可知，$\boldsymbol{R}$ 为正定的条件保证了函数 H 对 $\boldsymbol{u}$ 存在最小值。

2. 无限时间调节器问题

给定 $2n$ 阶结构振动系统的状态方程如下：

$$\dot{\boldsymbol{y}}=\boldsymbol{Ay}+\boldsymbol{Bu}(t),\ \boldsymbol{y}(t_0)=\boldsymbol{y}_0 \tag{7-54}$$

式中，$\boldsymbol{y}_0$ 为初始状态。需要确定使性能指标

$$J=\frac{1}{2}\int_{t_0}^{\infty}(\boldsymbol{y}^{\mathrm{T}}\boldsymbol{Q}\boldsymbol{y}+\boldsymbol{u}^{\mathrm{T}}\boldsymbol{R}\boldsymbol{u})\mathrm{d}t \tag{7-55}$$

取极小值的最优控制 $u^*(t)$。

不难看出，除了性能指标 J 的积分上限为无穷大外，都同前述的调节器问题完全相同。但因为积分区间为无穷长，这就产生了性能指标值是否收敛的问题，另外里卡蒂（Riccati）方程可能无解。在此不加证明地给出结论：若原系统具有完全能控性，则问题一定有解，解的形式与有限时间的调节器问题相同，只是 Riccati 方程为一代数方程。由终点条件方程（7-51）可知，当 $t_1\to\infty$ 时有 $\boldsymbol{Y}(t_1\to\infty)=\boldsymbol{0}$，因此有 $\dot{\boldsymbol{Y}}(t)=\boldsymbol{0}$，此时 Riccati 方程（7-50）变成了如下形式的代数方程：

$$\boldsymbol{YA}+\boldsymbol{A}^{\mathrm{T}}\boldsymbol{Y}-\boldsymbol{YBR}^{-1}\boldsymbol{B}^{\mathrm{T}}\boldsymbol{Y}+\boldsymbol{Q}=\boldsymbol{0} \tag{7-56}$$

其解为一定常正定对称矩阵。

下面对结构振动主动控制的机理进行解释。根据式（7-52）和式（7-2），最优控制律可以写为

$$u^*(t)=-\bar{K}_1 x-\bar{K}_2\dot{x}$$

式中，$\bar{K}_1$ 和 $\bar{K}_2$ 分别为与位移和速度所对应的控制反馈增益。将最优控制律代入结构振动动力学方程（7-1）并整理，可得

$$M\ddot{x}+(C+D\bar{K}_2)\dot{x}+(K+D\bar{K}_1)x=p(t) \tag{7-57}$$

由式（7-57）可以看出，结构振动主动控制本质上讲是利用主动控制对结构的固有参数进行主动调节，人为地向结构中增加了主动刚度和主动阻尼，使得结构的响应满足所期望的衰减规律。

例 7-4 考虑图7-1 所示的二自由度系统，设定 $m_1=m_2=1\text{kg}$，$k_1=k_2=k_3=1\text{N/m}$。假定系统的初始条件为 $x_1(0)=2\text{cm}$，$x_2(0)=0$，$\dot{x}_1(0)=\dot{x}_2(0)=0$。在第二个质量上作用有控制力 $u(t)$。试设计最优控制律对结构的振动进行控制。

【解】 系统的状态方程可表示为

$$\begin{bmatrix}\dot{x}_1\\ \dot{x}_2\\ \ddot{x}_1\\ \ddot{x}_2\end{bmatrix}=\begin{bmatrix}0&0&1&0\\0&0&0&1\\-2&1&0&0\\1&-2&0&0\end{bmatrix}\begin{bmatrix}x_1\\x_2\\ \dot{x}_1\\ \dot{x}_2\end{bmatrix}+\begin{bmatrix}0\\0\\0\\0\end{bmatrix}+\begin{bmatrix}0\\0\\0\\1\end{bmatrix}u(t)$$

设置状态变量和控制输入的权重矩阵为

$$Q=10^4\times\text{diag}(1,1,1,1),\ R=100$$

根据式（7-50）和式（7-52），可计算得到最优控制的反馈增益矩阵为

$$\bar{K}=[-11.94,15.75,8.17,11.47]$$

利用该控制律对结构进行控制，仿真结果如图 7-4 所示。可以看出，结构响应得到了良好控制。

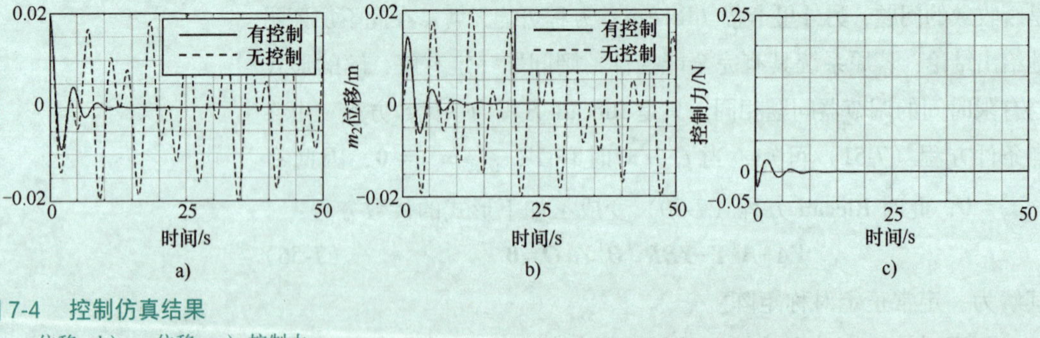

▲ 图 7-4 控制仿真结果

a）m_1 位移 b）m_2 位移 c）控制力

3. 伺服机问题

以上讨论的调节器问题根据实际需要，可以做种种推广。比如让系统的输出跟踪某一指定的状态 $\boldsymbol{y}_{\mathrm{d}}(t)$，这就是所谓伺服机问题。

伺服机问题

给定 $2n$ 阶结构振动系统的状态方程和输出方程如下：

$$\begin{cases}\dot{\boldsymbol{y}}=\boldsymbol{A}\boldsymbol{y}+\boldsymbol{B}\boldsymbol{u}(t)\\ \boldsymbol{y}(t_0)=\boldsymbol{y}_0\\ \boldsymbol{z}=\boldsymbol{E}\boldsymbol{y}\end{cases} \tag{7-58}$$

式中，$\boldsymbol{y}\in\mathbf{R}^{2n\times1}$；$\boldsymbol{A}\in\mathbf{R}^{2n\times2n}$；$\boldsymbol{u}(t)\in\mathbf{R}^{r\times1}$；$\boldsymbol{B}\in\mathbf{R}^{2n\times r}$；$\boldsymbol{z}\in\mathbf{R}^{l\times1}$；$\boldsymbol{E}\in\mathbf{R}^{l\times2n}$。各个变量物理含义与式（7-13）中相同。

取性能指标为

$$J=\frac{1}{2}\int_{t_0}^{t_1}[(\boldsymbol{z}-\boldsymbol{y}_{\mathrm{d}})^{\mathrm{T}}\boldsymbol{Q}(\boldsymbol{z}-\boldsymbol{y}_{\mathrm{d}})+\boldsymbol{u}^{\mathrm{T}}\boldsymbol{R}\boldsymbol{u}]\mathrm{d}t \tag{7-59}$$

式中，$\boldsymbol{Q}\in\mathbf{R}^{2n\times2n}$ 和 $\boldsymbol{R}\in\mathbf{R}^{r\times r}$ 分别是对称半正定的和对称正定的。现在的问题是，确定最优控制 $\boldsymbol{u}^*$ 使系统的输出 $\boldsymbol{z}(t)$ 跟踪 l 维连续向量函数 $\boldsymbol{y}_{\mathrm{d}}(t)$，或者使性能指标（7-59）取极小值。

采用和解决调节器问题相同的处理方法，定义 Hamilton 函数为

$$H=\frac{1}{2}(\boldsymbol{E}\boldsymbol{y}-\boldsymbol{y}_{\mathrm{d}})^{\mathrm{T}}\boldsymbol{Q}(\boldsymbol{E}\boldsymbol{y}-\boldsymbol{y}_{\mathrm{d}})+\frac{1}{2}\boldsymbol{u}^{\mathrm{T}}\boldsymbol{R}\boldsymbol{u}+\boldsymbol{P}^{\mathrm{T}}(\boldsymbol{A}\boldsymbol{y}+\boldsymbol{B}\boldsymbol{u}) \tag{7-60}$$

应用最小值原理，因 $\boldsymbol{u}$ 没有约束，可得

$$\frac{\partial H}{\partial \boldsymbol{u}}=\boldsymbol{0}=\boldsymbol{R}\boldsymbol{u}+\boldsymbol{B}^{\mathrm{T}}\boldsymbol{P} \tag{7-61}$$

及

$$-\frac{\partial H}{\partial \boldsymbol{y}}=\dot{\boldsymbol{P}}=-\boldsymbol{E}^{\mathrm{T}}\boldsymbol{Q}(\boldsymbol{E}\boldsymbol{y}-\boldsymbol{y}_{\mathrm{d}})-\boldsymbol{A}^{\mathrm{T}}\boldsymbol{P} \tag{7-62}$$

由于终点状态 $\boldsymbol{y}(t_1)$ 是自由的，$\boldsymbol{P}(t)$ 的终点条件为

$$\boldsymbol{P}(t_1)=\boldsymbol{0} \tag{7-63}$$

从式（7-61）可解出

$$\boldsymbol{u}=-\boldsymbol{R}^{-1}\boldsymbol{B}^{\mathrm{T}}\boldsymbol{P} \tag{7-64}$$

将式（7-64）代入系统状态方程（7-58），并结合式（7-62）和条件式（7-63），原问题就变成如下的两点边值问题：

$$\dot{\boldsymbol{y}}=\boldsymbol{A}\boldsymbol{y}-\boldsymbol{B}\boldsymbol{R}^{-1}\boldsymbol{B}^{\mathrm{T}}\boldsymbol{P},\ \boldsymbol{y}(t_0)=\boldsymbol{y}_0 \tag{7-65}$$

$$\dot{\boldsymbol{P}}=-\boldsymbol{E}^{\mathrm{T}}\boldsymbol{Q}(\boldsymbol{E}\boldsymbol{y}-\boldsymbol{y}_{\mathrm{d}})-\boldsymbol{A}^{\mathrm{T}}\boldsymbol{P},\ \boldsymbol{P}(t_1)=\boldsymbol{0} \tag{7-66}$$

与调节器问题不一样，方程组（7-66）中多了向量函数 $\boldsymbol{y}_{\mathrm{d}}(t)$，

已是非齐次方程。设其解为

$$\boldsymbol{P}(t)=\boldsymbol{Y}(t)\boldsymbol{y}(t)+\boldsymbol{\eta}(t) \tag{7-67}$$

对式（7-67）求导并考虑式（7-65）和式（7-66），整理后可得

$$(\dot{\boldsymbol{Y}}+\boldsymbol{YA}+\boldsymbol{A}^{\mathrm{T}}\boldsymbol{Y}-\boldsymbol{YBR}^{-1}\boldsymbol{B}^{\mathrm{T}}\boldsymbol{Y}+\boldsymbol{E}^{\mathrm{T}}\boldsymbol{QE})\boldsymbol{y}=-\dot{\boldsymbol{\eta}}+\boldsymbol{YBR}^{-1}\boldsymbol{B}^{\mathrm{T}}\boldsymbol{\eta}+\boldsymbol{E}^{\mathrm{T}}\boldsymbol{Q}\boldsymbol{y}_{\mathrm{d}}-\boldsymbol{A}^{\mathrm{T}}\boldsymbol{\eta} \tag{7-68}$$

式（7-68）左端是个时间函数与状态变量 $\boldsymbol{y}$ 的乘积，而右端单纯是个时间函数，要使其对所有的状态变量 $\boldsymbol{y}$ 成立，只能满足

$$\dot{\boldsymbol{Y}}+\boldsymbol{YA}+\boldsymbol{A}^{\mathrm{T}}\boldsymbol{Y}-\boldsymbol{YBR}^{-1}\boldsymbol{B}^{\mathrm{T}}\boldsymbol{Y}+\boldsymbol{E}^{\mathrm{T}}\boldsymbol{QE}=\boldsymbol{0}$$

$$-\dot{\boldsymbol{\eta}}+\boldsymbol{YBR}^{-1}\boldsymbol{B}^{\mathrm{T}}\boldsymbol{\eta}+\boldsymbol{E}^{\mathrm{T}}\boldsymbol{Q}\boldsymbol{y}_{\mathrm{d}}-\boldsymbol{A}^{\mathrm{T}}\boldsymbol{\eta}=\boldsymbol{0}$$

即

$$-\dot{\boldsymbol{Y}}=\boldsymbol{YA}+\boldsymbol{A}^{\mathrm{T}}\boldsymbol{Y}-\boldsymbol{YBR}^{-1}\boldsymbol{B}^{\mathrm{T}}\boldsymbol{Y}+\boldsymbol{E}^{\mathrm{T}}\boldsymbol{QE} \tag{7-69}$$

$$-\dot{\boldsymbol{\eta}}=\boldsymbol{A}^{\mathrm{T}}\boldsymbol{\eta}-\boldsymbol{YBR}^{-1}\boldsymbol{B}^{\mathrm{T}}\boldsymbol{\eta}-\boldsymbol{E}^{\mathrm{T}}\boldsymbol{Q}\boldsymbol{y}_{\mathrm{d}} \tag{7-70}$$

根据条件式（7-63）和式（7-67），可知 $\boldsymbol{Y}(t)$和 $\boldsymbol{\eta}(t)$的终点条件分别是

$$\boldsymbol{Y}(t_1)=\boldsymbol{0} \tag{7-71}$$

$$\boldsymbol{\eta}(t_1)=\boldsymbol{0} \tag{7-72}$$

解出式（7-69）和式（7-70）满足终点条件式（7-71）和终点条件（7-72）的解，运用式（7-64）和式（7-67），就可以求出最优控制为

$$\boldsymbol{u}^{*}(t)=-\boldsymbol{R}^{-1}\boldsymbol{B}^{\mathrm{T}}[\boldsymbol{Y}(t)\boldsymbol{y}(t)+\boldsymbol{\eta}(t)] \tag{7-73}$$

由此看出，式（7-73）实际上包含两项：一项是状态 $\boldsymbol{y}(t)$的线性函数，与调节器问题的解即式（7-52）相同，代表负反馈的调节作用；另一项是 $\boldsymbol{\eta}(t)$的线性函数，而由式（7-70）可见，$\boldsymbol{\eta}(t)$是取决于 $\boldsymbol{y}_{\mathrm{d}}(t)$的，所以它代表由跟踪值 $\boldsymbol{y}_{\mathrm{d}}(t)$所致的一种驱动作用。

以上的讨论是对终点时刻 t_1 为有限值而言的。当 t_1 为无穷大时，根据终点条件式（7-71）和终点条件式（7-72）可知，式（7-69）和式（7-70）左端导数项皆为零，由式（7-70）求出 $\boldsymbol{\eta}(t)$并代入方程式（7-73），整理后可得最优控制为

$$\boldsymbol{u}^{*}(t)=-\boldsymbol{R}^{-1}\boldsymbol{B}^{\mathrm{T}}\boldsymbol{Y}\boldsymbol{y}(t)+\boldsymbol{R}^{-1}\boldsymbol{B}^{\mathrm{T}}[\boldsymbol{YBR}^{-1}\boldsymbol{B}^{\mathrm{T}}-\boldsymbol{A}^{\mathrm{T}}]^{-1}\boldsymbol{E}^{\mathrm{T}}\boldsymbol{Q}\boldsymbol{y}_{\mathrm{d}} \tag{7-74}$$

式中，$\boldsymbol{Y}$ 满足如下代数 Riccati 方程：

$$\boldsymbol{YA}+\boldsymbol{A}^{\mathrm{T}}\boldsymbol{Y}-\boldsymbol{YBR}^{-1}\boldsymbol{B}^{\mathrm{T}}\boldsymbol{Y}+\boldsymbol{E}^{\mathrm{T}}\boldsymbol{QE}=\boldsymbol{0} \tag{7-75}$$

当控制系统所有状态都可以测量时，式（7-58）中 $\boldsymbol{E}$ 为单位

阵，此时式（7-75）将与式（7-56）具有相同的表达形式。

例 7-5 考虑如图7-5 所示的中心刚体-柔性梁系统，该系统的结构模型在许多工程领域有着应用背景，如航天器、机械臂、大型涡轮机叶片等。中心刚体绕铰支点做平面大范围旋转运动，柔性梁在随系统大范围旋转运动的同时也会产生自身的弹性振动，这两种运动相互耦合、相互影响，构成了刚柔耦合动力学系统。梁的参数：L 为长度，E 为材料弹性模量，I 为截面对中性轴的惯性矩，ρ 为梁的密度，A 为横截面积。中心刚体的半径为 r_A。试设计最优控制器，以实现点点运动控制和旋转运动控制。注：点-点运动控制是控制系统由某一位置到达另一位置，旋转运动控制是控制系统按某一指定角速度进行旋转运动。

伺服机问题算例

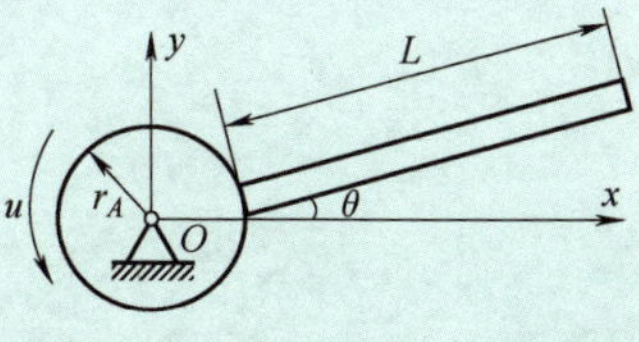

图 7-5　中心刚体-柔性梁系统

【解】 截取柔性梁的前 n 阶模态并采用 Hamilton 变分原理，可以建立起系统的动力学模型为

$$\begin{bmatrix} J_H+M_{\theta\theta} & \boldsymbol{M}_{\theta\eta} \\ \boldsymbol{M}_{\eta\theta} & \boldsymbol{M}_{\eta\eta} \end{bmatrix}\begin{bmatrix} \ddot{\theta} \\ \ddot{\boldsymbol{\eta}} \end{bmatrix}+\begin{bmatrix} \widetilde{\boldsymbol{C}}_{11} & \widetilde{\boldsymbol{C}}_{12} \\ \widetilde{\boldsymbol{C}}_{12}^{\mathrm{T}} & \widetilde{\boldsymbol{C}}_{22} \end{bmatrix}\begin{bmatrix} \dot{\theta} \\ \dot{\boldsymbol{\eta}} \end{bmatrix}+\begin{bmatrix} \boldsymbol{O} & \boldsymbol{O} \\ \boldsymbol{O} & \boldsymbol{K}_{\eta\eta} \end{bmatrix}\begin{bmatrix} \theta \\ \boldsymbol{\eta} \end{bmatrix}=\begin{bmatrix} Q_\theta \\ \boldsymbol{0} \end{bmatrix}+\begin{bmatrix} u(t) \\ \boldsymbol{0} \end{bmatrix} \tag{a}$$

式中，$\theta\in\mathbf{R}^{1\times1}$ 为系统大范围运动角位移；$\boldsymbol{\eta}\in\mathbf{R}^{n\times1}$ 为柔性梁的横向振动模态坐标列向量；J_H 为中心刚体的转动惯量；$M_{\theta\theta}\in\mathbf{R}^{1\times1}$ 代表着柔性梁的转动惯量；$\boldsymbol{M}_{\eta\eta}\in\mathbf{R}^{n\times n}$ 为柔性梁的横向振动的广义弹性质量阵；$\boldsymbol{M}_{\theta\eta}\in\mathbf{R}^{1\times n}$ 和 $\boldsymbol{M}_{\eta\theta}\in\mathbf{R}^{n1}$ 代表着大范围运动和柔性梁弹性变形之间的非线性惯性耦合；$\widetilde{\boldsymbol{C}}_{11}$、$\widetilde{\boldsymbol{C}}_{12}$、$\widetilde{\boldsymbol{C}}_{22}$ 分别代表着相应的阻尼项，分别考虑了中心刚体轴承处的黏性阻尼、柔性梁迎风面的黏性阻尼和平方阻尼；$\boldsymbol{K}_{\eta\eta}\in\mathbf{R}^{n\times n}$ 为刚度阵；$Q_\theta\in\mathbf{R}^{1\times1}$ 为惯性力项；$u(t)\in\mathbf{R}^{1\times1}$ 为作用在中心刚体上的控制力矩。动力学方程中的变量分别表达如下：

$$M_{\theta\theta}=J_1+\boldsymbol{q}^{\mathrm{T}}\boldsymbol{M}\boldsymbol{q}-\boldsymbol{q}^{\mathrm{T}}(r_A\boldsymbol{D}_0+\boldsymbol{D}_1)\boldsymbol{q} \tag{b}$$

$$\boldsymbol{M}_{\theta\eta}=\boldsymbol{M}_{\eta\theta}^{\mathrm{T}}=r_A\boldsymbol{U}_{02}+\boldsymbol{U}_{12} \tag{c}$$

$$\boldsymbol{M}_{\eta\eta}=\boldsymbol{M}=\int_0^L\rho A\boldsymbol{\Phi}^{\mathrm{T}}\boldsymbol{\Phi}\mathrm{d}x \tag{d}$$

$$\boldsymbol{K}_{\eta\eta}=\boldsymbol{K}-\dot{\theta}^2\boldsymbol{M}+\dot{\theta}^2(r_A\boldsymbol{D}_0+\boldsymbol{D}_1) \tag{e}$$

$$Q_\theta=-2\dot{\theta}[\boldsymbol{q}^{\mathrm{T}}\boldsymbol{M}\dot{\boldsymbol{q}}-\boldsymbol{q}^{\mathrm{T}}(r_A\boldsymbol{D}_0+\boldsymbol{D}_1)\boldsymbol{q}] \tag{f}$$

$$\widetilde{C}_{11}=C_H+\frac{\beta_1}{\rho A}M_{\theta\theta}+\frac{\beta_2\dot{\theta}\mathrm{sign}(\dot{\theta})}{\rho A}[C_J+\boldsymbol{q}^{\mathrm{T}}(r_A\boldsymbol{M}+\boldsymbol{U}_{13})\boldsymbol{q}-\boldsymbol{q}^{\mathrm{T}}(r_A^2\boldsymbol{D}_0+2r_A\boldsymbol{D}_1+\boldsymbol{D}_2)\boldsymbol{q}] \tag{g}$$

$$\widetilde{\boldsymbol{C}}_{12}=\frac{\beta_1}{\rho A}\boldsymbol{M}_{\theta\eta}+\frac{\beta_2\dot{\theta}\mathrm{sign}(\dot{\theta})}{\rho A}\left(r_A^2\boldsymbol{U}_{02}^T+2r_A\boldsymbol{U}_{12}^{\mathrm{T}}+\int_0^L\rho Ax^2\boldsymbol{\Phi}^{\mathrm{T}}\mathrm{d}x\right)^{\mathrm{T}} \tag{h}$$

$$\widetilde{\boldsymbol{C}}_{22}=\left(\alpha+\frac{\beta_1}{\rho A}\right)\boldsymbol{M}+\frac{\beta_2\dot{\theta}\mathrm{sign}(\dot{\theta})}{\rho \mathrm{A}}\left(r_A\boldsymbol{M}+\int_0^L\rho Ax\boldsymbol{\Phi}^{\mathrm{T}}\boldsymbol{\Phi}\mathrm{d}x\right) \tag{i}$$

式中，$\boldsymbol{\Phi}\in\mathbf{R}^{1\times n}$为梁的横向振动的模态函数行向量，这里设定为悬臂梁的模态函数；C_H 为中心刚体轴承处的黏性阻尼系数；β_1 为空气阻力的黏性阻尼系数；β_2 为空气阻力引起的平方阻尼系数；柔性梁的结构阻尼采用比例阻尼 $\alpha\boldsymbol{M}$ 的形式，α 为比例阻尼系数。式（b）~式（i）中相关的常值系数和矩阵表达如下：

$$J_1=\int_0^L\rho A(r_A+x)^2\mathrm{d}x \tag{j}$$

$$C_J=\int_0^L\rho A(r_A+x)^3\mathrm{d}x \tag{k}$$

$$\boldsymbol{K}=\int_0^L EI(\boldsymbol{\Phi}'')^{\mathrm{T}}\boldsymbol{\Phi}''\mathrm{d}x \tag{l}$$

$$\boldsymbol{U}_{02}=\int_0^L\rho A\boldsymbol{\Phi}\mathrm{d}x \tag{m}$$

$$\boldsymbol{U}_{12}=\int_0^L\rho Ax\boldsymbol{\Phi}\mathrm{d}x \tag{n}$$

$$\boldsymbol{U}_{13}=\int_0^L\rho Ax\boldsymbol{\Phi}^{\mathrm{T}}\boldsymbol{\Phi}\mathrm{d}x \tag{o}$$

$$\boldsymbol{D}_0=\int_0^L\rho A\boldsymbol{S}(x)\mathrm{d}x \tag{p}$$

$$\boldsymbol{D}_1=\int_0^L\rho Ax\boldsymbol{S}(x)\mathrm{d}x \tag{q}$$

$$\boldsymbol{D}_2=\int_0^L\rho Ax^2\boldsymbol{S}(x)\mathrm{d}x \tag{r}$$

式中，$J_1\in\mathbf{R}^{1\times1}$；$C_J\in\mathbf{R}^{1\times1}$；$\boldsymbol{K}\in\mathbf{R}^{n\times n}$；$\boldsymbol{U}_{02}\in\mathbf{R}^{1\times n}$；$\boldsymbol{U}_{12}\in\mathbf{R}^{1\times n}$；$\boldsymbol{U}_{13}\in\mathbf{R}^{n\times n}$；$\boldsymbol{D}_0\in\mathbf{R}^{n\times n}$；$\boldsymbol{D}_1\in\mathbf{R}^{n\times n}$；$\boldsymbol{D}_2\in\mathbf{R}^{n\times n}$。式（p）~式（r）中的 $\boldsymbol{S}(x)\in\mathbf{R}^{n\times n}$矩阵表示如下：

$$\boldsymbol{S}(x)=\int_0^x \boldsymbol{\Phi}'^{\mathrm{T}}(\xi)\boldsymbol{\Phi}'(\xi)\mathrm{d}\xi \tag{s}$$

对系统的非线性方程进行线性化。假定系统大范围运动的角速度较小，忽略其二次项；并假定柔性梁的弹性变形所引起的转动惯量的增加为小量，即忽略其时变项，则线性化模型可描述为

$$\begin{bmatrix} J_H+J_1 & \boldsymbol{M}_{\theta\eta} \\ \boldsymbol{M}_{\eta\theta} & \boldsymbol{M}_{\eta\eta} \end{bmatrix}\begin{bmatrix} \ddot{\theta} \\ \ddot{\boldsymbol{\eta}} \end{bmatrix}+\begin{bmatrix} C_H+\dfrac{\beta_1}{\rho A}J_1 & \dfrac{\beta_1}{\rho A}\boldsymbol{M}_{\theta q} \\ \dfrac{\beta_1}{\rho A}\boldsymbol{M}_{\theta q} & \left(\alpha+\dfrac{\beta_1}{\rho A}\right)\boldsymbol{M}_{\eta\eta} \end{bmatrix}\begin{bmatrix} \dot{\theta} \\ \dot{\boldsymbol{\eta}} \end{bmatrix}+\begin{bmatrix} \boldsymbol{O} & \boldsymbol{O} \\ \boldsymbol{O} & \boldsymbol{K} \end{bmatrix}\begin{bmatrix} \theta \\ \boldsymbol{\eta} \end{bmatrix}=\begin{bmatrix} u(t) \\ \boldsymbol{O} \end{bmatrix} \tag{t}$$

式（t）中的质量矩阵、阻尼矩阵和刚度矩阵都为常值矩阵。将式（t）写成矩阵形式，有

$$\hat{\boldsymbol{M}}\ddot{\hat{\boldsymbol{Y}}}+\hat{\boldsymbol{C}}\dot{\hat{\boldsymbol{Y}}}+\hat{\boldsymbol{K}}\hat{\boldsymbol{Y}}=\boldsymbol{H}u(t) \tag{u}$$

式中，$\hat{\boldsymbol{Y}}\in\mathbf{R}^{(n+1)\times 1}$；$\hat{\boldsymbol{M}}\in\mathbf{R}^{(n+1)\times(n+1)}$；$\hat{\boldsymbol{C}}\in\mathbf{R}^{(n+1)\times(n+1)}$；$\hat{\boldsymbol{K}}\in\mathbf{R}^{(n+1)\times(n+1)}$；$\boldsymbol{H}\in\mathbf{R}^{(n+1)\times 1}$。其分别表达如下：

$$\hat{\boldsymbol{Y}}=\begin{bmatrix} \theta \\ \boldsymbol{q} \end{bmatrix},\ \hat{\boldsymbol{M}}=\begin{bmatrix} J_H+J_1 & \boldsymbol{M}_{\theta\eta} \\ \boldsymbol{M}_{\eta\theta} & \boldsymbol{M}_{\eta\eta} \end{bmatrix},\ \hat{\boldsymbol{C}}=\begin{bmatrix} C_H+\dfrac{\beta_1}{\rho A}J_1 & \dfrac{\beta_1}{\rho A}\boldsymbol{M}_{\theta\eta} \\ \dfrac{\beta_1}{\rho A}\boldsymbol{M}_{\eta\theta} & \left(\alpha+\dfrac{\beta_1}{\rho A}\right)\boldsymbol{M}_{\eta\eta} \end{bmatrix},$$

$$\hat{\boldsymbol{K}}=\begin{bmatrix} \boldsymbol{O} & \boldsymbol{O} \\ \boldsymbol{O} & \boldsymbol{K} \end{bmatrix},\ \boldsymbol{H}=\begin{bmatrix} 1 \\ \boldsymbol{0} \end{bmatrix}$$

将线性化动力学方程改写为状态方程的形式，有

$$\dot{\boldsymbol{Z}}=\boldsymbol{A}\boldsymbol{Z}+\boldsymbol{B}u(t) \tag{v}$$

式中，$\boldsymbol{Z}\in\mathbf{R}^{2(n+1)\times 1}$；$\boldsymbol{A}\in\mathbf{R}^{2(n+1)\times 1(n+1)}$；$\boldsymbol{B}\in\mathbf{R}^{2(n+1)\times 1}$。其分别表达如下：

$$\boldsymbol{Z}=\begin{bmatrix} \hat{\boldsymbol{Y}} \\ \dot{\hat{\boldsymbol{Y}}} \end{bmatrix},\ \boldsymbol{A}=\begin{bmatrix} \boldsymbol{O} & \boldsymbol{I}_{2(n+1)\times 2(n+1)} \\ -\hat{\boldsymbol{M}}^{-1}\hat{\boldsymbol{K}} & -\hat{\boldsymbol{M}}^{-1}\hat{\boldsymbol{C}} \end{bmatrix},\ \boldsymbol{B}=\begin{bmatrix} \boldsymbol{O} \\ \hat{\boldsymbol{M}}^{-1}\boldsymbol{H} \end{bmatrix} \tag{w}$$

式中，$\boldsymbol{I}_{2(n+1)\times 2(n+1)}\in\mathbf{R}^{2(n+1)\times 2(n+1)}$为单位矩阵。

仿真中，中心刚体半径取为 $r_A=0.05\mathrm{m}$，转动惯量为 $J_H=0.30\mathrm{kg}\cdot\mathrm{m}^2$。柔性梁参数有：长度 $L=1.8\mathrm{m}$，截面积 $A=2.5\times10^{-4}\mathrm{m}^2$，密度 $\rho=2.766\times10^3\mathrm{kg/m}^3$，弹性模量 $E=6.90\times10^{10}\mathrm{N/m}^2$，截面惯性矩 $I=1.3021\times10^{-10}\mathrm{m}^4$。各个阻尼参数取值为 $\alpha=0.011$，$\beta_1=0$，$\beta_2=0.0353$，$C_H=0$。

考虑两种运动轨迹跟踪控制：点点运动控制和旋转运动控制。点点运动控制是控制系统在一定时间内到达指定位置，并抑制梁的残余振动，这种模型可以是柔性机械臂的运动、航天器柔性附件到达指定角度等；旋转运动控制是控制系统以一定角速度旋转运动，并抑制梁的附加振动，这种模型可以是带柔性附件的自旋稳定卫星的运动等。系统动力学建模中，截取梁的前两阶模态描述梁的变形，即 $n=2$。控制律设计时考虑对梁的前两阶模态进行控制，增益矩阵 $\boldsymbol{Q}$ 和参数 R 分别取值为 $\boldsymbol{Q}=\mathrm{diag}(10^3,10^2,10,1,1,1)$ 和 $R=1$。

首先考虑点点运动控制问题。假定期望的系统大范围运动轨迹为

$$\theta=\begin{cases}\dfrac{2\theta_0}{t_1}t^2, & t\leqslant\dfrac{t_1}{2}\\ \dfrac{\theta_0}{2}+\dfrac{2\theta_0}{t_1}\left(t-\dfrac{t_1}{2}\right)-\dfrac{2\theta_0}{t_1^2}\left(t-\dfrac{t_1}{2}\right)^2, & \dfrac{t_1}{2}<t\leqslant t_1\\ \theta_0, & t>t_1\end{cases}\tag{x}$$

即系统由零初始条件开始加速运动，在 $t_1/2$ 时达到最大角速度，然后再减速到角速度为零，完成指定的角位移运动，并且要求到达指定位置时抑制柔性梁的残余振动。假定所期望的角位移为 $\theta_0=\pi/3=60°$，$t_1=2\mathrm{s}$。控制仿真中，将基于线性化动力学模型所设计的最优跟踪控制律加入到原非线性动力学模型中，如此能显示出控制律的真实有效性。图 7-6 所示为柔性梁末端的响应时程和系统的大范围角位移时程，可看出，系统能够到达指定位置，并且梁的残余振动可以得到抑制。

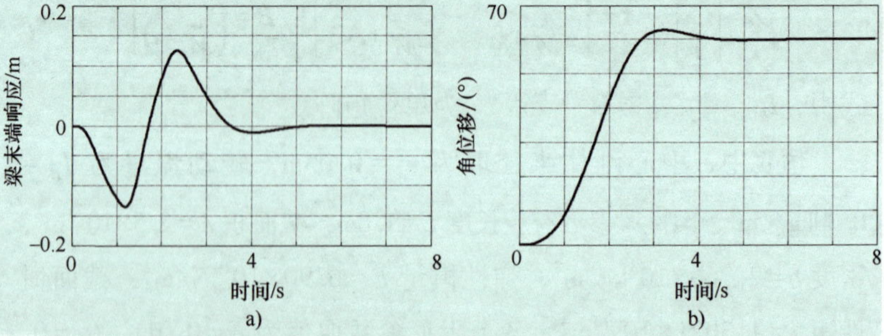

▶ 图 7-6 柔性梁的末端响应和大范围运动角位移时程

下面考虑旋转运动控制问题。要求系统从零初始条件开始旋转运动，达到稳态角速度 $\omega_1=1\text{rad/s}$。仿真结果如图 7-7 所示，可看出，系统达到稳态旋转运动状态，并且梁的附加振动得到了抑制。

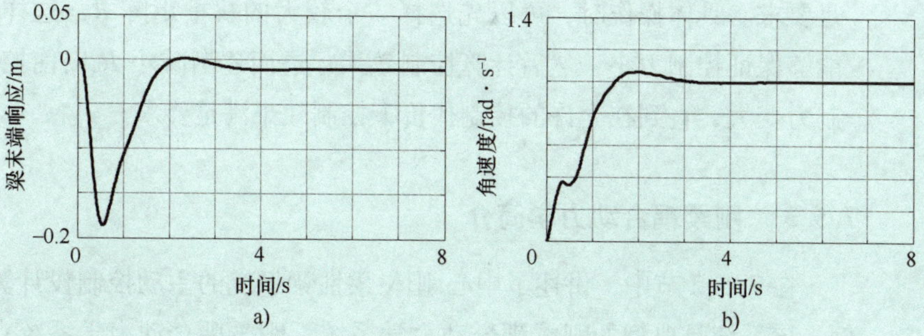

◀ 图 7-7　柔性梁的末端响应和大范围运动角速度时程

应当说明几点：

1）对于点点控制问题，从图 7-6 可看出，线性化控制律并没有使系统在 $t_1=2\text{s}$ 时刻到达指定位置 $\theta_0=60°$，但是对于对到达时间要求不是很严格的中心刚体-柔性梁系统的位置控制问题，如空间柔性机械臂的位置控制等，该方法还是可行的；

2）因为在线性化控制律的设计中，假定系统的角速度为小量，因此该控制律只适用于大范围转速不高的情况；对于大范围转速较高的情况，如直升机旋翼、涡轮机叶片等，应当开展非线性控制策略的研究；

3）算例中，因为系统的大范围运动角速度较低，故此在采用假设模态法描述柔性梁的变形时只取了梁的前两阶模态，控制设计时也只考虑对此两阶模态进行控制。如果系统的角速度较高，在动力学仿真和控制研究中应当增加模态的数目。

本节阐述了基于二次型性能指标的最优控制设计问题。在结束本节之前需要再次强调，具有二次型性能指标的线性控制系统，无论在实际上还是理论上都是重要的，原因表现在如下几方面：

① 很多的实际系统可用这种系统来描述；

② 它的结论既明确又理想，物理含义清晰；

③ 最优控制律是线性的，最优性能指标函数是二次型的，既便于计算又便于实现；

④ 它的理论体系完备，能进行严格的理论分析；

⑤ 它往往是其他控制方法研究的基础。

关于控制律的设计需要强调的是：控制律的设计是一个反复的过程，一般的原则是在合理控制代价的前提下使得控制效果满足要求。具体操作时，可以先选择一个较大的权重矩阵 $\boldsymbol{R}$，这样能够保证控制力小，然后计算控制效果；进而逐渐减小 $\boldsymbol{R}$ 以使控制力变大，直到在允许的控制代价下控制效果满足要求。

7.5.3 刚柔耦合动力学简介

刚柔耦合动力学简介

在 7.5.2 节中，讲述了中心刚体-柔性梁系统的主动控制设计算例，该系统是典型的刚柔耦合动力学系统。刚柔耦合动力学系统在航空航天、机械等许多工程领域有着大量的应用背景，有必要对这类动力学系统的研究进展情况做简单介绍。

顾名思义，刚柔耦合动力学系统中存在着两种运动形式：一种是系统的大范围刚体运动，另一种是系统柔性构件在随系统大范围运动过程中所产生的弹性振动。这两种运动相互耦合、相互影响。本质上讲，刚柔耦合动力学问题已经不是通常意义上的结构动力学的问题了，结构动力学系统通常具有唯一的平衡位置，而刚柔耦合动力学系统的平衡位置不唯一，具有随遇平衡位置。下面分别对刚柔耦合动力学系统的建模理论和值得研究的问题做一简介。

1. 动力学建模理论

在航天器、机器人、车辆、机械与兵器等工程领域各种系统的研制中，通常会面临两大类问题：一类是结构强度分析，另一类是要解决它的运动学、动力学与控制的性态问题。这类系统的特征是系统各部件之间存在大范围的相对运动，它的力学模型称为多体系统（multibody system）。20 世纪 60 年代开始，发达国家因为高技术发展的需求，系统各部件以刚体为假设的多体系统动力学的研究得到了飞速发展。20 世纪 70 年代末 80 年代初，多刚体系统动力学计算机辅助分析软件在国外已经达到商品化水平，并且广泛应用于上述工程领域的动力学与控制性态的分析与优化。然而当今工程中复杂系统的部分部件已经采用轻质和柔性材料，系统运行速度加快，运行精度的要求也越来越高，系统的动力学性态随之变得越来越复杂，部件做刚体假设的多刚体系统动力学已无法解释系统复杂的动力学性态，忽略柔性构件变形影响的工程设计常常会导致灾难性的后果。例如，美国第一颗人造卫星“探险者Ⅰ号”正是由于忽略了4根鞭状天线的弹性效应而导致卫星入轨后产生翻转失控；“国际通信卫星Ⅴ号”由于柔性太阳能帆板扭振频率与驱动系统发生谐振而导致帆板停转和打滑；美国“陆地卫星-4”的观测仪的旋转部分由于受到柔性太阳能帆板驱动系统的干扰而产生微小扰动，降低了图像质量；空间机械臂的机动会产生弹性振动，对抓取或定位等动作的精度和稳定性造成重要影响。发生类似故障的航天器还有ALOUETTE-I、1967-22A、EXPLORER-XX（自旋转）、TACSAT-I（双自旋稳定）等。因此上述工程对象的设计必须考虑部件大范围运动和柔性构件自身变形运动之间的耦合。这类系统的动力学模型称为柔性多体动力学系统（flexible multibody dynamic system）或刚柔耦合动力学系统（rigid-flexible coupling dynamic system）。关于刚柔耦合动力学系统的建模理论，其发展大体可以分为如下五个阶段。

第一阶段是采用运动-弹性动力学方法，即KED（kinetic elastic dynamic analysis）法。KED方法的要点是不考虑构件的弹性变形对其大范围运动的影响，而通过多刚体系统动力学分析得到构件运动性态，以惯性力的形式加到构件上，然后根据惯性力和系统的外力对构件进行弹性变形和强度分析，如图7-8所示。这种方法实际上是多刚体动力学与结构动力学的简单叠加，忽略了两者的耦合影响，本质上讲这种方法是结构动力学中的动静法。由于对构件弹性变形和大范围运动的关系处理得过于简单，其计算精度不能满足工程实际的需要。

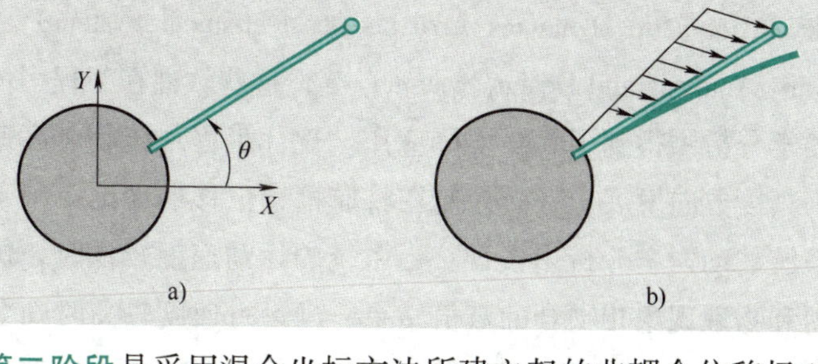

图7-8 KED方法惯性力施加示意图

第二阶段是采用混合坐标方法所建立起的非耦合位移场动力学模型。在具体建模过程中，先将构件的浮动坐标系固化，弹性变形按某种理想边界条件下的结构有限元模型（或模态）进行离散，然后仿照多刚体系统动力学的方法建立离散系统数学模型。这种方法虽然考虑了构件弹性变形对大范围运动的影响，但在对柔性体进行离散时没有考虑大范围运动对其的影响，采用的是结构动力学中的线弹性假设。仍然以中心刚体-柔性梁为例如图 7-9 所示，OXY 为系统的参考基，oxy 为柔性梁的浮动连体基，梁上微段 P_0Q_0 变形后为 PQ，P_0 点变形后至 P 点。w_1 和 w_2 分别为 P_0 点的轴向变形和横向变形。P_0 点在柔性梁自身连体基下的变形位移场为 $\boldsymbol{u}_P=[u_1,u_2]^{\mathrm{T}}$。非耦合位移场在描述柔性体变形时采用结构动力学中的小变形假设，认为梁上任意点的纵向变形和横向变形是解耦的，即线性位移场，表达为

$$\boldsymbol{u}_P=\begin{bmatrix}u_1\\u_2\end{bmatrix}=\begin{bmatrix}w_1\\w_2\end{bmatrix}$$

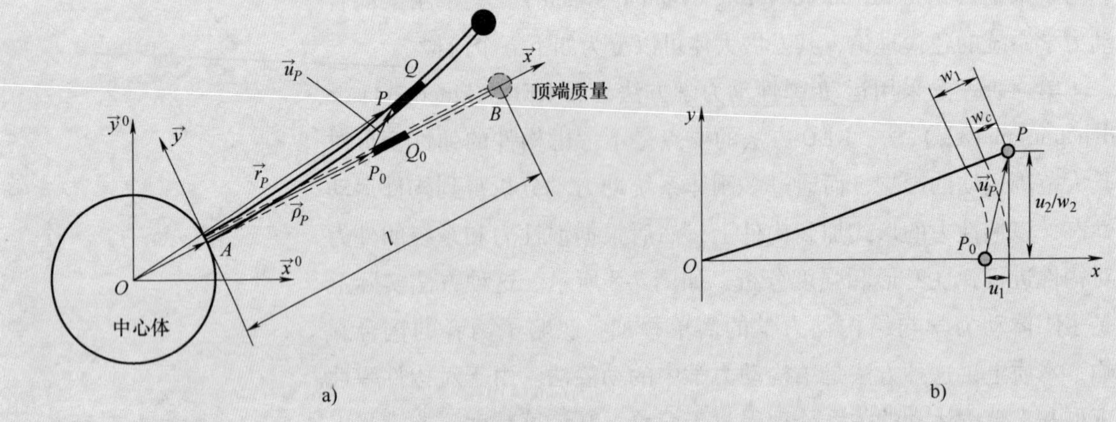

▲ 图 7-9　非耦合位移场描述示意图

目前针对非耦合位移场描述开发有大型多体动力学分析软件，如 ADAMS（Automatic Dynamics Analysis of Mechanical System）、DADS（Dynamic Analysis and Design System）等，这些软件在工程多体系统的动力学分析中得到了大量实际应用。现代工程系统朝着高速、轻质、高精度方向发展，然而人们在将非耦合位移场理论应用于现代工程系统的动力学分析中发现：当系统的运动速度较低时，仿真能够取得和物理现象相吻合的数值结果，当运行速度较高时则会出现数值病态问题。该数值病态问题到底是数值求解方法所导致的、还是由其他原因所导致？这就引发了如下第三阶段动力刚化问题的

探索。

第三阶段是动力刚化问题的研究。1987 年，美国学者 Kane 对一根 8m 长做平面旋转运动柔性梁的动力学特性进行了研究，结果（见图 7-10）显示出，采用非耦合位移场动力学模型对高速旋转运动梁进行动力学分析时将产生错误的结论，并提出了动力刚化的概念。动力刚化现象同样存在于其他做高速运动机构的动力学分析中。随后的十几年里，国内外研究的重点是采用各种方法设法“捕捉”动力刚度项（见图 7-11）。动力刚化现象表明了柔性多体系统非耦合位移场模型的不足，表明人们在关于柔性多体系统刚柔耦合动力学的认识机理以及所采用的数学模型的准确性等问题上仍存在很大的局限性，同时该问题的提出也推动了人们对刚柔耦合动力系统建模理论的深入研究。

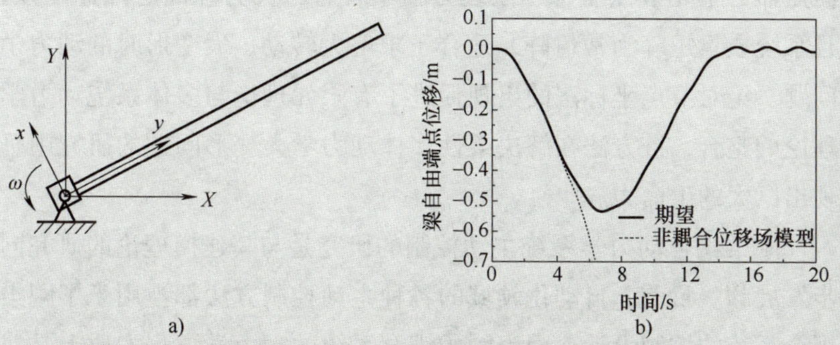

◀ 图 7-10　Kane 仿真结果

第四阶段是采用混合坐标法所建立起的耦合位移场动力学模型。仍然以中心刚体-柔性梁为例，耦合位移场在描述柔性梁上任意点的变形时，认为其在自身连体基上的纵向变形与横向变形是耦合的，在建模过程中考虑了由于横向变形而引起的纵向变形的二次缩短量 w_c，如图 7-9 所示，即 P_0 点的位移场为耦合位移场，表达如下：

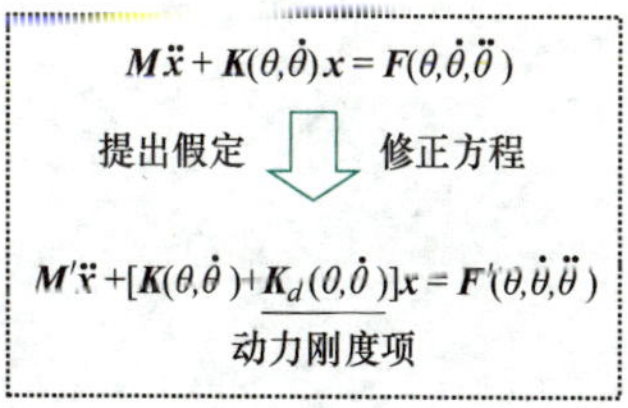

图 7-11　“捕捉”动力刚度项

$$\boldsymbol{u}_P=\begin{bmatrix}u_1\\u_2\end{bmatrix}=\begin{bmatrix}w_1-w_c\\w_2\end{bmatrix}=\begin{bmatrix}w_1-\dfrac{1}{2}\displaystyle\int_0^x\left(\dfrac{\partial w_2}{\partial x}\right)^2\mathrm{d}x\\w_2\end{bmatrix}$$

耦合位移场动力学模型能够很好地解释动力刚化现象，即动力刚化实质上是一个非惯性系下的结构动力学问题，是做大范围运动的结构因大范围运动与柔性体变形之间的相互耦合而导致的柔性体的刚度增加（即附加刚度）。耦合位移场模型不但可以处理系统大范围低速运动时的动力学问题，也能处理高速的情况。对于现代工程系统，当系统的大范围运动为高速时，非耦合位移场混合坐标模型有可能导致错误的结果，而耦合位移场混合坐标模型有效。

第五阶段是柔性多体系统大变形问题的研究。随着空间结构朝着大型化和柔性化方向发展，大变形问题凸显，以往的柔性多体建模理论在处理大变形问题时显示出巨大的局限性。近年来，美国学者 Shabana 首次将固体力学领域关于大变形问题的描述引入到了柔性多体动力学的建模理论研究中，提出了解决柔性多体系统大变形问题的绝对节点坐标法（absolute nodal coordinate formulation，ANCF）。随后我国胡海岩院士和田强教授将绝对节点坐标法应用到大型空间可展结构的动力学分析中。绝对节点坐标法采用空间绝对位置和梯度向量作为单元节点坐标，系统方程不含有科氏力和离心加速度项，且系统质量矩阵为常值阵，适合于求解大转动、大变形时的动力学问题。绝对节点坐标法的出现促进了有限元理论与多体系统动力学理论的整合，该方法在解决柔性多体动力学大变形问题的研究中呈现出巨大的生命力。

刚柔耦合动力学系统主动控制的研究是与其建模理论的研究同步发展的。目前，自动化领域的各种主动控制方法都被用于了刚柔耦合系统的控制设计。因为刚柔耦合系统的动力学方程本质上是非线性的，因此非线性主动控制方法的研究是重点，在此不再展开叙述。

2. 值得开展的研究

随着科学技术的飞速发展，以往做刚体假设的多刚体系统动力学无法满足现代工程对高速和高精度的要求，因此柔性系统动力学的研究得到了蓬勃发展，并且在解决现代工程系统的动力学问题中发挥了重要作用。虽然目前人们对刚柔耦合系统动力学开展了大量的研究工作，取得了许多研究成果，但是仍然有许多问题值得进行深入探索。

精细建模问题：多体系统的各个构件是通过铰链等进行连接的，各个构件之间存在相互运动，运动副不可避免地存在着间隙和摩擦等非光滑因素。虽然间隙和摩擦是微观层面上的问题，但是会对系统的宏观动力学行为造成重要影响。例如，大型空间桁架结构往往拥有几十乃至上百个旋转铰，桁架在发射上天之前处于收拢状态，入轨后通过展开机构进行展开，旋转铰的间隙和摩擦不但会对结构的展开动力学行为造成影响，还会展开锁定后的结构动力学行为造成影响。对于空间机械臂，关节处的柔性、间隙和摩擦会对末端执行器的精确定位造成影响。因此，考虑运动副的间隙、摩擦等非光滑因素的柔性多体系统的精细动力学建模对于诸如航天器等的高精尖工程系统具有重要价值。另一方面，现代工程系统朝着大型化和复杂化方向发展，例如对于现代航天工程，大型太阳帆、大型薄膜天线、大型空间电站等新型航天器不断被提出，轻质和柔性附件有可能会产生大幅非线性振动，另外建模中还需考虑空间热载荷、轨道、航天器液体晃动等因素，这对精细动力学建模提出了巨大挑战。

模型降阶问题：有限元方法由于具有众所周知的收敛性上的保障而在工程计算中得到了大量使用，其有效性也在大量的工程实践中得到了检验，计算的精度可以通过对单元的细小划分而得到保证。有限元方法作为一种离散化方法也在柔性多体系统的动力学建模中得到了大量应用。然而，有限元方法所建立起的系统动力学方程的维数往往很庞大，不便于后续的控制设计。因此，模型降阶势在必行，而且降阶模型不但要求能够精确地逼近原动力学系统，阶数也要足够低，以便控制设计。虽然在柔性多体系统的建模过程中采用假设模态方法对柔性体进行离散化可以得到一个维数较低的系统动力学方程，但是由于柔性体的边界常常是动边界，而假设模态方法所使用的常常是静边界，这会导致所建立的动力学方程的精度偏低。因此，大型复杂刚柔耦合动力学系统的模型降阶是一个值得进行深入探索的问题，尤其是对于大型的航天工程结构，合理的模型降阶尤为重要。

计算效率问题：在刚柔耦合系统动力学的研究中，动力学方程的计算一直是人们所关注的重要问题。由于在建模过程中计及了柔性体的变形坐标，因此系统模型的自由度常常很大，计算效率问题凸显。当在系统建模中考虑构建运动副之间的间隙和摩擦等非光滑因素时，动力学方程可能会出现“算不动”的情况，该问题在大型空间结构的展开动力学研究中尤为突出。因此，合理的计算方法以及计算效率是一个值得研究的问题。

控制设计问题：刚柔耦合动力学系统由于系统大范围运动变量和柔性体弹性振动变量之间存在耦合，因此系统的动力学方程本质上讲是非线性的和时变的。控制的设计通常需要考虑两个目标，一个是系统大范围运动的控制，另一个是柔性构件的振动控制。由于系统动力学方程是非线性的和时变的，因此控制律的设计应当采用非线性控制策略。动力学特性的高精度分析要求采用尽可能高的系统自由度，而控制的设计则要求系统的自由度应当尽可能地低。因此，刚柔耦合动力学系统的主动控制是一个值得深入探讨的问题。

软件实现问题：现有的多体系统动力学仿真软件，ADAMS、DADS、RecurDyn 和 Simpack 等，在航空航天、机器人、机械、汽车等工程领域有着非常广泛的应用，这些商用软件都由实力较强的公司维护，各有特色。随着制造业的迅猛发展，各种新型的机械系统大量出现，比如先进机器人、大型空间柔性太阳帆、大型空间可展开桁架等，这些机械系统的运行通常伴随着大变形、变拓扑、接触碰撞、摩擦和间隙等。在这种情况下，现有的商业软件无论在售价、计算效率还是在仿真精度方面都有一定局限性。因此，结合刚柔耦合多体动力学的研究进展、开发针对现代机械系统的通用软件包，是一项具有重要实际意义的工作。

数据建模与人工智能：现代机械系统朝着大型化和复杂化方向发展，采用力学基本原理建立系统动力学模型的难度越来越大，当今新出现的数据驱动建模方法为解决复杂系统的动力学建模问题提供了一条新途径。基于数据进行建模与控制可以避免经典理论动力学建模的复杂性，尤其是避免了诸如间隙、摩擦等很难进行精确描述的因素的动力学分析。另一方面，近年来基于训练的人工智能技术方兴未艾，在各个工程领域呈现出巨大的应用前景。比如在航天工程领域，深度学习可以用于空间非合作目标的识别，强化学习可以用于空间机械臂的捕获作业。现代新科技为复杂机械系统动力学与控制问题的解决提供了新手段，有可能取得事半功倍的效果。

7.6 钱学森与《工程控制论》

1. 主要贡献

贡献1——应用力学。与冯·卡门合作在可压缩边界层研究中创立了“卡门-钱学森方法”，与郭永怀合作最早在跨声速流动问题中引入上下临界马赫数的概念。

贡献2——喷气推进与航天技术。从20世纪40~60年代，在火箭与航天领域提出若干重要概念：40年代提出并实现火箭助推起飞装置，使飞机跑道距离缩短；1949年提出火箭旅客飞机概念和核火箭设想；1953年研究行星际飞行理论可能性；1962年提出用一架喷气发动机大飞机作为第一级运载工具，用一架装有火箭发动机飞机作为第二级运载工具的天地往返运输系统概念。

贡献3——物理力学。1953年提出物理力学概念，主张从物质微观规律确定其宏观力学特性，改变过去只靠实验测定力学性质的方法，1961年所著《物理力学讲义》出版。

贡献4——工程控制论。将控制论发展成为一门新的技术科学——工程控制论，为导弹与航天器的制导理论奠定了基础，对我国火箭导弹和航天事业的迅速发展做出了重大贡献。

贡献5——系统工程与系统科学。在20世纪80年代提出将航天系统工程概念推广应用到整个国家和国民经济建设，从社会形态和开放复杂巨系统的高度论述了社会系统。提出把社会系统划分为社会经济系统、社会政治系统和社会意识系统三个组成部分，相应地有三种文明建设，即物质文明建设（经济形态）、政治文明建设（政治形态）和精神文明建设（意识形态）。社会主义文明建设应是这三种文明建设的协调发展，保证这三种文明建设协调发展的就是社会系统工程。

贡献6——思维科学。20世纪80年代初提出创建了思维科学技术部门，认为思维科学是处理意识与大脑、精神与物质、主观与客观的科学，主张发展思维科学要同人工智能结合起来。研究思维学的途径是从哲学的成果中去寻找，思维学实际上是从哲学中演化出来的。

贡献 7——人体科学。提出用“人体功能态”理论来描述人体这一开放复杂巨系统。认为气功、特异功能是一种功能态，这样就把气功、特异功能、中医系统理论的研究置于先进的科学框架之内，使人体科学研究有了客观指标和科学理论。

贡献 8——科学技术体系与马克思主义哲学。他认为马克思主义哲学是人类对客观世界认识的最高概括，也是现代科学技术的最高概括，他将当代科学技术发展状况归纳为十个紧密相连的科学技术部门。这十大科学技术部门的划分方法，正是他运用马克思主义哲学，特别是系统论对科学分类方法的又一创新。

2. 留美工作贡献

钱学森在美国留学工作期间，与导师冯·卡门共同完成的高速空气动力学问题研究课题和建立的“卡门-钱”近似公式，这使他在 28 岁时成为世界知名的空气动力学家。钱学森独立完成的《关于薄壳体稳定性的研究》，使他在航空技术工程理论界获得很高声誉。他提出的火箭与航空领域中的若干重要概念、超前设想和科学预见，尤其是执笔撰写的有关美国战后飞机和火箭、导弹发展展望的报告，奠定了他在力学和喷气推进领域的领先地位。他开创了工程控制论、物理力学两门新兴学科，为人类科学事业的发展做出了重要贡献。以下按时间顺序回顾钱学森在美的主要工作轨迹。

1936 年，钱老转学加州理工，师从冯·卡门，同年参加马林纳领导的火箭研究小组，并参与美国早期几种试验性探空火箭和后来的“下士”导弹研制工作。

1937 年秋，由马林纳介绍，参加加州理工马列主义学习小组，得识小组书记、化学物理助理研究员 S. 威因鲍姆。

1938 年，与冯·卡门合作进行可压缩流动边界层研究，创立了“卡门-钱学森方法”，揭示了可压缩流动边界层温度变化情况。

1939 年 6 月，完成加州理工博士学位论文《高速气动力学问题的研究》，取得航空和数学博士学位后，任加州理工航空系的助理研究员。

1942 年，由于战时军事科学需要，美国暂时放松对外国人限制，钱老得以参加机密工作。同年，美国军方委托加州理工开办喷气技术训练班，钱老是教员之一。

1944 年，美陆军获知德国研制 V-2 火箭，遂委托冯·卡门教授领导、马林纳为副，大力研究远程火箭。美国原始型“下士”式导弹的设计，钱学森负责理论组，把林家翘、钱伟长也请来，进行弹道分析、燃烧室热传导、燃烧理论研究等工作。

1945 年，冯·卡门被空军聘为科学咨询团团长，钱老为团员。同年 5 月，二战结束前夕，随科学咨询团去欧洲考察英、德、法等国航空研究，特别是德国火箭技术发展，这时加州理工提升他为副教授。这一时期，他取得在近代力学和喷气推进科学研究方面的宝贵经验，成为当时有名望的优秀科学家。

1946 年，冯·卡门因与加州理工有分歧辞职，钱学森也离开该校，再到麻省理工任副教授。同年与郭永怀合作，最早在跨声速流动问题中引入上下临界马赫数的概念。

1948 年 12 月 14 日，《洛杉矶时报》报道：“杜布里奇博士宣布钱学森博士将会领导帕萨迪纳研究中心。钱学森博士，38 岁，中国人，曾是加州理工学院学术委员会成员。”同日，《纽约时报》也说：“现任麻省理工学院空气动力教授的钱学森博士，已被选为加州理工学院的戈达德教授。

3. 艰难返国

以下简述钱学森的艰难返回祖国的经历。

1948 年，祖国解放在望，钱学森准备回国，为此他退出了美国空军科学咨询团。

1949 年秋，他从麻省理工回到加州理工就任喷气推进技术教授。

1950 年，美国取消钱学森机密研究资格，指控他是美国共产党员。他决定以探亲方式回国，但是出发时被拘留。当时的美国海军部副部长曾说：“一个钱学森抵得上五个海军陆战师，我宁可把这个家伙枪毙了，也不能放他回中国去。”被拘禁 15 天后虽经同事保释出来，但继续受移民局限制和联邦调查局监视，被滞留 5 年之久，并要求不能从事之前的研究。

1953 年，钱学森在受迫害中除了教书外，并未放弃学术研究。当年提出了物理力学概念，主张从物质微观规律确定其宏观力学特征，并开拓高温高压新领域。

1954 年，具有开创性的研究成果《工程控制论》一书在美国出版。

1955 年，钱学森通过报纸读到中美两国谈判双方侨民归国，美报纸称“中国学生愿回国皆已放回”。钱学森决定请求中国政府的帮助，他给时任全国人大常委会副委员长陈叔通写信。蒋英左手仿照儿童笔迹书写信件，以使特工认不出笔迹，信件地址是蒋英在比利时的妹妹地址。为躲避监视，他俩来到一商场，钱学森在门口等，蒋英进入商场，无人时她将信件投进邮筒，信件躲过了监视到达了比利时。蒋英妹妹蒋华收到信后转寄给在上海的钱父钱均夫，钱父又将信件寄给北京的老朋友陈叔通。陈叔通将信转交给周总理，总理把信转交给了正在日内瓦中美大使级谈判的中方代表王炳南。

1955 年 8 月 5 日，钱学森收到美国司法部移民规划局信件，被告知可以离开美国。

1955 年 9 月 17 日，洛杉矶晨报称“火箭专家钱学森返回红色中国”。在码头面对记者和送行的朋友们，钱学森说到：“我将尽我所能帮助中国人民建设一个幸福而有尊严的国度。”

4.《工程控制论》

工程控制论是控制论的一个分支学科，是关于受控工程系统的分析、设计和运行的理论。法国物理学家、数学家 A. M. 安培于 1834 年用控制论这一名词称呼管理国家的科学。二战前后，自动控制技术在军事装备和工业设备中开始应用，实现了对某些机械系统和电气系统的自动化操纵。《工程控制论》是钱学森于 1954 年所著的英文著作，由美国麦克罗-希尔图书出版公司出版，后来被翻译成简体中文版，由科学出版社出版。钱学森在《工程控制论》中首创地把控制论推广到工程技术领域，是控制论的一部经典著作，有德文、俄文译本。该书曾荣获中国科学院 1956 年一等科学奖。下面简述《工程控制论》的面世过程。

1950~1955 年受监视期间，为使美国放心，钱学森决定远离军事和国防问题研究。因没有以前的实验条件，故他选择需要数学的理论研究，将目光转移到了一门新兴学科——控制论。

1948 年，美国科学家维纳《控制论》出版，副标题为《关于在动物和机器中控制和通讯的科学》，研究机器中和动物中的控制和通讯理论，即一个系统各不同部分之间相互作用的定性性质以及整个系统的运动状态。该书晦涩的哲学思想难于被理解，更难发展与科学技术的联系。苏联称该书为“反动的伪科学”，同时该书引起宗教人士的抗议，认为冒犯了造物主和人的尊严。《控制论》引起钱学森的浓厚兴趣，他敏锐地认识到该书的价值，很快意识到其与火箭制导工程问题的相通性，他马上运用控制论原理解决了一批喷气技术中问题。钱学森发现，不仅在火箭技术领域，在整个工程技术范围内，到处都存在着被控制的系统。摆在钱学森面前的任务是用一种统观全局的方法，来充分了解和发挥导航技术和控制技术等新技术的潜在力量，从而能够更有效地用新方法解决旧问题，并能够解释前所未见的新前景。

1953年，钱学森在加州理工开设了新课——工程控制论。力学、电子、通信等各学科融会贯通，“正/负反馈”、“用不完全可靠元件组成高可靠性系统”等新概念让学生耳目一新。1954年，《工程控制论》一书由美国麦格劳-希尔图书出版公司出版，全文30多万字。钱学森在《工程控制论》中，系统地揭示了维纳《控制论》对自动化、航空、航天、电子通讯等科学技术的意义和影响，而且并没有触及人类这种动物的尊严问题，写的全是科学技术的事，所以被科学家们很快接受，同时该书也促进了大家对维纳《控制论》的理解。《工程控制论》带来了控制论研究的热潮，改变了很多人对维纳《控制论》的批判态度。苏联不再将其称作“反动伪科学”，反而积极地参与研究《工程控制论》与《控制论》，并将其定义为“研究信息和控制一般规律的新兴学科”。《工程控制论》的出版还让监控钱学森的特务们窃喜，以为钱老已经遗忘了导弹研究，开始转变研究领域。

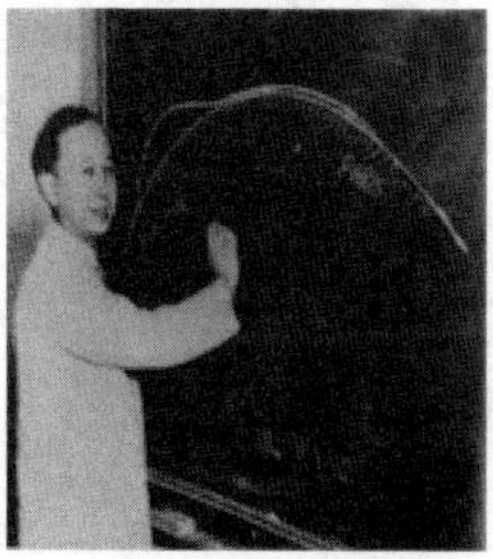

《工程控制论》问世后，迅速引起美国科学家乃至世界科学家界的关注，相继被译为俄文、德文、中文等多种文字。回忆《工程控制论》的创作过程，钱学森说：“研究工程控制论只是为了转移美国特务们的注意力，争取获准回归祖国，当时并没有想到建立一门新学科。”1955年回国前，钱学森把《工程控制论》送给他的导师，冯·卡门教授说：“我为你感到骄傲，你创立的工程控制论学

说对现代科学事业的发展是巨大的贡献，你在学术上已经超过了我。”

钱学森为能回国无心地将研究方向改变，却成就了一门伟大的学科，就像他所说：“建立这门技术科学，能够赋予人们更宽阔、更缜密的眼光去观察问题，为解决新问题开辟意想不到的新前景。”在此，向伟大的科学家钱学森致敬！

我国还有一些著名的力学家，如周培源（1902—1993）、钱伟长（1912—2010）、郭永怀（1909—1968）等，他们都取得了举世瞩目的成就，促进了人类文明的发展。例如，郭永怀参与两弹一星研制，在声障克服、奇异摄动方法上获得了国际声誉。钱伟长1941年与导师辛格共同完成了论文“弹性板壳的内禀理论”，其中的非线性微分方程组被称为“钱伟长方程”；他在正则摄动理论方面创建的摄动解法在国际力学界被称为“钱伟长方法”，他所提出的有关圆薄板大挠度问题的参数摄动解法被称为“钱氏摄动法”。周培源将毕生精力献给力学与理论物理中两个十分困难的领域：湍流理论和广义相对论，并取得了世人瞩目的成就，国内外物理界与力学界许多著名的学者如彭桓武、胡宁、王竹溪、钱三强、林家翘、于光远等都曾受业门下，是当之无愧的一代宗师。对科学家们进行总结可以发现，他们都具有一些共同的性格特征：他们都热爱祖国，他们都具有开拓进取精神，他们对事业都很勤奋，他们都有广泛的兴趣。

7.7 本章小结

本章介绍了结构振动的最优控制方法，总结本章的关键知识点如下：

1）系统的稳定性可根据系统特征根的情况来进行判定，当特征根都具有非正的实部时，可判定系统稳定；当所有特征都具有负实部时，则系统渐近稳定。

2）系统可控的充要条件是系统的可控判别矩阵 $\boldsymbol{P}=[\boldsymbol{b},\boldsymbol{Ab},\boldsymbol{A}^2\boldsymbol{b},\cdots,\boldsymbol{A}^{2n-1}\boldsymbol{b}]$ 的秩为2n，即 $\text{rank}(P)=2n$。

3）系统可观的充要条件是系统的可观判别矩阵 $\boldsymbol{Q}=\begin{bmatrix}\boldsymbol{E}\\ \boldsymbol{EA}\\ \vdots\\ \boldsymbol{EA}^{2n-1}\end{bmatrix}$ 的

秩为 $2n$，即 $\mathrm{rank}(\boldsymbol{Q})=2n$。

4）设定系统的性能指标函数为 $J=\dfrac{1}{2}\int_{t_0}^{t_1}(\boldsymbol{y}^{\mathrm{T}}\boldsymbol{Q}\boldsymbol{y}+\boldsymbol{u}^{\mathrm{T}}\boldsymbol{R}\boldsymbol{u})\mathrm{d}t$，则系统的最优控制律为 $\boldsymbol{u}^{*}(t)=-\boldsymbol{R}^{-1}\boldsymbol{B}^{\mathrm{T}}\boldsymbol{Y}(t)\boldsymbol{y}(t)=-\bar{\boldsymbol{K}}\boldsymbol{y}(t)$，其中 $\boldsymbol{Y}(t)$ 为里卡蒂（Riccati）方程 $\dot{\boldsymbol{Y}}+\boldsymbol{Y}\boldsymbol{A}+\boldsymbol{A}^{\mathrm{T}}\boldsymbol{Y}-\boldsymbol{Y}\boldsymbol{B}\boldsymbol{R}^{-1}\boldsymbol{B}^{\mathrm{T}}\boldsymbol{Y}+\boldsymbol{Q}=\boldsymbol{0}$ 的解。

习　题

7.1　考虑如习题 7.1 图所示的转动系统。已知三个圆盘的转动惯量分别为 I_1, I_2, I_3，圆轴上四个区段的扭转刚度分别为 $k_{\theta1}, k_{\theta2}, k_{\theta3}, k_{\theta4}$，设定 $I_1=I_2=I_3=1\mathrm{kg}\cdot\mathrm{m}^2$，$k_{\theta1}=k_{\theta2}=k_{\theta3}=k_{\theta4}=1\mathrm{N}\cdot\mathrm{m/rad}$。试建立系统的状态方程，并分别判定控制力/观测点选定在三个圆盘上时系统的可控性和可观性。

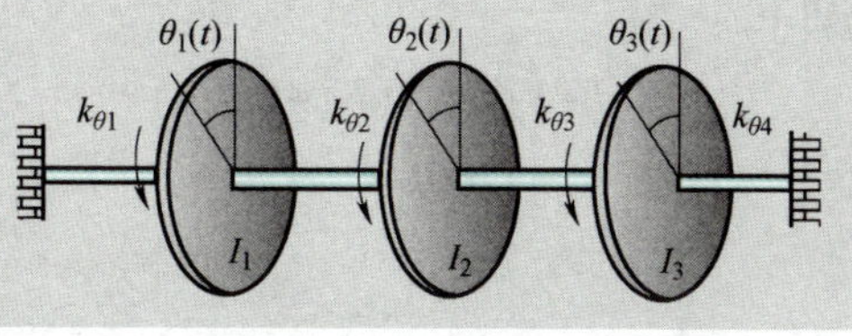

◀ 习题 7.1 图

7.2　习题 7.2 图所示柔性悬臂梁，梁长 $l=1.8\mathrm{m}$，截面积 $A=2.5\times10^{-4}\mathrm{m}^2$，材料密度 $\rho=2.766\times10^{3}\mathrm{kg/m^3}$，弹性模量 $E=6.90\times10^{10}\mathrm{N/m^2}$，截面惯性矩 $I=1.3021\times10^{-10}\mathrm{m}^4$。$F(t)$ 为作用于梁上的集中控制力，$\tilde{x}$ 为作动器在梁上的位置，$\hat{x}$ 为传感器在梁上的位置。

1）试结合振型函数节点位置讨论系统的可控性和可观性；

2）假定梁自由端在外部集中力作用下产生了 2cm 的初始位移，初始速度为零，在梁的自由端施加主动控制力，试采用最优控制方法对梁的振动进行抑制。

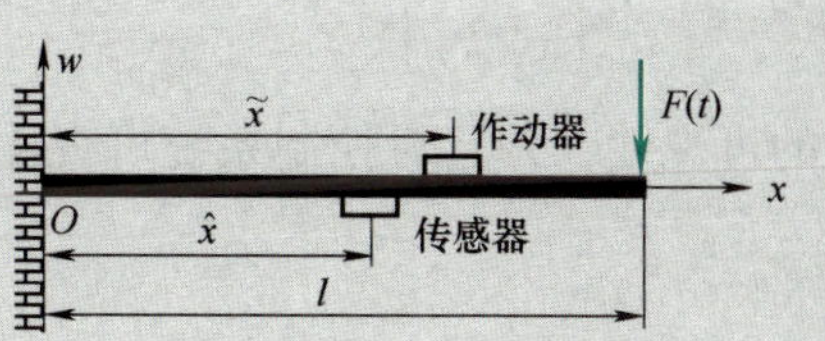

◀ 习题 7.2 图

7.3 考虑习题 7.3 图所示的二自由度弹簧-质量系统。设定 $m_1=m_2=1\text{kg}$，$k_1=k_2=k_3=1\text{N/m}$，系统的初始条件为 0。假定在 m_1 上作用有简谐激励力 $p_0\sin\omega t=1\cdot\sin 2\pi t$，控制力 $u(t)$ 作用在 m_2 上，试设计最优控制器实现对系统受迫振动的主动控制。

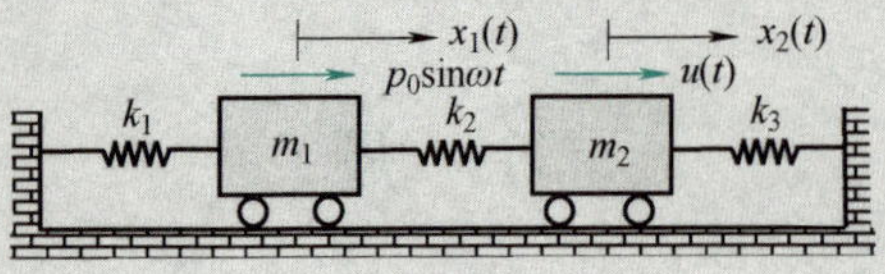

▶ 习题 7.3 图

7.4 试对离散系统的可观性判别条件进行推导。离散系统的状态方程表示如下：

$$\begin{cases}\boldsymbol{X}(k+1)=\boldsymbol{AX}(k)+\boldsymbol{Bu}(k)\\ \boldsymbol{Z}(k)=\boldsymbol{CX}(k)\end{cases}$$

7.5 对于如下离散系统：

$$\begin{bmatrix}x_1(k+1)\\x_2(k+1)\\x_3(k+1)\end{bmatrix}=\begin{bmatrix}1&0&-1\\0&-2&1\\3&0&2\end{bmatrix}\begin{bmatrix}x_1(k)\\x_2(k)\\x_3(k)\end{bmatrix}+\begin{bmatrix}2\\-1\\1\end{bmatrix}u(k)$$

观测方程分别取如下两种形式：

$$\boldsymbol{Z}(k)=\begin{bmatrix}0&0&1\\1&0&0\end{bmatrix}\begin{bmatrix}x_1(k)\\x_2(k)\\x_3(k)\end{bmatrix},\quad z(k)=[0,1,0]\begin{bmatrix}x_1(k)\\x_2(k)\\x_3(k)\end{bmatrix}$$

试分别判断系统的可观性，并且对控制系统可观性与可观测量做深入思考。

7.6 选择题

1）在采用最优控制方法对一个结构进行主动控制时，控制律为 $\boldsymbol{u}(t)=-\boldsymbol{R}^{-1}\boldsymbol{B}^{\mathrm{T}}\boldsymbol{P}\boldsymbol{y}(t)$，其中 $\boldsymbol{y}(t)$ 为系统状态，$\boldsymbol{P}$ 为里卡蒂方程的解。如下关于里卡蒂方程的解正确的说法是（　　）。

A. $\boldsymbol{P}$ 是一个正定对角矩阵

B. $\boldsymbol{P}$ 是一个负定对称矩阵

C. $\boldsymbol{P}$ 是一个正定对称矩阵

D. $\boldsymbol{P}$ 是一个负定对角矩阵

2）如下关于最优控制正确的说法是（　　）。

A. 最优控制是正反馈控制技术

B. 最优控制可以是正反馈控制，也可以是负反馈控制

C. 最优控制是负反馈控制技术

3）在结构振动最优控制设计中，二次型性能指标为 $J=\frac{1}{2}\int_0^{\infty}(\boldsymbol{y}^{\mathrm{T}}\boldsymbol{Q}\boldsymbol{y}+\boldsymbol{u}^{\mathrm{T}}\boldsymbol{R}\boldsymbol{u})\mathrm{d}t$，其中 $\boldsymbol{Q}$ 和 $\boldsymbol{R}$ 为增益矩阵，以下说法正确的是（　　）。

A. $\boldsymbol{Q}>0$ 和 $\boldsymbol{R}>0$ 都必须是正定矩阵

B. $\boldsymbol{Q}\geqslant 0$ 要求至少是半正定矩阵，$\boldsymbol{R}>0$ 要求是正定矩阵

C. $\boldsymbol{Q}\geqslant 0$ 和 $\boldsymbol{R}\geqslant 0$ 都要求是半正定矩阵

D. $\boldsymbol{Q}>0$ 要求是正定矩阵，$\boldsymbol{R}\geqslant 0$ 要求是半正定矩阵

E. 对 $\boldsymbol{Q}$ 和 $\boldsymbol{R}$ 矩阵的性质没有要求

4）对于结构振动控制系统的可控性，以下说法错误的是（　　）。

A. 控制系统的可控性与控制力的作用位置无关

B. 当控制力作用在模态振型的节点位置上时，控制系统是不可控的

C. 当控制力作用在模态振型的峰谷位置上时，控制系统是可控的

D. 可控性是指系统在控制力作用下其内部状态的转移能力

5）关于结构振动控制系统的可观性，以下说法错误的是（　）。

A. 控制系统的可观性与传感器的安装位置有关

B. 传感器应当避免安装在结果模态振型的节点位置上

C. 传感器的数量能够保证控制系统的可观性

D. 当控制系统的状态不是全部都能测量时，控制系统是不可观的

参考答案

第1章

1.1 略

1.2 振动系统的三要素是质量，刚度和阻尼。质量是感受惯性（包括转动惯量）的元件，刚度是感受弹性的元件，阻尼是耗能元件

1.3 第一类问题：已知激励和系统，求响应。这类问题也称为动力响应分析，是动力学的正问题。它的主要任务在于验算结构、产品等在工作时的动力响应，如变形、位移、应力等，是否满足预定的安全要求或者其他要求。

第二类问题：已知激励和响应，求系统。这类问题称为系统识别或者系统辨识，是动力学的第一类逆问题。求系统，主要是指获得系统的物理参数，如质量、刚度和阻尼系数，或者固有频率、主振型等模态参数。

第三类问题：已知系统和响应，求激励。这类问题称为环境预测或者载荷识别，是动力学的第二类逆问题。

1.4 略

1.5 不满足

1.6 不需要

1.7 略

1.8 略

第2章

2.1 1) $m\ddot{x}+k_{eq}x=0$，$k_{eq}=\dfrac{b^2k_1k_2}{L^2k_1+b^2k_2}$；

2) $x=A\cos(\omega_0 t)$，$\omega_0=b\sqrt{\dfrac{k_1k_2}{m(L^2k_1+b^2k_2)}}$

2.2 $L=s+\dfrac{mg}{2k}+\sqrt{\left(\dfrac{mg}{2k}\right)^2+\dfrac{gsm}{k}}$

2.3 $h_{\max}=\dfrac{W_2}{k}\left(1+\sqrt{1+\dfrac{2kh}{W_1+W_2}}\right)$，$x(t)=\dfrac{W_2}{k}\left(\sqrt{\dfrac{2kh}{W_1+W_2}}\sin\omega_0 t-\cos\omega_0 t\right)$

2.4 $\omega_0=\sqrt{\dfrac{24EI}{mh^3}}$

2.5 $\omega_0^2=\dfrac{k_1k_2k_4+k_1k_3k_4+k_2k_3k_4}{m(k_1k_2+k_1k_3+k_2k_3+k_1k_4+k_2k_4)}$

2.6 1) $\omega_{01}^2=\dfrac{k_1+k_2}{m}$;

2) $\omega_{02}^2=\dfrac{(l_1+l_2)^2k_1k_2}{m(k_1l_1^2+k_2l_2^2)}$;

$\omega_{01}>\omega_{02}$，因施加约束增加了系统的刚度

2.7 $\omega_0^2=\dfrac{k_1k_2a^2}{m(k_1a^2+k_2l^2)}$

2.8 1) $\omega_0^2=\dfrac{k_2+k_1\dfrac{R_1^2}{R_2^2}}{m_1+\dfrac{I}{R_2^2}+\dfrac{3}{2}m_2}$;

2) $\omega_0^2=\dfrac{k_1a^2+k_2l^2+k_3b^2}{I_0+m_1a^2+m_2l^2}$

2.9 $\omega_0=\sqrt{\dfrac{k}{m+I/r^2}}$

2.10 1) $\ddot{x}+\dfrac{k}{m_1+2m_2}x=0$; 2) $T=\dfrac{2\pi}{\omega_0}=2\pi\sqrt{\dfrac{m_1+2m_2}{k}}$

2.11 $\omega_0=\sqrt{\dfrac{k}{4\left(m_1+\dfrac{1}{3}m_2+\dfrac{1}{2}m_3\right)}}$

2.12 $\omega_0=\sqrt{\dfrac{2k}{3m_1+8m_2}}$

2.13 1) $\ddot{x}+\dfrac{k-\dfrac{1}{2}m_2g}{\dfrac{3}{2}m_1+\dfrac{1}{3}m_2}x=0$; 2) $\omega_0=\sqrt{\dfrac{k-\dfrac{1}{2}m_2g}{\dfrac{3}{2}m_1+\dfrac{1}{3}m_2}}$

2.14 $\omega_0=\dfrac{1}{2}\sqrt{\dfrac{k_1k_2}{m(k_1+k_2)}}$

2.15 $\ddot{y}+\dfrac{8k-9\dfrac{m_2g}{L}}{18m_1+6m_2+9m_3}y=0$，$\omega_0^2=\dfrac{8k-9\dfrac{m_2g}{L}}{18m_1+6m_2+9m_3}$

2.16 1）$\omega_0^2=\dfrac{k_1+4k_2}{\dfrac{28}{3}\rho L+9m}$，$T=\dfrac{2\pi}{\omega_0}=2\pi\sqrt{\dfrac{\dfrac{28}{3}\rho L+9m}{k_1+4k_2}}$；

2）$\omega_0^2=\dfrac{k_1+4k_2}{\dfrac{28}{3}\rho L+9m+m'L^2}$，$T'>T$

2.17 1）$\ddot{y}+\dfrac{9k-8\dfrac{m_2g}{L}}{\dfrac{1}{2}m_1+\dfrac{16}{3}m_2+m_3+16m_4}y=0$，$\omega_0^2=\dfrac{9k-8\dfrac{m_2g}{L}}{\dfrac{1}{2}m_1+\dfrac{16}{3}m_2+m_3+16m_4}$；

2）$y(t)=y_0\cos\omega_0t+\dfrac{\dot{y}_0}{\omega_0}\sin\omega_0t$

2.18 $\omega_0=\sqrt{\dfrac{k}{m_1+m_2+\dfrac{I_1}{r_1^2}+\dfrac{I_2}{r_2^2}+m_3}}$

2.19 $\omega_n=\sqrt{\dfrac{k_1a^2+k_2b^2+mgc}{mc^2}}$

2.20 $\omega_n=\sqrt{\dfrac{r^2(k_1+k_3)+R^2(k_2+k_4)}{I+m_1r^2+m_2R^2}}$

2.21 $\omega_0=\sqrt{\dfrac{2g}{3(R-r)}}$

2.22 $\omega_0=\sqrt{\dfrac{2(k_1R_1^2+k_2R_2^2)}{3mR_2^2+2I}}$

2.23 $\omega_0=\sqrt{\dfrac{4R_1^2(k_2+k_4)+4R_2^2(k_1+k_3)}{4m_1R_2^2+4m_2R_1^2+4I+3m_3R_1^2}}$

2.24 $\dfrac{5}{2}mR^2\ddot{\theta}+\left(\dfrac{1}{4}kR^2+\dfrac{5}{2}mgR\right)\theta=0$，$\omega_0=\sqrt{\dfrac{kR+10g}{10mR}}$

2.25 $\dfrac{1}{3}ml^2\ddot{\theta}+kl^2\theta=0$，$\omega_0=\sqrt{\dfrac{3k}{m}}$

2.26 1） $\omega_0=\sqrt{\dfrac{6k}{7m}}$； 2） $\omega_0=\sqrt{\dfrac{6}{7}\left(\dfrac{k}{m}-\dfrac{l}{g}\right)}$

2.27 $\omega_0=\sqrt{\dfrac{4k}{3m}\left(1+\dfrac{a}{R}\right)}$

2.28 $T_0=2\pi\sqrt{\dfrac{l^3}{3EI}\left(m+\dfrac{3\pi-8}{2\pi}\rho l\right)}$

2.29 $T_0=2\pi\sqrt{\dfrac{l^3}{3EI}\left(m+\dfrac{33}{140}\rho l\right)}$

2.30 $M_e=P=m_1+\dfrac{l_2^2}{l_1^2}m_2$， $K_e=P=k_1+\dfrac{l_3^2}{l_1^2}k_2$

2.31 $k_{eq}=\dfrac{k_5(2k_1k_2k_3+2k_1k_3k_4+k_2k_3k_4+k_1k_2k_4)}{k_5(k_2k_3+2k_1k_3+k_1k_2)+2k_1k_2k_3+k_4(k_2k_3+2k_1k_3+k_1k_2)}$

2.32 $K_{eq}=ka^2$， $M_{eq}=ml^2$， $\omega_0=\sqrt{\dfrac{ka^2}{ml^2}}$， $ml^2\ddot{\alpha}+ka^2\alpha=0$

2.33 $m_e=m\left(1-\dfrac{1}{n}+\dfrac{1}{3n^2}\right)$， $n=\dfrac{2}{3}$

2.34 $f_0=\dfrac{70}{2\pi}\text{Hz}$，$f_0=\dfrac{30.3}{2\pi}\text{Hz}$

2.35 1） $m\ddot{\theta}+\dfrac{1}{16}c\dot{\theta}+\dfrac{1}{4}k\theta=0$； 2） $\zeta=\dfrac{c}{16m}\cdot\dfrac{1}{2\omega_n}=0.25$

2.36 $4m\ddot{x}+c\dot{x}+kx=0$， $\omega_0=\sqrt{\dfrac{k}{4m}}$， $\zeta=\dfrac{c}{4\sqrt{mk}}$

2.37 $t=\dfrac{1}{\omega_d}\arctan\dfrac{\sqrt{1-\zeta^2}}{\zeta}=0.3016\text{s}$， $x(t)_{\max}=5.2803\times10^{-3}\text{m}$

2.38 $c_{cr}=\dfrac{2a}{l}\sqrt{\dfrac{mk}{3}}$， $\omega_n=\dfrac{a}{l}\sqrt{\dfrac{3k}{m}}$

2.39 $c_{cr}=\dfrac{2bl}{a^2}\sqrt{mk}$， $\omega_d=\dfrac{1}{2ml^2}\sqrt{4kmb^2l^2-c^2a^4}$

2.40 $c=6.9\text{N}\cdot\text{s/m}$

第 3 章

3.1 1） $\dfrac{11}{8}ml\ddot{\alpha}(t)+\dfrac{9}{4}cl\dot{\alpha}(t)+kl\alpha(t)=\dfrac{3}{2}F_P(t)$；

2) $\frac{11}{8}m\ddot{y}(t)+\frac{9}{4}c\dot{y}(t)+ky(t)=\frac{3}{2}F_P(t)$;

3) $c_{\mathrm{cr}}=\frac{4}{9}\sqrt{\frac{11km}{2}}$

3.2 $x=\frac{P_0}{k_1}\cdot\frac{1}{1-\left(\frac{\omega}{\omega_0}\right)^2}\sin\omega t$，其中 $k_e=\frac{k_1k_2}{k_1+k_2}$，$\omega_0=\sqrt{\frac{k_e}{m}}$

3.3 $m\ddot{x}+c\dot{x}+kx=kA\sin\omega t$，稳态响应为：

$$x=A\cdot\frac{1}{\sqrt{(1-s^2)^2+(2\zeta s)^2}}\sin(\omega t-\theta)$$

式中，$s=\frac{\omega}{\omega_0}$；$\omega_0=\sqrt{\frac{k}{m}}$；$\zeta=\frac{c}{2\sqrt{km}}$；$\theta=\arctan\frac{2\zeta s}{1-s^2}$

3.4 $x_2(t)=\frac{F_0k_2}{m(k_1+k_2)(\omega_0^2-\omega^2)}\left(\sin\omega t-\frac{\omega}{\omega_0}\sin\omega_0 t\right)$，$\omega_0^2=\frac{k_1k_2}{m\ (k_1+k_2)}$

3.5 1) $\ddot{\theta}+\frac{4c}{m}\dot{\theta}+\frac{9k}{m}\theta=\frac{3}{ml}F_0\sin\omega t$，$A=\frac{F_0}{4c}\sqrt{\frac{m}{k}}$；2) $c=\frac{3\sqrt{km}}{2}$

3.6 $x(t)=\frac{1}{1-s^2}\sqrt{\left(\frac{P_0}{k}\right)^2+a^2}\sin\left(\omega t+\arctan\frac{ak}{P_0}\right)$，其中 $s=\frac{\omega}{\omega_0}$，$\omega_0=\sqrt{\frac{k}{m}}$

3.7 $4m\ddot{x}+c\dot{x}+kx=2ka\sin\theta t$，$\omega=\sqrt{\frac{k}{4m}}$，$\zeta=\frac{c}{4\sqrt{mk}}$，$A=\frac{2a}{\sqrt{(1-s^2)^2+(2\zeta s)^2}}$，其中 $s=2\theta\sqrt{\frac{m}{k}}$

3.8 1) $x(t)=\frac{v_0}{\omega(1-s^2)}(\sin\omega t-s^8\sin\omega_0 t)$，其中 $s=\frac{\omega}{\omega_0}$，$\omega_0=\sqrt{\frac{k}{m}}$；

2) $x(t)=\frac{v_0}{\omega_0}\sin\omega_0 t-\frac{v_0}{2}t\cos\omega_0 t$，$\omega_0=\sqrt{\frac{k}{m}}$

3.9 $\bar{\omega}=0.5$，$\zeta=0.1$，$x(t)=A\cos(\omega t-\theta)$，$A=0.0661\mathrm{m}$，$\theta=7.5°$

3.10 1) 0.0125m；2) 0.015m；3) −0.0185m

3.11 $m=0.0125\mathrm{kg}$ 或 $m=9.1189\mathrm{kg}$

3.12 $\zeta=0.1847$

3.13 1) $\beta=0.383$，$x(t)=-0.313\sin 19t\,\mathrm{cm}$；

2) $\beta=0.259$，$x(t)=0.211\sin(19t-149°)\,\mathrm{cm}$

3.14 $\omega_0=\sqrt{2\omega_d^2-\omega_m^2}$，$\zeta=\sqrt{\frac{\omega_d^2-\omega_m^2}{2\omega_d^2-\omega_m^2}}$，$\delta=2\pi\sqrt{1-\left(\frac{\omega_m}{\omega_d}\right)^2}$

3.15 $x(t)=0.942\cos\left(3t-\frac{5}{18}\pi\right)$

3.16 $m=20.68\text{kg}$，$k=744.5\text{N/m}$

3.17 1）$\omega_0=\sqrt{\frac{3g}{2L}}$；2）$c_{cr}=3m\sqrt{\frac{6g}{L}}$；

3）$\theta(t)=\frac{2M_0}{mgL}\frac{1}{\sqrt{(1-s^2)^2+(2\zeta s)^2}}\sin(\omega t-\varphi)$，$\zeta=\frac{c}{18m}\sqrt{\frac{6L}{g}}$，$\varphi=\arctan\frac{2\zeta s}{1-s^2}$，$s=\frac{\omega}{\omega_0}$。

3.18 $m\ddot{x}+\frac{a^2c}{l^2}\dot{x}+\frac{b^2k}{l^2}x=P_0\sin\omega t$，$c_{cr}=\frac{2bl}{a^2}\sqrt{km}$，$\omega_d=\frac{b}{l}\sqrt{\frac{k}{m}\left(1-\frac{a^4c^2}{4b^2l^2km}\right)}$，

$Q=\frac{1}{2\zeta}=\frac{bl\sqrt{km}}{a^2c}$，$x=\frac{P_0l^2}{a^2c}\frac{1}{\sqrt{(1-s)^2+(2\zeta s)^2}}\sin(\omega t-\alpha)$，$s=\frac{\omega}{\omega_0}$，$\alpha=\arctan\frac{2\zeta s}{1-s^2}$。

3.19 $x=A_1\sin(\omega t+\theta)$，$A_1=F_0\sqrt{\frac{(k_1+k_2)^2+c^2\omega^2}{[k_1k_2-(k_1+k_2)m\omega^2]^2+c^2\omega^2(k_2-m\omega^2)^2}}$，

$\theta=\arctan\frac{-c\omega k_2^2}{(k_1+k_2)[k_1k_2-(k_1+k_2)m\omega^2]+c^2\omega^2(k_2-m\omega^2)}$

3.20 1）$y(t)=a+\frac{a}{\omega_0^2-\omega^2}(\omega^2\cos\omega_0t-\omega_0^2\cos\omega t)$，$\omega_0=\sqrt{\frac{k}{m}}$；

2）$y(t)=\frac{\omega^2a}{\omega_0^2-\omega^2}\left[\cos\omega_0t-\cos\omega_0\left(t-\frac{l}{2v}\right)\right]$，$t>\frac{l}{2v}$

3.21 1）$\omega_0=15\text{Hz}$；2）$\zeta=0.0129$；3）$B=1.27\text{mm}$

3.22 $H(\omega)=\frac{1}{k-m\omega^2+\mathrm{i}\omega(c_1+c_2)}$

3.23 $x_s=\frac{k}{1-\frac{k}{m\omega^2-\mathrm{i}c\omega}}$

3.24 $x_s=\mathrm{i}c\omega-\frac{mk\omega^2}{k-m\omega^2}$

3.25 1）$P_T=514.7\text{N}$；2）$B=0.584\text{mm}$

3.26 $B=0.165\text{mm}$，$P_T=514.7\text{N}$

3.27 $x=\frac{4F_0}{\pi k}\sum_{n=1}^{\infty}\frac{1}{n(1-n^2s^2)}\sin n\omega_1t$，$\omega_1=\frac{2\pi}{T}$，其中 $n=1,3,5,\cdots$

3.28 $F(t)=\begin{cases}\dfrac{4F_0}{T}t, & 0\leqslant t\leqslant\dfrac{T}{4}\\ -\dfrac{4F_0}{T}t+2F_0, & \dfrac{T}{4}\leqslant t\leqslant\dfrac{3T}{4}\\ \dfrac{4F_0}{T}t-4F_0, & \dfrac{3T}{4}\leqslant t\leqslant T\end{cases}$；$x(t)=\dfrac{F(t)}{k[1-(n\omega/\omega_0)^2]}$

3.29 $x(t)=-\dfrac{a}{4}+\sum_{n=1}^{\infty}X_n\sin(n\omega t-\phi_n)$；

$$\begin{cases}X_n=\dfrac{a}{2n\pi\sqrt{[1-(n\omega/\omega_0)^2]^2+(2n\zeta\omega/\omega_0)^2}}\\ \phi_n=\arctan\dfrac{2n\zeta\omega/\omega_0}{1-(n\omega/\omega_0)^2}\end{cases}$$

3.30 $F(t)=\dfrac{1}{2}+\dfrac{4}{\pi^2}\left(\cos\omega t+\dfrac{1}{3^2}\cos3\omega t+\dfrac{1}{5^2}\cos5\omega t+\cdots\right)$；

$x(t)=\dfrac{1}{2k}+\dfrac{4}{\pi^2k}\sum_{n=1}^{\infty}\dfrac{1}{n^2(1-n^2s^2)}\cos n\omega t$，$n=1,3,5,\cdots$，$s=\dfrac{\omega}{\omega_n}$

3.31 $F(t)=-\dfrac{F_0}{2}+\dfrac{2F_0}{\pi}\sum_{n=1}^{\infty}\dfrac{1}{n}\cos n\omega t$，$n=1,3,5,\cdots$；

$x(t)=-\dfrac{F_0}{2k}+\dfrac{2F_0}{\pi k}\sum_{n=1}^{\infty}\dfrac{\cos n\omega t}{n(1-n^2s^2)}$，$n=1,3,5,\cdots$，$s=\dfrac{\omega}{\omega_n}$

3.32 $x(t)=\begin{cases}\dfrac{Q_0}{k}(1-\cos\omega t), & 0\leqslant t\leqslant t_0\\ \dfrac{Q_0}{k}[\cos\omega(t-t_0)-\cos\omega t], & t>t_0\end{cases}$

3.33 $x(t)=\begin{cases}\dfrac{P_1}{k}(1-\cos\omega_0 t), & 0\leqslant t\leqslant t_1\\ \dfrac{P_1}{k}[\cos\omega_0(t-t_1)-\cos\omega_0 t]-\dfrac{P_2}{k}[1-\cos\omega_0(t-t_1)], & t_1\leqslant t\leqslant t_2\\ \dfrac{P_1}{k}[\cos\omega_0(t-t_1)-\cos\omega_0 t]-\dfrac{P_2}{k}[\cos\omega_0(t-t_2)-\cos\omega_0(t-t_1)], & t_2\leqslant t\end{cases}$

3.34 $x_\tau(t)=-\dfrac{b}{\omega_0^2}\left[1-\dfrac{e^{-\zeta\omega_0 t}}{\sqrt{1-\zeta^2}}\sin(\omega_d t+\phi)\right]$；

其中，$x_\tau=x-x_s$，$\omega_0=\sqrt{\dfrac{k}{m}}$，$\zeta=\dfrac{c}{2m\omega_n}$，$\omega_d=\omega_0\sqrt{1-\zeta^2}$，$\phi=\arctan\dfrac{\sqrt{1-\zeta^2}}{\zeta}$

3.35 $x(t)=a\left[1+e^{-\zeta\omega_0 t}\left(\frac{\zeta\omega_0}{\omega_d}\sin\omega_d t-\cos\omega_d t\right)\right]$

3.36 $$x(t)=\begin{cases}\frac{F_0}{k}(1-\cos w_0 t), & 0\leqslant t\leqslant t_1\\ \frac{F_0}{k}\left[1-\cos w_0 t-\frac{t-t_1}{t_2-t_1}+\frac{\sin w_0(t-t_1)}{w_0(t_2-t_1)}\right], & t_1\leqslant t<t_2\\ \frac{F_0}{k}\left[-\cos w_0 t+\frac{\sin w_0(t-t_1)-\sin w_0(t-t_2)}{w_0(t_2-t_1)}\right], & t\geqslant t_2\end{cases}$$

3.37 $$x(t)=\begin{cases}\frac{F_1}{k}\left(\frac{t}{t_1}-\frac{\sin\omega_0 t}{\omega_0 t_1}\right), & 0<t<t_1\\ \frac{F_1}{k}\left[\frac{t}{t_1}-\frac{\sin\omega_0 t}{\omega_0 t_1}-\frac{t_2(t-t_1)}{t_1(t_2-t_1)}+\frac{t_2\sin\omega_0(t-t_1)}{\omega_0 t_1(t_2-t_1)}\right], & t_1<t<t_2\\ \frac{F_1}{k}\left[\frac{t_2\sin\omega_0\ (t-t_1)}{\omega_0 t_1\ (t_2-t_1)}-\frac{\sin\omega_0\ (t-t_2)}{\omega_0\ (t_2-t_1)}+\frac{\sin\omega_0 t}{\omega_0 t_1}\right], & t>t_2\end{cases}$$

3.38 $x=\frac{a}{k}\left(t-\frac{1}{\omega_0}\sin\omega_0 t\right)$

3.39 $$x(t)=\begin{cases}\frac{F_0}{k}\left[(1-\cos\omega_0 t)-\frac{2}{t_1}\left(t-\frac{1}{\omega_0}\sin\omega_0 t\right)\right], & 0\leqslant t\leqslant t_1\\ \frac{F_0}{k}\left[-\cos\omega_0 t+\frac{2}{\omega_0 t_1}(\sin\omega_0 t-\sin\omega_0(t-t_1))-1\right], & t_1\leqslant t\leqslant t_2\\ \frac{F_0}{k}\left[-\cos\omega_0 t+\frac{2}{\omega_0 t_1}(\sin\omega_0 t-\sin\omega_0(t-t_1))-\cos\omega_0(t-t_2)\right], & t_2\leqslant t\end{cases}$$

3.40 $x(t)=\frac{P_0}{k}\left(1-\cos\omega_0 t-\frac{t}{t_1}+\frac{1}{\omega_0 t_1}\sin\omega_0 t\right),\ 0\leqslant t\leqslant t_1$

3.41 $$x(t)=\begin{cases}\frac{P_0}{k}\left[\left(1+\frac{2}{\omega_0^2 t_1^2}\right)(1-\cos\omega_0 t)-\frac{t^2}{t_1^2}\right], & 0\leqslant t\leqslant t_1\\ \frac{P_0}{k}\left\{\frac{2}{\omega_0^2 t_1^2}[\cos\omega_0(t-t_1)-\cos\omega_0 t]-\frac{2}{\omega_0 t_1}\sin\omega_0(t-t_1)-\cos\omega_0 t\right\}, & t_1\leqslant t\end{cases}$$

3.42 $t_1=2\sqrt{\frac{m}{k}}\arctan\left(-\sqrt{\frac{2kh}{mg}}\right)$

3.43 1) $x(t)=-\frac{g}{\omega_0^2}(1-\cos\omega_0 t)$, $\omega_0=\sqrt{\frac{k}{m}}$;

2) $P_{\max}=mg\sqrt{(1-\cos\omega_0 t_1)^2+(\omega_0 t_1-\sin\omega_0 t_1)^2}$, $t_1=\sqrt{\dfrac{2h}{g}}$

3.44 $$x_r(t)=\begin{cases}-\dfrac{b}{\omega_0^2}\left(\dfrac{t}{t_1}-\dfrac{\sin\omega_0 t}{\omega_0 t_1}\right), & 0\leqslant t\leqslant t_1\\ -\dfrac{b}{\omega_0^2}\left[1+\dfrac{\sin\omega_0(t-t_1)-\sin\omega_0 t}{\omega_0 t_1}\right], & t_1\leqslant t\end{cases}$$

第 4 章

4.1 $$\begin{bmatrix}m_1&0&0\\0&m_2&0\\0&0&m_3\end{bmatrix}\begin{bmatrix}\ddot{x}_1\\\ddot{x}_2\\\ddot{x}_3\end{bmatrix}+\begin{bmatrix}k_1+k_2&-k_2&0\\-k_2&k_2+k_3+k_5+k_6&-k_3\\0&-k_3&k_3+k_4\end{bmatrix}\begin{bmatrix}x_1\\x_2\\x_3\end{bmatrix}=\begin{bmatrix}P_1(t)\\P_2(t)\\P_3(t)\end{bmatrix}$$

4.2 $$\begin{bmatrix}\dfrac{m_1l^2}{3}&0\\0&\dfrac{7}{48}m_2l^2\end{bmatrix}\begin{bmatrix}\ddot{\theta}_1\\\ddot{\theta}_2\end{bmatrix}+l^2\begin{bmatrix}\dfrac{9}{16}k_1&-\dfrac{9}{16}k_1\\-\dfrac{9}{16}k_1&\dfrac{9}{16}k_1+\dfrac{1}{4}k_2\end{bmatrix}\begin{bmatrix}\theta_1\\\theta_2\end{bmatrix}=\begin{bmatrix}0\\0\end{bmatrix}$$

4.3 $$\begin{bmatrix}5m&0\\0&9.2ml^2\end{bmatrix}\begin{bmatrix}\ddot{y}\\\ddot{\theta}\end{bmatrix}+\begin{bmatrix}2k&1.2kl\\1.2kl&2.72kl^2\end{bmatrix}\begin{bmatrix}y\\\theta\end{bmatrix}=\begin{bmatrix}0\\0\end{bmatrix}$$

4.4 $$\begin{bmatrix}I_1+m_1h_1^2+m_2l^2&m_2lh_2\\m_2lh_2&I_2+m_2h_2^2\end{bmatrix}\begin{bmatrix}\ddot{\theta}_1\\\ddot{\theta}_2\end{bmatrix}+\begin{bmatrix}(m_1h_1+m_2l)g&0\\0&m_2gh_2\end{bmatrix}\begin{bmatrix}\theta_1\\\theta_2\end{bmatrix}=\begin{bmatrix}0\\0\end{bmatrix}$$

4.5 $\boldsymbol{M}\ddot{\boldsymbol{x}}+\boldsymbol{C}\dot{\boldsymbol{x}}+\boldsymbol{K}\boldsymbol{x}=\boldsymbol{0}$;

$$\boldsymbol{M}=\begin{bmatrix}m_1&0&0&0\\0&m_2&0&0\\0&0&m_3&0\\0&0&0&m_4\end{bmatrix};\quad \boldsymbol{C}=\begin{bmatrix}c_2+c_6&-c_2&-c_6&0\\-c_2&c_2&0&0\\-c_6&0&c_4+c_6&0\\0&0&0&0\end{bmatrix};$$

$$\boldsymbol{K}=\begin{bmatrix}k_1+k_2+k_6&-k_2&-k_6&0\\-k_2&k_2+k_3&0&0\\-k_6&-k_3&k_3+k_4+k_5+k_6&-k_5\\0&0&-k_5&k_5\end{bmatrix}$$

4.6 $\boldsymbol{M}\ddot{\boldsymbol{x}}+\boldsymbol{C}\dot{\boldsymbol{x}}+\boldsymbol{K}\boldsymbol{x}=\boldsymbol{F}$;

$$\boldsymbol{M}=\begin{bmatrix} m_1 & 0 & 0 \\ 0 & m_2 & 0 \\ 0 & 0 & m_3 \end{bmatrix},\ \boldsymbol{C}=\begin{bmatrix} c_1+c_2+c_5 & -c_2 & -c_5 \\ -c_2 & c_2+c_3+c_4 & -c_3 \\ -c_5 & -c_3 & c_3+c_5 \end{bmatrix};$$

$$\boldsymbol{K}=\begin{bmatrix} k_1+k_2 & -k_2 & 0 \\ -k_2 & k_2+k_3 & -k_3 \\ 0 & -k_3 & k_3 \end{bmatrix}$$

4.7 $\boldsymbol{K}=\begin{bmatrix} k_1+k_2 & -k_2 & 0 \\ -k_2 & k_3+k_2 & 0 \\ 0 & 0 & m_3gl \end{bmatrix},\ \boldsymbol{M}=\begin{bmatrix} m_1 & 0 & 0 \\ 0 & m_3+m_2 & m_3l \\ 0 & m_3l & m_3l^2 \end{bmatrix},\ \boldsymbol{M}\ddot{\boldsymbol{x}}+\boldsymbol{K}\boldsymbol{x}=\boldsymbol{0}$

4.8 $\boldsymbol{M}\ddot{\boldsymbol{q}}+\boldsymbol{K}\boldsymbol{q}=\boldsymbol{0}$，其中，$\boldsymbol{q}=[x,\theta_1,\theta_2]^{\mathrm{T}}$；

$$\boldsymbol{M}=\begin{bmatrix} m_1+m_2+m_3 & (m_2+m_3)l_1 & m_3l_2 \\ (m_2+m_3)l_1 & (m_2+m_3)l_1{}^2 & m_3l_1l_2 \\ m_3l_2 & m_3l_1l_2 & m_3l_2{}^2 \end{bmatrix},\ \boldsymbol{K}=\begin{bmatrix} k & 0 & 0 \\ 0 & (m_2+m_3)gl_1 & 0 \\ 0 & 0 & m_3gl_2 \end{bmatrix}$$

4.9 $\boldsymbol{M}\ddot{\boldsymbol{q}}+\boldsymbol{K}\boldsymbol{q}=\boldsymbol{0}$，其中，$\boldsymbol{q}=[\theta_1,\theta_2,\theta_3]^{\mathrm{T}}$；

$$\boldsymbol{K}=\begin{bmatrix} k_1+k_2r^2 & -2k_2r^2 & 0 \\ -2k_2r^2 & 4k_2r^2+k_3r^2+m_2gr & -k_3r^2 \\ 0 & -k_3r^2 & k_3r^2 \end{bmatrix};$$

$$\boldsymbol{M}=\begin{bmatrix} \frac{1}{2}m_1r^2 & 0 & 0 \\ 0 & \frac{4}{3}m_2r^2 & 0 \\ 0 & 0 & \frac{3}{2}m_3r^2 \end{bmatrix}$$

4.10 $\boldsymbol{M}\ddot{\boldsymbol{q}}+\boldsymbol{K}\boldsymbol{q}=\boldsymbol{0}$，其中，$\boldsymbol{q}=[x_1,x_2,\theta]^{\mathrm{T}}$，

$$\boldsymbol{M}=\begin{bmatrix} m & 0 & 0 \\ 0 & M & Me \\ 0 & Me & J+Me^2 \end{bmatrix},\ \boldsymbol{K}=\begin{bmatrix} k & -k & -ke \\ -k & k+k_1+k_2 & ke+k_2a_2-k_1a_1 \\ -ke & ke+k_2a_2-k_1a_1 & ke^2+k_1a_1^2+k_2a_2^2 \end{bmatrix}$$

4.11 $\begin{bmatrix} m_1 & 0 \\ 0 & m_2 \end{bmatrix}\begin{bmatrix} \ddot{x}_1 \\ \ddot{x}_2 \end{bmatrix}+\begin{bmatrix} \dfrac{l^3}{24EI} & \dfrac{5l^3}{48EI} \\ \dfrac{5l^3}{48EI} & \dfrac{l^3}{3EI} \end{bmatrix}^{-1}\begin{bmatrix} x_1 \\ x_2 \end{bmatrix}=\begin{bmatrix} F_1 \\ F_2 \end{bmatrix}$

4.12 $\begin{bmatrix} M+m & ml \\ ml & ml^2 \end{bmatrix}\begin{bmatrix} \ddot{x} \\ \ddot{\alpha} \end{bmatrix}+\begin{bmatrix} c_1+c_2 & 0 \\ 0 & 0 \end{bmatrix}\begin{bmatrix} \dot{x} \\ \dot{\alpha} \end{bmatrix}+\begin{bmatrix} k_1+k_2 & 0 \\ 0 & mgl \end{bmatrix}\begin{bmatrix} x \\ \alpha \end{bmatrix}=\begin{bmatrix} 0 \\ 0 \end{bmatrix}$

4.13 $\omega_1=\sqrt{\dfrac{k}{m}}$, $\omega_2=2\sqrt{\dfrac{k}{m}}$, $\omega_3=2\sqrt{\dfrac{k}{m}}$, $\boldsymbol{\Phi}=\begin{bmatrix} 1 & -1 & 1 \\ 1 & 0 & -2 \\ 1 & 1 & 1 \end{bmatrix}$

4.14 $\begin{bmatrix} m & 0 \\ 0 & 2m \end{bmatrix}\begin{bmatrix} \ddot{x}_1 \\ \ddot{x}_2 \end{bmatrix}+\begin{bmatrix} 5k & -4k \\ -4k & 5k \end{bmatrix}\begin{bmatrix} x_1 \\ x_2 \end{bmatrix}=\begin{bmatrix} 0 \\ 0 \end{bmatrix}$;

$\omega_1=0.8110\sqrt{\dfrac{k}{m}}$, $\omega_2=2.6158\sqrt{\dfrac{k}{m}}$, $\boldsymbol{\phi}_1=\begin{bmatrix} 1 \\ 1.0856 \end{bmatrix}$, $\boldsymbol{\phi}_2=\begin{bmatrix} 1 \\ -0.4606 \end{bmatrix}$

4.15 $\boldsymbol{K}=\begin{bmatrix} \dfrac{9l^2}{16}k_1 & -\dfrac{9l^2}{16}k_1 \\ -\dfrac{9l^2}{16}k_1 & \dfrac{9l^2}{16}k_1+\dfrac{l^2}{4}k_2 \end{bmatrix}$, $\boldsymbol{F}=\boldsymbol{K}^{-1}=\begin{bmatrix} \dfrac{4}{k_2l^2}+\dfrac{16}{9k_1l^2} & \dfrac{4}{k_2l^2} \\ \dfrac{4}{k_2l^2} & \dfrac{4}{k_2l^2} \end{bmatrix}$;

$\omega_1=0.6505\sqrt{\dfrac{k}{m}}$, $\omega_2=2.6145\sqrt{\dfrac{k}{m}}$

4.16 $\begin{bmatrix} k-m\omega^2 & 0 & -kR \\ 0 & k-m\omega^2 & kR \\ -kR & kR & 2kR^2-2mR^2\omega^2 \end{bmatrix}\begin{bmatrix} x_1 \\ x_2 \\ x_3 \end{bmatrix}=\begin{bmatrix} 0 \\ 0 \\ 0 \end{bmatrix}$，存在弹性耦合，不存在惯性耦合。

$\omega_1=0$，$\omega_2=\sqrt{\dfrac{k}{m}}$，$\omega_3=\sqrt{\dfrac{2k}{m}}$，$\boldsymbol{\phi}_1=\begin{bmatrix} 1 \\ -1 \\ \dfrac{1}{R} \end{bmatrix}$，$\boldsymbol{\phi}_2=\begin{bmatrix} 1 \\ 1 \\ 0 \end{bmatrix}$，$\boldsymbol{\phi}_3=\begin{bmatrix} 1 \\ -1 \\ -\dfrac{1}{R} \end{bmatrix}$

4.17 $\begin{bmatrix} 1 & 0 & 0 \\ 0 & 1 & 0 \\ 0 & 0 & 1 \end{bmatrix}\begin{bmatrix} \ddot{x} \\ \ddot{y}_1 \\ \ddot{y}_2 \end{bmatrix}+\begin{bmatrix} 4 & 0 & 0 \\ 0 & 5 & -1 \\ 0 & -1 & 5 \end{bmatrix}\begin{bmatrix} x \\ y_1 \\ y_2 \end{bmatrix}=\begin{bmatrix} 0 \\ 0 \\ 0 \end{bmatrix}$，$\omega_1^2=\omega_2^2=4$，$\omega_3^2=6$；

$\boldsymbol{\Phi}=\begin{bmatrix} 1 & -2 & 0 \\ 1 & 1 & -1 \\ 1 & 1 & 1 \end{bmatrix}$

4.18 $\boldsymbol{K}=\begin{bmatrix} k_1b^2+k_2a^2 & -k_2a \\ -k_2a & k_2 \end{bmatrix}$，$\boldsymbol{M}=\begin{bmatrix} \dfrac{1}{3}m_1a^2 & 0 \\ 0 & m_2 \end{bmatrix}$，频率方程为 $|\boldsymbol{K}-\omega^2\boldsymbol{M}|=0$

4.19 1) $\begin{bmatrix} m_1+m_2 & m_2 l \\ m_2 l & m_2 l^2 \end{bmatrix}\begin{bmatrix} \ddot{x} \\ \ddot{\theta} \end{bmatrix}+\begin{bmatrix} k_1+k_2 & 0 \\ 0 & m_2 gl \end{bmatrix}\begin{bmatrix} x \\ \theta \end{bmatrix}=\begin{bmatrix} 0 \\ 0 \end{bmatrix}$; 2) $\omega_{1,2}=\sqrt{(2\pm\sqrt{2})\frac{k}{m}}$

4.20 1) $\begin{bmatrix} m & 0 \\ 0 & 2m \end{bmatrix}\begin{bmatrix} \ddot{x}_1 \\ \ddot{x}_2 \end{bmatrix}+\begin{bmatrix} 2k & -2k \\ -2k & 4k \end{bmatrix}\begin{bmatrix} x_1 \\ x_2 \end{bmatrix}=\begin{bmatrix} 0 \\ 0 \end{bmatrix}$; 2) $\omega_1^2=(2-\sqrt{2})\frac{k}{m}$, $\omega_2^2=(2+\sqrt{2})\frac{k}{m}$

4.21 1) $\begin{bmatrix} m & 0 \\ 0 & m \end{bmatrix}\begin{bmatrix} \ddot{x}_1 \\ \ddot{x}_2 \end{bmatrix}+\begin{bmatrix} \frac{14}{9}kL & -kL \\ -kL & kL \end{bmatrix}\begin{bmatrix} x_1 \\ x_2 \end{bmatrix}=\begin{bmatrix} 0 \\ 0 \end{bmatrix}$; 2) $9m^2\omega^4-23kmL\omega^2+5k^2L^2=0$

4.22 $\omega_1=0,\omega_2=\sqrt{(2-\sqrt{2})\frac{k}{m}}$, $\omega_3=\sqrt{\frac{2k}{m}}$, $\omega_4=\sqrt{(2+\sqrt{2})\frac{k}{m}}$;

$$\boldsymbol{\phi}_1=\begin{bmatrix} 1 \\ 1 \\ 1 \\ 1 \end{bmatrix},\ \boldsymbol{\phi}_2=\begin{bmatrix} -1 \\ 1-\sqrt{2} \\ -(1-\sqrt{2}) \\ 1 \end{bmatrix},\ \boldsymbol{\phi}_3=\begin{bmatrix} 1 \\ -1 \\ -1 \\ 1 \end{bmatrix},\ \boldsymbol{\phi}_4=\begin{bmatrix} -1 \\ 1+\sqrt{2} \\ -(1+\sqrt{2}) \\ 1 \end{bmatrix}$$

4.23 1) $\begin{bmatrix} ml^2 & 0 & 0 \\ 0 & ml^2 & 0 \\ 0 & 0 & ml^2 \end{bmatrix}\begin{bmatrix} \ddot{\alpha}_1 \\ \ddot{\alpha}_2 \\ \ddot{\alpha}_3 \end{bmatrix}+\begin{bmatrix} ka^2+mgl & -ka^2 & 0 \\ -ka^2 & 2ka^2+mgl & -ka^2 \\ 0 & -ka^2 & ka^2+mgl \end{bmatrix}\begin{bmatrix} \alpha_1 \\ \alpha_2 \\ \alpha_3 \end{bmatrix}=\begin{bmatrix} 0 \\ 0 \\ 0 \end{bmatrix}$;

2) $\omega_1=\sqrt{\frac{g}{l}}$, $\omega_2=\sqrt{\frac{g}{l}+\frac{ka^2}{ml^2}}$, $\omega_3=\sqrt{\frac{g}{l}+\frac{3ka^2}{ml^2}}$;

$$\boldsymbol{\phi}_1=\begin{bmatrix} 1 \\ 1 \\ 1 \end{bmatrix},\ \boldsymbol{\phi}_2=\begin{bmatrix} 1 \\ 0 \\ -1 \end{bmatrix},\ \boldsymbol{\phi}_3=\begin{bmatrix} 1 \\ -2 \\ 1 \end{bmatrix}$$

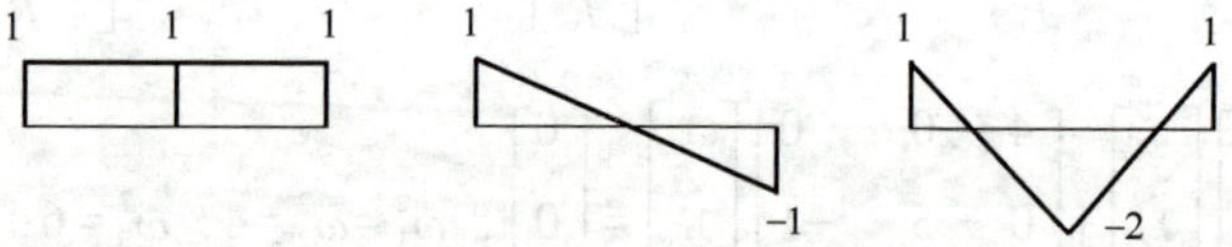

4.24 $\omega_1=0$, $\omega_2=\omega_3=\sqrt{\frac{3kR^2}{J}}$, $\boldsymbol{\phi}_1=\begin{bmatrix} 1 \\ 1 \\ 1 \end{bmatrix}$, $\boldsymbol{\phi}_2=\begin{bmatrix} -1 \\ 0 \\ 1 \end{bmatrix}$, $\boldsymbol{\phi}_3=\begin{bmatrix} 1 \\ -2 \\ 1 \end{bmatrix}$

4.25 $x_1(t)=\frac{5}{2}\cos\sqrt{\frac{k}{m}}t+\frac{5}{2}\cos\sqrt{\frac{3k}{m}}t$, $x_2(t)=\frac{5}{2}\cos\sqrt{\frac{k}{m}}t-\frac{5}{2}\cos\sqrt{\frac{3k}{m}}t$

4.26 1) $\omega_1=\sqrt{\frac{k}{m}}$, $\omega_2=\sqrt{2.5\frac{k}{m}}$, $\boldsymbol{\Phi}=\begin{bmatrix} 1 & -2 \\ 1 & 1 \end{bmatrix}$;

2) $\boldsymbol{X}=\boldsymbol{\Phi X}_p=\begin{bmatrix}\dfrac{1}{3}\cos\sqrt{\dfrac{k}{m}}t+\dfrac{2}{3}\cos\sqrt{2.5\dfrac{k}{m}}t\\ \dfrac{1}{3}\cos\sqrt{\dfrac{k}{m}}t-\dfrac{1}{3}\cos\sqrt{2.5\dfrac{k}{m}}t\end{bmatrix}$

4.27 1) $\omega_1=0$, $\omega_2=\sqrt{2\dfrac{k}{m}}$, $\Phi=\begin{bmatrix}1 & -1\\ 1 & 1\end{bmatrix}$;

2) $X=\Phi X_p=\begin{bmatrix}\dfrac{1}{2}+\dfrac{1}{2}\cos\sqrt{2\dfrac{k}{m}}t\\ \dfrac{1}{2}-\dfrac{1}{2}\cos\sqrt{2\dfrac{k}{m}}t\end{bmatrix}$

4.28 1) $\omega_1=\sqrt{\dfrac{k}{m}}$, $\omega_2=\sqrt{\dfrac{3k}{m}}$, $\boldsymbol{\Phi}=\begin{bmatrix}1 & -1\\ 1 & 1\end{bmatrix}$;

2) $X=\Phi X_p=\begin{bmatrix}\dfrac{x_0}{2}\left(\cos\sqrt{\dfrac{k}{m}}t-\cos\sqrt{\dfrac{3k}{m}}t\right)\\ \dfrac{x_0}{2}\left(\cos\sqrt{\dfrac{k}{m}}t+\cos\sqrt{\dfrac{3k}{m}}t\right)\end{bmatrix}$

4.29 1) $\begin{bmatrix}m_1 & 0\\ 0 & m_2\end{bmatrix}\begin{bmatrix}\ddot{x}_1\\ \ddot{x}_2\end{bmatrix}+\begin{bmatrix}k_1+k_2 & -k_2\\ -k_2 & k_2+k_3+k_4+k_5\end{bmatrix}\begin{bmatrix}x_1\\ x_2\end{bmatrix}=\begin{bmatrix}0\\ 0\end{bmatrix}$;

2) $\omega_1^2=\dfrac{k}{m}$, $\omega_2^2=3\dfrac{k}{m}$, $\boldsymbol{\phi}_1=\begin{bmatrix}1\\ 1\end{bmatrix}$, $\boldsymbol{\phi}_2=\begin{bmatrix}-1\\ 1\end{bmatrix}$;

3) $x_{p1}=3\cos\omega_1 t+\dfrac{4}{\omega_1}\sin\omega_1 t$, $x_{p2}=\cos\omega_2 t-\dfrac{2}{\omega_2}\sin\omega_2 t$, $\boldsymbol{x}=\boldsymbol{\Phi x}_p=\begin{bmatrix}x_{p1}-x_{p2}\\ x_{p1}+x_{p2}\end{bmatrix}$

4.30 1) $\begin{bmatrix}m_1 & 0\\ 0 & m_2\end{bmatrix}\begin{bmatrix}\ddot{x}_1\\ \ddot{x}_2\end{bmatrix}+\begin{bmatrix}k_1+k_2+k_4 & -k_2\\ -k_2 & k_2+k_3\end{bmatrix}\begin{bmatrix}x_1\\ x_2\end{bmatrix}=\begin{bmatrix}0\\ 0\end{bmatrix}$;

2) $\omega_1^2=\dfrac{k_0}{2m_1m_2}(3m_1+4m_2-\sqrt{9m_1^2-8m_1m_2+16m_2^2})$;

$\omega_2^2=\dfrac{k_0}{2m_1m_2}(3m_1+4m_2+\sqrt{9m_1^2-8m_1m_2+16m_2^2})$;

3) $\begin{bmatrix}x_1(t)\\ x_2(t)\end{bmatrix}=\boldsymbol{\Phi}\begin{bmatrix}q_1(t)\\ q_2(t)\end{bmatrix}=\begin{bmatrix}3\cos\omega_1 t+6\cos\omega_2 t\\ 4\cos\omega_1 t-4\cos\omega_2 t\end{bmatrix}$

4.31 1) $\begin{bmatrix}m_1 & 0\\ 0 & m_2\end{bmatrix}\begin{bmatrix}\ddot{x}_1\\ \ddot{x}_2\end{bmatrix}+\begin{bmatrix}3k & -k\\ -k & 3k\end{bmatrix}\begin{bmatrix}x_1\\ x_2\end{bmatrix}=\begin{bmatrix}0\\ 0\end{bmatrix}$;

2） $\omega_1^2=\frac{k}{m}$，$\omega_2^2=\frac{2k}{m}$，$\boldsymbol{\Phi}=\begin{bmatrix}1 & 1\\ 1 & -1\end{bmatrix}$；

3） $\boldsymbol{X}=\begin{bmatrix}\frac{x_0}{2}\left(\cos\sqrt{\frac{k}{m}}t-\cos\sqrt{\frac{2k}{m}}t\right)\\ \frac{x_0}{2}\left(\cos\sqrt{\frac{k}{m}}t+\cos\sqrt{\frac{2k}{m}}t\right)\end{bmatrix}$

4.32 $\boldsymbol{X}=\boldsymbol{\Phi q}=\begin{bmatrix}-\frac{mg}{2k}\cos\sqrt{\frac{k}{2m}}t+\frac{2mg}{3k}\sin\sqrt{\frac{k}{2m}}t-\frac{mg}{3k}\sin\sqrt{\frac{2k}{m}}t\\ -\frac{mg}{k}\cos\sqrt{\frac{k}{2m}}t+\frac{4mg}{3k}\sin\sqrt{\frac{k}{2m}}t+\frac{mg}{3k}\sin\sqrt{\frac{2k}{m}}t\end{bmatrix}$

4.33 1） $\alpha_{\max}=\frac{2A}{l}$；2） $\omega_1=\sqrt{(2-\sqrt{2})\frac{k}{m}}$，$\omega_2=\sqrt{(2+\sqrt{2})\frac{2k}{m}}$

4.34 1） $\omega_1=0$，$\omega_2=\sqrt{\frac{k}{2m}}$，$\omega_3=\sqrt{\frac{5k}{2m}}$，$\boldsymbol{\phi}_1=\begin{bmatrix}1\\1\\1\end{bmatrix}$，$\boldsymbol{\phi}_2=\begin{bmatrix}-1\\0\\1\end{bmatrix}$，$\boldsymbol{\phi}_3=\begin{bmatrix}1\\-4\\1\end{bmatrix}$；

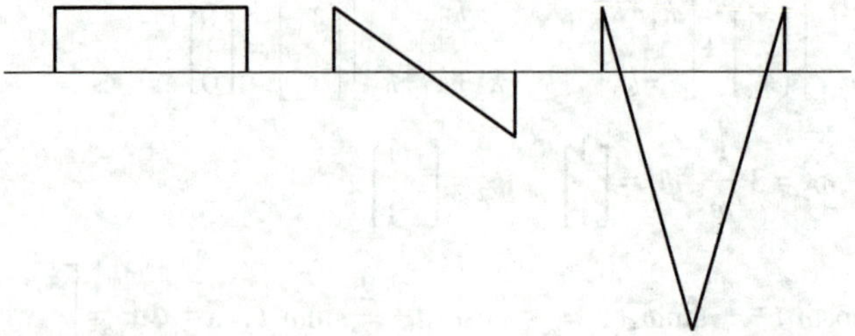

2） 略；

3） $\boldsymbol{x}=\begin{bmatrix}-1\\0\\1\end{bmatrix}\frac{F_0\sin\omega t}{k-2m\omega^2}$

4.35 1） $k_2=m_2\omega^2=7.99\times10^4\text{N/m}$；2） $X_2=\frac{m'e\omega^2}{-k_2}=-2.22\text{mm}$

4.36 $\boldsymbol{x}=\begin{bmatrix}q_1-q_2\\ q_1+q_2\end{bmatrix}$；

$q_1(t)=\frac{F}{k}\left[1-\frac{e^{-\zeta_1\omega_1 t}\omega_1}{\omega_{d1}}\sin(\omega_{d1}t+\phi_1)\right]$，$q_2(t)=\frac{F}{3k}\left[1-\frac{e^{-\zeta_2\omega_2 t}\omega_2}{\omega_{d2}}\sin(\omega_{d2}t+\phi_2)\right]$

4.37 1) $\omega_1=\sqrt{\dfrac{(2-\sqrt{2})k}{m}}$, $\omega_2=\sqrt{\dfrac{(2+\sqrt{2})k}{m}}$, $\boldsymbol{\phi}_1=\begin{bmatrix}1\\ \dfrac{\sqrt{2}}{2}\end{bmatrix}$, $\boldsymbol{\phi}_2=\begin{bmatrix}1\\ -\dfrac{\sqrt{2}}{2}\end{bmatrix}$;

2) $\begin{cases}x_1(t)=\dfrac{(k-\omega^2m)F_1}{2(k-\omega^2m)^2-k^2}\sin\omega t\\ x_2(t)=\dfrac{kF_1}{2(k-\omega^2m)^2-k^2}\sin\omega t\end{cases}$

4.38 1) $\begin{bmatrix}m & 0\\ 0 & m\end{bmatrix}\begin{bmatrix}\ddot{x}_1\\ \ddot{x}_2\end{bmatrix}+\begin{bmatrix}3k & -k\\ -k & 3k\end{bmatrix}\begin{bmatrix}x_1\\ x_2\end{bmatrix}=\begin{bmatrix}2ka\sin\omega t\\ 0\end{bmatrix}$;

2) $\begin{bmatrix}X_1\\ X_2\end{bmatrix}=\begin{bmatrix}3k-m\omega^2 & -k\\ -k & 3k-m\omega^2\end{bmatrix}^{-1}\begin{bmatrix}2ka\\ 0\end{bmatrix}=\dfrac{2ka}{\Delta(\omega)}\begin{bmatrix}3k-m\omega^2\\ k\end{bmatrix}$，其中，$\Delta(\omega)=(3k-m\omega^2)^2-k^2$;

3) 当 $\omega^2=3k/m$ 时，质量块 1 的振幅 $X_1=0$，发生反共振

4.39 $\omega=\sqrt{\dfrac{k_2}{m_2}}$

4.40 1) $\begin{bmatrix}m & 0\\ 0 & \dfrac{1}{12}ml^2\end{bmatrix}\begin{bmatrix}\ddot{x}\\ \ddot{\theta}\end{bmatrix}+\begin{bmatrix}k_1+k & (k_2-k_1)\dfrac{L}{2}\\ (k_2-k_1)\dfrac{L}{2} & (k_2+k_1)\dfrac{L^2}{4}\end{bmatrix}\begin{bmatrix}x\\ \theta\end{bmatrix}=\begin{bmatrix}0\\ 0\end{bmatrix}$，$\omega_{1,2}=\sqrt{\dfrac{6\pm2\sqrt{3}}{3}}\text{rad/s}$;

2) $\omega=\sqrt{3}\text{rad/s}$，$\theta=-\sin\omega t$

4.41 1) $\begin{bmatrix}m & 0\\ 0 & \dfrac{1}{12}mL^2\end{bmatrix}\begin{bmatrix}\ddot{x}\\ \ddot{\theta}\end{bmatrix}+\begin{bmatrix}k_1+k_2 & (k_2-k_1)\dfrac{L}{2}\\ (k_2-k_1)\dfrac{L}{2} & (k_1+k_2)\dfrac{L^2}{4}\end{bmatrix}\begin{bmatrix}x\\ \theta\end{bmatrix}=\begin{bmatrix}\sin\omega t\\ 0\end{bmatrix}$;

2) $\omega_{1,2}=\sqrt{\dfrac{4\pm\sqrt{7}}{6}}\text{rad/s}$; 3) $\omega=1\text{rad/s}$

4.42 1) $\omega_1=\sqrt{\dfrac{k}{m}}$，$\omega_2=\sqrt{\dfrac{3k}{m}}$，$\boldsymbol{\Phi}=\begin{bmatrix}1 & -1\\ 1 & 1\end{bmatrix}$;

2) $x_{p1}(t)=\dfrac{a_0}{2k}+\sum\limits_{n=1}^{\infty}\dfrac{a_n\cos n\omega_1t+b_n\sin n\omega_1t}{k(1-n^2s_1^2)}$，$s_1=\dfrac{\omega_0}{\omega_1}$，$\omega_0=\dfrac{2\pi}{T}$;

$x_{p2}(t)=-\dfrac{a_0}{6k}-\sum\limits_{n=1}^{\infty}\dfrac{a_n\cos n\omega_2t+b_n\sin n\omega_2t}{k(1-n^2s_2^2)}$，$s_2=\dfrac{\omega_0}{\omega_2}$，$\omega_0=\dfrac{2\pi}{T}$; $\boldsymbol{X}=\boldsymbol{\Phi}\boldsymbol{X}_p$

4.43 1) $k=\dfrac{(m_1+m_2)}{2}\omega^2$；2) $a=l/2$

4.44 $\begin{bmatrix} m & 0 \\ 0 & \dfrac{Ml^2}{3} \end{bmatrix}\begin{bmatrix} \ddot{x} \\ \ddot{\theta} \end{bmatrix}+\begin{bmatrix} k & -kl \\ -kl & kl^2+\dfrac{1}{2}Mgl \end{bmatrix}\begin{bmatrix} x \\ \theta \end{bmatrix}=\begin{bmatrix} F_0\sin\omega t \\ 0 \end{bmatrix}$；

$$x(t)=\frac{F_0\left(kl^2+Mg\dfrac{l}{2}-\omega^2 J\right)}{mJ\omega^4-\left(kJ+mkl^2+mMg\dfrac{l}{2}\right)\omega^2+kMg\dfrac{l}{2}}\sin\omega t$$

4.45 1) $\boldsymbol{M}=\begin{bmatrix} m_1 & 0 \\ 0 & m_2 \end{bmatrix}$，$\boldsymbol{K}=\begin{bmatrix} k_1+\dfrac{m_1+2m_2}{l}g & -\dfrac{m_2}{l}g \\ -\dfrac{m_2}{l}g & k_2+\dfrac{m_2}{l}g \end{bmatrix}$，$\boldsymbol{M}\ddot{\boldsymbol{x}}+\boldsymbol{K}\boldsymbol{x}=\boldsymbol{0}$；

2) $\omega_1=\sqrt{3\dfrac{g}{l}}$，$\omega_2=\sqrt{5\dfrac{g}{l}}$，$\boldsymbol{\phi}_1=\begin{bmatrix} 1 \\ 1 \end{bmatrix}$，$\boldsymbol{\phi}_2=\begin{bmatrix} 1 \\ -1 \end{bmatrix}$；

$$\begin{cases} x_1(t)=\dfrac{\left(4\dfrac{mg}{l}-m\omega^2\right)F_0}{\left(4\dfrac{mg}{l}-m\omega^2\right)^2-\left(\dfrac{mg}{l}\right)^2}\sin\omega t \\ x_2(t)=\dfrac{\dfrac{mg}{l}F_0}{\left(4\dfrac{mg}{l}-m\omega^2\right)^2-\left(\dfrac{mg}{l}\right)^2}\sin\omega t \end{cases}$$

4.46 $\begin{bmatrix} \theta_1 \\ \theta_2 \end{bmatrix}=\begin{bmatrix} 3k_\theta-I\omega^2 \\ 2k_\theta \end{bmatrix}\dfrac{M_0\sin\omega t}{(k_\theta-I\omega^2)(5k_\theta-I\omega^2)}$

4.47 1) $\begin{bmatrix} M & 0 \\ 0 & m \end{bmatrix}\begin{bmatrix} \ddot{x}_2 \\ \ddot{x}_1 \end{bmatrix}+\begin{bmatrix} K+k & -k \\ -k & k \end{bmatrix}\begin{bmatrix} x_2 \\ x_1 \end{bmatrix}=\begin{bmatrix} KA \\ 0 \end{bmatrix}\cos\omega t$；

2) $k=\omega^2 M$，$x_1=\dfrac{KA}{\Delta(\omega)}k\cos\omega t$，其中，$\Delta(\omega)=(K+k-\omega^2 M)(k-\omega^2 m)-k^2$

4.48 1) $\boldsymbol{M}=\begin{bmatrix} \dfrac{1}{2}mR^2 & 0 \\ 0 & m \end{bmatrix}$，$\boldsymbol{K}=\begin{bmatrix} 5kR^2 & -3kR \\ -3kR & 3k \end{bmatrix}$；

$\boldsymbol{M}\ddot{\boldsymbol{X}}+\boldsymbol{K}\boldsymbol{X}=\boldsymbol{F}$，其中，$\boldsymbol{X}=[\theta,x]^{\mathrm{T}}$，$\boldsymbol{F}=[0,F_0\sin\omega_0 t]^{\mathrm{T}}$；

2) $\omega_1=\sqrt{\dfrac{k}{m}}$，$\omega_2=\sqrt{\dfrac{12k}{m}}$，$\boldsymbol{\Phi}=\begin{bmatrix} 2 & 3 \\ 3R & -R \end{bmatrix}$；

3) $\begin{bmatrix}\theta\\x\end{bmatrix}=\begin{bmatrix}2q_1+3q_2\\3Rq_1-Rq_2\end{bmatrix}$，$\begin{cases}q_1=\dfrac{3F_0}{11kR(1-s_1^2)}(\sin\omega_0t-s_1\sin\omega_1t)\\q_2=\dfrac{-F_0}{66kR(1-s_2^2)}(\sin\omega_0t-s_2\sin\omega_2t)\end{cases}$；

其中，$s_1=\dfrac{\omega_0}{\omega_1}$，$s_2=\dfrac{\omega_0}{\omega_2}$

4.49 1) $B_1=\dfrac{3-2\alpha^2}{Z}\dfrac{P_0}{k}$，$B_2=\dfrac{2(1-\alpha^2)}{Z}\dfrac{P_0}{k}$，$B_3=\dfrac{(1-a^2)(3-2\alpha^2)}{Z}\dfrac{P_0}{k}$；

其中，$\alpha^2=\dfrac{m\omega^2}{k}$，$Z=14-41\alpha^2+34\alpha^4-8\alpha^6$；

2) $\omega_1^2=0.590\dfrac{k}{m}$，$\omega_2^2=1.211\dfrac{k}{m}$，$\omega_3^2=2.449\dfrac{k}{m}$

第5章

5.1 $\dfrac{6.088}{l}\sqrt{\dfrac{EI}{(3m+12.355m_1)l}}$

5.2 $\dfrac{3.843}{l}\sqrt{\dfrac{EI}{ml}}$

5.3 $\dfrac{3.843}{l}\sqrt{\dfrac{EI}{ml}}$

5.4 1) $\omega_1=\sqrt{\dfrac{2k}{5m}}$；2) $\omega_1=0.6793\sqrt{\dfrac{k}{m}}$

5.5 略

5.6 略

5.7 略

5.8 $\omega_1=0.4495\sqrt{\dfrac{k}{m}}$

5.9 略

5.10 $\bar{\omega}_1=\sqrt{\dfrac{2k}{3m}}$，$\bar{\omega}_2=\sqrt{\dfrac{2k}{m}}$，$\boldsymbol{\phi}_1\approx2\begin{pmatrix}1\\1\\1\end{pmatrix}$，$\boldsymbol{\phi}_2\approx\begin{pmatrix}1\\0\\-1\end{pmatrix}$

5.11 $\bar{\omega}_1=\sqrt{\dfrac{k}{m}}$，$\bar{\omega}_2=\sqrt{\dfrac{2k}{m}}$，$\boldsymbol{\phi}_1\approx\begin{pmatrix}1\\1\\1\end{pmatrix}$，$\boldsymbol{\phi}_2\approx\begin{pmatrix}0\\1\\-1\end{pmatrix}$

5.12 $\bar{\omega}_1=\sqrt{\frac{k}{m}}$，$\bar{\omega}_2=2\sqrt{\frac{k}{m}}$，$\boldsymbol{\phi}_1\approx\begin{pmatrix}3\\3\\3\end{pmatrix}$，$\boldsymbol{\phi}_2\approx\begin{pmatrix}6\\-3\\-3\end{pmatrix}$

5.13 略

5.14 略

5.15 略

5.16 $\omega_1^2=0$，　$\omega_2^2=0.451\frac{k}{I}$，$\omega_3^2=2.215\frac{k}{I}$，$\omega_4^2=4\frac{k}{I}$

5.17 $\omega_1^2=0.311\frac{EI}{ml^3}$，$\omega_2^2=8.26\frac{EI}{ml^3}$

5.18 $\frac{1}{l}\sqrt{\frac{3EI}{ml}}$

5.19 $\frac{1}{2l}\sqrt{\frac{3EI}{ml}}$

5.20 略

5.21 略

5.22 $\omega_1=0.765\sqrt{\frac{k}{J}}$，$\omega_2=1.848\sqrt{\frac{k}{J}}$，$\boldsymbol{\phi}_1=[0.707,1]^{\mathrm{T}}$，$\boldsymbol{\phi}_2=[-0.707,1]^{\mathrm{T}}$

5.23 $\omega_1^2=0$，$\omega_2^2=\frac{G(J_1+J_2)I_{\mathrm{p}1}I_{\mathrm{p}2}}{J_1J_2(I_{\mathrm{p}1}l_2+I_{\mathrm{p}2}l_1)}$，$\boldsymbol{\phi}_1=[1,1]^{\mathrm{T}}$，$\boldsymbol{\phi}_2=\left[-\frac{J_2}{J_1},-1\right]^{\mathrm{T}}$

第6章

6.1 $\frac{2F_0l}{\pi^2(F_0-\rho_lv^2)}\sum_{i=1}^{\infty}\frac{1}{i^2}\left(\sin\frac{i\pi vt}{l}-v\sqrt{\frac{\rho_l}{F_0}}\sin\frac{i\pi}{l}\sqrt{\frac{F_0}{\rho_l}}t\right)\sin\frac{i\pi x}{l}$

6.2 1) $u(x,t)=\frac{2Pl}{\pi^2EA}\sum_{i=1}^{\infty}\frac{(-1)^{\frac{i-1}{2}}}{i^2}\sin\frac{i\pi x}{l}\cos\frac{i\pi at}{l}$，其中，$i=1,3,5,\cdots$

2) $u(x,t)=\frac{2Pl}{\pi^2EA}\sum_{i=1}^{\infty}\frac{1}{i^2}\sin\frac{i\pi}{3}\sin\frac{i\pi x}{l}\cos\frac{i\pi at}{l}$；

3) $u(x,t)=\frac{4Pl}{\pi^2EA}\sum_{i=2}^{\infty}\frac{(-1)^{\frac{i-2}{4}}}{i^2}\sin\frac{i\pi x}{l}\cos\frac{i\pi at}{l}$，其中，$i=2,6,10,\cdots$

6.3 $u(x,t)=\frac{16P_0l}{\pi^3EA}\sum_{i=1}^{\infty}\frac{1}{i^3}\sin\frac{i\pi x}{2l}\cos\frac{i\pi at}{2l}$，$i=1,3,5,\cdots$

6.4 $u(x,t)=\dfrac{4P_0\sin\omega t}{\pi\rho Al}\sum_{i=1}^{\infty}\dfrac{1}{i(\omega_i^2-\omega^2)^2}\sin\dfrac{i\pi x}{2l}$，$i=1,3,5,\cdots$

其中，$\omega_i=\dfrac{i\pi a}{2l}$，$a=\sqrt{\dfrac{E}{\rho}}$，或者 $u(x,t)=\dfrac{2P_0}{\rho Al\omega^2}\left(\dfrac{\cos\dfrac{\omega}{a}(l-x)}{\cos\dfrac{\omega}{a}t}-1\right)\sin\omega t$

6.5 频率方程为 $\tan(2\beta)\tan(\beta)=2$，前三阶固有频率为 $\omega_i=\beta_i\dfrac{1}{l_2}\sqrt{\dfrac{E}{\rho}}$，$i=1,2,3$。$i$，$\beta_i$ 取值见表。

i	1	2	3
β_i	0.6155	0.7854	2.3562

6.6 1）略；

2）$u(x,t)=\sum_{i=1}^{\infty}\phi_i(x)q_i(t)=\sum_{i=1}^{\infty}\phi_i(x)\left[q_i(0)\cos\omega_jt+\dfrac{\dot{q}_i(0)}{\omega_j}\sin\omega_jt+\dfrac{1}{\omega_j}\phi_j\left(\dfrac{1}{2}\right)\int_0^l P(\tau)\sin\omega_j\right.$

$\left.(t-\tau)\mathrm{d}\tau\right]$

6.7 $u(x,t)=\dfrac{P_1}{12\rho Alt_1^2}t^4+\dfrac{2P_1l}{\pi^2a^2\rho At_1^2}\sum_{i=2}^{\infty}\dfrac{(-1)^{\frac{i}{2}}}{i^2}\cdot\cos\dfrac{i\pi x}{l}\left[t^2-\dfrac{2l^2}{i^2\pi^2a^2}\left(1-\cos\dfrac{i\pi a}{l}t\right)\right]$；

其中，$a^2=E/\rho$，$i=2,4,\cdots$

6.8 $\tan\dfrac{\omega l}{a}=\dfrac{2\dfrac{I_0}{I_1}\dfrac{\omega l}{a}}{\left(\dfrac{I_0}{I_1}\right)^2\left(\dfrac{\omega l}{a}\right)^2-1}$，其中，$a^2=\dfrac{G}{\rho}$

6.9 1）略；

2）$u(l,t)=\sum_{j=1}^{\infty}\phi_j(l)\dfrac{1}{\omega_j}\int_0^l P_0\sin\omega t\phi_j\left(\dfrac{1}{3}l\right)\sin\omega_j(t-\tau)\mathrm{d}\tau$

6.10 $\tan\dfrac{\omega l}{a}=-\dfrac{GJ_p}{k_\theta l}\dfrac{\omega l}{a}$，其中，$a^2=\dfrac{E}{\rho}$

6.11 $\dfrac{a}{\omega}\tan\dfrac{\omega l}{a}=\dfrac{EA}{m\omega^2-k}$；

$\int_0^l\rho AU_iU_j\mathrm{d}x+mU_i(l)U_j(l)=\delta_{ij}$；

$\int_0^l EAU_i'U_j'\mathrm{d}x+kU_i(l)U_j(l)=\omega_j^2\delta_{ij}$；

$$\int_0^l (EAU_i')'U_j\mathrm{d}x - EAU_i'(l)U_j'(l) - kU_i(l)U_j(l) = -\omega_j^2\delta_{ij}$$

6.12 $\tan\dfrac{\omega l}{a}=\dfrac{a\left(\dfrac{\omega l}{a}\right)}{\dfrac{\alpha}{\beta}\left(\dfrac{\omega l}{a}\right)^2-1}$，其中，$\alpha=\dfrac{T}{kl}$，$\beta=\dfrac{\rho l}{m}$，$a=\sqrt{\dfrac{T}{\rho}}$

6.13 $\cot\beta l_1+\cot\beta l_2-\coth\beta l_1-\coth\beta l_2=0$，其中，$\beta^4=\dfrac{\rho\omega^2}{EI}$

6.14 1）略；

2）$y(x,t)=\sum\limits_{i=1}^{\infty}\phi_i(x)q_i(t)=\sum\limits_{i=1}^{\infty}\phi_i(x)\left[q_j(0)\cos\omega_j t+\dfrac{\dot{q}_j(0)}{\omega_j}\sin\omega_j t+\dfrac{1}{\omega_j}\phi_j(a)\int_0^L F(\tau)\sin\omega_j(t-\tau)\mathrm{d}\tau\right]$；

其中，$\begin{cases} q_j(0)=\int_0^L \rho Sf_1(x)\phi_j(x)\mathrm{d}x \\ \dot{q}_j(0)=\int_0^L \rho Sf_2(x)\phi_j(x)\mathrm{d}x \end{cases}$

6.15 $y(x,t)=\sum\limits_{i=1}^{\infty}\phi_i(x)q_i(t)=\sum\limits_{i=1}^{\infty}\phi_i(x)\left[\dfrac{1}{\omega_j}\phi_j(a)\int_0^L F(\tau)\sin\omega_j(t-\tau)\mathrm{d}\tau\right]$

6.16 $y(x,t)=\sum\limits_{j=1}^{\infty}\phi_j(x)q_j(t)=\sum\limits_{j=1}^{\infty}\phi_j(x)(\cos\omega_j t-1)\dfrac{\Phi_j q}{\omega_j^2}$

6.17 1）$y(x,t)=\sum\limits_{i=1}^{\infty}Y_i(x)q_i(t)=\sum\limits_{i=1}^{\infty}\sin\dfrac{i\pi}{l}xq_i(t)$；

其中，$q_i(t)=\dfrac{1}{\omega_i}\dfrac{2P}{\rho l}\sin\dfrac{i\pi c}{l}\int_0^t\sin\theta\tau\sin\omega_i(t-\tau)\mathrm{d}\tau=\dfrac{2P\sin\dfrac{i\pi c}{l}}{\rho l(\omega_i^2-\theta^2)}\left(\sin\theta t-\dfrac{\theta}{\omega_i}\sin\omega_i t\right)$；

2）$y(x,t)=\sum\limits_{i=1}^{\infty}Y_i(x)q_i(t)=\sum\limits_{i=1}^{\infty}\sin\dfrac{i\pi}{l}xq_i(t)$；

$$q_i(t)=\frac{P}{\rho l}\left\{\frac{1}{\omega_i^2-(\varphi_i-\theta)^2}[\cos(\varphi_i-\theta)t-\cos\omega_i t]-\frac{1}{\omega_i^2-(\varphi_i+\theta)^2}[\cos(\varphi_i+\theta)t-\cos\omega_i t]\right\},$$

$0\leqslant t\leqslant\dfrac{l}{v}$，$\varphi_i=\dfrac{i\pi v}{l}$

6.18 1）$y(x,t)=\dfrac{2Pl^3}{\pi^4 EJ}\sum\limits_{i=1}^{\infty}\dfrac{1}{i^4}\sin\dfrac{i\pi a}{l}\sin\dfrac{i\pi x}{l}\cos\omega_i t$，其中，$\omega_i=i^2\pi^2\sqrt{\dfrac{EJ}{\rho Al^4}}$，$a^2=\dfrac{EJ}{\rho A}$；

2）$y(x,t)=\dfrac{4Pl^3}{\pi^4 EJ}\sum\limits_{i=2}^{\infty}(-1)^{\frac{i-2}{4}}\dfrac{1}{i^4}\sin\dfrac{i\pi x}{l}\cos\omega_i t$，其中，$\omega_i=i^2\pi^2\sqrt{\dfrac{EJ}{\rho Al^4}}$，$i=2,6,10,\cdots$

6.19 1）略；

2) $u(x,t)=\sum_{i=1}^{\infty}\varphi_i(x)q_i(t)=\sum_{i=1}^{\infty}\varphi_i(x)\left[q_j(0)\cos\omega_j t+\frac{\dot{q}_j(0)}{\omega_j}\sin\omega_j t+\frac{1}{\omega_j}\varphi_j\left(\frac{l}{2}\right)\right.$

$\left.\int_0^L P(\tau)\sin\omega_j(t-\tau)\mathrm{d}\tau\right]$

6.20 1) 左端边界条件：$y(0,t)=0$，$\frac{\partial y(0,t)}{\partial x}=0$；

右端边界条件：$M(l,t)=EI\frac{\partial y''(l,t)}{\partial x''}=0$，$Q(l,t)=\frac{\partial M(l,t)}{\partial x}=EI\frac{\partial y'''(l,t)}{\partial x'''}=0$；

2) 略；3) $y(x,t)=\sum_{j=1}^{\infty}\varphi_j(x)(\cos\omega_j t-1)\frac{\Phi_j q}{\omega_j^2}$

6.21 $y(x,t)=\frac{4P_0 l^3}{\pi^4 EJ}\sum_{i=1}^{\infty}\frac{(-1)^{\frac{i-1}{2}}\cos\frac{i\pi}{6}\sin\frac{i\pi x}{l}\sin\omega t}{i^4-\alpha^2}$，其中，$\alpha=\frac{\omega}{\omega_1}$，$\omega_1=\pi^2\sqrt{\frac{EJ}{\rho A l^4}}$，$i=1,3,5,\cdots$

6.22 $y_{\max}\big|_{\frac{l}{2}}=\frac{2p_0 l^4}{\pi^5 EJ}\sum_{i=1}^{\infty}\frac{(-1)^{\frac{i-1}{2}}}{i(i^4-\alpha^4)}$，其中，$\alpha=\frac{\omega}{\omega_1}$，$\omega_1=\pi^2\sqrt{\frac{EJ}{\rho A l^4}}$，$i=1,3,5,\cdots$

6.23 $y(x,t)=\frac{1}{2}b\sin\omega t\left(\frac{\sin\beta x}{\sin\beta l}+\frac{\sinh\beta x}{\sinh\beta l}\right)$

6.24 $y(x,t)=\begin{cases}\sum_{i=1}^{\infty}(-1)^{i-1}\left(\frac{1}{i\pi}\right)\frac{2cF_0}{EI}(1-\cos\omega_i t)\sin\frac{i\pi x}{l}, & 0\leqslant t\leqslant t_1\\ \sum_{i=1}^{\infty}(-1)^{i-1}\left(\frac{1}{i\pi}\right)\frac{2cF_0}{EI}[\cos\omega_i(t-t_1)-\cos\omega_i t]\sin\frac{i\pi x}{l}, & t>t_1\end{cases}$

6.25 略

6.26 1) 左端边界条件：$y(0,t)=0$，$\frac{\partial y(0,t)}{\partial x}=0$；

右端边界条件：$M(l,t)=EI\frac{\partial y''(l,t)}{\partial x''}=0$，$Q(l,t)=\frac{\partial M(l,t)}{\partial x}=EI\frac{\partial y'''(l,t)}{\partial x'''}=0$；

2) 略；

3) $y(x,t)=\sum_{j=1}^{\infty}\phi_j(x)(\cos\omega_j t-1)\frac{q\left(\frac{2}{L}\Phi_j+\Gamma_j\right)}{\omega_j^2}$

6.27 1) 左端边界条件：$y(0,t)=0$，$\frac{\partial y(0,t)}{\partial x}=0$；

右端边界条件：$M(l,t)=EI\frac{\partial y''(l,t)}{\partial x''}=0$，$Q(l,t)=\frac{\partial M(l,t)}{\partial x}=EI\frac{\partial y'''(l,t)}{\partial x'''}=0$；

2）略；

3）$y(x,t)=\sum_{j=1}^{\infty}\phi_j(x)(\cos\omega_j t-1)\frac{V_j s}{\omega_j^2}$

6.28 1）左端边界条件：$w(0,t)=0$，$\frac{\partial w(0,t)}{\partial x}=0$；

右端边界条件：$M(l,t)=EI\frac{\partial^2 w(l,t)}{\partial x^2}=0$，$w(l,t)=0$，

2）略；

3）$w(x,t)=\sum_{i=1}^{\infty}\frac{1}{\omega_i^2}\left(-\frac{4q}{L}V_i+3q\Gamma_i+qH_i\right)(1-\cos\omega_i t)\phi_i(x)$

6.29 $EJ\beta^3(1+\cosh\beta l\cos\beta l)=-k(\cosh\beta l\sin\beta l-\sinh\beta l\cos\beta l)$；

$\int_0^l \rho A Y_i Y_j \mathrm{d}x=\delta_{ij}$；

$\int_0^l EJY_i''Y_j''\mathrm{d}x+kY_i(l)Y_j(l)=\omega_i^2\delta_{ij}$；

$\int_0^l Y_j(EJY_i'')''\mathrm{d}x=\omega_j^2\delta_{ij}$

6.30 动能：$T=\frac{1}{2}\int_0^l \rho S\left(\frac{\partial y(x,t)}{\partial t}\right)^2\mathrm{d}x+\frac{1}{2}m\left(\frac{\partial y(x_a,t)}{\partial t}\right)^2=\frac{1}{2}\dot{\boldsymbol{q}}^{\mathrm{T}}(\boldsymbol{M}_0+\boldsymbol{M}_1)\dot{\boldsymbol{q}}$；

质量阵：$\boldsymbol{M}=\boldsymbol{M}_0+\boldsymbol{M}_1$；

$\boldsymbol{M}_0=\int_0^l \rho S\boldsymbol{\Phi}^{\mathrm{T}}\boldsymbol{\Phi}\mathrm{d}x\in\mathbf{R}^{n\times n}$，$\boldsymbol{M}_1=m[\boldsymbol{\Phi}(x_a)]^{\mathrm{T}}[\boldsymbol{\Phi}(x_a)]\in\mathbf{R}^{n\times n}$；

势能：$V=\frac{1}{2}\int_0^l EI\left(\frac{\partial^2 y(x,t)}{\partial x^2}\right)^2\mathrm{d}x+\frac{1}{2}k_1\left(\frac{\partial y(x_b,t)}{\partial x}\right)^2+\frac{1}{2}k_2 y^2(x_c,t)$

$=\frac{1}{2}\boldsymbol{q}^T(\boldsymbol{K}_0+\boldsymbol{K}_1+\boldsymbol{K}_2)\boldsymbol{q}$；

刚度阵：$\boldsymbol{K}=\boldsymbol{K}_0+\boldsymbol{K}_1+\boldsymbol{K}_2$，$\boldsymbol{K}_0=\int_0^l EI(\boldsymbol{\Phi}'')^{\mathrm{T}}\boldsymbol{\Phi}''\mathrm{d}x\in\mathbf{R}^{n\times n}$；

$\boldsymbol{K}_1=k_1(\boldsymbol{\Phi}')^{\mathrm{T}}(x_b)\boldsymbol{\Phi}'(x_b)\in\mathbf{R}^{n\times n}$，$\boldsymbol{K}_2=k_2\boldsymbol{\Phi}^{\mathrm{T}}(x_c)\boldsymbol{\Phi}(x_c)\in\mathbf{R}^{n\times n}$

6.31 瑞利法：$f_1=\frac{1}{2\pi}p_1=4.9344\frac{1}{2\pi}\sqrt{\frac{EI}{\rho Al^4}}$；

里茨法：$f_1=\frac{1}{2\pi}p_1=7.746\frac{1}{2\pi}\sqrt{\frac{EI}{\rho Al^4}}$，$f_2=\frac{1}{2\pi}p_2=35.4965\frac{1}{2\pi}\sqrt{\frac{EI}{\rho Al^4}}$

6.32 $f_1=\frac{1}{2\pi}p_1=\frac{1}{2\pi}\sqrt{\frac{2\pi^4EI}{l^3\left(m+\frac{3}{8}\rho Al\right)}}$

6.33 $\omega_1=1.87\pi^2\sqrt{\frac{EJ_0}{\rho A_0}}$，$\omega_2=6.93\pi^2\sqrt{\frac{EJ_0}{\rho A_0}}$

6.34 $\omega_1=1.2451\sqrt{\frac{E}{\rho l^2}}$

6.35 $\omega_1=1.79\sqrt{\frac{E}{\rho l^2}}$，$\omega_2=5.03\sqrt{\frac{E}{\rho l^2}}$　其中，$A_0=bh_0$，$J_0=\frac{1}{12}bh_0^3$

6.36 $\omega_1^2=\frac{2\pi^4EJ}{l^3\left(m+\frac{3}{8}\rho Al\right)}$

6.37 $\omega_1=\frac{2.8925}{l^2}\sqrt{\frac{EI}{\rho_l}}$，$\omega_2=\frac{9.4362}{l^2}\sqrt{\frac{EI}{\rho_l}}$；

$\phi_1(x)=0.9004\sin\frac{\pi x}{l}+\sin\frac{2\pi x}{l}$，$\phi_2(x)=-0.5502\sin\frac{\pi x}{l}+\sin\frac{2\pi x}{l}$

6.38 1）$\omega_1=3.5156\sqrt{\frac{EJ}{\rho Al^4}}$，$\Delta_1=0.49\%$，$\omega_2=22.03\sqrt{\frac{EJ}{\rho Al^4}}$，$\Delta_2=57.97\%$；

2）$y(x)=\varphi_1(x):\omega_1=4.4721\sqrt{\frac{EJ}{\rho Al^4}}$，$\Delta=27.2\%$；

$y(x)=\varphi_2(x):\omega_1=3.8056\sqrt{\frac{EJ}{\rho Al^4}}$，$\Delta=8.25\%$

6.39 $$\begin{bmatrix}\frac{\rho Al}{2} & 0\\ 0 & \frac{\rho Al}{2}\end{bmatrix}\begin{bmatrix}\ddot{\eta}_1\\ \ddot{\eta}_2\end{bmatrix}+\begin{bmatrix}\frac{\pi^2EA}{2l} & 0\\ 0 & \frac{2\pi^2EA}{l}\end{bmatrix}\begin{bmatrix}\eta_1\\ \eta_2\end{bmatrix}=\begin{bmatrix}\frac{2p_0l}{\pi}\\ 0\end{bmatrix}$$

6.40 $$\begin{bmatrix}\frac{\rho_l l}{5}+m & \frac{\rho_l l}{6}+m & \frac{\rho_l l}{7}+m\\ \frac{\rho_l l}{6}+m & \frac{\rho_l l}{7}+m & \frac{\rho_l l}{8}+m\\ \frac{\rho_l l}{7}+m & \frac{\rho_l l}{8}+m & \frac{\rho_l l}{9}+m\end{bmatrix}\begin{bmatrix}\ddot{q}_1\\ \ddot{q}_2\\ \ddot{q}_3\end{bmatrix}+\begin{bmatrix}\frac{4EI}{L^3}+k & \frac{6EI}{L^3}+k & \frac{12EI}{L^3}+k\\ \frac{6EI}{L^3}+k & \frac{12EI}{L^3}+k & \frac{18EI}{L^3}+k\\ \frac{12EI}{L^3}+k & \frac{18EI}{L^3}+k & \frac{28.8EI}{L^3}+k\end{bmatrix}\begin{bmatrix}q_1\\ q_2\\ q_3\end{bmatrix}=-F(t)\begin{bmatrix}1\\ 1\\ 1\end{bmatrix}$$

6.41 $$\begin{bmatrix}\dfrac{\rho Al}{5} & \dfrac{\rho Al}{6}\\ \dfrac{\rho Al}{6} & \dfrac{\rho Al}{7}\end{bmatrix}\begin{bmatrix}\ddot{\eta}_1\\ \ddot{\eta}_2\end{bmatrix}+\begin{bmatrix}\dfrac{4EJ}{l^3}-\dfrac{4T_0}{3l} & \dfrac{6EJ}{l^3}-\dfrac{3T_0}{2l}\\ \dfrac{6EJ}{l^3}-\dfrac{3T_0}{2l} & \dfrac{12EJ}{l^3}-\dfrac{9T_0}{5l}\end{bmatrix}\begin{bmatrix}\eta_1\\ \eta_2\end{bmatrix}=\begin{bmatrix}-\dfrac{p_0 l}{3}\\ -\dfrac{p_0 l}{4}\end{bmatrix}$$

6.42 $$\frac{\rho_l l}{2}\begin{bmatrix}1 & \dfrac{4}{\pi}\\ \dfrac{4}{\pi} & 2\end{bmatrix}\begin{bmatrix}\ddot{q}_1\\ \ddot{q}_2\end{bmatrix}+\begin{bmatrix}\dfrac{3\pi^3 EI}{8l^3} & 0\\ 0 & k_1+k_2\end{bmatrix}\begin{bmatrix}q_1\\ q_2\end{bmatrix}=F_0 l\begin{bmatrix}\dfrac{2}{\pi}\\ 0\end{bmatrix}\sin\omega t$$

6.43 $\omega_1=\dfrac{0.9415}{l^2}\sqrt{\dfrac{EI}{\rho_l}}$，$\omega_2=\dfrac{4.4335}{l^2}\sqrt{\dfrac{EI}{\rho_l}}$

6.44 $\omega_1=\dfrac{1.0954}{l}\sqrt{\dfrac{EI}{\rho}}$，$\omega_2=\dfrac{2.4495}{l^2}\sqrt{\dfrac{EI}{\rho}}$

第 7 章

7.1 $$\begin{cases}\dot{\boldsymbol{y}}=\boldsymbol{A}\boldsymbol{y}+\boldsymbol{B}\boldsymbol{u}(t)\\ \boldsymbol{z}=\boldsymbol{E}\boldsymbol{y}\end{cases},\quad \boldsymbol{A}=\begin{bmatrix}0&0&0&1&0&0\\0&0&0&0&1&0\\0&0&0&0&0&1\\-2&1&0&0&0&0\\1&-2&1&0&0&0\\0&1&-2&0&0&0\end{bmatrix}$$

当控制力作用于圆盘 1 时，$\boldsymbol{B}=[0,0,0,1,0,0]^{\mathrm{T}}$，此时 $\mathrm{rank}(\boldsymbol{P})=6$，可控；

当观测点力选在圆盘 1 时，$\boldsymbol{E}=[1,0,0,0,0,0]$，此时 $\mathrm{rank}(\boldsymbol{Q})=6$，可观；

当控制力作用于圆盘 2 时，$\boldsymbol{B}=[0,0,0,0,1,0]^{\mathrm{T}}$，此时 $\mathrm{rank}(\boldsymbol{P})=4$，不可控；

当观测点力选在圆盘 2 时，$\boldsymbol{E}=[0,1,0,0,0,0]$，此时 $\mathrm{rank}(\boldsymbol{Q})=4$，不可观；

当控制力作用于圆盘 3 时，$\boldsymbol{B}=[0,0,0,0,0,1]^{\mathrm{T}}$，此时 $\mathrm{rank}(\boldsymbol{P})=6$，可控；

当观测点力选在圆盘 3 时，$\boldsymbol{E}=[0,0,1,0,0,0]$，此时 $\mathrm{rank}(\boldsymbol{Q})=6$，可观

7.2 1）当作动器/传感器布置在主振型的节点上时，则该阶振型是不可控/不可观的；

2）略

7.3 略

7.4 离散系统的可观性判定条件为：$\mathrm{rank}(\boldsymbol{N})=2n$，其中，$2n$ 为系统的维数，

$$\boldsymbol{N}=\begin{bmatrix}\boldsymbol{C}\\ \boldsymbol{C}\boldsymbol{A}\\ \vdots\\ \boldsymbol{C}\boldsymbol{A}^{2n-1}\end{bmatrix}$$

7.5 $\boldsymbol{Z}(k)=\begin{bmatrix}0 & 0 & 1\\1 & 0 & 0\end{bmatrix}\begin{bmatrix}x_1(k)\\x_2(k)\\x_3(k)\end{bmatrix}$时，$\text{rank}(\boldsymbol{N})=2$，不可观；

$$z(k)=[0,1,0]\begin{bmatrix}x_1(k)\\x_2(k)\\x_3(k)\end{bmatrix}$$时，$\text{rank}(\boldsymbol{N})=3$，可观

7.6 1）C；2）C；3）B；4）A；5）C

参 考 文 献

[1] 倪振华. 振动力学 [M]. 西安：西安交通大学出版社，1990.
[2] 刘延柱，陈立群，陈文良. 振动力学 [M]. 3 版. 北京：高等教育出版社，2019.
[3] 胡海岩. 机械振动基础 [M]. 北京：北京航空航天大学出版社，2022.
[4] 邢誉峰，于开平，丁千，等. 振动力学 [M]. 北京：高等教育出版社，2023.
[5] 于开平，邹经湘. 结构动力学 [M]. 哈尔滨：哈尔滨工业大学出版社，2015.
[6] RAO S S. 机械振动：第 5 版 [M]. 李欣业，张明路，译. 北京：清华大学出版社，2016.
[7] 蔡国平，刘翔. 结构振动主动控制 [M]. 北京：科学出版社，2021.
[8] 周星德. 结构振动主动控制 [M]. 北京：科学出版社，2009.
[9] 欧进萍. 结构振动控制：主动、半主动与智能控制 [M]. 北京：科学出版社，2003.
[10] 刘习军，贾启芬，张素侠. 振动理论及工程应用 [M]. 2 版. 北京：机械工业出版社，2017.
[11] 谢官模. 振动力学 [M]. 2 版. 北京：国防工业出版社，2011.
[12] 芮筱亭，贠来峰，陆毓琪，等. 多体系统传递矩阵法及其应用 [M]. 北京：科学出版社，2008.
[13] 王永岩. 动态子结构方法理论及应用 [M]. 北京：科学出版社，1999.
[14] 赵慧明，张伟伟，赵玉成，等. 简议塔科马大桥坍塌的原因与启示 [J]. 力学与实践，2021，43（6）：1012-1018.
[15] 谢绪恺. 现代控制理论基础 [M]. 沈阳：辽宁人民出版社，1980.
[16] 胡寿松. 自动控制原理 [M]. 3 版. 北京：国防工业出版社，1998.
[17] 蔡国平，李琳，洪嘉振. 中心刚体-柔性梁系统的最优跟踪控制 [J]. 力学学报，2006，38（1）：97-105.
[18] 蔡国平，洪嘉振. 中心刚体-柔性悬臂梁系统的位置主动控制 [J]. 宇航学报，2004，25（6）：616-620.
[19] 蔡国平，洪嘉振. 旋转运动柔性梁的假设模态方法研究 [J]. 力学学报，2005，37（1）：48-56.